# 창업
# 온·오프 마케팅

유순근

STARTUP
ON OFF
MARKETING

박영사

# Preface



**세상의 좋은 것들은 모두 독창성의 산물이다(John Stuart Mill).**
**위험을 감수하지 않는다면 더 큰 위험을 감수할 것이다(Erica Jong).**

고용 없는 성장이 더욱 심화되고 있다. 청년 취업난뿐만 아니라 직장인들에게도 정년제는 이미 사라진 지 오래 되었고, 스스로가 경제적 독립을 찾지 않으면 안 되는 현실이 되었다. 창업이 취업과 경제적 독립의 대안으로 떠오르지만, 창업은 경험하지 않은 신대륙을 찾아 나서는 항해와 같다. 넓은 바다에서 일어나는 일기상황을 예측하지 않고 항해기술을 사전에 갖추지 못한다면, 신대륙에 도착하기 어렵다. 호박이 넝쿨째로 굴러 들어오려면, 항해기술, 해상조건 관측기술과 항해경험이 필요하다. 이와 마찬가지로 창업에도 창업기술, 환경분석과 창업경험이 필요하다. 사업의 비결은 아무도 사용하지 않는 것을 이용하는 것이다. 또한 창업기업은 적은 자원으로도 큰 성과를 내야 생존할 수 있다. 그래서 기회를 찾아 기회를 만들어야 한다. 창업기업이 경쟁우위를 가지려면, 바로 창조성과 혁신, 온라인과 오프라인의 결합이 필요하다. 창업자의 창조성과 혁신, 기존의 이론과 실무기법을 토대로 새로운 창의적 아이디어를 창조할 때에만 호박이 넝쿨째 굴러 들어올 것이다.

전통적인 산업에서는 일자리가 창출되는 것이 아니라 오히려 감소하고 있고, 직장인들의 근속수명은 계속 감소되고 있는 추세이지만, 평균수명은 증가하고 있다. 경제적 자립과 독립이 어려워지고 있는 사회문화적 추세이다. 이를 극복하는 방법은 아이디어와 기술의 창업이다. 그러나 창업기업은 자원과 경험의 부족으로 대기업과 같은 전통적인 마케팅을 실행할 수 없기 때문에 기업가 개인과 인터넷 마케팅에 의존해야 한다. 저자는 오랫동안 직장에서는 경영자로서, 회사를 나와서는 창업가로서 기업을 경영하였고, 지금은 대학에서는 창업교육을 담당하고 있다. 이러한 경험을 바탕으로 그간 창의적 신제품개발, 중소기업 마케팅, 신상품 마케팅, 기업가 정신과 창업경영, 센스 마케팅, 비즈니스 커뮤니케이션과 서비스 마케팅 등을 단독 저자로 저술하였다. 회사경영, 창업, 교육과 저술경험을 살려 청년이나 중장년 창업성공의 나침반으로써 창업준비와 창업기업 경영에 활용할 수 있는 창업 온·오프 마케팅을 저술하게 되었다. 창업기업의 경쟁력이 될 아이디어의 창출, 제품화 과정, 인터넷 창업과 창업 마케팅 기법을 본서에서 상세히 다뤄 실무적으로 활용할 수 있도록 하였다.

창업성공은 시장에서 기회를 개발하고, 경쟁제품이나 기존제품과 다른 제품을 고객에게 제공하고, 고객관계를 강화하는 것이다. 이것은 너무 당연하다. 시장과 기술의 공백을 찾고, 혁신적으로 제품을 개발하고, 시장 지향적으로 고객들이 구매해야 할 제품을 제공하는 것은 창의적 아이디어의 구체화

과정이다. 시장지식, 기회개발과 활용능력을 창업에 적용할 때 창업은 성공할 수 있다. 즉, 아이디어나 기술의 탐색, 제품개발과 마케팅 기법이 창업의 성공요인이자 예비 창업자들이 선행해야 할 사전 과업이다. 또한 인터넷 마케팅은 창업자에게 경쟁력의 도구이면서 동시에 무한한 가능성을 제공한다. 따라서 본 창업 온·오프 마케팅은 아이디어 창출, 신제품개발, 온·오프라인 마케팅에 관한 이론과 실무기법을 설명한 창업과 중소기업을 위한 마케팅 전문서적이다.

제품 없는 기업이나 판매 없는 기업은 기업이 아니다. 창업 온·오프 마케팅은 기업가 정신과 마케팅이 결합된 주로 창업기업에 의해서 실행되는 마케팅 활동이다. 창업 마케팅의 기능은 고객집중, 자원 지렛대 효과, 바이럴 마케팅과 가치창조, 온·오프라인 마케팅의 결합 등이 있다. 창업 온·오프 마케팅은 기업가 정신으로 수익성이 있는 고객을 획득하고, 유지하기 위한 기회의 탐구와 선제적 확인과 소셜 미디어 구전의 확산이다. 따라서 혁신과 모험정신이 마케팅과 결합될 때 창업은 성공할 수 있다. 창업은 창업가, 사업 아이디어와 자본만으로 성공하지 못한다. 창조성과 혁신으로 시장과 고객에게 집중할 때 창업의 성공이 가능하다. 본서는 아이디어와 기술 창업자를 위해 창의적 아이디어 탐색과 활용, 새롭고, 다르고, 더 우수한 신제품개발과 성공적인 출시를 위한 창업 마케팅 전문지식과 실무기법을 독자들에게 제시한다.

본서는 총 14장으로 구성된다. 제1장 창업과 기업가 정신, 제2장 마케팅의 본질, 제3장 마케팅 전략과 벤치마킹, 제4장 마케팅조사, 제5장 사업기회, 제6장 고객욕구, 제7장 제품 아이디어, 제8장 제품컨셉, 제9장 제품개발, 제10장 제품관리와 가격결정, 제11장 시장세분화, 표적화와 포지셔닝, 제12장 유통관리와 촉진전략, 제13장 인터넷 마케팅 전략과 제14장 인터넷 마케팅과 창업 등으로 편성되어 있다. 각 장에 사례를 게재하여, 학습자의 이해를 높이도록 하였다.

본 창업 온·오프 마케팅은 창업 준비자와 중소기업 경영자, 대학, 실무자와 연구자들이 학습할 수 있도록 새롭고, 실제적이고, 유용한 창업 마케팅의 이론, 실무기법과 사례를 제시한 창업 마케팅의 전문서적이다. 따라서 창업 온·오프 마케팅이 기업경영자, 마케팅 담당자의 실무역량과 중소기업의 경쟁력을 강화하는 길잡이가 되었으면 한다. 앞으로도 본서를 통하여 실용적인 이론과 사례를 소개할 것이며, 아울러 독자 제현들의 많은 조언과 충고를 부탁드린다. 끝으로 본서를 출판해주신 도서출판 박영사의 모든 선생님께 감사를 드린다.

2017년 1월

**유 순 근**

# Contents

## 제3장 마케팅 전략과 벤치마킹



## 제4장 마케팅조사

## 제5장 사업기회



## 제6장 고객욕구

## 제9장 제품개발



## 제10장 제품관리와 가격결정

## 제 11 장 시장세분화, 표적화와 포지셔닝



## 제 12 장 유통관리와 판매촉진

## 제 13 장 인터넷 마케팅의 전략



## 제 14 장 인터넷 마케팅과 창업

01

# 창업과 기업가 정신

# 고프로 CEO가 말하는 액션카메라 시장 선점 비결

## 파도를 타면서 내 모습을 촬영할 수 있는 카메라를 만들자

미국 캘리포니아에 살던 24세 청년 닉(Nick)은 2002년 게임 사업에 실패해 투자금 400만달러(44억원)를 날렸다. 좌절한 청년은 머리를 식히기 위해 호주와 인도네시아 해변으로 서핑 여행을 떠나기로 했다. 평소 사진에 관심이 많았던 그는 서핑하는 모습을 촬영해 주변에 보여주기로 했다. 닉은 서프보드에 올라 손으로 물살을 가르고 중심을 잡으며 바로 옆에서 서핑하는 친구들의 사진을 찍고 싶었다. 하지만 당시 서핑을 하면서 촬영할 수 있을 정도로 방수 기능이 뛰어나고, 견고하며, 휴대하기 좋은 카메라는 없었다. 양손으로 다른 일을 하면서 자신과 친구들의 사진을 찍을 수 있는 장치도 없었다. 여기서 청년의 새로운 사업 아이디어가 나왔다. 고프로는 흔들리는 상황에서도 고화질 사진을 찍는 기술을 개발했다. 닉은 플라스틱을 깎아 카메라를 장착할 거치대를 만들어 서퍼들의 발목용 밴드에 붙였다. 거치대에 일회용 필름카메라를 끼워놓고, 밴드를 발목 대신 팔목에 착용했다. 양손을 원하는 대로 쓰면서 필요할 때마다 버튼을 눌러 촬영하는 카메라를 고안한 것이다.

## 액션카메라(액션캠) 시장을 개척한 고프로(GoPro)

2004년 9월 닉은 샌디에이고에서 열린 한 서핑용품 전시회에서 이 카메라를 처음으로 판매했다. 서핑을 즐기는 사람들 사이에서 소문이 나면서 카메라는 날개 돋친 듯 팔려나갔다. 액션카메라(액션캠) 시장을 개척한 고프로(GoPro)의 시작이었다. 액션캠은 서핑, 스키, 스노보드, 산악자전거 등 각종 스포츠를 즐기는 사람이 활동 중에 직접 영상과 사진을 촬영할 수 있는 카메라를 말한다. 고프로를 창업한 닉 우드먼(Woodman · 41) 최고경영자(CEO)는 액션캠 아이디어를 떠올린 때부터 첫 제품을 판매할 때까지 2년이나 걸린 것은 앞서 창업 실패 경험 때문이었다. 그는 외부 투자를 받지 않고 부모님 등 주변에서 조금씩 자금을 조달해 제품을 개발했다.

## 성공 요인은 무엇인가?

첫째, 액션카메라를 처음 만들어 시장을 열었다. 고프로 이전에는 사람들이 사진을 촬영할 때 찍는 역할과 찍히는 역할 중 하나를 해야 했다. 동시에 두 역할을 하기는 어려웠다. 문제점이라고 생각하고 해결책을 찾아 궁리하다 고프로를 개발했다. 창업 초기에는 기존 카메라를 팔목에 고정하는 거치대만 팔려고 했다. 그런데 당시 시중에 나온 카메라는 내구성이 약해서 팔목에 착용하고 격렬하게 움직이면 바로 망가졌다. 그래서 흔들리고 부딪혀도 망가지지 않는, 아주 튼튼한 카메라를 고안했다. 변화무쌍한 환경에서도 선명한 영상을 찍을 수 있는 기술도 개발했다. 고프로 소비자는 기존 카메라 문제점의 해결책을 사는 셈이다. 만족도가 높을수록 소비자는 주변 사람들에게도 널리 퍼뜨리기 때문에 고프로는 인기를 얻을 수 있었다.

둘째, 고프로 성공의 다른 이유는 고프로가 소비자의 행복, 즐거움, 열정과 같은 긍정적인 감정과 연결돼 있다는 점이다. 고프로를 써본 사람들은 영상 속 자신의 멋진 모습을 보면서 행복을 느끼고, 콘텐츠를 주변 사람들과 공유하며 즐거워한다. 고프로 임직원들은 '소비자를 더 행복하게 하는' 제품을 만든다는 것에 큰 자부심을 갖고 일하고 있다.

### 액션캠의 실제 소비자는 누구인가?

누구나 쓸 수 있는 제품이다. 고프로의 목표는 전문가급 동영상을 누구나, 어디서나 손쉽게 촬영할 수 있는 다목적 카메라를 개발하는 것이었다. 전문가 수준의 영상을 평범한 아빠, 엄마, 아이들까지 누구나 찍을 수 있게 만들었다. 사이클링 선수가 아니어도 고프로로 찍으면 전문 사이클리스트처럼 보인다. 그래서 제품명도 '프로가 되자'는 뜻으로 고프로(Go pro)라고 붙였다. 한 개의 버튼으로 작동하는 '고프로 세션' 같은 카메라는 두 살배기 아들도 갖고 놀 정도로 조작이 간편하다. 처음부터 모두가 쉽게 사용할 수 있는 제품을 만들다 보니, 고객이 저절로 늘어났다. 10대 아이들, 의사, 경찰, 농부, 부동산 업자, 방송 제작자가 업무용, 극한 스포츠 선수들이 쓰는 제품 모두 동일하다.

### 신나는 경험과 추억을 파는 브랜드, 2015년 연 매출 16억 달러

올해 창립 14주년을 맞은 고프로는 전 세계 1,700여 명의 직원을 두고, 2015년 연 매출 16억 달러(약 1조 7,000억원)를 올리는 기업으로 컸다. 고프로는 2014년 6월 공모가 24달러에 나스닥에 상장하며 화제를 모았다. 상장 직후 나흘간 주가가 100% 넘게 급등했다. 여러 전자제품을 생산하는 기업이 아니라 액션캠 한 가지 제품으로 보기 드문 성과였다. 카메라 회사라는 인식보다는 모험을 즐기는 스포츠 브랜드라는 이미지가 더 강하다. 카메라만 파는 것이 아니라 파도가 귓가를 스쳐가던 기억, 눈을 맞으며 스키를 타던 기억을 파는 회사이다.

출처: 조선일보 2016.09.10.

GoPro

| | |
|---|---|
| 창립 연도 | 2002년 |
| 본사 위치 | 美 캘리포니아주 샌머테이오 |
| 상장 시기 | 2014년 |
| 2015년 매출 | 16억2000만달러 (전년 대비 14% 증가) |
| 누적 판매량 | 2000만대 (2015년까지 카메라 제품) |

# 제 1 장 | 창업과 기업가 정신

## 1 창업의 이해

새로운 일을 시작하는 것은 기회를 창조하는 것이다. 기회는 기업가에게는 설레고, 성공이 불확실하다. 창업은 성공의 가치가 있기 때문에 남들이 가지 않는 길을 개척하는 것이다. 성공적인 기업가는 남들이 가지 않은 일을 창조성, 혁신과 모험정신으로 탐구하고, 사업을 개척한다. 기업가는 사업 아이디어를 통해 사업을 구상하고, 이를 실현하기 위해 기업을 창업한다. 창업은 개인의 경제적 독립, 고급품을 사용할 기회의 증가, 사회경제적 부의 이전, 사회일반의 삶의 질 개선, 과학과 기술의 발전 등 많은 긍정적인 이전효과가 있다.

### (1) 창업의 성격

창업은 이윤창출을 목적으로 창업자가 기업을 새로 설립해서 사업을 개시하는 것을 의미한다. 즉, 창업자가 영리를 목적으로 새로운 아이디어와 다양한 경영자원을 동원하여 제품이나 서비스를 생산 혹은 판매할 수 있는 새로운 기업을 만드는 행위이다. 따라서 창업은 해결안이 확실하지 않고, 성공이 보장되지 않는 문제를 해결하기 위해 도전하는 일이다. 중소기업창업지원법 제2조에 따르면, 창업은 중소기업을 새로이 설립하여 사업을 개시하는 것으로 규정한다. 법에서 창업은 제조업, 광업, 건축, 엔지니어링 기타 기술 서비스업, 정보처리 기타 컴퓨터 운용관련업, 기계 및 장비 임대업을 새로이 개시하는 것으로 규정한다. 중소기업창업지원법은 중소기업의 창업을 촉진하기 위해 창업절차를 간소화하고, 다양한 금융과 세제를 지원한다.

기업가는 기회를 탐색하여 이를 사업 아이디어로 전환하고, 창조성, 혁신과 모험정신으로 기업을 설립하여 사업활동을 시작한다. 이러한 사업활동의 목적은 성취욕구와 부의 추구이다. 성공적인 창업은 사업가 개인의 물질적인 풍요를 가져다줄 뿐만 아니라 고용을 확대하여 일자리 창출로 이어져 결국은 사회 일반에게까지 부와 삶의 질을 개선한다. 따라서 기업가의 창업은 기업가, 종업원, 공급자, 고객, 지역사회와 사회 일반에게 경제적 소득, 좋은 제품과 서비스, 과학과 기술의 발전 등 많은 긍정적 효과를 가져다준다.

## (2) 창업의 구성요소

창업은 잠재고객을 대상으로 일정한 자원을 활용하여 제품이나 서비스를 창조하는 경제적 활동이다. 창조적 경제활동은 기회를 활용하는 것이지만, 많은 자원과 노력을 필요로 한다. 창업에 필요한 기본적인 요소는 창업자, 사업 아이디어와 자본이다. 창업은 창업자가 사업 아이디어를 자본과 결합하고, 고객에게 제공할 제품과 서비스로 산출하여 판매하는 조직을 구성하는 행위이다. 따라서 창업은 창업자가 이윤을 추구하기 위해 사업 아이디어에 인적요소와 물적요소를 결합하여 기업을 조직하는 활동이다.

그림 1-1 창업의 구성요소

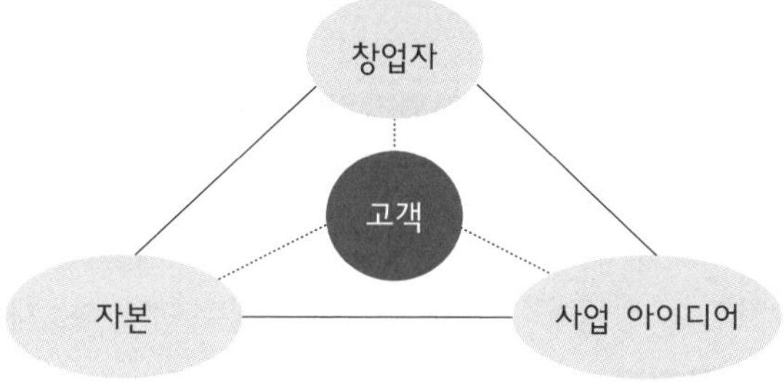


### 1) 창업자

창업자는 창업에서 가장 중요한 요소이다. 창업자는 인적요소로 기업을 조직화하고 운영을 주도하는 사람이다. 창업자는 창업을 주도적으로 계획하고, 추진하며, 창업에 필요한 자금과 위험을 책임진다. 종업원은 창업자와 함께 제품이나 서비스를 생산하고 판매한다. 창업자는 시장, 고객과 경쟁자 분석을 통하여 사업 아이디어를 창안하고, 이를 제품이나 서비스로 전환하는 전반적인 역할을 담당한다. 창업자는 사업 아이디어를 찾고, 고객의 욕구와 문제를 해결하고, 이를 인적자원이나 물적자원과 결합하여 제품이나 서비스로 전환한다. 또한 출시할 제품과 서비스의 경제성과 사업성을 분석하고, 사업계획서를 작성하고, 생산과 판매에 필요한 자원을 동원한다. 창업자의 경험, 지식, 기술, 가치관, 열정, 집념, 헌신, 리더십, 인맥, 정력, 성격, 친화력과 자원동원 능력 등은 창업기업의 성공과 직결된다. 창업자의 자질이나 능력은 기업의 성패에 중요한 요인이 되는데, 창업자에게는 다음과 같은 능력과 자질이 요구된다.

- 미래에 대한 통찰력과 판단력
- 사업기회에 대한 창의력과 추진력
- 도전정신과 모험정신
- 성취욕구와 독립욕구

- 경영능력과 리더십
- 윤리의식과 사회적 책임의식
- 열정과 인내심

## 2) 사업 아이디어

사업 아이디어는 창업을 통해 시장이나 고객에게 제공할 사업내용의 토대로 기업의 존재근거이다. 사업 아이디어는 시장에서 제공하지 못한 고객욕구, 문제와 이에 대한 해결책이다. 창업기업이 제공할 제품이나 서비스는 소비자가 지각하는 가치가 가격보다 커야 하고, 충분한 시장수요가 있어야 한다. 이러한 사업 아이디어는 창업자나 창업 구성원의 상상력과 창조성 등 인적요인에 의해 이루어진다. 사업 아이디어는 시장의 공백, 고객의 미충족 욕구, 경쟁제품의 미제공이나 과소제공에서 문제를 발견하여 해결책을 찾은 사업성이 있는 아이디어이다. 사업 아이디어는 산업의 매력성과 수익성이 있어야 한다. 이러한 사업 아이디어는 창업기업이 고객에게 가치를 제공하기 위한 제품이나 서비스를 결정한다. 창업기업은 고객에게 탁월하고 차별적인 가치를 제공하기 위해 사업 아이디어를 창안하여 선정하고, 이를 생산과 판매를 위해 조직하여 사업의 방향을 결정한다. 사업 아이디어의 원천은 주로 창업자이지만, 창업 구성원이나 기타 제3자인 경우도 있다. 사업 아이디어는 내용에 따라 다음과 같이 크게 네 가지 유형이 있다.

- 시장의 미제공 욕구나 과소제공 욕구: 지금까지 존재하지 않은 제품이나 서비스를 새롭게 생산하여 새로운 시장에 제공한다. 시장과 고객의 욕구에 대한 지식이 불충분하기 때문에 위험이 크지만, 큰 보상을 얻을 수 있다.
- 모방제품이나 개선제품: 이미 존재하는 기존제품이나 서비스를 개선하여 기존시장이나 새로운 시장에 제공한다. 시장이 형성되어 있고, 시장과 고객의 욕구에 대한 지식이 있기 때문에 위험이 적지만, 기존의 경쟁자들과 경쟁하여야 한다. 모방제품보다는 기능이나 성능을 개선한 개선제품이 더 바람직하다.
- 주문자 상표: 주문자의 상표[1]로 생산한 반제품이나 완제품을 판매하는 경우이다. 기술개발이나 마케팅 노력을 기울일 필요가 없어 안정적인 생산과 판매가 가능하지만, 장기적으로는 수익과 성장에 한계가 있다.
- 독점적 유통: 기존의 제조자로부터 제품이나 서비스를 독점적으로 공급받아 판매만을 전문으로 한다. 위험은 상대적으로 적지만, 이익은 크지 않다.

기업가는 혁신적 행동과 특유한 지식으로 기존시장의 불균형, 이익동기나 민첩성을 활용함으로써 기회를 발견한다. 사업 아이디어는 사업기회와 결합하여야 한다. 좋은 사업기회는 기술, 경제와

1 OEM(original equipment manufacturer).

상업적으로 실행 가능하고, 타당하고, 환경적으로 지속가능한 고객의 욕구와 문제이다. 기회는 새로운 제품, 서비스, 원재료와 조직의 방법이 도입되고, 제조비용보다 더 큰 가격으로 판매될 수 있는 상황이다. 가치를 창조하거나 추가하는 것이 매력적이고, 지속적이고, 시의적절한 잠재적 제품이나 서비스이어야 한다.[2] 사업기회는 시장에 혁신적인 새로운 제품이나 서비스를 제공하고, 기존의 제품이나 서비스를 개선하거나 수익성이 있는 제품이나 서비스를 모방하고, 수익을 추구하는 잠재적인 모험이다. 즉, 현재시장에 없는 미래제품과 서비스를 창조할 수 있는 아이디어, 신념과 행동이다.[3] 따라서 사업기회는 새로운 기술의 개발로 발생하는 새로운 정보의 창조, 정보의 비대칭으로 나타나는 시장의 비효율의 활용과 정치규제나 인구변화로 발생하는 자원에 대한 대체사용으로 온다.

### 3) 자본

자본은 사업 아이디어를 제품이나 서비스로 전환하고 기업을 운영하는 데 필요한 금전적 자원뿐만 아니라 기술, 토지, 건물, 기계설비, 부품, 원재료 등을 포함한다. 창업요소 중 중요한 비중을 차지하는 자본은 사업 아이디어를 구체적으로 제품화하는 데 필요한 기술이나 자원 등을 조달하는 데 사용된다. 또한 인적자원은 자본에 따라서 그 질과 양을 결정할 수 있다. 창업기업에 필요한 적절한 자본은 제품이나 서비스의 생산과 판매에 매우 중요하다.

자본에는 창업자의 자기자본과 타인자본이 있다. 창업자금의 조달원천은 대체로 70% 대 30% 법칙이 적용된다. 즉, 창업 시에 자기자본과 타인자본의 비율이 7 : 3이 이상적이다. 창업자금은 대체로 시설자금과 운전자금으로 사용된다. 시설자금은 사업장 매입이나 임차비용, 집기비품의 구입비나 제품생산에 필요한 생산설비의 구입비이다. 운전자금은 사업을 시작한 후 회사운영에 필요한 재료비, 인건비, 경비 등이다. 창업의 초기에는 타인자본의 조달에 한계가 있기 때문에 창업자의 자기자본에 의존할 수밖에 없다. 그러나 벤처기업의 요건을 충족하면 자본의 조달원천으로써 벤처캐피탈을 활용할 수 있다.

## (3) 창업의 유형

창업은 창업자가 영리를 목적으로 새로운 아이디어와 다양한 경영자원을 결합하여 제품이나 서비스를 생산 혹은 판매할 수 있는 새로운 기업을 만드는 행위이다. 따라서 아이디어와 경영자원의 성격에 따라 창업의 유형이 다르다. 창업유형은 기술창업, 아이디어창업, 지식서비스창업, 일반창업, 자영업창업, 청년창업과 시니어창업으로 구분한다.

- 기술창업: 기계·재료, 전기·전자, 정보·통신, 화공·섬유, 생명·식품, 환경·에너지, 공예·디

2 Timmons(1999).
3 Dew & Sarasvathy(2002).

자인 등 업종의 창업

- 아이디어창업: 틈새유형제품, 틈새서비스상품, 틈새유통의 창업
- 지식서비스창업: 만화, 게임, 캐릭터, 애니메이션, 영화, 방송, 전자출판, 음악, 이러닝, 정보서비스, 디자인 등 업종의 창업
- 일반창업: 통신판매업, 인터넷 쇼핑몰, 유통업, 프랜차이즈 창업 등
- 자영업창업: 소규모 점포 형태로 도소매, 음식, 서비스 업종의 소상공인 창업
- 청년창업: 39세 이하의 창업자가 하는 지식서비스, 문화콘텐츠, 제조업의 창업
- 시니어창업: 50대 전후의 직장 퇴직자의 창업

**SENSE** **내년 3월 상장 추진 중인 '스냅챗' … 기업가치 250억 달러 이상**

미국 월스트리트저널은 6일(현지시각) 소식통을 인용해 스냅챗을 운영하는 '스냅(Snap Inc.)'이 상장을 위한 서류 작업을 하고 있다면서 예정대로 기업공개가 이뤄질 경우 기업가치는 약 250억 달러(약 28조원) 이상이 될 것이라고 보도했다. 2011년 서비스를 시작한 스냅챗은 사진과 영상 전송에 특화된 모바일 메신저로 특히 사용자가 전송한 메시지와 사진 등이 일정 시간 경과 후 자동 삭제되도록 설정할 수 있어 인기를 얻고 있다. 지난해 매출이 6,000만 달러에 달했던 스냅은 올해 초 연간 매출목표를 2억 5,000만~3억 5,000만 달러로 잡았다고 밝힌 바 있다. 소식통은 스냅이 이미 올해 목표했던 매출을 초과 달성했다고 전했다. 스냅의 이익규모가 어느 정도인지는 아직까지 알려지지 않고 있다. 2013년 페이스북이 스냅챗 인수 금액으로 30억 달러를 제시했으나 스냅챗 공동창업자이자 최고경영자인 에번 스피걸이 이를 거절했다. 지난 5월 스냅이 자금 모집에 나섰을 때 스냅의 가치는 약 178억 달러로 평가됐었다. 월스트리트저널은 스냅의 기업공개는 최근 IT 기업의 IPO가 위축된 가운데 추진되는 것으로 내년 3월 기업공개를 하면 기업가치는 250억 달러 이상 치솟을 것이라고 예상했다. 이 신문은 스냅의 기업공개가 2014년 중국 IT 기업인 알리바바(1,680억 달러) 이후 최대 규모가 될 것이라고 전했다.

출처: 조선일보 2016.10.07

### (4) 창업조직의 유형

창업기업은 기업의 법적 구조에 따라 개인기업과 법인기업으로 나누어진다. 개인기업은 사업주 개인이 단독으로 출자하고 직접 경영하며, 채권자에 대한 무한책임을 지는 형태로서 소규모 운영에 알맞다. 법인기업은 법인격이 주어진 기업이며, 주로 주식회사가 대표적이다. 법인기업은 그 자체로 완전한 법인격을 가지고 스스로의 권리와 의무의 주체가 되며, 기업의 소유자로부터 분리되어 영속성이 존재할 수 있는 기업을 말한다. 대표자는 회사 운영에 대해 일정한 책임을 지며, 주주는 출자

금의 한도로 채무자에 대해 유한책임을 진다. 일정 규모 이상으로 성장성이 있는 유망사업에 적합하다. 법인기업에는 주식회사, 유한회사, 합자회사와 합명회사가 있다. [표 1-1]은 개인기업과 법인기업의 장단점이다.

벤처기업은 첨단의 신기술과 아이디어를 개발하여 사업에 도전하는 기술집약형 중소기업을 의미한다. 다른 기업에 비해 기술성이나 성장성이 높아 벤처기업육성에 관한 특별조치법으로 정부로부터 우선 지원을 받을 수 있다. 주로 소수의 기술 창업가가 기술혁신의 아이디어를 상업화하기 위해 설립한 신생기업이다. 높은 위험부담이 있으나 성공할 경우 높은 기대이익이 예상되고, 성장성이 높고, 시장잠재력이 풍부하다. 높은 경영위험에 도전하는 기업가에 의해 주도된다.

소호창업은 소규모 자영업이다. 소호(SOHO: Small Office Home Office)란 작은 사무실(Small Office)과 자택 사무실(Home Office)을 사용하는 근무형태로 인터넷 등을 활용하여 자신의 사업을 주체적으로 전개하는 지적사업의 소규모 사업장이다. 1인 창조기업은 자신의 경험, 기술 등을 통해 보다 창조적이고 새로운 서비스를 제공하는 기술집약적 기회형 창업이다. 소상공인은 주로 외식업, 소매업이나 유통업 등 규모가 작은 점포형태의 창업이다. 프랜차이즈는 브랜드와 경영기술을 가지고 있는 본사와 가맹점 계약을 체결하고 브랜드, 서비스나 경영기법 등을 제공받아서 동일한 브랜드로 사업을 하는 형태를 말한다.

**표 1-1 개인기업과 법인기업의 장단점**

| 구분 | 개인기업 | 법인기업 |
|---|---|---|
| 장점 | • 설립등기가 필요 없고 사업자등록으로 사업개시가 가능<br>• 기업이윤과 손실은 기업주에게 전부귀속<br>• 창업비용과 창업자금이 비교적 적게 소요되어 소자본 창업가능<br>• 기업활동 자유, 계획수립과 변경용이<br>• 초기 중소규모 사업에 적합 | • 자본조달과 대자본 형성용이<br>• 출자금액 범위 내에서 법적 유한책임<br>• 소유와 경영의 분리가능<br>• 코스닥이나 증권거래소 상장 등을 통하여 기업의 대중화 가능<br>• 법인 공신력이 높아 영업상 유리<br>• 일정규모 이상의 성장 유망산업에 적합 |
| 단점 | • 기업주가 채무자에 대한 무한책임<br>• 투자 등 자본조달 한계<br>• 사업양도 시 높은 양도소득세<br>• 소유와 경영의 일치로 경영능력의 한계<br>• 대표자 변경 시 폐업 후 신규 등록 | • 설립절차가 복잡하나, 최소 납입자본금 요건이 없음<br>• 기업이윤이 출자지분에 따라 배당<br>• 주주 상호 간의 이해관계 대립 마찰소지<br>• 각종 법상 각종 의무가 많음 |

# 2 창업의 과정

## (1) 창업의 과정

창업은 기술지향과 고객욕구지향에 따라서 방법이 다르다. 기술지향은 기술의 공백을 찾아 기술을 개발하고, 이를 제품이나 수요업체를 적용하는 과정이다. 고객욕구지향은 고객의 욕구를 찾아 이를 제품개발에 적용하는 과정이다. 기술이나 고객욕구지향은 근본적으로는 시장의 공백을 찾는다는 점에서는 동일하지만, 제품개발 프로세스는 다소 차이가 많이 있다. 기술지향이든 고객욕구지향이든 창업의 과정은 대체로 준비절차와 본절차로 구분한다. 준비절차에서는 기회를 확인하여 아이디어를 탐색하고, 해결안을 도출하여 제품을 개발하는 과정이 포함된다. 제품을 개발하고 테스트 마케팅을 하여 사업성이 있다고 판단된다면, 회사 설립절차에 돌입한다. 준비절차는 착실하게 충분한 기간을 거치는 것이 좋다. 준비되고 성공적인 토대가 마련된 후에 창업을 하는 것이 바람직하다. 이러한 과정을 거치는 창업자는 많은 자금과 자원을 낭비하지 않아 초조하지 않고 제품개발에 전념할 수 있다.

신제품개발은 기업의 본질적인 경영활동이며 수익창출의 원천이다. 혁신은 새로운 아이디어, 장치나 방법에 의해서 고객의 미충족 욕구와 기대를 충족하는 가치창출 과정으로 기업의 생존과 성장에 필수적이다. 혁신은 기존제품을 새로운 제품으로 대체하거나, 기존제품을 진부화하고, 새로운 제품범주를 창조하는 것을 의미한다. 신제품개발은 시장에 현재 존재하지 않는 제품에 관한 새로운 아이디어의 개념화이거나 이미 시장에 존재하는 제품향상을 목표로 한다. 소비자 욕구와 필요의 변화, 제품수명주기상의 성숙기 제품, 쇠퇴기 제품, 경쟁자의 활동, 제품상의 문제와 환경변화에 대응하여 기업의 수익을 창출하기 위해서 기업은 신제품을 개발한다. 신제품개발(NPD: New Product Development)의 절차는 아이디어 탐색, 해결안 도출, 제품컨셉 창출, 제품개발, 마케팅 전략과 출시 과정으로 진행된다.

그림 1-2 창업의 과정

| 준비절차 | | | | 본절차 | |
|---|---|---|---|---|---|
| 아이디어 탐색 | 해결안 도출 | 컨셉창출 | 제품개발 | 마케팅 전략 | 출시전략 |
| 시장기회확인 | 창의성 | 속성편익 | 품질기능전개 | 수요예측 | 출시전략 |
| 고객욕구확인 | 창의적 사고 | 컨셉서술 | 제품사양 | 사업타당성 | 출시전술 |
| 문제확인 | TRIZ 원리 | 컨셉보드 | 제품구조 | STP 수립 | 시장추적 |
| 자료분석 | 선행기술 | 컨셉평가 | 제품설계 | | |
| | | 컨셉선정 | 프로토타입 | | |
| | | | 테스트마케팅 | | |
| | | | 지식재산권 | | |
| | | | 회사설립 | | |

아이디어의 탐색은 사업기회를 탐구하여 제품 아이디어를 선정하는 과정이다. 또한 고객에게 제공되지 않은 욕구, 과소제공하거나 미충족한 욕구를 확인한다. 제품 아이디어를 토대로 제품컨셉을 창출한 후 제품컨셉을 최종 선정하여 제품을 개발한다. 제품이 개발되면 지식재산권의 획득과 사업타당성을 분석한다. 사업타당성을 분석한 후 시장에서 사업성이 있다고 판단된다면 이때 조직화를 진행한다. 비로소 창업의 시기가 된 것이다. 자금조달 방법, 조직의 구축과 시장전략을 수립하는 시기이다. 창업기업의 유형은 개인사업자나 법인사업자를 선택하는 문제가 있다.

## (2) 창업의 절차

### 1) 창업 인허가의 취득

창업 시 업종을 선정하고 사업계획을 수립하면, 다음으로 해당 업종이 인허가 대상인지를 파악한다. 법령에 의해서 인허가 등록 및 신고를 득해야 사업을 개시할 수 있는 업종은 사전에 주무관청이나 시군구에 인허가나 신고를 하여야 한다. 일반적으로 사업의 인허가 신청은 관할 시·군·구청의 해당부서에 필요한 서류를 작성하여 제출한다. 관할 행정기관은 현장확인이나 서류를 통하여 허가여부를 결정할 수 있다. 그러나 인허가 업종이 아닌 경우 사업자 등록만으로 사업을 개시할 수 있다. 인허가는 허가, 신고, 등록, 지정, 면허, 인정 등이 있다. 인허가의 내용은 시설기준, 자격기준, 준수사항 등이 있다. 인허가 내용은 법률에 있고, 절차는 시행령에 있으며, 신청서 서식은 시행규칙에 있다. 사업장 임대차계약 전에 인허가 내용을 검토한다. 인터넷 쇼핑몰의 창업은 제14장 인터넷 마케팅과 창업 제4절 인터넷 쇼핑몰 창업을 참고하시기 바란다.

- 면허업종: 대통령령으로 정하는 시설기준과 그 밖의 요건을 갖추어 해당기관의 면허를 받아야 한다.
- 허가업종: 해당기관의 법령에서 정한 일정한 요건을 갖추어 허가 여부를 판단받아야 한다.
- 지정업종: 해당기관에 해당업종의 영업 행위가 가능한 업체로서 지정을 받아야 하는 업종을 의미한다. 대표적인 지정업종은 담배소매업(소비자에게 직접 판매)으로 관할 시장, 군수, 구청장으로부터 소매인의 지정을 받아야 한다.
- 등록업종: 해당기관의 법령에서 정한 일정 요건을 충족하여 영업등록증을 발급받아야 한다. 사업자등록과 영업등록은 다르다.
- 신고업종: 해당기관에 사업의 내역을 신고하는 것으로 그 사업의 개시가 가능한 업종을 의미한다. 소규모 창업이 가능한 대부분의 사업은 신고업종에 해당한다. 대표적인 신고업종은 무역업, 체육시설업, 장례식장업, 목욕탕업, 이·미용업, 옥외광고업이다.

**표 1-2 허가·면허 업종 및 지정업종**

| | |
|---|---|
| 면허 | 주류 판매업 |
| | 양식어업, 정치망어업, 공동어업 |
| 허가 | 건강기능식품제조업 |
| | 일반게임제공업(청소년이용불가게임물) |
| | 낚시터업 |
| | 식품조사처리업, 유흥주점영업 |
| | 신용정보업 |
| | 의약품도매상 |
| | 화물자동차운송사업 |
| 지정 | 담배소매업 |

**표 1-3 등록업종**

| | |
|---|---|
| 등록 | 게임제작업, 게임배급업 |
| | 청소년게임 제공업, 인터넷컴퓨터게임시설제공업 |
| | 복합유통게임제공업 |
| | 국제결혼중개업 |
| | 담배판매업 |
| | 건설기계대여업 |
| | 골재채취업 |
| | 공인중개사무소 |
| | 여행업, 관광숙박업, 관광객이용시설업, 국제회의업 |
| | 농약제조·판매·수입업 |
| | 자동차운전학원 |
| | 다단계판매업자 |
| | 부동산개발업 |
| | 비료생산업 |
| | 사료제조업 |
| | 유아숲체험원 |
| | 수출입목재열처리업 |
| | 식품제조·가공업 |
| | 식품첨가물제조업 |
| | 액화석유가스위탁운송사업 |
| | 비디오물시청제공업 |
| | 안경업소 |
| | 폐자동차재활용업 |
| | 유료직업소개소 |
| | 학원 |
| | 선불식할부거래업자 |

표 1-4 신고업종

| | |
|---|---|
| 신고 | 숙박업, 목욕탕업, 이용업, 미용업, 세탁업, 위생관리용역업 |
| | 승마시설 |
| | 산후조리업 |
| | 방문판매업, 전화권유판매업 |
| | 저수조청소업 |
| | 수상레저교육사업 |
| | 즉석판매제조·가공업, 식품운반업, 식품소분·판매업, 식품냉동·냉장업, 용기·포장류제조업, 휴게음식점, 일반음식점, 위탁급식업, 제과점 |
| | 양곡가공업(제분, 제조, 도정) |
| | 음반·음악영상물제작 및 배급업 |
| | 온라인음악서비스제공업 |
| | 의료기기수리업 및 판매업 |
| | 이러닝사업자 |
| | 인쇄사 |
| | 통신판매업 |
| | 직업정보제공사업 |
| | 요트장업, 조정장업, 카누장업, 빙상장업, 승마장업, 종합체육시설업, 수영장업, 체육도장업, 골프연습장업, 체력단련장업, 당구장업, 썰매장업, 무도학원업, 무도장업 |
| | 축산물운반업, 판매업 |
| | 교습소 |

## 2) 개인기업의 창업절차

신규로 사업을 개시하는 자는 법령에 의하여 인허가 등록 및 신고가 필요한 업종인지 사전에 확인한다. 필요한 업종이라면 인허가 등록 및 신고를 득하고 새로 사업을 시작하려는 사업장이 소재하는 관할 세무서 민원봉사실에 사업자를 신청하면 대체로 신청일 즉시 사업자등록증을 교부받는다. 개인사업자 등록은 설립절차가 간단하고, 연간 매출액에 따라 일반과세자나 간이과세자 중에 선택할 수 있다. 사업자등록 신청 시 구비서류로는 사업자등록 신청서 1부, 법령 규정의 업종인 경우는 사업 인허가증 사본 1부, 주 사업장 매매계약서 또는 임대차계약서 사본 1부, 대표자 주민등록등본 1부 등이 필요하다.

**그림 1-3 개인기업의 창업절차**

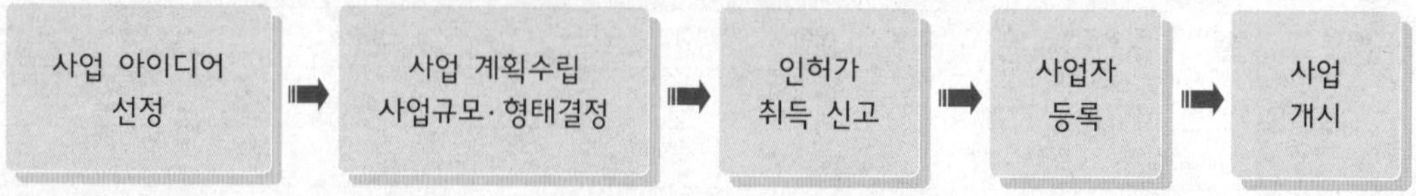


**표 1-5 과세자별 구분**

| | 일반과세자 | 간이과세자 |
|---|---|---|
| 대상 | 연매출액 4,800만원 이상 | 연매출액 4,800만원 이하 |
| 매출세액 | 공급가액 x 10% | 공급가액 x 업종별부가가치율 x 10% |
| 세금계산서 발급 | 발급 의무 | 발급 불가 |
| 매입세약 공제 | 전액 공제 | 매입세액 x 업종별부가가치율 |
| 대손세액공제 | 가능 | 불가능 |
| 참고 | 간이과세자가 세금은 적으나 세금계산서 발급이나 부가세 환급 불가 | |

### 3) 법인기업의 창업절차

대체로 사업을 운영하는 데는 개인기업보다는 법인기업이 유리한 점이 많기 때문에 주식회사를 설립하는 경우가 가장 일반적이다. 주식회사를 설립할 때는 대상 소재지의 법무사와 상의하는 것이 편리하다. 설립형태는 발기설립과 모집설립이 있다. 발기설립은 발기인이 주식의 전부를 인수하는 경우이나, 모집설립은 발기인이 주식의 일부만을 인수하고 나머지는 주주를 모집하여 주식을 인수시키는 경우이다.

**그림 1-4 법인기업의 창업절차**

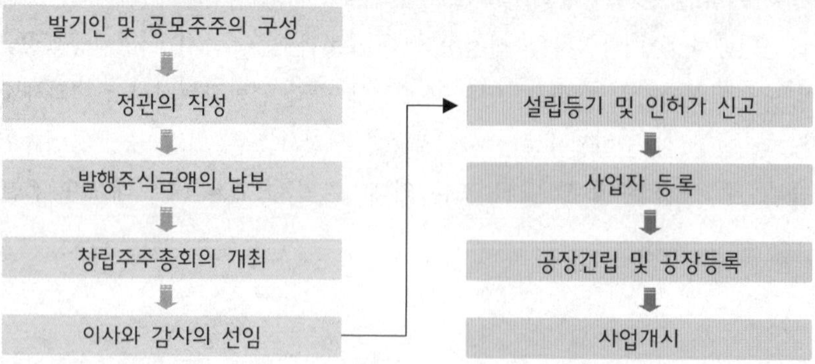

① 발기인 구성: 발기인은 형식적으로는 정관에 발기인으로 기명날인한 자로 개인이나 법인도 될 수 있다. 발기인은 3인 이상이며(자본금 5억원 이하의 경우에는 1인도 가능), 발기인은 1주 이상의 주식을 인수한다.

② 정관 작성: 발기인은 정관을 작성한다. 정관에는 회사의 상호, 목적(업태, 종목), 본점 주소지, 1주의 금액, 설립 자본금 등을 기재한다.

③ 주식 발행사항 결정: 정관의 기재나 발기인의 결의에 의하여 주식의 종류, 액면 이상 발행 사항, 청약과 납입기일, 납입 취급은행 등 주식발행 사항을 결정한다.

④ 주식인수: 발기설립은 주식의 전부를 발기인이 인수하나, 모집설립은 주식의 일부를 발기인이 인수하고 잔여주식에 대해 주주를 모집하여 주식을 배정한다. 청약인은 1인이라도 되고, 청약인이 인수할 주식의 수는 그 제한이 없으므로 1주라도 무방하다. 주주를 모집하는 방법은 공모이든 연고모집이든 관계없다. 단, 50인 이상의 다수인 공모는 금융감독위원회에 유가증권 발행인등록을 한다.

④ 주금납입: 발행주식의 총수가 인수된 때에는 지체 없이 각 주식에 대한 인수가액의 전액을 취급은행에 납입하여야 하며, 취급은행으로부터 주금납입보관증명서를 받아야 한다.

⑤ 발기인총회, 창립총회 개최: 발기설립은 발기인총회를 통하여 인수한 주식수의 과반수의 결의로 이사 및 감사를 선임하고, 모집설립은 창립총회를 통하여 발기인의 보고를 청취하고, 정관을 승인하고, 이사와 감사를 선임한다. 창립총회의 결의는 출석한 인수주식수의 2/3 이상이며, 인수주식총수의 과반수의 동의가 필요하다.

⑥ 설립경과 조사: 이사와 감사는 취임 후 회사의 설립에 관한 모든 사항을 조사하여 발기인(또는 창립총회)에 보고하며, 변태설립(變態設立)에 관한 사힝 등은 공증인의 보고 등으로 갈음하거나 법원에 검사인의 선임을 청구한다.

⑦ 대표이사 선임: 선임 이사들이 이사회를 개최하여 대표이사를 선임한다.

⑧ 설립등기: 발기설립은 검사인의 조사보고와 법원의 변경처분의 절차가 종료된 때로부터 2주 내에, 모집설립은 창립총회가 종결된 날 또는 변태설립 사항의 변경절차가 종료된 때로부터 2주 내에 설립등기를 한다.

**SENSE** **美 공대생 1~10등이 창업하는데 … 한국은 취직 못하면 창업**

미국 매사추세츠공대(MIT) 한 강의실에서 교수와 학생들이 기계 작동 원리와 구조에 대해 문답식으로 수업하고 있다. MIT에서는 교수와 학생 사이에 자유롭게 아이디어를 공유하고, 함께 창업하는 문화가 자리 잡고 있다. 그 결과 로봇 기술의 대가로 불리는 로드니 브룩스 전 MIT 교수가 탄생했고, 그 제자들 또한 독자적으로 창업해 미국 로봇 산업을 이끌고 있다.

출처: 조선일보 2016.10.06

# 3 창업기업의 이해

## (1) 창업기업의 특징

창업기업은 소유자나 관리자가 매우 높은 개인화된 경영방식이 있고, 소수의 종업원을 고용하며, 산업 내에서 중요도가 적은 독립적인 조직이다. 오늘날 창업기업은 대기업보다 상당히 창조적이고 혁신적인 경향이 있을 뿐만 아니라 고용의 주요 원천이다. 창업기업이 경제적으로나 사회적으로나 중요하나 높은 실패율은 전반적으로 경제나 사회에 해롭다.

### 1) 창업기업의 특징

창업기업은 시장에 밀착하고, 유연성과 적은 이익으로 운영할 능력을 갖고 있고, 신속하게 의사결정을 할 수 있다. 그러나 자금, 인적, 물적이나 정보자원이 제한적이다. 일반적으로 창업기업은 산업 내에서 상대적으로 규모가 작고, 끊임없는 불확실성에 직면하고, 공식적인 전략을 계획하지 않고, 즉흥적으로 경영하는 바람직하지 못한 경영방식을 갖고 있다. 또한 소유자나 관리자의 매우 높은 개인화된 경영방식에 대부분 의존하고 있다. 창업기업은 대기업에 비해 유연성, 혁신과 간접비에서는 유리하나, 시장 지배력, 네트워크 접근, 자본과 경영자원에서 한계가 있다. 많은 창업기업의 경영자들은 마케팅, 정부규제, 자본조달과 조직관리에서 문제를 경험한다. 창업기업의 종업원들은 대기업의 종업원보다 매우 높게 동기를 받고, 다양한 업무를 수행하고, 그들의 사장과 더욱 밀접하게 일한다. 이러한 방식들이 대기업 마케팅과 다른 특성의 마케팅을 수립하고 실행해야 할 이유이다.

### 2) 기업가의 개인적 특질

기업의 경영에서 소유자나 경영자의 편재(omnipresence)는 일반적이다. 즉, 중소기업에서 기업가들은 사업 자체와 분리할 수 없는 경우가 많다. 중소기업의 마케팅 지식은 대체로 기업가의 마케팅 지식에 대한 제한된 이해에 의존한다. 회사경영에 관한 기업가의 영향력을 지나치게 과장한 측면이 있지만, 기업가의 관리능력은 기업성공이나 실패의 가장 중요한 결정요인이다. 기업가들이 모두 동일한 것은 아니지만, 신념, 이상, 선호, 경험과 지식은 본질적으로 중소기업 그 자체이다. 그러나 기

그림 1-5 중소기업 소유자의 특질

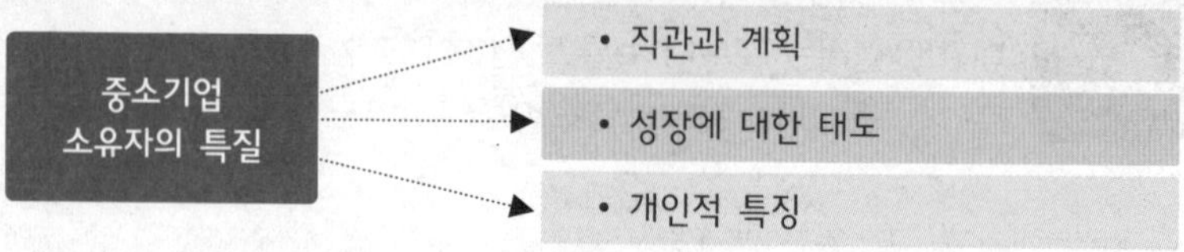

업을 창업하는 이유, 교육, 경험, 전략적 경영능력과 성장에 대한 태도가 각각 다르다. 기업가의 특질을 직관과 계획, 성장에 대한 태도와 개인적 특징 등 측면에서 살펴본다.

### ① 직관과 계획

기업가는 자원의 제약으로 사업에 관하여 전략적으로 생각할 시간이 없다. 일반적으로 기업은 계획체계에서 공식과 비공식의 영리한 균형을 이루어야 한다. 기업가들은 공식적인 전략계획이 사업에 이익이 된다는 것을 잘 믿지 않는다. 많은 성공적인 중소기업이 전략경영을 실행하지 않았다는 증거도 있다. 이러한 현상은 복잡한 이론과 수준 있는 공식절차를 기업가들이 사용하지 않을 뿐만 아니라 정교한 계획과 관리기법보다는 오히려 비공식적인 경영실무와 직관(intuition)에 따라 경영하는 것을 선호한다. 이것은 많은 마케팅 이론이 대기업을 위한 것으로 중소기업을 위한 이론이나 기법이 거의 없기 때문이다.

### ② 성장에 대한 태도

기업가의 성장에 대한 태도의 하나는 기업이 작을 때 독재 경영방식이 성공한다는 것이다. 그러나 회사가 성장함에 따라 경영방식과 조직구조가 변화할 필요성이 있다. 중소기업은 대기업에 비하여 자원의 제약이 많기 때문에 새로운 경영방식의 도입과 혁신이 오히려 더 필요하다. 회사의 성장은 기업가의 이미지와 회사가 활동하는 시장에 달려 있고, 이러한 경영환경은 직관과 독재 경영방식을 탈피할 필요가 있다. 따라서 기업가에게 혁신과 과학적인 경영방식이 기업의 성장에 중요한 의미가 있다.

### ③ 개인적 특징

새로운 기업을 일으켜 성공에 오른 창업자들은 위험에 대하여 도전적이고, 업무에서는 정열적인 자세를 갖고 있다. 그들은 창업기업에 특유한 장점과 단점을 알고, 이에 적합한 이론과 기법을 개발하여 회사를 경영한다. [그림 1-6]은 중소기업을 더 혁신적인 경영방식으로 자원의 한계를 극복한 성공한 창업기업의 소유자나 경영자들의 특질이다.

그림 1-6 성공한 창업기업가의 특질

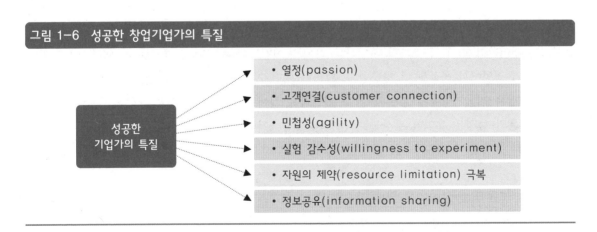

- 열정: 기업가들은 사업성공에 관심이 있고, 새로운 구상과 아이디어에 개방적이다.
- 고객연결: 고객욕구를 잘 알고, 충족하기 위해 고객과 밀접하게 연결되어 있다.
- 민첩성: 기업가들은 변화하는 환경에 더 쉽게 적응할 수 있다.
- 실험 감수성: 기업가들은 어떤 실험에 대한 실패위험을 기꺼이 감수하려고 한다.
- 자원의 제약: 기업가들은 자원이 적지만, 적은 것보다 많은 역할을 하는 데 능숙하다.
- 정보공유: 아이디어 공유에 대한 사회적 네트워크가 있다.

## (2) 중소기업의 성공요인

대체로 중소기업의 성장은 매출액, 수익성, 종업원 수와 재무자산 등의 증가와 관련이 있고, 이를 성공지표로 사용한다. 기업의 수가 비교적 적다면 적당한 성장은 높은 성장률로 이어질 수 있지만, 경쟁기업의 수가 많기 때문에 높은 성장률은 실제로 흔하지 않다. 높은 성장률은 중소기업의 수와 관련이 있다. 작은 조직이 큰 조직보다, 신생기업이 오래된 기업보다 더 빨리 성장하는 것이 일반적이다.

중소기업의 빠른 성장은 종종 찬사를 받지만, 위험이 없는 것은 아니다. 중소기업의 급속한 성장은 현금흐름의 불균형과 급박한 현금부족을 야기하여 유망한 사업성에도 불구하고 때때로 성숙 전 붕괴로 이어진다. 따라서 중소기업이 성장함에 따라 직관적인 경영은 충분하지 못하게 되고, 잘 계획되고 관리되는 시스템이 필요하다. 기업은 더욱 제도화되고, 관료화되고, 체계화되어야 하며, 이러한 구조와 체계는 자원이 취약한 중소기업과 대조된다. 기업가들이 관리할 수 있는 범위를 벗어나는 성장은 종종 위기를 유발한다. 많은 기업가들은 기업성장의 한계를 극복하기 위해서는 성장과 관리에 대한 태도가 변화되어야 한다.

### 1) 중소기업가의 유형

사업의 목적은 현재와 미래에 만족스런 이익을 창출하여 이해관계자의 부를 극대화하는 것이다. Peter Drucker는 사업이 성공하기 위해서는 고객을 창조하는 것이라고 하고, Deming은 고객을 감동시키는 것이라고 한다. 중소기업 사업가들 간에는 어떤 면에서는 상당한 차이가 있다. 어떤 기업가는 성공의 정의에서 성장을 더 강조한다. 그러나 어떤 기업가들은 독립을 개인과 기업의 성공으로 정의한다. 많은 기업가들에게 자신의 삶을 책임지는 것이 최고의 동기이다. 사업의 목적은 독립의 유지이고, 돈의 축적은 유익한 부산물로 간주한다. 중소기업가의 3가지 유형을 다음과 같이 성공의 관점에 따라 분류할 수 있다.

- 기능 보유자(artisan): 사업활동의 본질적 만족추구
- 기업가(entrepreneur): 기업의 성장추구

- 소유자(owner): 개인이나 기업의 독립추구

## 2) 중소기업의 성공요인

중소기업이 다른 기업과 직접적으로 경쟁할 때 대기업은 언제나 승리의 좋은 기회를 갖고 있는 것처럼 보인다. 실제로 중소기업은 좋아하는 부문에서 사업을 하는 고유한 영역을 갖고 있다. 경쟁우위를 확인하고, 유연하게 혁신을 유지하고, 고객과 밀접한 관계를 구축하고, 품질을 위해 노력한다면, 중소기업을 경영할 때 성공을 달성할 기회는 증가할 것이다.

대기업이 중소기업을 필요로 하는 공생관계(symbiotic relationship)이듯이 중소기업도 마찬가지이다. 예를 들면, 현대자동차는 많은 부품업체들로부터 부품을 공급받는다. 중소기업은 여러 분야에서 대기업보다 더 효율적으로 수행할 수 있다. 대기업이 규모의 경제로 더 높은 수익을 향유하는 경향이 있지만, 중소기업은 유통에 더 효율적이다. 대부분의 도매상과 소매상들은 작고 전 세계에 분포되어 있는 수백만 고객을 효율적으로 갖고 있는 거대 제조업체와 연결하여 사업을 운영한다.

사업에 성공하기 위해서 경쟁자가 제공하는 것보다 더 큰 가치를 고객에게 제공해야 한다. 가치는 기업에게 경쟁우위(competitive advantage)를 제공한다. 예를 들면, 경쟁자가 흑백프린터만을 제공한다고 가정하자. 컬러프린터 장비 투자는 적어도 경쟁자가 동일한 장비를 구매할 때까지는 경쟁우위를 준다. 경쟁우위가 더 강력하고, 더 오랫동안 유지될수록, 고객을 획득하고 유지하는 기회는 더욱 증가한다. 사업은 경쟁자보다 더 좋게 제공하는 제품이나 서비스를 가져야 한다. 그렇지 않다면, 시장의 압력은 사업을 진부하게 만들 것이다. 중소기업은 고유의 경쟁우위를 활용해야 시장에서 성공할 수 있다. 따라서 중소기업의 경쟁우위이자 성공비결은 혁신, 유연성과 고객과의 밀접성 등이 있다.

**그림 1-7 중소기업의 성공요인**

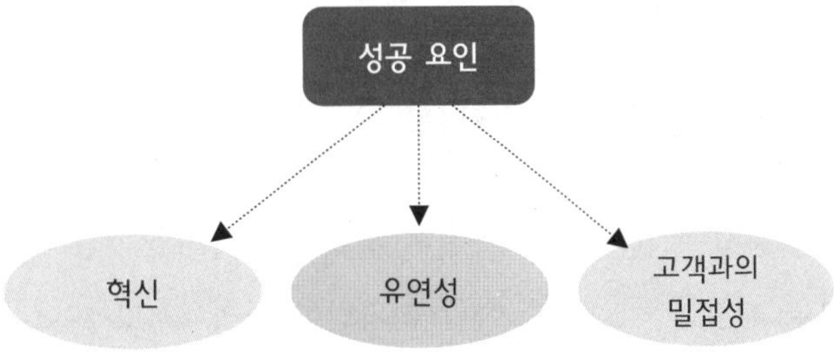


### ① 혁신

실제로 혁신(innovation)은 독립적인 발명가와 중소기업에서 온다. 그 이유는 무엇인가? 대부분의 대기업의 연구개발 부서는 회사가 이미 만든 제품의 개선에 집중하는 경향이 있다. 이러한 관행은 회사가 거대한 공장과 설비투자로부터 이익을 창출하려는 동시에 기존제품과 관련된 새로운 아이디어와 제품을 개발하는 경향이 있다. 예를 들면, 이동통신 회사들은 고객들에게 더 좋은 서비스를 제공하기 위해 중계국을 계속적으로 확장하고, 새로운 부가서비스를 제공한다. 이와 달리 중소기업은 매일 많은 발명에 몰입한다. 중소기업은 새로운 기술과 시장을 도입하고, 새로운 시장을 창조하고, 새로운 제품을 개발하고, 새로운 아이디어와 행동을 촉진해야 한다.

기존 제품공정, 아이디어와 사업을 새롭고 개선된 것으로 대체하는 것을 창조적 파괴(creative destruction)[4]라고 한다. 그러나 이것은 쉬운 과정이 아니다. 변화는 위협적이지만, 변화의 이면에는 위협과 기회의 양면성이 동시에 상존하고 있기 때문이다. 중소기업이 신기술을 개발할 때 창조적 파괴에 이르는 변화의 추진력이 발생한다. Schumpeter의 주장처럼 중소기업은 혁신을 창조할 때 중요한 역할을 한다. 다음은 중소기업이 창조하는 혁신의 유형이다.

그림 1-8 혁신의 유형

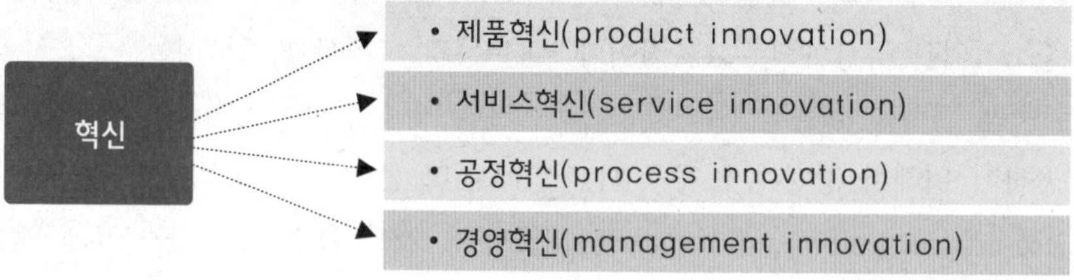


- 제품혁신: 새롭거나 개선된 제품의 개발
- 서비스혁신: 판매를 위해 새롭거나 변경된 서비스의 제공
- 공정혁신: 제품이나 서비스 생산을 위해 물리적 투입을 조직하는 방법의 발명
- 경영혁신: 경영자원을 조직하는 새로운 방법의 창안

혁신의 대부분은 제품과 서비스와 관련이 있다. 미국중소기업청(SBA)의 자료에 따르면 모든 혁신의 38%는 서비스와 관련이 있고, 32%는 제품과 관련이 있다. 대부분의 혁신은 1명에서 19명의 종업원이 있는 작은 회사로부터 나온다. 이처럼 서비스 혁신의 34% 이상은 매우 작은 중소기업에서 일어난다. 창조적 파괴의 공정은 첨단기술 산업이나 대기업에 제한되어 있지 않다. 시장혁신을 계속하지 않는 중소기업 소유자 뒤에는 위험 요소가 언제나 기다리고 있다. 창조적 파괴는 이발소를 대체하는 헤어 체인점처럼 신기한 산업뿐만 아니라 평범한 산업에서도 일어난다.

### ② 유연성

규모의 경제를 활용하기 위해서 대기업은 장기간 많은 제품을 생산할 자원투입을 찾는다. 이러한 자원의 투입은 새롭고 빠르게 변화하는 시장에 반응하는 능력을 제한한다. 중소기업은 의사결정 과정이 짧고 신속하다. 그래서 상황에 신속하고, 변화에 적응할 수 있는 효과적인 의사결정이 가능

4 Schumpeter, Joseph A(2013), *Capitalism, Socialism and Democracy,* Routledge.

하다. 경영환경 전반에 걸쳐 변화가 일어나기 때문에 경영에서 유연성은 매우 중요하다. 변경할 수 있는 선택을 갖는다면 사업이 덜 취약하다.

유연성은 실수, 오류와 비효율을 수정하는 데 도움이 된다. 유연성(flexibility)은 쉽게 변경할 수 있는 권한과 시스템을 의미한다. 변경할 권한을 갖는다면 유연한 것이다. 유연성은 기업운영의 시스템에서 나온다. 기업운영의 시스템은 변경에 반응할 때 쉽고 신속하여야 한다. 변경에 더 유연한 기업을 만들 수 있는 시스템과 제도가 성공의 핵심요소이다. 변경에 반응하는 속도는 경영에서 정확한 유연성이다. 그래서 재조정하고, 변경하고, 추진하는 유연성은 중요하다. 환경이 시간을 통하여 변경할 수 있기 때문에 사업은 언제나 불확실하다. 따라서 유연성이 환경을 수용할 필요가 있다.

#### ③ 고객과의 밀접한 관계

중소기업가들은 고객과 이웃을 개인적으로 잘 알고 친밀하다. 이러한 친밀성으로 고객의 욕구와 필요를 직접 알고, 개인화된 서비스를 제공할 수 있다. 반면에 대기업은 마케팅조사의 제한된 표본을 통해서만 고객을 알게 된다. 고객을 개인적으로 알게 되면, 중소기업은 전문품, 개인화된 서비스와 품질에 근거하여 경쟁우위를 구축할 수 있고, 대량생산으로 얻는 거대기업의 저가격과 맞서 경쟁할 수 있다. 특히 중소기업은 고객과 구축하는 라포(rapport[5])가 매우 중요하다는 것을 언제나 기억해야 한다.

### (3) 중소기업의 실패요인

중소기업의 실패율은 한 마디로 혼란스럽다. 실패율은 60%에서 10%로 매우 다른 수치를 갖고 있기 때문이다. 실패율에는 많은 요인들이 빠져있고, 산업에 따라서 다양하다. 또한 실패율의 차이를 설명하는 중요한 요인은 기간 설정이 다르다. 기간 설정은 여러 의미가 있다. 실제로 다양한 이해관계자 집단들이 평가에 사용된 기준에 따라서 동일한 기업을 동시에 성공과 실패로 판단할 수 있다. 중소기업은 자금부족과 마케팅의 부적절성으로 대기업보다 상당히 취약하다는 견해는 일반적이다. 비호의적인 경제상황, 부적절한 사업계획과 관리능력과 같은 요인이 결합된 취약성은 중소기업의 실패와 관련이 있다.

중소기업의 실패원인은 대체로 마케팅 능력의 부족, 경영의 부적절성, 자금의 부적절성과 외적 요인 등이 있다. 경영의 부적절성(managerial inadequacy)은 기업실패에서 가장 빈도가 높다. 이것은 모든 비행기의 추락을 조종사의 실패라고 설명하는 것처럼 모두 포괄하는 설명이다. 또는 경제침체와 같은 환경이나 외적 요인이다. 이러한 요인은 서로 관련이 없는 독립적인 요소가 아니다. 침체되는 경제는 기업의 판매를 위축하고, 이것은 부정적으로 기업의 현금흐름에 영향을 준다. 자금의 부적절성(financial inadequacy)이거나 자금의 부족이 있다. 이러한 현금흐름 문제를 관리하기 위한 지식이나 경험이 부족한 소유자는 기업실패를 보게 될 가능성이 크다.

5 상호 간에 신뢰하며, 감정적으로 친근감을 느끼는 인간관계.

그림 1-9 중소기업의 실패이유

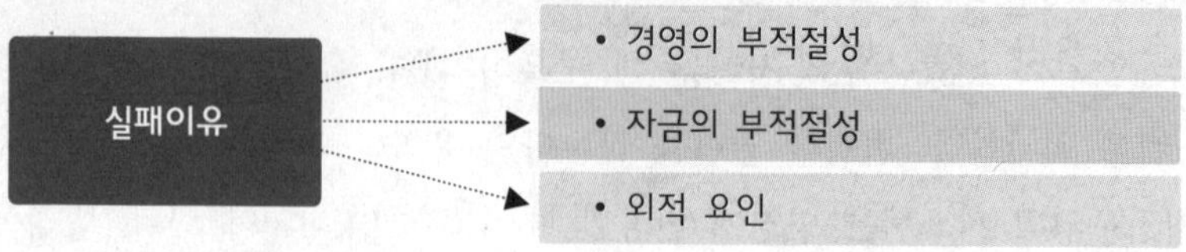


## 1) 경영의 부적절성

### ① 경영의 부적절성

경영의 부적절성은 일반적으로 중소기업 실패의 주요 원인이 된다. 소유자나 경영자의 경영무능 때문에 일어난다. 구체적으로 문제는 행동문제, 경영기술의 부족, 특정한 기술능력의 부족과 마케팅 근시안(marketing myopia)[6]을 포함한다. 이러한 기업가의 제한점을 일일이 열거하는 것은 손댈 수 없을 정도이다. 그러나 어떤 제한점은 주목할 만하다. 종업원과 고객과의 불충분한 의사소통은 실패의 표시이다. 기업가들은 비판이나 다양한 견해에 귀를 기울이는 능력이 부족하다. 체계적인 전략계획을 수립하지 않는 기업가들이 많다. 공식적 계획을 수행하지 못하는 것은 중소기업 실패에서 자주 언급되는 항목이다. 자원이 상대적으로 부족하기 때문에 중소기업은 계획을 직관적인 방법으로 선택하는 경향이 있다. 계획의 공식적 접근은 시간 낭비로 보거나 이론적으로 본다. 이러한 이유로 최종 결과는 많은 기업가들이 의미 있는 방법으로 공식적인 전략계획을 수행하지 못한다. 중소기업은 전략계획을 개발할 뿐만 아니라 계속적인 갱신으로 수행할 필요가 대기업보다 오히려 더 많이 있다. 그런데도 많은 기업가들은 전략적인 계획을 수립하지 않고, 직관에 따라 경영을 하고, 직원을 정확하게 선택하거나 관리할 능력을 갖고 있지 않다.

### ② 마케팅 능력의 부족

마케팅 능력은 좋은 제품의 개발과 좋아 보이는 제품의 판매를 의미한다. 대기업이든 중소기업이든 기업은 제품이나 서비스를 개발하여, 고객에게 제공함으로써 수익을 창출하고, 기업을 유지한다. 혁신은 제품, 공정이나 경영혁신을 의미한다. 혁신을 통하여 기업의 경쟁력을 강화한다. 그러나 기업의 생존과 성장에 더욱 필요한 것은 제품혁신이다. 제품혁신은 기업이 시장기회를 탐색하고, 고객의 미충족 욕구를 발견하여 개발기술을 적용하여 경쟁자와 다르고 독특한 제품을 제공하는 것을 뜻한다. 독특하고, 차별화된 제품을 적절한 마케팅 믹스로 시장에 제공하는 능력은 고객과 시장조사의 결과에 의존한다.

중소기업은 고객의 소리를 기술적 사양으로 변환하는 능력이 상대적으로 대기업에 비해 부족할 뿐만 아니라 기술개발에만 지나치게 몰두하여 마케팅 시야가 좁다. 이래서 기술적으로는 탁월한 제

6 테오도르 레빗(Theodore Levitt) 하버드대 교수는 마케팅 근시안을 먼 미래를 예상하지 못하고 바로 앞에 닥친 상황만 고려한 마케팅이라고 한다. 근시안적 시각을 가진 조직 또는 기업은 오래갈 수 없다. 사업단위를 제품이 아니라 고객의 욕구로 정의할 것을 제시한다.

품이지만, 팔리는 제품이 되지 못한다. 또한 이기는 시장경쟁전략이 부재하여 소비자에게 접근하지 못하는 경우가 많다. 또 다른 경영실패는 마케팅의 기능영역에서 제한점이다. 실패하는 기업은 고객의 변화하는 욕구를 무시하는 경향이 있고, 욕구를 잘 반영하지 않는다. 고객이 중요하게 생각하는 것을 이해하지 못하고, 변화하는 고객욕구를 수용하지 않으면, 사업에 실패한다.

부적절한 마케팅으로 실패에 이르는 중소기업의 비율이 높다. 마케팅 부족은 일반적으로 중소기업의 인지된 특징 중의 하나이다. 마케팅이 모든 사업문제를 치유하는 만병통치약도 아니며 한계점도 갖고 있지만, 마케팅 능력을 증가하고 마케팅 실행을 향상하여 자원의 취약성을 보완함으로써 기업을 성장하는 데 도움을 준다. 마케팅 실천을 향상하는 것은 중소기업가의 교육을 통해서 달성될 수 있다. 마케팅 교육과 중소기업을 위한 구체적인 마케팅 교육은 본질적인 문제가 있다. 이러한 문제는 중소기업의 마케팅 실무로써 마케팅 교육을 사용하기 위해 노력하는 마케팅 교육자들이고, 이들은 중소기업에 맞는 마케팅 기법과 이론을 체계적으로 수행해야 하지만, 현실적으로는 대기업에 적합한 교육 프로그램으로 실행하고 있는 것이 가장 큰 문제이다. 중소기업에 적합한 마케팅 교육이론을 개발할 때 고려해야 할 요소들이 있다. 이것은 대기업 위주의 마케팅 교육이 빚은 부작용이다.

### 2) 자금의 부적절성

중소기업 실패의 두 번째로 요인은 자금(finance)이다. 자금문제는 창업자금, 현금흐름과 자금관리 등 세 측면에서 분류된다. 기업은 사업운영을 시작할 때 자금이 필요하다. 많은 중소기업가들은 처음에 운영에 필요한 자금을 과소 추정한다. 창업 이후 필요자금의 과소추정은 너무 낙관적인 자금흐름 추정에 원인이 있다. 대부분 중소기업이 충분한 자금으로 시작하지 못하면, 소유자가 필요할 때 자금을 집행하지 못하는 결과가 된다. 필요자금에 대한 계획의 실패가 곧 사업실패로 연결된다.

기업실패의 주요 요인은 자금과 영업 간의 상호작용의 불일치에 있다. 양호한 현금흐름 관리는 기업의 생존에 필수적이고, 중소기업은 특히 세밀한 주의를 요한다. 중소기업은 채권관리와 같은 효과적인 자금통제를 개발하고 유지해야 한다. 기업가는 적어도 회계와 자금에 기본적으로 친숙해야 한다. 많은 기업가들은 사업을 관리하기 위해 회계사의 충고를 충분히 사용하지 않는다.

### 3) 외적 요인

마지막 요인은 외적 요인이다. 잠재적으로 무한한 원인이지만 경제환경은 가장 중요하다. 대체로 경제환경이 중소기업 실패의 30~50% 사이라고 한다. 경제성장율, 환율, 이자율과 실업률의 경제적 요인은 실패율에 미치는 영향이 크다. 이러한 외적 경제변수의 잠재적 영향으로 기업가가 계획자가 되거나 잠재적 우발성이나 운을 다룰 필요가 있다. [표 1-6]은 중소기업의 실패이유를 요약하여 설명한 것이다.

**표 1-6 중소기업의 실패 이유**

| 경영의 부적절성 | 자금의 부적절성 | 외적 요인 |
|---|---|---|
| • 사업계획의 실패<br>• 사업운영관리의 경험부족<br>• 비효율적인 인력충원<br>• 불충분한 의사소통 기술<br>• 충고의 실행이나 반응의 실패<br>• 과거실패의 학습 무시<br>• 경쟁무시와 혁신실패<br>• 고객기반의 다양화 실패<br>• 비효과적인 마케팅 전략 | • 현금흐름 문제<br>• 불충분한 최초자금<br>• 부적절한 자금기록<br>• 회계사의 통찰력 미활용<br>• 부적절한 자금확보 전략<br>• 성장에 추가되는 자금부족 | • 경제침체<br>• 실업증가<br>• 이자율 상승<br>• 고객이 원하지 않는 제품이나 서비스<br>• 대항하기 어려운 해외경쟁<br>• 사기<br>• 재난 |

## (4) 창업기업의 성공요인

사업을 성공적으로 경영하기 위해서 중소기업의 성공과 실패요인을 참고할 만하다. 창업에 성공하기 위해 창업 전에 준비할 사항을 확인할 필요가 있다. 사업을 시작하기 전에 성공하기 위한 적절한 도구를 갖고 있는지를 확인한다. 따라서 이익을 창출할 만한 시장, 충분한 자금, 숙련된 종업원과 정확한 정보를 확인하는 것이 중요하다.

**그림 1-10 창업기업의 성공요인**

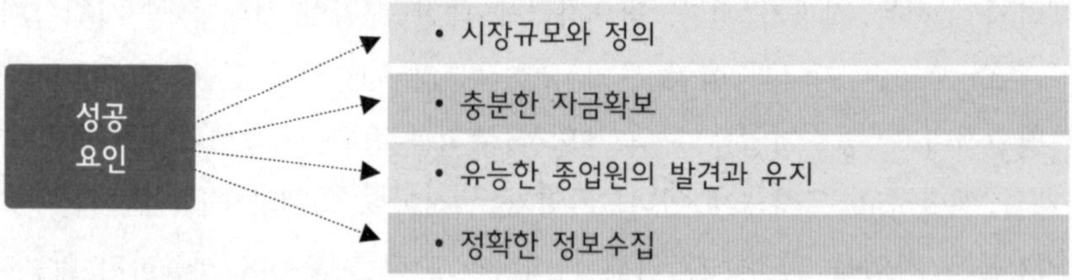


### 1) 시장규모와 정의

누가, 왜, 제품과 서비스를 구매하는가? 마케팅 기법은 제품을 구매하는 고객이 누구인지, 그리고 고객이 원하는 것이 무엇인지, 즉 표적고객과 제품을 발견하는 데 도움이 된다. 이러한 정보가 있다면, 특정한 제품이나 서비스를 제공하는 수익성에 관하여 현명한 의사결정을 할 수 있다. 사업을 시작하기 위해서는 시장규모가 충분히 크고, 잠재고객들이 공통적으로 갖고 있는 것과 잠재고객들이 좋아하거나 싫어하는 것을 파악하여, 고객들에게 가장 가치 있는 것을 제공하고, 경쟁우위를 유지해야 한다.

### 2) 충분한 자금확보

기업가들은 충분한 창업자금의 확보 없이 창업을 시작하려고 한다. 신생기업의 생명선은 현금이다. 취약한 자금은 성공의 기회를 약화한다. 수익은 궁극적인 목표이지만, 부적절한 현금흐름은 혈액공급을 차단하여 성장의 기회를 제한한다. 따라서 창업자본을 찾을 때 현금흐름을 고려한 현명한 계획이 필요하다.

### 3) 유능한 종업원의 발견과 유지

유능한 인재의 확보와 유지는 중소기업에게는 어려운 과업이다. 중소기업은 직원선발에 충분한 시간을 들이지 않고, 우발적으로 채용하는 경향이 있다. 사업을 시작하기 전에 직원을 고용하고, 훈련하고, 동기를 부여하여야 한다. 고용한 종업원은 가장 가치 있는 자산인 동시에 창업의 동반자이다. 사업을 성공적으로 만드는 것은 종업원의 기술, 지식과 정보이다. 이러한 무형자산을 지식자본(intellectual capital)이라 한다.

### 4) 정확한 정보수집

기업의 경영자들은 모든 관련 정보를 얻기 전에 의사결정을 하는 것이 어렵다. 다양한 정보원으로부터 자문을 받고 몇 가지 유리한 점을 고려한다면, 더 정확한 그림을 그릴 수 있다. 따라서 시장과 고객에 관한 정확한 정보를 수집하고 분석할 수 있어야 한다.

# 4 기업가와 기업가 정신

## (1) 기업가

### 1) 기업가의 정의

기업가(entrepreneur, 起業家)는 어떤 중요한 기회를 확인하고, 이익과 성장을 성취하기 위해 위험을 추구함으로써 새로운 사업을 창조하는 사람이다. 기회의 이익을 얻기 위해 모험사업(venture)을 조직하고, 진취적으로 행동하고, 무엇을, 어떻게, 얼마나 생산할 것인지를 결정하는 사람이다. 기업가는 위험추구자로서 모험자본을 제공하고, 사업활동을 추적하고, 관리한다. 따라서 기업가는 독립을 대단히 중요하게 생각하고, 우수성을 통해 차별성을 추구하며, 매우 낙관적이고, 언제나 적절한 위험과 변화를 선호한다. 다음은 주요 학자들의 기업가에 관한 정의이다.

- Peter Drucker(1985): 기업가는 변화를 항상 찾고, 반응하고, 기회로 이용하는 사람이다. 혁신은 사업을 위한 기회로 사용하는 기업가의 도구이다.
- Kuratko와 Hodgetts(2007): 기업가는 기회를 인식하고 포착하는 혁신가나 개발자이다. 기회를 시장성이 있는 아이디어로 전환하고, 시간, 노력, 돈이나 기술을 통해 가치를 추가한다. 경쟁적인 시장의 위험을 감수하고, 보상을 추구한다.
- Hisrich, Peters와 Shepherd(2010): 기업가는 혁신적인 방법으로 자원결합을 솔선하고, 위험을 감수하는 사람이다.

### 2) 기업가의 특징

기업가는 경험, 시장과 고객의 관찰을 통해 사업을 시작하기 위해 뛰어난 아이디어를 창출하고, 이러한 아이디어를 구체적인 사업으로 전환하는 특징이 있다. 기업가는 사업기회를 인식하고 활용하기 위해 포착하는 멀리 보는 통찰력과 능력이 있는 사람이다. 기업가가 갖고 있는 개인적 특징은 선도성, 기회인식, 불굴, 정보수집, 양질의 제품에 대한 관심, 몰입, 효율성 지향 등이 많이 있다. [표 1-7]은 기업가의 개인적 특징이다.

**표 1-7 기업가의 개인적 특징**

| 핵심능력 | 기업가 활동 |
|---|---|
| 선도성 | 요청 전에 행동하고, 새로운 영역, 제품이나 서비스로 사업을 확대한다. |
| 기회인식 | 사업기회를 확인하고, 유용한 기회를 만들기 위해 필요한 자원을 동원한다. |
| 불굴 | 장애를 극복하기 위해 반복적이거나 다른 행동을 조치한다. |
| 정보수집 | 사업을 전문가와 상담하고, 고객이나 공급자의 욕구를 수집한다. |
| 양질제품 관심 | 양질의 제품이나 서비스를 생산하거나 판매하기 위한 열망을 표현한다. |
| 몰입 | 일을 완성하기 위해 개인적 희생을 하거나 추가적인 노력을 확대한다. |
| 효율성 지향 | 더 빠르고, 더 좋고, 더 경제적으로 일하기 위한 방법과 수단을 발견한다. |
| 계획 | 다양한 내적으로 관련된 일을 계획에 따라 동시에 이룬다. |
| 문제해결 | 새로운 아이디어를 창안하고, 혁신적인 해결책을 발견한다. |
| 자신감 | 스스로 결정하고, 초기 장벽에도 불구하고 고수한다. |
| 경험 | 사업, 자금, 마케팅 등의 분야에서 전문지식을 보유한다. |
| 자기비판 | 개인적인 한계를 알지만, 향상하려고 노력하고, 성공에 만족하지 않는다. |
| 설득 | 사업의 동반자를 갖기 위해 고객과 투자자를 설득한다. |
| 유력자 사용 | 사업을 개발하고, 유력자를 유지하고, 보유정보의 보급을 제한한다. |
| 독단성 | 업무에 대한 지시, 질책이나 규율이 독단적이다. |
| 추적 | 일이 완성되고 고급표준을 확보하기 위한 보고시스템을 개발한다. |
| 대인관계 | 사업관계에서 단기적 이익보다 장기적 호의를 더 높게 놓는다. |
| 종업원 복지 | 종업원의 고충에 신속하게 반응하고, 관심을 표현한다. |
| 신뢰 | 사업손실을 보더라도 종업원, 공급자와 고객을 대할 때 정직을 유지한다. |

## (2) 기업가 정신

### 1) 기업가 정신의 의미

기업가 정신(entrepreneurship)은 이익을 얻기 위해 위험이 있는 모험사업을 개발하고, 조직하고, 운영하는 능력과 의지이다. 기업가 정신은 대체적으로 위험추구와 혁신으로 간주한다. 기업가 정신은 사업기회의 인식, 기회에 적절한 위험의 관리와 프로젝트의 결실에 필요한 인적자원과 물적자원을 동원하는 의사소통과 경영기술을 통하여 가치를 창조하려는 시도이다. 기업가는 혁신하고, 새로운 사업을 수행하는 사람이다. 기업가는 새롭고 더 좋은 방법으로 일을 하고, 불확실성하에 의사결정을 한다. 기업가 정신은 혁신성, 위험추구와 기회추구가 기본적인 요소이다.

혁신(innovation)은 새롭게 하거나 다르게 하는 것이다. 즉, 아이디어와 자원을 유용한 방법으로 변환하여 신제품, 서비스, 공정과 시장을 산출하는 것이다. 기업가들은 고객들의 변화하는 요구사항을 충족하기 위해 다르고 독특한 일을 하는 것을 항상 찾고 있다. 위험추구(risk taking)는 새로운 사업을 하는데 있어서의 위험이다. 새롭고 다른 일을 하는 것은 위험이다. 변화하는 고객의 선호, 경쟁의 증가, 원재료와 같은 다양한 요소에 의존하기 때문에 기업은 이익을 획득하거나 손실을 초래할 수 있다. 위험추구는 계속적으로 시도하고 궁극적으로 성공을 만드는 능력이다. 기회추구(opportunity seeking)는 사업기회의 인식을 통해서 가치를 창조하려는 시도이다. 따라서 기업가 정신의 주요 특징은 경영, 상상력이나 창조성, 혁신, 기민성이나 발견, 카리스마적 리더십, 판단, 위험추구이다.

- 경영: 기업가 경영은 다른 외부자금 원천과의 관계, 제품개발, 마케팅 등으로 구성된다.
- 상상력이나 창조성: 개인적, 심리적 특성으로 대담성, 상상력이나 창조성이 있다.
- 혁신: 발명가(inventor)는 새로운 방법과 새로운 재료를 발견하는 사람이지만, 혁신자(innovator)는 발명을 이용하고 새로운 결합을 하기 위해 기회를 발견하는 사람이다. 기업가는 새로운 것을 창조하고, 생산을 조직하고, 위험을 부담하며, 불확실성을 다룬다.
- 기민성이나 발견: 기업가는 기회를 얻기 위해 민첩하다. 기업가 수익의 원천은 다른 시장 참여자들에게 알려지지 않은 것의 발견이다.
- 카리스마 리더십: 계획, 규칙, 비전을 분명히 하고, 타인들과 의사소통하는 데 탁월하다.
- 판단: 기업가는 불확실성하에서 의사결정한다. 판단은 가능한 미래결과의 범위가 알려지지 않을 때 사업의 의사결정을 의미한다.
- 위험추구자: 혁신을 추구하는 사업은 창조적인 경영으로 위험추구를 촉진한다. 불확실성은 보장되지 않고 계산할 수 없는 위험이다.

### 2) 기업가 정신의 도구

기업가 정신은 수익을 획득할 목적으로 환경, 사회, 문화, 기술이나 인구 등의 변화와 기회를 이용하여 가치를 창조한다. 시장의 공백, 미제공이나 과소 제공한 고객의 욕구 등을 발견하여 고객의 문제를 해결하는 과정이다. 가치를 창조하는 기업가의 비결은 창조성과 혁신이다. 고객의 욕구를 충족하거나 고객의 문제를 해결하는 제품이나 서비스를 창조하기 위해 새로운 아이디어와 새로운 통찰력을 활용한다.

### ① 창조성과 혁신

창조성과 혁신은 동일한 의미로도 사용되지만 독특한 의미가 있다. 창조성(creativity)은 새로운 것을 만드는 능력이다. 사람들은 새로운 것을 상상하고 얼마나 유용한지를 생각할 수 있지만, 대부분은 반드시 현실로 만들기 위해 필요한 조치를 취하지는 않는다. 혁신(innovation)은 새로운 것을 만드는 과정이다. 새로운 아이디어를 갖고 있는 것만으로는 충분하지 않고, 아이디어를 제품으로 변환하는 것을 의미한다. 혁신은 창조적인 아이디어를 유용한 응용으로 변환하는 것이지만, 창조성은 혁신의 선결조건이다. 효과적으로 혁신하기 위해서는 고객과 시장, 가능한 것과 불가능한 것, 일어나는 일에 관한 통찰력이 필요하다. 혁신을 성공적으로 이용하는 데에는 개인적인 특성, 경영능력과 돈을 필요로 한다. 따라서 창조성은 새로운 것을 창조하여 새로운 지식을 산출하는 것이며, 혁신은 아이디어와 자원을 유용한 방법으로 변환하여 신제품, 서비스, 공정과 시장을 산출하는 것이다.

그림 1-11 창조성과 혁신의 특징

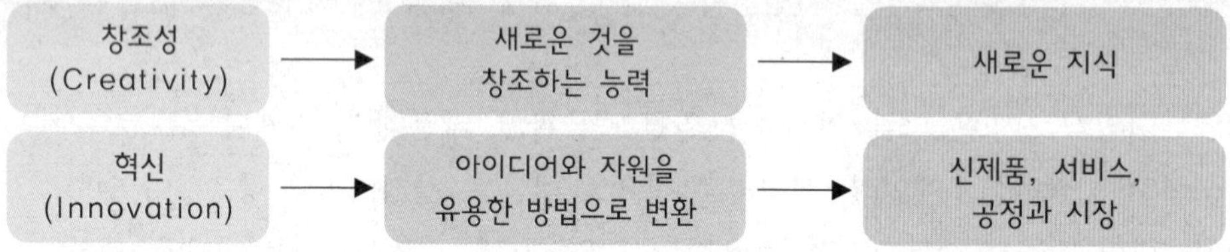


### ② 창조적 과정

창조적인 과정은 시장이나 기술의 공백과 사회의 변화를 통하여 아이디어를 인식함으로써 시작된다. 아이디어는 사업 아이디어로 전환되고, 최종적으로는 신제품이 된다. 시장에서 아이디어를 탐색하고 창출하면, 구체적인 고객의 문제를 해결하는 방법을 찾는다. 이것이 해결되면, 바로 사업 아이디어가 된다. 이때 가장 최적의 아이디어를 선정한다. 적용기술의 개발 가능성과 회사의 자원으로 가능한지를 파악하여 사업 아이디어를 구체화하고, 최종적으로 고객과 시장의 검증을 받는 단계를 마무리한다. 이러한 전 과정은 창조성과 발명이다.

창조성이 기업가 정신을 자극하는 근원이라면 혁신은 기업가 정신의 과정이다. 혁신은 저절로 오지 않는다. 기업가 정신은 변화를 주도하고 새로운 기회를 창조한다. 모방자가 가격과 비용을 일치할 때까지 혁신자는 이익을 수확할 수 있고, 균형을 깨뜨릴 수 있다. 때때로 혁신은 무에서 유를 창조한다. 그러나 혁신은 현재 숙고하고 새로운 방법으로 관련 요소를 결합할 때 오거나 더 단순하

그림 1-12 창조적 과정

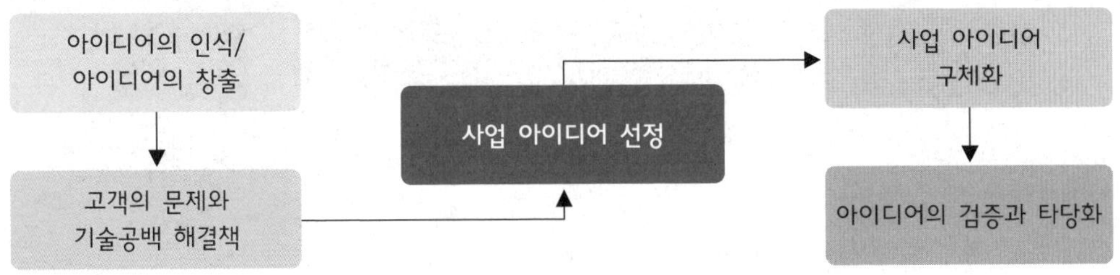


거나 더 좋은 것을 창조하기 위해서 어떤 것을 버릴 때 온다. 혁신은 기업가들이 다른 사업이나 다른 서비스를 위한 기회로써 변화를 이용하는 특별한 도구나 수단이다. 따라서 기업가들은 혁신의 원천, 기회와 성공적인 혁신을 위한 기회를 보여주는 징후를 의도적으로 찾을 필요가 있다.

### ③ 혁신과정

혁신과정은 [그림 1-13]과 같이 많은 단계를 거친다.[7] 각 과정에서 지식, 능숙한 인원과 전문장비의 투입과 시간투자를 필요로 하는 활동이 있다. 혁신이 성공적일 때 새로운 지식의 형태로 초기에 무형적으로 산출되지만, 판매를 위한 제품에 적용된다면 후에 유형화된다. 혁신과정의 첫 1~3단계는 기본적인 과학지식, 새로운 공정이나 청사진을 위한 계획과 신제품의 초기 프로토타입이나 공정을 산출한다. 이러한 모든 활동은 조사와 개발로써 한 덩어리로 묶지만, 과학연구소, 대학, 투자자와 회사를 포함하는 다양한 행위자에 의한 사전 시장활동을 나타낸다. 4단계는 시장성이 있는 제품이나 새로운 공정이 있는 시점으로 혁신이 성취되어야 도달되는 단계이다. 상업화의 국면은 확산으로 특징짓는 사건의 다른 연쇄시작을 촉발한다. 5단계의 확산(diffusion)은 시장에서 새로운 제품이나 공정의 광범위한 수용을 의미한다. 각 단계 사이의 피드백을 이해하는 것이 중요하다.

혁신은 단계를 통해서 선형적인 진전이 드물다. 초기 제품이나 공정이 완벽하지 않을 때, 고도화나 점진적 혁신은 매우 중요하다. 점진적 혁신은 극적 혁신과 대조되는데, 기존공정이나 제품에 적은 변화를 주는 것을 뜻한다. 극적이나 근본적 혁신은 방대한 적용이 있는 제품공정의 완전히 새로운 형태를 산출하고, 혁신제품의 새로운 영역을 낳는다. 증기기관차, 내연기관, 전기, 마이크로프로세서와 인터넷이 해당된다. 이러한 혁신은 경제가 작동되는 방법과 다른 혁신의 거대한 범위를 극적으로 변화한다. 1~4단계는 단일 기업에서 언제나 수행되지 않는다. 기업에 의해서 혁신으로 전환되는 새로운 지식의 흐름에 대한 기여자는 공공의 경제연구기관과 대학이다. 예를 들면, 종종 전문제약기업들은 1과 2단계의 R&D를 수행하지만, 다른 기업들은 신약을 위한 시약검사를 하는 3단계를 수행한다. 이러한 모든 활동이 계약하에 어느 정도 일정한 거리를 두고 발생한다. 이것은 전문화와 위탁계약이 혁신과정의 어떤 부분에서 발생할 수 있다는 것을 나타낸다.

7 Rosegger(1986).

그림 1-13 혁신과정

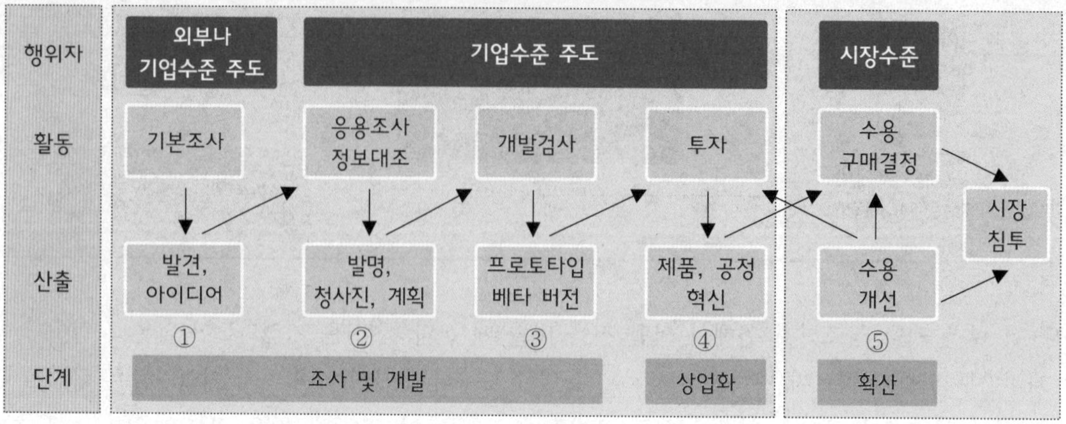


### ④ 위험추구

창조성은 혁신을 통해 제품이나 서비스로 전환된다. 창조성과 발명은 재능, 기질, 지식과 기술의 배합으로 지원된 사업현실이 되는 기업가 상황을 필요로 한다. 기업가는 시장에서 기회를 찾고, 이 기회를 사업 아이디어로 전환하여, 창조성과 혁신을 통하여 제품을 개발한다. 개발된 제품은 시장에 출시하여 이익과 성장을 확보하게 된다. 창조성과 혁신을 통하여 신제품이 개발되고, 시장에서 성공할 것으로 기대하고 자원을 투입하는 과정은 불확실한 미래에 대한 위험추구이다. 기업가는 발명과 창조성을 밀접하게 연결하고, 발명이 상업적으로 이용할 수 있는 기회에 도전한다. 창조성이 발명이나 기회탐지와 연관되는지는 위험추구이다.

기업가는 창조적 사고로 기술을 개발하고 적용하는 방법을 유도한다. 창조성과 혁신은 큰 경쟁자와 성공적으로 경쟁할 수 있는 중소기업의 핵심적인 역량이다. 혁신적인 기업가들은 새롭고 다른 것을 창조하고, 가치 있는 것으로 변환한다. 많은 사람들이 새롭거나 다른 제품과 서비스를 위한 창조적인 아이디어를 창안하지만, 대부분은 결코 어떠한 것도 생산하지 못한다. 기업가는 창조적 아이디어를 사업의 구조와 의미 있는 행동과 연결하는 사람이다. 성공적인 기업가 정신은 시장에서 창조성, 혁신과 적용을 신뢰하는 지속적인 과정이다. 창조성은 경쟁우위를 구축하는 데 중요한 원천일 뿐만 아니라 생존에 필수적이다. 문제에 대한 창조적인 해결책을 개발할 때 기업가들은 과거에 했던 것 이상을 해야 한다.

그림 1-14 기업가의 위험추구 과정

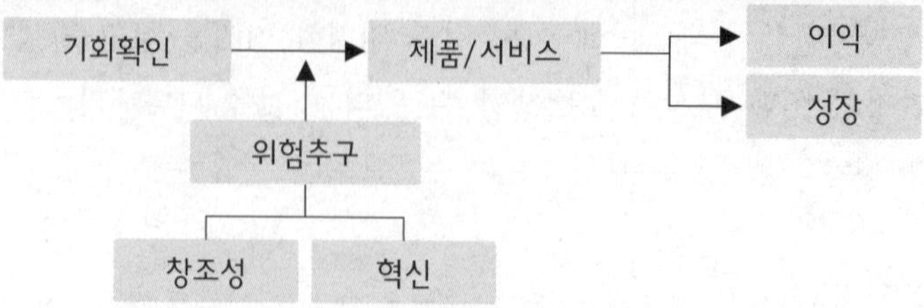

### 3) 기업가의 기능

기업가는 기회추구자, 아이디어 창출과 혁신자, 의사결정권자, 조직의 구축자와 제조 요소의 조정자이다. 기업가는 사업기회를 인식할 뿐만 아니라 사람, 자금, 기계, 재료와 방법과 같은 자원을 동원한다. 기업가의 주요 기능은 위험추구, 기업관리, 변화를 위한 혁신, 동기부여와 기타 관련 활동이 있다. 기업가 기능은 기업의 규모, 형태와 기업가 개인의 특질에 따라 다르고, 이는 훈련과 교육에 의해서 향상될 수 있다.

그림 1-15 기업가의 기능

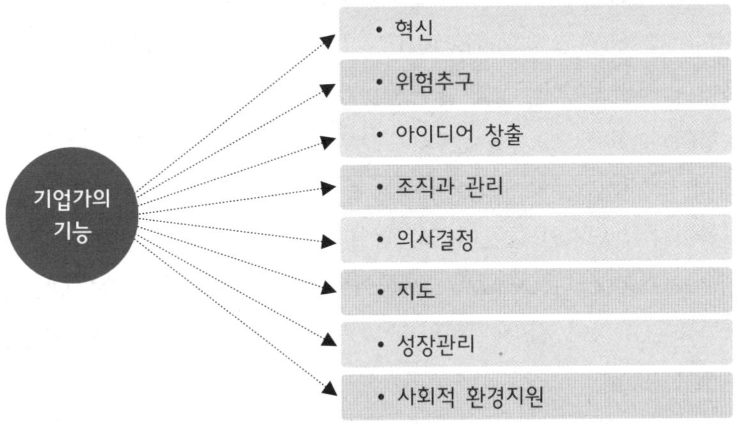


#### ① 혁신

기업가에 의해서 수행되는 가장 중요한 기능은 혁신이다. 회사의 현재 상태를 분석하고, 기존자원의 새롭고 생산적인 결합으로 새로운 수준의 균형에 이르는 것이다. 아이디어를 창조적으로 생각하고, 이러한 아이디어를 실현하기 위해 경영과 혁신을 사용한다. 혁신은 상상력과 창조성을 포함한다. 기업가는 시장기회를 탐색하고, 사업기회를 찾는다. 사업기회가 제품 아이디어가 되려면, 창조성을 발휘해야 한다. 창조적인 사고방식을 통해 제품 아이디어를 개발한다. 이러한 제품 아이디어는 혁신과정을 통하여 고객에게 새로움을 전달하기 위해 신제품을 개발한다. 모험사업에서 새롭고 다른 것을 창조하지 않는다면 기업가가 아니다. 또한 기업가는 생산요소를 결합하고, 국가의 경제발전에

그림 1-16 기업가의 창조성과 혁신

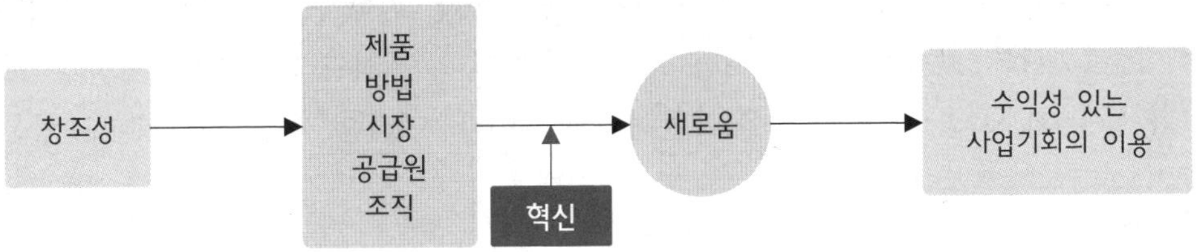

도움을 준다.

기업가가 변화에 기여하는 다섯 가지 유형이 있다. 즉, 초기확장, 이후확장, 요소혁신, 제품혁신과 시장혁신이다. 초기확장은 제품의 최초생산을 의미하고, 후기확장은 생산된 제품에서의 추가적인 변화를 뜻한다. 요소혁신은 공급이나 생산요소의 생산성의 향상을 위해 새로운 원천이나 새로운 형태의 자본, 노동력과 재료의 확보이다. 제품혁신은 생산공정의 변화로 새로운 기술의 사용이나 사람들 간의 관계구조의 형태에서 변화이다. 제품혁신은 새로운 제품의 생산, 기존제품의 품질이나 원가에서의 변화와 새로운 시장의 발견이다. 기업가의 장점은 새로운 것을 창조하는 데 있다. 혁신은 완전히 새로운 제품을 기획하는 것이며, 기업가의 혁신은 불연속적 혁신, 동적인 연속적 혁신, 연속적 혁신과 모방이 있다.

- 불연속적 혁신(discontinuous innovation): 이전에 충족하지 못했던 고객욕구를 충족하는 비약적인 제품이나 서비스이다. 예를 들면, 1980년대 후기 PC나 휴대폰은 구매자 행동 패턴에 파괴적인 영향(disruptive effect)을 준다.
- 동적인 연속적 혁신(dynamically continuous innovation): 현재 제품을 실질적으로 개선한 것으로 노트북이나 안드로이드 폰이 그 예이며, 약간의 파괴적 영향이 있다.
- 연속적 혁신(continuous innovation): 제품이나 서비스를 계속적으로 향상하는 변화이다. 예를 들면, 노트북용 수명이 긴 배터리와 스마트폰용 새로운 소프트웨어의 도입으로 파괴적인 영향이 거의 없다.
- 모방(imitation): 제품이나 서비스 개발에 활기를 주기 위해 다른 회사의 혁신을 사용하는 것이다. 예를 들면, Apple이 iPad를 도입했을 때 다른 회사들은 후속적으로 휴대용 태블릿 장치를 출시하였다.

### ② 위험추구

개발된 아이디어가 성공을 보장하지 않는다. 기업가는 기업의 성공이나 실패위험을 감수한다. 이러한 위험은 보험이 없다. 아이디어를 실현하여 사업을 운영한다면, 기업가는 스스로 손실을 감당해야 한다. 위험추구는 불확실성을 진취성, 재능과 현명한 판단에 의해 감소하려고 하는 기업가의 가장 중요한 기능이다. 회사가 추구하는 혁신은 위험과 부정적이거나 긍정적인 상관관계가 있다.[8] [그림 1－17]은 혁신과 위험 간의 상관관계이다. 불연속적 혁신과 모방은 위험과의 상관관계가 높지만, 연속적 혁신과 동적 연속적 혁신은 위험과의 상관관계가 낮다.

위험(risk)은 결과의 분포가 알려져 있어 감소될 수 있지만, 불확실성(uncertainty)은 계산될 수 없다. 기업가의 위험은 가능한 수익의 계산된 평가에 근거한다. 위험에는 네 가지 영역이 있다.[9] 즉, 재무적 위험, 경력위험, 가족과 사회적 위험, 심리적 위험이다. 위험관리는 사업의 수익을 보존하고 우발적인 손실을 최소화함으로써 자산을 보존하는 과정이다. 이러한 사업위험의 관리전략은 수용,

8 Morris(2011).
9 Urban(2011).

그림 1-17 혁신과 위험의 상관관계

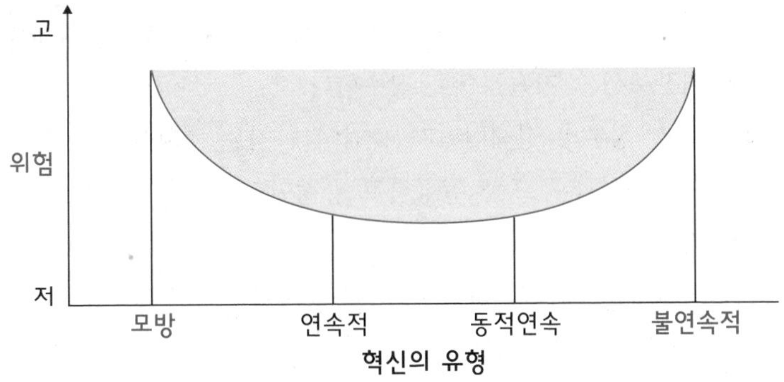


축소, 제거와 이전이다.

- 수용(acceptance): 기업가가 어떤 위험에 관하여 할 수 있는 것이 거의 없다. 위험은 통제 밖이며 특정한 위험을 제거하는 비용은 너무 크다.
- 축소(reduction): 기업가는 위험을 축소하기 위하여 시스템과 과정을 도입할 수 있다.
- 제거(elimination): 위험이 기업가의 통제 하에 전적으로 있지 않다면 종종 성취할 수 없지만 위험제거는 이상적이다.
- 이전(transfer): 사업으로부터 위험을 이전하는 것은 유용한 전략이다. 위험을 이전하기 위해 보험과 제휴를 사용한다.

### ③ 아이디어 창출

기업가는 시장과 고객을 탐구하여 찾은 아이디어를 실천한다. 아이디어는 사업환경 심사와 시장조사를 통해 창안될 수 있다. 상업적으로 실행할 수 있는 최적의 사업기회를 선택할 목적으로 많은 아이디어를 창안하는 것이 기업가의 기능이다. 기업가는 다양한 아이디어를 생각하고, 적용가능성을 테스트하는 계량기법을 적용하고, 아이디어를 경험적 발견으로 보충하고, 최적 대안에 도달하고, 실무적으로 적용한다. 아이디어의 선택은 비전, 직관, 통찰력, 예리한 관찰, 경험, 교육, 훈련으로 조사방법의 적용을 포함한다. 아이디어 창출은 제품선택과 프로젝트 확인을 포함한다.

### ④ 조직과 관리

기업가는 생산의 다양한 자원을 결합하고, 적절하게 조직하고, 제조단위로 전환하는 혁신을 적용한다. 또한 시장과 정부정책을 조사하고, 사업목표를 결정하며, 자금을 관리한다. 원재료를 확보하고, 인력의 확보와 양성에 책임을 진다. 혁신적인 기업가는 다음과 같은 활동을 관리한다.

- 사업환경의 심사: SWOT 분석으로 기회와 위협, 장점과 단점을 파악한다.

- 사업아이디어의 적합성 측정: 사업목적이 회사의 자원에 적합한지를 검토한다.
- 시장조사와 제품계열의 선택: 시장과 제품조사는 기업가가 제조하기 원하는 제품에 관한 자료의 체계적인 수집이다. 기업가는 의도한 제품수요, 제품계열 선택, 대체품, 고객의 규모 등을 파악하기 위해 시장조사를 지속적으로 착수한다.
- 정부 규제와 정책조사: 정부의 정책변화가 사업에 미치는 영향을 조사한다.
- 목표결정: 사명, 비전, 목적과 목표를 결정하고 규정한다. 기업가는 기업의 미래 전망에 관하여 매우 분명해야 한다.
- 기업의 형태결정: 기업가는 제품의 성격, 투자금액, 활동, 제품유형과 품질, 인적자원의 질에 근거하여 기업의 형태를 결정해야 한다.
- 자금관리: 자금조달은 기업가의 가장 중요한 기능이다. 사업의 모든 활동은 자금과 적절한 경영에 달려있다. 내외적으로 자금을 조달하는 것은 사업가의 책무이다.
- 원재료 확보: 기업가는 원재료의 저렴하고 지속적인 원천을 확인해야 한다. 생산원가를 절감하고 경쟁을 대항하는 데 도움이 된다.
- 기계와 장비의 확보: 기업가의 기능은 기업설립을 위한 기계와 장비의 조달이다. 기계를 조달할 때 기술의 명세, 기계능력, 설치 후 A/S 등을 확인해야 한다.
- 인력의 모집선발과 배치: 필요인력을 추산하고, 선발절차를 계획하고, 종업원을 배치한다.

### ⑤ 의사결정

기업가는 의사결정자일 뿐만 아니라 대내외적으로 좋은 관계를 유지하고, 회사를 대표한다. 또한 제품의 수요고객을 개발하고, 자원을 조달하여 제품을 개발하고, 표적고객에게 제공한다. 기업의 성장을 위한 전략을 개발하고 기업의 성공을 실현한다. 다음은 기업가의 주요 의사결정 내용이다.

- 기업에 필요하거나 유리한 조건으로 사업목적을 결정하거나 변경한다.
- 모든 종업원과의 효율적인 관계를 포함하여 조직을 개발한다.
- 기존과 잠재 투자자와의 좋은 관계를 유지하고 적절한 재무자원을 확보한다.
- 효율적인 기술장비를 조달한다.
- 제품을 위한 시장을 개발하고 고객수요를 충족하는 신제품을 고안한다.
- 공중과 좋은 관계를 유지한다.

### ⑥ 지도

기업이 발전함에 따라 기업가는 새로운 지도자의 역할을 맡고, 또한 비전 제시자로 행동한다. 기업가의 지도기능은 인적자원에서 최선을 끌어내는 것이다. 팀워크와 동기를 부여한다. 기업가는 명령과 통제 스타일에서 지시와 협업 스타일로 이전한다.

### ⑦ 성장관리

기업가는 기업의 성장을 관리해야 한다. 위기를 다루고, 재무적 성장에 대한 다양한 방법을 탐구하고, 벤처사업에 가치를 두는 적절한 성장전략을 개발하고 계획한다.

### ⑧ 사회적 환경 지원

사회적 환경은 사회관습, 문화, 가치와 신념으로 특징을 이룬다. 변화는 한 나라의 주어진 사회경제적 환경에서 쉽게 수용되지 않는다. 기업가는 재료의 새로운 원천, 신시장과 새로운 기회를 발견하고, 새롭고 수익이 있는 조직의 형태를 확립해야 한다. 이것은 의지력, 열정과 정력의 반영이고 사회의 변화저항을 극복하는 데 도움이 된다.

## 5 벤처기업

### (1) 벤처기업의 이해

벤처기업은 성장성과 수익성이 높으나, 자본이 취약하고 위험성이 큰 기업이다. 신기술과 아이디어로 신제품을 개발하여, 또한 창조성과 혁신으로 위험을 추구하는 모험기업으로 기업가 정신이 요구된다. 벤처기업은 고도의 전문능력, 창조적 재능, 기업가 정신을 갖고 있은 기업가가 대기업에서 착수하기 힘든 분야에 도전하는 기술기반 신규기업이다. 이러한 벤처기업은 생산·수출·고용 등 각 분야에서 경제의 핵심 주체의 역할을 하고 있다. 한국경제가 지식기반경제로 전환하고, 대기업 중심의 경제체질을 개선하는 등 경제성장 및 고용창출의 견인차 역할을 하고 있다.

#### 1) 벤처기업의 성격

벤처기업(venture company)은 벤처(venture)와 기업(company)의 합성어로서 벤처는 모험 또는 모험적 사업, 금전상의 위험을 감수하는 행위를 뜻하고, 기업은 영리는 목적으로 생산요소를 결합하여 계속적으로 경영하는 경제적 사업을 의미한다. venture는 벤처캐피탈(venture capital)로 신생기업(startup)에 전문적으로 투자를 하는 회사나 투자자를 의미한다. 즉, 성장할 회사를 찾아 투자하는 기업이다. 벤처기업은 다른 기업에 비해 기술성이나 성장성이 상대적으로 높아, 정부에서 지원할 필요가 있다고 인정하는 기업으로서 '벤처기업 육성에 관한 특별조치법'의 3가지 기준 중 1가지를 만족하는 기업이다. 벤처기업협회는 벤처기업을 개인 또는 소수의 창업가가 위험성은 크지만, 성공할 경우 높은 기대수익이 예상되는 신기술과 아이디어를 독자적인 기반 위에서 사업화하려는 신생중소기업으로 정의하고 있다. 벤처기업은 성공 가능성은 낮지만, 성공할 경우 막대한 성장과 수익이 기대되는 고위험, 고수익, 고성장 신생기업이다. 따라서 벤처기업은 첨단의 신기술과 아이디어를 개발하여 창조적·모험적 경영을 전개하는 기술집약형 중소기업이다. 다음은 벤처기업의 특성이다.

- 기술 창업인이 기술혁신의 아이디어를 상업화하기 위해 설립한 신생기업이다.
- 높은 위험부담이 있으나 성공할 경우 높은 기대이익이 예상된다.
- 모험적 사업에 도전하는 기업가 정신을 가진 기업가에 의해 주도된다.

표 1-8 벤처기업의 장단점

| 장점 | 단점 |
|---|---|
| • 기술력을 인정받으면 자금조달이 유리하고, 대외적인 신뢰도를 향상할 수 있다.<br>• 코스닥 시장에 상장할 수 있으면 급속한 성장이 가능하다. | • 기술개발 및 사업화 과정에서 자금이 필요하고, 사업실패 시 타격이 크다.<br>• 기술개발을 위해 고급 인력이 필요하나, 인력을 확보하기가 어렵다. |

국내의 벤처기업은 2009년도에 18,893사에서 2016년도 32,451사로 꾸준하게 증가하고 있는 추세이다. 기술평가 보증기업이 대다수를 차지하고 있고, 기술평가 대출기업, 연구개발 기업, 벤처투자 기업과 예비벤처 기업 순이다.

그림 1-18 국내 벤처기업의 추이

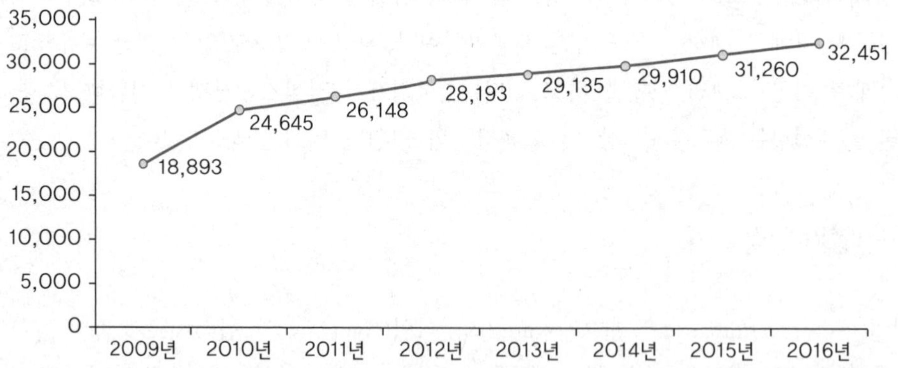


출처: 벤처인

## 2) 벤처기업가 과정과 활동

벤처기업의 중요한 시기는 개발기이다. 기술변화의 빠른 속도는 대부분의 제품수명을 단축한다. 아이디어에서 실행할 수 있는 제품의 개발기간은 일 년 이내이다. 급속하게 전개한 벤처기업에게는 생존기의 가장 힘든 시기는 운영한 첫 몇 달간이다. 첫해에 급성장이 일어나고, 자금조달의 문제는 예상하기도 전에 발생한다. 그러한 급성장은 창업팀 구성원에게 심한 도전이 된다. 창업팀은 이때 다양한 자금기법을 전개하게 된다. [그림 1-19]는 벤처기업의 수명주기와 기업가 과정 활동 간의 연결을 보여준다. 개발기에는 기업가 과정에서 기회를 개발하는 데 집중하고, 창업기에는 자원을 확보한다. 성공적인 벤처기업이 수명주기를 통해 계속적으로 운영되기 때문에 벤처기업은 종종 안전하게 생존기를 잘 빠져나간다. 이 시기에 벤처기업은 성장과 경영의 집중뿐만 아니라 자원을 계속적으로 확보하는 시기이다. 급성장과 조기성숙기는 기업가 과정에서 운영의 성장과 관련이 깊다.

그림 1-19 기업가 과정과 활동

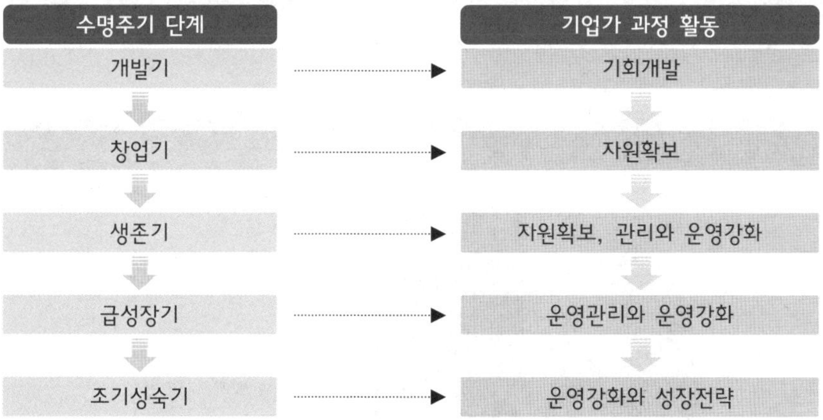


### 3) 벤처기업의 유형

벤처기업 육성에 관한 특별조치법에서 지원 대상인 벤처기업을 법적으로 정의하고, 기업이 법으로 정해진 조건을 충족하는 기업을 정책지원의 대상인 벤처기업으로 인증하고 있다. 법에서 벤처기업은 기술 및 경영혁신에 관한 능력이 우수한 중소기업 중 벤처확인유형별 요건을 갖춘 기업으로 정의하고 있고, 다양한 방법으로 지원하고 있다. 벤처기업의 유형은 벤처투자 기업, 연구개발 기업, 기술평가 보증·대출 기업과 예비벤처 기업이 있고, 각 유형별로 요건과 지원이 다소 상이하다.

#### ① 연구개발 기업

기술개발촉진법에 의한 기업 부설 연구소를 보유하는 것이 필수이며, 업력에 따라 창업 3년 이상인 기업과 3년 미만인 기업으로 구분된다. 창업 3년 이상인 기업은 벤처 확인 요청일이 속하는 분기의 직전 4분기 연간 연구 개발비가 5천만원 이상이고, 연간 매출액 대비 연구 개발비 비율이 벤처기업 활성화 위원회의 심의를 거쳐 중소기업청장이 업종별로 정하여 고시하는 비율(일반적으로 5~10%) 이상이어야 한다. 창업 3년 미만인 기업은 벤처 확인 요청일이 속하는 분기의 직전 4분기 연간 연구 개발비가 5천만원 이상이고, 이때에는 연구개발비 비율 적용이 제외된다. 또한 연구 개발

기업 사업성 평가 기관으로부터 사업성이 우수한 것으로 평가받아야 한다.

② 기술평가 보증 · 대출 기업

기술평가보증의 보증 또는 중소기업진흥공단의 대출을 순수 신용으로 받고, 보증 또는 대출금액이 8천만원 이상이며, 당해 기업 총자산에 대한 보증 또는 대출금액 비율이 5% 이상이어야 한다. 또한 기술보증 또는 중소기업진흥공단으로부터 기술성이 우수한 것으로 평가받은 기업이어야 한다.

③ 예비벤처 기업

벤처기업의 창업을 위해 법인 설립, 사업자 등록을 준비 중인 자 또는 창업 후 6개월 이내인 자로 준비 중인 기술 및 사업계획이 기술보증 또는 중소기업진흥공단으로부터 우수한 것으로 평가받아야 한다.

그림 1-20 2016년도 벤처기업의 유형

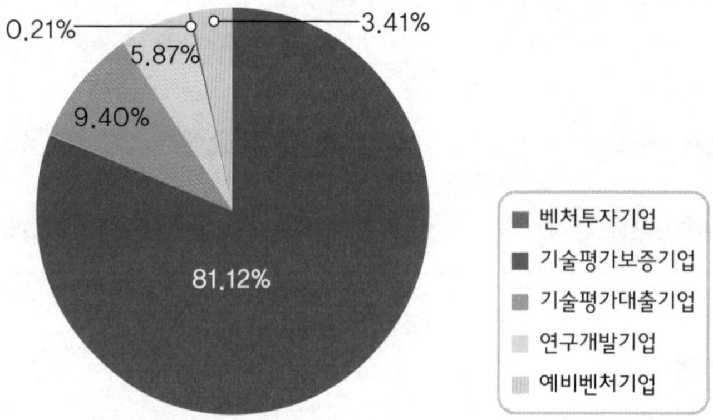


출처: 벤처인

## 4) 벤처기업의 기준요건

벤처기업확인제도는 벤처기업 육성에 관한 특별조치법 제2조의2 규정에 의한 요건에 해당하는 기업을 벤처기업으로 확인하여 시장진입이 어려운 사업초기에 인적·물적 자원조달을 지원하는 제도이다. 일정한 요건을 갖춘 중소기업 또는 예비벤처를 벤처기업으로 확인하여, 벤처기업 육성에 관한 특별조치법에 의거 벤처기업에 대한 기금의 투자, 조세감면 등 각종 자금이나 조세 지원의 혜택이 있다. 다음은 벤처기업의 주요 지원시책이다.

- 벤처기업에 대한 기금의 투자에 따른 자금조달 및 금융지원
- 벤처확인을 받은 기간에 따라 차이는 있지만 법인세, 소득세 50% 감면, 인지세 면제, 등록세 및 취득세 면제, 재산 및 종합토지세 감면, 농어촌특별세 면제 등의 세제 혜택

- 연구소 설립조건 완화: 연구전담요원 2명 이상시 인정, 일반 중소기업은 5인
- 기술인력 지원, 코스닥 등록 지원
- 기타, 각종 수상·인증 등 신청 시 가점부여 등

## (2) 벤처기업의 자금조달

### 1) 창업자금의 중요성

기업가들이 자금의 소요액을 파악하고 자금조달의 원천을 아는데 정통하더라도 많은 기업의 실패는 사업이 양(+)의 현금흐름이 시작될 때까지 이용할 수 있는 자금을 갖지 못하기 때문이다. 즉, 상황을 감당할 수 없을 때까지 걱정하지 않는 것이다. 그러나 모든 중소기업 소유자는 사업을 효과적으로 운영하는 데 필요한 자금액을 정의하는 방법을 이해해야 한다. 경영자가 재무측면을 아는 능력은 경제가 침체될 때 더욱 중요하다. 기업은 사업을 시작하기 전에 현금, 재고, 특허, 장비, 건물 등 자산을 보유해야 한다. 사업가에게 기본적인 초기 자금의 사용용도는 개업에 필요한 자산 취득비용, 개업비용, 고정비 등이 있다. 사업에 필요한 자산의 취득비용은 소유자 자신의 돈이거나 부채이다. 초기 필요자본의 결정과정은 사업을 시작하는 데 필요한 고정비를 포함한 단기자산과 장기자산[10]의 확인부터 시작한다.

모든 기업은 사업을 시작하기 전에 단기와 장기자산을 필요로 한다. 단기자산은 현금과 재고자산, 선급비용과 운전자본 준비금 등이다. 많은 기업은 거의 첫해에는 수익이 없기 때문에 현금준비금을 보유하는 것은 지급불능을 예방한다. 장기자산은 토지, 건물, 장비, 특허 등이다. 사업을 효과적으로 운영하기 위해서 준비해야 할 것을 정확하게 결정하기 위해서 상황을 신중하게 평가해야 한다. 이러한 과업을 효과적으로 수행하기 위해서는 필요한 자산의 목록을 준비한다. 필요한 자산을 결정하기 위해 희망 목록을 검토하고, 각 시나리오에서 자산의 비용을 추정한다. 모든 필요자산의 검토를 끝낸 후에 최소투자의 목록을 결정한다. 비용은 신중하게 평가해야 한다. 고정비는 수익이 없더라도 지급해야 하고, 이것은 중소기업 소유자에게 심각한 문제를 야기할 수 있다. 사업에 사용된 소유자 자산의 시가는 소유자로부터 구매자산에 이르는 모든 현금을 가산한다.

### 2) 벤처기업의 수명주기

성공적인 벤처기업은 [그림 1-21]과 같은 수명주기를 따른다.[11] 벤처기업의 수명주기는 개발기, 창업기, 생존기, 급성장기와 조기성숙기로 이어진다. 일반적으로 사업손실은 창업과 생존기 동안 주로 발생하지만, 이익은 급성장기에 시작하여 가파르게 증가한다.

10 단기자산은 일 년 안에 현금으로 전환되는 자산이지만, 장기자산은 일 년 안에 현금으로 전환되는 되지 않는 자산이다.
11 Leach and Melicher(2012).

그림 1-21 성공적인 기업의 수명주기 단계

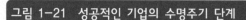

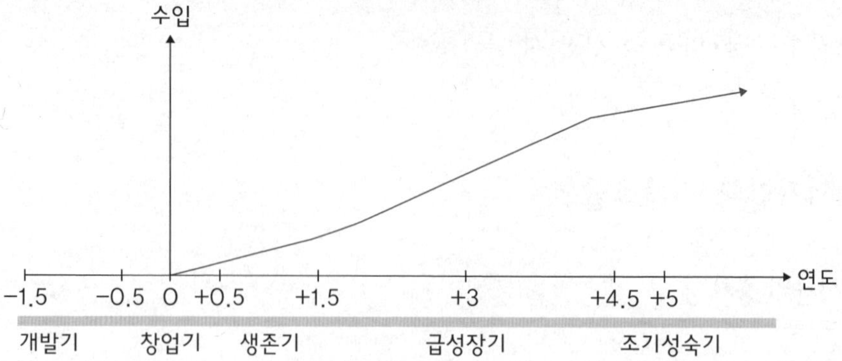


### ① 개발기

창업자는 개발기(development stage)에 시장기회, 고객욕구, 경쟁제품과 개인적인 경험 등에서 유망한 사업기회를 찾아 사업 아이디어를 창출하고, 제품화한다. 창업자는 이 시기에 시장성과 수익성이 있는 제품이나 서비스에 대한 아이디어를 탐색한다. 이러한 아이디어의 타당성은 친구나 가족들로부터의 평가나 반응을 통해 검증을 받는다. 또한 전문성을 가진 집단의 반응과 관심을 받기도 한다. 아이디어에 대해 좋은 반응을 얻게 되면, 시제품을 개발하고, 성능과 고객의 반응을 테스트하여, 창업에 대한 구상을 수립한다. 이러한 개발기는 산업이나 제품의 유형에 따라 다르지만 일 년 반 정도 소요된다.

### ② 창업기

창업기(startup stage)는 벤처기업을 조직하고, 제품을 개발하고, 그리고 초기 수익 모델을 준비하는 시점이다. [그림 1－21]에서 창업기는 0.5년 사이에 있으나, 창업기의 기간은 경우에 따라 달라질 수 있다. 제품이나 서비스 제공에 필요한 자원을 준비하는 기간이 1년보다 길거나 짧을 수도 있다. 예를 들면, 물적 · 인적자본이 거의 필요 없고 생산시설이 간단하면 창업기가 1년 내에 진행될 수 있다. 벤처기업이 처음으로 제품이나 서비스를 제공해서 수익이 발생하는 시점은 그림에서는 “0”으로 표시되어 있다.

### ③ 생존기

생존기(survival stage)는 0.5년부터 1.5년 사이이다. 생존기 동안 수입은 성장하기 시작하고 비용을 충당하는 데 도움이 되지만, 비용 전체를 충당할 수 있는 것은 아니다. 수입과 비용의 차이는 차입금이나 투자로 충당된다. 차입금을 상환하고 추가적인 수익을 제공하기에 충분하게 영업으로부터 현금흐름을 기대한다면 외부 투자자들이나 대출자들은 금융을 제공할 것이다. 따라서 생존기의 벤처기업은 외부 투자자에게 확신을 줄 수 있는 자료가 필요하게 되며, 이러한 목적에서 재무제표 등 관련 자료를 준비한다.

### ④ 급성장기

급성장기(rapid-growth stage)는 수입과 현금유입 흐름이 매우 빠르게 성장하는 단계이다. 영업으로부터 현금유입은 현금유출보다 더 빠르게 성장하고 벤처기업의 가치도 크게 인식하게 된다. 급성장은 종종 1.5에서 4.5년에 일어난다. 생존기를 성공적으로 통과한 벤처기업은 시장점유율에서 실질적인 이득의 수혜자들이다. 계속되는 수입성장과 시장점유율의 증가는 수익성이 좋은 재무결과를 촉진한다. 성공적인 벤처기업의 수명주기에서 이 기간 동안 수입이 비용보다 더 빠르게 증가할 뿐만 아니라 가치도 빠르게 증가한다. 또한 성공적인 벤처기업은 생산과 유통에서 규모의 경제이익을 얻는다.

### ⑤ 조기성숙기

조기성숙기(early-maturity stage)는 수입의 성장과 현금흐름이 계속되는 시기이지만 급속한 성장기보다는 느리다. 기업가치가 지속적으로 증가하지만, 대부분의 벤처가치는 급성장기 동안 이미 창출되고 실현되었다. 조기성숙기는 4.5년과 5년 이후에 발생한다. 이 단계에서 기업가와 투자자들은 벤처기업을 매각하거나 계속 소유권을 유지하면서 벤처기업을 운영할지를 결정한다.

## 3) 벤처기업의 단계별 자금조달

창업기업은 시설자금과 운전자금이 필요하다. 시설자금은 사업장을 확보하는 비용과 필요한 집기비품의 구입비, 그리고 제조업일 경우 제품생산에 필요한 생산설비의 구입비이다. 운전자금은 사업을 개시한 후 제품을 팔아서 회사에 현금이 들어올 때까지 회사운영에 필요한 재료비, 인건비, 경비 등이다. 운전자금은 제품이나 서비스를 판매하여 얻는 수입으로 충당된다. 그러나 판매가 저조하면 운전자금을 충당할 재원을 마련해야 한다.

창업한 후 3년 이내 문을 닫는 업체가 많이 있다. 창업실패의 주요 원인은 창업자의 경영관리 능력 부족, 시장조사의 소홀, 제품개발의 실패와 마케팅 노력의 부족 등이 있지만 결정적 원인은 현금흐름의 부족과 같은 자금관리와 조달능력의 부족에 있다. 일반적으로 창업 시에 창업자금의 구성은 자기자본과 타인자본의 비율이 70% 대 30% 구조가 매우 이상적이다. 자기자본보다 타인자본이 많으면 자금압박과 긴장으로 정상적인 경영을 하는 데 지장이 많이 있다. 초기의 벤처기업은 종종 시작부터 자금이 부족하다. 기업가는 다양한 자금의 원천을 이해하는 것이 필수적이다. [그림 1-22]는 수명주기 단계에 따른 자금의 유형과 자금의 주요 원천을 나타낸 것이다.

그림 1-22 벤처기업의 수명주기와 자금유형

| 수명주기 단계 | 자금유형 | 주요 원천 |
| --- | --- | --- |
| 개발기 | 씨앗자금 | 기업가 자산, 친구와 친척자금 |
| 창업기 | 창업자금 | 씨앗자금, 엔젤 벤처자금 |
| 생존기 | 일회전자금 | 매출, 벤처자금, 공급자, 고객, 정부지원, 은행 |
| 급성장기 | 이회전과 유동성자금 | 매출, 공급자와 고객, 은행, 투자 |
| 조기성숙기 | 은행대출, 채권발행, 주식발행 | 매출, 은행, 투자 |

### ① 씨앗자금

개발기 동안 자금의 주요 원천은 아이디어가 실행할 수 있는 사업기회로 전환될 수 있는지를 판단하기 위해 씨앗자금(seed financing)이 필요하다. 이 시기에 자금의 주요 원천은 기업가의 개인 자산이다. 대부분의 신생기업은 제한적인 자원을 보충하기 위해 다양한 방법을 사용한다. 은행이나 외부 투자자로부터의 자금조달이 이 단계에서는 어렵기 때문에 기업가는 다양한 방법을 사용하게 된다. 첫째, 창업자 자신의 은행예금 인출, 보유 주식이나 채권, 자동차나 주택의 매각이나 담보제공에 의한 차입금이다. 또한, 매우 위험하기는 하나 신용카드를 통한 자금융통이 있다. 둘째, 가족이나 친구에 의한 자금조달이다. 이들은 창업자에게 융자나 투자를 해주기도 하는데, 제품이나 서비스보다는 창업자 자신에게 투자하는 것이다. 이러한 자금조달은 공식적인 금융기관을 통한 자금조달보다 비용측면에서 저렴할 수는 있다.

### ② 창업자금

창업자금(startup financing)은 실행할 수 있는 사업기회에서 최초 생산과 판매시점에 필요한 자금이다. 창업자금은 경영팀을 구성하고, 사업모델과 계획을 개발하고, 수입을 창출하기 위한 활동에 필요한 자금이다. 씨앗자금 단계 동안 기업가 개인의 자금에 의존하고, 창업기 동안은 가족과 친구의 자금을 조달하기도 한다. 그러나 이 단계에서 창업기업은 공식적인 자금조달 방법을 생각하기 시작한다. 이 시기에 수익이 발생하기는 하지만, 현금의 유입보다는 현금의 지출이 훨씬 커서 외부로부터의 자금조달이 필요하다. 외부의 주요 전문투자자로는 비즈니스 엔젤과 벤처자본가가 있다. 비즈니스 엔젤(business angel)은 비공식적 또는 사적으로 투자활동을 하는 개인 투자가들로 이들은 단독 또는 공동으로 투자활동을 하며, 사업, 금융과 관련 기술 분야에 대한 상당한 전문지식을 가지고 있다. 벤처자본가(venture capitalist)는 신생과 급성장하는 벤처에 자금을 지원하기 위해 벤처캐피탈 회사를 공식적으로 조직한 개인들이다.

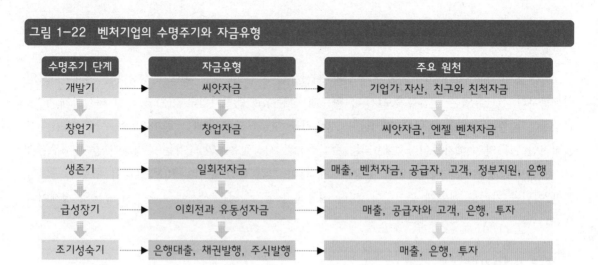

### ③ 생존기

벤처기업 수명주기의 생존단계(survival stage)는 벤처가 성공하고 가치를 창출하거나 폐쇄하고 청산하는지를 결정하는 중요한 시기이다. 첫 회 자금조달은 비용과 투자와 같은 지출경비가 수입을 초과할 때 현금부족을 보충하기 위해 정부지원, 은행과 벤처 투자자에 의해서 외부자금을 조달한다. 시장점유율을 위한 경쟁은 일반적으로 현금이 부족할 뿐만 아니라 마케팅 비용과 조직운영비를 메우기 위해서도 필요하다. 벤처기업이 급성장단계나 성숙단계에 들어가게 되면 은행을 통한 자금조달이 상대적으로 용이해진다.

### ④ 급성장기

급성장기(rapid-growth stage)에는 회사가 순조롭게 출발하고, 경영진이 정상적으로 활동하고 있다. 이 단계에서 판매가 증가하고, 생산성이 향상되거나 회사의 효율성이 증가된다. 급성장기의 주요 자금조달원은 판매수입, 납품업체 또는 구매업체의 신용, 은행이나 투자은행의 차입이나 투자 등이다. 대부분 벤처기업은 판매수입이 도움이 되나 목표 성장률에 도달하기 위해서는 충분한 자금조달이 필요하다. 급성장기에서 판매가 빠르게 성장하기 위해서는 재고와 외상매출금의 회전이 빠르게 증가해야 한다. 재고와 외상매출금의 증가를 유지하기 위해서는 상당한 규모의 외부자금이 필요하다. 재고관리에 소요되는 운영자본의 안정적 유지가 중요하다. 또한 생산시설 확장, 마케팅 비용의 증가, 운영비, 제품 및 서비스 개발비가 필요하다. 전환사채를 발행하여 자금을 충당하기도 한다. 전환사채는 특정한 조건의 주식으로 전환할 수 있는 채권이다.

### ⑤ 조기성숙기

성공적인 벤처기업은 거래소나 코스닥에 기업공개를 함으로써 성장에 필요한 자금을 조달하고 동시에 창업초기 투자자들에게 투자자금 회수의 기회를 제공한다. 벤처투자자의 경우 벤처기업이 성숙단계에 진입하기 이전에 투자자금을 회수하여 철수하게 된다. 다른 주요 자금조달 원천은 내부유보 자금, 은행융자, 채권이나 주식을 발행한다. 성숙기에서는 벤처기업의 성장률이 낮은 수준으로 떨어지기 때문에 생존기나 급성장기와는 달리 외부자금조달이 생존의 문제와 직결되지는 않는다. 기업은 절세, 투자수익의 조정, M&A 등의 목적에서 자금조달이 이루어진다.

## 4) 자금조달의 고려사항

기업가는 자금의 원천을 찾기 전에 부채와 자본을 이해할 필요가 있다. 부채(debt)는 채권자로부터 빌린 자금으로 상환해야 할 의무가 있는 채무(liabilities)이다. 기업이 부채를 사용하는 것은 지렛대 효과(leverage effect)[12]를 기대할 수 있다. 지렛대를 사용하는 목적은 적은 자본을 투입하여 많

12 레버리지 효과(leverage effect)라고 하며 타인으로부터 빌린 차입금을 지렛대로 삼아 이익률을 높이는 것을 말한다.

은 이익을 얻는 것이다. 지렛대는 사업에 자기자본을 투자하는 것처럼 기대한 잠재적 수익을 증가할 수 있다. 그러나 지렛대의 증가는 위험을 증가할 수 있다. 부채에 의한 자금조달은 사업에 의해 창출되는 미래 현금흐름을 소진할 수 있고 잠재적으로 손실을 확대할 수 있다. 부채에 대한 이자지급은 지급해야 할 고정비가 된다. 부채는 적시에 부채를 상환하지 못한다면, 기술적 지급불능이 된다. 부채의 계속적인 미상환은 궁극적으로 기업의 파산으로 이르게 된다. 부채는 경제가 침체할 때 골칫거리가 되고 기업소유자에게 눈물을 흘리는 이유가 된다.

지분금융(equity financing)은 기업이 주식 등 소유지분을 매각하여 자금을 조달하는 방식으로 상환할 필요가 없는 자금이다. 즉, 기업의 현금흐름을 제한하는 지급이 없고, 자금에 대한 이자도 없다. 투자자들의 자금을 지분으로 조달하는 것이기 때문에 기업이 손실을 볼 경우 투자자들이 투자한 금액에 비례해 직접 손실을 입게 되는 것이다. 또한 담보를 설정하지 않아도 되어 기업가에게 개인적으로 상당히 안정적이다. 하지만 단점은 수익이 투자금액에 따라 분배하므로 기업가 개인에게 돌아오는 수입은 적어지게 된다. 지분 제공자는 기업의 일부를 소유하고 일반적으로 배당금, 기업가치의 증가와 기업경영의 발언권에 관심이 크다. 배당금(dividends)은 회사의 순이익에 근거하여 지급하고, 반기나 연간 단위로 지급한다. 많은 중소기업은 미래성장을 위해 이익잉여금의 형태로 순이익을 유지하고, 신규투자에 필요한 금액 이상으로 이익을 보일 때만 배당금을 지급하는 배당정책을 고려한다. 기업가치의 증가는 성공적인 기업의 자연스런 결과이다.

### (3) 신용거래의 5Cs

기업가가 외부자금을 찾기로 결정할 때 자금의 잠재적 공급자에게 신용을 제공할 수 있어야 한다. 창업기업에 있어서 창업기업가의 신용은 자산으로 거래와 자금조달에서 필수적이다. 많은 대여자가 사용하는 지침은 신용거래의 5Cs이다. 신용은 중요한 자격요소를 나타낸다.

그림 1-23 신용거래의 5Cs

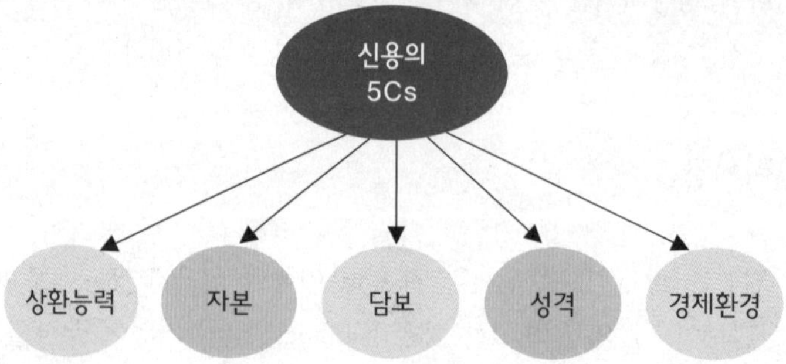

### 1) 상환능력

능력(capacity)은 자금을 상환할 수 있는 신청자의 능력이다. 현금과 시장성이 있는 유가증권의 가액, 기업의 과거와 미래의 현금흐름을 조사하여 추정한다. 이미 갖고 있는 부채금액도 고려된다.

### 2) 자본

자본(capital)은 신청자의 개인적 재력의 기능이다. 자산총액에서 부채총액을 차감한 사업의 순자산가치는 자본을 결정한다. 은행은 대안적인 상환원천이 되는 기업의 외부원천을 보유하고 있는 것을 알기를 원한다.

### 3) 담보

대출의 상환을 위한 안정장치로 제공되는 신청자의 자산은 담보(collateral)이다. 대출이 상환되지 않는다면 대출자는 담보물건을 압류할 수 있다. 담보물의 가치는 자산의 시장가치에 근거하는 것이 아니라 자산이 유동화 된다면 받을 수 있는 가치를 고려하여 할인된다. 따라서 시장가치보다 훨씬 적게 된다.

### 4) 성격

신청자의 성격(character)은 대출을 기꺼이 상환하려는 의지를 나타내기 때문에 중요하게 고려된다. 성격은 주로 신청자의 과거 상환패턴의 기준으로 판단되지만, 대출자는 결혼여부, 주택소유와 군복무와 같은 다른 요인을 고려할 수 있다. 신청자 상환 패턴에 대한 대출자의 이전 경험은 새로운 신청자의 성격을 평가할 때 요소 선택에 영향을 미친다.

### 5) 경제환경

대출시점의 경제적 환경(economic condition)은 신청자의 상환능력에 영향을 준다. 대출자는 경제침체 시기에는 대출을 확대하려고 하지 않는다.

02

# 마케팅의 본질

# 한국의 장수 브랜드 10

## 100년 브랜드: 창조와 혁신으로 블루오션 개척

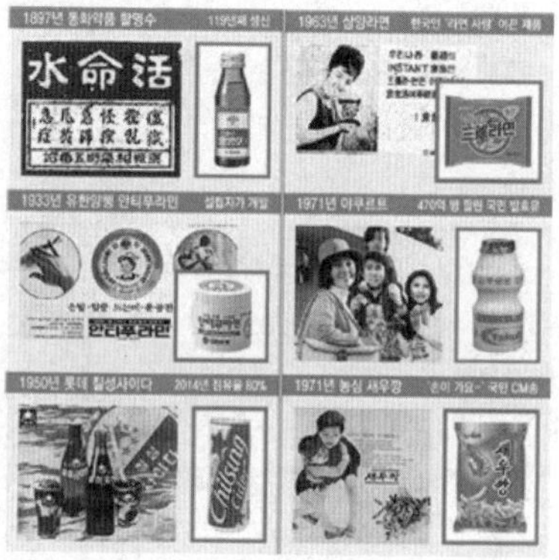

제품 하나를 수십 년, 길게는 100년을 넘게 쓰고 있다면 이는 단순한 공산품이 아니라 국가의 '브랜드'이기도 하다. 식품부터 약품, 자동차에 이르기까지 한국기업이 배출한 장수상품을 살펴본다. 소비자에게 가까이 다가서려는 브랜드는 매년 하늘의 별처럼 많이 배출된다. 특허청에 따르면 지난해 국내 상표등록을 한 제품만 10만 개가 넘는다. 이 중 10년, 20년 후에도 살아남아 소비자들의 사랑을 받는 제품은 열 손가락을 채우기도 힘들 것이다. 수십 년을 굳건하게 버티는 브랜드를 탄생시키는 것이 기업 입장에서도 크나큰 영광인 이유다.

## 장수 브랜드는 새 시장을 창조

국내 최초의 등록상표인 동화약품 '부채표'의 활명수가 나온 1897년에도 한국인의 식사 속도는 빨랐다. 저작권이 없었던 1910년대부터 '이 약을 살 때 부채 상표에 주의하시오'라는 신문광고까지 냈을 정도다. 항염증제인 안티푸라민은 유한양행 설립자인 유일한 박사가 1933년 개발했다. 이 약이 개발될 당시 국민 대부분은 농사일 등 고된 노동에 종사했지만 상처가 났을 때 바를 약조차 변변히 없었다. '아픔을 없애 준다'는 당시로서는 놀라운 효능 때문에 감기에 걸렸을 때 코에 바르는 국민들도 많았다고 한다. 사람들의 고정관념을 깨뜨리며 장수 브랜드로 떠오른 상품도 있다. 샘표는 1954년 간장 영업을 시작했다. 누구나 간장을 집에서 담가 먹던 시절이다. 사 먹는 간장을 홍보하기 위해 샘표 직원들은 직접 간장병을 들고 나가 시장 상인이나 주부들에게 맛을 보여줬다. 그렇게 '간장은 집에서 만드는 것'이라는 고정관념을 깨뜨린 결과 샘표간장은 지금까지도 사랑받는 간장 브랜드가 될 수 있었다.

## 누가 봐도 정체성 지켰다

1971년 출시 당시부터 '새우깡'이라는 글자를 세로로 쓰고, 큼지막한 붉은 새우 그림을 포장지에 넣었다. 글자와 그림의 위치는 꾸준히 바뀌었지만 전체적인 제품 디자인은 처음 제품을 선보인 이후 누구나 '새우깡'임을 알 수 있을 정도다. 여기에 모든 세대를 아우르는 간식이라는 이미지를 구축하면서 44년 동안 국내 스낵류 1위 제품이 됐다. 칠성사이다와 삼양라면 역시 제품 정체성을 지켜 나가며 꾸준히 성장한 경우다. 초록색에 별이 선명하게 새겨진 병을 보면 제품의 이름을 보지 않아도 대한민국 국민이라면 누구나 '칠성사이다'를 떠올린다. 칠성사이다는 지난해에도 국내 사이다 음료 시장의 약 80%(업체 추산)를 차지한 1등 제품이다. 삼양라면은 회사 이름을 한자로 새긴 '삼양(三養)'로고와 따뜻한 느낌의 주황색 포장지를 52년 동안 지켜 오고 있다. 제품이 아니라 사람으로 정체성을 지켜 나가는 브랜드도 있다. 1971년 발매된 야쿠르트다. 야쿠르트는 출시 이후 44년 동안 '야쿠르트 아줌마'를 통한 방문판매를 지금까지 고수하고 있다. '유산균 음료'라는 생소한 음료에 사람들이 쉽게 친숙해진 데도 야쿠르트 아줌마들의 공로가 컸다. 야쿠르트 역시 '윌'과 '쿠퍼스' 등의 추가 브랜드를 개발했지만 본래 야쿠르트 제품만큼은 예전 그대로의 디자인을 고수한다.

### 혁신 계속한 장수 브랜드

끊임없는 혁신으로 소비자들에게 다가가는 장수 브랜드도 있다. 대표적인 것이 현대자동차의 중형 자동차 쏘나타다. 1985년 첫 선을 보인 이후 30년 동안 지속된, 한국 자동차 중 최장수 브랜드다. 하지만 그간 7차례에 걸쳐 모든 것을 바꾸며 생존해 왔다. 쏘나타 1세대는 지금 보면 "쏘나타가 맞느냐"고 반문할 정도로 각진 디자인을 가졌다. 형님뻘인 스텔라가 인기를 끌면서 비슷한 디자인을 채택한 것이지만 7세대를 거치며 디자인과 성능, 엔진까지 모든 것이 바뀌었다. 현대차 관계자는 쏘나타라는 브랜드는 1980년대 윤택해진 한국인의 상징이지만 산업발전에 따라 끊임없이 개선해 왔다. 초코파이 역시 혁신으로 해외 진출까지 성공한 과자가 됐다. 파란색 패키지로 1974년 처음 출시됐지만 2002년 해외 소비자 취향에 맞춘 빨간색으로 바꾸었다. 변하는 소비자 입맛에 맞춰 시대별, 지역별로도 끊임없이 다양한 맛을 선보이며 세계인의 입맛을 잡았다. 오리온 초코파이에 정(情)든 사람이 한둘이 아니다. 특히 군대를 다녀 온 남자들은 초코파이에 대한 진한 추억을 갖고 있다. 현재까지 팔린 누적 판매량은 무려 183억 개(2014년 기준)나 된다. 초코파이를 일렬로 세웠을 때 지구를 32바퀴 도는 길이와 같다. 초코파이가 이처럼 사랑을 받을 수 있었던 것은 고유한 맛을 유지하면서도 품질개선을 위해 끊임없이 연구했기 때문이다. 기본적으로 초코파이는 수분 함유량이 높은 마시멜로와 비스킷, 초콜릿이 한데 어우러져 만들어진다. 41년 전 개발 당시의 맛과 현재의 맛은 다르다. 소비자들의 변화하는 입맛에 맞추기 위해 미묘하게 맛을 계속 바꿔왔다. 1956년 출시된 국민 조미료인 미원은 대대적인 제품개선과 디자인 혁신을 통해 장수 브랜드의 명맥을 잇고 있다.

출처: 동아일보 2015.08.07

# 제2장 | 마케팅의 본질

## 1 창업 마케팅

### (1) 창업 마케팅의 개념

마케팅은 고객에게 가치를 창조하고, 소통하고, 전달하며, 조직과 이해관계자에게 이익이 되는 방법으로 고객관계를 관리하는 조직기능과 일련의 과정이다. 기업가(entrepreneur)는 불황기에 영웅이 되는 경우가 많다. 도전적인 사업환경에서 사업을 운영하고 성장하는 능력은 사회를 위해서 중요하다. 마케팅과 기업가지향 간에는 유의미한 상관관계가 존재한다.[1] 창업 마케팅(startup marketing)은 기업가 정신으로 가치사슬 전반에 걸쳐 혁신적이고 효과적인 가치창출을 통하여 고객만족을 선제적으로 집중하는 활동이다. 창업 마케팅은 기업가 정신과 마케팅을 결합한, 주로 창업가에 의해서 실행되는 마케팅 활동이다. 창업 마케팅의 기능은 고객집중, 자원 지렛대 효과, 바이럴 마케팅과 가치창조 등이 있다.[2] 따라서 창업 마케팅은 위험관리, 자원의 지렛대 효과와 가치창조의 혁신적인 접근으로 수익 있는 고객(profitable customer)을 획득하고, 유지하기 위한 기회의 탐구와 선제적 확인이다.

기업가들은 기회를 찾고, 새로운 것을 창조하는 사람들이다. 기업가 정신은 마케팅에 혁신(innovation)과 창조성(creativity)을 포함하는 핵심기능이다. 기업가는 신제품과 공정을 도입하고, 신시장을 개척하고, 새로운 공급원을 찾기 위해 노력한다. 가치를 창조하기 위해 새로운 것을 개발하고, 시장 아이디어를 탐색하는 개인과 조직이 보여주는 행동이다. 창업 마케팅은 위험관리, 자원차용과 가치창조에 대한 혁신적인 방법을 통하여 수익 있는 고객을 획득하고 유지하기 위한 기회의 이용과 선제적 확인이다. 이것은 기업가 정신과 마케팅을 결합한 것이다. 시장지향은 시장을 탐색하고, 고객욕구를 평가하여, 제품을 개발한다면, 기업가지향은 아이디어로 시작하고, 그런 다음에 시장기회를 찾는다. 성공적인 기업가는 상향식 방식으로 역과정을 실천한다.

- 기업가지향: 아이디어로 시작하고, 그런 다음에 시장기회 탐색
- 시장지향: 시장을 탐색하고, 고객욕구를 평가하여, 제품개발

일단 아이디어와 가능한 시장기회를 확인하면, 기업가는 시행착오 과정으로 기회를 검토한다. 그런 후 회사는 어떤 고객의 욕구를 제공하기 시작하고, 고객과 직접적인 접촉을 하고, 고객의 선호

1 Jones & Rowley(2011).
2 Becherer, Richard, Haynes and Helms(2008).

와 욕구를 발견한다. 그 후 제품을 구매한 사람들과 동일한 특성을 갖는 새로운 고객을 추가한다. 새로운 고객이 최초 고객의 추천인 경우가 많아 고객과의 직접이나 개인적 접촉을 선호하는 창업 마케팅은 기업가들이 상호작용 마케팅 방법을 채택하기 때문에 4P's 모델은 적합하지 않다. 기업가들은 인적판매와 관계마케팅 활동 중에 고객과 상호작용을 하고, 그러한 상호작용은 구전마케팅에 의해서 증가되고 고객추천에 필수적이다.

그림 2-1 기업가지향 마케팅 과정

## (2) 창업 마케팅의 특성

기업가지향(entrepreneurial orientation)은 위험감수, 혁신성, 기회집중과 선제적인 행동에 의해서 제시되는 지속적인 기업수준의 속성이다.[3] 혁신(innovation)은 R&D에서 신제품이나 투자의 도입을, 위험감수(risk taking)는 신기한 절차와 방법에 관한 신뢰와 불확실한 프로젝트에 대한 기업의 감수와 보상을, 선제성(proactivity)은 대담하고 방대한 전략적 행동과 도전하는 경향이다. 기업가지향 마케팅을 추구하는 회사는 경험, 몰입과 직관에 의존하는 경향이 있기 때문에 예산에 의해 덜 통제되고 전략이 적응적이다.

시장지향(market orientation)은 현재 마케팅 수요에 대한 회사의 반응을 나타내는 마케팅 개념의 중심 요소의 하나로 구매자를 위한 가치창조와 시장에서 효과적인 성과를 거두는 데 필요한 행동을 창조한다. 따라서 시장지향은 회사가 소비자의 욕구를 분석하고 평가하여, 소비자 욕구를 만족시키는 과정으로 자원의 지렛대 효과, 고객강도와 가치창조 등을 포함한다.[4] 이와 같이 시장지향은 장기집중과 수익성의 두 가지 의사결정 기준인 고객지향과 가치창조이다. 이러한 것들은 중소기업의 개념에서 시장에서 최종적인 성과를 향상하는 데 도움이 된다. 고객강도와 가치창조가 잘 적용된다면, 시장지향은 회사의 성공적인 성과가 된다. [그림 2-2]는 창업 마케팅의 특성이다.

[그림 2-3]은 창업 마케팅 요소의 중요도를 평가한 연구결과이다.[5] 계산된 모험감수(calculated risk taking)가 중요도에서 가장 높았으나, 가치창조와 고객강도는 가장 낮았다. 고객만족은 경쟁우위와 조직의 성공에 가장 중요한 요소이다. 고객 없이 기업이 성공할 수 없기 때문에 고객은 가장 중요한 이해관계자들의 하나이다.

3 Covin, Jeffrey and Lumpkin(2011).
4 Frishammar & Horte(2007).
5 Rezvani & Khazaei(2013).

그림 2-2 창업 마케팅의 특성

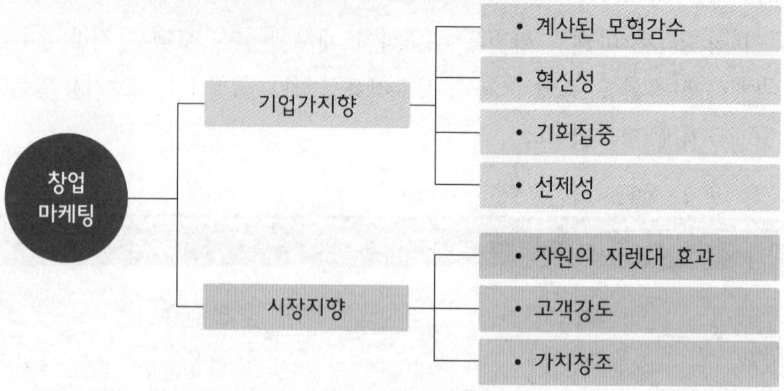


그림 2-3 창업 마케팅 차원의 중요도

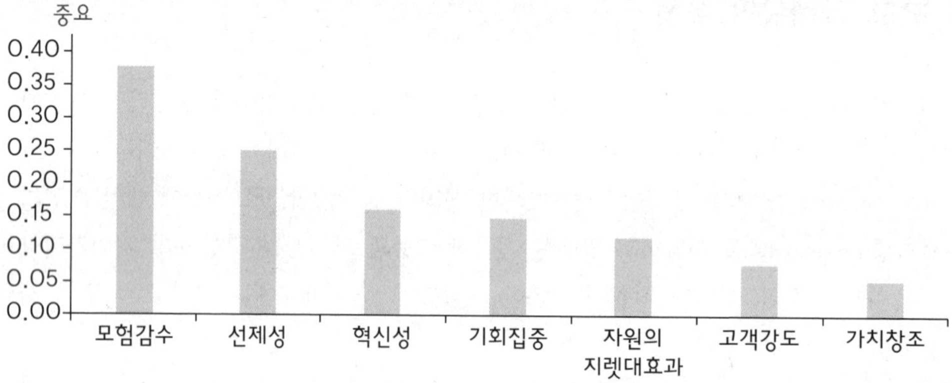


출처: Rezvani & Khazaei(2013).

### 1) 기업가지향

기업가지향은 계산된 모험감수, 혁신성, 기회집중과 선제적인 행동에 의해서 제시되는 지속적인 기업수준의 속성이다.

#### ① 계산된 모험감수

결과를 예측한 사업전략을 사용하고, 기회를 이용하기 위한 자원을 기꺼이 사용하려는 모험감수 능력은 사업성과가 매우 불확실하다. 창업 마케팅을 채용하는 기업은 계산된, 합리적인, 예측된 모험을 감수한다. 현재의 사회적, 기술적, 그리고 경제적 환경에서의 혁신은 원래 불확실하다. 장기적으로 합리적인 결과를 요구하는 계산된 위험을 감수한다. 위험관리의 한 방법은 다른 협력자와 협력하여 사업을 하는 것이며, 이러한 회사는 역량을 상호보완하고, 다른 협력자에게 위험을 이전하는 데 도움이 된다.

### ② 혁신성

혁신성(innovativeness)은 기업이 새로운 시장, 제품이나 공정에 집중하는 것을 의미한다. 성공적인 기업은 높은 혁신적인 새로운 시장 창조자로부터 점진적인 시장구축자의 역할을 수행한다. 시장 창조자는 소비자에게 혁신적인 다른 가치를 제공하기 위해 과거의 해결책을 파괴한다. 점진적인 혁신자는 기존 고객관계와 시장지식을 구축한다. 회사가 산업표준을 깨뜨릴 자원을 갖고 있지 않기 때문에 중소기업은 마케팅의 혁신적인 수단에 집중한다. 창업 마케팅은 시장욕구의 평가에 의한 고객중심보다는 아이디어와 직관에 의한 혁신중심적인 경향이 있고, 정형화된 조사와 정보시스템보다는 오히려 비공식적인 네트워크를 사용하는 경향이 있다.[6] 혁신성은 창조적 과정, 새로운 아이디어의 실험에 관여하는 기업의 경향으로 새로운 생산방법의 제도가 되고, 신제품과 새로운 시장을 가져온다. 따라서 기업가지향의 혁신성은 변화와 창조적 행동을 촉진하고, 아이디어의 활발한 교환을 장려하며, 신제품개발에서 신기성(novelty)과 정보흐름을 증가한다.

### ③ 기회집중

중소기업이 시장기회를 인식하고 추구하는 것은 기업이 찾아낸 유리한 기회에 집중하는 중요한 마케팅 행동이다. 성공을 결정하는 적절한 기회를 선택하는 것은 회사의 능력이다. 기회가 무작위로 발생하더라도 창업 마케팅은 새로운 기회를 선제적으로 탐구한다. 경쟁자가 시장기회를 활용하기 전에 선도자를 기대하고 의지를 갖는다면, 기업가적 기업은 고객의 불만족한 욕구와 나타난 기회를 포착할 수 있다. 따라서 혁신과 창조성은 기업가적 기업이 기회를 실현하는 데 도움이 되는 중요한 도구이다.

### ④ 선제성

선제성(proactivity)은 경쟁자보다 미리 신제품이나 서비스를 출시하고, 변화를 창조하고, 환경을 형성하기 위해 미래수요를 예상하여 행동하는 의지이다. 따라서 선제적이고 공격적인 조치의 결합을 통하여 경쟁자를 지배하려는 기업가적인 의지(willingness)를 반영한다. 선제적 지향은 고객과 경쟁자 정보를 수집하여, 고객의 잠재적, 미표현 욕구를 발견하고, 만족하는 것을 의미한다. 선제성은 사업기회를 기대하고, 행동하는 데 필요한 것을 실행함으로써 조직의 성과를 향상할 수 있다.

## 2) 시장지향

시장지향은 회사가 소비자의 욕구를 분석하고 평가하여, 소비자 욕구를 만족시키는 과정으로 자원의 지렛대 효과, 고객강도와 가치창조 등을 포함한다.

---

6 Morrish, Schindehutte, & LaForge(2011).

① 자원의 지렛대 효과

지렛대 효과(leveraging)는 외부로부터 자본이나 자금 따위를 들여와서 이용하는 것으로 적은 것으로 더 많은 활동하는 것을 의미한다. 신생기업은 자금과 인적자원이 부족하다. 이러한 자원의 부족으로 마케팅 비용을 엄격히 관리할 필요가 있고, 추구할 수 있는 마케팅 활동의 범위와 강도를 제한한다. 기업가는 벤처캐피탈이나 은행대출과 같은 추가적인 자원을 확보하거나 가용자원의 최대 활용을 통해서 문제를 경감한다. 특정한 마케팅 활동을 위해 지출된 자원의 양을 축소하기 위한 전략과 전술은 다른 조직과의 제휴를 형성하는 전략뿐만 아니라 무임승차 전략이 있다. 또는 틈새전략, 점진적인 마케팅 활동의 개발과 저비용 게릴라 전술을 채용하는 것이다. 기업가는 자원의 지렛대 효과를 위한 능력을 개발해야 한다. 과소 이용된 자원을 확인하는 능력은 자원이 비전통적인 방법으로 얼마나 사용될 수 있는지를 파악하는 것이다. 따라서 기업가가 사용할 수 있는 자원을 통제할 수 있기 위해서는 통찰력, 경험과 기술 등이 있어야 한다.

② 고객강도

고객강도(customer intensity)는 조직에서 마케팅의 가장 중요한 추진력으로 고객관계를 창조하고, 구축하고, 유지하는 혁신적인 접근을 사용하는 고객중심지향이다. 성공적인 조직은 고객강도를 매우 강조한다. 그러나 극단적인 고객지향은 시장을 창조하고 균형을 깨뜨리는 혁신의 비약을 방해한다. 기업 내에서 고객지향의 개념은 마케팅의 기념비로 여긴다.

③ 가치창조

가치창조(value creation)는 고객과의 거래와 관계에서 창업 마케팅의 초점으로 혁신적 가치창조이다. 기업은 가치를 생산하기 위해 고객가치의 미개발 자원을 발견하고 자원의 독특한 결합을 창조하는 것이다. 창업 마케팅을 채택하는 기업은 제공물의 편익을 증가하고, 비용을 감소하기 위해 혁신을 강화함으로써 매력적인 기회를 확인하고 이용한다. 고객에게 경쟁자가 모방하기 어려운 탁월하고 독특한 가치를 제공하여 시장지배력을 얻는 것이다.

## (3) 창업 마케팅과 전통적 마케팅

창업 마케팅은 기업가의 부재에서는 존재할 수 없다. 고객중심에 집중하는 전통적 마케팅과 달리 창업 마케팅은 고객과 기업가가 문화전략과 회사 행동을 형성하는 중요한 활동이다. 창업 마케팅 개념은 시장욕구의 직관적인 이해로 혁신과 아이디어의 개발에 집중하는 데 비해, 전통적 마케팅에서는 고객욕구를 철저하게 평가하고 그런 후 제품이나 서비스를 개발한다. 기업가는 기존고객과 밀접한 상호작용 마케팅을 선호하고, 새로운 고객을 찾기 위해 구전 커뮤니케이션에 의존한다. 비공식적, 개인 간의 의사소통의 중요성은 기업가 마케팅의 모든 측면에서 일반적이다. 구전 마케팅은 신제품과 서비스의 수용에서 중요한 역할을 한다.

기업가는 효과논리로 생각하지만, 경영자는 예측논리로 생각하는 등 양자가 생각하는 차이가 있다.[7] 효과논리(effectual logic)는 미래를 불확실한 변동성으로 보고, 그래서 예측은 쉽지도 유용하지도 않다. 무형자원, 가치의 공동창조와 관계에 집중한다. 반면 예측논리(predictive logic)는 미래는 과거의 연속성이고, 정확한 예측은 필요하고, 유용하다. 미래 수익을 극대화하기 위해 원인과 결과 간의 입증된 상관관계를 탐구하는 데 집중한다. 효과논리는 보다 큰 잠재시장을 확인하고, 대체로 모험을 추구하고, 예측된 정보에 주의를 적게 하고, 동반자의 네트워크를 강조한다. 예측논리는 목표지향적인 관점으로 행동하고, 목표는 행동단계, 중요한 사건과 예측할 수 있는 결과에 맞춘다. 따라서 효과논리와 예측논리는 창업 마케팅과 전통마케팅을 특징짓는 개념이다.

- 효과논리: 미래를 불확실한 변동성으로 보고, 그래서 예측은 쉽지도 유용하지도 않다.
- 예측논리: 미래는 과거의 연속성이고, 정확한 예측은 필요하고 유용하다.

**표 2-1 효과논리와 예측논리의 비교**

| 구분 | 효과논리 | 예측논리 |
|---|---|---|
| 미래에 대한 견해 | 창조성<br>미래: 투자자, 협력자와 고객에 의해서 공동창조 | 예측<br>미래: 과거의 연속<br>정확한 예측은 필요하고, 유용 |
| 행동기준 | 수단지향<br>이용할 수 있는 수단으로 행동을 상상함으로써 목표가 나타난다. | 목표지향<br>자원이 제한될 때에도 목표는 하위 목표와 행동을 결정한다. |
| 위험과 자원 | 감수할 수 있는 손실<br>이해관계자들이 손실을 감수할 수 있는 자원투자 | 기대결과<br>위험조정과 기대가치에 근거하여 새로운 기회추구<br>상승잠재력에 집중 |
| 외부인에 대한 태도 | 협력관계<br>관계가 기회를 형성하기 때문에 몰입된 협력자와 공유한다. | 경쟁분석<br>보유자원을 보호하고, 기회를 극대화한다. |
| 뜻밖의 사건에 대한 태도 | 지렛대<br>뜻밖의 사건은 좋다.<br>가능성의 상상력은 뜻밖의 사건을 새로운 기회로 전환한다. | 회피<br>뜻밖의 사건은 나쁘다.<br>예측, 계획과 집중은 불시 사건의 영향을 극소화한다. |

## 1) 혁신지향과 시장지향

전통적 마케팅에서 시장욕구의 평가는 신제품이나 서비스 개발 전에 실시한다. 그러나 창업 마케팅에서는 아이디어로 시작하고, 기회를 시장에서 발견하려고 한다. 기업가는 고객들 가운데에서 잘 조사되고, 확인된 욕구보다는 오히려 새로운 아이디어나 경쟁압력으로 변화를 더 자주 촉진하는

7 Dew(2009).

경향이 있다. 고객욕구에 관한 신중한 조사가 없는 제품이나 서비스의 창조성과 혁신은 성공적인 기업가의 상징이다. 이것은 고객욕구를 고려하지 않았다는 것을 의미하지 않는다. 혁신적 활동은 새로운 아이디어를 창안하고, 아이디어는 고객이 필요로 하는 유용한 제품이나 서비스로 전환한다. 혁신지향(innovation orientation)은 새로운 컨셉과 아이디어의 개발에 대한 열정으로 유용한 제품이나 서비스를 개발한다. 따라서 아이디어가 먼저 오고, 그런 다음 시장수용을 관찰한다. 기업가의 구전 의사소통은 혁신적 아이디어의 공통 원천이다. 따라서 시장지향(market-driven)은 소비자 욕구를 조사한 후 소비자의 요구에 맞춰 제품특성을 바꾸는 것[8]이지만, 창업 마케팅은 혁신지향, 아이디어 지향과 기업가의 직관적 마케팅이다.

- 시장지향: 소비자 욕구조사 → 제품개발
- 혁신지향: 아이디어 개발 → 시장탐색

### 2) 상향식 전략

창업 마케팅은 고객의 욕구가 기업가에게 잘 알려져 있는 특정 고객집단을 확인하고, 다른 경로를 통해 표적고객에게 접근하는 경향이 있다. 성공적인 기업가가 사용하는 과정은 STP와 일치하지 않는다. 중소기업은 고객의 욕구를 충족한 후 경험과 자원으로써 점진적으로 확대하는 상향식 표적화 과정을 추진한다. 고객의 상향식 표적화와 고객에 의한 고객창출을 특징으로 한다. 자원이 많이 필요하지 않고, 실시하는 데 더 유연하고, 쉽게 적용할 수 있기 때문이다. 창업기업은 고객이 고객을 창출하는 구전마케팅에 매우 많이 의존한다. 다음은 창업기업가들이 추진하는 표적화과정이다.

- 시장기회 확인: 비공식적, 특별한 활동을 통해 가능한 시장기회를 확인한다. 기회는 기업가의 직관적 기대에 근거하여 시장에서 시행착오를 통해서 검증된다.
- 초기 고객기반의 매력: 기업가의 예측과 일치하거나 일치하지 않는 어떤 고객은 첫 단계에서 확인된 제품이나 서비스에 매력을 느낀다. 그러나 기업가가 이러한 고객과 정기적인 접촉을 유지하기 때문에 기업가는 고객의 선호와 욕구를 알게 된다.
- 동일한 것을 통한 확대: 기업가는 동일한 특성의 많은 고객을 찾음으로써 초기 고객을 확대한다. 표적고객 집단이 성장하지만, 자발적 선택과 관여로 더욱 확대된다.

### 3) 미래에 대한 견해

예측논리를 위한 예측과 효과논리를 위한 창조이다. 전자는 미래를 과거의 연속적 인과관계로 보고, 그래서 예측할 수 있다는 논리이다. 후자는 미래 예측은 불가능하다는 논리이다. 예측논리에서

---

8 시장주도(market-driving): 기업이 소비자의 경험을 토대로 잠재의식 속에 있어 자신도 깨닫지 못한 욕구까지 미리 파악하여 제품을 만들어냄으로써 완전히 새로운 시장을 창출해 내는 전략.

는 미래는 과거의 연속성이고, 정확한 예측은 필요하고 유용하다. 효과논리에서는 미래를 불확실한 변동성으로 보고, 그래서 예측은 쉽지도 유용하지도 않다.

### 4) 의사결정의 근거

예측논리에서 행동은 목적에 의해서 결정지만, 효과논리에서 행동은 가능한 수단에 의해서 결정된다. 예측논리에서 목적은 제한된 수단에 의해서 한계가 있을 때 하위 목적을 결정한다. 효과논리에서 목적은 주어진 수단에 근거하여 행동의 과정을 상상함으로써 나타난다.

### 5) 위험태도

예측논리에서 선택은 최대이익에 근거하여 선택되지만, 효과논리에서는 선택은 기업가가 선택함으로써 잃게 되는 양에 근거하여 선택된다. 예측논리는 최대의 기회를 추구하고 필요한 자원을 조달하는 방법으로써 새로운 벤처를 창조하고, 상승잠재력에 집중한다. 효과논리는 더 많은 자원의 투자 없이 적절하게 만족하는 기회를 추구하는 방법으로서 문제를 추구하고, 하락가능성을 제한하는 데 집중한다.

### 6) 외부인에 대한 태도

경쟁은 예측논리이며, 협동은 효과논리이다. 관계는 가능한 한 소유권을 확대하는 욕망에 의해서 추진된다. 효과논리는 새로운 시장을 창조하기 위해 협력관계를 형성하는 것을 지지한다. 특히 동등한 관계는 새로운 벤처의 형태와 궤도를 형성한다. 따라서 창업 마케팅은 외부인이 기업과 동등한 관계를 맺고 있는 협력자이다.

### 7) 예기치 않은 우발사건에 대한 태도

우발성의 회피(avoidance)는 예측논리, 우발성의 결과(fructification)는 효과논리이다. 정확한 예측, 신중한 계획과 목적에 대한 집중은 예측논리에 특유하고, 우발성(contingency)은 회피되어야 할 장애물로서 인식된다. 예측회피, 상상력 사고, 목적의 연속변환은 효과논리에 특유하고, 우발성은 새로운 것을 창조하는 기회로 지각되어 평가된다.

표 2-2 전통적 마케팅과 창업 마케팅의 비교

| 구성요소 | 전통적 마케팅 | 창업 마케팅 |
|---|---|---|
| 마케팅 개념 | 고객지향, 시장지향 | 혁신지향, 아이디어지향, 직관 |
| 마케팅 전략 | 하향식 STP | 고객의 상향식 표적화와 고객에 의한 고객창출 |
| 논리구조 | 예측논리 | 효과논리 |
| 지향점 | 객관적, 이성적 과학의 마케팅 | 열정, 열의, 지속과 창의성의 중심 마케팅 |
| 맥락 | 비교적 안정된 시장 | 높은 수준의 격동이 있는 신흥과 단편적인 시장 |
| 마케터의 역할 | 마케팅 믹스의 조정자, 브랜드 구축자 | 내부와 외부 변화 대리인, 범주의 창조자 |
| 시장접근 | 점진적 혁신과 현재 시장상황에 적응 | 역동적 혁신으로 선제적 접근과 고객선도 |
| 고객욕구 | 조사를 통해 고객에 의한 명확한, 가정된, 표현된 욕구 | 선도사용자를 통한 모호하고, 발견되고, 확인된 욕구 |
| 위험관점 | 마케팅 조치의 위험 최소화 | 계산된 위험감수에 대한 수단으로서 마케팅 위험의 완화나 공유 방법 발견 |
| 자원관리 | 기존 자원의 효과적 사용, 자원의 희소성 | 다른 자원의 창조적 사용, 적은 것으로 더 많은 행동, 행동은 자원에 의해서 제한되지 않는다. |
| 신제품과 서비스개발 | 마케팅은 연구개발과 기술부문의 신제품개발활동 지원 | 마케팅은 혁신의 발상지<br>고객은 공동 생산자 |
| 고객역할 | 지식과 반응의 외부 원천 | 기업의 마케팅 의사결정과정에 활발한 참여자, 다른 고객의 창조자 |

## 2 중소기업 마케팅

### (1) 중소기업 마케팅의 중요성

#### 1) 중소기업 마케팅의 현실

기업은 대체로 비전, 야망을 갖고 열심히 일하고, 높게 동기를 부여받는 개인들에 의해서 창업이 시작된다. 작고 젊은 기업은 미래를 결정할 마케팅 과제에 직면하게 되고, 마케팅은 성공기회를 증가한다. 마케팅의 기본원칙을 대기업과 중소기업에 유사하게 적용할 수 있지만, 정교한 마케팅의 부족은 중소기업에 문제가 된다. 성공적인 중소기업은 회사가 고객에게 밀접하고 변화하는 고객욕구에 신속하게 반응하는 유연성이 있고, 마케팅 지향적이다. 기업의 열악한 자원 때문에 제한된 마케팅 기법과 전술을 사용할 수밖에 없다.

중소기업의 마케팅 지향은 경영능력과 핵심적인 개인의 배경에 의해서 결정된다. 인터넷은 중소기업이 거대기업과 효과적으로 경쟁하고, 적당하고 효과적인 역동성과 다양성을 위한 중요한 기회를 창출하기 위해 현재 사용할 수 있는 소수의 마케팅 도구의 하나로 간주된다. 특정한 틈새시장에서 사업을 하는 중소기업들은 성공에 필요한 중요한 고객집단에 접근할 수 있다. 다음은 중소기업의 일반적인 마케팅 현실이다.

- 독특한 시장과 경쟁상황 직면
- 기업가 개인의 마케팅 능력에 대한 과도한 의존
- 계획된 마케팅 계획보다는 반응적 실행
- 고객기반, 마케팅 활동, 지식과 영향력의 제한
- 마케팅이나 혁신적인 실무 경시
- 마케팅 기회탐색의 어려움
- 고유의 제품과 가격유연성
- 강력한 브랜드명과 시장지배력 부족
- 마케팅 기법의 비효과적인 사용
- 목표 갈등과 다양한 유연성
- 제조와 마케팅 간의 불균형

중소기업은 마케팅 비용에 인색하고, 이용할 수 있는 마케팅 기법을 잘 사용하지 않는다. 많은 기업가는 변화하는 욕구를 확인하기 위해 고객에게 가깝게 접근하거나, 변화하는 욕구에 적응하기 위해 충분한 유연성을 유지하지 않고, 이전 경험과 일반적인 상식에 의존한다. 중소기업에서 마케팅과 판매의 경계는 매우 불분명하고, 중소기업의 마케팅은 판매과정이며, 판매가 마케팅이라는 시각을 갖고 있다. 중소기업은 마케팅을 기업의 개별적인 환경과 관계없이 참고를 위한 산업규범으로 인식한다. 중소기업의 마케팅의 주요 결함은 제품의 미래수요를 예측하는 능력의 부족이며, 결국 마케팅 환경에서 일어나는 변화에 대한 반응이 수동적이다. 비효과적이거나 부적절한 예측은 효과적인 마케팅 계획을 감소한다.

비공식적, 직관적 그리고 판매중심이 중소기업의 마케팅 현실이다. 중소기업에서 마케팅 원리의 실행은 가격결정, 계획, 훈련과 예측에 관한 구체적인 취약성이 있다. 이것은 마케팅 교재에서 중소기업에서 발견되지 않는 것을 기술함으로써 야기되는 증거이기도 하다. 기업가들은 전문가(specialist)보다는 다재다능한 사람(generalist)이 될 필요가 있고, 공식적인 마케팅이 특정한 요구사항과는 밀접한 관계가 있지 않거나 회사문제를 해결하지 못한다. 중소기업의 마케팅 활동은 마케팅에 대한 기업가의 태도, 경험과 지식과 관련이 있다.

### 2) 중소기업 마케팅의 중요성

일반적으로 마케팅과 판매를 혼동하는 경우가 많이 있다. 마케팅을 판매를 표현하는 중요한 방법이라고 생각하거나 동일한 해결안으로 생각한다. 판매(sales)는 제품이 제공되고, 구매의사결정이 발생하고, 교환이 일어나는 국면이다. 판매행동(selling)은 제품이 개발된 후 마케팅 메시지를 전달하는 과정이다. 이에 반하여 마케팅(marketing)은 좋은 제품개발과 강력한 마케팅 커뮤니케이션으로 고객을 끌어들이는 것이며, 고객의 기대를 단지 만족시키는 것이 아니라 초과하는 제품과 서비스를 갖고 고객을 유지하는 것이다.

- 판매(sales): 제품이 제공되고, 구매가 결정되고, 교환이 일어나는 국면
- 판매행동(selling): 제품이 개발된 후 마케팅 메시지를 전달하는 과정
- 마케팅(marketing): 좋은 제품개발과 강력한 마케팅 커뮤니케이션

판매행동은 마케팅 과정의 중요한 부분이지만 마케팅을 대체할 수 없다. 제품특징, 가격, 포장과 유통에 의해서 제품을 시장에 적합하게 하는 모든 과업과 광고, 홍보와 촉진을 통해 인지와 관심을 개발하는 모든 노력 없이 즉, 판매를 선행하는 모든 단계 없이 최고의 판매노력이라도 성공을 위한 기회의 작은 부분에 지나지 않는다. 이러한 노력의 보상으로 사업, 충성도와 새로운 고객의 추천이 반복된다. 기업가들이 마케팅의 중요성을 더욱 크게 강조할 때가 있다. 기업가들은 예측할 수 있는 순간에 마케팅 주제에 대한 일정을 명확히 할 때는 대체로 아래 세 가지 중에 하나일 것이다.

- 창업할 때
- 사업성공을 가속화할 때
- 사업손실이나 경쟁자의 위협

중소기업 마케팅과 대기업 마케팅은 동일하지 않다. 양자를 안내하는 기본적인 마케팅 원리는 동일하지만, 범위, 예산, 위험요인과 기회영역에서 중요한 차이가 있다. 중소기업은 대기업의 마케팅 예산과 경쟁할 수 없다. 결과적으로 중소기업은 많은 직원과 높은 수익을 가져오는 지구력을 갖고 있지 않다. 실수할 여지가 거의 없어야 하고, 일단 전략이 실패하면 거의 파멸에 이르게 된다. 적은 자원을 결합하여 시장에 있는 변동을 추구한다. 그렇기 때문에 중소기업은 전략이 실패할 경우 손실을 최소화하기 위해서 더욱 표적화되고, 비용 효율적이고, 더 정교한 계획이어야 한다. 중소기업이 확실히 자리를 잡은 브랜드를 제거하려는 노력은 많은 과업을 가져오지만, 이러한 브랜드가 중소기업을 전멸시키는 것은 쉬운 일이다. 경쟁은 중소기업에게 거대한 위협이다. 이것은 중소기업이 위협을 효과적으로 처리하는 지식이 있어야 한다는 것을 의미한다.

중소기업에 대한 기회영역은 거대기업과 매우 다르다. 중소기업은 틈새시장과 지역 욕구와 필요를 활용할 수 있다. 중소기업은 개인적, 일대일 상호작용을 강조할 수 있고, 대기업이 할 수 없는 방법으로 실시간 출시할 수 있다. 실제로 작은 것은 더 강력하게 끝낼 수 있다. 마케팅 전략은 하나 이상의 표적시장을 선정하고, 제품이나 서비스를 차별화하고, 포지션하는 방법을 결정하고, 선택된 표적시장을 성공적으로 이끄는 마케팅 믹스를 창조하고 유지하는 것이다. 효과적인 마케팅 전략은 목표에 도달하기 위한 실행의 표현된 계획에 대한 간결한 설명이다. 전략 없는 마케팅은 실패 앞에 있는 소음이다.

## (2) 중소기업 마케팅의 특징

### 1) 중소기업 마케팅의 특징

모든 마케팅 프로그램은 동일한 마케팅 과정을 따를 필요가 있지만, 대기업과 중소기업 마케팅 간의 유사성은 여기에서 멈춘다. 따라서 중소기업은 대기업과 동일한 마케팅 프로그램을 추구해서는 안 된다. 대기업과 다른 점을 파악하고, 새로운 접근을 추구해야 한다. 따라서 중소기업이 대기업과 다른 점을 파악하는 것이 중요하다. 중소기업의 마케팅이 열등한 원천은 예산, 인력, 창조적 접근과 커뮤니케이션 기법이며, 이는 대기업과 매우 다른 측면이지만, 이러한 차이점의 대부분은 예산의 차이에서 비롯된다.

그림 2-4 중소기업 마케팅의 열등 원천

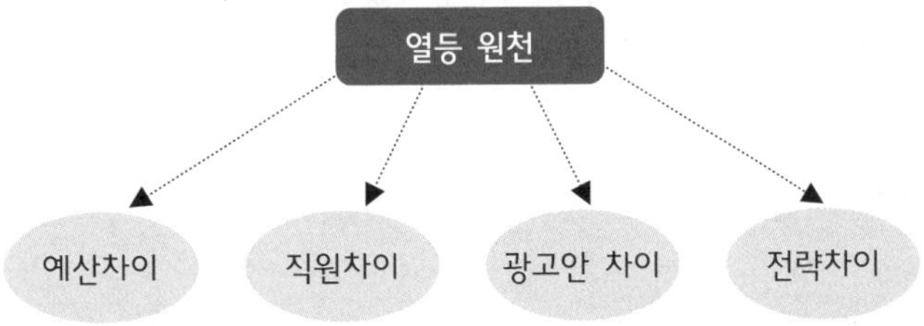


#### ① 예산의 차이

대기업과 중소기업의 마케팅은 많은 면에서 다르다. 가장 큰 차이점은 예산이다. 대기업은 거대 예산을 갖고 있으나 중소기업은 자본이 적다. 따라서 중소기업은 적은 예산을 신중하게 고려하고, 가치가 있는 금액으로 생각한다. 예산의 거액과 소액이 대기업과 중소기업의 가장 근본적인 차이점이다. 적은 예산은 마케팅 계획과 활동의 질을 낮게 하는 요인이다.

#### ② 직원의 차이

주요 대기업의 조직도를 보면 대부분 마케팅 부사장을 발견할 수 있다. 그러한 직위 아래 광고 임원, 판매 임원, 온라인 마케팅 임원, 조사 임원, 고객 서비스 임원 등을 포함한 많은 전문가가 있다. 반면에 대부분의 중소기업은 마케팅이 리더십 기능과 섞여있다. 중소기업 조직도는 마케팅에 대한 책임을 소유주에게 놓고, 본질적으로 실무적인 일을 감독한다. 따라서 중소기업은 마케팅을 수행할 유능한 직원이 거의 없을 뿐만 아니라 마케팅 정보와 자료도 거의 존재하지 않는다.

#### ③ 광고안의 차이

저명한 마케터는 브랜드에 대한 시장선호와 인지를 구축하는 유일한 목적으로 광고하기 위해 많은 금액을 사용한다. 특정한 제품이나 서비스에 관한 하나의 단어도 광고 문안에 없는 경우가 많다.

중소기업은 가장 큰 광고주처럼 브랜드 인지를 개발하기를 원하지만, 중소기업의 광고는 이중 목적을 수행해야 한다. 모든 중소기업 마케팅 투자는 즉각적이고 측정 가능한 시장에 전달해야 한다. 각각의 노력은 최초에 광고를 만들고 운영하는 데 포함된 비용을 상쇄하기에 충분한 구매활동을 자극해야 한다. 판매를 단기적으로 달성할 수 있도록 필요한 소비자행동을 자극하고, 분명한 브랜드 정체성을 구축하고, 마케팅 커뮤니케이션에서 일관성을 유지하는 것이다. 따라서 중소기업의 광고는 브랜드 인지와 제품구매 욕구를 자극하는 이중목적을 띤다.

#### ④ 마케팅 전략의 차이

대기업에서는 사업계획의 사본이 모든 선반을 장식하지만, 많은 중소기업에서는 난해한 전문용어 없이 마케팅 계획을 수립하는 것은 매우 간단하고 합리적으로 관리할 수 있는 것처럼 보인다. 중소기업의 마케팅 계획은 현재 적게 지불하거나 후에 많이 지불하는 것 중의 하나이다. 연간 마케팅 프로그램을 계획하기 위해 선불로 시간을 조금 투자한다면, 그런 다음 계획을 추진하는 것은 쉬운 부분이 된다. 그러나 전략계획이 없다면, 경쟁행동, 시장상황과 사업에 적합하지 않고, 직관과 즉흥적으로 시장기회에 반응하여 많은 시간을 소비할 것이다.

### 2) 중소기업 마케팅의 이점

중소기업은 대기업의 많은 돈, 직원과 조직을 선망하지만, 대기업이 부러워하는 장점도 있다. 중소기업들이 마케팅할 시간이 없다고 말하는 것을 얼마나 많이 들었는가? 이것은 무엇을 의미하는가? "고객이 없으면 기업은 기업이 아니다"라는 것은 간단한 진리이다. 마케팅은 기업이 고객을 획득하고 유지하는 과정이기 때문에 마케팅은 기업경영활동 가운데에서 기업을 유지하는 비결이다. 마케팅은 어떤 기업에서도 유일하고 가장 중요한 활동이다. 따라서 중소기업만이 가능한 마케팅의 이점을 최대한 활용하는 것이 성공적인 마케팅 전략이다. 중소기업은 고객과의 밀착성이 높고, 고객에게 더 개인적인 제공물을 줄 수 있다. 또한 회사의 전략에 구성원의 연결성이 높을 뿐만 아니라 시장환경 변화에 민첩하고, 특정한 제품전문화나 시장전문화에 집중할 수 있는 이점이 있다.

그림 2-5 중소기업 마케팅의 이점

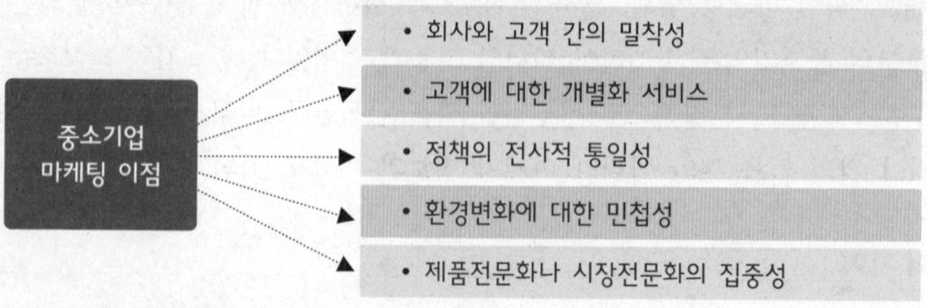

### ① 회사와 고객 간의 밀착성

중소기업은 대기업보다 고객에게 더 가까이 접촉하고 있다. 대기업은 고객자료를 유지하기 위해 복잡한 시스템을 사용한다. 중소기업은 고객을 개인적으로 앎으로써 고객자료를 유기적으로 유지할 수 있다. 직접적인 고객접촉이 있기 때문에 더 좋은 서비스가 가능하다. 친밀은 고객욕구의 이해를 강화한다. 고객과의 밀착은 고객욕구를 더 잘 이해하게 되고, 고객욕구의 이해는 고객의 욕구를 더 잘 충족할 수 있는 선순환 과정이 된다. 양질의 서비스는 더 높은 수익에 이르고, 고객들의 충성심을 깊게 한다. 예컨대, 작은 식당을 소유한다면, 특정한 일행이 매주 수요일 저녁 6시에 식당에 온다는 것을 안다. 그 손님 중에 한 사람은 블랙커피를 좋아하고, 다른 사람은 크림과 설탕을 넣고, 또 다른 사람은 냉커피를 좋아한다는 것을 안다. 그래서 회사가 고객과 밀접한 관계를 유지하기 때문에 개인적으로 사람에 따라 맞춤형 서비스를 제공할 수 있다.

### ② 고객에 대한 개별화 서비스

중소기업은 대기업보다 고객에게 더 개인적이다. 이것은 고객과 관계를 구축하는 것과 관련이 있다. 예를 들면, 한 손님이 돼지고기, 양송이와 사과를 좋아한다면, 그 손님에게 양송이, 양파나 마늘을 시식하도록 제의할 수 있다. 또는 후식메뉴로 그가 좋아하는 사과를 추가할 수 있다. 이것은 고객을 개인의 특성에 맞게 서비스를 제공할 수 있는 중소기업의 큰 이점이다. 손님은 식당 주인이 자신의 취향을 알 때 자부심을 느끼고, 소셜 미디어에 이것을 공유할 뿐만 아니라 식당을 위한 구전(word-of-mouth)을 자발적으로 제공할 것이다. 그러나 대기업은 확실한 PR과 표준화된 서비스를 위한 엄격한 지침을 고수해야 하기 때문에 개별화된 맞춤 서비스에는 많은 제약이 따른다. 중소기업은 마케팅할 때 개인적이고, 관계를 맺을 더 많은 자유를 갖는 것이 장점이다.

### ③ 정책의 전사적 통일성

중소기업은 소유주나 직원이 회사의 정책이나 마케팅 활동을 전사적으로 동일하게 수행할 수 있다. 그러나 대기업에서는 마케팅 활동을 할 때 전사적으로 통일된 목소리를 유지하는 것은 매우 어렵다. 아주 적은 종업원들에게 브랜드 전략을 전달하는 것은 가능하고 또한 유익하다. 중소기업 소유주나 경영자가 종업원들에게 고객과 의사소통하고 봉사하는 방법을 보여줌으로써 솔선수범으로 종업원을 지도할 수 있다. 그래서 브랜드 평판이 의도적인 리더십을 통해 더 잘 확립될 수 있다.

### ④ 환경변화에 대한 민첩성

중소기업은 환경변화에 매우 민첩하다. 그것은 의사결정단계가 짧고, 소유주가 신속하게 의사결정을 내리고 실행하기 때문이다. 유연성(flexibility)은 소규모 조직의 핵심 특성으로 신속하게 변화에 반응할 수 있는 능력이다. 또한 유연성은 내부환경과 외부환경에 반응하는 것을 의미한다. 중소기업은 실험을 수용할 수 있으며, 실수를 할 수 있다. 예컨대, 작은 도시 식당은 새롭고 참신한 메뉴를 도입할 수 있다. 이것이 성공적이지 않을 때 다양한 수준의 관리자로부터 승인을 받지 않고 제거할 수 있다. 고객에 맞는 것을 신속하고 개인적으로 내놓기가 쉽다. 어제 고객의 반응을 오늘 신속하게 개선할 수 있다. 사업계획과 마케팅 전략은 고객의 욕구와 필요에 빠른 반응을 할 수 있다.

변화(change)는 기업환경에서 상수이다. 시장은 동적이고, 지속적인 추적이 필요하다. 환경조건을 변경하고 조정하는 능력은 작은 조직에서 경쟁우위가 된다. 변화의 수용성은 조직문화의 기능이다. 모든 조직은 독특한 문화를 갖고 있다. 문화는 조직의 가치, 사업을 하는 방법, 조직의 역사와 전통으로 구성된다. 기업의 문화는 최고경영자의 가치와 리더십에 의해 영향을 크게 받는다. 문화는 고객을 다루는 법, 종업원을 다루는 법, 혁신을 촉진하는 법과 고객에게 보이는 많은 다른 변수를 설명한다. 좋은 조직풍토는 행복한 종업원에 이르고, 이것은 행복한 고객에게 미치고, 회사는 수익을 증가한다.

마케팅은 내적으로나 외적으로나 모두 긍정적인 태도를 창조한다. 작은 조직에서는 숨기는 것이 어렵기 때문에 기업의 문화는 고객에게 명확해진다. 작은 조직은 변화에 항상 개방적이어야 한다. 작은 조직은 큰 조직이 되려고 노력하는 과도기에 있다. 작은 조직은 비밀이 존재할 곳이 많지 않기 때문에 고객의 소리가 은폐되지 않고, 경영도 투명하다.

#### ⑤ 제품전문화나 시장전문화의 집중성

중소기업은 집중을 유지할 수 있다. 전문화(specialization)는 경쟁하기 위해 소규모 조직을 위한 필수이며, 또한 고객관계를 심화한다. 실행할 수 있는 거대조직을 필요로 하는 거대한 전략에 관해 걱정할 필요가 없다. 회사가 잘할 수 있는 부분, 즉 틈새시장에 집중할 수 있다. 중소기업의 민첩성과 집중은 대기업보다 더 신속하게 조정할 수 있다. 중소기업의 이러한 이점을 아는 것은 마케팅과 목표를 완성하기 위한 전략구축에 도움이 된다. 작은 조직은 더 많은 개인화된 처우와 권한부여에 대한 기회를 제공할 수 있다. 작은 조직에서 실질적인 의사소통은 일대일로 이루어진다. 따라서 중소기업은 잘할 수 있는 제품이나 시장에 전문적으로 접근하고 집중할 수 있다.

## (3) 창업기업의 마케팅

### 1) 마케팅의 순환주기

성공적인 마케팅은 [그림 2-6]과 같이 마케팅 순환주기를 따른다. 이 과정은 창업기업, 기존기업, 중소기업이든 대기업이든 정확하게 동일한 과정이다. 기업의 마케팅 활동은 고객, 제품과 경쟁상황 조사부터 시작한다. 조사를 근거로 제품을 개발하고 마케팅 요소를 결합하여 고객을 확보하고 유지함으로써 강력한 기업을 구축한다. 표적고객과 마케팅 환경을 이해하고, 고객의 욕구, 시장환경과 사업의 경쟁현실을 다루기 위해 제품, 가격, 포장과 유통을 조정하는 것이다. 잠재고객으로부터 관심을 끌어들여 구매의사결정을 하도록 마케팅 메시지를 창조하고 계획한다.

일단 판매가 이루어지면, 고객서비스 국면을 시작한다. 최초 판매가 반복구매와 구전으로 연결이 되도록 고객만족을 강화하는 활동으로 이어진다. 고객의 욕구와 필요 그리고 제품과 서비스에 관한 자료를 얻기 위해 고객과 대화를 한다. 시장과 경쟁환경으로 파악한 것을 결합하여 더 좋은 마케팅 믹스를 개발하여 사용하는 과정이 연속적으로 순환된다. 성공적인 사업을 구축하기 위해 마케팅 과정의 모든 단계를 따를 필요가 있다.

그림 2-6 마케팅의 순환주기

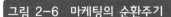

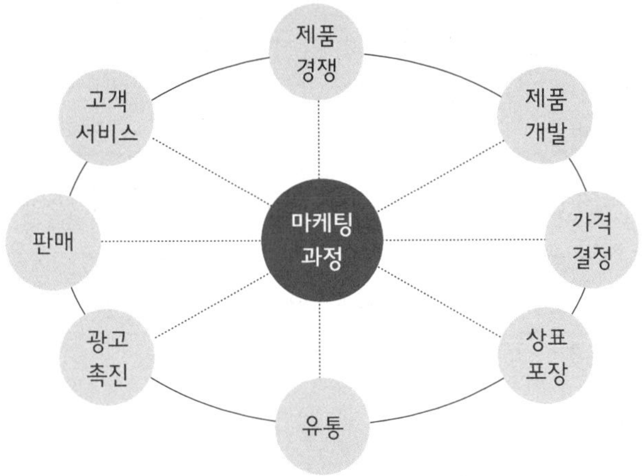


## 2) 창업기업의 마케팅

기업이 신생기업이라면 대체로 기존기업이 이미 겪었던 의사결정에 직면하게 된다. 기존기업들은 기업이미지를 강화하지만, 신생기업은 적절한 스토리를 쓸 일정표를 갖고, 메시지를 시장과 고객들에게 전달하여 기업이나 제품이미지를 구축한다. 메시지를 시장에 전달하기 전에 고려해야 할 다음과 같은 질문이 있다.

- 제공하고자 하는 고객은 어떤 유형인가?
- 기존제품과 어떻게 경쟁할 것인가?
- 고객의 관심과 신뢰를 얻기 위해 어떤 기업이미지를 구축할 것인가?

기업이 고객에게 제공하기 위하여 식료품 가게 입구에 무료 전단지를 배치하여 기업이나 제품을 알리려고 하지 않을 것이다. 대신에 시장조사와 경험으로부터 표적고객을 파악하여 표적고객과 잠재고객에게 전달할 것이다. 신뢰성을 구축하는 기업홍보를 위한 고품질의 우편물이나 개인적인 발표를 통해서 기업을 소개하고, 더 독특하고 전문적인 이미지를 제시할 것이다. 기업이미지를 강력한 마케팅 입장에서 출발하기 위해 표적고객의 특성을 정의하고, 고객의 인지를 끌어들이고, 그런 느낌을 촉진할 수 있는 커뮤니케이션을 계획한다.

### ① 사업성장을 위한 마케팅

신생기업은 새로운 잠재고객을 고객으로 끌어들이기 전에 가장 영리한 경로는 기업내부를 관찰하고, 제품과 서비스를 강화하고, 고객의 만족과 지출수준을 향상하기 위해 과업을 수행하는 것이다. 기업들은 다음의 주요 경로를 추구함으로써 수익을 증가한다.

- 경쟁자와 다른 세분시장에서 사업함으로써 시장점유율을 성장한다.
- 기존고객의 구매를 증가하여 고객점유율을 증가한다.

### ② 목표충족을 위한 마케팅

새로운 사업을 시작하거나 기존기업의 성장을 가속화하든 성취하고자 하는 것을 정의함으로써 시작한다. 기업가들은 마케팅 과업에 대한 불확실성에 의해서 압도된다. 그들은 마케팅 행동에 얼마나 돈을 지출해야 하는지, 마케팅 전문가를 고용할 필요가 있는지, 광고, 홍보물과 웹 사이트를 해야 하는지를 확신하지 않고, 결과적으로 마케팅 노력을 지연한다.

## 3 마케팅의 성격

마케팅은 고객의 욕구를 탐색하고, 고객의 문제를 해결하는 활동이다. 마케팅은 기업과 고객 간의 교환 과정에서 일어나는 가치창출활동이다. 마케팅은 구매자와 판매자가 상호이익을 위해 교환을 수행하는 과정이다. 고객을 확인하고, 고객의 욕구를 충족하고, 충성고객으로 유지하는 마케팅 능력은 기업의 성공에 중요하다. 좋은 제품을 개발하고, 좋아 보이는 상품을 만드는 마케팅 활동은 기업의 생존과 발전을 이끄는 가장 중요한 경영활동이다.

### (1) 마케팅의 개념

신생기업은 대체로 마케팅 기능이 취약하다. 판매 없이 기업이 존재할 수 있는가? 마케팅이 없는 기업은 기업이 아니며, 생존이나 발전은 힘든 과업이 될 것이다. 소비자의 욕구를 탐색하고, 문제 해결책을 제시하는 것이 아니라 고객이 알지 못하는 욕구까지 찾아내 탁월한 고객가치를 창출해야만 기업은 생존하고 성장할 수 있다. 마케팅 기능이 취약한 기업은 고객의 욕구를 충족하지 못하고, 표적고객에게 탁월한 고객가치를 제공할 수 없다. 제품 아이디어의 창출과 기술개발부터 시작하여 상품을 출시하고, 관리하는 마케팅활동은 모든 가치사슬에 영향을 미친다. 기업의 경영활동에서 마케팅이 차지하지 않는 영역이 거의 없을 정도이다. 기업에서 마케팅활동은 전사적으로 이루어져야 자원을 효율적으로 활용할 수 있고, 고객과의 연결성을 강화하고, 경쟁자보다 더 탁월한 가치를 고객에게 제공할 수 있다.

마케팅은 고객욕구를 충족하여 수익성이 있는 고객관계를 관리하는 과정이다. 즉, 고객에게 탁월한 가치를 제공하여 신규고객을 유인하고, 고객만족을 통해 기존고객을 유지하는 과정이다. 마케팅(marketing)은 고객들(customers and clients), 협력자들(partners), 그리고 더 나아가 사회 전반에게 가치 있는 것을 만들고, 의사소통하며, 전달하고, 교환하기 위한 활동과 일련의 제도 및 과정들이다(미국마케팅학회, 2007). 따라서 마케팅은 탁월한 가치를 창조하여 고객에게 전달하고, 그 대가로 이익을 창출하는 활동이다. 즉, 마케팅 관리란 표적시장을 선택하고, 우월한 고객가치의 창조, 의사소통 및 전달을 통해 고객을 획득, 유지, 확대하는 기술과 과학이다.[9] 마케팅의 4가지 활동은 창조, 의사소통, 전달과 교환이다.

- 창조(creating): 탁월한 가치를 창조한다.
- 의사소통(communicating): 고객으로부터 배울 뿐만 아니라 제공물을 알린다.
- 전달(delivering): 가치를 최적화하는 방식으로 소비자에게 제공물을 전달한다.
- 교환(exchanging): 제품과 대가를 교환한다.

그림 2-7 마케팅의 활동

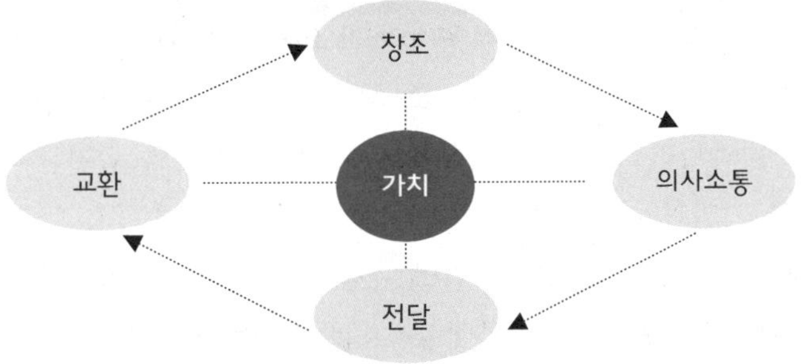


마케팅의 구성요소를 보는 전통적인 관점은 4P's이다. 마케팅은 McCarthy가 제안한 마케팅의 4P's로 마케팅믹스(marketing mix)를 다룬다. 4P's는 고객욕구를 충족시키기 위해 사용되는 마케팅 도구의 결합을 의미하는 마케팅믹스이다. 제품(product)은 고객의 욕구와 필요를 만족시키는 제품, 서비스나 아이디어이며, 가격(price)은 제품에 제공하는 대가로 부과한 화폐량이다. 유통(place)은 고객이 구매할 수 있는 곳으로 제품을 전달하는 장소이며, 촉진(promotion)은 광고, 홍보, 판매촉진과 같은 커뮤니케이션의 수단이다.

9 Kotler & Keller(2014).

그림 2-8 마케팅믹스

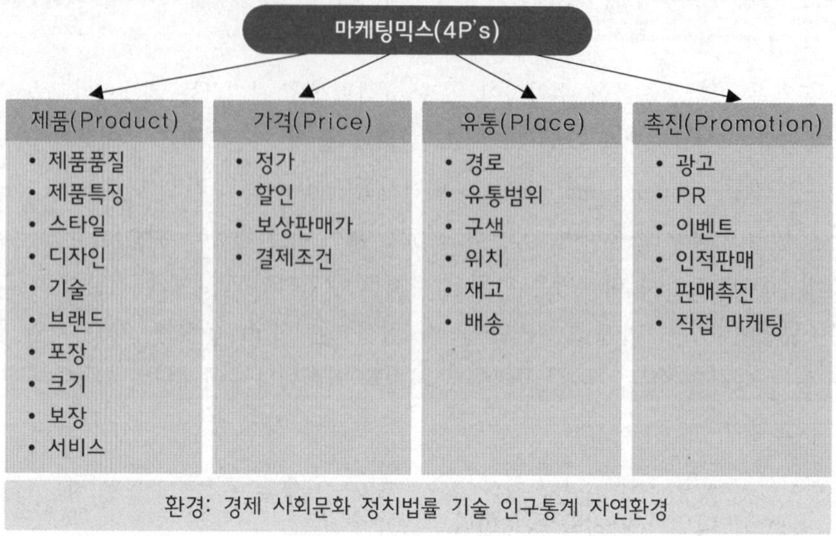


4P's 모델은 제조와 물리적 제품의 마케팅에 적용할 때 유용하지만, 서비스 제품에는 충분하지 못하다. Booms와 Bitner는 4P's에 사람(people), 과정(process)과 물적증거(physical evidence)를 포함한 7P's를 제시하였다. 실제로 모든 서비스는 고객을 직접적으로 다루고 수행하는 데는 사람(people)에 의존한다. 서비스는 대체로 고객의 존재로 수행되기 때문에 서비스가 전달되는 과정은 소비자가 돈을 지불하는 것의 일부이다. 대부분의 모든 서비스는 어느 정도 물적증거를 포함하고 있다. 예를 들면, 레스토랑 음식은 서비스의 무형적인 요소를 제공하더라도 유형적인 물건이다. 이와 마찬가지로 미장원은 완성된 머리모양을 제공하고, 심지어 보험회사는 화려한 보험증서의 문서를 제공한다. 회사는 고유한 마케팅믹스를 갖는 경향이 있고, 다른 회사와 동일한 마케팅 접근을 수행하지 않는다. 이것은 다른 기업과 마케팅을 구별하는 특징의 하나이다.

4P's는 4C's로 대체될 수 있다. 4P's가 기업의 관점에 의한 마케팅이라면, 4C's는 소비자 관점의 믹스이다. 회사의 판매관점에 집중한 4P's 마케팅믹스는 마케팅 과학과 실무의 중요한 부분이다. 기술발전의 영향과 컴퓨터의 보편적인 접근으로 고객인식이 증가하여, 마케팅 변수의 변화를 초래하였다. 판매자 중심인 4P's가 소비자 중심인 4C's로 발전했다.

- 고객 해결책(customer solution): 소비자가 구매하기를 원하는 제품, 서비스와 아이디어를 개발하는 것이다. P(product)와 대응하는 C(customer solution)는 소비자 욕구에 대한 해결책으로 제품을 의미한다.
- 비용(cost): 가치와 비용 간의 관계이다. 가격은 비용의 일부이기 때문에 소비자가 구매하는 데 들인 노력, 시간과 심리적 부담 등은 비용이 포함된 유무형의 총 비용이다. 제품이 고객의 선호 충족을 기대한다면 프리미엄 가격은 쉽게 수용된다. 이것은 욕구, 필요와 관련된 비용의 평가로 전환된다.

- 편의성(convenience): 고객이 제품을 구매하는 데 유통경로에서 어려움이 없는 정도이다. 인터넷은 제품과 서비스를 얻는 소비자의 방법을 촉진하였다. 성공적인 회사는 제품을 얻는 소비자의 선호방법에 근거한 다경로에 집중하고 있다. 구매장소는 소비자가 구매를 편리하게 할 수 있는 장소이어야 한다.
- 전달성(communication): 기업이 소비자에게 일방적이 아니라 쌍방향으로 전달하는 것이다. 기업은 소비자의 목소리에 귀를 기울이고, 신속하게 반응하는 것이 중요하다.

그림 2-9 4P's에서 4C's

| | | |
|---|---|---|
| 제품 | ▶ | 고객 해결책 |
| 가격 | ▶ | 비용 |
| 유통 | ▶ | 편의성 |
| 촉진 | ▶ | 전달성 |
| 제조자 관점(4P's) | ▶ | 소비자 관점(4C's) |

## (2) 마케팅의 기본요소

고객(customer)은 제품을 구매하는 사람이거나 기업이다. 소비자(consumer)는 실제로 제품을 사용하거나 소비한다. 고객이 소비자이기 때문에 상호 교환적으로 사용되지만, 제품을 구매하는 사람은 궁극적으로 소비하는 사람은 아니다. 욕구(needs)는 기본적인 만족의 결핍을 느끼고 있는 상태로 본원적 욕구이다. 예를 들면, 허기, 갈증이나 추위를 느끼는 것은 생리적인 욕구이다. 인간은 생존을 위해 욕구를 충족해야 하는데, 고객이 결핍을 느낄 때나 특정한 상품을 갖고 있지 않다고 느낄 때 욕구가 발생한다. 인간은 복잡하고, 단순한 생존 이외의 욕구를 갖는다. 예를 들면, 사람들은 대부분 먹지 않으면 죽는다는 두려움보다는 즐거움으로 먹는다. 즐거움에 대한 욕구가 음식의 존재에 대한 필요성보다 먼저 온다.

매슬로우(Abraham Maslow)에 의하면 인간의 욕구는 선천적이며, 강도와 중요성에 따라 단계를 이루는 욕구구조를 갖고 있다. 하위욕구가 제대로 충족되지 않으면 상위욕구가 나타나지 않는다. 심리적으로 건강한 사람은 현재 당면하고 있는 욕구의 수준이 높은 사람이다. 욕구는 기본욕구, 사회욕구와 내적욕구로 구성된다. 기본욕구에는 생리적 욕구, 안전·안정 욕구가 있고, 사회욕구에는 소속·애정 욕구, 존경욕구가 있다. 내적욕구는 자아실현 욕구가 해당된다.

- 생리적 욕구(physiological needs): 기아를 면하고, 생명유지를 위한 가장 기초적 욕구로 의식주·성적 욕구가 있다.

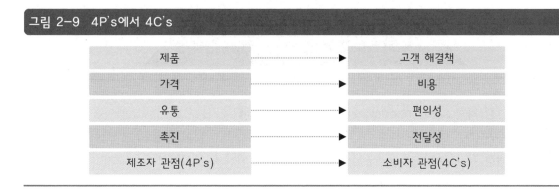

그림 2-10 매슬로우의 욕구 위계 모형

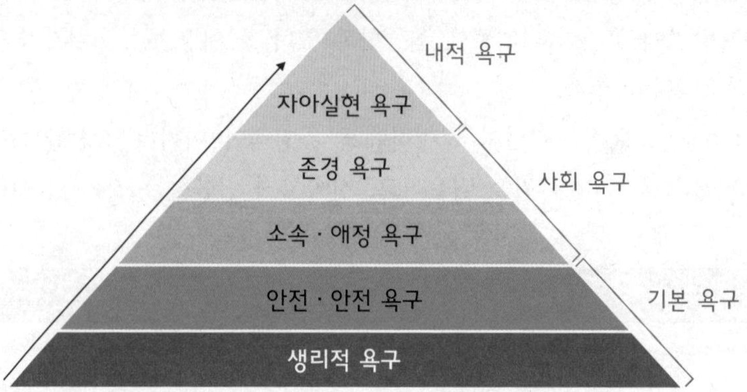


- 안전·안정 욕구(safety needs): 위험, 위협, 박탈로부터 자신을 보호하고, 불안을 회피하고자 하는 욕구이다.
- 소속·애정 욕구(belongingness and love needs): 인간의 사회적이고 사교적인 동료의식을 위한 욕구이다. 애정, 귀속, 우정, 사랑 등이 있다.
- 존경 욕구(esteem and status needs): 자기 존경에 초점을 두고 있으며, 타인으로부터의 인정과 존경이다.
- 자아실현 욕구(self-actualization needs): 계속적인 자기 발전을 위하여 자신의 잠재력을 최대한 발휘하는 데 초점을 둔다. 성장동기가 자아실현의 심리적 조건이 된다.

필요(wants)는 욕구에 대한 구체적인 제품이나 서비스에 대한 바람이다. 즉, 욕구가 구체적인 형태를 가지면 필요가 된다. 예를 들면, 개인들은 배가 고플 때 음식을 필요로 하고, 그래서 한국 사람은 밥을 먹고, 미국 사람은 햄버거를 먹는다. 필요는 욕구가 구체적으로 나타난 것이지만, 문화, 환경이나 개인의 개성에 따라서 다르고, 또한 지속적으로 변화된다. 따라서 필요는 욕구를 충족시키는 구체적 수단이다.

인간의 필요는 끝이 없지만 자금은 한정되어 있다. 고급차나 명품을 사고 싶지만 돈이 부족한 경우이다. 돈이 있어야 구매력으로 연결될 수 있다. 수요(demands)는 구매력이 있는 구체적인 욕구이다. 즉, 잠재고객이 제품에 대한 지불능력을 갖고 있을 때 필요가 수요가 된다. 제품이나 서비스에 대한 필요가 구매의사와 능력이 있을 때 수요라고 한다. 따라서 욕구를 충족시킬 구체적인 수단인 필요가 있을 때, 즉 수요가 있을 때 소비자들은 탁월한 가치를 제공하는 제품을 구입한다. [그림 2-11]은 욕구, 필요와 수요의 관계이다.

마케팅은 기업이 제품이나 서비스를 시장이나 고객에게 제공하고, 그 대가로 대금을 받는 교환과정이다. 교환(exchange)은 가치 있는 제품이나 서비스를 제공하고, 대가를 획득하는 행위이다. 당사자들은 교환을 통하여 교환 이전보다 더 나은 상태가 되어야 한다. 따라서 교환은 상대방으로부터 더 나은 것을 얻고, 반대급부로 상대방이 필요로 하는 것을 제공하는 것으로 마케팅의 근거가 된다.

그림 2-11 욕구, 필요와 수요의 관계

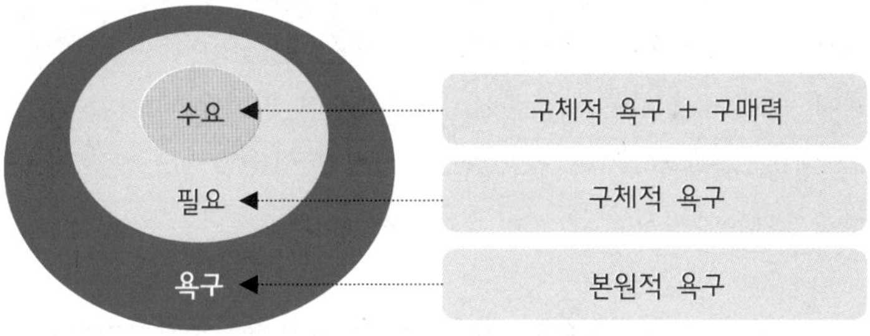


다음은 교환이 성립하기 위한 조건이다.

- 둘 이상의 거래 상대방
- 교환 조건과 거래 상대방의 동의
- 교환 이전보다 나은 상태
- 자유로운 의사소통과 전달 가능
- 가치창조 과정

교환은 거래와 관계를 모두 포함한다. 거래는 단기적 의미의 교환으로 장기적으로 지속되지 않고, 이때 거래로 이루어지는 마케팅을 거래마케팅(transaction marketing)이라고 한다. 이와 달리 관계는 장기적 의미의 교환으로 거래가 지속되고, 이때 관계로 이루어지는 마케팅을 관계마케팅(relationship marketing)이라고 한다. 따라서 마케팅은 장기적 관계의 관점에서 기업과 고객이 교환을 통해 목표를 달성하는 과정이다. 시장이 점차로 성숙기로 접어듦에 따라 신규고객을 창출하는 것보다 기존고객과의 관계를 유지하는 것이 더 중요하다.

시장(market)은 기업의 제품이나 서비스를 실제적이고 잠재적으로 구매하는 모든 사람들의 집합이다. 구매자와 판매자가 재화를 교환하는 물리적인 시장인 남대문시장, 동대문시장, 청과물시장이나 어시장 등이 있다. 또한 추상적 시장은 국내시장, 국제시장, 도매시장, 소매시장, 소비재시장, 산업재시장, 금융시장, 증권시장, 외환시장 등 비가시적인 시장이 있다. 공중(publics)은 마케팅 조직에 실제적이거나 잠재적인 영향을 갖고 있는 어떤 조직이나 개인들이며, 이에는 정부, 지역사회, 경쟁자, 압력단체나 일반대중 등이 있다.

- 욕구(needs): 기본적인 만족의 결핍을 느끼고 있는 상태로 본원적 욕구
- 필요(wants): 욕구에 대한 구체적인 제품이나 서비스에 대한 바람
- 수요(demands): 구매력이 있는 구체적인 욕구
- 교환(exchange): 가치 있는 제품이나 서비스를 제공하고, 대가를 획득하는 행위
- 시장(market): 제품이나 서비스를 실제적이고 잠재적으로 구매하는 모든 사람들의 집합

## (3) 마케팅 개념의 발전

마케팅은 가치를 창조하고, 알리고, 전달하고, 교환하는 활동이다. 이러한 마케팅 목표를 달성하기 위한 지침이 마케팅 개념(marketing concept)이다. 마케팅 전략을 수립할 때 지침이 되는 마케팅 개념은 생산개념, 제품개념, 판매개념, 마케팅개념과 사회적 마케팅개념 등 5가지 유형이 있고, 이것은 시대에 따라서 여러 가지 양상으로 발전하여 온 결과이다.

그림 2-12 마케팅 개념의 진화과정

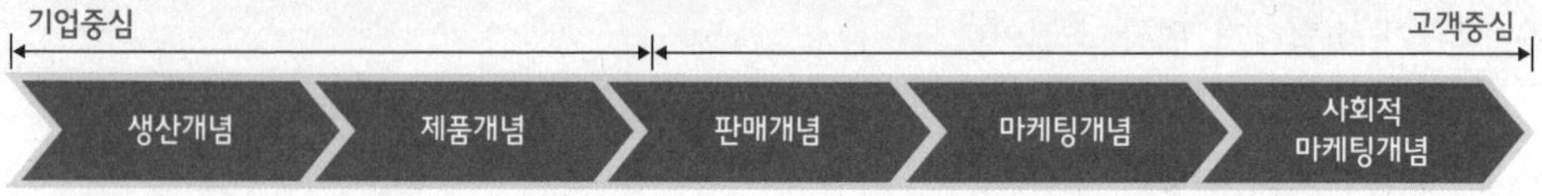


### 1) 생산개념

생산개념(production concept)은 수요가 공급을 초과하여 생산하면 제품이 판매되는 시대의 개념이다. 소비자들이 싸고 쉽게 구매할 수 있는 제품을 선호하기 때문에 생산의 효율성과 광범위한 유통의 확보에 집중하는 개념이다. 따라서 원가를 낮추어야만 경쟁력을 가질 경우에 적절한 마케팅개념이다.

### 2) 제품개념

제품개념(product concept)은 모든 고객이 원하는 이상적인 제품을 만든다는 관점이다. 소비자들은 최고의 품질과 성능을 가진 제품을 선호하기 때문에 기술적으로 우수한 혁신적 제품을 생산하고 개선하는 데 집중한다는 개념이다. 기술자들이 제품개발을 주도하여 기술적으로 뛰어나지만, 시장에서 외면당하는 제품이 출시되는 경우가 발생될 수 있다. 이 개념의 문제는 다른 소비자들 간의 기호와 욕구의 차이를 허용하지 않는다는 것이다.

### 3) 판매개념

판매개념(sales concept)은 고객들이 회사의 제품을 자발적으로 충분히 구매하지 않는다는 관점이다. 그래서 더 많이 구매하도록 설득해야 할 필요성이 있다는 견해이다. 따라서 충분한 판매촉진의 노력이 없다면 소비자들은 충분한 양의 제품을 구매하지 않는다는 사고이다. 예를 들면, 보험과 같은 비탐색재(unsought goods)는 평상시에 생각하지 않는 제품으로 판매자에 의해서 주로 수용된다. 판매지향은 고객의 욕구가 아니라 판매자의 욕구에 관심이 있다. 타고난 판매원은 어떤 제품이라도 판매할 수 있고, 이러한 판매원은 잉여제품을 처분할 수 있다는 관점을 제조자들은 갖는다. 따라서 인적판매와 광고가 가장 중요한 마케팅활동으로 간주된다.

### 4) 마케팅개념

마케팅개념(marketing concept)은 고객들이 필요한 것을 알고, 가치를 인식할 수 있을 만큼 충분히 총명하기 때문에 돈에 합당한 가치를 제공하지 않는다면 제품을 구매하지 않는다는 견해이다. 기업은 고객을 상품의 판매대상으로 보지 않고, 고객의 문제해결로 고객만족을 얻는 것을 목표로 한다. 이를 소비자 지향이라고 한다. 고객을 회사의 모든 활동의 중심에 위치하는 것은 쉽지 않다. 생산에서 판매 후 서비스까지 기업의 모든 영역에 영향을 미친다. 기업의 목적에 적합하게 많은 고객을 변화하려는 판매지향과 달리 마케팅 개념은 실행하기가 어렵다. 마케팅 개념은 유사한 욕구를 가진 하나 이상의 특정 집단에 적합하도록 회사의 목표를 변경하는 것이다. 고객들은 제품을 구매하고 소비하는 사람들이다. 고객들은 회사를 위해서 제품을 구매하는 전문적인 구매자일 수 있다.

그림 2-13 판매와 마케팅개념의 특징

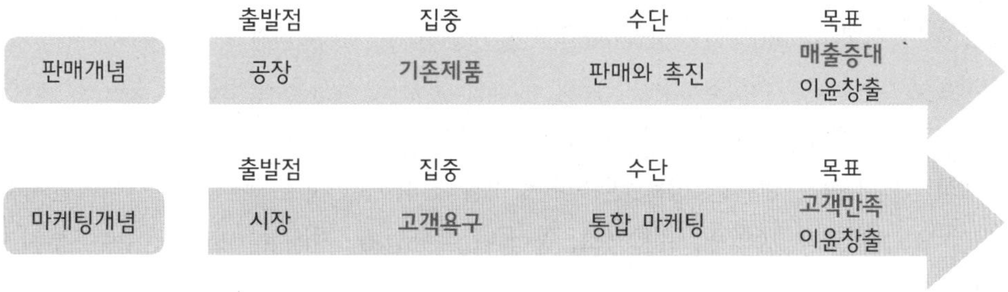


### 5) 총체적 마케팅개념

총체적 마케팅개념(holistic marketing concept)은 제품 중심이나 고객 중심의 단편적인 마케팅이 아닌 총체적으로 접근하는 마케팅이다. 즉, 총체적 마케팅개념은 마케팅 프로그램, 과정과 활동의 폭과 상호의존성을 인식하고, 이들의 개발, 설계와 실행에 근거를 두는 관점이다. 총체적 마케팅은 마케팅과 관련되는 모든 부문이 중요하다. 즉, 광범위하고 통합적인 식견을 갖는 것이 필요하다. 총체적 마케팅의 4가지 구성 요소란 통합마케팅, 관계마케팅, 사회적 책임마케팅과 내부마케팅이다.

#### ① 통합마케팅

통합 마케팅(integrated marketing)은 마케팅 부서가 마케팅활동을 고안하고, 전체가 부분의 합보다 더 크다(the whole is greater than the sum of its parts)는 관점에서 고객을 위한 가치를 창조하고, 알리고, 전달하기 위해 마케팅 프로그램을 통합하는 것이다. 다양한 많은 마케팅활동은 가치를 창조

그림 2-14 총체적 마케팅 개념의 구성요소

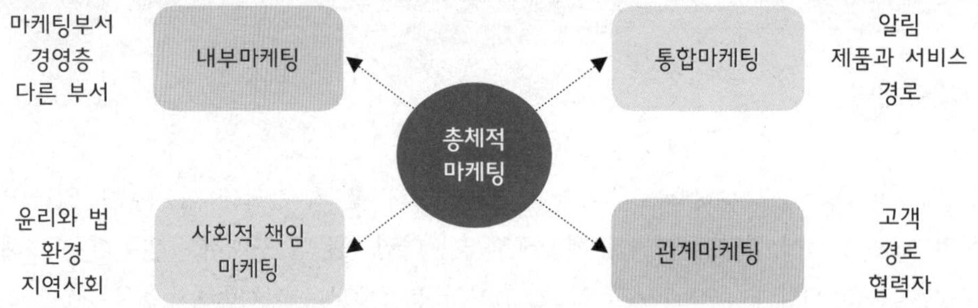


하고, 알리고, 전달할 수 있고, 마케팅 부서는 마케팅활동을 계획하고, 실행해야 한다. 통합마케팅은 브랜드 메시지를 고객에게 제공하고, 분명히 알리는데 집중한다. 이것을 실현하려면 마케터 혼자로는 부족하기 때문에 전사적인 접근으로 모든 부서의 협력이 필수적이다.

### ② 관계마케팅

전통적 마케팅은 단일 거래에 집중하는 경향이 있다. 그러나 관계마케팅(relationship marketing)은 고객, 종업원, 공급업자, 유통업자와 기타 협력자들의 목적을 충족하기 위해 그들과의 장기적 관계를 확립하고, 유지하고, 향상하는 것을 목표로 한다. 이것은 상호교환과 약속의 이행으로 달성된다. 관계마케팅은 회사의 마케팅활동의 성공에 직접적 또는 간접적으로 영향을 주는 사람이나 조직과 깊고, 지속적인 관계를 발전하는 활동이다. 관계마케팅은 이익을 획득하고, 기업을 유지하기 위해 핵심적인 고객과 장기적인 관계를 상호 만족하는 것을 강화하는 것을 목적으로 한다. 관계마케팅의 네 가지 핵심 요소는 고객, 종업원, 유통경로, 공급자, 유통업자, 거래자, 대리인, 주주, 투자자, 분석자 등이 있다.

관계마케팅은 고객의 일생에서 가장 충성스런 고객이 누구인지를 밝히는 데 목적이 있다. 관계마케팅은 고객시장분할을 조직하고, 고객만족을 촉진하고, 고객중심 과정을 추진함으로써 수익성과 고객만족을 극대화하는 전략이다. 기업의 미래가치는 고객경험의 질을 계속적으로 향상하고, 탁월한 가치를 전달하고, 고객과 강력하고 깊은 관계를 구축하는 것이다. 관계마케팅의 핵심 요소는 고객충성심의 창조, 상호 보상관계, 관계를 유지하기 위한 행동을 맞추려는 자발적인 의지이다. 관계마케팅이 성공하기 위해 계속적인 마케팅 프로그램을 추진하고, 확립하고, 추적하고, 재평가할 필요가 있다.

### ③ 사회적 마케팅개념

사회적 마케팅개념(societal marketing concept)은 기업이 일반사회의 욕구와 제조활동의 지속가능성에 대해 책임을 져야 한다는 개념이다. 중요한 점은 기업이 소비자 욕구, 회사 이익과 전체로써 사회의 욕구 간에 균형을 이루어야 한다. 이것은 회사와 고객 간의 즉시 교환관계를 떠나 사회일반에게 장기적인 영향으로 초점을 이동한다. 이러한 욕구는 고객의 당면한 욕구와 충돌하지 않는다. 사회적, 윤리적, 법적, 환경적 맥락을 고려한 마케팅 전략이 기업의 장기적인 고객유지에 도움이 된다는 견해이다. 따라서 기업은 사회전체, 소비자와 기업의 이익을 유지해야 한다. 사회적 마케팅 관점에서 장기적 소비자 편익과 즉각적인 만족을 제공하는 제품은 바람직한 제품이다.

[그림 2-15]는 신제품의 사회적 분류이다. 장기적인 편익이 높고 만족이 높은 제품은 바람직한 제품(desirable product)으로 비타민이 많고 맛이 좋은 천연 과일 주스가 해당된다. 장기적 편익이 있으나 즉각적인 만족이 없는 제품은 유익한 제품(salutary product)으로 가정용 화재경보기가 해당된다. 장기적으로 소비자에게는 나쁘지만 즉각적인 만족을 주는 제품은 즐거운 제품(pleasing products)으로 술, 담배나 단음식이 해당된다. 소비자에게 좋지도 않고 만족도 주지 않는 제품은 불완전한 제품(deficient products)으로 비효과적인 몸매관리 제품이나 상처를 주는 운동장비가 해당된다. 기업은 바람직한 제품을 생산하는 것을 목적으로 해야 하지만, 소비자들은 즐겁게 하는 제품을 선택한다. 사회적 마케팅 개념은 개별적인 소비자의 욕구를 인식하지만, 기업이 사업을 하는 더 넓은 사회의 복지를 향상하는 것을 목표로 한다. 이것은 기업이 선량한 시민을 위해 책임을 진다는 것을 의미한다.

- 바람직한 제품: 장기적인 편익이 높고 만족이 높은 제품
- 유익한 제품: 장기적 편익이 있으나 즉각적인 만족이 없는 제품
- 즐거운 제품: 장기적으로 나쁘지만 즉각적인 만족을 주는 제품
- 불완전한 제품: 좋지도 않고 만족도 주지 않는 제품

**그림 2-15 신제품의 사회적 분류**

| | | 즉각적인 만족 | |
|---|---|---|---|
| | | 저 | 고 |
| 장기적 소비자 편익 | 고 | 유익한 제품 | 바람직한 제품 |
| | 저 | 불완전한 제품 | 즐거운 제품 |

출처: Kotler, Armstrong, Saunders and Wong(2013).

### ④ 내부마케팅

조직 내 협력의 전략적 중요성은 관계마케팅의 과정을 시작하는 기업의 성공에 중요하다. 접점고객은 다른 기능에 관여된 많은 직원의 지원을 필요로 한다. 내부마케팅(internal marketing)은 종업원들이 직무에 만족할 수 있도록 직무환경을 조성해 주고, 고객지향적인 인식과 태도를 갖도록 동기부여하고, 개발해주는 모든 활동을 뜻한다. 내부마케팅은 과업수행에 전념하고, 준비하고, 동기화되어야 하고, 모든 수준의 직원, 감독자뿐만 아니라 중간과 최고 경영자를 포함한다. 지원직원의 교육과 훈련이 필요하다. 만족하지 않는 직원은 고객을 만족시킬 수 없다. 따라서 내부마케팅을 무시하거나 소홀히 한다면 외부마케팅이 실패할 것이다. [표 2-3]과 같이 외부마케팅과 내부마케팅은 여러 가지 면에서 차이가 있다.

표 2-3 외부마케팅과 내부마케팅 차이

| 구분 | 외부마케팅 | 내부마케팅 |
|---|---|---|
| 이념 | 소비자 지향: 외부고객 | 내부고객 지향: 종업원 |
| 목표 | 외부고객의 욕구충족 | 종업원의 만족, 서비스 마인드 |
| 제공물 | 제품 | 직무 |
| 가격 | 상품의 대가 | 직무의 대가 |
| 교환 | 제품 ↔ 화폐 | 직무, 직무환경 ↔ 노동시간 |
| 경로 | 도매점, 소매점, 고객 | 서비스 종업원 |
| 커뮤니케이션 | 외부 커뮤니케이션 | 내부 커뮤니케이션 |
| 전략 | 세분화 전략 | 연동근무시간제, 협력 의사결정 시스템 |
| 조사 | 시장조사 | 종업원 만족도 조사 |

마케팅은 모든 사람들과 모든 과업을 포함한다. 협력적인 기업은 회사의 모든 사람을 마케팅 노력을 지원하는 통일된 가치체인에 포함한다. 관계마케팅의 범위는 내부, 고객추천, 영향력, 종업원 모집, 공급자와 소비자시장 등 6가지 시장을 포함한다. 마케팅은 고객옹호, 내부통합, 전략과 협력자들의 경계에 걸친 역할로 고객가치를 극대화한다. 관계마케팅은 이해관계자에게 기여할 수 있는 잠재적 활동 협력자로 고려한다. 6개 시장에 대한 균형 있는 전략실행은 이해관계자들 간의 장기적 관계를 구축하여 기업의 발전에 도움이 된다.

그림 2-16 6가지 시장모델

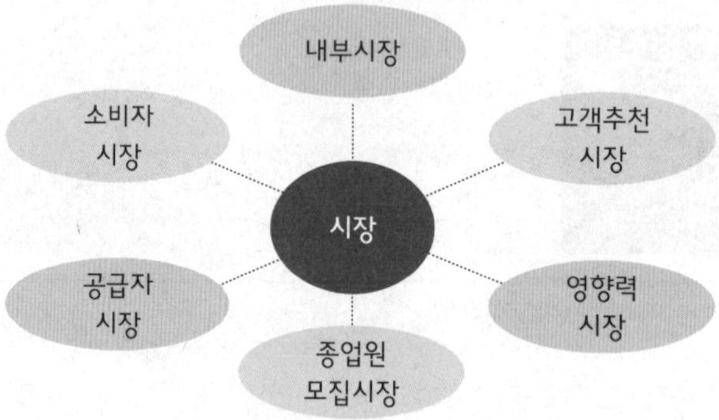


## (4) 마케팅의 중요성과 역할

마케팅의 주요 역할은 회사의 표적고객을 유인하고, 유지하고, 이익을 증가하는 것이다. 이러한 역할을 수행할 때 마케팅 부서는 고객과 시장조사를 수행하고, 해결책을 준비하고, 시장에 브랜드 가치를 알리고, 계속적인 고객관계를 추적·관리한다. 고객욕구의 만족과 기업의 유지를 위한 수익창출의 극대화는 기업경영의 핵심적인 과제이다.

### 1) 마케팅의 중요성

마케팅은 조직의 성공에 크게 기여하기 때문에 중요하다. 생산과 유통은 주로 마케팅에 달려있다. 마케팅은 광고, 촉진, PR과 판매를 포함한다. 마케팅은 제품이나 서비스를 시장에 출시하고, 촉진하는 과정이며, 고객들에게 판매를 촉진한다. 신생기업에서 글로벌 기업까지 모든 기업은 마케팅 활동을 통해 브랜드 인지를 창조하고, 판매를 증가할 수 있다. 마케팅은 소비자, 고객, 동업자, 그리고 사회에 가치를 창조하고, 알리고, 전달하고, 교환하는 과정이다. 다음은 마케팅의 중요성이다.

- 제품의 이전, 교환과 이동 촉진: 마케팅은 제품의 이전, 교환과 이동에 매우 도움이 된다. 다양한 중개인, 도매인과 소매인 등을 통해 고객들은 제품이나 서비스를 구매하거나 사용한다. 마케팅은 구매자와 판매자 사이에 소유권 이전을 촉진시키는 활동이다.
- 소비자들의 생활수준 유지와 향상: 마케팅은 생활수준의 전달이며, 소비자들의 생활수준을 창출하며 전달한다. 대량생산과 저원가로 저소득층의 생활수준을 향상한다.
- 고용구조 창출: 마케팅은 다양한 분야에 많은 사람들을 포함한 복잡한 구조이다. 마케팅 기능은 구매, 판매, 자금조달, 운송, 창고관리, 위험부담과 표준화 등이다. 마케팅은 많은 개인들이 다양한 활동을 수행하게 함으로써 사람에게 일자리를 제공한다.
- 수익의 근원과 투자의 재원: 마케팅은 시간, 공간과 소유효용을 만들고, 판매과정을 통해서 수익을 확보할 많은 기회를 제공한다. 이를 통해 얻은 수익을 미래에 더 많은 수익을 벌 수 있는 사업에 재투자한다. 마케팅은 수익의 근원이자 투자의 재원이 된다.
- 의사결정 기초 역할: 기업은 무엇, 어떻게, 언제, 얼마나, 누구를 위해 제품을 생산할 것인가를 결정한다. 그 결과 생산자는 대체로 무엇을 생산하고 판매할지를 결정하는 마케팅 방법에 의존한다. 마케팅의 도움으로 생산자는 생산량을 계획할 수 있다.
- 새로운 발상의 원천: 소비자의 선호와 기호의 변화로 마케팅은 많이 변모해왔다. 이러한 변화는 생산과 유통에 엄청난 영향을 주고 있다. 마케팅은 새로운 수요형태를 이해하기 위한 정보와 통찰력을 제공하고, 이에 따라 제품을 개발하고, 생산하게 한다.
- 경제성장 촉진: 마케팅은 순환하는 경제를 설정한다. 체계적인 마케팅은 경제를 강력하고, 안정적으로 만든다. 마케팅 기능에 대한 긴장이 더 줄수록 경제는 더 약해진다.

### 2) 마케팅의 역할

마케팅의 주요 역할은 소비자의 요구사항을 확인하고, 예측하고, 만족하는 경영과정이다. 따라서 기업은 마케팅활동을 통해 고객의 욕구를 충족하고, 편익을 제공한다. 영리한 마케터는 제품을 판매하지 않고, 편익 다발(bundle of benefits)을 판매한다. 다음은 성공적인 마케팅의 핵심적인 역할이다.

그림 2-17 마케팅의 핵심적인 역할

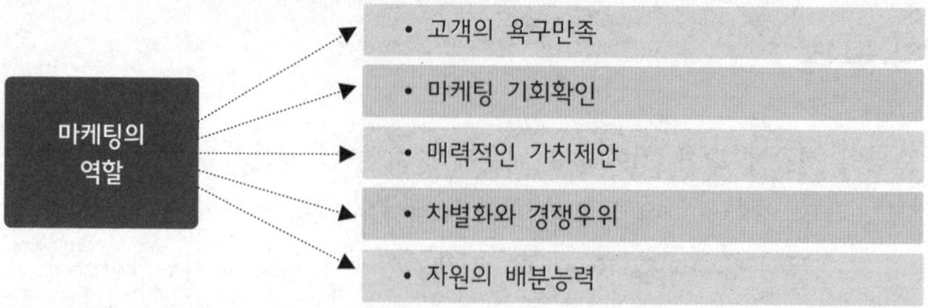


- 고객의 욕구만족: 마케팅은 고객의 욕구를 확인하고, 예측하고, 만족시키는 것이다. 기업은 소비자들이 원하는 것을 발견하거나 고객이 미래에 원하는 것을 찾아내고, 적절한 방법으로 자원을 효율적으로 사용하여 소비자들의 욕구를 충족해야 한다. 기업은 실제적이고 지각된 소비자 욕구를 분석하고 추적하는 지속적인 과정을 수행해야 한다.
- 마케팅 기회확인: 마케팅은 시장에 있는 마케팅 기회를 확인하고, 인식하는 능력을 제공한다. 표적고객이나 시장분할, 욕구와 필요, 소비자들이 경험하는 어려움, 장애와 실망을 알고 이해할 수 있다.
- 매력적인 가치제안: 마케팅은 소비자들의 욕구를 충족하고, 문제를 해결하는 매력적인 가치제안이나 약속을 창조하고 전달한다. 경쟁자로부터 얻을 수 있는 것보다 더 탁월한 가치를 얻을 수 있다고 믿는 편익의 다발을 제공할 수 있다.
- 차별화와 경쟁우위: 마케팅은 경쟁자와 차별화할 수 있고, 경쟁우위를 강화할 수 있다. 고객의 관점에서 주요 경쟁이 발생하는 곳, 가치제안과 편익의 다발이 무엇인지를 설정하고, 시장의 요구사항을 충족하는 방법을 확립할 수 있다.
- 자원의 배분능력: 마케팅은 고객의 욕구를 통찰하고, 경제적 수익을 향상하기 위해 필요한 자원을 할당하고, 가치를 관리할 수 있다. 따라서 더 좋은 가치가 발생하는 곳에 자원을 잘 활용할 수 있고, 재투자를 할 수 있다.

## (5) 창업 마케팅의 관리과정

강력한 창업 마케팅 관리과정의 중요성을 아무리 강조해도 지나치지 않다. 마케팅 관리과정은 통합적이고, 전단계로 항상 피드백이 가능하여 수정과 개선을 통하여 변하는 환경에 쉽게 적응할 수 있다. 따라서 창업 마케팅의 관리과정은 항상 통합적이고 연속적인 과정이다. 창업 마케팅 관리과정은 [그림 2-18]과 같이 5단계로 구성된다. 창업 마케팅의 5단계 관리과정에 따라 각장에서 내용을 자세하게 설명한다.

창업을 결정하려면, 시장의 이해와 분석이 선행되어야 한다. 경쟁할 시장의 환경을 이해하고, 사업 아이템을 구체화하고, 제품포트폴리오를 결정하는 과정이다. 시장이 충분히 규모가 크고, 자신의 역량으로서 가능한지를 타진한다. 시장의 이해와 분석과 기업목표의 설정은 동시에 이루어지는 연속적인 과정이다. 그러나 창업기업은 기업이 바로 창업자이기 때문에 기업가 정신에 의한 마케팅 전략이 기본적으로 배어있다. 기업은 기업의 비전과 사명에 따라 제품포트폴리오, 장기적 고객관계와 이익극대화 등의 기업목표를 수립한다.

마케팅믹스 전략을 수립하는 것이다. 시장을 이해하고 분석한 후 자원을 배분하고, 투입하는 마케팅믹스에 대한 의사결정을 하게 된다. 마케팅믹스는 4P's나 7P's에 대한 의사결정이다. 기업은 마케팅 변수의 적절한 결합으로 시장에서 경쟁을 하게 된다. 제품마케팅은 주로 4P's로 서비스마케팅은 4P's에다 사람, 과정과 물적증거를 결합한 7P's 모델을 활용한다. 4P's 모델은 제조와 물리적 제품의 마케팅에 적용할 때 유용하지만, 서비스 제품에는 충분하지 못하다. 대부분의 서비스는 어느 정도 물적증거를 포함하고 있다.

STP를 결정하는 것이다. 신제품이 경쟁위치를 결정하여 시장에 출시하게 된다. 시장세분화, 표적화와 포지셔닝은 연속적인 과정이다. 즉, 회사가 표적으로 선정한 시장에 경쟁위치를 잡는 과정이다. 경쟁위치를 잡을 때 지각도가 많이 활용된다. 중요한 점은 경쟁제품보다 더 유리하게 고객의 인

그림 2-18 창업 마케팅의 관리과정

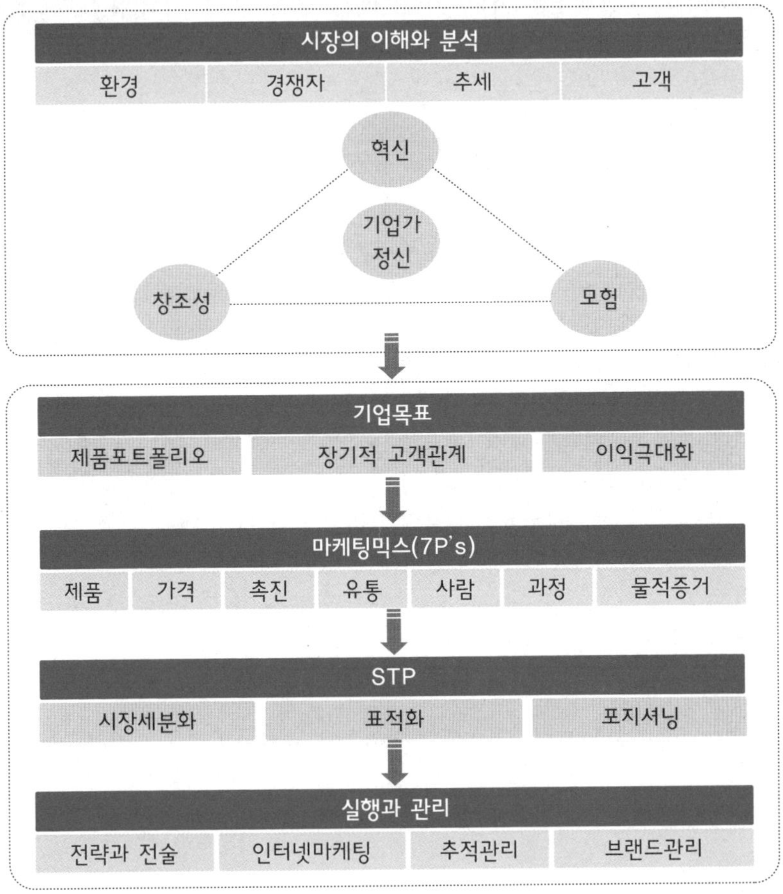

식을 차지하는 것이다.

마지막 단계는 마케팅 전략과 전술의 실행과 관리이다. 고객과의 커뮤니케이션은 판매와 직결되기 때문에 중요하다. 판매촉진, 판매기술과 설득기법이 필요하다. 따라서 직원선발과 교육훈련이 요구된다. 내부직원의 만족이 없이는 고객을 만족시킬 수 없다. 인터넷 마케팅과 바이럴 마케팅을 활용하여, 제품의 인지도를 향상하고, 판매를 촉진한다. 또한 시장출시 후 제품이 의도한 대로 궤도에 진입하는 지를 추적·관리한다. 고객과의 장기적인 관계를 유지하고, 기존고객으로부터 긍정적인 구전이 일어나도록 유대를 강화하는 고객충성도 프로그램을 활용한다. 이러한 일련의 과정이 창업 마케팅의 관리과정이다.

**SENSE 마니아 소비자를 위한 희소성 있는 한정판 인기**

코카콜라, 스타벅스, 애플의 공통점은 바로 브랜드 마니아들이 많다는 점이다. 애플의 신제품이나 스타벅스의 한정 텀블러 출시 날에는 매장 앞에 긴 줄이 이어진다. 수집가들은 콜라병을 비롯해 코카콜라와 관련된 인형, 자동차, 장난감 등 다양한 소품을 모아 개인 전시회를 열기도 한다. 마니아들이 불황 속 유통업계의 큰 손으로 떠오르기 시작했다. 충성고객인 마니아들은 한정판이나 희귀 아이템이 출시되면 가격이 비싸거나 긴 줄을 서야 하는 번거로움에도 기꺼이 구입한다. 브랜드 관련 소식들을 개인 SNS를 통해 자발적으로 공유한다. 홍보대사가 되는 셈이다.

코카콜라는 한정판 마케팅을 잘 활용하는 기업으로 유명하다. 칼 라거펠트, 장 폴 고티에 등 세계적인 패션 디자이너들과의 컬래보레이션을 통해 스페셜 에디션을 꾸준히 출시했다. 월드컵 에디션, 올림픽 에디션을 비롯해 폴라베어 에디션, 크리스마스 에디션 등 다양한 한정판 제품을 출시해 소비자들의 마음을 사로잡았다. 2015년 5월 코카콜라 병 100주년을 맞아 1920년부터 2010년까지 코카콜라의 대표적인 광고 캠페인과 캐릭터를 엄선해 10개의 패키지에 담은 스페셜 한정판인 '100년의 헤리티지 에디션'을 출시했다.

스타벅스는 MD(Merchandise) 상품을 통해 마니아들을 만들어가고 있다. 스타벅스에서 선보이는 텀블러, 다이어리, 머그잔들은 어김없이 화제가 되곤 한다. 2015년 4월 여름 스타벅스 텀블러 써니보틀은 오픈과 동시에 품절되었다. 매년 연말과 연초에 선보이는 럭키백과 다이어리도 스타벅스의 인기상품이다. 럭키백은 스타벅스가 매년 초 텀블러와 머그 등을 무작위로 담아 판매하는 상품이다. 2015년 1월 초에 양의 해를 맞아 럭키백 전용으로 제작한 청양 머그잔, 스테인리스 텀블러, 음료 무료 쿠폰 3장 등을 기본으로 담아 15,000개 한정판이 판매 3시간 만에 완판되었다.

출처: 뉴스엔미디어 2015.06.01

# 03

# 마케팅 전략과 벤치마킹

# 유진로봇, 요우커 로봇청소기



## 유진로봇의 연혁

(주)유진로봇은 1988년 설립된 서비스 로봇 전문기업으로 청소로봇, 교육로봇, 실버로봇 등 생활에 필요한 로봇기술을 연구하고 제품을 개발하는 대한민국 대표 로봇 기업이다. 2004년 세계 최초 네트워크 기반 홈서비스 로봇 상용화, 2005년 국산 청소로봇 시장개척, 2005년 대통령상 수상, 2006년 벤처기업 인증, 2008년 수출 유망중소기업 선정, 2011년 청소로봇 세계일류상품 선정, 2013년 중소기업청 글로벌 강소기업 육성 참여기업 선정, 2014년 신경철 대표 로봇산업 유공자 산업포장 수상, 1천만 달러 수출의 탑 수상 등으로 코스닥에 등록된 법인이다.

## 교육로봇 아이로비

공장뿐만 아니라 가정에서도 쉽고 간단하게 로봇을 이용하는 첨단의 시대에 접어든 것이다. 로봇 시장은 향후 2~3년간 매년 약 30% 수준까지 성장할 것으로 예상한다. 5년 뒤에는 청소로봇 위주이던 기존의 로봇 아이템이 교육, 실버 케어, 진료보조, 물류, 사회 안전 등으로 다양해질 것으로 예측하면서 이에 맞는 기술개발에 주력하고 있다. 클라우드 시스템에 기반한 교육로봇 아이로비는 유진로봇의 대표적인 제품이다. 아이로비큐는 유아교육기관에서 사용하는 로봇으로 교사의 보조기능을 수행할 수 있다. 아이로비 홈은 가정용 교육로봇으로서 자유로운 대화가 가능하며 상호작용 콘텐트가 탑재되어 있어 로봇을 생생하게 체험할 수 있다. 디자인이 귀엽고 앙증맞아 아이들의 호기심을 유발하기에 충분하다. 최첨단 기술과 감성적인 디자인이 매력적이어서 많은 가정에서 소유하길 원하지만 가격이 고가이다 보니 청소로봇처럼 대중화되지는 못했다. 교육로봇 개발에 투자하는 이유는 전 세계 로봇회사와 경쟁하려면 앞선 기술력을 선보여야 하고 아이들을 위한 똑똑한 친구도 필요하기 때문이다.

## 고령화 시대에 맞춰 실버케어

유진로봇은 고령화 시대에 맞춰 실버케어 서비스 로봇에도 주력하고 있다. 뉴질랜드의 기술 상용화 전문기업인 유니서비스와 제휴를 맺고 노인을 지원하는 로봇을 개발했는데, 응급 상황을 인식하고 대처할 수 있으며 몸이 불편한 노인의 일상생활을 도와주기도 한다. 뉴질랜드 실버타운을 시작으로 우리나라 노인시설에도 보급할 계획이다. 사회복지사의 근무 환경이 열악한 지금 힘들고 어려운 일을 로봇이 담당해준다면 사회복지사들의 근무 환경도 개선되고 서비스의 질도 훨씬 좋아질 것으로 예상된다. 이들을 비롯해 원격조정으로 움직이면서 위험 작업에 투입되는 사회안전로봇, 식사를 운반하는 로봇 등도 개발하고 있으니 로봇이 할 수 있는 일에 경계는 없는 모양이다.

## 로봇 트레인 완구사업

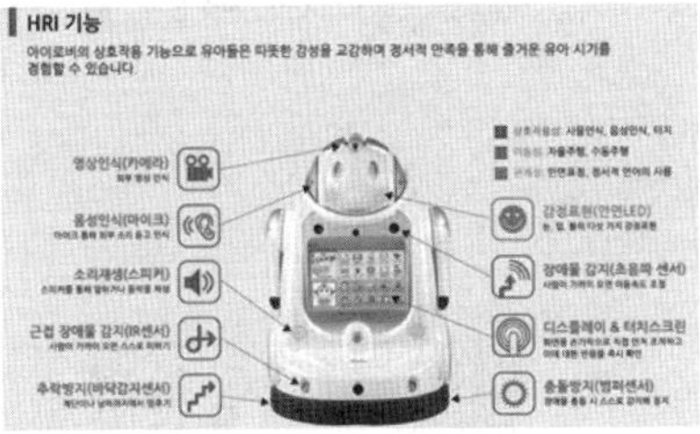


유진로봇의 꿈은 '로봇과 함께 따뜻한 세상을 열어가는 세계적인 지능형 서비스 로봇기업이 되는 것'이다. 이를 위해 글로벌 시장 진출 및 입지를 구축하고, R&D 역량 강화를 통한 기술 선점에 매진하고 있다. 로봇은 어린이들에게 상상을 일깨워주고, 어른들에게는 위험을 대신해주며, 노인들에게는 동반자가 되어준다. 유진로봇의 로봇들이 모든 인류의 친구가 되는 날 대한민국은 로봇 강국이 될 것이다. 결과적으로 우리의 삶이 지금보다 훨씬 편리해진다는 뜻이니 유진로봇의 성장을 지켜보면서 앞으로 어떤 로봇이 우리의 친구가 되어줄지 상상하는 것도 즐거운 일일 것이다. 로봇의 전문기술과 동일한 고객집단에 대한 다각화와 사업확장을 위한 완구사업부는 기차변신로봇 '로봇트레인' 완구를 온라인과 대형마트 등에서 활발한 마케팅 전략을 추구하고 있어 향후 성장이 기대되고 있다.

출처: 유진로봇 홈페이지와 이투데이 2015.08.21

## 獨IFA展에 가는 '똘똘한 中企'들

11월 2일 독일 베를린에서 열리는 유럽 최대 가전 박람회 'IFA 2016'에 국내 중견·중소업체 90여 곳이 참가한다. IFA를 통해 자사의 제품을 세계 시장에 소개하고, 판매망을 확대하기 위해서다. 로봇 제조사 유진로봇은 자율주행 로봇인 '고카트(GoCart) 2.0'을 전시한다. 이 로봇은 병원과 노인 요양 시설 등에서 식사나 의약품을 배달하는 용도로 개발됐다. 수십 개의 센서와 카메라가 사람과 장애물을 인식해 충돌 없이 평면과 층간 이동이 가능하도록 했다. 이 회사는 2년 전 IFA에 참가해 이 로봇을 처음 선보였다.

출처: 조선일보 2016.10.10

# 제3장 | 마케팅 전략과 벤치마킹

## 1 마케팅환경

세계는 더 좁아지지만, 세계 시장은 오히려 더 넓어지고 있다. 많은 회사들이 동일한 규격제품이나 유사한 제품을 생산하고 있고, 경쟁에 열중하고 있다. 인터넷은 고객들이 제품과 서비스를 찾는 것을 더욱 쉽게 하고 있다. 어떤 회사들은 외국기업을 인수하고 있다. 이러한 모든 요인들이 전략결정에 영향을 준다. 어떤 사람이나 기업도 환경 밖에서 홀로 존재할 수 없다. 기업은 법과 책임, 압력단체, 공공단체, 고객과 경쟁자들에 둘러싸여 있다. 기업은 환경 안에서 사업을 영위하고, 마케팅은 조직과 외부세계 사이의 공유영역에 있기 때문에 환경관리는 마케터의 주요 과업이다. 기업이 목적을 달성하려면 이러한 외부요인들을 추적해야 하고, 적절히 반응해야 한다.

### (1) 마케팅환경의 의미

마케팅환경은 동전의 양면처럼 기업에 위협과 기회의 복잡한 형태를 주고, 심대한 영향을 준다. 기업경영에 많은 영향을 주는 마케팅환경은 외부환경과 내부환경으로 나눈다. 외부환경은 조직외부에서, 내부환경은 조직내부에서 일어나는 마케팅 요소이다. 기업은 내부환경보다 외부환경에 더 많은 주의를 집중하지만, 모두 중요하다.

외부환경(external environment)은 기업에 밀접한 요인인 미시환경과 사회전체에 공통적인 요인인 거시환경으로 구성된다. 미시환경은 경쟁자, 고객, 공급자, 중개기관, 내부환경과 기업에 비호의적인 지역 압력단체의 존재 등이다. 거시환경은 인구통계적 요인, 경제적 요인, 정치적 요인, 법적 요인, 사회문화적 요인, 생태적, 지리적 요인과 기술적 요인 등이 있다. 기업은 외부환경에 둔감하다. 위협은 기회로 전환해야 한다. 새로운 입법은 경쟁자가 새로운 규칙을 준수해야만 하는 동안 이용할 수 있는 허점을 제공한다. STEP(Socio-cultural, Technological, Economic, and Political) 분석은 외부환경을 조사하는 유용한 방법이다.

- 거시환경: 인구통계적 요인, 경제적 요인, 정치적 요인, 법적 요인, 사회문화적 요인, 생태적, 지리적 요인과 기술적 요인
- 미시환경: 경쟁자, 고객, 공급자, 중개기관, 내부환경과 압력단체의 존재

그림 3-1 미시와 거시환경 요인

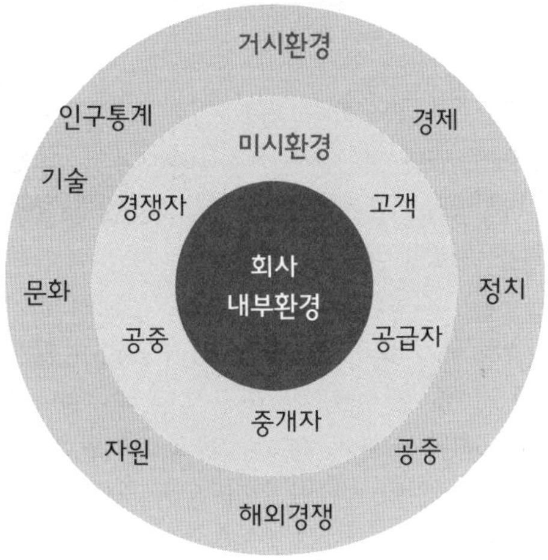


## (2) 미시환경

미시환경(micro-environment)은 기업이 고객의 욕구를 충족시키는 능력에 영향을 직접적으로 미치는 요인으로 마케터가 통제 가능한 환경이다. 시장진입 가능성을 파악하기 위한 미시환경 분석은 거시환경 분석 후에 실시한다. 미시환경 분석은 고객, 경쟁자 분석을 통하여 자사의 역량을 높일 수 있다. 이러한 미시환경이 기업에 직접적으로 영향을 주는 요인은 경쟁자, 고객, 공급자, 중개자와 일반 공중 등이 있다.

### 1) 경쟁자

기업들은 경쟁자가 누구인지 잘 인식하지 못한다. 단순히 기업들이 사업을 너무 좁게 정의하기 때문에 기업들이 경쟁을 너무 협소하게 정의한다. 예를 들면, 버스회사가 자사의 사업을 버스사업으로 정의한다면, 경영층은 다른 버스회사를 경쟁자로 정의할 수 있다. 반면에 회사가 운수회사로 정의한다면, 경영층은 철도, 택시와 심지어 자전거를 경쟁으로 인식할 것이다. 번화가 소매상이 다른 번화가의 소매상을 경쟁자로 정의하면, 온라인 회사를 인식하지 않을 수 있다. 마케팅 관리자들은 소비자들의 욕구를 충족하기 위해 경쟁자들이 아주 밀접한 대체재를 공급하는지를 알 필요가 있다. 유사한 욕구와 특성으로 소비자를 분류하는 것을 시장세분화라고 한다. 각각의 세분시장은 다른 욕구를 갖고 있기 때문에 경쟁의 위협은 다른 욕구에서 온다. 대체로 모든 사업은 소비자들의 돈에 대해 상호 간에 경쟁한다. 소비자들은 지출할 정해진 금액만을 갖고 있기 때문에 고가의 주택을 구매하는 소비자는 동시에 고가의 휴가를 갖지 않을 것이다. 이러한 경쟁의 유형이 중요하지 않을 수 있지만, 회사가 독점적인 위치에 있고 전체시장을 확대할 여유가 있다면 문제가 된다.

## SENSE 마케팅 근시(Marketing Myopia)

Theodore Levitt 교수가 주장한 마케팅 근시(Marketing Myopia)는 시장이나 소비자 중심이 아닌 제품 중심 사고를 말한다. 영원한 성장산업이란 존재 하지 않는다. 기업은 소비자 지향적 사고로 끊임없이 고객이 원하는 바를 탐구해야 하고, 그들에게 가치를 제공하는 것이 최우선이라는 생각으로 운영되어야 한다.

사업범위를 너무 좁게 규정했기 때문에 기술이 진보함에 따라 기업이 필연적으로 쇠퇴할 수밖에 없었던 상황을 미국의 철도회사들의 예를 통해 마케팅 근시를 설명하고 있다. 즉, 철도회사들은 운송업으로 보지 않고 철도업으로 산업을 국한시킴으로써 다른 교통, 통신수단에 자신들의 고객을 빼앗겼다. 또한 그들이 소비자 지향적이 아니라 제품 지향적이었다는 데도 그 원인의 일부가 있다. 필름 카메라에 집중했던 코닥은 디지털 카메라의 등장으로 파산한 예이다.

모든 조직은 소비자를 얻기 위해 다투는 직접적이거나 간접적인 경쟁환경을 고려해야 한다. 유사한 제품이나 서비스를 제공하는 경쟁자의 집단은 산업을 형성한다. Michael Porter 교수는 산업분석을 위한 방법인 Five Forces Model을 개발하였다. 그는 장기적으로 특정 산업의 수익성 및 매력도는 산업의 구조적 특성에 의하여 영향을 받으며, 이는 5가지의 힘(Five Forces)에 의하여 결정된다고 한다. 5가지의 힘은 신규 진입자의 위협, 공급자의 협상력, 구매자의 협상력, 대체재의 위협, 산업 내 기존 경쟁자 간의 경쟁강도 등이다. 기업은 환경 시스템의 한 구성원이기 때문에 환경 속에서 에너지를 교환하는 것이다. 따라서 기업은 에너지가 유리하게 교환되는 시스템을 구축해야 한다.

그림 3-2 마이클 포터 5가지의 힘

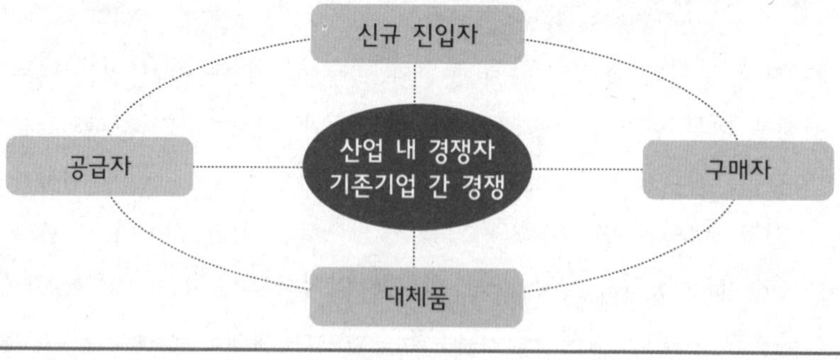


### ① 기존기업 간 경쟁강도

기업은 시장지위를 자사에 유리하게 만들기 위해 가격, 신제품개발과 광고 등으로 경쟁을 반복한다. 이러한 경쟁으로 결국 자원을 소모하여 수익이 악화된다. 시장이 성숙단계로 진입하면 기업도 매출을 유지하기 위해 시장을 침식하는 전략에 돌입하게 된다. 경쟁기업 수가 많을 때, 경쟁기업의 규모나 힘이 동등할 때, 차별화가 없을 때나 전환비용이 들지 않을 때 경쟁기업 간의 경쟁을 격화시키는 요인이다.

### ② 신규 진입자의 위협

신규 진입자는 기존기업과의 경쟁에서 생존하기 위해 공격적인 마케팅 전략을 구사하기 때문에 산업계 전체의 수익이 저하된다. 이에 맞서 기존기업은 과도한 경쟁을 막고, 수익을 유지하기 위해 진입장벽을 높이는 다양한 전략을 실행한다. 진입장벽을 높이는 방법은 규모의 경제, 제품차별화, 유통채널 확보와 원가우위 전략 등이 있다.

### ③ 대체재의 위협

대체품의 등장은 기존 산업에 큰 위협이 될 수 있다. 해당 산업의 제품과 유사하여 동일한 고객의 범주욕구를 충족할 수 있는 제품은 대체재로 쉽게 전환될 수 있기 때문이다. 또한 대체재 이외에도 동일한 시간대에 소비하는 대안재도 큰 위협요소가 된다. 따라서 가격인하는 불가피하고, 수익은 상대적으로 떨어진다.

### ④ 공급자의 협상력

원자재의 가격변동은 기업의 경쟁력에 중요한 영향을 미친다. 공급자의 교섭력이 증가할수록 기업의 수익은 악화되어 시장매력도가 떨어진다. 가격인상이나 품질수준의 상향으로 비용이 증가되거나 이익이 감소된다. 소수의 공급자에 의해 지배되고 있는 경우, 구매자가 공급자를 교체할 때 전환비용[1]이 높은 경우나 공급자가 전방통합[2]에 나설 경우 공급자의 교섭력을 강하게 만드는 요인이다.

### ⑤ 구매자의 협상력

구매자의 교섭력이 크면 구매자는 가격인하, 품질 및 서비스 개선을 요구하여 산업의 매력도가 떨어진다. 또한 구매자가 소수이고 대량으로 구입하는 경우, 구매자 전환비용이 낮은 경우나 구매자가 후방통합에 나설 경우 구매자의 교섭력을 강하게 만드는 요인이다.

## 2) 고객

고객들의 욕구는 변화하거나 심지어 없어지기도 한다. 존슨 앤 존슨은 베이비 샴푸와 땀띠약이 많이 판매되는 것을 알게 되었다. 조사결과 많은 성인들이 제품을 사용하고 있었다. 그래서 성인용 땀띠약 캠페인을 벌였다. 이처럼 새로운 소비자 집단이 나타나면 이것에 반응하여 변화된 환경을 활용할 수 있다. 분명히 소비자의 욕구는 마케터에게 매우 중요하기 때문에 새로운 세분시장을 확인하

1 전환비용(switching cost): 현재 사용하고 있는 제품이 아닌 다른 제품을 사용하려고 할 때 들어가는 비용으로 금전적인 비용뿐만 아니라 개인의 희생이나 노력 등 무형의 비용도 포함한다.
2 제조업체가 원자재나 유통업체를 합병하거나 인수하는 경우를 전방통합(forward integration)이라 하고, 반대로 원자재나 유통업체가 제조업체를 합병하거나 인수하는 경우를 후방통합(backward integration)이라고 한다.

는 것이 필수적이다. 어떤 세분시장이 사라지는 것을 인식하고, 더 수익성이 좋은 세분시장에 마케팅 노력을 전환할 때를 아는 것이 중요하다.

### 3) 공급자

공급자들(suppliers)은 회사에 영향을 주기 때문에 미시환경의 한 부분을 형성한다. 공급자는 값싼 물건을 공급하거나 납기일을 맞추지 못함으로써 회사 내에 부정적 영향을 야기할 수 있고, 마침내는 회사의 고객에게 부정적인 영향을 준다. 대부분의 회사들은 공급자를 추적할 필요가 있고, 적절한 제품을 공급하고 있는지를 확실히 해야 한다. 공급자와 고객 간의 관계가 밀접해야 하고, 고객의 약속과 높은 수준의 정보교환을 위해 회사는 공급자를 자주 방문해야 한다. 공급자가 적절한 제품과 서비스를 적절한 장소에 적절한 시간에 제공하기 위한 시스템 안에 연결된 물류시스템을 갖추고 있는지도 매우 중요하다.

### 4) 중개기관

중개기관(intermediaries)은 회사의 제품을 유통하는 소매상, 도매상과 대리상 등이다. 회사가 최종 소비자에게 제품을 성공적으로 전달하려면 중개기관과의 관계가 좋아야 한다. 또 판매기능 이외의 중개기관은 조사, 광고, 수송과 보관을 제공하는 물류회사와 전시회사와 같은 마케팅 서비스 제공자를 포함한다. 이들은 회사와 고객 사이에서 제품의 유통을 돕는 개인이나 조직이다. 중개기관은 자신의 사업을 갖고 있고, 자신의 영역에 노력을 기울인다. 공급자와 함께 정보를 공유하고, 의사소통을 유지함으로써 좋은 관계를 지속할 수 있다.

### 5) 내부환경

내부공중(internal publics)은 회사의 종업원이다. 종업원들은 외부환경보다는 오히려 내부환경의 일부이지만, 외부환경을 지향하는 활동은 종업원 태도에 영향을 준다. 그 밖에도 종업원 태도는 외부공중에 영향을 준다. 때때로 종업원들은 일하는 조직의 부정적인 이미지를 전달하고, 이것은 더 광범위한 공중의 지각에 영향을 미칠 수밖에 없다. 조직의 내부환경은 외부환경의 축소판이다. 조직은 종업원이 있고, 자신의 언어, 관습, 전통과 위계가 있는 기업문화(corporate culture)를 개발한다. 조직의 하위집단과 개인들은 정치적 의제, 압력단체 유형을 가질 수 있다. 조직은 자신의 규정과 규제를 갖고 있다. 조직문화, 규칙, 위계와 전통은 조직의 공개얼굴을 구성하는 요인이기 때문에 내부환경은 외부환경만큼 중요하다.

조직의 구성원들은 일과 후에도 기업에 대해 긍정적이거나 부정적인 이미지를 줄 수 있고, 그들의 가족과 친구와 상호작용을 하고, 심지어 일하는 동안 회사의 외부공중과 접촉한다. 서열을 주는 것은 복종을 확보하기 위해 필요하나, 직원의 충성시대는 지나갔다. 종업원들은 일상 과업에서 일정한 자율권을 갖고 있고, 고용된 이유로 사용자에 대한 어떤 특별한 의무를 느끼지 않는다. 기업은 종업원들의 충성과 헌신을 필요로 하고, 그 대가로 종업원들에게 급료와 안전을 제공한다. 내부마케팅은 종업원들이 기업의 전략적 정책을 알고 이해하는 것을 확실히 하는 과정이다.

## (3) 거시환경

거시환경(macro－environment)은 회사 자체에 영향을 줄뿐만 아니라 미시환경에 있는 경쟁자와 요소에 영향을 주는 주요 힘을 포함한다. 거시환경은 미시환경보다 미치는 영향을 이해하기 어렵지만, 회사가 단순히 수동적으로 있는 것을 의미하지는 않는다. 통제 불능은 영향을 주지 않는다는 것을 의미하지는 않는다. 거시환경은 좋은 공중활동에 의해서 영향을 받는다. 거시환경의 주요 요인은 인구통계적 요인, 경제적 요인, 정치적 요인, 법적 요인, 사회문화적 요인, 생태적, 지리적 요인과 기술적 요인 등이 있다.

### 1) 인구통계적 요인

인구통계(demographics)는 인종, 성, 연령, 지위나 직업과 같은 인구요소의 조사이며, 인구밀도, 인구규모와 같은 일반적인 요인이다. 인구통계적 변화는 회사에 중요한 영향을 미칠 수 있다. 예컨대, 최근의 출생률 감소는 유아용품의 판매에 분명한 영향이 있고, 조기퇴직과 고령화는 근로인구의 수를 위축한다. 중국이 35년간 유지해 온 산아제한 정책인 한 자녀 정책을 폐지하고 모든 부부에게 자녀 2명을 낳는 것을 허용했다. 2자녀 허용정책으로 유아용품이나 유아교육에 대한 신규수요가 증가할 것이다. 이와 마찬가지로 인구집중화는 지역 서비스에 대한 수요에서 변화를 야기하고, 소매상들에게 제품과 서비스의 변화를 초래한다.

### 2) 경제적 요인

경제적 요인(economic factors)은 호황과 불황주기와 전통적인 산업의 폐쇄 결과로 실업의 증가와 같은 영역을 포함한다. 경제는 소비자와 기업에 큰 영향을 미치고, 결국 기업의 목적과 전략에 영향을 준다. 거시경제 요인은 경제학에서 수요관리를 다룬다. 경제요인은 인플레이션, 실업, 이자율, 경제가 성장기나 침체기에 있는지와 같은 변수이다. 정부가 사용하는 주요 방법은 이자율 관리, 조세정책과 정부지출이다. 정부가 지출을 증가한다면 유동성이 증가하고 수요가 증가할 것이다. 세금을 증가한다면 소비자들이 소비할 돈이 적어지고, 그래서 수요는 위축될 것이다. 인플레이션은 주거비가 계속적으로 상승할 때 발생하고, 구매력을 약화한다. 이자율은 인플레이션이 발생할 때 종종 상승한다. 금리상승은 수요를 감소하는 경향이 있고, 주택대출은 점점 더 고리가 되고, 신용카드사용이 증가될 것이다.

경제침체는 높은 가격이 저성장이나 마이너스 성장을 때때로 야기하기 때문에 인플레이션이 일어날 때 발생한다. 침체기 동안 고급제품과 저급제품이 잘 판매되는 것은 가능하다. 사치재를 구매할 여유가 있는 소비자들은 계속 구매하지만, 저소득층 소비자들은 가치 의식적이 되는 경향이 있다. 재래시장에서 판매되는 제품처럼 다른 제품과 서비스는 고통을 받는다. 심각한 경제침체 앞에서는 사치재의 판매까지도 고통을 당할 수 있다. 미시경제 요인은 사람들이 소득을 소비하는 방법을 다룬다. 소득이 계속 증가되면 평균생활비용도 증가되고, 소비패턴은 극적으로 변화된다.

### 3) 정치적 요인

정치적 요인(political factors)이 사업에 영향을 준다. 민영화에 대한 광범위한 추세는 산업의 효율성과 경쟁력을 강화하고 있으나, 고용시장을 불안정하게 하는 요인이 있다. 거의 모든 기업의 활동은 정치적 요인에 의하여 영향을 받고, 정치가 안정되지 않은 후진국일수록 그 강도는 더욱 커진다. 모든 조직들은 정부의 규제에 순응해야 하고, 사업을 하는 지역의 정치와 법적 환경을 이해해야 한다. 어떤 국가는 소비자와 산업을 보호하기 위해 제정된 많은 규제를 강제한다. 기업은 여러 지역의 시장에서 사업을 할 때 규제가 나라에 따라서 다르다는 것을 이해해야 한다.

### 4) 법적 요인

법적 요인(legal factors)은 정부가 기업에 영향을 미치는 법률을 통과하기 때문에 정치적 요인으로부터 온다. 많은 국가는 기업전략에 영향을 주는 법률을 갖고 있다. 예를 들면, 제품수요를 맞추기 위해 새로운 공장을 건설할 때 국가에 따라서 지원과 규제가 다른 경우이다. 분명히 사업은 법률 안에서 유지해야 하고, 법이 규정하는 것을 확실히 하고, 법의 변화가 임박하다는 것을 아는 것이 점점 어렵다.

### 5) 사회문화적 요인

사회문화적 요인(socio－cultural factors)은 사람들의 공유된 신념과 태도를 포함하는 영역이다. 사회와 문화환경은 사회추세, 연령, 소득, 결혼여부, 교육과 직업과 같은 인구특성, 사람들의 신념과 가치와 관계되는 문화를 포함한다. 이러한 것들은 세계 시장에서 변화하고 있다. 사람들은 사회로부터 피드백의 결과로써 특별한 방식으로 행동하는 것을 배운다. 부적절하거나 무례한 것으로 간주되는 행동과 태도는 즉시 수정되고 또한 사람들은 다른 사람들이 행동해야 하는 방식을 기대한다.

건강, 영양과 신체 단련 추세는 많은 기업의 제품에 영향을 주고 있다. 예를 들면, 펩시는 비타민 음료와 스포츠 음료를 생산한다. 많은 여성들이 일을 하고, 그래서 가정청소와 주간보호와 같은 서비스 수요가 증가한다. 기업들은 냉동식품과 영양스낵처럼 더 편리한 제품을 생산함으로써 소비자들이 직면하는 시간제약에 대응한다. 마케팅 상황에서 사람들은 점포직원이 공손하고 패스트푸드 레스토랑은 밝고 깨끗해야 하고, 점포에 재고가 있어야 한다고 믿는다. 이러한 믿음은 자연의 법칙이 아니라 무슨 일이 발생해야 하는지에 관한 합의이다. 세계적인 환경, 인종과 기술의 변화로 일반적인 믿음과 태도는 변하고, 장기간에 걸쳐 일어난다. 동일한 기간에 세계여행의 증가와 음식시장의 글로벌화로 식사습관에서의 큰 변화가 왔다. 문화적 변화는 마케팅활동의 결과로 온다.

### 6) 생태 및 지리적 요인

생태 및 지리적 요인은 사고의 중심이 되어왔다. 원재료의 희소성, 폐기물 처분 문제와 산업단지의 적절한 위치 선정의 어려움은 사업의사결정에 심각한 영향을 미치는 요인들이다. 마케팅 상황에서 기업은 이러한 문제에 대한 공적 견해를 고려해야 한다. 이러한 사안을 가장 효과적으로 처리하는 방법은 기업이 과도한 자원을 약속하기 전에 관련된 압력집단과 상의를 시작하는 것이다. 사회적 마케팅 개념을 채택하는 기업은 이것을 당연한 것으로 받아들인다.

천연자원은 희소한 상품이고 소비자들은 이러한 사실을 알고 있다. 많은 기업들은 환경을 보호하고 천연자원을 보존하는 지속가능한 실천에 더 많이 관여하고 있다. 그린 마케팅(green marketing)은 환경에 유용한 방식으로 환경적으로 안전한 제품과 서비스를 마케팅 하는 것이다. 물 부족은 주로 여름철에 발생한다. 그래서 많은 레스토랑은 고객의 요청에 따라 이용자에게 물을 제공한다. 그린 마케팅은 환경에 도움이 되고, 회사와 궁극적으로 소비자들에게 자원의 절약이 된다. 지속가능성, 윤리와 사회적 책임은 조직의 계획과 전략에 영향을 미친다.

### 7) 기술적 요인

최근 기술적 진보는 빠르게 진전되어 왔고, 생활의 거의 모든 영역에 영향을 미치고 있다. 인터넷이 가상현실이나 컴퓨터 지원 설계 시스템처럼 새로운 산업을 출현하였다. 이러한 산업들은 30년 전에는 알려지지도 않았다. 세상에서 이용할 수 있는 기술은 사람들이 의사소통하는 방법과 기업이 사업하는 방법을 변화하고 있다. 모든 사람들은 기술변화에 의해서 영향을 받는다. 점포의 자동스캐너(self-scanners), 영상표시기(video display), ATM, 인터넷과 모바일 폰은 기술이 기업과 소비자에게 영향을 주는 예이다. 많은 소비자들은 정보를 얻고, 신문을 읽고, 문자메시지를 사용하고, 온라인 쇼핑을 한다. 결과적으로 마케터는 온라인 광고와 모바일 마케팅에 촉진예산을 할당한다. 기술변화가 계속적으로 증가하고, 더 새로운 산업이 출현할 것이다. 필연적으로 어떤 구산업은 사라지거나 적어도 전적으로 예측하지 못한 방향에서 경쟁에 직면할 것이다. 미리 이러한 추세를 확인하는 것은 극히 어렵지만 불가능하지도 않다.

### 8) 조직공중

기업의 공중은 거시환경의 한 부분을 형성한다. 공중(publics)은 회사에 대한 실제적이거나 잠재적인 영향을 갖고 있는 모든 집단을 포함하는 일반적인 용어이다. 공중의 범위는 정부공중, 금융공중, 지역공중, 매체공중과 시민행동공중 등을 포함한다. 이러한 공중과 관련된 마케팅활동을 공중관계(public relations)라고 한다.

### ① 정부공중

정부공중(governmental publics)은 법률을 통과하고, 금리를 설정하고, 환율을 정함으로써 기업의 활동을 제한하는 국가, 지방정부와 국제기관이다. 정부공중은 로비와 무역협회에 의해서 영향을 받을 수 있다.

### ② 금융공중

금융공중(financial publics)은 회사의 자금을 통제하고, 특별한 방법으로 회사가 행동하도록 압력을 주는 은행과 주주를 포함한다. 이러한 압력은 강력할 수 있고, 심지어 회사의 존재를 위협할 수 있다. 회사는 금융공중에 의해서 회사가 선호하지 않는 것을 강제로 할 수 있다. 이것은 화려한 회사 보고서가 생산되는 문제를 야기한다.

### ③ 지역공중

지역공중(local relations)은 주로 회사의 이웃으로 구성된다. 이러한 지역조직과 개인들은 회사가 지역행동을 취하도록 압력을 가한다. 예를 들면, 오염방지나 지역자선단체에 대한 후원 등이다. 지역공중과의 친선은 회사가 이웃과 조화롭게 살아가는 것을 쉽게 하고, 단기적인 지역난제를 감소할 수 있다. 예를 들면, 바디샵은 놀이터를 감독하거나 지역자선에 기금을 후원함으로써 체인점이 지역사회를 돕는 봉사활동에 참여한다. 종업원들은 회사 시간에 프로젝트에 참여한다. 후원활동은 회사의 이미지를 높이고, 지역주민들 사이에 있는 점포에 긍정적인 감정을 창출한다. 회사 직원을 위한 분할설립은 종업원들이 모회사에 의하여 일한다는 것을 느낀다. 바디샵 종업원들은 그들의 사용자에게 매우 긍정적인 경향이 있다.

### ④ 매체공중

매체공중(media publics)인 신문, TV와 라디오는 기업의 마케팅을 돕거나 반대로 기업의 평판을 해칠 수 있는 뉴스, 특집과 광고를 전달한다. 공중관계 부서는 매체공중이 기업의 긍정적인 이미지를 전달하는 것을 확보하기 위해 노력한다. 예를 들면, 기업은 주요 스포츠 경기의 후원을 알리기 위해 기자회견을 발표할 수 있다. 스포츠 경기가 방송될 때 공중으로부터 긍정적인 반응과 기업의 긍정적인 이미지를 낳을 수 있다.

### ⑤ 시민행동공중

시민행동공중(citizen action publics)은 일반 공중의 생활을 향상하기 위해 제조자와 다른 사람을 로비하는 소비자 권리단체나 시민단체와 같은 압력단체이다. 어떤 압력단체는 비공식적으로 조직화되고, 최근에 지역압력단체와 항의자들이 급증하고 있다.

## (4) 환경분석

### 1) 3C 분석

3C 분석은 고객(Customer), 경쟁자(Competitor)와 자사(Company)의 현재 상태를 분석하는 기법이다. 3C 분석은 기본적으로 현재 상태에 대한 분석이지 미래의 변화되는 상황에 대한 분석은 아니기 때문에 미래에 대한 분석을 위해서는 시나리오 분석 등이 필요하다. 기업은 3C 분석을 통해 자사와 동일한 고객을 대상으로 경쟁하고 있는 경쟁자를 비교·분석함으로써 자사의 차별화와 경쟁전략을 찾아낼 수 있다. 현재의 시장동향을 파악하여 고객을 정의함으로써 대상 시장을 명확히 한다. 따라서 회사는 3C 분석을 통해서 고객의 욕구와 필요를 파악하여 새로운 제품이나 서비스를 찾아낼 수 있다.

그림 3-3 3C의 관계

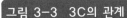

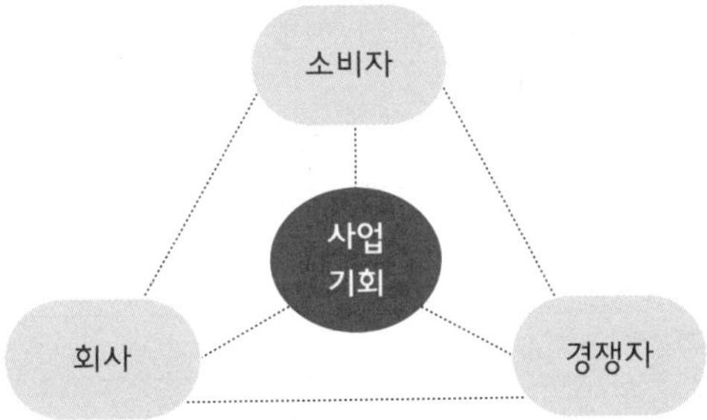


3C 분석은 다음과 같은 질문 사항을 파악하고, 세분시장에서 자사의 강점과 약점을 분석하고, 경쟁우위 부문을 찾아 표적시장을 선정하는 데 활용된다. 고객 혹은 시장의 현재 욕구와 추세는 무엇인가? 고객의 KBF(Key Buying Factor)는 무엇인가? 경쟁자의 강점과 약점은 무엇인가? 자사의 시장영향력이나 기술능력은 어느 정도인가? 따라서 기업은 자사에 대한 SWOT와 3C 분석 등을 활용하여 자사의 핵심역량(core competence)과 USP(Unique Selling Point)를 극대화할 수 있는 전략을 강구할 수 있다. 경쟁자 분석을 통해 경쟁상황을 이해하고, 기회와 위협의 요인을 확인하여 경쟁력을 강화하는 것이 중요하다. [표 3-1]은 환경분석할 때 체크해야 할 사항을 요약한 표이다.

표 3-1 환경분석의 주요 고려 사항

| 주요 요소 | 고려 사항 |
|---|---|
| 환경적 요소 | ▪ 제품·서비스에 중요한 경제적 요인 |
| | • 산업성장률 |
| | • 경제추세 |
| | • 원자재 가격 추세 |

| 주요 요소 | 고려 사항 |
|---|---|
| | ▪ 법률적 요소 |
| | ▪ 국내외 경제동향과 미래전망 |
| 표적고객 | ▪ 주요고객층 |
| | ▪ 고객별 매출액 예상 |
| | • 주요고객: |
| | • 내수비중: |
| 경쟁환경 | ▪ 주요 경쟁자 |
| | • 회사명: |
| | • 시장점유율: |
| | • 마케팅 전략: |
| | • 제품·서비스 특징: |
| | ▪ 시장의 경쟁상황 |
| | ▪ 보유자원의 장단점 |
| | • 장점: |
| | • 단점: |
| 제품·서비스 | ▪ 제품이나 서비스 |
| | • 사업의 구체적 시기 |
| | • 제품이나 서비스 특징 |
| | • 제품개발능력 |
| | • 제품생산능력 |
| | • 유통계획 |

## 2) SWOT 분석

SWOT 분석은 강점(strength), 약점(weaknesses), 기회(opportunities)와 위협(threats)을 종합적으로 고려하여 기업내부의 강점과 약점, 그리고 외부환경의 기회와 위협요인을 분석·평가하고, 전략을 개발하는 도구이다. 이 기법은 기업의 강·약점 등의 내부역량과 기회·위협과 같은 외부의 가능성 사이의 적합성을 평가하기 위해 사용된다. 한 기업의 장점은 다른 기업에는 약점이 될 수 있다. 기업이나 조직이 미래에 나아갈 방향을 살펴보고, 명확한 목적을 구체화하고, 유리하거나 불리한 내외적 요인을 확인함으로써 기업의 전략수립에 유용한 도구이다.

내부요인(internal factors)은 조직의 강점과 약점으로 다소 통제가능하다. 강점은 목적을 달성하는데 도움이 되는 내적 속성이며, 약점은 목적을 성취하는데 해로운 내적 속성이다. 조직의 강점은 브랜드명, 효율적인 유통 네트워크, 제품이나 서비스에 대한 평판과 우수한 재무상태이다. 회사의 약점은 시장에서 제품인지도 부족, 인적자원의 부족과 열악한 위치 등이다. 외부요인(external factors)은 외부환경에 의해서 영향을 받는 기회와 위협이며, 거의 통제 불가능하다. 기회는 조직이 목적을 달성하는 데 도움이 되는 외적 요인이며, 위협은 조직이 목적을 달성하는데 해로운 외적 요인이다. 기회는 회사제품에 대한 국제수요, 적은 경쟁자와 사람들이 장수하는 것처럼 호의적인 사회추세이다. 위협은 침체하는 경기, 지급비용을 증가하는 금리인상과 노동자를 찾는데 어려운 고령인구 등이다. 외적 요인은 시장이나 경쟁위치의 변화뿐만 아니라 경제, 기술변화, 법률, 사회문화의 변화를 포함한다.

- 내부요인: 조직의 강점과 약점
- 외부요인: 외부환경에 의해서 영향을 받는 기회와 위협

그림 3-4 SWOT의 요소

| | 유리 | 불리 |
|---|---|---|
| 내부요인 | 강점<br>브랜드명<br>자원 | 약점<br>낮은 브랜드 인지도<br>열악한 위치 |
| 외부요인 | 기회<br>제품수요<br>시장규모 | 위협<br>경제침체<br>경쟁자 |

SWOT 분석은 목적을 달성하는 데 중요한 내·외부 요인을 확인하는 것이다. 기업의 내·외부요인을 분석하여, 강점과 약점, 기회와 위협을 찾아내어, 강점은 강화하고, 약점은 제거하거나 축소하고, 기회는 활용하고, 위협은 억제하는 전략을 수립한다. SWOT 분석을 통해서 얻은 결과로 전략적 대안을 수립하는 방법은 다음과 같다.

- SO전략: 강점을 가지고 기회를 활용하는 전략
- ST전략: 강점을 가지고 위협을 회피하는 전략
- WO전략: 약점을 보완해 기회를 활용하는 전략
- WT전략: 약점을 보완해 위협을 극복하는 전략

그림 3-5 SWOT 분석에 따른 전략 설정

| | 기회(O) | 위협(T) |
|---|---|---|
| 강점(S) | SO: 강점으로 기회 활용<br>1위: 성공전략, 시장선점, 제품다각화 | ST: 강점으로 위협 회피<br>2위: 위협회피, 시장침투, 제품확충 |
| 약점(W) | WO: 약점 보완으로 기회 활용<br>3위: 약점보완, 핵심강화, 전략 제휴 | WT: 약점 보완으로 위협 극복<br>4순위: 약점보완, 철수, 집중화 |

## 2 마케팅 전략

### (1) 마케팅 전략의 성격

전략적 계획(strategic planning)은 전사적인 사명과 목표를 수립하는 것으로 기업이 선택된 환경 내에서 추구하는 방향을 기술하고, 자원과 노력을 안내하는 과정이다. 효과적인 전략적 계획을 개발하는 과정은 사명 정의, 위협과 기회 평가, 그리고 우선순위 설정이다. 첫째, 기업은 사명을 정의한다. 둘째, 사명을 고려하여 기업이 위협과 기회의 상황적인 평가를 실시한다. 이 단계에서 기업은 독특한 역량을 평가한다. 마지막으로 기업은 사명과 일치하는 기업목표에 근거하여 우선순위를 설정한다. 이러한 단계가 실행되면 기업은 더 넓은 시장에서 경쟁할 때 추구할 전략을 발견할 수 있다.

#### 1) 마케팅 전략의 중요성

마케팅의 역할은 고객기반 마케팅 전략과 마케팅믹스를 관리하는 것이다. 목표는 소비자를 위한 가치를 창조하고, 수익성이 있는 고객관계를 구축하는 것이다. 그런 다음에 회사는 마케팅 전략을 개발한다. 마케팅 전략은 시장을 세분화하고, 표적을 선정하고, 차별화하고, 포지셔닝하고, 마케팅믹스를 계획하는 것이다. 목표고객을 위해서는 시장세분화와 표적화를 활용하고, 제공할 방법은 제품 차별화와 포지셔닝을 활용한다. 차별화(differentiation)는 경쟁제품과 다르게 제품이나 서비스를 만드는 회사의 노력이고, 포지셔닝(positioning)은 제품이나 서비스, 브랜드 또는 상점을 소비자와 관련된 제품특성이나 편익에 근거하여 경쟁제품에 비하여 소비자의 마음속에 유리하게 위치하는 것이다.

#### 2) 마케팅 전략체계

가치는 모든 마케팅의 중심이다. 가치는 소비자들이 회사가 제공하는 제공물을 구매하고 소비함으로써 얻는 것이다. 회사가 제공물을 창조하더라도 소비자는 가치를 결정한다. 마케팅은 생산과 회계처럼 회사에서 기능부문이다. 마케팅활동은 회사와 분리될 수 없다. 가격결정은 마케팅 부서 이외에도 재무와 회계부서를 포함한다. 조직은 고객에게 최적으로 제공하는 방법의 아이디어로 시작한다. 애플의 엔지니어들은 이용할 수 있는 기술을 찾고, 고객들이 음악을 다운로드를 통해서 더 잘 이용할 수 있는 방법을 생각함으로써 iPod의 작업을 시작하였다. 그러나 대부분의 회사들은 먼저 잠재시장과 고객에 관하여 생각한다.

마케팅은 고객의 가치를 창출하고, 고객에게 가치를 전달함으로써 회사에 수익을 실현하는 전사적 활동이다. 이러한 활동은 마케팅 전략을 수립하고 실행함으로써 이루어진다. 회사는 마케팅 전략을 수립하여 실행하고 있다. 이미 수립된 마케팅 전략은 상황에 적합한지를 검토해야 한다. 따라서 마케팅 전략은 새롭게 계획하거나 이미 수립된 마케팅 노력을 수정하거나 변경하는 것을 포함한다.

마케팅 전략의 수립과정은 회사비전, 회사사명, 마케팅 목표와 전략 등으로 구성된다. 회사는 이러한 각 구성요소를 신중하게 고려하고, 계획한다.

그림 3-6 마케팅 전략의 수립과정

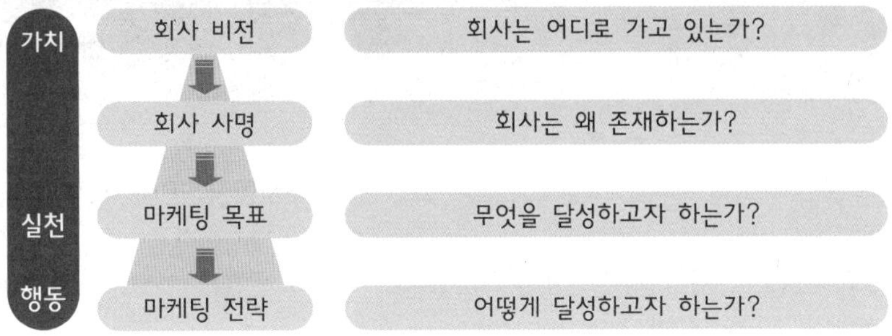


### 3) 비전과 사명

비전(vision)은 회사가 나아가야 할 방향으로 기업의 장기적인 목적이며 창업자의 목표와 일치한다. 예를 들면, 중소기업의 욕구에 적합한 주문화되고 사용자 위주의 소프트웨어를 공급함으로써 회사는 향후 5년 안에 중소기업에 경영프로그램의 선노공급자가 될 것이다. 사명(mission)은 회사가 존재해야 할 목적과 이유이다.

- 비전(vision): 회사가 나아가야 할 방향
- 사명(mission): 회사가 존재해야 할 목적과 이유

회사의 사업을 아는 것이 중요하다. 비전선언문과 사명선언문은 기업에게 방향을 제공하기 때문에 신중하게 개발하여야 한다. 사명은 최고경영자의 가치를 반영하고, 기업의 제품, 시장영역과 활동범위를 규정한다. 사명은 고객의 관점에서 개발되고, 비전과 일치해야 하며, 다음은 사명의 구성요소이다.

- 기업의 목적: 회사는 왜 존재하는가?
- 주요 고객: 회사는 누구를 위해 존재하는가?
- 제공하는 제품이나 서비스: 회사는 무엇을 제공하기 위해 존재하는가?

**SENSE 기업 사명의 예**

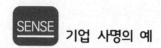

- 삼성: 인류에 공헌
- SK: 인류의 행복에 공헌
- Starbucks: 고객들에게 세계 최고품질의 커피 제공
- 보령메디앙스: 인류건강을 위해 헌신하는 기업
- 현대자동차: 인류 사회의 꿈을 실현
- LG: 가치창조
- 3M: 문제를 혁신적으로 해결한다.

### 4) 마케팅 목표

목적(objective)은 방향 또는 중점에 대한 일반적, 포괄적 진술, 장기적인 의미를 뜻한다. 목적은 주어진 시간 내에 조직이 달성하고자 원하는 최종 결과를 뜻한다. 이와 달리 목표(goal)는 목적을 구체화한 것으로 목적을 실현하기 위한 활동 수단이며, 단기적, 수량적으로 표현된다.

- 목적(objective): 달성하고자 원하는 최종 결과
- 목표(goal): 목적을 실현하기 위한 활동 수단

마케팅 목표는 회사가 마케팅으로 달성하고자 하는 것으로 마케팅 전략을 수립하기 위한 근거이다. 목표는 다양한 방법으로 형성되지만, 목표의 달성은 매출이다. 회사는 자원을 마케팅 활동에 할당하기 전에 목표를 설정할 필요가 있다. 마케팅 목표는 SMART 요소로 구성되며 다음은 SMART 요소이다.

- 구체성(Specific)
- 측정가능성(Measurable)
- 달성가능성(Achievable)
- 현실성(Realistic)
- 시간성(Time－Based)

## (2) 마케팅 계획

### 1) 마케팅계획의 수립단계

마케팅 계획(marketing plan)은 마케팅의 구성요소를 실행하기 위한 전략이다. 회사가 사업을 결정하고 사명선언문을 수립하면, 기업전략을 개발한다. 마케팅 전략은 회사의 마케팅 계획을 개발하기 위해 기업전략과 사명을 시장의 이해와 결합한다. [그림 3-7]은 마케팅 계획을 수립하는 단계이다. 고객이 제공물을 어떻게 얻고, 소비하고, 처분하는지와 개인적 가치방정식을 어떻게 구성하는지를 이해하는 것이 중요하다. 마케터들은 소비자들이 누구인지와 그들이 무엇을 좋아하는지를 알기를 원한다. 대체로 이것은 판매와 다른 관련 소비자 자료를 수집하고 분석하기 위한 마케팅조사가 필요하다. 마케팅조사정보가 수집되고 정리되면, 계획수립자는 적절한 제공물을 창조하기 위해 작업을 할 수 있다. 알맞은 가격으로 제품과 서비스를 개발하고, 결합하고, 그런 다음 시장에서 테스트한다.

제공물을 변경하고, 새로운 것을 추가하고, 옛것을 버리는 의사결정을 한다. 제공물을 제공하기 위해 가치사슬 구축을 탐색한다. 제공물이 설계되면 회사는 그것을 제작할 수 있어야 하는데, 이를 가치전달계획이라 한다. 다음은 가치를 알리기 위한 계획을 수립하는 단계이다. 회사가 제공하는 가치를 소비자들이 잘 인식하도록 하는 계획이다. 소비자들이 그들의 개인적 가치방정식이 양(+)이라고 결정하면, 그들은 제품을 구매하기로 결정할 것이다. 이러한 결정이 교환행동으로 이어져야 한다.

그림 3-7 마케팅계획의 수립단계

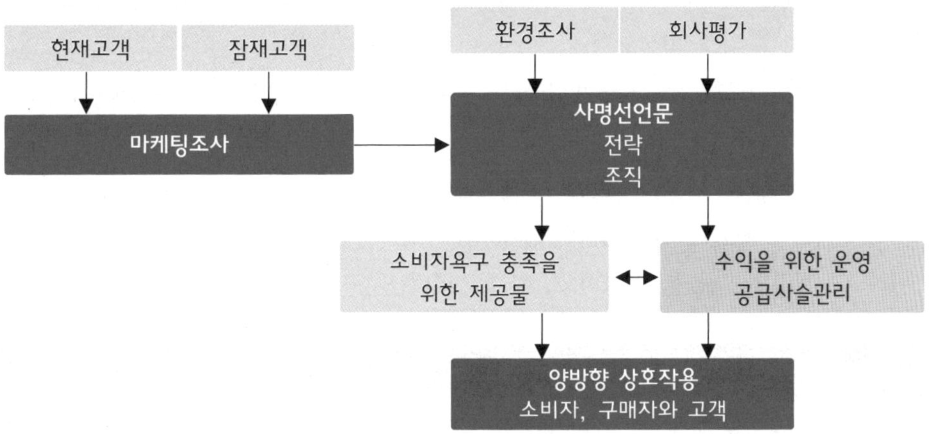


### 2) 전략계획의 수준

회사가 제품과 서비스, 가격, 촉진과 판매를 결정하는 것은 경영의사결정에서 중요한 부분이다. 회사는 일반적으로 계획과 전략을 개발한다. 계획은 자원, 역량과 기술 등 회사의 현재 내부상황을 고려한다. 회사가 하고자 원하는 것에 영향을 주는 경제, 경쟁자와 정부규제와 같은 외부환경을 고려한다. 장기적 전략을 개발하고 회사의 강점과 자원을 이용할 수 있는 기회에 맞추고, 변화하는 환경에 따라 계획을 조절한다. 전략계획은 조직이 시장에서 기회를 활용하기 위해 자원을 할당하는 데 도움이 되는 과정으로 장기적인 과정이다.

전략계획 과정은 기업수준계획, 사업수준계획과 기능수준계획이 있다. 조직에서 전략계획은 다수의 다른 수준에서 수립한다. 기업수준계획(corporate level plan)은 회사 전체 전략계획으로 비전, 목표, 자원의 할당과 관련된 계획과 기준이다. 전략사업단위(strategic business unit: SBU)는 조직 안에 자신의 경쟁자, 고객과 회계목적으로 이익센터를 갖고 있는 사업이나 제품계열이다. SBU는 자신의 사명선언문을 갖고 있고, 스스로 전략계획을 개발한다. 사업수준계획(business level plan)은 특정 제품시장에서 경쟁우위를 확보하는 방법계획이다. 회사나 SBU 안에서 마케팅 계획, 회계계획이나 재무계획을 개발할 수 있는데 이를 기능수준계획(functional level plan)이라고 한다.

- 기업수준계획: 기업 전체로써 만들어진 비전, 목표, 자원의 할당, 관련 계획과 기준
- 사업수준계획: 특정 제품시장에서 경쟁우위를 확보하는 방법계획
- 기능수준계획: 사업단위의 각 기능부서가 사업단위 목표를 달성하기 위한 구체적인 활동방향계획
- 전략사업단위: 관련된 사업들이나 제품들을 묶어 별개의 사업단위로 분류한 것

기능수준에서 시행되는 전략과 행동은 사업과 기업수준에서 조직이 목적을 달성하는 데 도움이 되어야 한다. 예를 들면, 회사가 기업수준에서 이익을 증가하기를 원한다면, 각 단위는 자신의 이익과 전체로서 회사의 이익을 증가하기 위한 전략을 개발할 수 있다. 기능수준에서 회사의 마케팅 부문은 가장 수익이 있는 제품의 판매와 시장점유율을 증가하기 위해 전략계획을 개발할 수 있고, 이익을 증가하고 회사의 수익을 향상한다.

[그림 3-8]은 한 음료회사의 전략계획을 수준별로 나열한 것이다. 기업수준계획은 음료의 판매와 이익을 증가하는 것이지만, 각 사업부는 전체 기업수준계획 및 기능수준계획과 일치하는 사업수준계획을 수립하여 판매와 이익을 실현한다. 세 사업단위는 사회와 환경에 기여하면서 동시에 이익이 있는 제공물을 위한 전략계획을 개발한다. 기능수준에서 종업원들은 회사가 더 큰 시장점유율을 확보하기 위해 더 건강한 제품을 개발하고, 환경 친화적인 포장을 사용한다. 조직은 조직의 다양한

그림 3-8 전략계획 수준

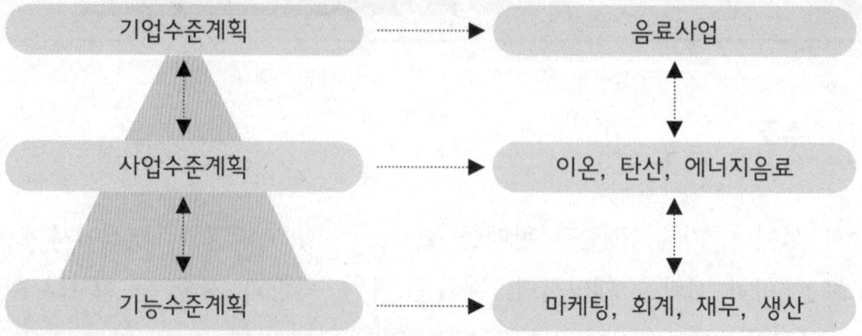

목적을 달성하기 위해 기업 내에 있는 다른 수준에서 복합적인 방법과 전략을 이용할 수 있다. 그러나 전략계획 과정의 기본적인 구성요소는 각 다른 수준에서 동일하다.

### (3) 마케팅 전략계획의 수립

전략계획의 한 부분으로서 상황분석(situation analysis)은 회사가 구체적인 행동을 결정하기 전에 수행된다. 상황분석은 외부와 내부환경을 분석하는 것이다. 재무자원, 기술자원, 인적자원 등 기업의 내부환경을 조사한다. 또한 경제와 경쟁자와 같이 기업이 직면하는 외부환경을 조사하는 것이 중요하다. 외부환경은 기업의 의사결정에 상당한 영향을 주고, 그래서 계속적으로 평가해야 한다. 예를 들면, 2016년 경제침체 동안 많은 경쟁자들이 제품가격을 인하하였다. 어떤 회사들은 포장 크기나 제품의 양을 줄였다. 어떤 회사들은 무료배송, 무료 기프트 카드, 리베이트 등 소비자 인센티브를 제공하였다. 회사가 경쟁자들이 하는 것을 통제할 수 없지만, 내부자원에 의존하여 경쟁하기 위해 어떤 행동을 결정해야 한다.

[그림 3－9]에서 전략계획의 수립과정은 전략계획의 구성요소를 보여준다. 전략계획의 수립과정은 외부환경과 내부환경을 평가하고, 기업의 조직의 목적과 존재이유인 기업 사명과 회사가 지향할 목표를 설정한다. 회사가 고객들에게 제공할 가치제안을 설정하고, 이를 실현하기 위한 구체적인 전략을 수립하는 절차이다.

그림 3－9 전략계획의 수립과정

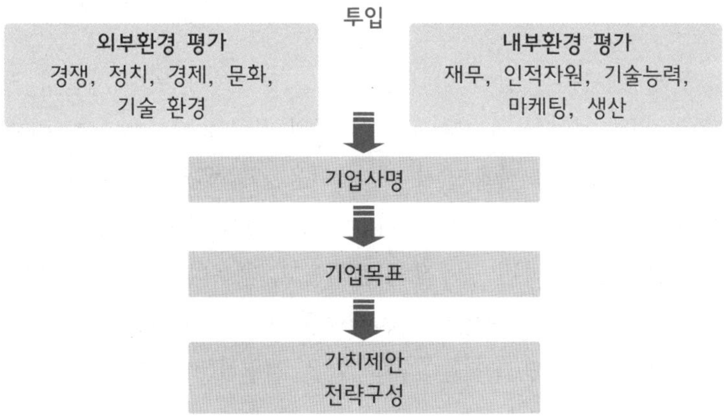


#### 1) 기업의 사명 선언문 설정

비전(vision)은 기업이 되고자 하는 미래이며, 비전 선언문(vision statement)은 장기적 목적과 회사가 되고자 하는 것의 이상화한 관념을 명확히 표현한 것이다. 즉, 회사가 지향하는 것을 명확하게 설명한 것이다. 이와 달리 기업의 사명 선언문(mission statement)은 조직의 목적과 존재이유를 기술한다. 사명 선언문은 회사의 강령으로 사업의 기본적인 성격을 분명하게 표현한 것이다. 즉, 회사가 존재하는 이유와 활동영역을 설명한 것이다. 사명 선언문에는 명확한 가치의 제공, 기업이 활동할 사업영역, 종업원들의 동기유발과 기업 장래에 대한 비전 등이 포함되어야 한다. 다음은 사명 선언문에 반영할 내용들이다.

- 어떤 사업을 하고 있는가?(What is our business?)
- 고객은 누구인가?(Who is the customer?)
- 고객들에게 어떤 가치를 제공하는가?(What is value to the customer?)
- 사업이 앞으로 어떻게 될 것인가?(What will our business be?)
- 사업이 앞으로 어떻게 되어야 할 것인가?(What should our business be?)

### 2) 기업목표의 개발

목적(objective)은 최종적으로 성취하기 원하는 방향이다. 목표(goal)는 행동을 통해 달성하고 싶은 대상으로 목적의 특정 사항에 초점을 둔 구체적이고, 현실적이고, 측정가능하고, 일관성이 있고, 계층적으로 서술된다. 예를 들면, 2017년 목표는 10% 매출 증가이다. 목적은 회사 종업원을 안내하고, 동기를 부여하며, 경영자에게는 성과를 평가하는 준거점을 준다. 회사의 마케팅 목표는 기업수준과 사업수준처럼 회사의 목적과 일치해야 한다.

### 3) 가치제안

개인 구매자와 조직구매자는 그들이 바라는 편익을 파악하기 위해 제품과 서비스를 평가한다. 예를 들면, 여행을 하기 위해 여러 곳에 가서 각 여행지의 편익과 가치를 알기 원한다. 회사가 전략을 개발하거나 전략적 계획을 수립하기 전에 먼저 가치제안을 개발해야 한다. 가치제안(value proposition)은 고객이 제품이나 서비스를 구매하는 이유를 기업이 고객에게 알리는 것이다. 가치제안은 제품이나 서비스 제공물이 구매자에게 제공하는 구체적인 편익이고, 제품이나 서비스가 경쟁자의 제공물보다 왜 우수한지를 나타낸다. 회사가 소비자에게 가치제안을 제시할 때 회사의 이익을 언급하지 않는다. 제품이나 서비스의 편익이 분명하면 회사는 가치제안을 지원하는 전략을 개발한다.

### 4) 전략구성

전략(strategies)은 목적에 이르는 수단이거나 회사가 목적을 달성하고자 하는 것이다. 성공적인 전략은 경쟁자가 쉽게 모방할 수 없는 경쟁우위를 수립하는 것이다. 회사는 목적을 달성하고 마케팅 기회를 이용하기 위해 여러 가지 전략을 사용한다. 예를 들면, Walmart는 저비용 전략을 추구하는 것 이외에 동시에 전 세계적으로 신속하게 신설점포를 개점하는 전략을 추구한다. 많은 회사가 전사적인 계획의 일부분으로써 마케팅 전략을 개발한다.

### ① 마케팅 계획

마케팅 계획은 회사의 마케팅 부서에 방향을 제공하는 기능수준의 전략계획이다. 마케팅 계획은 회사가 목적을 충족하기 위해 종업원들이 해야 할 필요가 있는 과업을 분배하고, 자원을 할당하는 데 도움이 된다. 마케팅 계획을 개발하기 전에 회사가 추구하는 기본적인 시장전략의 유형을 검토한다. 앤소프는 4가지 전략 중 하나를 사용함으로써 기업이 성장잠재력을 갖는다는 Ansoff Product－Growth Matrix를 발표하였다. 이 전략은 기존의 제품과 시장, 신제품과 시장을 도입하여, 시장침투, 시장개발, 제품개발과 다각화로 설명한다. 앤소프 매트릭스는 기업의 제품과 시장의 복합적인 4가지 가설과 방향을 바탕으로 기업의 성장방향과 위험도를 예측하고 분석하여 기업의 성장방향을 결정하는 도구이다.

그림 3-10 Ansoff's Matrix

| | 기존제품 | 신제품 |
|---|---|---|
| 기존 시장 | 시장침투 (Market Penetration) | 제품개발 (Product Development) |
| 신 시장 | 시장개발 (Market Development) | 다각화 (Diversification) |

→ 위험/수익

#### ㉮ 시장침투전략

시장침투(market penetration)는 기업이 판매를 증가하기 위해 판매촉진을 하거나 가격을 인하함으로써 기존제품의 판매를 증가하고 시장에 침투하는 것이다. 회사가 기존고객에게 기존제품의 판매를 증대하는 것에 집중하는 전략이다. 회사는 제품의 사용을 증가하고 제품구매를 촉진하기 위해 소비자들에게 특별한 촉진이나 저가격을 제공한다. 이 전략은 기업이 제품과 시장을 알기 때문에 가장 낮은 위험 전략이다. 시장침투는 슈퍼마켓과 큰 소매점에서 자주 사용된다.

#### ㉯ 제품개발전략

제품개발(product development)은 기존고객에게 신제품을 판매할 목적으로 신제품을 기존시장에 도입하는 전략이다. 즉, 기존고객에게 새로운 제품을 제공하는 것이다. 신제품은 전반적으로 새로운 혁신, 개선된 제품이나 향상된 가치이다. 예를 들면, 삼성전자가 스마트폰 갤럭시를 생산하면서 웨어러블 갤럭시 기어를 생산한 경우이다. 기존시장을 목적으로 기존모델에 추가할 필요가 있는 신제품의 예이다. 기업이 시장을 잘 알지만 새로운 제품을 잘 알지 못하기 때문에 제품개발은 중간 수준의 위험전략이다.

㉰ **시장개발전략**

시장개발(market development)은 기업이 신시장에 기존제품을 판매하는 전략이다. 즉, 기존제품으로 새로운 시장에 진입하는 것이다. 신시장은 다른 연령집단, 새로운 지역이나 국제시장과 같은 새로운 고객집단이다. 예를 들면, 어느 한 지역에서 잘 판매하고 있는 주방가전 판매점이 다른 지역에 또 다른 주방가전 판매점을 개점하는 전략이다. 시장개발을 통해 주방가전 판매점은 전국적인 체인점이 되는 잠재력을 갖는다. 연령, 배경, 관심과 소득이 다른 고객집단을 대상으로 제품을 판매하기 위해 다른 지역을 포함하는 새로운 시장으로 정의하기도 한다.

㉱ **다각화전략**

다각화(diversification)는 새로운 시장에 새로운 상품을 판매하는 전략이다. 현재 사업이 아닌 다른 사업을 하거나 새로운 제품으로 새로운 시장에 진출하는 것이다. 다른 시장이나 다른 제품에 대한 경험이 적은 기업이 다른 회사를 인수함으로써 제품계열을 다각화한다. 다각화는 수익성이 있으나 회사가 전략을 성공적으로 추진하는데 필요한 전문지식이나 자원이 없다면 위험하다. 예를 들면, 식품을 가정에 판매하는 기업이 우레탄 수지를 기업에 판매하는 경우이다. 기업이 제품과 표적시장을 잘 알지 못하기 때문에 매우 높은 위험전략이다.

### ② 전략적 포트폴리오 계획

회사가 여러 가지 전략사업단위를 갖고 있을 때 각 사업에 대한 목적과 전략이 무엇인지와 각 사업단위에 자원을 어떻게 배분할 것인지를 결정해야 한다. 각 사업을 평가하기 위해 포트폴리오 계획법을 사용한다. 사업의 집단을 포트폴리오(portfolio)라고 한다. 포트폴리오 계획법은 회사의 전체 사업의 집합을 분석하는 것이다. 즉, 포트폴리오 분석은 각 SBU의 매력도를 평가하기 위해 사용되는 도구이다. 각 전략사업단위의 시장매력도와 그 사업의 시장 내 경쟁적 위치를 확인함으로써 각 전략사업단위의 기업성과에 대한 상대적 공헌도를 시각적으로 알 수 있다. 가장 널리 사용되는 것은 BCG matrix(Boston Consulting Group)와 GE 접근법(General Electric)이다.

㉮ BCG matrix

회사 내 여러 사업들을 시장성장률과 시장점유율이라는 두 변수를 양 축으로 하는 2차원 공간상에 표시하여 각 사업의 상대적 매력도를 비교하는 것이다. 시장성장률(market growth rate)은 시장매력도를 측정하기 위해서, 상대적 시장점유율(relative market share)은 사업의 경쟁적 강점을 측정하기 위해서 사용된다. 원의 위치는 각 사업단위의 시장성장률과 상대적 시장점유율의 크기이며, 원의 크기는 각 사업단위의 매출액을 보여준다. BCG matrix는 수익성과 시장점유율은 서로 높게 관련되어 있다고 가정하기 때문에 사업과 투자의사결정에 유용하다. 그러나 BCG matrix는 주관적이고, 경영자들이 의사결정 전에 그들의 판단과 다른 방법을 사용해야 한다. [그림 3-11]처럼 SBU를 네 개 중의 하나로 분류할 수 있다.

그림 3-11 BCG matrix

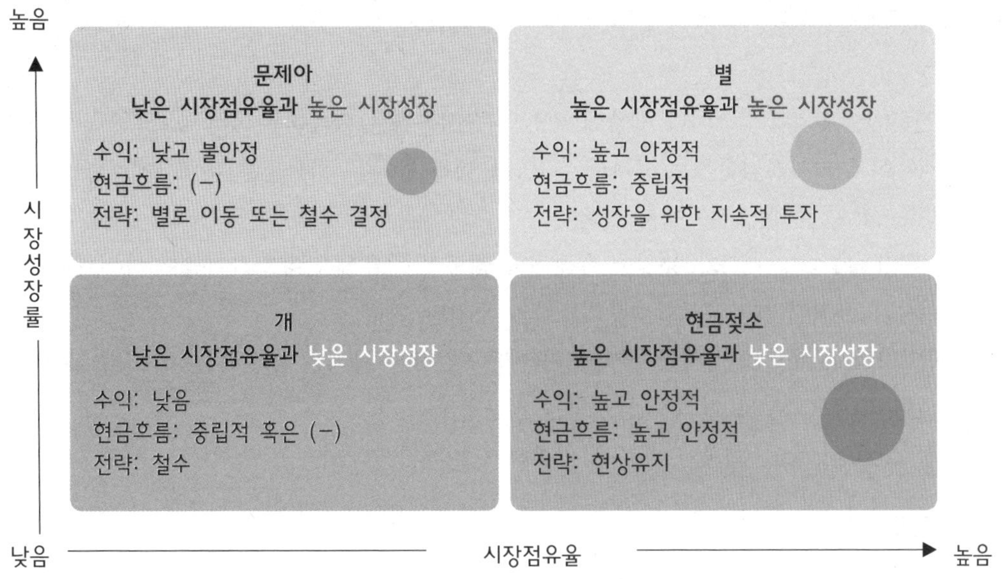


ⓐ 별: 모든 사람은 별이 되기를 원한다. 별(star)은 높은 성장과 높은 시장점유율을 갖고 있는 제품이다. 별 제품의 성장을 유지하기 위해 회사는 돈을 투자하고 촉진뿐만 아니라 유통도 개선해야 한다. 사업을 통해 많은 현금을 벌어들이지만, 급속히 성장하는 시장에서 시장점유율을 유지·증대시키기 위해 많은 자금이 필요하다.

ⓑ 현금젖소: 현금젖소(cashcow)는 낮은 성장과 높은 시장점유율이 있는 제품이다. 현금젖소는 위축되는 시장에서 높은 점유율을 갖고 있다. 비록 많은 현금을 창출하더라도 장기적인 미래를 갖고 있지 않다. 예를 들면, DVD 플레이어는 소니에게는 현금젖소이지만, MP3가 CD를 대체했던 것처럼 궁극적으로 디지털 다운로드에 의해 대체된다. 현금젖소를 갖고 있는 회사는 별 제품에 자금을 투자하고, 수익을 창출하기 위해 현금젖소를 관리할 필요가 있다.

ⓒ 문제아: 문제아(problem children)는 물음표(questions mark)라고도 일컬으며, 제품이 높은 성장 시장에서 낮은 점유율을 갖고 있다. 또한 시장점유율을 유지·증가시키는 데 있어 많은 현금이 필요하다. 경쟁력이 있는 사업단위는 시장점유율 증대를 위해 현금을 지원하고 경쟁력이 낮은 사업단위는 처분한다. 경영자는 투자할지를 결정해야 하며, 별이 되거나 점진적으로 제거하기를 희망한다.

ⓓ 개: 사업에서 개라고 간주하는 것은 좋은 것이 아니다. 개(dog)는 낮은 성장과 낮은 시장점유율을 갖고 있는 제품이다. 개는 많은 돈을 벌지 못하고, 유망한 미래를 갖고 있지도 않다. 대체로 수익성이 낮고 시장전망이 어둡다. 회사는 종종 개를 제거한다. 결과적으로 개에 투자하는 대신 철수를 고려한다.

경쟁자들이 시장에 진입하고, 기술이 발전하고, 소비자 선호가 변하기 때문에 BCG matrix상에서 제품의 위치는 또한 변한다. 회사는 끊임없이 상황을 평가하고, 투자와 제품촉진전략을 조정해야 한다. BCG matrix가 계획방법의 하나이고, 다른 변수들이 제품의 성공에 영향을 미친다는 것을 명심해야 한다. BCG matrix는 경영자들이 자원배분 결정을 하는데 도움이 된다. 제품에 따라서 회사는 확대, 유지, 수확과 철수와 같이 많은 전략을 결정한다.

- 확대전략(building): 사업이나 제품에 대한 시장점유율을 확대하는 것이다. 특히 별이 되는 제품이다. 회사가 시장점유율을 증가할 수 있기 때문에 많은 회사들은 문제아에 투자한다. 성공의 연속으로 돈은 현금젖소에서 나온다.
- 유지전략(holding): 회사가 동일한 수준에서 제품의 점유율을 유지하기를 원하는 것을 의미한다. 회사가 유지전략을 추구할 때 최소한의 투자만 한다.
- 수확전략(harvesting): 회사가 투자를 줄이는 것이다. 목적은 생존을 위해 장기적인 영향과 관계없이 제품으로부터 단기적인 이익을 창출한다.
- 철수전략(divesting): 회사가 제품을 단종하거나 매각한다.

### ㉯ GE 접근법

회사가 기회에 투자할지를 결정하는데 도움이 되는 또 다른 포트폴리오 계획법은 GE(General Electric) 접근법이다. GE 접근법은 사업강점과 경쟁하고 있는 산업의 매력도를 검토하는 것이다. 사업강점(business strengths)은 시장점유율, 매출성장률, 가격·원가상의 우위, 제품품질, 자금력, 지식, 기술력 등과 같은 기업 내부요인이다. 산업의 매력도(industry attractiveness)는 시장성장률, 시장의 규모, 산업의 수익률, 산업의 경기 및 계절 민감도, 경쟁강도 등 기업 외부요인 등을 포함한다. 예를 들면, 자동차 회사는 경기 침체기에는 매력적이지 않다. 회사는 사업강점과 산업매력도를 저, 중, 고로 평가한다. 그런 다음 두 변수 간의 상관관계에 근거하여 투자전략을 결정한다. 원의 크기는 각 사업단위가 진출한 산업의 크기이며, 원 내의 %는 각 사업단위의 시장점유율이다.

- 사업강점: 시장점유율, 매출성장률, 가격·원가상의 우위, 제품품질, 자금력, 지식, 기술력 등 내부요인
- 산업의 매력도: 시장성장률, 시장의 규모, 산업의 수익률, 산업의 경기 및 계절 민감도, 경쟁강도 등 외부요인

그림 3-12 GE 산업의 매력도와 사업강점 매트릭스

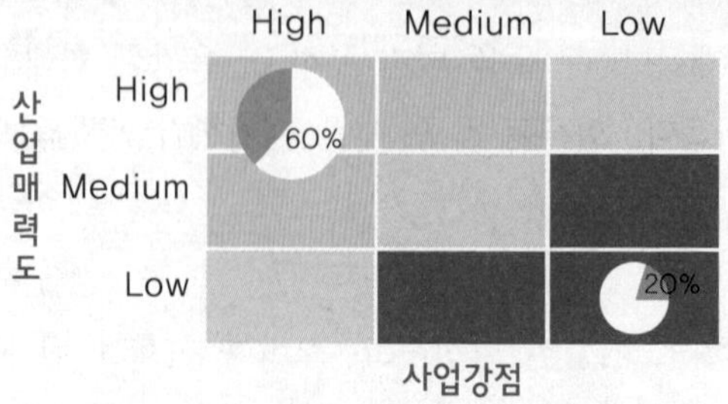

- 원의 크기: 각 사업단위가 진출한 산업의 크기
- 원 내의 %: 각 사업단위의 시장점유율

GE 접근법은 교통신호등에 비유하여 투자선택을 개괄적으로 보여 준다. 예를 들면, 회사가 산업에서 경쟁할 사업의 강점을 갖고 있지 않고, 산업이 매력적이 아니라고 느끼면 이것은 평점이 낮고, 적색등에 해당한다. 이 경우에 회사는 수확을 하고, 서서히 투자를 줄이거나, 사업을 철수하거나 투자를 중지한다. 많은 사람들이 황색등을 속도증가로 생각하더라도 실제로는 경고이다. 사업의 강점과 산업의 매력성에서 중간 평점을 받는 회사는 투자할 때 주의해야 하고, 갖고 있는 시장점유율을 유지해야 한다. 회사가 사업의 강점에서 높게 평점을 받고 산업이 매우 매력적이라면, 이것은 녹색등에 비교된다. 이 경우에는 회사는 사업에 투자해야 하고, 시장점유율을 확대해야 한다. 경제가 좋지 않은 시기 동안에 많은 산업은 매력적이지 않다. 그러나 경제가 개선될 때 기업은 기회를 재평가해야 한다.

그림 3-13 GE 접근법

- 적색등: 수확이나 철수, 새로운 제품, 시장이나 기술투자 중지
- 황색등: 시장점유율 유지, 투자주의
- 녹색등: 시장점율 확대, 신제품, 시장이나 기술 자원

## 3 벤치마킹

### (1) 벤치마킹의 성격

최우수 경영사례(best practice)는 선도회사로서 독특한 방법과 자원을 통하여 상당히 향상된 성과를 실현한 경영사례를 뜻한다. 제품판매, 개발과 생산 등 특정 경영활동 분야에서 최고수준의 성과를 창출해 낸 운영방식이다. 이것은 후발기업이 단순한 모방이 아니라 상황에 적합하게 적용할 수 있는 벤치마킹의 대상이다. 따라서 최우수 경영사례는 다른 방법으로 성취한 것보다 우수한 결과를 끊임없이 나타내는 방법이나 기법이다. 최우수 사례는 탁월한 결과를 산출하는 체계적인 과정으로서 성공으로 증명된 것을 의미한다. 다음은 최우수 경영사례이다.

- 우수한 결과나 성과
- 인력이나 기술처럼 자원의 새롭거나 혁신적인 사용
- 존경받을 만한 개인이나 조직에 의해서 조직화

벤치마크(benchmark)는 기준이나 표준을 의미하며, 질량이 알려지고 다른 것과 비교될 수 있는 기준이다. 경영학에서 최고수준의 성취, 비교를 위한 기준이나 측정기준, 특정한 사업진행에 대한 우수성의 기준을 의미한다. 벤치마킹(benchmarking)은 지속적인 개선과 성과향상을 위해 동업계의 최고(best－in－class), 세계 최상급(world－class)이나 최우수 경영사례(best practice)로 인정받는 회사를 평가, 이해, 비교하는 계속적, 장기적, 체계적, 조직화된 과정이다. 아래는 최우수 경영사례를 찾아서 기업의 경쟁력을 강화하기 위한 벤치마킹을 수행하는 목적이다.

- 기회와 개선방법의 확인
- 지속적인 개선과정의 촉진
- 현실적이고 공격적인 목표설정
- 개선된 공정방법 이해
- 조직의 강점과 약점 발견
- 우선순위 설정

벤치마킹은 최고수준의 회사로부터 얻은 지식을 상세한 행동계획으로 전환할 때 경쟁우위를 강화할 수 있는 효과적인 도구이다. 따라서 벤치마킹은 최고성과가 있는 외부나 내부조직과 비교를 통해서 성과 갭(performance gap)을 감소할 수 있다. [그림 3－14]처럼 최고수준의 회사가 성과를 어떻게 달성했는지를 파악하고, 이를 자사에 창조적으로 채택하여 비약적인 성과를 산출하는 것을 목표로 한다.

그림 3-14 벤치마킹의 개념

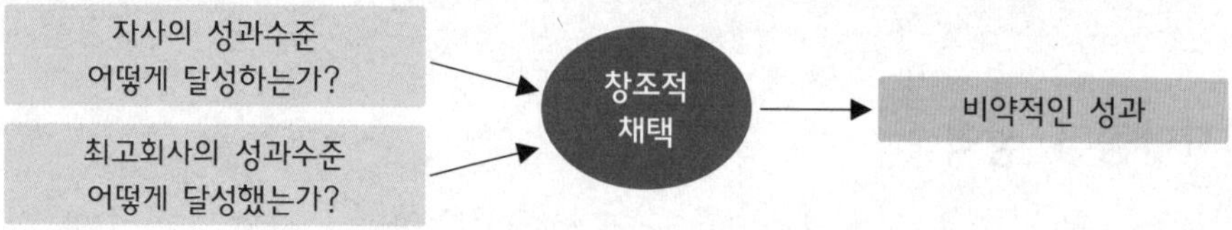


**SENSE** **지식IN은 디비딕 서비스를 벤치마킹**

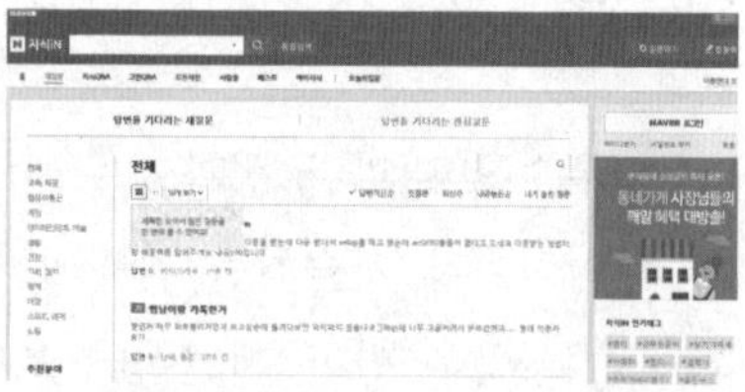

지식공유커뮤니티는 2000년 10월에 개설한 한겨레의 디비딕이다. 디비딕은 묻고 답하는 지식 커뮤니티로 지식 검색 사이트였다. 개설 후 사용자들의 적극적인 참여로 하루 수천 건의 질문과 답변이 게재되었다.

네이버는 질문과 답변으로 이루어진 커뮤니티라는 아이디어를 구체화하기 위해 디비딕 서비스에 대한 장단점을 분석했다. 네이버만의 차별성을 찾기 위해 벤치마킹한 것이다. 디비딕이 지식 마니아 중심으로 운영되는 사이트였다. 이점을 대중화의 단점으로 인식하였다. 포털 사이트에서 키워드 검색을 통해 네티즌들이 찾는 정보를 한 번에 얻을 수 있도록 기획한 것이 지식iN 서비스였다.

출처: 한국일보 2003.07.08



### (2) 벤치마킹의 이점

벤치마킹은 지속적인 학습이다. 많이 실행될수록 더 많이 적용할 수 있다. 중요한 성공요인, 과정과 역할은 벤치마킹의 목표이다. 중요한 성공요인은 사명을 달성하기 위해 조직이 지향해야 하는 것이다. 과정은 회사의 자원을 사용하는 관련되고 구조화된 활동이나 과업이며, 역할은 개인이 수행하는 기능이나 업무이다. 벤치마킹은 개선을 위해 비효율성과 잠재영역을 지적하기 위해서 이러한 일에 집중한다. 벤치마킹의 이점은 다음과 같다.

- 우수성을 달성하기 위한 계속적인 개선을 중시하는 문화를 창조한다.
- 협력회사와 비교하는 제품과 서비스의 비용과 성능에 관한 지식을 향상한다.
- 벤치마킹 협력자 간의 최고 사례를 공유한다.
- 종업원이 설정한 성과목표를 통해 자원에 집중한다.
- 최신의 혁신과 발명을 가져오고 외부환경에 있는 변화에 민감성을 높인다.

**표 3-2 벤치마킹의 유무에 따른 현상**

| 구분 | 벤치마킹이 없는 경우 | 벤치마킹이 있는 경우 |
|---|---|---|
| 고객의 요구사항 정의 | 경험과 직감 근거 | 시장현실에 근거 |
| | 지각에 따라 조치 | 객관적 평가에 따라 행동 |
| 효과적인 목적 설정 | 외부집중 부족 | 신뢰할 수 있는 고객집중 |
| | 반응적 | 선제적 |
| | 산업후행 | 산업주도 |
| 생산성 척도개발 | 좋아서 하는 사업추진 | 실제문제 해결 |
| | 강점과 약점 이해부족 | 최고수준에 근거한 성과산출 |
| 경쟁력 확보 | 내부집중 | 경쟁이해 |
| | 점진적 변화 | 증명된 성과로 혁신적인 아이디어 |
| | 저수준의 몰입 | 고수준의 몰입 |
| 산업사례 | 발견 없음 | 변화에 대한 선제적 탐구 |
| | 적은 해결책 | 많은 옵션 |
| | 계속적인 개선 | 비약적 발전 |

## (3) 벤치마킹의 유형

벤치마킹에는 전략적 벤치마킹, 경쟁력 벤치마킹, 과정 벤치마킹, 기능적 벤치마킹, 내부 벤치마킹 등이 있다. 벤치마킹은 실무적으로 성공한 조직의 도움을 찾기 위해 사용된다. 대부분은 외부 벤치마킹으로 다른 회사의 최고성과로부터 배우는 것을 목표로 한다.

표 3-3 벤치마킹의 유형

| 유형 | 대상 |
|---|---|
| 전략적 벤치마킹 | 장기적 전략과 방법 |
| 경쟁력 벤치마킹 | 핵심제품과 서비스의 성능특징 |
| 과정 벤치마킹 | 사업과정의 관찰과 탐구 |
| 기능적 벤치마킹 | 동일한 기능이나 운영과정 |
| 내부 벤치마킹 | 자신의 사업단위나 지점에 대한 벤치마킹 |

### 1) 전략적 벤치마킹

전략적 벤치마킹(strategic benchmarking)은 최우수 사례의 회사가 성공한 장기적 전략과 방법을 조사함으로써 회사의 전체성과를 향상하는 것을 목표로 한다. 핵심역량, 제품과 서비스 개발과 혁신 전략을 조사하는 것을 포함한다. 이런 유형은 대체로 산업에 고유한 것이기 때문에 다른 산업을 조사하는 것이 최선이라는 것을 의미하지는 않는다.

### 2) 경쟁력 벤치마킹

경쟁력 벤치마킹(competitive benchmarking)은 핵심제품과 서비스의 성능특징에 대하여 회사의 위치를 비교하는 방법이다. 경쟁력 벤치마킹은 동일한 영역의 회사에 관한 조사이다. 즉, 자사와 유사한 업무를 경쟁사에서 어떻게 처리하는지를 비교하는 것이다. 자료분석은 경쟁사의 탁월한 성과에 관하여 이루어진다. 직접적으로 관련되고, 비교할 수 있는 경영과 기술을 파악할 수 있는 장점이 있으나, 자료수집의 어려움, 윤리적 문제와 반대경향 등이 단점이다. 이를 성능 벤치마킹(performance benchmarking)이라고도 한다.

### 3) 과정 벤치마킹

과정 벤치마킹(process benchmarking)은 사업과정의 관찰과 탐구에 집중하는 기법이다. 대상 회사는 동일한 사업을 수행하거나 동일한 제품과 서비스를 제공하는 회사이다. 사업의 일정한 부분이 유사하지만, 다른 제품을 생산하는 다른 회사, 예를 들면, 항공사와 호텔이 고객에게 음식을 공급하는 과정을 조사하는 기법이다.

### 4) 기능적 벤치마킹

기능적 벤치마킹(functional benchmarking)은 동일한 기능이나 운영과정인 활동의 영역을 조사함으로써 과정이나 활동을 향상하는 것을 목표로 한다. 즉, 동일한 산업의 동일한 기능을 비교하는 것이다. 문제가 되는 부분의 최우수 기업을 대상한다. 회사는 특별한 기능의 운영을 개선하기 위하여 단일 기능에 벤치마킹을 집중한다. 인적 자원, 재무, 회계, 정보와 커뮤니케이션 기술과 같은 복잡한 기능은 비용과 효율성 측면에서 직접적으로 비교할 수 없고 타당한 비교를 위해 과정 속으로 분해할 필요가 있다.

### 5) 내부 벤치마킹

내부 벤치마킹(internal benchmarking)은 자신의 사업단위나 지점에 대한 벤치마킹이다. 즉, 자사 내 타부서와 비교하는 것이다. 회사 내에서 다른 사업단위, 위치, 부서에서 동일한 활동을 갖고 있는 조직에서 적용될 수 있다. 예를 들면, 다른 지역에 위치하고 있는 회사의 사업단위를 벤치마킹한다. 정보, 심지어 민감한 자료에 쉽게 접근할 수 있고 다른 벤치마킹보다 시간과 자원이 적게 소요된다. 커뮤니케이션의 공유, 자료입수의 용이성, 즉각적인 결과와 혜택 등이 장점이지만, 단점으로는 제한된 집중과 내부편견은 단점이다.

## (4) 벤치마킹의 분석절차

벤치마킹은 성과를 전략적으로 관리할 수 있는 조직의 능력을 상당히 향상할 수 있는 강력한 도구이다. 벤치마킹으로 경영자는 더 넓은 관점을 고려하고, 뚜렷한 성과로부터 배우고, 안전지대로 들어갈 수 있다. 최고의 성과를 내는 회사의 최우수 사례를 밝힘으로써 회사가 세계수준급의 회사로 들어갈 수 있다. 성공적인 벤치마킹의 핵심은 과정을 통한 철저한 추적과 그러한 프로그램의 설계와 제정에 경험이 있는 컨설턴트의 조언이다. [그림 3-15]는 벤치마킹 분석을 실시하는 절차이고, 참여하는 회사와 내부과정에서 개선을 산출하기 위해 지향하는 과정이다.

그림 3-15 벤치마킹 분석절차

| | | |
|---|---|---|
| 계획 | • 비교할 내용 확인<br>• 자료수집방법 설정 | • 비교할 회사 확인 |
| 분석 | • 현재 성과 갭 설정 | • 미래 성과수준 계획 |
| 통합 | • 벤치마킹 결과 의사소통 | • 운영목적 수립 |
| 실행 | • 행동계획 개발<br>• 벤치마크 재측정 | • 구체적인 행동실행 |

### 1) 계획

개선을 필요로 하는 활동과 서비스를 검토한다. 벤치마킹할 내용, 즉 서비스, 공정이나 실무 등을 확인한다. 조직 내에서 추진할 벤치마킹 팀을 만들고, 비교할 회사를 확인한다. 그러나 비교회사는 최고수준의 회사나 선도자이어야 한다. 지표와 데이터 수집방법을 결정한다. 벤치마킹할 내용은 다음과 같다.

- 고객만족
- 동시설계
- 린 생산방식(Lean production)[3]
- 혁신과 제품개발
- 제조와 공학시스템
- 물류와 유통경로
- 회사조직, 문화와 재무

조직 자체는 장단기적인 계획에서 개선해야 할 중요한 사항을 확인해야 한다. 조직 안에서 벤치마킹할 것을 확인하기 위해 몇 가지 중요한 사안을 사전에 정리하는 것이 좋다. 벤처마킹의 우선순위를 설정하기 위하여 주요한 사항을 추출하여 정리하는 것이 바람직하다.

### 2) 분석

자료를 수집하고, 현재 성과수준을 파악한다. 높은 성과 부문에 있는 직원을 면접함으로써 직접적인 정보를 얻는다. 현재 성과수준에서 자료와 정보를 수집한다. 회사와 성과지표를 사용하여 현재 활동을 확인한다. 자신의 회사와 비교회사 간의 갭을 확인한다. 자료수집을 통해 성과차이를 분석한다. 성과차이의 분석과정은 높은 성과조직과 비교하여 부문의 현재 상태를 이해하고 평가하는 것이다. 이는 높은 성과에 대한 이유를 확인하는 데 도움이 되고, 이렇게 하면 성과를 향상하기 위해 사용된 방법뿐만 아니라 개선이유를 확인하게 된다.

### 3) 통합

벤치마킹의 발견사항을 의사소통하고, 관련자로부터 채택을 얻기 위해서 결과를 알리고, 제안된 변화가 채택되는 것을 확실히 한다. 이것은 희망했던 기준을 알리고 전파하는데 도움이 된다. 희망했던 기준을 달성하기 위해서 필요한 방법을 시행할 때 관련된 종업원을 훈련한다. 벤치마킹의 발견

3 각 공정에서 낭비의 요소를 제거하고, 리드타임을 줄이고, 안전성을 개선하여 최고의 품질과 최저의 비용을 얻는 방식.

사항을 근거로 성과목표를 달성하기 위해 부문은 새로운 운영목적을 결정하고, 개선을 위해 목표로 한 부문을 확인한다.

### 4) 실행

행동계획을 준비한다. 구체적인 행동을 실행하고, 과정을 추적한다. 벤치마킹을 통해 개발된 새로운 작업방법을 실행한 후 향상된 과정과 활동의 영향을 조사한다. 또한 벤치마킹을 실행한 결과를 측정한다. 다음은 행동계획을 준비할 때 고려할 사항이다.

- 행동절차를 위한 분명한 범위가 있는 구체적인 시간이 제한된 계획을 개발한다.
- 부정적인 갭을 감소하거나 줄이기 위해 실행한다.
- 개선비용을 고려하고, 구체적인 기준을 개발한다.
- 모든 부문과 임원, 관련된 개인이 변화를 채택하게 한다.
- 작업팀을 선정하고, 개선을 실행한다.

## (5) 성공적인 벤치마킹

성공적인 벤치마킹은 회사가 정기적이고 지속적으로 수행할 때 실현된다. 성공적인 벤치마킹의 핵심은 개선전략의 실행이며, 외부 최고의 기업이나 경쟁자의 정보를 수집하거나 성과의 단순한 내부분석이 아니다. 벤치마킹은 한 번의 프로젝트가 아니라 경영개선 과정의 한 부분이다. 성공적인 벤치마킹의 핵심적 특징은 조직의 목표에 중요한 과정을 벤치마킹하는 능력이다. 어떤 목표는 다른 목표보다 더 쉽게 측정될 수 있다. 예를 들면, 소비자만족 측정은 간단하지 않다. 그러나 성과 갭을 확인하기 위해 어떤 측정기준을 적용하는 것이 필수이다. 벤치마킹은 목적이 분명하고, 외부적으로 집중되고, 측정에 근거하고, 정보가 철저하고 객관적이어야 한다. 다음은 성공적인 벤치마킹 적용을 위한 조건이다.

- 최적의 벤치마킹 파트너 선정
- 경영자의 벤치마킹 지원과 변화추진의 몰입
- 명확한 목적의 정의
- 조직성과의 분명한 이미지
- 예방할 실수 언급
- 성과비교에 집중
- 벤치마킹 적용 시 나타나는 문제언급

04

# 마케팅조사

1 마케팅조사의 개요

2 조사설계의 성격

3 조사설계의 유형

4 자료수집방법

5 설문지 설계

6 표본설계

# 쿠쿠하세요~, 쿠쿠!

## 브랜드명 전략: 쿠쿠는 요리(Cook)와 뻐꾸기(Cuckoo)의 합성어

"쿠쿠하세요~, 쿠쿠!"라는 광고는 독특한 어휘와 정겨운 음률의 CM송이다. 쿠쿠라는 브랜드는 요리(Cook)와 뻐꾸기(Cuckoo)의 합성어다. 뻐꾸기 시계만큼 정확하게 요리해내는 뛰어난 제품을 만들겠다는 신념을 담은 브랜드다. 아울러 전기압력밥솥으로 밥을 지을 때 증기가 배출되는 소리와도 비슷하다. 맛있는 밥을 자연스레 연상케 하는 효과가 있는 것이다.

## 기업사명: 최고의 품질로 사회봉사

전기밥솥의 시장점유율 70%인 국내 1위는 쿠쿠전자이다. 창립자인 구자신 사장은 1974년 무역 대리업인 성광통상과 삼신정밀공업을 시작하고, 1978년 금성사(현 LG전자)에서 소형가전 OEM 제조업체로 밥솥을 제작하기 위해 성광전자를 설립하였다. 그 후 20년간 성광전자의 제품은 금성사의 브랜드를 붙여 판매되었다. 생산품 전량을 주문자상표부착방식(OEM)으로 납품을 했다. 한국 사람들은 찰진 밥을 선호하여 압력솥으로 밥을 짓는 집이 많기 때문에 가스압력솥의 밥맛과 전기보온밥솥을 결합한 소비자의 욕구가 오늘날 압력밥솥으로 진화한 것이다. 그동안 OEM 방식으로 제조하던 쿠쿠전자는 1998년 4월 국내 쿠쿠(CUCKOO)라는 자체 브랜드로 시장에 전기압력밥솥을 출시하였고, 7개월 후에 TV 광고를 시작했다. 광고모델로 여성이 아닌 남성모델로 방송인 이상벽 씨 선정은 거의 파격적이었다. 그 후 쿠쿠전자는 전기밥솥의 국민 브랜드로서 장기간 60~70%의 점유율을 유지하고 있는 절대 강자다. 1999년 제품을 출시한 이후 연속 점유율 1위를 고수하고 있다. 쿠쿠전자의 경쟁력 원천은 기술력을 바탕으로 한 품질, 브랜드 충성도, 다양한 유통 채널, 글로벌 생산 등이다.

## 제품전략: 우수한 품질 및 기술력

제품전략은 우수한 품질 및 기술력이다. 품질은 곧 밥맛에 대한 만족도와 직결된다. 동사는 압력제어 기술인 이중 모션 패킹, 열제어 기술인 IH스마트 알고리즘, 재료가공 기술인 스테인리스 내솥, 코팅 기술인 내솥 코팅, 기능설계 기술인 분리형 커버 및 안전장치 등의 기술력을 강점으로 내세운다. 이를 바탕으로 차별성을 갖춘 신기능 및 내솥 등을 개발해 매년 신모델을 출시하고 있다. 최신 모델은 스테인리스 분리형 커버, Eco Curved 내솥, 메탈릭 디자인, 야간 절전모드 센서, Blue LED 디스플레이, 다이렉트 터치 등의 기능이 있다. 다양한 가격, 위생, 밥맛 등 고객의 욕구충족 전략이 성공적이다. 또 특허권 139건을 국내외에 등록 및 출원한 상태다. IH압력밥솥은 내솥 전체를 통가열하는 방식이다. 쌀알 하나하나까지 입체적으로 열을 전달함으로써 윤기 있고 찰진 가마솥 밥맛을 살려낸다. IH압력밥솥은 전자제어기술과 전기제어기술이 복합된 전자제품으로 기능이 세분화되고 다양해지면서 스마트 밥솥으로 발전해 가고 있다.

## 포지셔닝 전략: 속성과 제품 사용자

브랜드 이미지를 소비자에게 가장 확실하게 심어줄 수 있는 방법은 광고가 일반적이다. 1998년 당시 20억 원, 이듬해 연간 50억 원이라는 엄청난 금액을 광고비로 책정해서 방송이나 신문, 잡지, 옥외광고 등을 통해 쿠쿠를 소비자들에게 알렸다. 이렇게 3년간 70억 원을 광고에 집중 투입한 결과 3년 만에 매출액 3배, 이익은 무려 20배의 성과를 거두게 된다. 이는 IMF라는 불황기에 다른 경쟁업체들은 광고를 줄인 반면 쿠쿠는 반대로 광고에 집중한 결과 시장에서 돋보일 수 있었다. 쿠쿠 광고에서는 속성에 의한 포지셔닝과 제품 사용자에 의한 포지셔닝을 주로 사용하고 있다. 속성에 의한 포지셔닝은 주로 신문광고를 통해서 소비자들이 쿠쿠를 선택하게 함으로써 다른 제품을 사용하는 소비자보다 차별적인 효용 제공을 강조한다. 또한 제품 사용자에 의한 포지셔닝은 제품을 사용자의 긍정적인 반응을 나타냄으로써 '맛있는 밥 = 쿠쿠'라는 등식을 소비자들에게 각인시키게 하였다. 그 활용의 예로는 쿠쿠 밥솥으로 만든 밥맛에 감탄하는 중국 요리사의 모습을 담은 CF와 "쿠쿠하세요"를 외치며 소비자들에게 "맛있는 밥을 만들 수 있는 쿠쿠 밥솥을 사용하세요"라는 의미를 전달한다. 또한 "여자들은 다 알아요", "어머니, 쿠쿠하세요"라는 간결하고도 명확한 의미가 내포되어있는 문구를 사용하여 표적고객인 주부들의 소비심리를 자극하는 데 효과적인 결과를 거두었다.

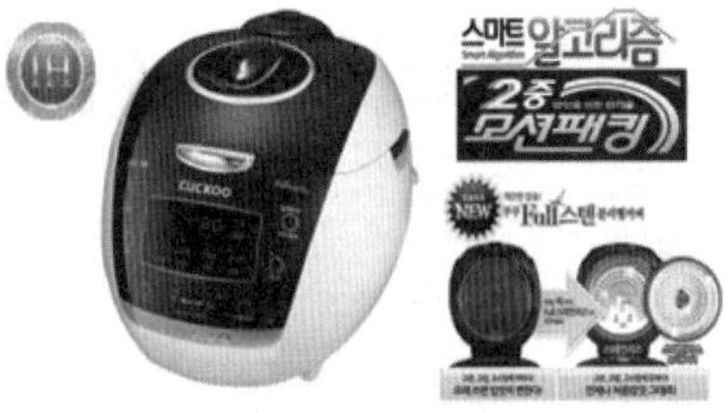


### 브랜드 이미지 전략: 높은 브랜드 충성도

한번 밥맛에 만족한 소비자들은 다른 브랜드로 잘 전환하지 않는 경향이 커서 전기밥솥은 다른 가전제품에 비해 브랜드 충성도가 진입장벽으로 작용한다. 동사는 한국능률협회가 주관하는 고객만족도(KCSI) 조사에서 전기밥솥 분야 15년 연속 1위를, 한국생산성본부가 발표하는 국가브랜드경쟁력지수(NBCI)에서 9년 연속 1위를 차지하는 등 확고한 브랜드 이미지를 구축한 상태다.

### 현지화 전략: 현지인의 입맛

쿠쿠전자는 철저한 현지화 마케팅 전략을 토대로 해외시장을 공략하고 있다. 현지인들의 입맛을 제품개발 단계부터 반영하는 것은 기본이다. 인도네시아, 베트남 등 안남미를 주로 먹는 지역에서는 밥알이 상대적으로 덜 뭉치게 하는 기능을 적용한다. 쌀을 주식으로 하지 않는 유럽 등지에서는 밥솥이 아닌 압력조리기로 시장 포지셔닝을 하면서 성공을 거두고 있으며, 현재는 정수기 등 종합가전회사로 확대하여 세계시장에서 경쟁하고 있다.

# 제4장 | 마케팅조사

## 1 마케팅조사의 개요

마케팅조사(marketing research)는 마케팅 정보의 전체 분야에서 핵심적인 요소로 마케팅 기회와 문제를 확인하고 정의하는 데 사용하는 정보를 수집하는 과정이다. 즉, 마케팅조사는 소비자 정보를 수집, 분석과 제시하는 과정으로 이는 정부활동, 경쟁활동과 환경문제 등을 포함한다. 따라서 마케팅조사는 시장기회와 문제를 확인하고, 마케팅성과를 창출하고, 개선하고, 평가하고, 추적하며, 마케팅의 이해를 증진한다. 또한 사용되는 정보를 통하여 고객, 소비자와 공중을 마케터와 연결하는 과정이다. 마케팅조사는 주로 고객욕구, 필요와 선호도를 중심으로 이루어진다. 따라서 정확한 문제파악과 정확한 사실수집이 중요하다.

### (1) 마케팅조사의 필요성

마케팅조사의 가장 중요한 측면은 정확하게 문제를 정의하는 것이다. 예를 들면, 판매가 감소한 이유는 매우 많다. 경영자가 문제를 판매감소라고 정의한다면, 조사는 문제나 기회의 정확한 확인에 이르지 않는다. "판매가 감소하는 이유는 무엇인가?"처럼 문제진술에 더 초점을 맞추어야 한다. 문제를 정확하게 정의하고 적절한 자료수집 방법을 사용한다면, 정확한 정보를 수집할 수 있다. 정확한 자료를 수집한 다음 자료를 분석하고, 해석하고, 추론하여 마침내는 발견과 통찰력을 얻게 되어 정확한 의사결정을 하는 데 도움이 된다. 마케팅조사 영역은 주로 매출예측, 구매자분석, 시장세분화, 요인선택과 검증을 포함한다.

고객을 이해하고, 고객이 누구인지, 고객이 어떤 제품이나 서비스를 원하는지, 고객이 어떻게, 어디에서 또 어떤 가격으로 구입하기를 원하는지를 확인하는 것은 경영자가 의사결정할 때 가장 중요한 요소 중의 하나이다. 경영자는 기업의 성패를 결정하는 고객과 멀리 떨어져 있다. 기업은 5년마다 고객의 절반을 잃는다고 한다. 그러나 대부분의 경영자들은 이탈고객이 왜 떠나는지를 알기 위해 노력하는 것만큼 사실을 자세하게 설명할 수 없다. 고객의 욕구를 실제와 다르게 지각하기 때문에 우수한 고객의 욕구를 만족시키지 못한다. 고객의 욕구에 주의가 부족해서가 아니라 잘못된 방법으로 잘못된 결과에 이르기 때문이다.

모든 의사결정에는 불확실성과 위험의 요소가 있고, 주요 어려움은 선택과 관련된 위험을 경감하는 데 있다. 따라서 훌륭한 정보의 이용은 위험을 감소한다. 의사결정의 첫 단계는 필요한 정보의 확인이다. 요구사항의 부정확한 설명은 단지 무용한 정보를 제공할 뿐이다. 불량 또는 잘못된 정보는 시간과 돈을 낭비할 뿐만 아니라 혼란, 혼돈과 잘못된 결정을 낳는다. 구체적인 의사결정을 하는 데 어떤 정보가 필요한지를 조사자는 알아야 한다. 다음으로 적절한 시간과 적절한 비용으로 자료를 입수할 수 있어야 한다. 즉, 입수된 정보가 수집비용보다 더 가치가 있는가이다. 시장조사는 시간과 돈의 실질적인 투자이다.

### SENSE '차이나타운' 개봉 직전 원제 '코인 라커 걸' 버려야 했던 이유

김혜수, 김고은 주연 '차이나타운'의 원제는 '코인 라커 걸'이었다. 태어나자마자 지하철 물품 보관함에 유기된 비극적 캐릭터 일영(김고은)을 상징하는 이 멋진 제목이 개봉 직전 바뀌어야 했던 이유와 배경이 흥미롭다. 개봉을 불과 두 달 앞두고 벌인 마케팅 조사 과정에서 이 영화를 전혀 엉뚱한 내용과 장르로 오인하는 분들이 상당히 많았다.

자물쇠를 뜻하는 라커를 로커로 받아들여 뮤지션 영화인 줄 아는 사람도 있었고, 영어 제목이다 보니 한 번에 이해하는 이가 거의 없었다. 코인이라는 단어가 풍기는 뉘앙스 탓에 매춘부 소재 영화가 아니냐고 묻는 사람까지 있었을 정도였다. 제작사와 투자배급사 CGV 아트하우스는 50개가 넘는 대체 후보를 놓고 회의를 거듭했고, 결국 다수결로 '차이나타운'이 새 제목으로 낙점됐다.

출처: 조선일보 2015.05.11

## (2) 마케팅조사 분야

마케팅조사는 경영자가 다루는 문제와 의사결정을 포함하는 많은 부분을 다룬다. 마케팅조사는 문제확인조사와 문제해결조사가 있다. 문제확인조사는 표면으로 나타나지는 않으나 미래에 발생할 것 같은 문제를 확인하는 데 유용하다. 문제확인조사에는 시장규모와 점유율조사, 시장잠재력조사, 판매분석조사, 예측 및 추세조사, 그리고 고객특성과 동기조사 등이 있다. 반면 문제해결조사는 특정한 조사문제를 해결하기 위한 조사로 세분시장 조사, 제품조사, 가격조사, 촉진조사 그리고 유통과 물류조사 등이 있다.

그림 4-1 마케팅조사의 분류

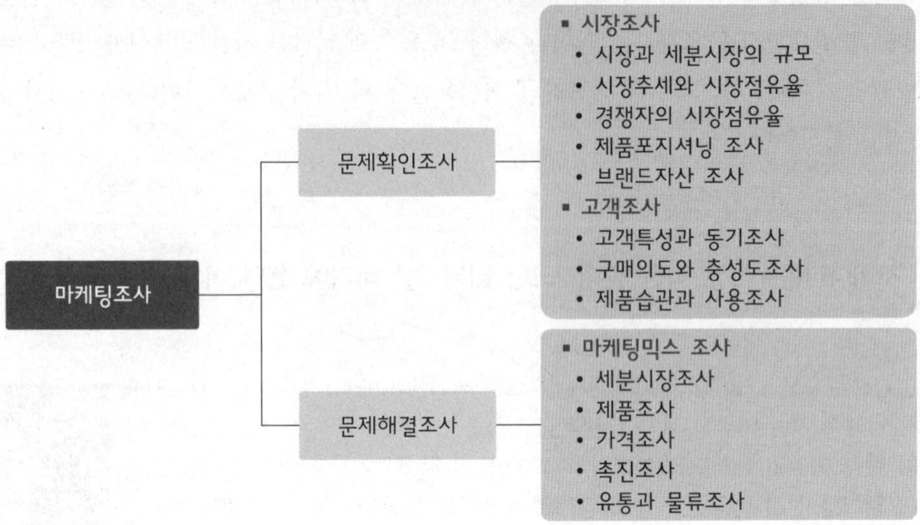


## 1) 시장과 고객조사

시장조사(market research)는 특정시장과 분할시장에 관한 정성적 사실을 산출한다. 예를 들면, 판매와 가치에 의한 시장의 규모이다. 이러한 자료가 시간에 따라 수집될 때 추세를 확인하고, 미래 판매를 예측하는 데 도움이 된다. 시장조사는 지출패턴, 수입과 신용도, 고객이 어디에 있는지, 고객이 무엇을 선호하는지와 기꺼이 지불하려는 가격에 관한 정보를 제공한다. 또한 시장조사는 시장에서 활동하는 모든 기업의 시장점유율에 관한 정보를 제공한다. 고객조사(customer research)는 시장과 세분시장에 관한 사실을 발견하는 것을 목적으로 한다. 고객이 어디에 사는지, 고객이 시간을 어떻게 보내는지, 구매동기가 무엇인지, 돈을 어떻게 지출하는지와 시장추세가 어떠한지에 관한 정보를 제공한다. 시장과 고객조사는 다음과 같은 정보를 제공한다.

- 시장과 세분시장의 규모
- 제품포지셔닝
- 시장추세 조사
- 시장점유율 조사
- 경쟁자의 시장점유율 조사
- 고객특성과 동기조사
- 고객태도와 기대조사
- 고객 구매의도와 충성도조사
- 제품습관과 사용조사
- 브랜드자산 조사

### 2) 제품조사

제품조사(product research)는 기존과 잠재제품이나 서비스의 추가적인 사용을 발견하는 데 도움이 된다. 신제품 아이디어의 경우에 제품개발의 비용발생 전에 잠재적 사용자와 구매자에게 제품컨셉을 테스트하는 데 도움이 된다. 제품컨셉이 건전한 것으로 밝혀지면 제품을 개발한다. 제품조사는 출시 전에 잠재적 사용자를 대상으로 테스트할 수 있다. 이러한 조사정보는 제품에 있는 뚜렷한 설계결함을 제거하는데 사용된다. 제품조사는 경쟁제품이나 서비스와 비교하여 제품이나 서비스의 장단점을 효과적으로 평가하는데 도움이 된다. 제품조사는 다음과 같은 정보를 제공한다.

- 신제품개발 기회
- 제품설계의 요구사항
- 제품컨셉 분석조사
- 신제품수용과 수요조사
- 제품충실도조사(속성, 특징, 편익)
- 경쟁제품과 비교되는 우월한 성능
- 가격 및 가격탄력성조사

### 3) 광고와 촉진조사

광고조사(advertising research)는 제품과 관련된 광고 캠페인을 측정한다. 이것은 가장 적절한 촉진매체와 방법을 선택하는 데 도움이 된다. 광고조사는 어떤 매체가 구체적인 캠페인으로 표적청중에게 도달하는지에 관한 정보를 제공한다. 조사는 제한된 규모로 광고를 시험해봄으로써 캠페인의 영향을 미리 평가할 때 도움이 된다. 캠페인의 효과를 추적함으로써 실행의 모든 단계에서 관찰될 수 있다. 광고와 촉진조사는 다음과 같은 정보를 제공한다.

- 적당한 촉진방법
- 적당한 광고문안과 캠페인 자료
- 적당한 매체
- 광고전달의 효과
- 광고가치 확인 및 분석
- 광고메시지 효과성

### 4) 유통조사

유통조사(distribution research)는 제품에 관한 가장 좋은 유통경로를 발견하는 데 도움이 되고,

유통구성원을 선택할 때 유용하다. 물적유통과 관련한 조사는 창고와 소매의 최적 위치를 찾는다. 유통조사는 다음과 같은 정보를 제공한다.

- 적합한 유통방법
- 경로구성원의 적합성
- 창고와 소매점의 최적 위치

### 5) 판매조사

판매조사(sales research)는 방법이나 기법의 효과성을 평가하고 측정하는 데 도움이 된다. 판매목표에 관해서 판매직원이 편파적으로 차별받지 않기 위해 판매할당이 규모에서 거의 공평하다는 것을 확실히 하는 데 유용하다. 따라서 판매지역이 규모나 가치에서 동일하고, 판매방법이 효과적이고, 판매원의 훈련이 적절하고 충분하며, 판매원 동기가 적절하다는 것을 확실히 함으로써 판매관리과정에 도움이 된다. 판매조사는 판매직원을 동기부여하기 위한 보수방법과 수준의 적절성에 관한 정보를 제공한다. 조사는 판매훈련과 관련이 있고, 판매직원이 제시하는 판매의 질에 관한 광범위한 반응을 제공한다. 판매조사는 다음과 같은 정보를 제공한다.

- 판매방법과 기법의 효과성
- 판매구역 설정
- 보수방법의 적절성
- 판매훈련 요건
- 판매원 성과조사

## (3) 마케팅환경

마케팅환경조사는 기업의 마케팅활동에 영향을 주는 정치, 경제, 사회와 기술적 영향을 조사하는 것이다. 정치적 환경에서 비롯된 정부정책의 변화는 세계기준이 기대하는 무역조건과 필요에 영향을 줄 수 있다. 이러한 세계경제환경은 기업의 경영활동에 임시적이거나 더 지속적인 효과가 나타난다. 기업이 사업전략을 계획할 때 이러한 환경요소에 주의를 기울여야 하고, 조사는 정치와 경제적 요인의 영향을 평가하는 데 도움이 된다. 사회적 영향은 어떤 사업에 실질적인 영향을 줄 수 있다. 인구폭발이나 감소는 어떤 제품의 수요에 직접적인 영향을 준다. 조사는 어떤 요인들이 관련이 있고, 요인들이 기업의 활동에 어떻게 작용하는지에 관한 정보를 제공한다. 기술적 영향은 사업에 급격하고 극적인 영향을 줄 수 있다. 급격한 기술적 진보는 현재 성공적인 제품과 공정을 매우 짧은 시기에 진부하게 할 수 있다. 조사는 기술적 진보를 추적할 수 있고, 새로운 발전을 미리 알려준다.

마케팅환경조사는 정치적 영향, 경제적 영향, 사회적 영향과 기술적 영향과 같은 정보를 제공한다.

### SENSE 은행의 경쟁자는 카카오? '플랫폼 전쟁' 불붙다

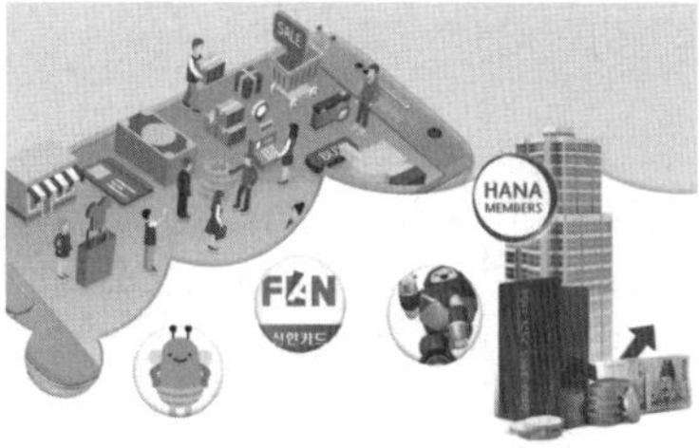


"나이키의 경쟁상대는 닌텐도"라는 말이 유행했다. 나이키와 닌텐도는 업종이 다르지만 고객의 생활습관(Life Style)이라는 시장을 놓고 맞붙는다는 점에서 넓게 보면 서로가 경쟁상대다.

이제 금융산업에 대한 시각 자체가 완전히 바뀌어야 한다. 카카오를 시중은행의 가장 큰 경쟁상대로 꼽는 데 주저하지 않는다. 이른바 '은행 없는 은행' 시대를 맞아 업종 간 경계가 허물어지면서 카카오 같은 모바일플랫폼 사업자가 언제든 기존 금융사업자들의 자리를 차지할 수 있기 때문이다. 은행을 필두로 한 금융사들도 이 같은 시장 변화에 대응하기 위해 변신을 시도하고 있다. 자체 모바일플랫폼 서비스를 출시하고 '은행 계좌가 없어도 고객이 될 수 있다'는 철학을 바탕으로 이용자 외연 확대에 힘을 쏟고 있는 것이다. 금융이 플랫폼 서비스로 탈바꿈함에 따라 금융사들이 기존 플랫폼 사업자들과 제대로 경쟁할 태세다.

출처: 서울경제 2016.07.01

## 2 조사설계의 성격

### (1) 조사설계의 특징

조사설계(research design)는 조사과업과 조사활동의 순서를 계획하는 것이다. 조사설계는 조사자가 경영자에게 필요한 자료를 수집하고 분석하는 절차와 방법이다. 이것은 경영자와 조사자가 함께 정의한 조사문제를 정의하는 방법의 계획이다. 따라서 조사설계는 조사문제로부터 추출한 명확한 목적을 포함하고, 자료수집 방법, 자료유형, 표본추출 방법과 절차, 일정, 예산과 설계기법에 관한 정보원을 열거하는 과정이다. 조사문제와 목적에 근거한 조사설계는 명확해야 한다. 그러나 조사설계에

그림 4-2 조사설계의 유형

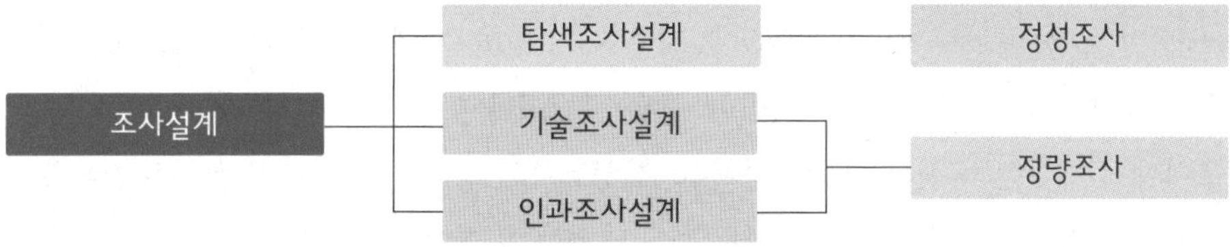

는 언제나 많은 문제가 있다. 불충분하게 개발된 설계는 조사 중에 있는 조사문제에 정확한 답을 제공할 수 없고, 경영자의 의사결정을 지원하지 못한다. 조사설계의 기본은 과학적인 엄격성과 객관성이다. 조사설계에 포함된 어떤 개인적 절차나 방법적 편견은 전체 조사과정에 영향을 준다.

표 4-1 조사설계의 특징

| | 탐색조사 | 기술조사 | 인과조사 |
|---|---|---|---|
| 조사목적 | 아이디어와 통찰의 발견<br>예비조사, 가설탐색 | 발생빈도 파악<br>가설검증 | 원인과 결과의 파악<br>가설검증 |
| 조사특징 | 유연, 비구조화 | 가설, 구조화 | 변수통제 |
| 자료성격 | 정성조사 | 정량조사 | 정량조사 |
| 사용기법 | 심층면접, 표적집단면접 | 서베이, 관찰, 패널 | 실험 |
| 조사결과 | 가설탐색 활용<br>일반화 한계 | 문제해결 방안 제시<br>객관성 확보 | 인과관계 결과 제시<br>의사결정안의 결과 제시 |

## (2) 조사자료의 종류

조사를 위해 수집하는 자료의 종류는 일차자료와 이차자료가 있다. 시장조사는 대체로 이차자료를 먼저 수집하여 문제를 파악하고, 시장과 표적고객을 명확히 정의한 다음 실제조사에 들어가는 과정을 밟는다. 일차자료(primary data)는 조사자가 문제해결을 위해 직접 수집한 자료이며, 일반적으로 비용과 시간이 많이 든다. 이차자료(secondary data)는 다른 조사목적으로 수집한 이미 존재하는 자료이다. 이차자료는 고객자료, 판매원자료, 재무자료, 회계자료 등의 기업 내부자료와 통계청, 협회, 상공회의소, 학회, 인터넷으로 수집된 자료, 공공단체 혹은 조사회사의 자료 등이 있다. 이차자료는 자료수집에 따르는 시간과 비용을 절감할 수 있으나, 당해 조사목적을 위해 수집된 자료가 아니기 때문에 자료의 정확도, 신뢰도와 타당도가 낮다는 단점이 있다. 이차자료는 다양한 원천으로부터 수집되는 자료이나, 일차자료는 현재문제를 다루는 특정한 목적을 위해 조사자가 생산한 자료이다.

### 1) 정성조사

정성조사(qualitative research)는 소비자들의 욕구, 필요, 신념, 태도, 감정, 동기요인 등 소비자의 심리적인 부분에 대한 정보를 수집하고 이를 해석하는 조사이다. 정성적 조사의 주요 목적은 의사결정문제와 기회에 대해 사전적인 통찰력을 얻는 데 있다. 이러한 자료수집의 기법은 질문하고 행동을 관찰함으로써 비교적 적은 응답자로부터 자료수집에 집중된다. 소비자들은 잠재의식 속에 있는 욕구, 동기나 가치 등을 잘 노출하려고 하지 않는다. 이러한 경우 관찰이나 면접을 통해서 파악하는 방법이 정성조사이다. 정성조사에서 대부분의 질문은 개방형이다. 정성조사의 장점은 시기적절한 자료수집, 풍부한 자료, 시장행동의 정확한 기록과 통찰력이다. 이와 달리 단점은 일반화, 신뢰성과 타당성의 부족 등이 있다.

### 2) 정량조사

정량조사(quantitative research)는 소비자들이나 대상의 속성을 수적, 계량적으로 표현하고, 관련 변수들 간의 관계를 통계적인 분석에 의해 밝혀내는 조사이다. 이것은 주로 많은 응답자가 주도하는 설문지를 이용하여 사전에 결정된 응답선택과 정형화된 표준질문을 사용한다. 정량조사는 주로 서베이와 실험이다. 정량조사설계는 탐색조사보다는 기술조사와 인과조사와 직접적으로 더 관련이 있다. 정량조사는 의사결정자가 현명한 결정을 하는데 도움을 준다. 정량조사는 많은 표본과 통계적 엄격성 때문에 일반화, 신뢰도와 타당도의 이점이 있지만, 시간과 돈이 많이 든다.

표 4-2 조사방법의 비교

| 구분 | 정성조사 | 정량조사 |
|---|---|---|
| 특징 | 소수의 응답자, 장시간 질문하여 얻은 내용을 문자로 표현 | 다수의 응답자, 질의응답 내용을 집계하여 숫자로 표현 |
| 유형 | 개인심층면접, FGD, 관찰 | 개별면접, 전화, 우편, 온라인조사, HUT |
| 장점 | 심층적인 원인, 동기, 태도 파악 | 조사결과의 대표성 및 객관성 확보 |
| 단점 | 조사결과의 대표성 및 객관성 결여 | 현상에 대한 구체적, 심층적 분석불가 |
| 활용 | 시장현황, 정량조사 전후의 보완조사로 활용 | 사회여론조사, 선거조사, 마케팅조사 |

## (3) 마케팅조사 절차

마케팅조사는 마케팅의사결정에 도움이 되는 객관적이며 정확한 정보를 수집하여 제공하는 데에 있다. 대부분 마케팅조사는 시장과 고객의 직접적 또는 간접적인 문제를 발견하거나 확인하는 것에서 시작한다. 따라서 마케팅조사의 결과를 활용하여 경영자에게 새로운 관점을 제공해주고, 역동적인 시장의 이해를 증진할 수 있다. 문제나 기회확인 단계는 경영자가 시장의 힘을 이해하고 판단하는 것과 관련이 있다. 이것은 문제나 기회에 특유한 통찰력과 아이디어를 얻기 위해 수행되는 탐색조사의 근거가 된다. 탐색조사는 일반적으로 질적인 것이다. 조사자가 문제나 기회를 탐색하면 계량적으로 정의하고, 측정할 수 있는 아이디어를 발견할 수 있다. 이러한 단계를 가설개발이라고 부른다. 가설은 많은 표본크기로 확인적 조사를 실시함으로써 검증된다. 마케팅조사는 체계적인 절차로 수행해야 경영의사결정에 유용한 정보를 얻을 수 있다. 따라서 마케팅조사 절차는 문제정의, 조사설계, 자료수집, 자료분석과 해석, 그리고 조사보고로 이어진다.

그림 4-3 마케팅조사 절차

## 1) 문제정의

일반적으로 마케팅조사는 의문과 관련이 있고, 조사자가 예외(anomaly)나 불일치(inconsistency)를 관찰할 때 의문을 발견할 수 있다. 예외는 문제나 질문에 대한 근거를 제공할 수 있다. 조사문제나 기회를 정확하게 정의하는 것은 조사에서 중요하다. 정의된 문제가 포괄적이지 않으면, 조사는 부정확하거나 모순된 결과를 낳을 수 있다.

### ① 올바른 문제정의의 중요성

잘 정의된 문제는 이미 절반은 해결된 것이나 다름이 없다. 일반적인 환경에서 문제를 정의하는 것은 올바른 문제를 확인하는 것만큼 어렵지 않다. 모든 결정은 문제 안에 일정한 패턴을 갖기 때문에 그러한 문제에 답할 수 있다. 문제의 정의와 결정상황은 대부분의 상황에서 쉽게 나타난다. 그러나 문제정의는 대부분의 기업 상황에서 난감하다. 이것은 의사결정이 한 사람에 의해서 이루어지는 것이 아니라 일반적으로 팀에 의해서 이루어지고, 그래서 올바른 문제를 정의하기 위해서는 다양한 문제에 대해 동의하는 것이 중요하기 때문이다.

### ② 경영문제의 조사문제 전환

경영문제를 조사문제로 전환하는 과정은 조사문제의 개발과정과 문제의 명료화가 있다. 이러한 과정은 조사문제를 올바로 정의하고, 조사문제를 명료화함으로써 조사목적을 달성할 수 있다.

#### ㉮ 조사문제의 개발과정

문제를 올바르게 정의하는 것은 조사결과에 큰 영향을 미친다. 대부분의 경영자가 직면하는 주요 질문은 경영문제를 조사할 수 있는 문제로 어떻게 전환하는가이다. 실제상황에서 경영문제를 정의하는 것이 어렵지 않지만, 어려움은 집중된 딜레마를 확인하는 것이다. 올바르지 않거나 부정확하게 정의된 경영문제를 선택하는 것은 비용이 들어가는 적절치 못한 결정이 될 뿐만 아니라 자원의 낭비가 된다. 다양한 경영문제를 조사문제로 전환하는 것이 조사문제를 개발하는 과정이다.

[그림 4-4]는 조사문제를 개발하는 과정에서 조사자가 고려해야 할 요소이다. 경영문제를 조사할 때 조사자는 의사결정의 다양한 요소에 둘러싸인다. 즉, 의사결정 환경, 의사결정자의 목적, 행동의 대안방향, 대안행동의 결과이다. 조사문제가 네 가지 문제를 고려하지 않고 개발된다면, 옳지 못

그림 4-4 조사문제 개발과정

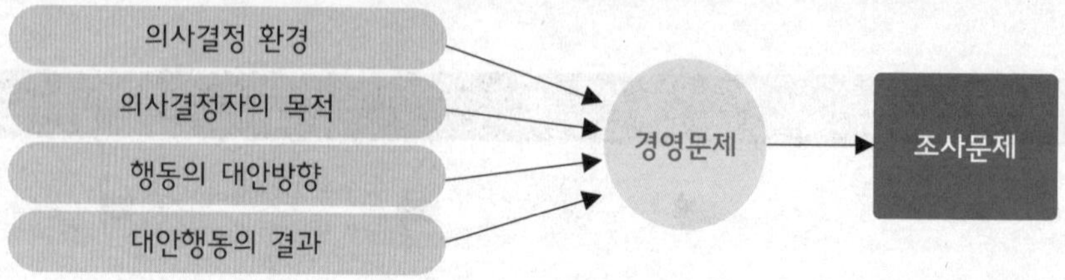

한 결론에 이르게 된다.

의사결정 환경은 경영자가 이미 기억하고 있는 실제 상황에서 관찰되고 편견이 있을 수 있어 헛된 조사가 될 수 있다. 편견이 없는 완벽한 조사계획은 마케팅조사의 중요한 측면이다. 조사수행의 실제적인 목적은 조사자에게 좀처럼 노출되지 않는다. 조사자가 깊게 탐구하고, 조사의 실제적인 목적을 아는 것은 매우 중요하다. 의사결정자의 목적을 파악하는 효과적인 방법은 의사결정자로부터 행동의 중요한 과정을 질문하는 것이다. 행동의 대안방향이 알려질 때만 조사는 적절하게 계획될 수 있다. 경영자가 의사결정자의 조사목적을 일반적으로 조사자에게 제공할 때 조사자는 대안을 깊게 탐구하고 발견할 수 있다. 기업은 행동의 대안방향을 정확하게 평가하고, 의사결정과정에 있는 의사결정자를 지원하기 위해 마케팅조사를 착수한다. 의사결정자의 목적, 행동의 대안방향과 대안행동의 결과는 조사자들에게 경영의 딜레마를 정확한 조사문제로 전환할 수 있게 해준다.

### ㉯ 문제의 명료화

문제정의는 문제를 명확하게 표현하는 것으로부터 시작하고, 조사과정의 핵심은 문제의 명확한 표현이다. 문제의 명료화는 경영문제를 조사문제로 전환하는 것을 의미한다. 적절한 조사문제를 형성하기 위해서 조사자는 경영문제의 원인과 성격을 이해하고, 그런 다음 분석적 견해로 의미 있는 용어로 바꾸어 말한다. 정확한 문제형성은 경영문제를 해결하는 데 필요한 정보의 유형을 명확하게 할 수 있다. 자료수집 전에 문제에 관한 생각은 자료수집, 분석과 문제해결의 질을 결정한다. 문제의 명료화는 가설의 개발이나 성격의 상태에 관한 주장과 밀접하게 관련되어 있다. 가설은 조사자가 무엇을 해야 하는지를 말해주고, 가설의 개념은 문제서술(problem statement)의 개발을 알려주기 때문에 의사결정 조사에서 중요하다. 조사문제와 가설은 다음 기준을 충족해야 한다.

- 문제서술은 둘 이상의 변수 간의 관계를 표현한다.
- 문제는 질문형태로 명확하고 분명하게 진술한다.
- 문제서술은 실증적 검증의 가능성을 포함한다.

- 조사목적의 명확화: 조사는 문제해결에 집중하는 매우 제한되고 측정 가능해야 한다. 모호하고 잘못된 둘 또는 세 가지 조사목적이 선호되는 경우가 있다. 적합한 설명을 확실히 하고, 최적의 방법을 결정하기 위해 작은 목표는 경영문제를 추적하는 것이 더 쉽다.
- 문제의 환경이나 맥락: 조사자는 고객의 문제를 실행가능한 조사문제로 전환해야 한다. 조사자는 조사설계에 영향을 주는 목적, 행동과정과 환경변수를 알아야 한다.
- 문제의 성격: 문제의 성격을 이해하는 것은 적절한 문제가 탐구되고, 마케팅계획이 문제를 해결하기 위해서 개발될 수 있다는 것을 조사자가 확신하는 데 도움이 된다.
- 행동의 대안방향: 행동의 방향은 신제품의 도입처럼 시간이 지남에 따라 발생하는 행동순서를 열거한다. 이러한 행동계획은 현재 몰입할 영역이 되고, 미래에 추구해야 할 행동패턴이 된다. 다음은 행동의 방향을 구체화하기 위한 사항이다.

- 문제해결에 영향을 주는 변수를 결정한다.
- 각 변수가 통제되는 정도를 결정한다.
- 변수 간의 기능적인 관계와 어떤 변수가 문제해결에 중요한지를 결정한다.

▪ 행동의 대안방향의 결과: 일련의 결과는 언제나 행동방향과 심지어 사건발생과 관련이 있어야 한다. 경영자의 주요 업무의 하나는 조사에서 얻는 행동의 다양한 방향결과를 기대하고, 전달하고, 추진하고, 결과를 추적하는 것이다.

▪ 불확실성의 정도: 조사목적의 기술은 의사결정자의 문제를 조사문제와 조사문제의 명료화로부터 조사설계의 도출로 전환하는 것을 포함한다. 조사문제는 의사결정자의 선택에 도움이 되는 대안해결에 관한 관련 정보를 제공한다.

### 2) 조사설계

조사설계는 질문방법, 조사방법, 조사설계와 표본설계를 계획하는 과정이다. 조사자는 정성조사나 정량조사를 계획하여 각 방법에 맞는 질문방법을 개발한다. 조사설계는 과학적 탐구를 기본적으로 전제하고 실시해야 결과에 대한 의미를 높일 수 있다. 따라서 조사설계는 필요한 정보를 수집하기 위한 구체적인 방법과 절차이다.

#### ① 과학적 탐구

과학적 방법은 탐구의 시작과 탐구결과에 대한 점검으로써 기존지식의 많은 부분을 사용한다. 과학적 방법의 가장 독특한 특징은 주관성의 배제이다. 또한 가설검증이나 증거평가에 객관적이고 엄격한 절차를 포함한다. 이러한 과학적 탐구과정은 분석적이고, 탐구자는 독립적이다. 그래서 과학적 방법은 대부분 논리적이고 객관적이며, 수학적 추론과 복잡한 실험을 광범위하게 사용한다. 객관주의자인 과학적 방법론자의 목표는 탐구자가 공개적으로 제시한 절차를 사용함으로써 가설을 검증한다. 조사문제로부터 탐구를 시작하여 결과를 도출하는 과정은 [그림 4-5]와 같다.

그림 4-5 결과도출 과정

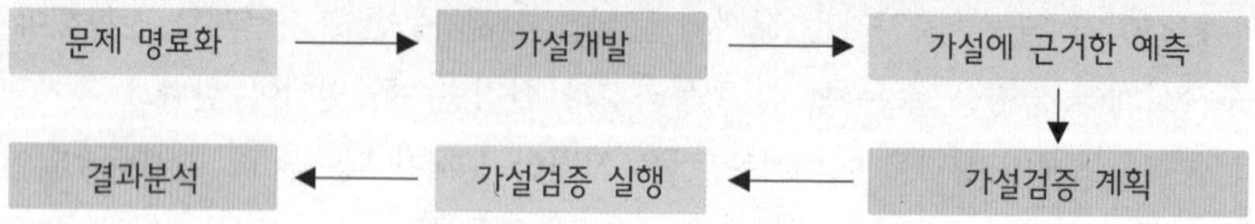


#### ② 조사방법

특정의 질문방법이 조사문제에 적절한지 여부는 주로 문제의 성격과 기존지식의 수준에 달려 있다. 질문방법의 선택 이외에 조사계획자는 적절한 조사방법을 선택해야 한다. 실험조사와 비실험조사 방법이 조사문제에 사용된다. 실험조사는 탐구자의 개입에 의해 외생변수를 통제하고, 하나 이상의 변수를 조작할 수 있다.

### ③ 조사설계

조사설계(research design)는 필요한 정보를 수집하기 위한 구체적인 방법과 절차이다. 조사를 실시하고 자료를 수집하기 위한 계획이나 조직적인 틀이다. 조사자가 명료화된 문제를 해결하고, 조사에 적절한 방법을 수행할 때 조사결과는 경영의사결정에 유용하다. 자료수집에는 많은 기법이 사용될 수 있는데 어떤 기법은 질문법에 훌륭하다. 자료수집방법은 주로 의사소통이나 관찰이다. 의사소통법은 질문하고 응답을 듣거나 기록하는 것이다. 이러한 과정은 대면, 우편, 전화, 전자우편과 인터넷 등으로 실시된다. 이것은 대부분의 사례에서 설문지를 사용하는 서베이(survey)로 알려진 방대한 조사기법이다.

이와 달리 관찰법은 현재나 과거 행동을 관찰함으로써 얻을 수 있다. 과거행동에 관한 자료수집 기법은 회사기록, 외부원천이 발간한 자료를 열람하고, 물리적 추적을 실시하는 것이다. 의사소통법과 관찰법으로부터 자료를 수집하기 위해서 반응이나 행동을 기록한다. 또한 측정과정과 측정도구의 개발은 어떤 자료수집기법을 사용하는지를 결정하는 문제와 긴밀하게 연결된다. 측정도구의 구조와 내용은 자료수집기법에 달려있고, 측정의 고려사항은 기법선택에 영향을 준다.

### ④ 표본설계

표본설계는 관련된 전체 모집단에서 대표성이 있는 일부 표본을 추출하는 것이다. 마케팅조사계획은 문제와 관련된 모집단 전체를 거의 조사하지 않고, 대부분 이용 가능한 자원, 비용과 가치 등 실제적인 고려사항과 관련된 모집단의 표본(sample)을 사용한다. 표본의 사용은 관련된 통계와 변수 오차를 고려한다. 다음은 표본을 계획할 때 조사자가 고려해야 할 사항이다.

- 표적모집단의 정의
- 표본의 선택
- 표본의 크기

전혀 관계없는 집단을 조사한다면 그 결과는 무익하다. 경영문제와 직접적 또는 간접적으로 관련된 모집단을 정의해야 한다. 표본계획은 관련 모집단과 일치해야 하고, 조사과정의 문제형성 단계에 구체적이어야 한다. 이것은 큰 모집단에 관하여 추론할 때 사용되는 표본으로부터 얻는 자료가 될 수 있다. 표본선택 과정은 확률이나 비확률 방법으로 수행된다. 확률표본추출에서 모집단의 모든 요소는 조사에 포함되어 선택될 확률이 영이 아닌 확률(nonzero probability)로 알려져 있다. 이와 달리 비확률표본추출에서 표본은 조사자의 판단, 편의의 기준으로 선택된다.

### 3) 자료수집

자료수집(data collection)은 응답자들을 관리하면서 설문지를 통해서 수집된다. 회사는 외부 조사업체에 자료수집을 의뢰하나, 이는 비용을 수반한다. 이와 같이 프로젝트 설계는 전문화된 자료수집을 필요로 하기 때문에 외부 공급자로부터 얻는다. 자료수집 기관과 조사회사 간의 작업관계는 현장작업과 자료수집에 영향을 주는 중요한 요소이다. 외부용역에 의한 조사는 조사회사와 의뢰회사 간의 의사소통 간의 장벽이 있을 수 있다. 의사소통 장벽을 극복하는 방법은 첫째, 의뢰회사가 조사회사에 정확하고 충분한 정보를 제공한다. 둘째, 일정, 비용과 조사목적과 같은 주요 문제를 양자가 상의한다. 마지막으로 조사회사와의 양방향 의사소통을 수립하고 강화한다.

### 4) 자료분석과 해석

조사를 통해 수집하여 아직 분석과 해석을 하지 않은 자료인 원자료(raw data), 즉 최초 수집된 자료는 누구에게도 별로 유용하지 않다. 자료는 분석되어야 한다. 수집된 자료는 응답결과를 숫자로 변환하여 일정한 값을 주는 코딩(coding) 과정을 거친다. 코딩한 자료는 기술통계와 추리통계를 거쳐 문서화하고, 해석하여야 유용한 자료가 된다. 통계적 검증처럼 공식적인 분석 전에 자료는 편집하고, 문서화하고, 표로 만든다. 적절하게 수행되는 분석의 형태는 표본추출 절차, 측정도구, 자료수집 기법에 의존한다. 이러한 과정은 통계 패키지를 활용하여 보다 쉽게 분석할 수 있다.

- 회귀분석(Regression Analysis): 하나 이상의 독립변수가 하나의 종속변수에 미치는 영향의 정도와 방향을 파악하기 위해서 사용되는 분석기법
- 상관관계분석(Correlation Analysis): 가격, 브랜드, 포장과 브랜드 선호도 간의 연관의 정도를 측정하는 기법
- 분산분석(ANOVA: Analysis of Variance): 집단들 간에 특정변수의 평균값이 서로 차이가 있는지를 검정하는 통계기법(예: 남녀 간에 선호하는 스마트폰 브랜드)
- 요인분석(Factor Analysis): 조사에 사용된 여러 가지 변수들을 유사한 변수들끼리 한 요인으로 묶어서 적은 수의 요인으로 축소시키는 데 사용(예: 제품속성을 기능적 속성, 경험적 속성, 사회적 속성과 상징적 속성 등의 변수 중 관련성이 높은 것끼리 분류하여 소수의 요인으로 줄임)
- 군집분석(Cluster Analysis): 유사한 특성을 갖는 조사대상자들을 분류하는 통계기법으로 시장세분화에 사용(예: 레스토랑 선호도 – 맛 중시, 가격 중시, 분위기 중시 집단)
- 결합분석(Conjoint Analysis): 제품을 구매할 때 소비자가 중요시 하는 제품의 속성과 각 속성수준에 대해 소비자들이 부여하는 효용치를 파악하여 최상의 신제품을 개발하는 데 사용하는 방법

### 5) 조사결과보고

조사과정의 완결은 수행된 모든 것, 결과와 행동방향에 대한 권고의 분명하고, 정확하고, 정직한 기술인 조사보고서이다. 보고서의 중요한 속성은 독자가 이해하는 언어를 사용하고, 조사자가 선택한 정보를 포함한 모든 정보를 제공한다. 마케팅조사 보고서는 경영자에게 발견사항을 효과적으로 전달하고, 발견사항에 근거하여 건전하고 논리적인 추천을 하는 데 집중해야 한다. 또한 조사보고서에는 의뢰자의 욕구, 조사문제 정의, 조사목적과 방법을 기재하고, 독특해야 한다. 다음은 일반적으로 포함되어야 할 기본적인 조사보고서의 형태를 예로 든 것이다.

**제목: S 스마트폰의 소비자 선호도 조사**

[목차]

1. 요약
   1) 조사목적
   2) 조사방법
   3) 주요 발견사항
   4) 결론
   5) 추천사항

2. 도입: 문제정의

3. 조사설계
   1) 조사설계의 유형
   2) 자료수집
   3) 측정기법
   4) 설문지 개발 및 사전검사
   5) 표본추출
   6) 현장작업

4. 자료분석과 발견사항
   1) 분석기법
   2) 결과

5. 결론과 추천사항

6. 조사한계 및 향후 방향

7. 부록
   1) 설문지
   2) 통계자료

**창업마케팅 주식회사**

## 3 조사설계의 유형

### (1) 탐색조사

#### 1) 탐색조사의 특징

탐색조사(exploratory research)는 조사문제가 불명확할 때 아이디어와 통찰력을 얻기 위해 현상을 탐구하는 조사설계이다. 조사방법을 개발하기 전에 마케팅조사에서 탐색조사는 문제를 정확하게 정의하고, 추가적인 통찰력을 얻기 위해 사용된다. 탐색조사는 시장에 관한 정보획득을 위해 본조사 전에 관련된 내용을 보다 잘 파악하기 위한 예비적인 사전조사이다. 의사결정을 위한 행동대안을 만들기 위한 조사가 아니다. 탐색설계 단계에서 정보는 정밀하지 않게 정의된다. 탐색조사는 자료를 해석하기 위해 비구조화된 형태나 비공식적인 절차를 사용하는 이차나 일차자료를 수집하는 데 중점을 둔다. 따라서 조사목적과 구조 때문에 과학적 방법과 엄격성이 크지 않다. 이러한 탐색조사는 심층면접, 표적집단면접과 투사기법 등이 있다.

#### 2) 탐색조사의 방법

탐색조사의 방법은 문헌조사, 전문가 조사와 사례조사 등이 있다. 문헌조사(literature research)는 문제를 규명하고 가설을 정립하기 위하여 학술문헌, 업계문헌이나 통계자료를 이용하는 가장 경제적이고 신속한 방법이다. 전문가 의견조사(key informant research)는 주어진 문제에 대해 전문적인 견해와 경험을 갖고 있는 전문가들로부터 정보를 획득하는 방법으로 문헌조사에 대한 보완적인 방법으로 이용된다. 사례조사(case study)는 마케팅 담당자들이 현재 직면하고 있는 상황과 유사한 사례들을 찾아 분석하는 조사방법이다.

### (2) 기술조사

#### 1) 기술조사의 특징

기술조사(descriptive research)는 어떤 사건이 발생한 빈도나 두 변수 간의 관계를 밝혀내는 기법이다. 이 설계는 일반적으로 두 변수 간의 최초 관계에 의해서 좌우된다. 예를 들면, 응답자의 연령, 소득, 직업 등과 관련하여 콜라 음료의 소비를 이해하기 위해서 추세를 탐구하는 것은 기술조사이다. 기술조사는 마케팅 분야에서 일반적이다. 기술조사의 목적은 다음과 같다.

- 시장과 소비자행동의 예측: 예를 들면, 경영자가 계절에 따라 콜라 음료의 소비패턴의 차이를 아는 데 관심이 높고, 다가오는 계절에 마케팅 캠페인을 개발할 수 있다.
- 특정한 집단의 특성 기술: 예를 들면, 충성도 카드계획을 사용하는 것은 가장 수익이 있는 고객이 누구인지를 확인할 수 있다. 연령, 성, 일상적으로 소비하는 제품을 포함한 본원적 사회인구 특성을 개발할 수 있다.

기술조사는 기술(description)에 집중한다. 조사가 비교적 쉽기 때문에 경영자는 종종 모호한 목적과 부적절한 계획으로 조사를 시작한다. 그러나 가치가 있기 위해서 기술조사는 명확한 목적으로 자료를 수집한다. 탐색조사와 달리 기술조사는 조사의 대상, 시기, 장소, 이유와 방법을 분명하게 설정한다. 조사설계가 정보의 원천을 설계하고, 그 원천으로부터 자료를 수집하기 위한 구체적인 방법을 제공하지 않는다면, 얻은 정보는 부정확하거나 부적절할 것이다. 방법은 기술조사의 이면적인 목적이 응답자에게 묻는 질문과 일치하는 목표-질문 명세가 있다. 이 기법은 조사자가 추적하고, 경영자와 조사자 간의 혼돈을 줄여주는 강력한 방법을 제공한다.

### 2) 기술조사의 유형

#### ① 횡단조사

횡단조사(cross-sectional research)는 가장 일반적이고 친숙한 방법이다. 주어진 표본을 대상으로 단 한 번만 자료를 수집하는 조사이다. 예를 들면, 경영자가 콜라 브랜드에 관하여 십대들의 선호를 알기 원한다. 이런 조사는 그 시점에서 관심이 있는 변수의 짧은 정보를 제공한다. 설계의 목적은 분류를 만드는 것이다. 예를 들면, 경영자가 성이 향수의 소비에 중요한 영향을 준다고 믿는다. 소비자의 연령 집단이 향수 구매행동에 영향을 미치는 것을 조사하기를 원한다. 이때 가설은 횡단조사로 조사할 수 있다. 성, 연령 집단과 향수 구매빈도에 관하여 표본으로부터 측정할 수 있다.

#### ② 종단조사

종단조사(longitudinal research)는 일정 기간에 걸쳐 반복적으로 관찰, 분석하는 조사이다. 마케팅에서는 종단분석이 주로 패널에 의해 이루어진다. 패널(panel)은 고정된 조사대상자의 전체로 장기적으로 조사에 응하는 사람을 말한다. 마케팅조사에서 패널이란 상점, 판매원, 일반 개인 등의 고정된 표본으로 패널의 구성원들이다. 패널조사(panel survey)는 장기간에 걸쳐 동일한 주제에 대해 동일한 응답자를 반복하는 조사이다. 패널조사는 마케팅 변수들의 효과를 정확히 측정할 수 있고, 이를 근거로 시장세분화 전략에 활용할 수 있다. 그러나 패널의 유지와 반복측정으로 시간과 비용이 많이 들고, 패널들의 지속적인 협조가 어려울 뿐만 아니라 반복적인 조사로 인해 성숙효과나 시험효과가 나타날 수 있다. 따라서 장기간 동일 표본을 유지하기 어렵고, 무응답이 있는 경우 동일 표본에 대한 시계열 자료를 축적하기 어려운 단점이 있다. 일정한 기간에 특정한 자료를 제공할 것을 동의하고, 제품구매나 매체에 관한 자료를 제공하는 소비자 패널조사가 있다. 이와 달리 소매점포를 대상으로 특정한 제품이나 브랜드가 판매되는 정보를 제공하기로 동의한 점포 패널조사가 있다.

### (3) 인과조사

기술조사는 직접적인 인과관계(cause and effect)를 제공하지 않는 문제점이 있다. 인과관계는 하나의 사건(원인)이 다른 사건(결과)을 일으킬 경우 둘의 관계를 의미한다. 반면에 경영자들은 가정된 인과관계에 근거하여 의사결정을 한다. 이러한 가정은 직관에 근거하기 때문에 거의 정당화할 수 없고, 그러한 인과관계의 타당성은 인과조사로 검증되어야 한다. 예를 들면, 판단과 관련된 인과관계의 하나는 가격결정이다. 경영자는 적정한 가격결정에 직면하고, 가격이 매출의 증감, 브랜드 이미지나 다른 변수에 영향을 준다는 것을 안다. 인과조사설계는 어떤 변수가 원인(독립변수)이 되고, 어떤 변수가 결과(종속변수)가 되는지를 조사함으로써 인과관계를 찾는 것이다.

인과조사(causal research)의 목적은 어떤 시장 현상이 일어나는 이유를 이해하는 것이다. 즉, 포장이나 가격의 변화가 판매증가와 같은 다른 시장변수에 미치는 영향을 이해할 수 있다. 이를 측정하기 위해 자료는 통제상황 하에서, 즉 인과변수를 제외하고는 모든 변수를 상수(constant)로 유지한 채로 수집한다. 다른 변수의 영향을 없게 한 후 조사자가 변수를 조작하고, 결과변수의 변화를 측정한다. 따라서 원인변수의 조작(manipulation)과 다른 관련변수의 통제(control)가 인과설계의 특징이다.

## 4 자료수집방법

### (1) 관찰법

관찰(observation)은 실제 상황에 있는 소비자의 행동을 관찰하는 것이다. 관찰법은 관찰자와 피관찰자 간에 의사소통이 전혀 이루어지지 않는 상태에서 관찰자의 일방적인 관찰에 의해서 자료를 수집하는 방법이다. 마케팅 실무조사에서 매우 일반적이고, 피관찰자가 자신의 행동이 관찰되고 추적된다는 것을 알지 못하기 때문에 사실상 응답자의 편견이 없어 실험법과 설문지법보다 더 정확한 자료를 제공한다. 그러나 관찰하는 현상이 일어날 때까지 기다려야 하므로 시간과 비용이 많이 소요되고, 소비자 욕구, 동기, 태도나 의견과 같은 겉으로 드러나지 않는 심리적 특성을 관찰할 수 없다. 또한 관찰자의 관점이나 지식에 따라 해석이 달라질 수 있는 단점이 있다.

표 4-3 관찰법의 장단점

| 장점 | 단점 |
| --- | --- |
| 정확한 자료수집 | 행동의 내면적 요인 측정불능 |
| 응답자의 편견 배제 | 소수를 대상으로 일반화의 한계 |
| 조사대상자와 대화가 불가능한 경우 유용 | 관찰시점과 기록시점의 차이에 따른 오류 발생 |

단점을 극복하기 위해 관찰은 일상행동과 구체적인 행동에 관한 통찰력을 얻기 위해 다른 조사기법과 결합하여 사용하기도 한다. 이러한 관찰법에는 대표적으로 소비자 행동의 감사, 기록관찰, 가정유치조사, CLT와 갱 서베이 등이 있다.

그림 4-6 관찰법의 종류

## 1) 감사

감사(audits)는 실제 판매와 구매이력을 추정하기 위해 선택된 제품을 물리적으로 체크함으로써 구매자의 행동과 습관을 분석하는 것이다. 감사는 바코드, 스캐너와 컴퓨터 기반 장비와 같은 새로운 전자기록장비의 출현으로 소매조사, 패널조사와 광고조사에 널리 활용되고 있다. 수집된 자료는 판매일자, 판매품목, 촉진정책, 가격, 수량과 판매점포를 포함한다. 비바코드 품목은 별도의 진열대에 진열하여 다른 관찰자에 의해서 기록된다. 수집된 자료는 신제품 개발자에게 구매자당 지출액, 평균방문횟수, 평균체류시간, 시용구매수준, 브랜드 충성도와 전환율과 인구통계 분석정보를 제공한다.

## 2) 기록관찰

기록장치(recording device)는 고객의 구매행동을 기록하는 것으로 기술이 진보함에 따라 더욱 더 대중적이고 효과적이다. 기록장치가 고객이 구매하는 행동을 관찰하고 기록하기 때문에 시장조사자는 신체언어, 어떤 제품의 선정과 최종구매 과정을 분석할 수 있다. 피관찰자들인 고객들이 점포의 특정한 위치에 입장할 때, 제품의 특정한 유형이나 스타일을 고려하기 위해 주위를 얼마나 걷는지, 품질을 어떻게 느끼는지, 도움을 얼마나 요청하는지와 제품포장과 상표를 얼마나 조심스럽게 읽는지를 관찰할 수 있다. 조사자들은 망원렌즈와 열 카메라(thermal camera)로 동공확장과 체온변화 등의 소비자 반응을 측정한다. 이러한 관찰로 조사자들은 소비자들의 가치 있는 공통적인 행동패턴을 확인할 수 있다. 그러나 관찰의 분석은 관찰자의 편견이 있을 수 있기 때문에 관찰자들은 객관성을 유지하기 위해 훈련받을 필요가 있다. 어떤 수준에서 정보를 공급하지만 숨겨진 구매동기를 밝히지 못하기 때문에 관찰로 얻은 정보만을 사용한다면 매우 유용하지 않다.

### 3) 가정유치조사

가정유치조사(HUT: Home Usage Test)는 소비자들이 제품을 가정에서 일정 기간 사용하게 한 후 소비자 반응을 조사하는 것이다. 자연스런 제품사용 환경 안에서 제품을 사용하는 사람을 단순히 관찰함으로써 조사자들은 현재 제품이 갖고 있는 문제, 잠재적 개선영역과 사용자나 고객의 습관이나 선호를 확인할 수 있다. 영상카메라의 사용으로 관찰자의 주관적 편견이 없이 고객이나 사용자들이 제품을 사용하는 행동을 관찰할 수 있는 장점이 있다.

### 4) CLT

CLT(Central Location Test)는 응답자를 일정한 장소에 모이게 한 후 시제품이나 광고물 등에 대한 소비자 반응을 조사하는 방법이다. 간이장소에 조사대상자를 한 명씩 불러서 조사를 실시한다. 제품 시음·시용, 광고물, 포장 등의 간단한 테스트에 주로 이용된다. 표본의 오차가 크고 정확성은 떨어지지만, 짧은 시간에 적은 비용으로 다수의 조사대상자를 조사할 수 있다. 갱 서베이처럼 집단으로 일제히 실시하지 않고, 일대일로 개별 면접하는 방식으로 이루어진다는 점에서 양자가 차이가 있다. 음료의 블라인드 테스트(blind test)는 사람들이 많이 다니는 길거리나 행사 장소에 나가 조사대상자의 눈을 가리고, 자사제품과 경쟁제품을 마시게 한 후 어느 것이 더 맛있느냐고 평가하게 하는 방식이다.

### 5) 갱 서베이

갱 서베이(gang survey)는 조사대상자를 집단으로 일정한 장소에 모아 놓고, 동시에 일제히 조사하는 방법이다. 구조화된 설문지를 이용해 모든 조사대상자에게 동일한 방식으로 응답을 받는다. 가장 큰 특징은 수십 명의 조사대상자를 동시에 조사하여, 한 번에 자료를 수집한다. 조사대상 집단을 한 곳에 모아 통일된 방식으로 조사하기 때문에 조사원에 따른 편견을 줄일 수 있고, 조사내용을 충분히 설명할 수 있어 복잡한 내용의 조사가 가능하다.

## (2) 서베이법

서베이법(survey)은 마케팅조사의 중심으로 응답자에게 구조화된 설문지를 제시하고, 구체적인 정보를 추출하는 방법이다. 현재 사안에 관하여 응답자에게 질문하고, 그것에 관하여 의견을 묻는 것이다. 응답자들은 느낌, 동기, 행동, 태도, 의도, 정서, 인구통계 등에 관하여 다양한 질문을 받는다. 설문을 응답자들에게 제시하여 그들이 느끼는 구체적인 반응을 기록하는 것이다. 서베이법은 설문지를 이용하기 때문에 응답자 설문지법 또는 설문지법(questionnaires)이라고도 한다.

관찰이나 실험과 달리 면접의 과정이 유연하고 매우 광범위하여 다양한 가치 있는 새로운 자료를 산출할 수 있기 때문에 조사에서 선호되는 방법이다. 그러나 가장 관련이 있고 유용한 자료의 수집을 확보하기 위해서 신중한 계획과 실행이 필요하다. 수집할 정보가 정성적이거나 정량적인지를 결정해야 하고, 문제가 해결하려는 것을 설명할 수 있어야 한다. 조사자들이 수집할 정보를 결정할 때 고려할 요소는 사실과 지식, 의견, 동기, 과거 행동자료와 심리자료이다. 서베이법에는 개인면접, 전화면접, 우편면접, 온라인 면접 등이 있다.

그림 4-7 서베이법의 종류

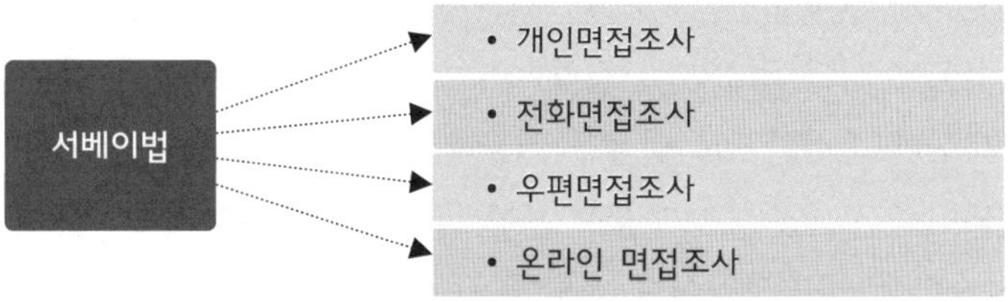


서베이법은 다양한 이유로 인기가 있다. 주요 이유 중의 하나는 자료수집이 서베이 도구(설문지)를 정확하게 계획하고 관리하는 기능이다. 탐색조사와 달리 이것은 조사자의 커뮤니케이션, 관리와 해석기술에 덜 의존한다. 서베이법은 조사자가 시장에 관해서 누구에게, 무엇을, 어떻게, 어디에, 언제 조사하는 것을 정확하게 응답하는 정보를 만들 수 있다. 서베이법은 큰 표본크기를 수용할 수 있고 결과의 일반화가 가능하나, 응답자가 언급한 상세한 정보가 면접자의 의사소통과 해석에 관한 다양한 편견으로 왜곡될 수 있다. 조사자는 작은 차이를 쉽게 구별할 수 있고, 결과를 얻기 위한 수집된 자료를 강력한 고급통계 방법을 쉽게 적용할 수 있다. 그러나 서베이법의 단점은 도구개발, 응답자 오류(respondent error)와 응답편견(response bias)이다. 주요 문제는 응답자가 진실하게 답변하는지 여부를 알아내는 것이다.

설문지법으로 추출하려는 정보유형을 결정하면 질문사항을 초안한다. 조사자들은 정보를 수집하기 위해 개방형(open-ended)이나 폐쇄형(closed-ended) 질문을 적절히 설정한다. 개방형 질문은 응답용 선택지가 미리 준비되지 않고 응답자가 자유롭게 자신의 의견을 나타낼 수 있도록 만든 질문지침이다. 이와 달리 폐쇄형 질문은 미리 준비된 선택지들이나 항목들 가운데서 답을 선택하도록 하거나 또는 제한된 수만큼의 단어로 답하도록 구성된 질문을 말한다. 설문으로부터 진실한 반응을 확보하기 위해서는 3가지 조건이 필요하다. 응답자들이 질문을 이해할 수 있어야 하고, 요청받은 정보를 제공할 수 있어야 하며, 정보를 기꺼이 제공하려는 의지가 있어야 한다.

SENSE **적절한 질문의 표현 방법**

- 쉬운 용어로 질문한다.
- 애매모호한 질문을 피한다.
- 유도하는 질문을 삼간다.
- 대안을 묵시적이 아닌 명시적으로 표현한다.
- 응답자가 답변하기 쉬운 내용을 질문한다.
- 한 번에 두 개 이상의 질문을 하지 않는다.

### 1) 개인면접조사

개인면접(personal interviewing)은 면접원이 질문을 하고 응답자가 대답을 하는 응답형식으로 자료를 수집하는 방법이다. 수집할 정보만을 집약하여 구조화된 조사도구인 설문지를 이용한다. 면접자가 고객을 직접 방문하여 준비한 설문내용을 질문하고, 응답자의 응답을 기록하는 것이다. 대부분은 폐쇄형 문항으로 되어 있고, 일부는 개방형 문항으로 구성된 설문지를 이용한다. 이 방법은 일대일 면접으로 가정, 산업현장, 공공조직이나 쇼핑몰 안에서 이루어진다. 이러한 자료수집방법은 정량조사로 마케팅조사에서 매우 일반적이다. 이 방법은 응답자의 진실한 내면을 포착할 수 있지만, 시간과 비용이 많이 들고, 고객의 내면을 정확하게 파악하려면 상당한 면접기술이 필요하기 때문에 조사할 인원이 너무 많은 경우에는 실효성을 거두기 어렵다.

면접원이 선정되면 면접에 관하여 교육을 받고 진행하지만, 면접원의 태도, 분위기와 진행방법 등에서 편견이 나타날 수 있다. 면접원이 조사범위의 산업이나 제품에 건전하고 기본적인 지식이 있어야 한다. 많은 조사자들은 컴퓨터 면접조사인 CAPI(Computer Assisted Personal Interview)를 사용한다. 이것은 조사시간, 극단적인 응답 경향을 감소하고, 유연성과 빠른 진행으로 고품질의 자료를 제공한다. 개인면접이 수행되는 다양한 유형은 가정면접, 경영자면접, 몰 인터셉트 면접, 구매자면접 등이 있다.

- 가정면접(in-home interview): 구조화된 질문을 갖고 응답자의 집에서 면접을 수행한다. 응답자가 집에서 편하게 있기 때문에 질문에 답할 가능성이 비교적 높다.
- 경영자면접(executive interview): 회사 사무실에서 경영자를 대상으로 실시하는 면접이다. 이 면접은 관련 산업이나 시장정보를 얻기 위해 실시된다.
- 몰 인터셉트 면접(mall-intercept interview): 쇼핑몰 안에서 일대일 면접을 하는 것이다. 쇼핑객을 대상으로 어떤 문제에 관하여 질문을 하거나 반응을 요청한다.
- 구매자면접(purchase-intercept interview): 몰에서 구매한 응답자들에게 구매한 제품에 관한 반응을 묻는 것이다.

가정면접과 경영자면접은 편안한 환경의 이점을 제공하지만 시간과 비용이 든다. 몰 인터셉트 면접은 비용이 비교적 적게 들지만, 환경의 편견이 있고, 구매자들의 자발적인 참여가 어렵다. 구매자면접은 기억과 관련된 문제를 회피할 수 있는 강력한 방법이긴 하지만 구매하지 않기로 결정한 소비자들이 배제되고 동시에 제품을 구매한 소비자들의 자발성이 문제가 된다. 전화, 우편과 인터넷 기법과 비교하여 개인면접은 비용과 시간이 들지만, 설명을 필요로 하는 복잡한 질문을 다룰 때 유용하다. 개인면접의 응답률은 다른 방법에 비해 매우 높다. [그림 4−8]은 개인면접을 실시하는 절차이다.

**그림 4−8 개인면접 절차**

조사대상자 결정 → 면접지침 개발 → 조사대상자 방문 → 환경조성 면접실시

## 2) 온라인 조사 등

인터넷 기술의 발달로 마케팅조사의 세계에서 많은 변화가 일어나고 있다. 인터넷으로 상호작용, 더 신속한 자료취득과 보고가 가능해졌다. 온라인 면접(online interviewing)은 상호작용과 속도까지 제공하고, 웹 사이트에서 수행된다. 이메일 기반 면접은 이메일로 설문지를 보내어 응답을 받는 방식이다. 설문에 그래픽을 추가할 수 있고, 자료수집이 신속하며, 설문문항에 모두 답해야 완성되기 때문에 결측치가 발생하지 않고, 표본을 패널로 구성하기 때문에 적합한 표본을 상대로 실시할 수 있는 장점이 있다. 전화면접(telephone interview)은 응답자가 신속하게 접촉되고 비용이 저렴하여 전화로 개별면접을 실시하는 방법이다. 전화조사나 우편조사는 응답률이나 회수율이 낮아 사용빈도가 점점 떨어지고 있는 추세이다.

## 3) 비설문 면접법

비설문 면접법은 구조화된 설문이 없는 면접조사이다. 즉, 사전에 설문지를 준비하여 피면접자에게 제시하지 않는 정성조사법으로 자유롭게 질문에 응답하는 방식이다. 비설문 면접법은 심층면접, 표적집단면접과 패널조사가 있다.

### ① 심층면접

심층면접(in−depth interview)은 특정한 주제에 대해 질문하고 의견을 기록하는 방식으로 소비자들의 기본적인 동기, 신념, 태도와 느낌을 밝혀내기 위해 조사자가 단일 응답자에게 탐사하는 비구조화되고 직접적인 면접이다. 면접은 30분에서 2시간 정도 지속되며 충분한 정보를 받을 수 있다. 개인면접은 면접원이 정형화된 설문지를 사용하여 응답을 받지만, 심층면접은 면접원이 질문지침을 토대로 한 사람씩 자유롭게 질문하면서 심층적인 의견을 끌어내어 자료를 수집한다. 표적집단면접은

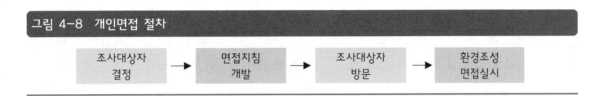

다수를 동시에 한 장소에 집합시켜 면접하지만, 개인심층면접은 응답자 한 명을 대상으로 조사자가 직접 조사한다는 점에서 차이가 있다.

심층면접은 응답자의 의견을 다양하고 풍부하게 수집할 수 있고, 다른 방법으로 얻기 어려운 심층적인 의견과 전문 식견을 청취할 수 있다. 또한 특정 행동에 대한 보다 깊은 의견과 심리상태를 깊게 조사할 수 있다. 따라서 이 방법은 논리적이고, 감정적 문제를 조사할 때 유용하다. 한 사람으로부터 오랜 시간 동안 의견을 청취할 수 있기 때문에 정보와 지식을 깊이 있게 질문하고, 구체적이고 상세한 의견을 수집할 수 있다. 뿐만 아니라 응답에 대해 구체적 답변을 요구하거나 추가적으로 다양한 질문을 할 수 있다. 반면 심층면접은 조사결과를 일반화하기 어렵다는 단점을 지닌다. 표본이 선택적으로 이루어지고, 대상자 수가 적고, 조사대상자들의 상이한 특성으로 일반화의 한계가 있다. 또한 면접 자체가 표준화되어 있지 않고, 개인의 특성에 맞추어 서로 다른 질문을 하게 되므로 응답 내용을 동일한 기준으로 해석하는 것이 합리적이지 못하다.

### ② 표적집단면접

표적집단면접(focus group interview)은 다수의 사람들을 대상으로 설문지 없이 진행하는 비구조화된 소집단 면접법이다. 보통 5~8명의 표적집단인 면접대상자들을 일정한 장소에 모아놓고 정형화된 설문 없이 자연스러운 분위기에서 1시간에서 2시간 정도 면접진행자(moderator)가 조사목적과 관련된 심도 있는 토론을 진행하여, 소비자의 내면에 잠재된 심층적인 동기, 원인, 구조를 파악하는 방법이다. 자연스러운 분위기 조성으로 솔직하고 적극적인 토론을 유도하여 토론을 활발히 하고, 내용들을 녹화하여 정밀하게 분석한다. 이 기법은 제품컨셉, 제품개발, 제품 테스트, 제품 수용도, 브랜드 이미지나 시장기회 탐색 등에 사용된다. 표적집단면접은 비교적 적은 시간과 비용으로 양질의 정보를 얻을 수 있는 장점이 있지만, 소수의 참석자를 대상으로 진행되므로 자료의 결과를 일반화시키는 데 한계가 있다.

진행절차는 준비 → 실시 → 결과 보고의 3단계이다. 준비단계는 조사목적을 고려하여 대상자를 정의하고 선정하는 단계이다. 대상자를 위한 선정기준을 마련하고, 토론을 위한 지침을 설정한다. 실시단계는 참석자와 함께 주제에 대한 토론을 진행한다. 이때 토론내용을 녹취·녹화한다. 결과보고단계는 녹취·녹화 자료를 정리하여 분석보고서를 작성한다.

그림 4-9 표적집단면접 절차

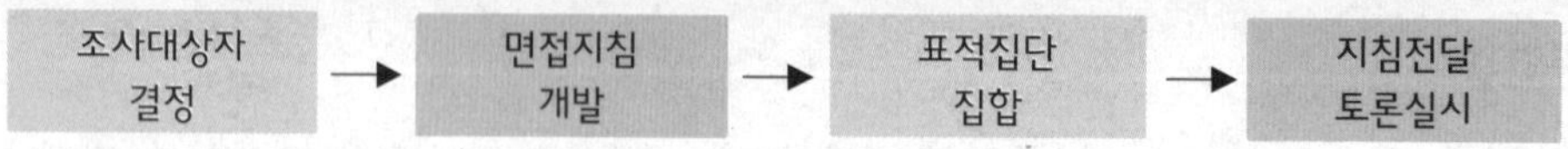


표적집단의 주요목적은 당면한 문제에 관해 의사결정자에게 가능한 많은 정보를 제공하는 것이다. 관계된 사람들의 집단으로 집단역학이 집단토론에서 매우 중요한 문제이다. 표적집단의 성공은 전체 집단역학, 상호작용 대화에 관여하는 구성원의 자발성과 토론을 유지하는 조절자의 능력에 달려있다. 아래와 같이 표적집단은 다양한 목적으로 실시된다.

- 표적시장에 출시 전 광고의 효과 이해
- 기존시장이나 신시장에 신제품이나 서비스 출시
- 변화하는 고객선호도와 선택의 이해
- 마케팅믹스 변수의 변화효과 발견
- 고객의 숨겨진 선호, 동기, 기대 발견

SENSE **표적집단면접법**

표적집단면접은 면접진행자가 보통 5~8명의 표적집단인 면접대상자들을 일정한 장소에 모아놓고, 자연스러운 분위기에서 활발한 대화를 유도하여 응답자들이 자유롭게 의사를 표현하게 하는 방식이다. 응답자들의 자연스러운 의사 표현에 자극을 받아 다른 응답자들도 부담 없이 의견을 표현하게 되므로 양질의 정보가 도출된다. 기업들이 신제품 아이디어 도출, 소비자들의 제품구매 및 사용실태에 대한 이해, 본조사 전의 설문지 작성에 필요한 기본적 정보의 수집 등을 위해 표적집단면접을 이용한다.

### ③ 투사기법

투사기법(projective technique)은 응답자에게 특정한 문제에 관한 그들의 신념, 의견, 느낌, 태도와 감정을 투사하게 하는 질문의 간접형태이다. 이 기법은 질적 자료수집으로 구성되는데 응답자가 질문에 답변하기가 편하지 않을 때 유용하다. 예를 들면, 아내에게 매를 맞는 남자에게 이웃에 매를 맞는 남편을 들은 적이 있느냐고 묻는 경우이다. 투사기법으로 응답자들이 그들의 진실한 생각을 직접적인 질문으로 밝히지 않는 주제에 관하여 많이 알 수 있다. 마케팅조사에서 이 기법은 연상을 명시적으로 표현하지 않고, 제품이나 조직과 간접적인 연상을 기술하기 위해 사용된다. 투사기법은 그림구성, 단어연상, 문장완성과 역할연기 등이 있다.

- 그림구성법(pictorial construction)은 응답자에게 그림을 보여주고, 그림과 관련된 짧은 이야기를 작성하도록 하여 응답자의 반응을 기술하는 것이다. 응답자가 집단환경에서 조직이나 제품을 어떻게 지각하는가에 관한 좋은 아이디어를 얻을 수 있다. 이 기법의 어려움은 응답자가 진실로 의미하는 것을 이해하고 해석하는 것이다. 제품포장, 레벨, 광고전단과 광고물을 테스트할 때 주로 사용된다.
- 단어연상법(word association)은 응답자들에게 선택된 단어를 보여주고, 그 단어와 관련되어

떠오르는 것을 응답하도록 요청하는 것이다. 예를 들면, 전화라는 단어를 보여줄 때 응답자들은 스마트폰, 삼성, 친구 등으로 답할 수 있다. 단어의 목록을 완성한 후 조사자는 숨겨진 의미를 찾고 단어와 반응 간의 연상에 중점을 둔다.

- 문장완성법(sentence completion)은 응답자에게 불완전한 문장을 제시하고, 문장을 완성하도록 요청하는 것이다. 완성한 문장은 문제에 대한 숨겨진 동기, 느낌과 행동을 나타낸다. 시장 내에서 경쟁력이 있는 포지셔닝을 확인하는 데 도움이 된다.
- 역할연기(role play)는 연기로 꾸며 실제처럼 응답자에게 이웃이나 친구와 같은 제3자의 특정한 역할을 띠도록 요청하는 것이다. 응답자들은 그런 상황에서 어떻게 행동하는지를 말로 표현하도록 요청을 받는다. 조사자들은 응답자가 다른 역할연기 상황에 놓여있을 때 행동을 통해서 태도와 생각을 나타낼 것이라고 믿는다.

## (3) 실험법

### 1) 실험법의 유형

실험법(experiment)은 일반적으로 한개 이상의 독립변수와 한개 이상의 종속변수와의 인과관계를 밝히는 조사방법이다. 독립변수를 조작하여 종속변수에 대한 조작의 효과를 관찰하고 측정하는 방법이다. 한 변수가 다른 변수에 어떤 방향으로 어느 정도 영향을 미치는지를 규명하는 것이다. 실험은 신제품 평가, 가격정책이나 광고카피와 같은 다양한 활동에서 수행된다. 실험법에는 현장실험과 실험실 실험이 있다. 현장실험(field experiment)은 실제적인 환경에서 신중하게 환경을 통제하고, 하나 이상의 독립변수를 조작하여 종속변수에 미치는 영향을 조사하는 것이지만, 실험실 실험(laboratory experiment)은 상황을 바람직한 조건으로 만들고, 그런 다음 다른 변수를 통제하는 동안 독립변수를 조작하여 종속변수에 미치는 영향을 조사하는 것이다.

조사자는 다른 관련 변수의 영향을 최소화하는 상황에서 독립변수를 조작하여 종속변수나 다른 변수에 미치는 영향을 관찰하고 측정할 수 있다. 예를 들면, 가격(독립변수)을 변경할 때 매출액(종속변수)에 미치는 영향을 밝히는 것이다. 즉, 가격인상안에 따른 구매의도를 조사하는 실험을 하였다. 한 집단에는 가격을 5% 인상안을 제시하고 구매의도를 조사하였더니 구매의도의 변화가 거의 없었지만, 다른 집단에는 10% 인상안을 제시하고 구매의도를 조사하였더니 구매를 줄이겠다는 반응이 나왔

그림 4-10 독립변수의 조작과 종속변수의 영향

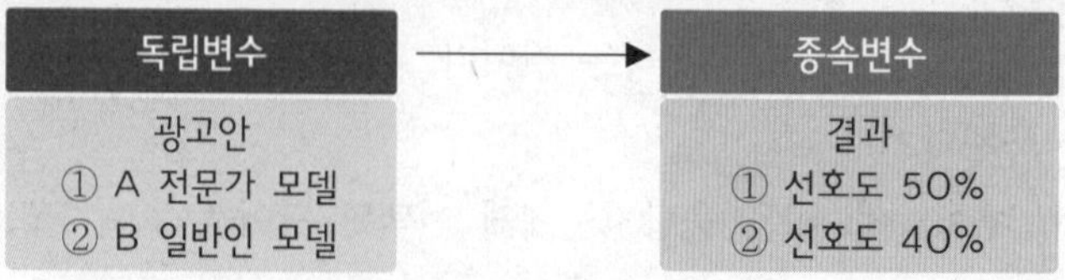

다. 따라서 회사는 5% 가격인상을 결정하였다. 또 다른 예는 신제품을 출시하기 위해 제품성격에 맞는 광고모델을 선정하고자 할 때 전문가 모델이 일반인 모델보다 제품선호도가 더 크게 나왔다. 이처럼 실험은 독립변수의 변화(조작)를 통해서 결과변수인 종속변수의 변화를 알아보는 방법이다.

독립변수(independent variable)는 실험자가 조작하는 변수로는 마케팅믹스 변수, 즉 제품, 가격, 유통이나 촉진방법 등이 있다. 이러한 변수를 조작할 때 영향을 받는 변수를 종속변수(dependent variable)라 한다. 따라서 독립변수는 원인변수가 되고, 종속변수는 결과변수가 되는 인과관계가 된다. 이 둘 관계가 현실에서 단순한 경우는 그리 많지 않다. 실제 세계에서는 종속변수에 미치는 영향이 무수히 많지만, 이러한 모든 변수를 실험에 포함한다는 것은 현실적으로 불가능하고 때로는 불필요하다. 그래서 종속변수에 영향을 줄 수 있으나 독립변수로 포함하지 않는 변수를 외생변수(extraneous variable)라고 한다. 독립변수의 순수한 영향력만 고려하는 것을 외생변수의 통제라고 한다. 즉, 외생변수의 값이 동일하다고 간주하는 것이다. 예를 들면, 신제품을 출시할 때 제품의 모델 유형에 따른 선호도를 조사하는 실험에서 모델 이외에 포장, 가격, 진열위치 등이 동일하다고 가정하고 실험하는 것이다.

### 2) 인과관계

인과관계는 어떤 원인에 의해서 발생되는 결과이다. 기술정보가 종종 예측목적에 더 유용하더라도 예측하는 이유(reasons why)를 파악해야 한다. 또한 결과에 대한 인과요인과의 관계를 파악해야 한다. 예측하고자 하는 결과의 원인을 이해한다면 결과를 예측하고 통제할 수 있는 능력을 향상할 수 있다. 사건의 순서와 다른 가능한 인과요소의 부재 등은 인과관계를 추론하는 데 사용되는 증거의 형태이다. 이외에도 원인과 결과(cause and effect)가 관련되어야 하고, 특정한 인과관계를 포함한 논리적 의미가 있어야 한다. 다음은 인과관계의 성격이다.

- 『X가 Y의 원인이다』: X는 Y를 유발하는 여러 원인들 중 하나이다.
- 두 변수들 간의 관계는 확률적 관계이다.
- 원인변수가 결과변수보다 선행한다.
- 변수들 간의 인과관계를 검증하는 것은 입증이 아니라 추론이다.

# 5 설문지 설계

## (1) 설문지 설계의 중요성

조사자가 적절한 측정척도를 설계하는 능력을 갖고 있더라도 관련 자료가 저절로 수집되는 것은 아니다. 설문지를 제작하는 것이 조사자와 경영자에게 가장 중요하다. 일차자료 수집은 응답자에게 질문하는 것과 응답자의 반응을 기록하는 것이다. 설문지는 일차자료를 수집하기 위한 강력한 도구이다. 설문지는 특정한 일차자료를 수집하기 위해 계획된 하나 이상의 측정척도를 포함하는 규격화된 질문들의 집합이다.

설문지 설계의 주요 목적은 두 가지가 있다. 첫째, 경영자가 필요한 정보를 얻기 위해서 조사문제를 질문의 형태로 전환한다. 조사문제를 응답자가 기꺼이 답변하도록 조사할 수 있는 설문지로 전환하는 것은 어려운 과제이다. 둘째, 질문은 응답자들이 이해하고, 기꺼이 답변하는 형태로 만들어져야 한다. 응답자가 면접과정을 완성하는 형태로 설문지를 만들어야 한다. 잘 계획된 설문지는 응답자들의 이탈을 극복할 수 있다. 조사자는 응답자 오류와 조사자 오류 등을 최소화하거나 배제하기 위하여 설문지를 설계한다.

## (2) 설문지 설계 과정

설문지 설계는 조사자의 경험에 근거한 기술이나 건전한 이론적 기반에 근거하여 개발하는 과학적 과정이다. 체계적 절차는 주요한 실수를 피할 수 있는 지침을 제공하지만, 각 설문지를 개발하기 위해서는 맞춤형 경로를 필요로 한다. 설문지를 개발하는 절차는 필요한 정보의 열거, 면접방법의 선택, 질문구성의 결정, 질문내용의 결정, 질문순서, 형태와 배치의 계획, 그리고 설문지의 사전검사 등을 거친다.

그림 4-11 설문지 설계 과정

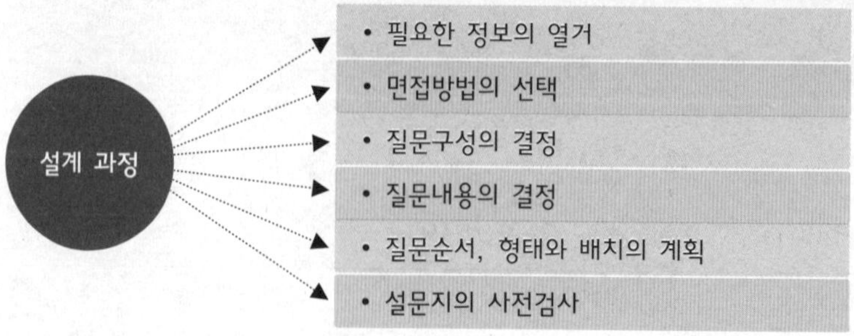

### 1) 필요한 정보의 열거

설문지 개발의 첫 단계는 조사할 수 있는 형태로 필요한 정보를 일일이 열거하는 것이다. 조사자는 조사목적과 가설을 검토하고, 이를 정보와 일치시켜야 한다. 표적모집단과 표본을 분명하게 아는 것이 중요하다. 응답자들의 특징은 설문지 설계에 큰 영향을 준다. 예를 들면, 노년층 소비자들에게 적절한 질문은 젊은 소비자들에게 적절하지 않을 수 있다. 또한 가전제품 선호도 조사는 음료 선호도 조사와 다를 수 있다. 필요한 정보를 불분명하게 이해한다면, 분석과 최종 결과에 직접적인 영향을 주는 부적합한 설문지의 개발이 된다.

### 2) 면접방법의 선택

개인, 우편, 전화와 인터넷 면접과 같은 면접유형은 설문지 설계에 중요한 역할을 한다. 예를 들면, 개인면접 상황에서 응답자들은 설문지를 볼 수 있고, 면접자와 개인적으로 상호작용을 할 수 있다. 이것은 즉각적인 피드백이 가능하기 때문에 복잡한 질문을 할 수 있다. 또한 개인적 상호작용으로 장황한 질문을 할 수 있다. 그러나 전화면접에서는 응답자가 설문지를 볼 수 없기 때문에 복잡하고 장황한 질문이 어렵다. 어떻든 질문은 짧고 간결해야 한다. 전화면접이 컴퓨터를 사용하더라도 질문은 단순하고 간결한 것이 좋다. 조사자는 설문지를 개발할 때 이러한 점을 고려해야 한다. 또한 면접방법의 복잡성은 측정기법에 영향을 준다. 개인면접, 우편면접과 인터넷 면접에서 가장 복잡한 척도를 쉽게 사용할 수 있으나, 전화면접에서는 명목척도를 선호하는 경향이 있다. 따라서 면접방법에 적합한 실문지를 개발하는 것이 중요하다.

### 3) 질문구성의 결정

정보를 조사할 수 있는 형태로 지정하고, 면접방법을 결정하면 다음 단계는 질문유형을 결정한다. 질문구성의 유형은 두 가지가 있다. 개방형 질문인 비구조화와 폐쇄형 질문인 구조화 질문이 있다. 비구조화 질문은 응답자가 자신의 언어로 질문에 답하는 것이다. 이러한 질문은 응답자가 일반적인 태도와 의견을 표현하는 것으로 어떤 현상에 대한 견해와 통찰력을 제공한다. 비구조화 질문은 탐색조사에서 널리 사용된다. 이와 달리 구조화 질문은 정해진 질문에 대한 답변을 선택하는 것이다. 응답자가 말하는 것을 면접자가 기록하기 때문에 편견이 있을 수 있다. 가능하다면 녹음하는 것이 효과적이다. 또 다른 단점은 부호화 입력(coding)[1]과 해석에서 발생할 수 있는 오류이다.

구조화 질문의 주요 유형은 이분법, 선다형과 척도질문 등이 있다. 구조화 질문형태는 응답자의 생각과 노력을 감소한다. 이분법 질문은 가장 간단한 질문유형으로 둘 중의 하나를 선택하는 것이다. 단순성이 이분법의 가장 큰 장점이지만, 응답편견은 더 큰 단점이 된다. 이분법 질문은 인구통계

1 coding: 응답자료를 컴퓨터에 입력하기 위하여 숫자로 표현하는 것.

정보를 고려할 때는 적당하지만, 태도측정에는 거의 가치가 없다. 선다형 질문은 응답자에게 여러 대안 중에서 하나 이상을 선택하도록 하는 방식으로 응답자가 목록의 첫째나 마지막 기술을 선택하는 경향인 순서편향(order bias)이 발생할 수 있다. 선다형의 또 다른 단점은 효과적인 질문을 개발하기 위해 많은 노력이 필요하다는 점이다.

### 4) 질문내용의 결정

질문은 신중하게 개발해야 한다. 단어, 순서, 시제와 같은 구성요소를 사용함으로써 각 질문이 매우 중요한 조사목적을 달성해야 한다. 질문에서 가장 중요한 구성요소의 하나는 단어이다. 조사자는 응답자들이 정확한 방식으로 쉽게 이해할 수 있는 단어를 선택한다. 조사자와 응답자들이 사용한 언어에 동일한 의미를 두지 않는다면 응답은 편향이 있다. 질문의 언어선택은 모호성, 추상성과 함축과 같은 문제를 야기하지 않도록 객관적이고, 소비자들이 사용하는 일상 언어이어야 한다.

#### SENSE 언어의 다의적 의미 방지법

- 응답자가 쉽게 이해하는 일상 언어를 사용한다.
  '현저한'이란 말을 사용하는 대신 '뚜렷한'이란 말을 사용한다.
- 모호한 말을 피한다.
  '덥거나 추운' 말은 문맥에 따라서 의미를 변경한다.
- 유도질문을 피한다.
  한 연구소에서 효과가 입증된 이 제품은 다이어트에 도움이 된다고 생각합니까?
- 암시적 질문을 피한다.
  은행에서 대출을 받은 회사는 신뢰할 수 있다고 생각합니까?
- 일반화를 피한다.
  표본 700명을 대상으로 한 여론조사 결과 A씨 지지도가 30%로 1위였다. 그런데 응답률이 5%였다면, 10명만이 A씨를 지지한 것이다. 이를 전체가 지지한다고 할 수 없다.
- 이중질문을 피한다.
  낮은 가격과 높은 품질의 제품을 구매할 생각입니까?

질문이 개발되면 조사자는 이 질문이 꼭 필요한지와 조사목적의 일부를 충족하는지를 고려해야 한다. 또 단일질문 문항으로 부족하다면 나누어서 추가질문을 만든다. 때때로 단일질문이 조사하고자 하는 현상을 만족하지 못하여 하나 이상의 질문을 필요로 할 때가 있다. 예를 들면, 가족의 일인당 연간 우유 소비량을 물을 때 주간 우유 소비량과 가족 수를 별도로 묻는다. 조사자는 기억의 한계를 생각할 필요가 있다. 기억망각은 응답자의 응답하는 능력과 의지를 방해한다. 예를 들면, 1년 전 특정일 저녁에 먹은 음식을 묻는 것은 대부분의 응답자가 대답하기 어렵다.

### 5) 질문순서, 형태와 배치의 개발

질문순서, 형태와 배치의 개발은 응답자의 집중에 큰 영향을 준다. 불명확한 순서, 형태와 배치의 설문지는 응답률이 저조하다. 설문지는 일반적으로 시작질문, 중심정보 질문과 특정정보 질문 등 세 부분으로 나누어진다. 시작질문은 응답자의 신뢰를 얻고, 그들을 조사에 편하게 하는 매우 중요한 부분이다. 그들이 조사에 가치가 있고 흥미를 갖는다면 응답률이 높을 것이다. 모든 사람들이 현안에 대한 의견을 주는 것을 좋아하기 때문에 의견에 관한 질문은 대부분의 설문에 좋은 출발을 준다. 응답자의 자격을 살펴보는 것이 필요할 때 시작질문을 자격선별 질문으로 한다. 중심정보 질문은 분류정보 질문과 확인정보 질문이 있다. 연령, 성별, 소득이나 가족규모와 같은 대부분의 사회경제와 인구통계질문은 분류정보(classification information)이다. 이와 달리 응답자 이름이나 주소는 확인정보(identification information)이다. 대부분 응답자는 조사자가 개인정보를 수집하는 것을 싫어하기 때문에 확인정보보다 분류정보를 먼저 수집한다. 구체적인 정보질문은 조사목적과 직접적인 관련이 있어야 한다. 이러한 확인질문 유형은 라포가 형성된 후 설문의 후반부에 배열한다.

#### SENSE 효과적인 질문순서

- 단순하고 흥미로운 질문부터 시작한다.
- 논리적이고 자연스런 흐름에 따라 질문을 배열한다.
- 보다 포괄적인 질문을 한 다음 구체적인 질문을 한다.
- 확인정보는 뒤에 배열한다.
- 어렵거나 민감한 질문은 뒤에 배열한다.
- 중요한 질문은 설문지가 매우 긴 경우 앞쪽에 배열한다.

### 6) 설문지의 사전검사

예비 설문지가 완성되면 조사자는 소규모의 표본에 대해 설문지를 테스트하고, 모든 설문에 부호화 입력을 하고, 문제 항목을 제거한다. 이러한 과정을 사전검사(pilot testing)라고 한다. 적절한 사전검사 없이 현장에서 사용하는 것은 바람직하지 않다. 사전검사는 내용, 단어표현, 형태와 배치를 포함한 설문지의 모든 측면을 검사하는 것이다. 사전검사를 위해 선택된 표본응답자는 배경특성, 주제, 태도와 행동 등이 실제 표본과 유사해야 한다. 조사자가 각 설문에 대한 반응과 태도를 관찰할 수 있기 때문에 사전검사에 근거한 최초 개인면접은 바람직하다. 사전검사는 30명 정도의 표본으로 실시하는 것이 효과적이다. 사전검사 표본으로부터 얻은 응답은 부호화 입력을 하고, 분석하고, 자료의 적절성을 점검한다.

## (3) 측정과 척도

측정(measurement)은 사람, 대상, 사건이나 상태의 속성을 표현하기 위해 대상에 수치를 부여하는 행위를 말한다. 특성, 속성이나 행동이 수에 의해서 표현된다면, 사용된 수적 체계와 측정된 속성 간에 일대일 대응이 존재한다. 따라서 측정은 일정한 규칙에 따라 대상에 수치를 부여하는 행위이다. 척도(scale)는 길이, 무게, 양 등을 발견하는 도구처럼 대상에 수치를 부여하는 도구이다. 척도는 분류척도와 계량척도가 있다. 분류척도(categorical scale)는 여자 대 남자, 미혼 대 기혼처럼 구별되는 가치나 종류를 수로 표시한 것으로 명목척도와 서열척도가 있다. 계량척도(metric scale)는 기본적인 측정의 연속체를 갖고 있는 숫자로 구성되고 등간척도와 비율척도가 있다.

### 1) 명목척도

명목척도(nominal scale)는 표식만 사용하는 척도로 대상을 숫자로 구분하고, 단지 기술의 특성만을 갖고 있다. 숫자는 크기의 의미를 갖지 않고, 단지 범주의 정보만 갖는다. 예를 들면, 선수 번호, 성별, 이름, 국적, 인종, 종교 등이다. 주요 통계량은 빈도수, 퍼센트, 최빈값이 있다. 다음은 명목척도의 예이다.

- **귀하의 결혼 상태는?**
  ① 미혼　　　　② 기혼
- **귀하의 성별은?**
  ① 남자　　　　② 여자

### 2) 서열척도

서열척도(ordinal scale)는 자료가 상대적인 값을 가지는 표식이나 명칭의 집합으로 이루어진다. 이것은 대상 간의 상대적인 크기 차이만을 나타내며, 구분된 자료들은 서열만을 가진다. 조사대상들의 특성을 서열로써 나타내는 것이다. 서열척도는 명목척도의 범주와 서열의 정보를 갖는다. 따라서 서열 사이의 순서는 비교할 수 있지만, 서열 간의 격차에 대한 수리적 계산은 불가능하다. 예를 들면, 사회계층, 제품 선호순위, 소득수준, 등급, 학점, 직위, 팀 순위 등이다. 주요 통계량은 명목척도의 통계량, 백분위수, 제4분위수, 중앙값이 있다. 다음은 서열척도의 예이다.

- **다음 회사를 당신이 좋아하는 순서에 따라 순위를 표시하십시오.**
  삼성전자 _____ LG전자 _____ 소니_____ 필립스 _____ GE _____

### 3) 등간척도

등간척도(interval scale)는 동일한 측정 단위 간격마다 동일한 차이를 부여하는 척도이다. 등간이란 척도상의 모든 단위 사이의 간격이 일정하다는 뜻이다. 등간척도는 범주, 서열, 거리의 정보를 갖는 척도이다. 예를 들면, 온도, 여성복 사이즈, IQ, 물가지수, 고객만족도, 주가지수 등이다. 주요 통계량은 명목척도와 서열척도의 통계량, 평균, 표준편차 등이 있다. 등간척도를 간격척도라고도 한다. 다음은 등간척도의 예이다.

- 귀하의 나이는 다음 중 어디에 해당합니까?(만 나이)
  ① 19세 이하 ② 20세~29세 ③ 30세~39세 ④ 40세~49세 ⑤ 50세~59세 ⑥ 60세 이상

### 4) 비율척도

비율척도(ratio scale)는 가장 고급 수준의 척도로서 명목, 서열, 등간척도의 특성을 모두 포함하고, 절대영점을 갖고 있고, 모든 산술적 연산(가감승제)이 가능한 척도이다. 동일한 특성의 차이는 특성에 부여된 동일한 수치의 차이로 나타낼 수 있다. 영점은 특성이 존재하지 않음을 의미하며, 두 수치 간의 비율에도 의미가 있다. 예를 들면, 신장, 체중, 무게, 나이, 거리, 길이, 인구수, 연간소득, 제품가격, 시장점유율, 경제성장률 등이다. 주요 통계량은 모든 통계량이다. 다음은 비율척도의 예이다.

- 귀하의 나이는 만으로 몇 세입니까?
  _____세

**표 4-4 척도의 특성과 예**

| 척도 | 특성 | 일반적 예 | 마케팅 예 |
|---|---|---|---|
| 명목척도 | 대상의 분류 | 주민등록번호 | 제품모델 번호, 성별 |
| 서열척도 | 대상들의 상대적 위치 | 키 순서 | 브랜드 선호순서 |
| 등간척도 | 대상들 간의 차이 | 온도 | 브랜드 태도나 관여도 |
| | 0점은 임의적인 값 | 물가지수 | 고객만족도 |
| 비율척도 | 대상들 간의 비율 | 길이 | 매출액, 가격 |
| | 0점은 절대적 의미 | 무게 | 시장점유율 |

# 6 표본설계

## (1) 표본추출의 성격

### 1) 표본추출의 중요성

표본추출(sampling)은 소집단으로부터 수집한 정보가 큰 집단에 관한 정확한 판단을 제공할 것으로 기대하고, 비교적 적은 수를 선택하는 것이다. 표본조사는 모집단으로부터 표집과정을 통해 표본을 선택하여 그에 대해 조사하는 방법으로 표본조사 결과 나타난 통계값들을 통해 모집단의 모수를 추정하게 된다. 정확한 모수추정을 위해 표본추출 시 모집단 특성을 잘 대변할 수 있는 대표성 있는 표본을 선택하는 것이 중요하다.

그림 4-12 표본추출과 추정

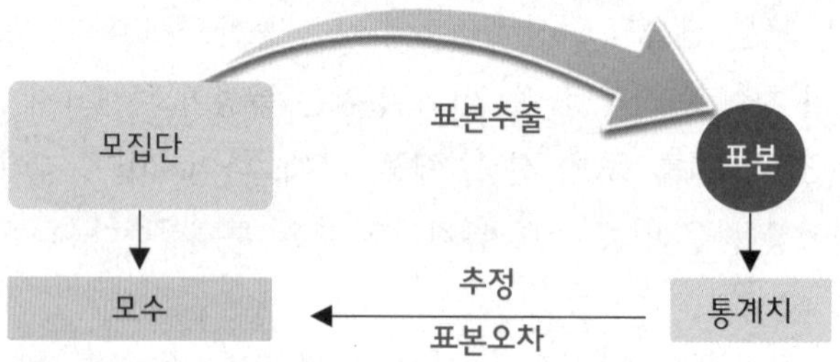


### 2) 표본추출의 용어

모집단의 전체를 포함하는 조사는 전수조사(census)라 하고, 국가에 의해서 수행되는 인구조사가 있다. 전수조사는 모집단 전체를 포함한다. 관찰의 대상이 되는 집단 전체를 모집단(population)이라 하고, 그 모집단에서 추출된 일부를 표본(sample)이라고 한다. 모집단에서 표본을 추출하는 것은 표본추출(sampling)이다.

예를 들면, X브랜드의 냉장고 경영자는 냉장고와 관련된 소비자 만족도 조사에 흥미를 갖고 있다면, 조사자는 냉장고를 소유한 모든 소비자(모집단)를 조사할 필요가 있을 것이다. 그러나 냉장고를 소유한 사람들이 너무 많아 조사하는 데 비용과 시간이 많이 들기 때문에 모집단을 조사하는 것은 불합리하다. 경영자는 전체 모집단의 반응에 관심이 있는 것이 아니라 전체 중에서 미리 정해진 부분이고, 이러한 미리 정해진 부분이 표적모집단(target population)이다. 표적모집단은 조사목적에 따라서 조사하기 위해 구체적으로 확인된 조사의 대상이 되는 전체집단이다. 예에서 표적모집단은 냉장고를 소유하고 있는 전체 사람들 중에서 X브랜드의 소유자들이다.

그림 4-13 모집단의 표본추출 과정

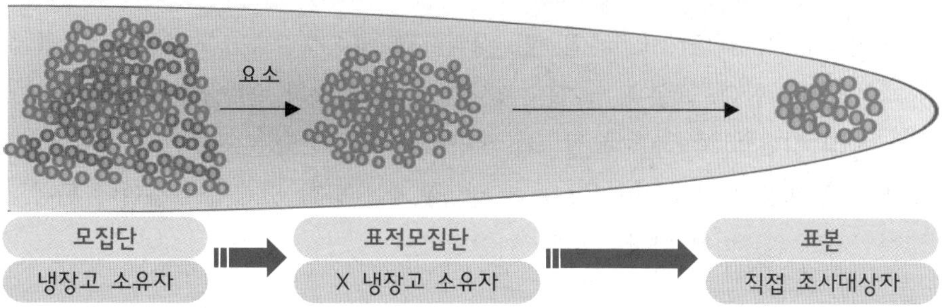


요소(element)는 자료가 찾는 사람이나 대상이다. 예를 들면, 냉장고에 관한 표적모집단 요소는 인기 있는 브랜드(예: X 브랜드), 특정한 사람의 집단(예: 여자)이다. 표본추출단위(sampling unit)는 표본추출 과정에서 선택하는 데 이용할 수 있는 표적모집단 요소이다. 예를 들면, 중고품보다는 신품 냉장고를 구매한 여성들이다. 요소와 표본추출단위의 선택은 조사를 재정의한다. 냉장고의 경우 냉장고 소유자의 만족에서 새로운 X브랜드의 냉장고 여성 소유자의 만족으로 변경할 수 있다. 표본추출틀(sampling frame)은 표본이 추출될 수 있는 표적모집단의 구성요소의 목록을 말한다. 표본추출틀의 일반적인 원천은 회원명부, 투표자, 전화번호부의 목록이다.

표 4-5 표본추출의 용어

| 구분 | 설명 |
|---|---|
| 모집단(population) | 관찰의 대상이 되는 집단 전체 |
| 전수조사(census) | 모집단에 속하는 모든 구성원들을 조사하는 것 |
| 표적모집단(target population) | 전체 집단 중에서 구체적으로 확인된 요소의 전체집단 |
| 표본추출(sampling) | 특성을 알고자 하는 어떤 모집단의 일부를 선택하는 것 |
| 표본추출틀(sampling frame) | 모든 표본추출단위들의 목록 |
| 표본추출단위(sampling unit) | 자료수집의 대상, 표적모집단 요소 |
| 요소(element) | 표본추출과정에서 선택의 대상이 될 수 있는 모집단의 구성원 |

모집단에서 표본을 추출할 때는 표본이 실제값과 다를 수 있는데 이를 오류라고 한다. 오류(error)는 이론적으로 구하고자 하는 참값(true value)과 실제 계산이나 측정 등으로 구한 실제값(get value)의 차이를 의미하며, 표본추출오류와 비표본추출오류가 있다. 표본추출오류(sampling error)는 모집단을 대표할 수 있는 구성 요소를 선택하지 못함으로써 발생하는 오류를 의미하지만, 비표본추출오류(nonsampling error)는 자료를 수집이나 입력 과정에서 실수나 응답의 부정확으로 인하여 발생하는 오류를 뜻한다. 표본추출 단계에서 모집단을 대표하는 표본을 추출할 수 있도록 세심하고 체계적인 표본추출 계획이 필요하다.

## (2) 표본추출방법

표본추출의 과정은 모집단과 표적모집단을 정의하고, 표본추출방법을 결정하고, 표본크기를 결정한 다음에 표본을 추출한다. 표본의 크기는 조사의 성격, 변수의 수나 의사결정의 중요성 등에 따라 다르지만, 실증적 경험으로는 300개 정도가 적당하다. 표본추출은 표본이 모집단을 대표해야 하고, 동시에 표본추출 비용이 경제적이어야 하는 상충관계를 균형 있게 조절하여야 한다. 표본을 얻는 방법은 조사설계와 관련되어 가장 중요한 사안이다.

### SENSE 표본조사의 장단점

- 표본조사의 장점
  - 경제성: 전수조사보다 물적, 인적 자원이 절약됨
  - 신속성: 시간이 많이 걸리지 않기 때문에 연구가 지체되지 않고, 조사기간 동안에 상황이 변하는 단점을 극복함
  - 현실가능성: 전수조사는 현실적으로 불가능한 경우가 많아 표본조사를 사용
  - 정확성: 비표본오차가 전수조사보다 적어 보다 더 정확한 정보를 획득하는 것이 가능함
  - 응답률: 응답자로부터 높은 응답률과 협조를 받을 수 있음
  - 신뢰도: 전수조사를 하기 위해서는 상당수의 면접자 또는 조사자가 필요하기 때문에 조사자 간의 신뢰도 문제가 발생할 가능성이 높음

- 표본조사의 단점
  - 모집단을 대표할 수 있는 표본을 찾기 어려움
  - 모집단의 크기가 작은 경우에는 표본추출의 의미가 없음
  - 표본설계가 복잡한 경우에는 시간과 비용이 더 소요될 수 있고, 표본설계가 잘못된 경우에는 오차가 발생할 수 있음

표본추출방법은 확률과 비확률표본추출이 있다. 확률표본추출(probability sampling)은 각 표본추출 단위가 최종 표본에서 선택될 확률이 알려져 있고, 영이 아니다. 비확률표본추출(nonprobability sampling)은 확률선택 절차를 사용하지 않고, 조사자의 개인적 판단을 신뢰한다. 확률표본추출을 사용하여 얻는 결과는 통계적 방법을 사용하여 특정한 오류 범위 내에서 표적집단에 일반화할 수 있고, 정의된 표적집단과 비교할 때 신뢰도와 타당도를 판단할 수 있다. 그러나 비확률표본추출은 각 표본추출의 선택이 알려져 있지 않고, 표본과 표적집단 간의 발생 가능한 오류도 계산할 수 없기 때문에 일반화는 제한적이다. [그림 4-14]는 표본추출방법의 유형이다.

그림 4-14 표본추출방법의 유형

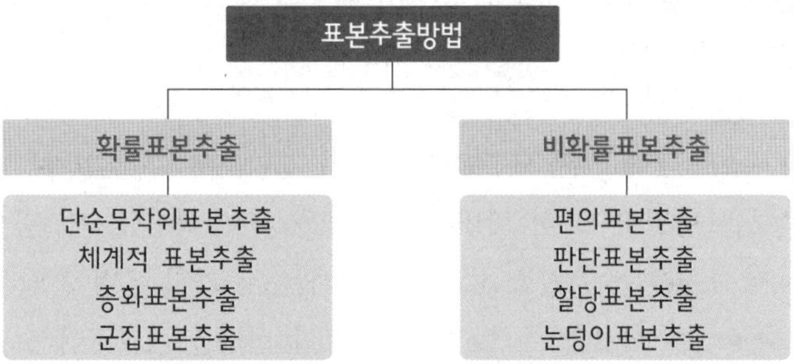


표 4-6 표본추출방법의 특징

| 기준 | 확률표본추출 | 비확률표본추출 |
|---|---|---|
| 표본의 모집단 대표성 | 높음 | 낮음 |
| 표본추출 오류계산 | 가능 | 불가능 |
| 추계통계기법 적용 | 가능 | 불가능 |
| 비용 | 높음 | 낮음 |
| 표본추출기법 | 높은 수준이 요구됨 | 높은 수준이 요구되지 않음 |

### 1) 확률표본추출

표본추출 단위가 최종 표본에서 선택될 확률이 알려져 있는 확률표본추출방법에는 단순무작위 표본추출, 체계적 표본추출, 층화표본추출과 군집표본추출 등이 있다.

#### ① 단순무작위 표본추출

단순무작위 표본추출(simple random sampling)은 관련된 표본 크기에 적당한 무작위 수를 만들어 각 모집단의 요소가 할당되고, 바람직한 표본이 결정되는 방법이다. 조사자는 각 표본추출 단위가 표본이 선택될 확률이 알려져 있고, 동등하고, 영이 아닌 기회를 확실히 갖기 위해서 난수표를 사용한다. 이 방법은 이해하기 쉽고, 자료분석결과가 사전에 정해진 허용오차 내에서 모집단에 대한 대표성을 가질 수 있는 장점을 갖고 있으나, 모집단을 구성하는 요소들의 목록을 확보하기 어려운 것이 단점이다.

#### ② 체계적 표본추출

체계적 표본추출(systematic random sampling)은 표본추출 단위들 간에 순서가 있는 경우 일정한 표본추출 간격으로 표본을 추출하는 방법이다. 예를 들면, 냉장고의 소유자가 1,000명이고, 표본이 100명이 필요한 경우 표본추출 간격은 10이다. 즉, 1,000명을 일련번호로 매겨 10번째마다 하나씩 표본으로 선택하는 것이다. 이 방법은 표본을 추출하기가 쉽고, 무작위성이 확보된 표본을 추출할 수 있다. 그러나 모집단이 어떤 숨겨진 패턴이 있다면 표적모집단을 진실로 대표할 수 없을 수 있다. 또한 표적모집단 크기가 크거나 알려지지 않은 경우 표본추출 간격을 알 수 없는 단점이 있다.

### ③ 층화표본추출

층화표본추출(stratified sampling)은 모집단을 다수의 집단으로 구분할 수 있을 때 각 집단에서 무작위로 표본을 추출하는 방법이다. 이 방법은 모집단을 서로 상이한 소집단으로 나누고, 각각의 소집단으로부터 비율이나 동일한 숫자만큼 표본을 추출하는 두 가지 유형이 있다. 이 방법은 모집단에 대한 표본의 높은 대표성을 확보할 수 있고, 표본의 각 집단을 비교하여 모집단의 각 집단의 차이점을 추정할 수 있는 장점이 있으나, 모집단의 특성을 잘 모르면 사용하기 어려운 단점이 있다.

### ④ 군집표본추출

군집표본추출(cluster sampling)은 모집단이 여러 개의 소집단들로 구성되어 있으며, 각 집단들이 서로 유사한 경우 한 집단 전체를 표본으로 추출하거나 한 집단 내에서 확률표본을 추출하는 방법이다. 전체 모집단 중에서 한 집단에서 표본을 추출하므로 비용이 적게 들고 실행하기가 편하다. 그러나 모집단을 구성하는 집단들이 여러 유형인 경우 각 유형에서 각각 표본을 추출해야 하는 단점이 있다.

## 2) 비확률표본추출

비확률표본추출(nonprobability sampling)은 모집단 요소의 추출확률을 모를 경우에 사용하는 방법으로 모집단에 대한 정보나 목록이 없을 때 이용된다. 조사자와 경영자가 정확한 이해보다는 표적집단의 반응에 대한 개괄적인 아이디어를 얻고자 할 때 사용하며, 주로 제품 테스트, 브랜드 테스트와 광고 테스트 등이 있다. 확률과 비확률표본추출의 선택은 조사 성격, 모집단의 가변성, 통계적 고려사항, 실시의 효율성, 표본추출오류와 비표본추출오류 등에 근거한다. 비확률표본추출은 편의, 판단, 할당과 눈덩이 표본추출방법 등이 있다.

### ① 편의표본추출

편의표본추출(convenience sampling)은 조사자가 응답자를 편리한 방법으로 선택하는 방법이다. 즉, 편리한 장소와 시간에 접촉하기 편리한 대상들을 표본으로 추출한다. 몰 인터셉트(mall intercept)와 같이 많은 조사에서 간편성 때문에 편의표본추출을 사용한다. 조사자는 표적모집단이 동질적이고 응답자가 전체 표적모집단과 유사하다고 가정한다. 그러나 표본의 대표성(representativeness)을 판단하는 방법이 없기 때문에 상당한 표집오차가 발생할 수 있고, 결과를 모집단에 일반화하기에는 어렵다. 적은 비용과 시간으로 조사대상을 확보할 수 있지만, 표본의 모집단 대표성이 매우 낮다.

### ② 판단표본추출

판단표본추출(judgement sampling)은 편의표본추출의 확장 형태로 조사의 필요사항을 충족할 것이라는 경험이 있는 조사자의 신념에 따라 응답자를 선택한다. 조사목적에 적합하다고 판단하는 구성원들을 표본으로 추출한다. 표본이 실제로 유용한 정보를 제공할 수 있는 경우에는 유용하나, 모집단의 대표성을 평가할 수 없는 것이 단점이다.

#### ③ 할당표본추출

할당표본추출(quota sampling)은 하나 이상의 기준으로 모집단을 구분하여 표본을 선택하는 방법이다. 즉, 인구통계적 특성, 거주지 등의 측면에서 사전에 정해진 비율에 따라 구성원들을 할당한다. 모집단에 대한 대표성이 편의표본에 비해 높지만, 조사자가 모집단의 인구통계적 특성 등에 대한 사전지식이 있는 경우에 유용하다.

#### ④ 눈덩이 표본추출

눈덩이 표본추출(snowball sampling)은 적절하다고 판단하는 조사대상자들을 선정한 다음 그들이 다른 조사대상자들을 추천하여 표본으로 확대하여 선정하는 것이다. 모집단 구성원들 중에서 적절한 표본을 판단할 수 없는 경우나 FGI 같은 정성조사에서 흔히 사용한다. 조사대상자들 간에는 동질성이 높을 수 있는 장점이 있으나, 모집단과는 매우 다른 특성을 가질 수 있는 단점이 있다.

## (3) 오류의 종류

마케팅 조사과정은 오류관리이다. 잠재적 오류는 문제를 정의할 때부터 발생할 수 있고, 조사에서 오류는 항상 존재한다. 따라서 조사설계자는 오류를 관리하고 극소화하는 전략을 채택해야 한다. 조사의 기본적인 목적은 가능한 정확한 정보를 제공하는 것이다. 전체 조사 오류에는 표본추출오류와 비표본추출오류가 있다.

### 1) 표본추출오류

표본추출오류(sampling error)는 표본이 충분하지 않거나 대표성이 없는 표본을 선정함으로써 발생하는 오류이다. 모집단에서 추출한 조사표본이 모집단의 특성을 대표하지 못하여 발생하는 것으로 표본설계 과정을 적절히 통제하거나 적절한 표본추출 기법을 사용함으로써 오류를 제거 또는 최소화해야 한다.

### 2) 비표본추출오류

비표본추출오류(non-sampling error)는 표본추출오류 이외의 모든 오류이다. 비표본추출오류에는 관찰오류와 비관찰오류가 있다.

### ① 관찰오류

관찰오류에는 조사현장의 오류와 자료기록 및 처리오류가 있다. 조사현장오류는 조사과정에서 조사자의 잘못이나 조사상황에서 발생하는 오류이다. 자료기록 및 처리오류는 응답자의 응답이나 행동을 조사자가 잘못 기록하거나, 자료의 부호화 입력에서 잘못 처리하여 발생하는 오류이다. 최종적으로 자료를 편집하고, 기호화하며, 집계하고, 분석하는 과정에서 오류가 발생할 가능성이 있다. 이러한 오류는 자료를 처리하는 과정에서 적절한 통제를 가함으로써 완전히 제거할 수는 없으나 대부분 줄일 수 있다.

### ② 비관찰오류

비관찰오류는 불포함오류와 무응답오류가 있다. 불포함오류는 조사대상이 되는 모집단의 일부를 표본추출 대상에서 제외시킴으로써 발생하는 오류이다. 무응답오류는 표본추출 대상으로 선정된 모집단의 표본 중에서 일부가 조사에 응답하지 않음으로써 필요한 정보를 입수하지 못하는 경우를 말한다. 무응답자들이 응답자들과 유사한 견해나 태도를 지니고 있는지를 알지 못하기 때문에 결과를 심각하게 왜곡할 수 있다.

그림 4-15 오류의 종류

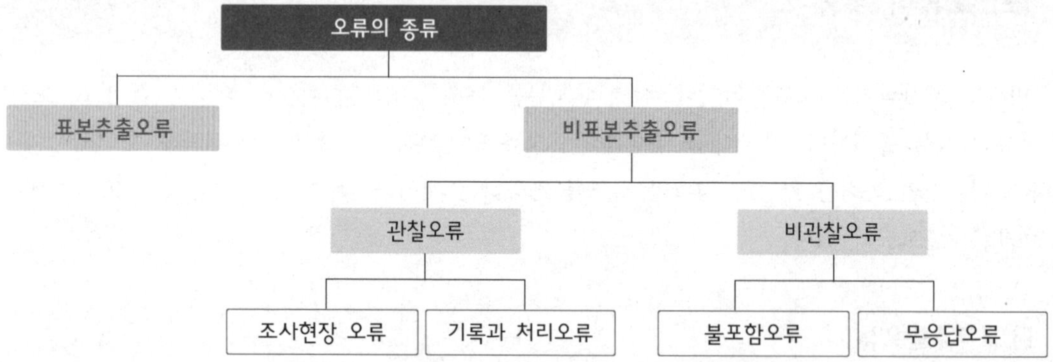

05

# 사업기회

1. 사업기회의 성격
2. 틈새시장
3. 사업기회의 개발과정

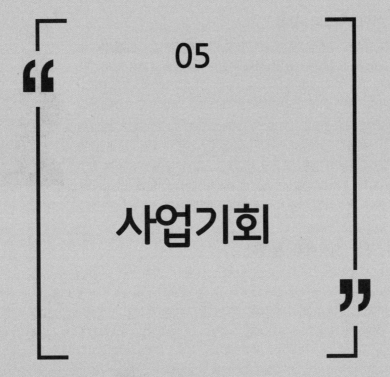

Insight

# 뽀로로, 콘텐츠로 세계를 사로잡는 아이코닉스

## 뽀로로, 아이코닉스의 창립

최종일 대표는 1996년부터 금강기획 애니메이션 신사업팀으로 발령이 나면서 애니메이션에 관한 지식과 관련 업무를 진행하게 되었다. 당시 우리나라는 미국, 일본 다음으로 세계 3위의 애니메이션 제작국이었지만, 기술수준은 미국과 일본에서 기획한 애니메이션을 임가공하는 수준밖에 되지 않았다. 애니메이션을 기획하는 미국, 일본과는 달리 뛰어난 기술과 저렴한 인건비로 미국의 디즈니나 일본의 도에이 애니메이션 등으로부터 하청을 받아 그림을 색칠하고, 촬영하는 등의 OEM이 주류였다. 2001년 최종일 대표는 금강기획 애니메이션팀에 있던 직원 4명과 (주)아이코닉스(ICONIX Co., Ltd.)를 설립했다.

## 뽀로로는 국산 캐릭터의 세계화

애니메이션 산업은 프리프로덕션(pre-production: 기획, 캐릭터 개발, 시나리오), 프로덕션(production: 색칠, 촬영)과 포스트 프로덕션(post-production: 녹음, 효과음, 음악)의 단계를 거친다. 또 제작된 이후에는 배급과 캐릭터 산업이라는 단계를 거치게 된다. 뽀로로를 기획한 최종일 아이코닉스 대표는 "왜 우리는 미국과 일본처럼 못하지?" 경쟁국인 일본의 성공사례를 분석했다. 일본의 경우 아동, 청소년, 성인을 대상으로 하는 애니메이션이 대부분이며, 유아용 애니메이션이 거의 없었다. 또한 대부분 오락성이 강해 폭력적이고 선정적이라 7세 미만이 시청하기 적합하지 않았다. 이 점에 주목하여 경쟁자들이 시도하지 않은 유아물로 목표를 정했다. 일본은 상대적으로 유아용 애니메이션을 많이 만들지 않는다는 것을 알게 되었고, 유아용 애니메이션을 제작한다면 해외진출에 유리하겠다고 생각했다. 아이들이 좋아하는 동물 펭귄을 주인공으로 하는 애니메이션에 관심이 있었다.

## 핑구를 극복하기 위해서

영국 BBC방송국의 꼬마펭귄 핑구는 강력한 펭귄 캐릭터로 시장에서 구축되었다. 핑구를 극복하기 위해서 더 좋은 디자인, 좋은 스토리, 좋은 이름을 가진 애니메이션을 제작한 것이 몇 차례의 실패 끝에 바로 '뽀롱뽀롱 뽀로로'였다. 뽀로로는 EBS와 공동으로 제작하고 EBS에서 방영되었다. 뽀로로 애니메이션은 아이들 사이에서 '뽀통령'이라는 별명으로 선풍적인 인기를 끌게 되면서 킬러 콘텐츠가 되었고 자연스레 아이코닉스도 성장하게 되었다. "야~뽀로로다! 노는 게 제일 좋아~♬" "뽀롱뽀롱 뽀로로" 오프닝 곡이 들리면 울던 아이는 울음을 멈추고, 떼쓰던 아이가 순식간에 얌전해지는 '뽀로로 효과'를 톡톡히 본 부모들은 '육아의 절반은 부모가 하고, 나머지 반은 뽀로로가 한다'는 말에 크게 공감하게 된다. 2003년 이후 뽀로로는 아이들의 사랑을 한 몸에 받으며 아이들의 대통령으로 군림을 하고 있다. 뽀로로의 출시로 뽀로로의 경제적 효과는 5조 7,000억 원, 브랜드 가치는 8,000억 원으로 추정된다. EBS에서 시청률 5%로 시작한 뽀로로는 이후 전 세계 100여 개국으로 수출되어 프랑스에서는 4~7세 대상 평균 시청률이 47%를 기록하기도 했다. 영국, 인도, 멕시코 등 세계 110여 개국에 수출되고 있으며, 중국, 네덜란드까지 확장되며 새로운 한류 붐을 일으키고 있다. 외국 아이들 사이에서는 대한민국이라는 국가명보다도 뽀로로의 나라가 더 익숙하다. 뽀로로의 성공을 발판으로 꼬마버스 타요, 코코몽, 로보카 폴리, 라바 등의 다양한 국산 캐릭터들이 제작되어 해외로 수출한다.

## 세계로 향하는 아이코닉스

꼬마버스 "타요"가 아이들에게 선풍적인 인기를 얻으며 애니메이션 한류를 이끌고 있다. 아이코닉스는 국내 및 해외시장에서의 다양한 프로젝트 경험을 통해 축적된 기획력과 노하우, 범세계적 네트워크를 기반으로 창작 애니메이션의 개발과 캐릭터 비즈니스 사업을 전개하고 있다. 수호요정 미셸, 뽀롱뽀롱 뽀로로, 치로와 친구들, 제트레인저, 태극 천자문 등 매년 2개 이상의 창작 애니메이션 프로젝트를 수행하고, 자체 제작 애니메이션 및 국내 대표 애니메이션의 적극적인 해외 배급을 하고 있다. 애니메이션 캐릭터를 기반으로 출판, 완구, 음악, 공연, 테마파크, 라이선스, 뉴미디어 등의 다양한 국내 캐릭터 사업을 전개하여 캐릭터 산업 영역을 확장하고 있다.

# 제5장 | 사업기회

## 1 사업기회의 성격

시장은 모든 사람에게 기회가 열려있지만, 이를 찾고, 활용하지 않는 사람에게는 무용지물이다. 제품개발 초기 단계에서 성공의 불확실성으로 미래가 애매해서 기회가 가치창조로 이어지는 과정은 쉽지 않다. 기업은 미충족욕구에 대한 해결안과 제품범주를 정의하여 신제품 기회를 확인하는 데 집중한다. 따라서 시장기회를 활용하면, 기업은 소비자에게 중요한 가치를 추가하여, 뛰어난 시장욕구를 충족하고, 잠재적으로 높은 수익을 창출할 수 있다.

### (1) 사업기회의 이해

기회는 제품개발의 맥락에서 신제품을 위한 아이디어의 단서이다. 초기에 소비자들이 새로 느끼는 욕구와 새로 개발해야 할 기술이 가능한 해결안을 찾을 때 기회는 비로소 제품개발로 이어질 수 있다. 기회(opportunity)는 기업에 신제품, 서비스나 사업을 위한 욕구를 창출하는 일련의 호의적인 환경이다. 기업은 고객에게 탁월한 가치를 전달하기 위해 기업에 유리하고 유익한 환경을 활용함으로써 기회를 사업의 계기로 만든다. 기업은 자원의 창조적 결합으로 시장욕구, 관심이나 필요를 충족할 수 있다. 불완전하게 사용하거나 제공되지 않은 자원, 독점적 지식이나 능력 그리고 기술로부터 발생하는 기회는 가치창조 능력이다. 불완전하게 정의된 시장욕구, 제공되지 않은 자원이나 서비스, 정의하지 않은 기술, 발명이나 제품 아이디어 등은 모두 시장기회가 된다. 새로운 역량이나 기술, 충분히 이용하지 않거나 제공되지 않은 자원은 잠재고객을 위한 새로운 가치를 창출할 수 있는 조건이다. 예를 들면, 금속과 유리를 결합하는 기술은 응용방법이 알려지기 전에도 개발될 수 있고, 새로운 의약 화합물은 처방의 조건이 알려지기 전에 창조될 수 있다.

시장욕구를 탐색하여 제품컨셉을 창출하려면, 시장기회, 자원의 유형과 양을 확인하는 것이 필요하다. 기회는 경쟁자가 다루지 않았기 때문에 기업이 이용할 수 있는 최신의 확인한 욕구, 필요와 수요추세에서 온다. 시장기회(market opportunity)는 기업에게 제품수요를 증가하거나 변화추세를 이용할 수 있는 잠재적으로 유리한 조건이다. 마케팅 기회를 활용하기 위해 기업은 잠재적인 고객, 충족시킬 특정한 욕구, 시장의 규모와 시장점유율을 증가할 수 있는 규모 등을 확인해야 한다. 기업은 시장기회를 확인해야 미충족욕구(unmet needs)를 탐색할 수 있다. 시장에서 탐색한 미충족욕구를 처리하는 것은 바로 확실한 성공의 비결이다. 고객의 욕구는 모두 동일하지 않기 때문에 시장의 모든 욕구를 아는 것은 불가능하다. 그러나 고객의 욕구를 경쟁자보다 먼저 처리하는 방법을 아는 것은 회사 성장을 체계적으로 가속화할 수 있다.

기회와 아이디어 간의 차이가 있다는 것을 이해하는 것은 중요하다. 아이디어(idea)는 시장기회에 관한 생각, 인상이나 관념으로 욕구나 문제를 발견하고 문제해결에 관한 생각이다. 아이디어만으로는 사업기회의 기준을 충족하지 못한다. 아이디어에 고객의 미충족욕구를 해결하는 해결책이 있고 수익성이 있는 아이디어가 제품 아이디어(product idea)가 된다. 사업을 시작한 기업가가 열심히 일하지 않기 때문이 아니라 고객의 미충족욕구에 대한 해결책이 부족하기 때문에 사업에 실패한다.

- 기회: 기업에 신제품, 서비스나 사업을 위한 욕구를 창출하는 일련의 호의적인 환경
- 시장기회: 제품수요를 증가하거나 변화추세를 이용할 수 있는 잠재적으로 유리한 조건
- 아이디어: 욕구나 문제를 발견하고 문제해결에 관한 생각
- 제품 아이디어: 미충족욕구를 해결하려는 해결책이 있고 수익성이 있는 아이디어

## (2) 사업기회의 유형

사업기회를 분류하는 데는 많은 방법이 있지만, 2가지 차원이 특히 유용하다. 기회는 제품 개발팀이 사용할 수 있는 시장욕구와 해결안의 두 측면이 있다.[1] 이것은 욕구지식과 해결안 지식에 관한 생각이다. 기회 1에서 기회 3으로 갈수록 위험수준뿐만 아니라 불확실성도 증가한다. 실패위험이 증가하기 때문에 제품 개발팀은 이미 잘 알고 있는 것으로부터 해결안을 찾기 어렵다. 따라서 해결안의 지식이 확장되어야 한다. 기회가 클수록 시장에 대한 욕구는 처리되지 않았거나 새롭게 생기며 이를 해결하기 위한 대안도 현재까지 사용하지 않은 지식을 요구한다.

기회 1에 대한 해결안은 주로 기존시장에 대한 기존제품의 개선, 확장, 변형과 원가절감이다. 현재 해결안으로 가능하기 때문에 상대적으로 위험이 낮은 기회이다. 기회 2는 시장이나 기회 중에 적어도 하나 이상은 적게 알려진 영역이다. 현재까지 사용하지 않은 해결안을 요구하는 영역으로 해결안의 지식을 새롭게 적용해야 한다. 기회 3은 불확실성이 최고 높은 수준을 나타내고, 세상에 새로운 기회를 탐구하는 영역이다. 이 영역은 새로운 해결안과 접근법을 고안해야 가능하다.

1 Terwiesch and Ulrich(2009).

그림 5-1 기회의 유형

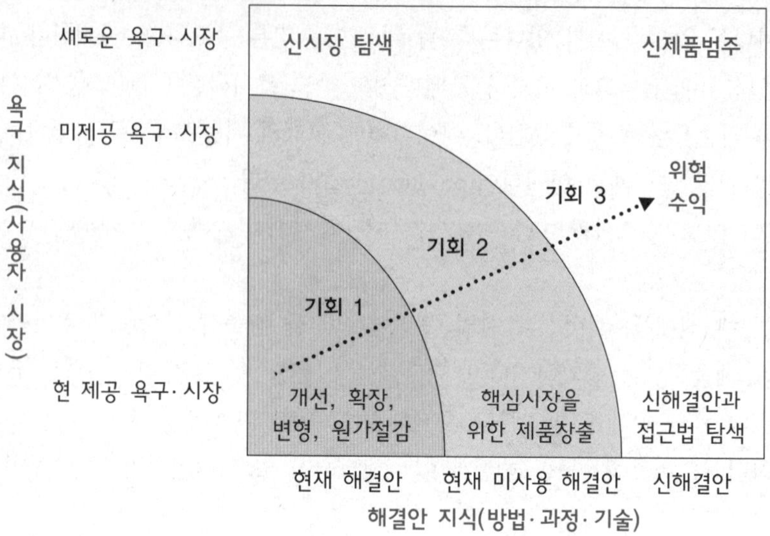


출처: Terwiesch and Ulrich(2009).

## SENSE 인공지능 기술, 어디까지 와 있는가?

구글의 인공지능(AI) 프로그램 '알파고'가 프로바둑 기사 이세돌 9단을 연속 꺾으면서 인공지능에 대한 관심이 높아지고 있다. 그렇다면 현재 인공지능 산업은 어디까지 와 있을까? 2016년 3월 11일 미래창조과학부와 정보통신기술(ICT) 업계에 따르면 인공지능 원천기술 분야에서 가장 앞선 기업은 구글로 평가된다.

구글은 최근 심층신경망 기반 인식기술을 선보였고, 2012년에는 인공지능이 유튜브 동영상에서 추출한 1,000만장의 이미지를 바탕으로 혼자 공부한 결과 고양이를 식별해내는 데 성공했다. 구글의 인공지능 기술은 현재 안드로이드 운영체제(OS)의 음성 인식 시스템, 사진을 알아서 인물·테마별로 구분해주는 '구글포토', 유튜브의 동영상 추천 서비스 등에 실용화돼 쓰이고 있다.

IBM은 최근 '왓슨'이란 브랜드로 인공지능 서비스를 통합하고 있다. 의료 진단 및 처방 자문 서비스인 왓슨 건강관리 서비스를 제공하고 있는데 2013년에는 메모리얼 슬론-케터링 암센터 및 의료보험회사인 웰포인트와 손잡고 상업용 폐암 처방 애플리케이션 서비스를 내놓았다. 2014년에는 제약·출판·바이오 분야 연구개발(R&D), 빅 데이터, 기업 고객에 대한 데이터 기반의 정보제공 서비스 등을 담당할 'IBM 왓슨 그룹'을 출범시켰다.

페이스북은 2013년 9월 인공지능 연구그룹을 출범시키면서 얼굴 인식 프로그램 '딥 페이스'를 발표했다. 이 서비스는 사진 속 인물의 얼굴을 파악해 태그(꼬리표)를 달아주는 것이다. 애플이 2011년 음성 인식 기반 가상 개인비서 서비스인 '시리'(Siri)를 출시한 데 이어 2014년에는 마이크로소프트(MS)가 음성 인식 기능을 장착한 개인비서 '코타나'를 내놨다. MS는 컴퓨터가 개의 종류를 구분하는 딥러닝 기술을 공개하기도 했고, 사진 분석용 기술인 '아담' 프로젝트도 추진 중이다.

출처: 한국일보 2016.03.12

### (3) 사업기회의 창

전략전문가인 타이어(Tyre)와 올리코스키(Orlikowski)는 기회의 창(window of opportunity)은 기회로 이용할 수 있는 창문으로 특정 시간에 짧은 기간 동안 열렸다가 어느 정도 지나면 닫힌다고 한다. 기회의 창은 즉시 포착해야만 하는 호의적인 짧은 기회이다. 창이 열리고, 시장이 성숙함에 따라 창은 닫히기 시작한다. 곡선은 PC와 소프트웨어, 스마트 폰과 바이오 기술과 같은 새로운 산업의 급속한 성장 패턴이다. 성숙기 산업은 성장이 빠르지 않고, 곡선의 경사가 가파르지 않고, 기회의 가능성도 적다. 기회의 창을 고려할 때 창이 열리는 시간의 길이가 중요하다. 새로운 벤처가 성공이나 실패를 알기 위해서는 상당한 시간이 걸린다. 즉시 기회를 창조하고 포착하는 과정을 생각하는 방법은 열려 있는 창, 기회의 창으로 이동하는 컨베이어 벨트(conveyer belt)로부터 대상을 선택하는 과정이다. 컨베이어 벨트의 속도가 변하고, 이동하는 창이 끊임없이 열리고 닫힌다. 컨베이어 벨트의 속도가 끊임없이 변화하는 것은 시장이 불안하기 때문이다.

그림 5-2 기회의 창

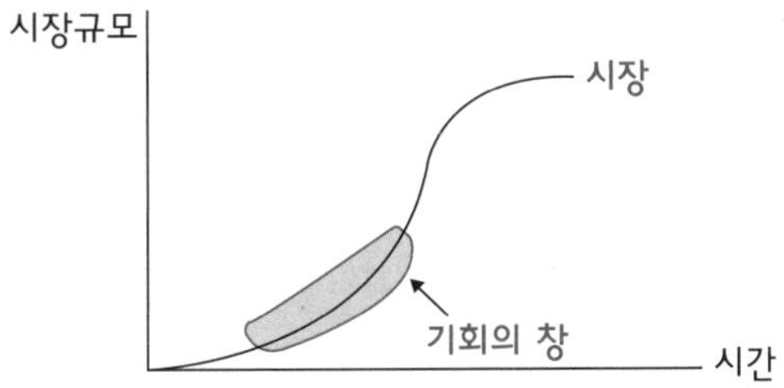


기회를 창조하고 포착하기 위해서 창이 닫히기 전에 컨베이어 벨트로부터 선택할 필요가 있다. 기업은 이 짧은 기회를 감지할 수 있도록 항상 주의하고 관찰해야 한다. 외부적 환경으로 기회의 창이 열려져 있을 때 기업은 시장상황과 역량이 적합하다면, 전략적으로 우월한 위치를 선점할 수 있다. 신제품을 위한 시장이 출현하면 기회의 창이 열리고, 새로운 진입이 일어난다. 어떤 지점에서 시장이 성숙하여 새로운 진입자에 대한 기회의 창이 닫힌다.

### (4) 사업 아이디어의 원천

중소기업은 언제나 신제품과 서비스의 추진요인을 갖고 있다. 대기업으로 연상되는 많은 제품과 발명은 중소기업에서 창조되었다. 예를 들면, 에어컨, 베이클라이트(Bakelite)[2], FM 라디오, 회전 나침반, 컴퓨터 단층촬영기, 인공심박조율기(pacemaker), 선체의 외부에 붙어 있는 엔진, 퍼스널 컴퓨

2 베이클랜드(Leo Baekeland)가 발명한 합성수지의 일종으로 경화되기 전의 제1차 반응에서 생긴 것이 천연의 로진을 닮아 합성수지라고 불리며, 베이클라이트의 상품명으로 공업화되어, 오늘의 인조재료, 즉 플라스틱의 시초가 되었다.

터, 냉동식품, 안전면도기, 소프트 콘택트렌즈와 지퍼 등이다. 이러한 창조성과 혁신능력은 광범위한 재무자원, 인적자원 제한이나 물리적 자원이 부족한 중소기업이 신제품과 서비스를 제공함으로써 고객가치를 제공하는 경쟁우위를 발견할 수 있다. 중소기업은 창조성과 혁신의 몰입을 어떻게 장려할 것인지를 고려하는 것이 중요하다.

### 1) 창조성과 혁신

중소기업이 대기업과 경쟁하는 방법은 혁신을 더 잘하는 것이며, 이것은 새롭고 다른 것(new and different)을 창조하는 것이며, 신제품과 서비스 창조에 한정할 필요가 없다. 혁신(innovation)은 제품이나 서비스가 사용되는 새로운 방법을 포함한다. 혁신은 고객에게 도달하기 위한 새로운 방법이나 새로운 고객을 확인하는 것이다. 따라서 혁신은 고객가치를 제공하는 새로운 방법을 발견하는 데 집중한다. 창조성은 고객가치를 구성하는 혁신적인 수단을 안출하는 것이다. 혁신과 관련된 큰 실수 중의 하나는 혁신은 높은 창조적 개인과 R&D 시설을 갖고 있는 조직에 제한되어 있다는 것이다. 조직의 규모는 새로운 제품이나 서비스를 생산할 능력과 관계가 없다. Alexander Hiam은 조직 내에서 창조적 사고방식을 방해하는 8가지 요소를 확인하였다.[3] 따라서 혁신을 방해하는 요소를 제거할 필요가 있다.

#### SENSE 창조적 사고방식을 방해하는 8가지 요소

① 질문을 하지 않는다.
중소기업 소유자와 종업원들은 *why*-type 질문을 자주 하지 않는다.

② 아이디어를 기록하지 않는다.
개인들이 창조적이고 많은 아이디어를 생산하더라도 도움이 되지 않는다. 다른 사람들이 이런 아이디어를 평가할 수 없는 경우이다. 아이디어를 기록하고 공유하는 것이 중요하다.

③ 아이디어를 다시 논의할 수 없다.
아이디어 기록의 혜택 중의 하나는 즉시 실행될 수 없더라도 미래 어느 시점에 실행할 수 있다.

④ 아이디어를 표현할 수 없다.
때때로 개인들은 비난이 두려워서 새로운 아이디어를 표현하려고 하지 않는다. 어떤 조직에서 충분히 개발하는 것을 허용받기 전에는 아이디어를 지나치게 비판한다.

⑤ 새로운 방법으로 생각하지 않는다.
너무 진부하다고 생각하지 않는다. 가치를 제공하는 문제를 찾고 접근할 때 새로운 방법을 생각한다.

⑥ 더 많은 것을 원하지 않는다.
특정한 문제를 해결하는 수단이나 문제의 현재 상태에 대한 만족은 고객에게 가치를 제공하는 새로운 방법을 찾을 수 없는 것으로 전환한다.

3 Alexander Hiam(1998).

⑦ 창조적으로 노력하지 않는다.
전혀 창조적이지 않다고 잘못 생각한다. 이것이 현재 진행 중인 문제의 새로운 해결안을 창안하려고 하지 않게 된다.

⑧ 계속 시도하지 않는다.
창조적 방해물에 직면할 때 간단히 포기한다. 조직은 창조적인 과정을 종종 육성하지 않는다. 조직은 사람들에게 문제에 관하여 생각할 시간을 주지 않는다. 조직은 종업원들로부터 낯선 것을 허용하지 않고 창조성을 영역에 가둔다.

### 2) 사회와 소비자 추세

모든 기업이 사회와 소비자 추세(trends)와 관련이 있는 것은 아니다. 어떤 기업은 비교적 안정된 환경에서 운영되고, 표준제품이나 서비스를 제공한다. 지역의 작은 식당은 메뉴에 표준가격을 제공한다. 남성복 주인은 주류 남성복을 제공하는 것을 예상한다. 그러나 중소기업은 최근에 만들어진 사회나 소비자 추세를 확인함으로써 더 큰 이익을 얻는다. 기업이 쉽게 새로운 사회와 소비자 추세를 확인할 수 있다면, 신제품을 개발할 수 있다. 추세는 일시적 유행과 다르다. 일시적 유행(fads)은 고객을 감동시킬 수는 있지만, 그 자체의 특성에 의해서 짧은 수명을 가지고 있다. 반면 추세(trends)는 어떤 현상이 일정한 방향으로 나아가는 경향으로 미래의 잠재력이다.

중소기업은 추세를 잘 활용할 위치에 있다. 작은 규모는 더 큰 유연성을 갖고 있다. 작은 규모는 광범위한 관료구조가 아니기 때문에 매우 신속하게 움직일 수 있다. 중소기업을 위한 큰 과제는 적절한 시기에 추세를 정확하게 확인할 수 있어야 하는 것이다. Google Trends(www.google.com/trends)는 특정한 시간범위 동안에 특정한 주제가 검색된 것을 추적한다. 이 시스템은 복합주제를 추적할 수 있고, 검색된 주제와 특정 지역을 조사할 수 있다. 특정한 추세의 존재를 알기 쉬운 그래픽 형태로 자료가 제시된다.

### 3) 고객의 이해와 발견

지각된 가치제안은 어떤 기업에게 중요한 과제를 제공한다. 기업은 고객의 편익과 비용에 대한 지각을 완전하게 이해하는 것이 필요하다. 시장세분화가 기업이 시장의 분할을 더 잘 이해하는 데 도움이 되더라도 과제는 고객을 이해하는 것이다. 고객들은 제공물의 편익과 비용으로써 제품가치를 지각하는 데 어려움이 있다. 기업은 이러한 중요한 요구사항을 어떻게 확인하는가? 단순한 해답은 고객의 소리(voice of the customer)에 귀를 기울이기 위해 모든 기회를 열어놓는 것이다. 이것은 일대일 기준으로 고객에게 적극적으로 말하는 것이다. 만족도 조사나 회사의 웹 사이트를 사용하여 고객의 응답을 요청하는 것이다. 고객을 잘 이해하고 제안된 신제품과 서비스를 평가하기 위해서 시장조사를 사용한다. 회사는 다음 질문을 설명하여야 한다.

- 회사는 고객의 어떤 욕구를 현재 충족하고 있는가?
- 회사는 고객의 어떤 욕구를 현재 충족하지 못하는가?
- 미충족 고객욕구를 어떻게 확인하는가?
- 고객이 원하는 가치제안은 무엇인가?
- 회사의 가치제안은 경쟁자와 어떻게 다른가?

고객에게 탁월한 가치를 제공함으로써 회사의 목표를 달성할 수 있다. 가치창출은 사업이 돈이 되는 것을 확실히 하는 방법으로 이루어져야 한다. 하나의 방법은 수익성이 있는 고객을 확인하고 선택하는 것이다. 고객생애가치(lifetime value)[4]는 고객에 의해서 이루어지는 수입, 고객에 의해 지출되는 비용과 고객의 일생 동안 고객의 유지율을 설명한다.

**SENSE 욕구는 크지만 문제해결 수단은 취약**

인간은 늙지 않고 아름다움을 간직하고 싶은 욕망이 크다. 생활이 윤택해지고 고령화 사회가 되어감에 따라서 노화의 방지는 날이 갈수록 관심의 대상이 되고 있다. 피부노화를 방지하고자 하는 욕구와 필요는 크지만, 이를 해결하는 수단은 아직까지 미약하다. 욕구와 문제해결수단 간의 불균형이 클수록 사업의 기회가 되지만, 이를 해결하기 위한 기술개발이 관건이다.

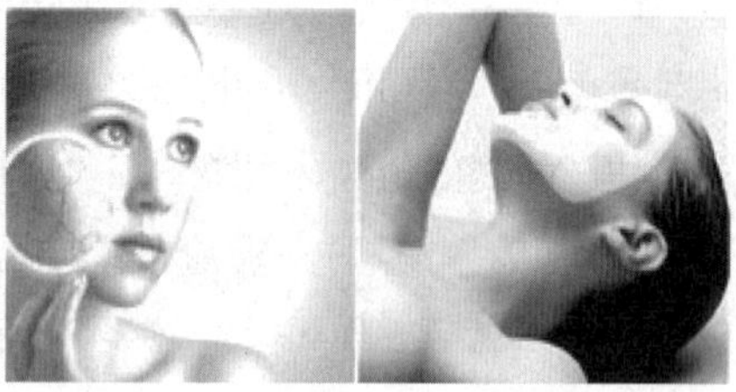

## 2 틈새시장

### (1) 틈새시장의 성격

#### 1) 틈새시장의 특징

틈새시장(niche market)은 지금까지 존재하지 않았던, 존재했더라도 관심을 끌지 못하고, 대체재가 없어 새로운 수요가 확실한 시장이다. 틈새시장을 '남이 아직 모르는 좋은 낚시터'로 비유한다. 틈새는 존재하지는 않지만, 다른 기업이 불충분하거나 전혀 다루지 않고, 제품이나 서비스를 개발하지

4 한 고객이 평균적인 고객생애기간 동안 산출하는 수익의 순수 현재가치.

않고, 전달하지 않는 욕구와 필요를 확인함으로써 창조될 수 있다. 새 시장은 거대 경쟁자가 달성할 수 있는 규모경제에 맞서 중소기업이 경쟁할 수 있는 이용 가능한 매력적인 기회(attractive opportunity)가 있는 시장이다.

- 틈새시장: 지금까지 존재하지 않았던, 존재했더라도 관심을 끌지 못하고, 대체재가 없어 새로운 수요가 확실한 시장

틈새시장은 공통의 욕구와 관심이 있는 큰 시장의 작은 분할이다. 비행기 여행객은 큰 시장이지만, 회사임원과 대기업의 최고경영층은 시장에서 틈새시장이다. 애완시장은 큰 시장이지만, 흰 담비는 대부분의 회사가 제공하지 않는 작은 틈새시장이다. 틈새제품(niche product)은 틈새시장의 욕구를 제공하기 위해 특별히 창조된 전문품이나 서비스이다. 항공기 기내용 포장 스낵은 스낵 제품 포장자가 만든 틈새제품이다. 틈새제품은 틈새유형제품, 틈새서비스, 틈새유통과 틈새위치로 분류된다.

- 틈새유형제품(niche physical product): 어떤 틈새시장을 위해 특별히 창조된 제품이나 포장이다. 예를 들면, 대형 책, 항공기 간식 및 출산 옷 등이 있다.
- 틈새서비스(niche service): 제품이 실제로 서비스인 것이다. 바쁜 전문직을 위한 가정 식품배달이 해당된다. 진문조류 또는 조류공급 사업처럼 특별한 지식이나 전문지식도 틈새서비스이다.
- 틈새유통(niche distribution): 부가가치가 특별한 시장에 제공하기 위해 기존제품에 집중하는 곳이다. 이것은 인터넷에서 발생한다. 예를 들면, 알레르기 환자를 위한 제품을 판매하는 온라인 상점이나 모든 종류의 배터리만을 판매하는 온라인 배터리점이 있다. 라지 몰이나 스몰 몰 등은 인터넷에서 볼 수 있는 틈새유통이다.
- 틈새위치(niche location): 일반제품이나 서비스가 전문 틈새의 위치로 배달되는 곳에 있다. 위치가 틈새이다. 막힌 시외도로에서 판매하는 오징어나 뻥튀기, 졸업식 학교에서 판매하는 꽃다발이나 사진촬영, 또 레스토랑에서 판매하는 꽃이 해당된다.

틈새시장은 성공을 보장하지는 않지만, 새로운 수익을 창조하는 동안 새롭고 미개척된 자원을 사용하는 수단을 창조적인 경영자에게 제공하기 때문에 틈새시장 탐구는 경영선택을 대표하고 있다. 다음은 이상적인 틈새시장의 5가지 특징이다.

- 수익성: 수익이 있는 적절한 규모와 구매력을 갖고 있다.
- 성장: 잠재적인 성장이 예상된다.
- 제한된 경쟁: 뛰어난 생산자의 경쟁이 없다.
- 경쟁우위: 필요한 자원, 기술과 경쟁자보다 더 잘 할 수 있는 시장을 갖고 있다.
- 고객호감도: 경쟁을 방어하고, 고객의 충분한 충성도를 구축할 수 있다.

## 2) 틈새사업

틈새사업(niche business)은 틈새시장에 전적으로 틈새제품을 제공함으로써 구축되는 시장이다. 사업 아이디어를 탐구하고 발전할 때 틈새시장, 틈새제품, 틈새마케팅과 궁극적인 목표인 틈새사업 간의 관계를 이해하는 것이 중요하다. 처음부터 시작하는 경우 최소한 방어적인 틈새사업을 시작하는 것이다. 이미 사업을 시작했다면 틈새마케팅을 사용하여 틈새시장에 집중하거나 틈새제품을 추가하는 것이다. 시작할 때 너무 많은 비용이 들고 수익이 발생하기도 전에 경쟁자들이 포위하고 있는 전체시장에서 경쟁하는 것이 아니다. 사업을 이미 시작했다면 틈새제품과 시장을 생각하고, 틈새시장에서 사업을 하고 있다면 다른 분야의 틈새시장에 걸치는 것을 생각하는 것이 필요하다.

틈새시장은 몇 가지 장점이 있다. 틈새시장은 경쟁이 거의 없거나 적다. 틈새시장에서 고객과의 강력한 관계를 형성할 수 있고, 경쟁이 거의 없기 때문에 사업이 안정적이다. 이러한 시장에서 기업은 계속적인 기술과 능력을 개발하여 새로운 진입자로부터 경쟁우위를 확보할 수 있다. 또한 수익성이 높은 시장에 집중함으로써 새로운 기회를 찾기 위한 노력이나 시간을 낭비할 필요가 거의 없다.

**표 5-1 틈새시장의 이점**

| 구분 | 설명 |
|---|---|
| 약한 경쟁 | 성공적인 틈새시장은 사실상 경쟁이 없고, 새로운 진입의 위험이 적은 시장이다. |
| 강력한 관계 | 경쟁위협으로부터 틈새시장 진입자를 보호하고, 핵심고객과의 강한 관계를 구축한다. |
| 사업 안정성 | 경쟁이 적거나 없다. 변동성을 경험하지 못한 기업에 안정성을 준다. |
| 향상된 능력 | 회사는 계속적으로 기술과 능력을 추가한다. 이것은 경쟁우위가 된다. |
| 사업의 집중 | 새로운 기회를 찾기 위해서 시간이나 노력을 낭비하지 않고, 핵심사업에 집중한다. |
| 높은 수익 | 고객들이 가격을 중요한 속성으로써 고려하지 않기 때문에 수익이 높다. |

틈새시장은 성장하거나 변화하는 것을 찾는 사업에 특히 흥미롭다. 하나의 잠재적인 결정은 활동의 규모나 범위를 증가할 수 있다. 일반적으로 성장목표는 판매, 종업원이나 자원의 증가나 사업의 다양성을 포함한다. 성장은 마케팅 기회나 새로운 자원에 대한 최적화로 운영된다. 대부분의 변화는 새로운 수익의 개발이나 다양화의 형태를 필요로 한다. 틈새중심 변화는 수요측면에서 변화하는 소비자 기호나 기업조직 측면에서 종업원의 강력한 관심에 의해 추진된다. 어떠한 새로운 사업방향도 많은 계획과 바라는 결과의 신중한 고려 없이는 오지 않는다. 내적 사업의도는 외적 틈새시장 기회와 일치해야 한다. 내적 희망의 결과가 이용할 수 있는 기회와 일치된다면 행동에 대해 지속가능하고 효과적인 계획을 개발할 시간이다.

## (2) 틈새마케팅 전략의 수립

틈새시장은 유사한 인구, 구매행동과 라이프 스타일을 갖는 고객집단으로 구성된다. 예를 들면, 품질보증과 생산자원을 중요시하는 식품 구매자, 편리한 형태에서 쉬운 준비음식을 찾는 소비자를 포함한다. 동일한 구매행동이 있는 소비자들조차도 다른 동기를 갖는다. 표적시장 이해는 잠재고객의 욕구를 충족하는 데 필요한 자원, 관심과 사업요소를 갖고 있는지 밝히는 데 중요하다.

특성이 비슷한 소비자를 확인하면 표적마케팅 활동과 브랜드 촉진방법으로서 군집화(clustering)하는 것이 도움이 된다. 기업이 제품을 구매하거나 특정한 판매점을 방문하는 소비자의 동기를 이해한다면, 소비자의 군집화는 표적과 효과적인 마케팅 활동을 계획할 수 있다. 군집화는 잠재적 방문자수와 상이한 고객집단에 대한 적절한 가격을 추정하는 데 도움이 된다. 예를 들면, 편의성을 중요시하는 고객집단에 제품을 출시하는 기업을 고려해 보자. 제품을 쉽게 먹을 준비가 된 형태로 만들기 위해 마케팅 자원을 획득한다면 책정된 가격은 필요한 고객에게는 적정할 것이다.

틈새가 확인된 후 다음 단계는 구매자를 발견하고 그들의 주의를 끌어들이는 것이다. 잠재적 구매자와 연결하기 위해 사려 깊은 촉진계획과 메시지를 개발할 필요가 있다. 틈새시장 소비자와 연결하기 위해서 웹 사이트, 홍보전단, 인적 커뮤니케이션, 포장, 이미지 등과 같은 마케팅 믹스는 신뢰할 수 있는 광고 주장, 동기유발 메시지와 일관된 이미지를 통합할 필요가 있다. 다음은 틈새시장 마케팅을 위한 규칙이다.

- 시장의 독특한 욕구충족: 소비자와 시장조사를 필요로 한다.
- 적절한 정책개발: 세분시장의 동기와 관심을 목표로 하는 촉진정책을 개발한다.
- 테스트시장: 소매상이나 협력자와 최소한 시장테스트로 시작한다.

틈새마케팅(niche marketing)은 큰 연못에 있는 작은 고기 대신 작은 연못에 있는 큰 고기(a big fish in a small pond)를 목적으로 한다. 이를 미시마케팅이라고 한다. 틈새시장 마케팅은 경쟁을 완화하고 제품가격에 대한 통제력을 얻는 방법이다. 약한 경쟁으로 틈새시장 제품에 대한 수요는 탄력성이 적다. 대량마케팅은 모든 고객이 동일한 제품욕구를 갖고 있다는 가정에서 사용하는 산탄총(shotgun) 접근이지만, 틈새마케팅은 잘 정의된 고객집단, 즉 고유한 욕구를 제공하는 집중된 소총(rifle) 접근이다.

### SENSE 불편한 서비스 찾아라… 틈새 뚫은 개척자들

"사람들은 앞으로도 은행업무를 봐야 하지만, 꼭 은행이 필요한 것은 아니다." 빌 게이츠는 20년 전 쯤부터 미래에는 은행이 사라질 것이라며 이렇게 예언해왔다. IT·핀테크 기업들이 사업모델을 짜는 방정식 중 하나는 기존엔 불편했던 은행업무를 훨씬 간편하게 만드는 것이다. 이 중 대표적인 분야가 간편·송금 서비스다. 공인인

증서에 의존하는 시중은행의 기존 인터넷뱅킹 앱에 불만을 느끼는 소비자가 많았기 때문이다. 다음카카오가 2015년 10월 소액 송금 앱인 '뱅크월렛카카오'를 출시한 것을 필두로 네이버, NHN엔터테인먼트, 삼성, LG, 롯데, 신세계 등 많은 기업이 간편 송금·결제 서비스 분야에 도전장을 내밀었다.

바이오 인증이 공인 인증서를 대체할 본인 인증수단으로 부상하면서 홍채, 지문, 손바닥 정맥 등 신체 정보를 바탕으로 한 보안기술을 보유하고 있는 기업들도 점차 성과를 내고 있다. 이 중 홍채 보안기술 특허를 보유하고 있는 이리언스는 기업은행과의 제휴를 통해 홍채 인증 서비스를 선보였다. 카드나 통장 없이도 ATM에 눈을 대면 금융거래를 할 수 있는 서비스다.

출처: 조선일보 2016.01.05

## 1) 틈새시장 진입 시 고려사항

생산자의 관점에서 적당한 틈새를 확인하는 것은 부가가치를 붙여 판매가격과 수익을 증가할 수 있는 기회이다. 그러나 특정한 틈새 속으로 확장하는 것을 회사가 결정하기 전에 탐구해야 할 많은 요인들이 있다. 다양한 요인들을 틈새시장으로 이동하기 전에 고려해야 한다. 틈새시장에 진입할 것인지 여부를 결정할 때 고려할 요소는 고객인식, 제조에 미치는 영향, 몰입, 시장과 마케팅이다.

- 고객인식: 마케팅은 제품의 싸움이 아니라 인식의 싸움(battle of perceptions)이다.[5] 틈새시장으로 이동하기로 결정할 때 제품이 고객의 인식에 어떻게 영향을 주는지를 아는 것이 중요하다.
- 제조에 미치는 영향: 틈새시장 진출에 필요한 회사의 내부자원을 확인한다. 조직이 확장에 필요한 인력과 장비를 갖고 있는가? 인력이 틈새기회에 필요한 부분에서 훈련되어 있는가? 얼마나 많은 인력이 새로운 기회에 필요한가?
- 몰입: 틈새시장을 추구하기 위해 회사는 몰입되어 있는가? 수익이 있기 위해서는 어느 정도의 기간이 필요한가? 새로운 틈새시장에서의 성공을 어떻게 측정하는가? 부가가치 기회가 회사의 장기계획과 일치하는가?
- 시장과 마케팅: 구체적인 전략을 채택해야 한다. 틈새기회는 이미 제조한 다른 제품과 관련이 있는가? 새로운 틈새시장의 판매에 관하여 지식이 있는가? 새로운 틈새시장에서 주요 경쟁자는 누구인가? 신제품이나 부가가치 영역에서 강력한 경쟁우위를 개발할 수 있는가?

## 2) 틈새시장 진출전략 수립절차

틈새마케팅(niche marketing)은 특정한 틈새에 제품을 출시하는 전략이다. 예를 들면, 항공사들이 신혼부부들의 욕구를 알고, 유리한 시장을 향해 표적광고를 할 수 있다. 이러한 고객틈새에 변형제

5 Ries, A. and Trout(1993).

품을 제공하기 위해 기존제품을 수정하기까지 한다. 틈새시장은 더 작은 틈새에 집중함으로써 사업을 키우는 기법이기도 하다. 다음은 틈새마케팅 전략을 고려할 때 필수적인 요소이다.

- 고객파악: 세분화를 고려한다.
- 명확한 목표와 목적설정: 새로운 세분시장에 접근하고, 마케팅 비용을 낮추고, 프리미엄 가격을 확보한다.
- 자원의 적합성: 틈새마케팅은 회사의 자원, 역량, 선호와 일치해야 한다.

수익성이 있는 틈새시장이 우연히 발견되더라도 틈새기회를 찾고 개발할 때 체계적인 전략이 필요하다. 다음 단계는 수익성이 있는 틈새시장을 활용하기 위해 무엇을 판매할지, 어디에서 팔지, 누구에게 팔지, 그리고 판매가격을 어떻게 할지를 결정하기 위한 틀을 형성한다. 다음은 틈새시장 진출전략을 수립하는 절차이다.

그림 5-3 틈새시장 진출전략 수립절차

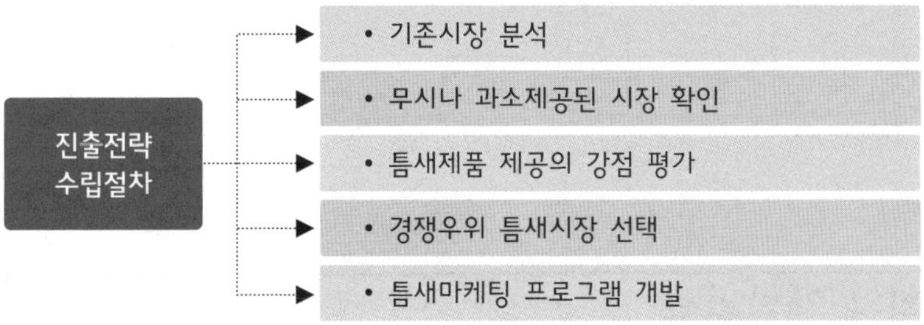


### ① 기존시장 분석

첫 단계는 기존시장을 분석하는 것이다. 고객이 누구인지, 현재 진출자나 경쟁자가 누구인지, 어떤 제품이나 제품계열이 제공되는지, 어떤 가격이 책정되었는지, 그리고 어떤 유통경로가 사용되는지를 찾는다. 이러한 정보를 기업이 수행하는 조사로부터 이용할 수 있다.

### ② 무시나 과소제공된 시장 확인

기존시장에 있는 어떤 세분시장이 현재 무시되었거나 과소제공되었는지를 알아낸다. 정보는 개인적 관찰, 현재 시장참여자들의 면접, 컨설턴트, 협회 간행물, 정부 간행물, 시장정보나 신문을 통해서 얻을 수 있다.

### ③ 틈새제품 제공의 강점 평가

무시된(neglected) 또는 과소제공된(underserved) 세분시장의 욕구를 만족할 때 효과적으로 필요한 자원과 기술을 알아낸다. 경쟁에 필요한 원재료, 장비, 기술, 자금과 관리자원을 고려한다. 또한 판매원 규모와 유통경로 구성원과 같은 마케팅 필요사항을 고려한다. 추가적으로 시장분할에서 예상되는 경쟁이나 경쟁자를 알아낸다.

#### ④ 경쟁우위 틈새시장 선택

경쟁우위를 갖고 제공할 수 있는 틈새시장을 선택하는 것이다. 장점, 위치와 자원에 근거하여 하나 이상의 세분시장을 선택한다. 틈새마케팅은 임시적이거나 경쟁자에 의해서 공격을 받을 때 위험할 수 있다. 하나의 틈새시장보다 더 많이 전문화하는 것은 위험을 감소하고 성공의 기회를 증가한다. 시장틈새에 포지션을 어떻게 설정할 것인가를 고려한다.

#### ⑤ 틈새마케팅 프로그램 개발

시장의 욕구를 충족하기 위한 마케팅 프로그램을 개발한다. 선택된 틈새시장에 대해 고객에게 효과적으로, 그리고 이익이 되도록 제공하기 위하여 최고의 제품, 가격, 촉진과 유통 시스템을 밝혀낸다. 탁월한 서비스는 고객충성도를 구축하고 유지하는 데 도움이 된다. 틈새시장에 관한 조사를 하는 좋은 방법은 산업과 관련된 전시회와 박람회에 참가하는 것이다. 이러한 박람회에서 많은 기업들이 틈새시장에 이미 제공하는 것을 확인할 수 있다. 이러한 정보는 틈새시장으로 확장하는 아이디어가 성공할 수 있는지를 판단하는 데 도움이 된다.

## 3 사업기회의 개발과정

초보적인 아이디어에서 전면적인 사업계획을 형성할 때 기회는 전개된다. 기회인식은 시장욕구나 미제공 자원의 탐색, 지각, 특정한 시장욕구와 특정한 자원 간의 적합성 인지와 발견 등으로 진행된다. 이러한 과정에서 기회의 인식, 발견과 창조가 각각 나타난다. 시장욕구와 자원 간의 적합은 욕구와 자원이 미리 일치된다고 가정하는 것이다. 시장욕구와 기업자원의 현재 일치는 특정한 지역이나 시장의 탐구하는 유형이다. 현재 더 유망한 기회로 자원을 재배치할 기회가 있다고 생각할 때 기업가들은 신제품－신시장을 확장하거나 신사업을 시작하는 것을 결정한다.

사업기회 개발과정은 시장기회를 확인하여, 결과를 토대로 유망한 사업기회를 선정하는 과정이다. 시장의 기회확인 대상을 설정하여 탐지·판별한 다음 선정할 수 있는 최적의 유망기회를 발굴하는 일련의 과정은 간단한 과정이 아니지만, 시장기회는 모든 사업기회의 시작이기 때문에 매우 중요한 과업이다. 사업기회 개발과정은 대상기회의 선정, 기회창출과 판별, 대상기회의 심사와 유망기회의 선정이 단계적으로 진행된다.

그림 5-4 사업기회 개발과정

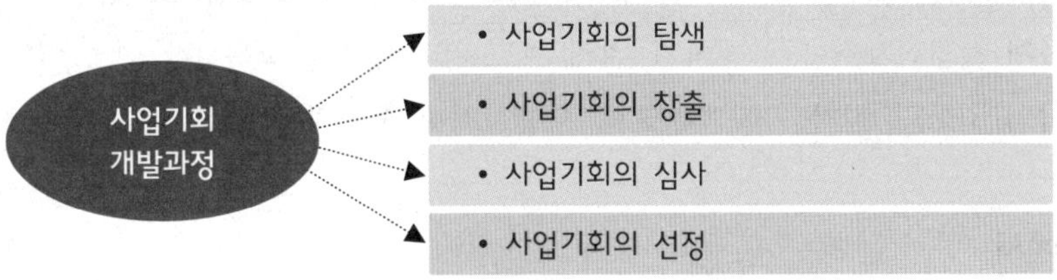


## (1) 사업기회의 탐색

기업가는 제품 아이디어나 기술로 시작하여 제품에 적합한 시장 잠재력을 탐색하는 경우도 있다. 마케팅 기회는 기업이 처리하지 않은 고객들의 바람이나 충족되지 않은 고객욕구가 존재한 곳이다. 기업은 기존고객으로부터 판매확대를 통해 수입을 증가하고, 제품계열에서 공백을 보충하거나 새로운 시장을 분할하는 목표를 설정하여 신상품을 창출하기도 한다. 기업은 시장욕구나 미제공 자원을 확인하거나 인식할 수 있다. 새로운 가치창조와 전달을 위해 기회에 대한 민감성은 사람들마다 매우 다르다. 과소제공되거나 미충족욕구를 지각하거나 연결짓는 능력들도 개인들마다 차이가 크다. 기업가들은 가치창조와 전달을 위한 새로운 능력을 부단히 개발하지만, 새로운 능력과 현실적 적용방법도 매우 다르다. 이러한 개인적인 차이는 유전적 요인, 환경과 경험, 그리고 특정한 기회에 관하여 갖고 있는 정보의 양과 형태에서 차이가 발생하기 때문이다.

어떤 기업가들은 시장의 욕구나 문제에 민감하여 환경에서 기회를 발견하고 신제품에 대한 가능성을 지각한다. 그러나 문제인식이나 가능성에 대한 민감성은 문제를 해결하기 위한 아이디어의 창출로 반드시 전개되는 것은 아니다. 미제공된 제품, 지역, 유휴생산설비, 미활용된 기술이나 발명, 불용자산 등과 같이 전혀 사용하지 않거나 충분히 사용하지 않은 자원을 확인하는데 기업가들마다 다르다. 발명가, 과학자나 개인들은 발명, 신기술의 시장수용이나 상업적 실행가능성과 관계없이 신제품과 서비스에 관한 아이디어를 창출할 수 있는 능력이 뛰어나다. 기회는 누구에게나 의식적이든 무의식적이든 주어진다. 그러나 기회가 있다 하더라도 사전에 추구할 가치가 있는지를 결정하는 것은 쉬운 일이 아니다. 기회를 포착하는 능력과 이를 활용하는 능력이 뛰어나면 사업기회는 확대될 수 있다.

### 1) 시장규모의 추정

시장기회를 정량화하는 것은 확인한 욕구가 있는 소비자들의 수와 문제를 느끼는 소비자들의 수를 추정하는 문제이다. 판매수입계획은 계획기간에 판매수입을 획득할 것으로 기대하는 기회의 일부분이지만 어려운 과업이다. 많은 보고서와 자료로 시작하는데, 일차조사가 충분히 견실할 때까지 조사의 타당성을 전적으로 신뢰하지 말아야 한다. 시장규모의 추정은 잠재고객의 수를 계산하는 과정이다. 기업이 제공하는 욕구에 대한 해결안을 잠재고객들이 구입할 것이라는 가설을 형성한다. 이러한 속성을 공유하는 다른 소비자들에 대해서도 가설을 검증한다. 합리적으로 좋은 가설이라면, 잠재고객으로부터 실제 시장잠재력을 추정하기 위해 보고서와 자료를 찾을 수 있다. 아직도 비현실적인 자료이므로 기회의 최고와 최저 가능범위로써 시장기회를 생각하는 것은 매우 유용하다.

### 2) 파괴적 혁신

크리스텐슨(Christensen)의 파괴적 혁신(disruptive innovations)[6]은 단순하고 저렴한 제품이나 서비스로 시장의 밑바닥을 공략한 후 빠르게 시장 전체를 장악함으로써 궁극적으로 기존의 경쟁자를 대체하고 가차 없이 시장을 석권하는 과정이다. 파괴적 혁신을 통해 성장을 추구할 때 가치를 인식하는 기업들은 다양한 점에서 수익을 낸다. 이처럼 파괴적인 신생기업(disruptive upstarts)이 가치사슬의 상층을 점령함에 따라 새로운 시장이 닫혀져 기존기업들은 기반을 잃게 된다.

어떤 기업들은 고객의 욕구가 진화하는 것보다 더 빠르게 혁신하는 경향이 있기 때문에 대부분의 기업들은 궁극적으로 매우 정교하고, 비싸고, 복잡한 제품이나 서비스를 생산함으로써 시장의 상층에서 지속되는 혁신을 추구한다. 시장의 상층에 있는 가장 다루기 어렵고 까다로운 고객에게 가장 높은 가격을 부과함으로써 회사는 매우 큰 수익을 달성할 수 있다. 파괴적 기업의 특징은 전통적인 성능과 비교할 때 기존 해결책만큼 매력적인 것으로 보이지 않는 저마진, 작은 표적시장과 단순한 제품과 서비스이다.

그림 5-5 시장기회의 탐색 기준

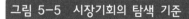

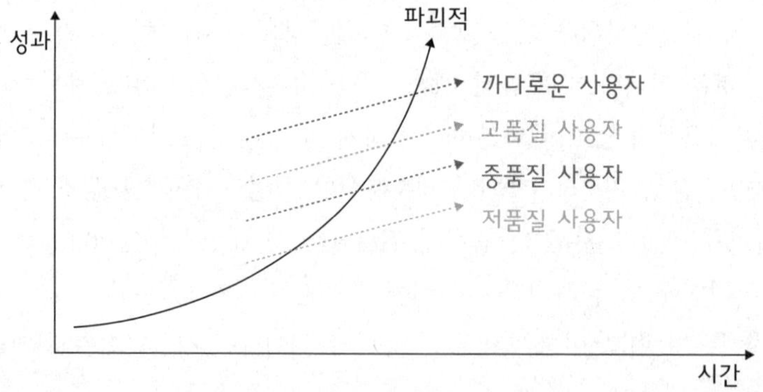


기업이 주요 고객과 잠재고객의 욕구에 집중하여 발견한 기회를 인지하거나 활용하는 것은 쉽지 않다. 잠재고객들이 기업의 본류가 아니고, 지각된 시장규모나 수익이 심사기준을 충족하지 못하고, 욕구를 처리하기 위해 적절한 과정을 갖고 있지 않다. 그래서 기회는 기업이 다루기 더욱 어렵다. 새로 확인한 시장욕구는 기존시장, 공급자와 소비자 관계와 어떻게 관련이 있는지를 찾는 것이 중요

6 Christensen, Clayton, Richard Bohmer, and John Kenagy(2000).

하다. 욕구를 발견하더라도 언제나 이용할 수 있는 시장기회를 갖는 것은 아니다. 기업이 제공하는 어떤 해결안에 대하여 잠재고객들이 이용할 수 있는 대안은 많이 있다. 고객들은 기업이 제안한 해결안을 구매하지 못하도록 하는 다른 문제가 있을 수 있다.

SENSE **파괴적 혁신인가**

세계 소비자들도 중국이 만든 스마트폰의 뛰어난 가성비(가격 대비 성능) 바람에 휩쓸리며 고가폰에 대한 흥미를 잃기 시작했다. 저가폰 대공습의 중심에는 샤오미, 화웨이 등 중국 브랜드 사이에 벌어진 대혈투가 있다. 불과 5년 전만 해도 세계 스마트폰 시장에서 중국 브랜드를 찾기란 쉽지 않았다. 중국 화웨이와 ZTE는 자국 소비자도 외면하는 브랜드였고, 이름 없는 '짝퉁(산차이)' 제품하고 경쟁하는 처지였다. 샤오미는 회사를 막 설립한 시점이었다.

그러나 지금의 상황은 완전히 바뀌었다. 2011년 이후 중국 스마트폰시장에서 1위 자리를 놓치지 않았던 삼성전자는 2014년 3분기에 처음으로 샤오미에 1위 자리를 빼앗겼다. 같은 해 4분기에는 2위 자리마저 애플에 내줬다. 급기야 2015년 4분기에는 톱 5위에도 들지 못했다. 2015년 중국 스마트폰 시장에서는 샤오미, 화웨이, 비보, 오포 등 중국 브랜드가 상위권을 거의 휩쓸었다. 기존 강자 중에서는 애플만 명맥을 유지했다.

출처: 조선일보 2016.02.17

### 3) 추세발견

좋은 틈새시장을 찾기 위해서 추세를 발견해야 한다. 유망제품이나 유행제품을 구분할 필요가 있다. 추세는 사회변화에 따라 일정한 형태가 있기 때문에 틈새를 더 잘 찾을 수 있다. 기회확인 방법은 추세를 관찰하고, 사업가들이 추구하는 기회를 창조하는 방법을 연구하는 것이다. 경제적 요인, 사회적 요인, 기술진보, 정치행동과 규제변화에 대한 추세를 관찰하여 사업이나 제품·서비스를 위한 기회를 탐색하는데 활용한다. 추세관찰과 사업기회의 탐색은 복합적인 시장조사의 과정으로 새로운 사업의 시작단계에 해당한다.

#### ① 경제적 요인

경제적 요인(economic forces)은 소비자들의 가처분소득에 영향을 미친다. 경제의 개인 영역은 소비자들의 구매형태에 직접적인 영향을 준다. 예를 들면, 이자율 하락은 신규주택건설과 소비의 증가를 가져온다. 조사와 관찰, 구매시장 예측과 분석에 의해서 이러한 요인을 확인할 수 있다.

#### ② 사회적 요인

사회적 요인(social forces)이 신제품, 서비스와 사업 아이디어에 어떻게 영향을 주는지를 이해하

그림 5-6 추세관찰과 사업기회의 탐색

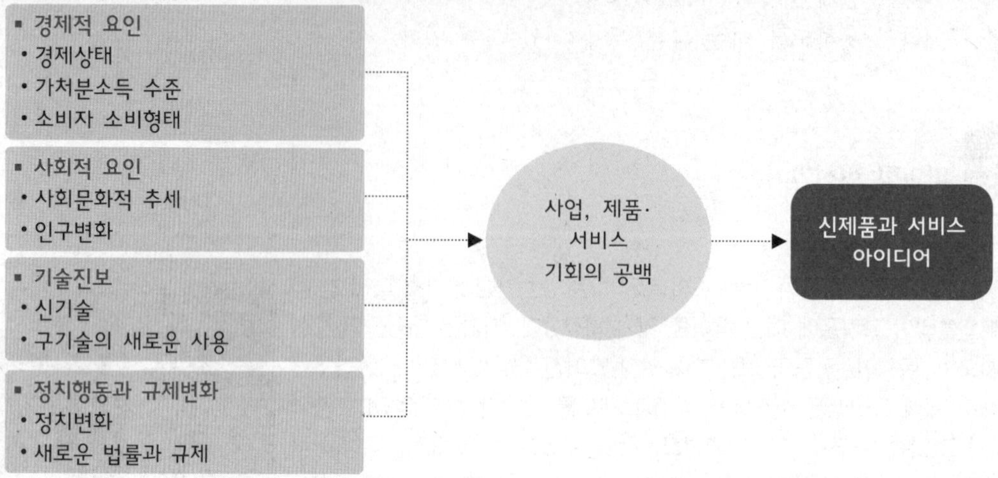


는 것은 기회인식의 기본이다. 예를 들면, 패스트푸드 레스토랑의 지속적인 확산은 패스트 음식에 대한 사랑 때문이 아니라 사람들이 바쁘다는 사실 때문이다. 새로운 기회를 가능하게 하는 최근의 사회적 추세는 가족과 근무형태, 인구의 고령화, 작업자의 다양화, 산업의 세계화, 건강관리의 관심 증가, 컴퓨터와 인터넷의 확산, 핸드폰 사용자의 증가, 음악의 새로운 규범과 오락의 유형 등이다.

### ③ 기술진보

기술진보(technological advances)는 기업가들에게 새로운 기술이 현재와 미래의 기회에 영향을 준다. 일단 기술이 창조되면 뒤이어 제품은 향상되어 나타난다. 기술의 진보는 종종 기회를 창조하는 경제와 사회적 변화와 꼭 들어맞는다. 예를 들면, 핸드폰의 창안은 기술적인 성취이지만, 사용자들에 의해 기술적 진보의 자극을 더욱더 받는다.

### ④ 정치행동과 규제변화

정치행동과 규제변화(political action and regulatory changes)는 기회에 대한 토대를 제공한다. 예를 들면, 기업이 법을 준수하도록 하는 새로운 법률은 창업을 시작하는 기업가에게는 기회를 제공한다. 규제를 받는 반대편에 있는 기업은 새로운 사업의 기회가 생성되기 때문이다.

### ⑤ 고객행동

고객행동(customer behavior) 안에 있는 미충족욕구와 기회를 발견한다. 소비자들은 특정제품을 왜 구매하는가? 소비자들의 구매에 영향을 주는 요인은 무엇인가? 사회의 변화요인은 무엇인가? 고객행동으로 제품선택과 구매이유 등을 파악할 수 있다.

## (2) 사업기회의 창출

사업기회 창출과정은 시장에서 확산적 사고를 통해서 많은 기회를 탐지해내는 과정이다. 기업에서 혁신기회는 조직의 내부, 고객과 기타 외부원천에 의해서 인식된다. 개발팀은 사업기회의 내부와 외부원천에 모두 집중하고 확인한다. 많은 사업기회를 효과적으로 확인한다는 것은 쉬운 일이 아니지만, 다행히도 이러한 벅찬 과업은 구조화된 기법을 활용하여 쉽게 이루어진다.

### 1) 사업기회의 명확화

사업기회의 발생은 다양하다. 외부환경의 기회요인은 환경의 변화, 신기술 출현 등에서 발생한다. 이러한 요인은 인구구성과 가족구성의 변화, 생활습관과 생활상의 변화, 가처분소득, 법적 규제와 사회문화적 환경의 변화 등이 있다. 경쟁환경의 기회요인은 산업의 경쟁격화, 산업 내 참여자들의 경쟁관계의 변화, 자사의 위상과 기업 이미지의 변화, 미개척 시장의 출현 등이 있다. 내부환경의 기회요인은 자사의 기술개발, 제품의 다양화, 제품의 독특성, 소비자 욕구의 적합성과 가격경쟁력 등이 있다. 사업기회를 확인하기 위해서는 다음과 같은 질문을 할 수 있다.

- 시장이 충분히 큰가?
- 시장이 성장하는가?
- 기업은 경쟁우위를 갖는가?
- 제품이 중요한 고객의 문제를 해결하는가?
- 고객이 기꺼이 가격을 지불할 용의가 있는가?

### 2) 사업기회의 창출기법

창조적인 사람은 새로운 아이디어를 찾아내는 일을 재미있어 한다. 그러나 모두가 다 창조적인 사람이 아니기 때문에 유망한 기회를 창출하는 것은 쉬운 일이 아니다. 새로운 것을 찾아내는 문제가 매우 추상적이고 비구조화되어 있고, 너무 많은 자유도가 있을 때는 더욱 난처하다. 신기술, 추세

그림 5-7 사업기회 창출기법

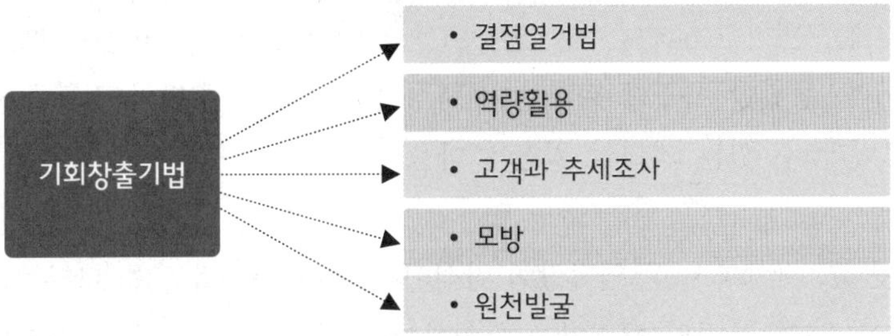

와 사업모델이 기업들에게 미치는 영향을 고려한다. 개인적인 관심과 연결된 미충족욕구를 확인한다. 어려운 과제이긴 하지만 사업기회 확인을 자극하는 기본 기법을 활용하면 매우 효과적이다.

① 결점열거법

성공적인 혁신자들은 자신의 주위에 있는 세계를 만족하지 않는다. 그들은 자신을 포함한 사용자의 미충족욕구를 주목하고 관찰한다. 매일 또는 주별로 발생하는 성가심이나 좌절을 모두 열거한 다음 이 중에서 가장 공통적이고 성가신 것(common and bothersome)을 추출하여 해결안을 생각해 낸다. 이것은 모든 문제가 기회라는 관점이다. 기회를 낳는 성가심은 고객의 불만이나 시장조사로 발견할 수 있다. 다른 사람의 성가심을 이해하는 강력한 방법은 자사의 제품이나 서비스를 사용하는 사람들의 세계에 몰입하는 것이다. 이렇게 하여 입수한 결점열거목록(bug lists)을 편집한다. 따라서 대상의 단점을 열거하여, 제거하고, 개선방법을 찾아내는 것이 사업기회를 찾는 과정이다.

② 역량활용

기업이 아이디어를 독특한 자원으로 이용하여 수익을 획득한다. 자원은 생산능력, 핵심역량과 경쟁우위를 포함한다. 수익을 창출하기 위해 자원은 가치 있고, 희귀하고, 모방할 수 없고, 비대체적(valuable, rare, inimitable, non-substitutable)이어야 한다. 자원은 기업에게 경쟁자보다 더 큰 성과를 달성하게 하고, 경쟁자와 관련된 약점을 감소하게 한다. 이러한 관점에서 자원목록을 명확히 하고, 그런 다음 기회창출을 위한 렌즈로 목록을 사용하고, 표적고객을 정의한다. 따라서 이러한 자원을 활용하여 고객의 욕구를 충족하고, 문제를 해결할 수 있는 기회를 탐색한다.

③ 고객과 추세조사

기회는 선택된 세분시장 안에 있는 고객을 연구함으로써 확인된다. 잠재적 욕구가 자원과 연결될 때 기회창출이 된다. 기술, 인구나 사회규범의 변화는 종종 혁신기회를 창조한다. 예를 들면, 스마트 폰은 매우 다양한 정보전달 서비스를 가능하게 한다. 또 다른 예로는 점점 증가하는 중국인 관광객인 유커(遊客)의 한국방문은 쇼핑, 관광서비스와 의료서비스에 이어 중국어 서비스 수요를 늘리고 있다. 환경인식의 증가는 그린제품과 서비스를 위한 시장을 창조한다. 사회, 환경, 기술이나 경제 추세를 리스트하고, 이러한 요인에 의해 이루어지는 혁신기회를 상상한다.

④ 모방

모방하되 더 좋게 모방하라(Imitate, but better). 기업이 성공적으로 혁신할 때 사실상 금광의 위치를 발견하는 것이다. 동일한 욕구를 다루는 선택적인 해결안은 주변의 정보를 이용하여 더 좋게 모방할 수 있다. 모방할 수 있는 기회의 원천은 다음과 같다.

- 경쟁자 추적관찰: 매체조사, 무역박람회 참석이나 특허출원 검색 등 다른 기업의 활동을 추적관찰한다. 예를 들면, 욕구와 해결안을 확인하여 혁신과 관련이 있는 연결을 찾는다. 그런 다

음 새로운 접근법으로 욕구나 선택적 대안을 충족하는 방법을 창출한다.

- 제품범주 분해: 제공물 자체가 대표상품 역할을 하는 경우가 있다. 소비자들이 특정제품을 특정 제품범주로 생각하여 최초상기군으로 인식한다. 예를 들면, '라면'하면 '신라면'을 생각한다. 이와 같은 상황은 혁신을 위한 기회이다. 이런 종류의 혁신을 추구하기 위해 비싸지 않고, 차별화하지 않은 제품이나 서비스를 열거한 다음 범주분할의 가능성을 고려한다.
- 하향확장과 상향확장: 고급제품이나 서비스를 범주 안에 리스트하고, 그런 다음 동일한 편익을 제공하는 저가의 하향확장을 상상한다. 이와 달리 저가제품이나 서비스를 제품범주 안에서 열거한 다음 속성과 편익을 고급화하는 고급품으로 상향확장을 고려한다.

### ⑤ 원천발굴

신제품개발의 아이디어는 조직 내부원천과 외부원천에서 온다. 아이디어의 외부원천을 활용함으로써 제품개발의 혁신을 이룰 수 있다. 이러한 외부원천의 종류는 선도사용자, 사회단체 대표자, 대학, 정부연구소와 온라인 아이디어 수집이 있다.

- 선도사용자: 회사는 혁신을 위한 풍부한 인센티브를 갖고 있다. 혁신은 수익의 새로운 원천이다. 선도사용자(lead users)와 독립적인 발명가는 더 큰 인센티브를 갖는다. 선도사용자들은 기존제품이나 서비스로 만족하지 못하는 고급욕구를 갖고 있는 사람들이다. 이들은 미충족욕구를 감내하거나 처리하기 위해 자신을 혁신한다. 예를 들면, 건강관리의 많은 기구와 절차가 선도사용자들의 미충족욕구나 과소제공 욕구를 조사한 임상연구가들에 의해서 발명되었다.
- 사회단체 대표자: 적절한 사회네트워크 이용을 확보함으로써 기회탐지의 날카로움을 향상할 수 있다. 모든 종류의 사회제도는 발명가와 소통을 촉진한다. 어떤 기관은 사업기회와 직접적으로 관련되지 않을 수 있지만, 온라인 소셜네트워크 공동체와 토론은 발명가들 간의 소통을 육성한다.
- 대학과 정부연구소: 학생, 연구원과 교수들은 끊임없이 골치 아픈 과제에 대한 진기한 해결안을 추구하는 연구자들이다. 대학과 정부 연구소에서 확인된 해결안은 기존기업과 창업기업을 포함한 제3자에 의해서 사업화될 수 있다. 대학연구소와 정부연구소는 이러한 과정을 촉진하기 위해 기술이전 조직을 갖고 있다.
- 온라인 아이디어 수집: 기회는 웹 사이트를 통해서 고객과 비고객으로부터 수집되기도 한다. 예를 들면, 컴퓨터 회사 Dell은 고객으로부터 혁신기회를 요청하기 위한 온라인 아이디어 스톰(IdeaStorm)을 운영한다. 많은 기업들은 고객의 아이디어나 불만을 자사 웹 사이트를 통해서 수집한다.

### (3) 사업기회의 심사

사업기회 심사의 목적은 가치창조가 되지 않는 사업기회를 제거하고, 추가조사의 필요가 있는 사업기회에 주의를 집중하는 것이다. 이것은 단일 최적 사업기회의 심사가 아니기 때문에 심사기회가 많을 때 비교적 효과적이다. 효과적인 선택기준은 집단에 의한 전체적인 판단이다. 다중 선발기준(시장욕구, 기술타당성, 전략 등)을 분리적용하면 불필요한 토론을 유발하는 경향이 있다. 강한 의견은 예외적인 아이디어를 알려준다. 이러한 목적은 추가 투자에 가치가 없는 기회를 효과적으로 제거하고, 잠재적으로 우수한 아이디어를 발굴하는 것이다. 기회심사의 방법은 다중투표와 웹 기반 조사가 있다. 두 방법은 모두 집단의 독립적 판단에 의존한다. 심사집단은 조직의 구성원으로 구성되나, 팀, 친구와 가족 등으로 확대할 수 있다. 평가를 수행하는 집단은 기업과 관련이 있어야 한다.

#### 1) 다중투표

다중투표(multivoting)는 참여자가 하나 이상의 사업기회를 집단에 제시하는 것이다. 한 사람이 하나의 아이디어만 고르는 것이 아니라, 여러 개의 아이디어를 동시에 선택할 수 있다. 그 결과 가장 표를 많이 받은 아이디어가 선정되는 방식이다. 이는 다양한 의견을 몇 가지로 축소하기 위한 팀 단위의 구조화된 투표방식이다. 다중투표의 장점은 빠른 시간 안에 결론을 내릴 수 있다는 것이다. 다중투표의 진행절차는 다음과 같다.

- 의견 목록을 만든다.
- 각각의 항목에 번호를 적는다.
- 스티커를 목록수의 1/3만큼 배부한다.
- 각자 하나 이상의 선호하는 기회의 번호에 스티커를 붙인다.
- 가장 득표가 많은 안을 선택한다.

참여자들은 스티커를 가장 선호하는 기회에 모두 붙일 수 있고, 여러 개의 목록에 나누어 붙일 수도 있다. 가장 표를 많이 받은 기회를 선택할 것인지, 또는 상위 순위 몇 개를 선택할 것인지를 집단과 상의한다. 이때 적은 투표를 받은 항목은 제외한다. 다중투표를 이용하면 가장 유망한 컨셉을 효과적으로 선택할 수 있다.

#### 2) 웹 기반 조사

웹 기반 조사는 기회의 가치 여부를 찬성과 반대로 표시하도록 응답자들에게 요청하는 간단한 표현으로 기회의 목록을 작성하는 방식과 다중투표로 선호하는 목록을 우선순위로 집계할 수 있다. 워크샵은 약 50여 개의 기회를 검토하는 데 효과가 있지만, 50여 개 이상은 웹 기반 심사를 이용하는 것이 좋다. 웹 기반 조사의 장점은 많이 있다. 시간과 장소에 제한을 받지 않고 편하게 조사할 수 있다. 신속하고 정확한 자료의 수집과 분석이 가능하다. 표본의 선정이 비교적 용이하고, 조사비용이 매우 경제적이다. 이러한 웹 기반 조사에서 참여자들이 기회의 질에 대한 선호를 투표하는 것이기 때문에 아이디어의 창안자를 알 수 없다. 따라서 개인적인 친밀도가 작용되지 않는다.

### (4) 사업기회의 선정

너무 많은 불확실성이 성공가능성을 감소하기 때문에 단일 사업기회를 주장하는 것은 적절하지 않다. 기회 중에 소수를 개발할 때 자원의 적정투자를 고려한다. 최소한으로 최초심사를 통과한 기회는 소수의 잠재고객과 비공식 토론을 하거나 기존 해결방안에 대한 인터넷 심사를 한다. 추가적인 과업은 고객면접, 기존제품의 시험, 컨셉창출, 시제품, 시장규모와 성장률의 추정 등이 있다. 유망기회의 개발목적은 제한된 시간과 돈 안에서 최저비용으로 각 기회를 둘러싼 매우 큰 불확실성을 해결하는 것이다. 이를 위해 기회의 성공, 불확실성을 해결하기 위한 과업과 개략적인 비용에 관한 주요 불확실성을 리스트하는 것이다. 예를 들면, 기발한 컨셉에 근거한 제품개발이라도 특허등록의 가망이 희박하다면 가치가 없다.

일단 소수의 사업기회가 적절한 자원의 투자로 제품으로 개발되려면 투자의 타당성이 있어야 하고, 불확실성은 충분히 해결되어야 한다. 이를 위해 사용하는 방법은 3M에서 개발한 현실-승리-가치법(RWW: Real-Win-Worth doing)으로 아이디어를 선별하는 방법이다. Real은 기회는 현실적인가? 소비자가 그것을 구입할 것인가? Win은 이길 수 있는가? 경쟁우위를 가져오는가? Worth doing은 할 만한 가치가 있는가? 충분한 잠재수익을 제공하는가? 이 기법에는 기회를 심사할 때 조직이 답해야 하는 3개의 질문이 있다.

#### ① 사업기회는 현실적인가?(Real)

제품을 제공할 수 있는 현실적인 시장이 있는가? 확인된 많은 기회는 어떻게 내부원천과 외부원천에서 오는가? 많은 기회를 고려했는가? 고려기준은 시장규모, 잠재적 가격결정, 기술의 이용가능성과 제품이 필요한 비용으로 필요한 양을 전달할 수 있는 가능성을 포함한다.

#### ② 이 사업기회를 얻을 수 있는가?(Win)

여과기준이 과학적이고 궁극적인 제품성공의 가능한 추정에 근거한 것인가? 이 기회를 활용하여 지속가능한 경쟁우위를 수립할 수 있는가? 아이디어를 특허등록하거나 제품화할 수 있는가? 경쟁자보다 더 잘 수행할 수 있는가? 탁월한 기술능력을 보유하고 있는가?

#### ③ 사업기회가 재정적으로 가치가 있는가?(Worth doing)

필요한 자원을 갖고 있는지와 투자가 적절한 수익으로 보상된다고 자신하는가? 이러한 요인들을 경쟁자의 기회와 구별한다.

### 표 5-2 사업기회의 탐색 기준

**1. 실제 시장과 실제 제품욕구가 있는가?**

| 구분 | 상 | 중 | 하 |
|---|---|---|---|
| 욕구가 있는가? | | | |
| 욕구가 무엇인가? | | | |
| 욕구를 어떻게 만족시키는가? | | | |
| 고객이 구매할 수 있는가? | | | |
| 시장규모가 충분히 큰가? | | | |
| 고객이 구매할 것인가? | | | |
| 제품컨셉이 있는가? | | | |
| 컨셉을 개발할 수 있는가? | | | |
| 제품이 사회적, 법적, 그리고 환경적 규범 안에서 수용할 수 있는가? | | | |
| 타당성이 있는가? | | | |
| 제작가능한가? | | | |
| 이용할 기술이 있는가? | | | |
| 제품이 시장을 만족하는가? | | | |
| 다른 제품에 비해 상대적 이점이 있는가? | | | |
| 저원가로 생산이 가능한가? | | | |
| 고객이 지각된 위험을 수용할 수 있는가? 수용장벽은 무엇인가? | | | |
| 답 | | | |

**2. 제품이나 서비스가 경쟁력이 있는가? 회사는 성공할 수 있는가?**

| 구분 | 상 | 중 | 하 |
|---|---|---|---|
| 경쟁우위가 있는가?(성능, 특허, 진입장벽, 대체재, 가격) | | | |
| 지속가능한가? | | | |
| 시점이 적절한가? | | | |
| 브랜드에 적합한가? | | | |
| 경쟁을 이길 것인가?(얼마나 향상할 수 있을 것인가? 가격, 경로, 참가자) | | | |
| 우수한 자원을 보유하는가?(공학, 재무, 마케팅, 생산: 핵심역량과 적합성) | | | |
| 승리할 수 있는 경영자인가?(경험? 적합문화? 기회몰입) | | | |
| 경쟁자보다 더 잘 시장을 아는가?(고객행동? 유통경로?) | | | |
| 답 | | | |

**3. 수행할 가치가 있는가? 수익은 적절하고 위험은 수용가능한가?**

| 구분 | 상 | 중 | 하 |
|---|---|---|---|
| 돈을 벌 것인가? | | | |
| 수행할 자원과 돈을 갖고 있는가? | | | |
| 위험은 수용가능한가? | | | |
| 무엇이 잘못 될 수 있을까?(기술위험 vs. 시장위험) | | | |
| 전략에 적합한가?(성장기대, 브랜드 영향, 내재옵션) | | | |
| 답 | | | |

06

# 고객욕구

1 고객욕구의 성격

2 고객욕구의 확인

3 고객욕구의 분류

4 고객욕구의 선정

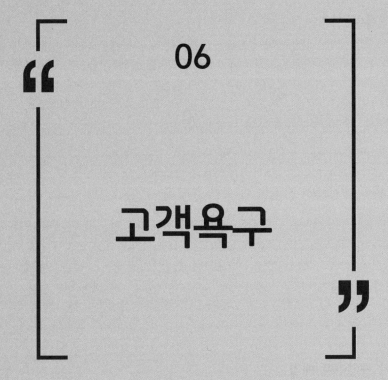

# 경계 사라진 시대

## ■ 카카오톡의 성공

카카오톡의 개발자 김범수 씨는 삼성 SDS를 퇴사하고 게임방을 운영하면서 한게임을 개발하여 크게 성공하였다. 그리고 네이버와의 합병을 통해서 NHN의 고속성장을 이끌었다. 그러던 그가 갑자기 사표를 냈다. 진정한 성공은 도전하는 과정이라고 생각하였기 때문이다. 그리고 새로운 도전으로 창업하였다. 아이위랩을 창업하여 실패하고, 두 번째로 설립한 회사가 카카오톡이었다. 카카오톡의 성공요인은 다음과 같다.

- 대화라는 기능 하나에 초점을 맞추어서 재빨리 개발한다.
- 완벽한 작품은 없으니 고객과 소통하면서 개선한다.
- 4-2전략, 즉, 4명이 한 팀이 되어 2달 안에 승부를 낸다.

초창기 실패했던 서비스는 개발자들이 완벽히 준비하고자 하는 성향이 있어 1년씩 개발했다. 그러다 보니 타이밍을 놓쳐 버리게 되는 것이 문제점이었다. 그래서 개발전략을 변경하게 되었다. 2달이란 짧은 기간 동안에 참여 인원도 기획자 1명, 개발자 2명, 디자이너 1명 총 4명에 불과했다. 사소한 실수를 두려워하지 않고, 짧은 시간에 적은 인원이 개발해서 나오는 것이 핵심이었다. 또한 모든 직원에게 영어 이름을 사용하게 한 독특한 조직문화가 성공비결 중 하나라고 한다. 영어 이름으로 호칭을 사용할 경우 의사소통이 편해진다는 강점이 있다. 카카오톡은 국내 가입자 4천만 명을 포함한 총가입자 1억 4천만 명으로 국민의 대다수가 이용하고 있는 셈이다.

## 사용자의 골칫거리 해결

"우리의 사업 방식에 한 가지 원칙이 있다"며 "절대로 이용자를 귀찮게 굴지 않겠다는 것"은 카카오톡의 경영철학이다. 이러한 경영철학이 추구하는 결과로 더욱 새로워질 향후 5년 후 카카오톡의 위상과 콘텐츠를 마음속으로 상상해보자. 사용자가 가장 골칫거리로 생각하는 문제를 경쟁자보다 먼저 발견하여 해결하면 기회가 되는 것이다. 고객들이 겪는 문제가 바로 서비스개발 방향이다.

## 가장 기억에 남는 일

첫째, PC방의 활성화입니다. 초창기 PC방은 한국 인터넷 활성화에 도움이 많이 됐습니다. 개인적으로는 한양대 근처에서 PC방을 직접 운영하기도 했지요. 둘째, 게임 포털 한게임을 출시한 것입니다. 한게임은 사용자가 게임을 설치하는 형태이지만, 인터넷과 연결되는 최초의 게임입니다. 한게임을 출시할 때 PC방의 도움을 많이 받았습니다. 셋째, 한게임의 유료화입니다. 인터넷은 공짜라는 인식이 있었기 때문에 유료화는 큰 난관이었습니다. 한게임은 부분 유료화 모델을 도입합니다. 의미 있는 실험이었고 결과적으로 성공도 했습니다. 넷째, 한게임재팬의 도전이지요. 구글, 페이스북 등 미국 서비스를 제외하고는 전 세계 유수 인터넷 기업 중 자국이 아닌 다른 나라에서 성공한 사례가 극히 드뭅니다. 한게임재팬은 네이버가 라인을 만든 기반이 됐기에 또 의미가 있습니다. 마지막으로는 카카오톡으로 스마트폰을 기반으로 한 카카오톡의 성공 역시 크게 기억에 남는 일입니다.

## 카카오는 어떻게 탄생했나요?

미국에 있을 때 스마트폰에 애플리케이션을 설치하고 즐기는 새로운 비즈니스 모델을 보고, 거의 빠져들게 됐습니다. 한국에 돌아왔는데, 무려 2년 동안 스마트폰이 출시되지 않더군요(애플의 아이폰은 미국에선 2007년,

한국에선 2009년에 출시된다). 당시 아이위랩이라는 개발사를 만들어 여러 가지 시도를 했습니다(이 회사는 카카오톡을 출시한 후 사명을 카카오로 변경한다). 스마트폰이 마침내 국내에 출시됐을 때, 전세계 10만 개 앱(당시 기준)이 이미 나와 있는데, 과연 어떤 앱을 만들어야 할까 하는 질문을 팀원들에게 던지지 않을 수 없더라고요. 결국 TV에서 PC 그리고 스마트폰으로 오는 큰 흐름이 있더라고요. TV시대에는 방송을 통해 콘텐츠를 제공하는 것이 중요했고요, PC시대에는 검색을 통해 정보를 탐색하는 영역이 가장 컸습니다.

'스마트폰 기기는 커뮤니케이션이다'라는 답에 주목하게 된 거죠. 커뮤니케이션 길목에 있는 기기가 바로 스마트폰이었습니다. 그 길목을 잡기 위해서 3개 앱 아이디어가 나왔습니다. 일대일 커뮤니케이션에 특화한 '카카오톡', 그룹 커뮤니케이션에 특화한 '카카오아지트', 공공 커뮤니케이션에 특화한 '카카오수다', 4명씩 팀을 짜서 3개월 정도 동시에 이 3가지 앱을 만들었습니다. 고민하지 말고 커뮤니케이션 영역에서 전방위적으로 출시한 다음, 어떤 게 성공하나 보자는 전략이었고요. 2개월 지났는데, 카카오톡이 엄청난 속도로 성장하는 걸 확인할 수 있었습니다. 팀원들을 다시 설득해 결단할 수밖에 없었죠. 20명 되는 조직이 3개 앱을 동시에 성공시키는 건 어렵기 때문에, 나머지 2팀에겐 밤새워 만든 앱을 뒤로 하고 카카오톡에 매달리도록 했어요. 다른 2팀도 카카오톡으로 가는 게 맞다고 흔쾌히 동의해줬고, 20명 전원이 카카오톡에 매달리게 됩니다. 그 후로는 모든 비즈니스맨들이 꿈꾸는 아름다운 그래프를 그리게 됩니다.

### 카카오의 비전

대한민국에서 나름대로 스마트폰에서 가장 인기 있는 앱을 내놓게 되면서 직원들과 고민을 하고 토론하게 됩니다. 우리의 목표는 '플랫폼'이란 말을 키워드로 삼습니다. 결국 비즈니스라는 건 규모의 경제를 이루면 모든 게 비즈니스적으로 압도적인 우위를 점할 수 있는 굉장히 편안한 환경이 됩니다. 그러면 이제 '생태계의 경제'를 두고 도전해 보는 것도 의미 있을 것 같아요. 애플과 구글이 만들어놓은 모바일 생태계 경제에 나름 의미 있는 도전을 하는 거지요. '무엇을 어떻게 팔까'라는 질문을 '누구를 어떻게 참여시키고, 어떻게 연결할까'로 바꾸는 순간 많은 것이 달라집니다. '카카오 게임'이라는 플랫폼이 좋은 사례입니다. 모바일과 캐주얼 게임 장르를 접목해 모바일 게임 시장을 단숨에 20배 이상 키웠습니다. 카카오 게임 플랫폼을 통해 성장한 게임이 투자도 받고 기업공개도 하고 그랬지요. 앞서 언급했듯이 카카오라는 플랫폼을 통해서 수많은 벤처가 자립할 수 있는 시장을 만들자는 게 카카오의 비전입니다.

### 2020년에는 인터넷에서 어떤 일이 일어날까요?

대한민국 IT의 가장 큰 문제점은 새로운 시도에 제약이 많다는 점입니다. 불과 몇 년 전만 해도 온라인과 오프라인은 분리돼 있었습니다. 모바일의 시대에선 그 경계가 없어지거든요. 스마트폰만 가지고 다니면, 온·오프라인이 연결된다는 뜻입니다. 완전히 새로운 비즈니스나 새로운 시장이 창출될 거라는 거죠. 대한민국에선 오프라인과 온라인의 교집합에서 새로운 시도를 하려고 하면, 뭔가가 막혀있는 거죠. 그게 문제가 빨리 풀리지 않으면, 글로벌 기업들이 새 시장을 잠식할 가능성이 큽니다.

### 새로운 아이디어는 어떻게 얻나요?

요즘 내가 가진 프레임(틀)을 깰 수 있는 사람들을 많이 만납니다. 아는 사람들 한두 명 거쳐 사람과 연결하는 것입니다. 책을 읽다가 참신한 생각이 있으면, 만나서 이야기를 들으려고 노력해요. 이런 게 요즘 가장 좋은 거 같습니다. 사람은 계속 프레임에 갇히거든요. 저도 마찬가지고요. 그걸 깰 수 있는 뭔가가 필요한데, 그건 결국 새로운 환경, 새로운 자극인 거 같아요.

출처: 조선일보 2016.07.27 정리

# 제6장 | 고객욕구

## 1 고객욕구의 성격

고객의 욕구는 시장정의에, 필요는 제품 포지션에 필요하다. 기업은 고객이 표현한 욕구뿐만 아니라 고객이 표현하지 못한 잠재적 욕구를 탐구하여야 한다. 고객욕구의 조사대상은 표적대상과 선도사용자, 숨겨진 욕구, 제품구매와 소비맥락, 제품선호·사용과 유사점·차이점, 제품사용추세와 대체품과 대안품 등이 있다. 또한 고객욕구의 포착방법으로는 체계적 관찰법, 맥락적 면접, 감정이입구축법, 감정이입 선도사용자와 다양한 경험 활용법 등이 있다.

### (1) 욕구의 의미

욕구(needs)는 현재 상태(what is)와 이상적 상태(what should be) 간의 차이 또는 불일치이다. 욕구는 본원적 욕구로 어떤 기본적인 것이 결핍된 상태이다. 필요(wants)는 욕구를 만족시킬 수 있는 구체적인 제품이나 서비스에 대한 바람이다. 욕구는 현재까지 충족된 상태가 아닐 뿐만 아니라 분명한 해결책을 갖고 있지도 않을 수 있다. 예를 들면, 욕구는 "배가 고프다"처럼 막연한 결핍상태이나, 필요는 "밥이 먹고 싶다"처럼 구체적인 희망을 의미한다.

**그림 6-1 욕구의 의미**

욕구 (needs) = 이상적 상태 (desired state) − 현재 상태 (current state)

욕구는 고객의 행동을 유발시키는 동기의 직접적인 원인이 된다. 즉, 욕구가 내·외적 자극을 받아서 활성화되면 동기가 된다. 따라서 욕구는 자극을 받아 동기가 되고, 동기는 특정행동의 원인이 된다. 고객의 욕구는 고객이 제품을 통해 해결되기를 원하는 문제로 상품이 제공하는 편익(benefits)을 통해서 충족될 수 있다. 고객의 욕구는 단순히 제품이나 서비스의 물리적 또는 기능적 실체에 한정되는 것이 아니라 고객이 제품을 사용하는 전 과정과 관련된다. 따라서 욕구는 결핍상태로 시장을 정의할 때, 필요는 바라는 상태로 제품 포지션할 때 활용된다.

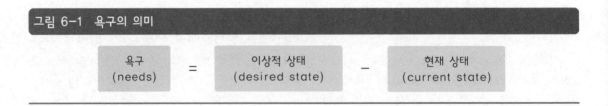

표 6-1 욕구와 필요의 특징

| 욕구(needs) | 필요(wants) |
|---|---|
| 결핍상태 | 희망상태 |
| 본원적 욕구 | 구체적 욕구 |
| 시장정의 | 제품 포지션 |

## (2) 욕구의 유형

욕구를 명시적 욕구와 잠재적 욕구로 분류할 수 있다. 명시적 욕구(explicit needs)는 고객들이 알고 있고, 제품공급자와 비교적 쉽게 의사소통할 수 있는 욕구이다. 명시적 욕구에는 기본적 욕구와 표현된 욕구가 있다. 그러나 잠재적 욕구(latent needs)는 소비자들이 표현할 수 없거나 표현하는 방법을 알지 못하여 비교적 쉽게 제품공급자와 의사소통할 수 없는 욕구이다. 이러한 잠재적 욕구는 제품공급자조차도 잘 알지 못하는 경우가 있다.

### 1) 명시적 욕구

#### ① 기본적 욕구

기본적 욕구(basic needs)는 어떤 제품이나 서비스가 충족하여 줄 것이라고 가정하거나 기대하는 욕구이다. 제품이 고객을 만족시키는 가장 기본적이고 본질적인 욕구이다. 예를 들면, 세탁세제는 의류에 있는 때나 먼지를 제거해 주는 것이다. 샴푸는 두발을 깨끗이 해준다. 기본적인 욕구만으로 제품이나 서비스를 차별화하기는 매우 어렵지만, 제품이 기본적으로 충족해야 할 최소한의 당연적 욕구이다.

#### ② 표현된 욕구

표현된 욕구(articulated needs)는 잠재적인 욕구를 보다 구체적으로 표현한 욕구로 고객들이 비교적 쉽게 말로 표현할 수 있는 욕구이다. 고객이 현재 느끼는 욕구 중에서 일부 충족되지 못한 부분이다. 이러한 욕구는 고객들이 기존 제품으로 일부 충족하고 있거나 적어도 기존시장에서 충분히 충족이 가능한 욕구이다. 예를 들면, 열고 닫기에 좀 더 편리한 양문형 냉장고이다.

### 2) 잠재적 욕구

잠재적 욕구(latent needs)는 구체적으로 표현되지 않고, 고객의 마음속에 잠재되어 있는 욕구로 고객들이 보고 경험하기 전까지 욕구를 갖고 있다고 인식하지 못하고 깨닫지 못하는 욕구이다. 회사가 이러한 욕구를 제공한다면 고객들은 놀라거나 흥분할 수 있는 욕구이다. 고객이 잘 느끼지 못하고 있지만, 기업은 욕구를 충족할 수 있는 해결책을 만들 수 있는 부분이다. 기본적 욕구와 표현된 욕구는 소비자 조사를 통해서 탐색할 수 있지만, 잠재적 욕구는 발견하기 매우 어렵다. 이 잠재적 욕구는 고객들이 기존제품으로 만족하고 있지 않으며 인식하고 있지도 않은 욕구이다. 예를 들면, '배터리가 필요 없는 스마트폰'이다.

고객의 욕구는 시간의 경과에 따라 일반적으로 잠재적 욕구에서 표현된 욕구로, 표현된 욕구에서 기본적 욕구로 전환될 수 있다. 기본적 욕구를 만족시켜주지 못하는 제품은 시장에서 존재이유가 없으며, 표현된 욕구는 현재 경쟁자들이 만족시켜 주지 못하고 있는 경우 기회로 활용할 수 있다. 잠재적인 욕구는 경쟁우위를 확보하고 신규고객을 개발할 수 있는 기업에 매우 유리한 기회를 제공하고, 또한 이를 충족하는 제품을 개발한다면 제품차별화의 효과가 매우 크다. 그러나 잠재적 욕구는 공급자들에게도 쉽게 보이지 않고, 심지어 소비자들도 잘 지각하지 못하는 경우가 많다.

고객의 잠재적 욕구를 확인하는 것은 쉽지 않다. 이러한 잠재적 욕구는 미충족욕구, 미제공 및 과소제공 욕구 등으로 제품범주를 창출할 수 있다. 미제공 욕구(unserved needs)는 고객들의 욕구와 기대가 존재하지만 기업들이 시장에 제공하지 못할 때 발생하는 욕구나 기대이다. 기술부족, 수요부족 예상, 집중화, 시장세분화, 자원의 한계나 기타 사유로 시장에 제공하지 못하는 경우이다. 미제공 욕구의 상품화는 새로운 시장을 창출하는 제품범주 창출전략으로 시장선도전략이 될 수 있는 신제품과 신시장이다. 예를 들면, 많은 대히트작(blockbuster)은 이러한 틈새시장에 접근하여 성공한 경우이다. 과소제공 욕구(underserved needs)는 제품이나 서비스의 기능을 제공하지만 뭔가 부족한 부분이 있는 욕구이다. 완전한 문제해결책을 제공하지 못한 제품들은 시장에 비교적 많다. 제품이나 서비스의 불충분한 제공으로 고객들이 만족하지 못하는 욕구로 불완전한 만족이 발생한다.

그림 6-2 잠재욕구의 종류

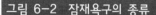

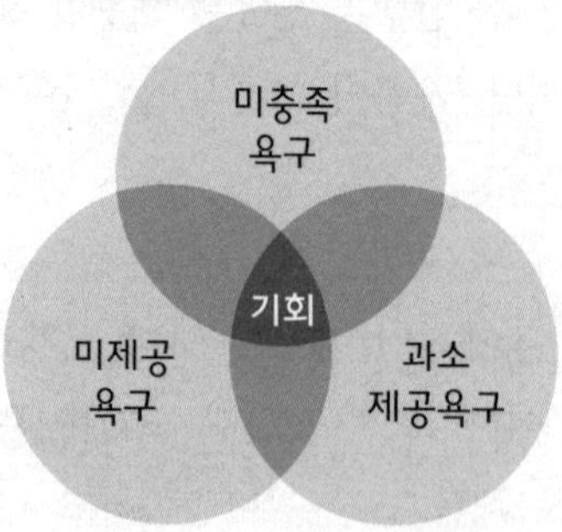


## (3) 고객욕구의 발생원천

소비자들의 욕구는 내적 요인과 외적 요인에 의해 발생된다. 욕구는 자극에 의해 동기를 유발하고, 동기는 행동의 원인이 된다. 따라서 행동의 원인을 파악하기 위해서는 소비자들의 욕구를 파악하는 것이 중요하다. 욕구의 발생원천은 실용적 욕구, 경험적 욕구와 상징적 욕구로 구분한다. 욕구는 단일의 동기에서 발생하는 것이 아니라 복합적인 동기에 의해서 발생하는 다차원적인 개념이다.

그림 6-3 욕구의 종류

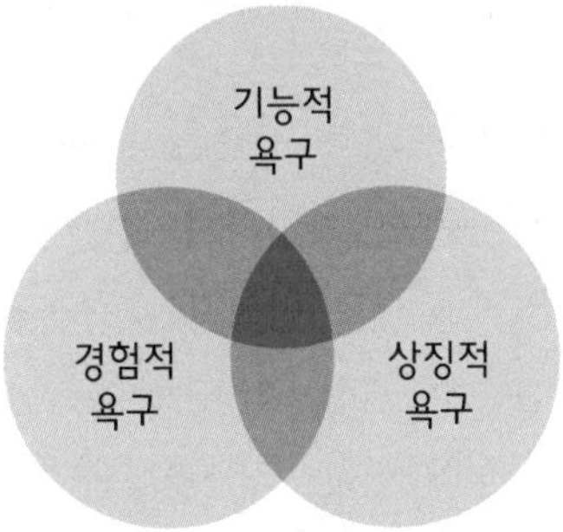


### 1) 기능적 욕구

기능적 욕구(functional needs, utilitarian needs)는 실용적 욕구라고도 하며, 제품의 구매나 사용으로부터 기능적인 편익을 추구하고자 하는 욕구이다. 제품의 기본적인 속성과 밀접한 관련이 있지만, 안전과 위험회피 욕구 등과 같은 기본적인 동기들과도 관련이 있다. 예를 들어 자동차를 구매할 때 엔진의 출력, 주행성, 가격, 안전성과 연비를 비교하여 구매하는 경우가 해당된다.

### 2) 경험적 욕구

경험적 욕구(experiential needs, hedonic needs)는 쾌락적 욕구라고도 하며 제품이나 서비스를 사용함으로써 느끼는 쾌감, 환희, 즐거움과 관련된 욕구이다. 이러한 욕구는 오감으로 느끼는 감각적인 즐거움, 지적 호기심, 다양성 추구 등 영화, 콘서트, 뮤지컬, 여행 등이 있다.

### 3) 상징적 욕구

상징적 욕구(symbolic needs, social needs)는 제품이나 서비스의 소비를 통해 얻을 수 있는 비상품 관련 속성에 관한 욕구이다. 즉, 자아 존중감, 자아 이미지, 남과 다르다는 차별성, 사회적 연대감, 사회적 존경이나 인정 등을 얻기 위한 욕구이다. 고객들이 사회적 신분, 유대, 소속, 성취 등을 충족하기 위해 명품, 고급세단, 고급 레스토랑을 이용하는 경우이다. 상징적 욕구와 사회적 욕구는 구분하기도 하지만 한 범주에 속한 것으로 본다.

## 2 고객욕구의 확인

고객욕구의 확인은 표적시장의 고객에 대한 정보를 정확하게 수집·분석하여 고객의 미충족욕구, 숨겨진 욕구, 과소제공이나 미제공 욕구를 확인하여 시장기회를 찾는 과정이다. 고객과 직접 대면하면서 면접하는 심층면접과 집단을 대상으로 면접하는 표적집단면접은 정성적 방법이다. 사전에 설문지를 작성하여 개인별로 면접하는 개인면접, 인터넷이나 전화조사는 정량적 방법이다. 구조적 방법으로 목록격자기법이나 수단목표분석이 있다. 조사과정은 제품개발과정의 통합된 부분으로 제품 컨셉의 창출과 직접적으로 관련되어 있다. [그림 6−4]와 같이 제품 사명선언문에 근거한 제품개발을 염두에 두고, 시장과 고객에 관한 자료수집, 자료분석, 욕구분류, 상대적 중요도 추출과 아이디어 추출 과정으로 이어진다.

그림 6−4 고객욕구의 확인과정

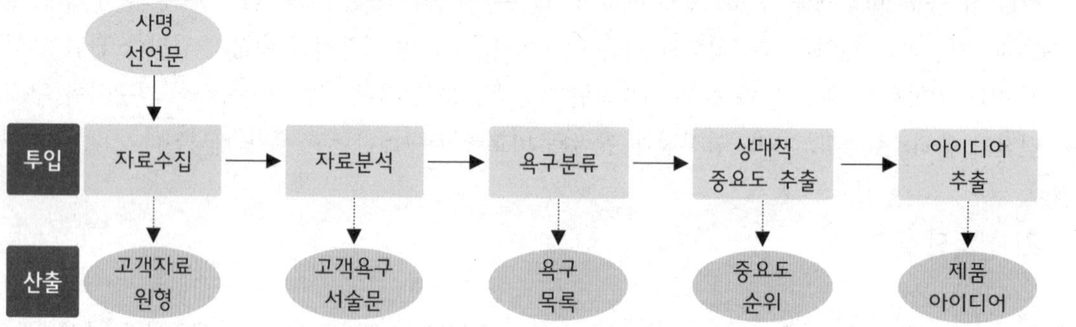


### (1) 자료수집

기업이 구체적인 시장전략을 명시하고, 제품개발을 위한 특정한 제약과 목적을 제품개발 전에 제시하는 정보를 제품 사명선언문(product mission statement)이라 한다. 이 사명선언문은 제품계획의 진행방향을 구체적으로 명시한 것으로 제품개발의 지침이 된다. 즉, 제품과 관련된 기능부문, 제품개발 전략, 제품개발 활동과 조직, 제품개발 목표를 회사와 일치시키는 내용을 서술한 것이다. 이 선언문은 제품에 필요한 투입요소가 기업의 신제품개발에 잠재적으로 사용하는데, 회사의 목적, 경영전략과 자원이 일치하는 지침을 제공한다. 따라서 기업은 사전에 비전, 제품개발 전략과 사업기회를 일치할 제품 사명선언문을 작성한다.

고객욕구와 필요, 시장의 경쟁상황과 시장의 성격을 철저하게 이해하는 것이 제품성공에 필수적이다. 고객에게 강력하게 집중하는 것은 제품의 성공률과 수익성을 향상할 뿐만 아니라 제품개발 출시기간을 감소한다. 따라서 시장과 고객의 정보를 정확하고, 적시에 수집하여야 한다. 고객에 관한 원자료 수집은 고객의 제품사용 경험과 고객접촉에 관한 자료를 수집하는 절차이다. 자료수집 방법은 관찰법, 실험법과 설문법 등으로 단독이나 결합하여 사용한다. 이러한 마케팅조사 결과는 고객행동에 관한 통찰력 있는 지식과 제품의 개발방향을 제공하며, 고객이 만족하지 않는 제품에 대해 진행이나 중단의 결정기준을 설정한다.

### SENSE 숨겨진 고객욕구를 파악한 시티즌M 호텔

시티즌M 호텔은 2008년 네덜란드 암스테르담에서 사업을 시작했다. 창업자 마이클 레비는 블루오션 전략을 도입해 전통적인 호텔 서비스에 만족하지 못한 젊은층의 욕구를 파악했다. 우선 호텔에 도착하는 숙박객 대부분이 지친 상태이며 1분이라도 빨리 방에 들어가서 쉬고 싶어 한다는 점을 간파했다. 그래서 시티즌M 호텔에선 고객이 직접 무인기기에서 카드키를 뽑아가도록 해 대기시간을 없앴다. 응대하는 직원이 필요 없으니 인건비도 줄었다. 또 상당수 이용객이 객실에서 씻고, TV를 보고, 수면을 취하며 시간을 보낸다는 점도 파악했다. 그래서 침대 하나가 꽉 차도록 방을 작게 만들어 비용을 줄였다. 그 대신 큰 침대와 고급 매트리스를 썼다. 샤워기도 비싼 제품을 구비했다. 무선인터넷과 최신 영화를 무료로 제공해 만족도를 높였다. 호텔 로비를 응접실처럼 편안하게 만들어서 투숙객이 좁은 방안이 답답하게 느껴질 때 부담 없이 나와서 쉴 수 있도록 유도했다.

이렇게 객실 크기와 인건비를 줄이니 고급스러운 인테리어를 갖추고도 숙박비를 중가 호텔급(15만 원 안팎)으로 낮출 수 있었다. 입소문이 나면서 손님이 몰렸고, 현재는 네덜란드, 영국, 프랑스, 미국 등에 지점을 운영하고 있다. 전통적으로 호텔업에서는 방이 넓을수록, 직원들이 더 많은 서비스를 제공할수록 바람직하다고 여겼지만, 시티즌M은 이런 고정관념을 깼다. 르네 마보안 교수는 "당연하다고 여겨지는 서비스라도 과감하게 축소하거나 제거한 게 성공의 원천"이라고 설명했다.

출처: 동아일보 2015.11.12

### (2) 조사대상

새롭고 성공적인 제품은 기업이 극심한 경쟁시장에서 생존과 성장을 확실히 하기 위해서 필수적이다. 혁신이 기술 가능성과 고객욕구를 결합한 결과이지만, 제품성공의 중요한 요인은 고객욕구이다. 고객욕구를 알아내기 위해서 신제품개발 초기 단계에서 고객의 소리(VOC: voice of the customer)가 무엇인지를 파악해야 한다. 고객의 소리는 고객에 의해 분류되고 우선시하는 고객욕구의 집합이다. 고객의 소리는 잠재적인 욕구의 가장 상세한 부분을 이해할 수 있다.

고객이 진실로 원하는 것을 심도 있게 파악하기 위해서는 새로운 시장조사법이 필요하다. 전통적인 조사방법의 기본적인 한계는 기존시장과 제품에 너무 집중되어 있다는 점이다. 서베이는 고객

응답의 계량적인 자료가 간단하게 제공되지만, 심층적인 심리적 내면을 설명하지 못한다. 표적집단 면접은 토론의 범위가 현재 제품에 대해 갖고 있는 지식으로 제한되고, 실제상황과 다른 환경에서 실시되기 때문에 숨겨진 욕구분석에는 약하다. 이러한 방법은 이미 알려진 해결안과 성능 요구조건에만 적합할 수 있다. 고객욕구의 정확한 파악을 위해서는 조사를 실시할 조사대상자나 내용을 구체적으로 정의하여야 한다. 이러한 조사대상은 일반적으로 표적대상과 선도사용자, 숨겨진 욕구, 제품구매와 소비맥락, 제품선호·사용·유사점·차이점, 사용추세, 그리고 대체품과 대안품 등이 있다.

그림 6-5 고객욕구의 조사대상

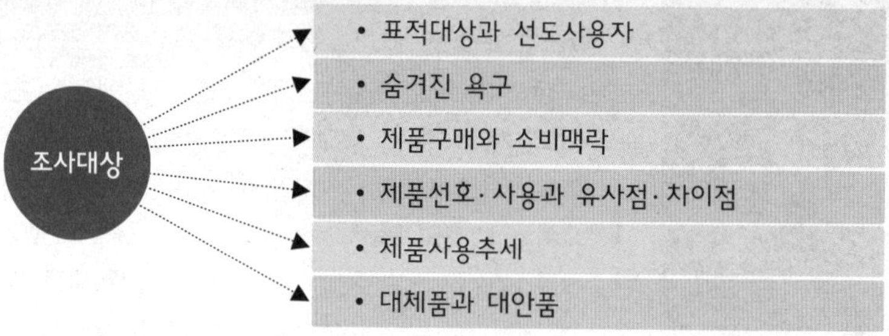


### 1) 표적대상과 선도사용자

주된 사용자들을 탐색하고, 그들의 욕구를 충족하는 것은 제품성공에 이르는 길이다. 표적대상자에 따라 가치, 선호, 구매방식, 사용장소, 사용량과 사용빈도 등이 매우 다르다. 따라서 표적 소비자를 대상으로 고객욕구 조사를 실시한다. 이러한 조사들은 정밀한 조사기법을 필요로 하지만, 조사자들에게 많은 정보들을 제공할 수 있다. 신제품의 확산을 위해서는 선도사용자 확인이 절대적으로 필요하다. 선도사용자(lead users)들은 중요한 시장추세의 최첨단에 있다. 최첨단에서 만나는 신기한 욕구(novel needs)에 대한 해결안을 찾는 데도 강한 자극을 갖고 있다.

선도사용자를 확인하기 위해 광범위한 관점을 고려한다. 선도사용자는 관련이 있는 산업에서 발견된다. 선도사용자와 접촉을 유지하기 위해서 네트워크가 제안된다. 주제에 관하여 더 많이 알고 있다고 생각하는 첫째 사람에게 질문한다. 선도사용자를 현재 시장에서 만난다면 그 사람은 관련된 시장에서 배우 역할을 할 수 있다. 따라서 그의 관계망을 통하여 또 다른 적절한 선도구매자와 사용자를 확인할 수 있게 해준다.

### 2) 숨겨진 욕구

경쟁자와 차별하기 위해서는 소비자의 숨겨진 욕구(hidden needs)를 발견하는 것이다. 이러한 욕구를 발견하려면 필요한 욕구의 형태와 욕구의 표현에 몇 가지 특징을 이해해야 한다. 표현한 욕구(articulated needs)는 고객이 말로 직접 표현할 수 있는 욕구이다. 이러한 욕구는 장기적인 기본적 욕구를 대신하여 단기적 문제에 대한 해결안과 기술적 특징으로 해결된다. 따라서 전통적인 시장조사방법은 이러한 욕구를 수집하는 데는 적합하지만, 고객이 직접적으로 표현하는 것만을 욕구라고 인식하는 것은 매우 적절하지 않다.[1] 중요한 것은 표현하지 않은 욕구(unarticulated needs)를 고려해야 한다.[2] 조사자들의 중요한 과업은 소비자의 숨겨진 또는 잠재적 욕구를 포착하는 것이다.

### 3) 제품구매와 소비맥락

소비맥락이란 소비자들이 소비행동에 의미를 부여해 영향을 미치는 주변 상황이다. 소비자들은 사회적, 문화적 및 상황적 맥락에 많은 영향을 받기 때문에 브랜드나 제품에 대한 사용상황은 마케팅에서 중요하다. 이것은 제품이나 브랜드의 선택과 사용과 관련되는 문제이다. 예를 들면, 응답자가 막힌 코를 치료하기 위해 사용하는 제품을 초기, 중기, 치료 중 또는 낮이나 밤에 욕구가 발생할 수 있다. 제품의 구매와 소비는 각각 시간과 관련되어 확인된다. 또한 남들이 보는 제품의 구매, 선물제품과 집에서 사용하는 제품의 구매는 상황적 요인이 많이 다르다. 물리적 상황(장소, 시간, 사람)이나 욕구상태가 존재한다. 브랜드나 제품은 효과적인 포지션과 광고에 중요한 사용상황과 관계가 있다. 따라서 욕구가 발생하는 상황을 탐색하고 분석할 필요가 있다.

### 4) 제품선호 · 사용과 유사점 · 차이점

개인적 제품선호도나 사용은 브랜드 비교에 근거하여 브랜드에 대한 일반적인 차이를 지각한 결과일 뿐만 아니라 주된 구매자나 사용자의 생활양식, 가치관, 신념, 문화, 사회적 신분과 소득에 따라 매우 다르다. 고객들이 제품을 사용하는 이유와 비사용자들이 제품을 사용하지 않는 이유는 각각 다르다. 또한 경쟁자의 다른 제품과의 유사점과 차이점은 브랜드를 구분하는 직접적인 방법이기도 하다. 유사점은 제품의 본래 기능인 제품범주를 나타내고, 차이점은 경쟁자 제품에 비해 강력하고, 독특하고, 신기한 속성을 말한다. 중요한 속성과 결과는 고객의 선호도나 사용률을 증가하여 더 높은 시장성과로 가는 길이 된다.

### 5) 제품사용추세

제품의 과거사용과 기대된 미래사용 간의 관계는 신제품의 성장성을 예측할 수 있는 지표이며, 소비자의 사용추세는 기업의 수익성과도 관련이 적다. 예를 들면, 이 제품이 과거에 사용했던 것보다 더 자주, 더 적게 혹은 동일하게 사용하느냐고 사용빈도를 질문할 수 있다. 증가, 감소나 동일한 사용은 이유가 각각 다르다. 사용추세에 대한 추적분석은 시장추세와 시장성장의 잠재영역에 대한 생생한 통찰력을 준다.

1 Carlgren(2013).
2 Koners, Goffin, & Lemke(2010).

### 6) 대체품과 대안품

대체품(subsititutes) 분석은 사용과 관련된 지각된 속성의 유사성 정도를 끌어낸다. 대체품의 출현가능성이 있을 때 추가하거나 제거할 필요가 있는 속성이나 결과를 방해하거나 촉진한다는 것을 밝혀낸다. 친근하지 않은 브랜드에 대해서 응답자들에게 브랜드를 시용구매하거나 브랜드를 어떻게 대체할 것인지를 설명하도록 요청할 수 있다. 대체 브랜드가 선택 집합에 있거나 없는지와 이유를 응답자에게 질문할 수 있다. 어떤 경우에 특정 브랜드를 사용하는지, 특정 브랜드 사용으로 무엇을 얻는지 알아낸다. 특정 브랜드가 새로운 환경에 적합한 긍정적인 이유와 적합하지 않은 부정적인 이유를 끌어내고, 세분시장을 확인한다.

김위찬과 르네 마보안이 저술한 『블루오션 전략』에서 처음 언급한 대안상품(alternatives)은 대체품보다 훨씬 광범위하며, 형태는 달라도 동일한 기능이나 핵심적인 편익을 제공하는 제품 및 서비스를 말한다. 예를 들면, 영화관과 레스토랑은 물리적 특성이나 기능은 다르지만, 저녁 외출을 즐긴다는 점에서 이 둘은 대안상품인 것이다.

## (3) 고객욕구의 포착

숨겨진 고객욕구 포착의 의미는 통찰력을 창출하고 숨겨진 욕구를 확인하기 위해 원자료를 수집하고 분석하는 것이다. 숨겨진 욕구를 발견하기 위해서 원자료를 수집할 때 방법의 결합사용은 2가지 이유에서 주로 권장한다. 복합적인 자료수집 방법은 숨겨진 욕구를 포착할 기회를 증가하고, 조사결과의 신뢰성을 향상한다.[3] 고객욕구와 신뢰성에 영향을 주는 두 번째 요인은 조사에 관여된 고객의 수이다. 따라서 고객욕구를 포착하기 위해서는 복합적인 조사방법의 사용과 적절한 응답자가 필요하다. 숨겨진 욕구를 포착하는 방법은 체계적 관찰법, 맥락적 면접, 감정이입구축법, 감정이입 선도사용자와 같은 민족지학 조사법이나 개인적 경험, 친구, 친척과 전문가 활용, 고객좌절과 같은 다양한 경험을 활용한다.

### 1) 민족지학 조사법

민족지학(ethnography)은 민족학 연구와 관련된 자료를 수집·기록하는 학문으로 한 지역에 거주하는 민족, 주로 미개민족의 문화·사회 조직·생활양식 따위를 실지 조사를 바탕으로 체계적으로 기술하는 학문이다. 이에서 유래한 민족지학 관찰조사법은 주로 고객을 감정이입하여 고객욕구를 탐구하는 방법이다. 고객과 함께 시간을 보내면서 욕구를 탐색할 뿐만 아니라 고객을 심층 이해하는 것이다. 이것은 주로 관찰법이다. 다른 용어로는 감정이입 설계(empathic design)이지만 주로 민족지학

3 Goffin & Mitchell(2010).

조사(ethnographic research)라고 한다.

숨겨진 욕구를 포착하기 위해서 다기능 팀은 많은 시간을 고객의 환경에서 보내고 다양한 자료를 수집하고, 그런 다음 분석한다. 맥락에 집중하는 것은 민속지학 조사의 특징의 하나이다. 또 다른 특징은 현상을 관찰하여 결과를 얻는 귀납적이고 전체적이다. 실제 기본적인 고객욕구의 가설은 마지막에 생성되고 질의는 광범위하게 시작하나, 반복적인 과정이기 때문에 반복할 때마다 범위를 좁힌다. 그러나 예상되는 과제는 특히 다량의 질적 자료가 산출되기 때문에 전체과정이 시간이 걸리고 복잡하다는 점이다. 필수적인 훈련이 완전한 민속지학 조사를 수행하는 데 필요하다. 이러한 방법은 체계적 관찰법, 맥락적 면접법과 감정이입구축법을 구성하는 민속지학 조사의 기본적인 요소이다.

그림 6-6 민족지학 조사법

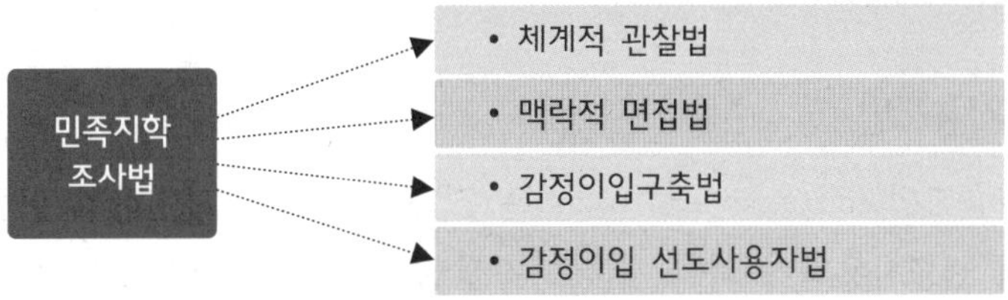


### ① 체계적 관찰법

체계적 관찰법(systematic observation)은 고객들이 말하는 것을 신뢰하지 않는 대신에 고객이 방해받지 않고 실제로 제품을 사용하는 행동을 체계적으로 관찰하는 것이다. 관찰하는 동안 관찰자는 다량의 원자료를 산출하는 고객행동을 녹화하는 것이다. 이때 각 행동에 대해 관찰받는 것을 느끼지 않도록 하는 것이 중요하다. 시간이 많이 소모되고 자료가 분석하기에 복잡하더라도 이 방법은 숨겨진 고객욕구를 발견하는 데 매우 효과적이다.

### ② 맥락적 면접법

맥락적 면접법(contextual interview)은 체계적 관찰법의 실제적 보완으로 관찰, 질문과 녹화를 겸한다. 제품을 사용하는 고객을 대상으로 질문하고 녹화하는 방법이다. 이것은 문서기록과 녹화로 구성되어 자료의 양이 크지만 녹화보다 분석하기가 쉽다.[4] 제품이 어떻게 사용되는지에 관한 충분한 이해를 얻기 위해 고객환경 안에서 수행하는 면접법이다. 고객이 제품을 사용하는 동안 조사자에게 매우 귀중한 암묵적 지식을 드러내 보이도록 함으로써 조사자는 고객이 어떤 방법으로 제품을 사용하는지를 탐구하기 위해 질문을 할 수 있다. 이 면접법은 항상 두 조사자에 의해 수행된다. 준구조화된 면접질문으로 한 사람은 면접지침에 따라 실시하고, 다른 한 사람은 기록한다. 면접지침은 활동과 관련된 주요 질문으로 신중하게 계획되어야 한다. 그러나 지침은 대본이 아니고 심도 있게 반

4 Goffin & Mitchell(2010).

복훈련하기 위한 추가적인 질문이 요청될 수 있다.[5]

### ③ 감정이입구축법

감정이입구축법(empathy building)은 조사자나 개발자가 고객이 되어, 고객의 입장으로 들어가서 사용자 경험을 하는 것이다. 즉, 조사자가 고객의 입장이 되어보는 것이다. 다른 사람의 처지에서 생각하라는 역지사지(易地思之)이다. 이 방법을 숨겨진 욕구를 확인하는 성공적인 방법으로 추천한다.[6] 다른 사람의 신체적 상황을 자신의 신체로 체험하는 것이다. 이 방법은 정형화되어 있지 않지만, 고객, 조사활동과 집중된 제품이나 서비스에 달려있다. 조사자나 개발자가 고객과 함께 활동을 실천하는 기업도 있고, 기업의 시설 내에 동일한 환경의 활동을 재구축하는 기업도 있다. 예를 들면, Ford Focus 차를 설계할 때 제품설계자들은 자동차 안으로 기어 들어갈 때 연장자들이 직면하는 문제를 탐지하기 위해 두꺼운 옷을 입는다.

### ④ 감정이입 선도사용자법

감정이입 선도사용자법(empathic lead users)은 잠재적 욕구를 확인하기 위한 새로운 방식으로 제품설계자나 고객이 선도사용자가 되어 제품을 직접 경험하는 기법이다. 이 방법은 제품 사용환경을 바꾸어 제품을 사용함으로써 수행한다. 사용자가 직접 제품경험을 통해 매우 혁신적인 신제품을 제안하도록 하는 방법이다. 이 방법을 사용하면 단지 면접법을 사용하는 것과 비교하여 잠재적 욕구를 훨씬 더 많이 발견한다. 그러나 단점은 실제 환경에서 사용될 수 있는 제품을 필요로 하고, 일반 사용자를 선도사용자로 변환해야 하는 점이다.

## 2) 다양한 경험 활용법

개인적인 관찰은 유용한 정보를 제공한다. 많은 발명은 개인적인 경험에서 나온다. 개인적 경험, 친구, 친척과 전문가 활용이나 고객으로부터 직접 듣는 고객좌절 등은 직접적이고, 생생하고, 시의적절한 정보를 제공한다. 이러한 자료를 토대로 하여 많은 사업기회를 찾은 사례들이 매우 많다.

그림 6-7 다양한 경험 활용법

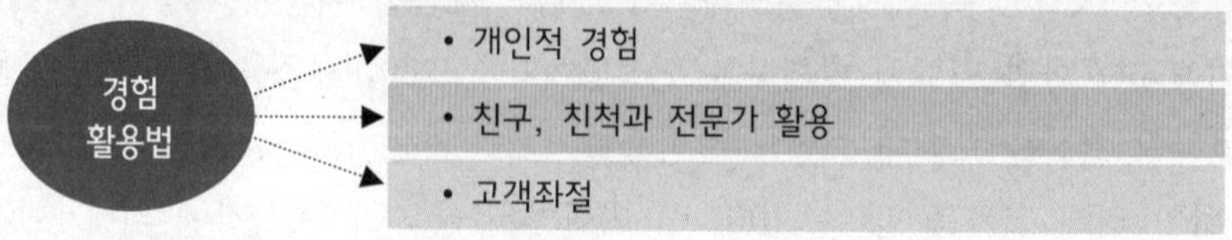


5 Ulrich & Eppinger(2012).
6 Koners, Goffin, & Lemke(2010).

### ① 개인적 경험

많은 제품과 기업은 기업가가 경험한 현재 상태에 대한 불만족으로 창조되었다. 개인적인 경험은 사업의 좋은 기회가 된다. 예를 들면, 민들레 영토의 창업자인 지승룡 대표는 마음 놓고 쉴 문화공간이 없는 것을 경험했다. 이처럼 개인적인 경험은 사업 아이디어로서 훌륭한 원천이 된다. 시장기회를 평가할 때 중요한 점은 기술확산이다. 욕구가 많은 고객집단이 존재하더라도 새로운 해결안을 수용하는 데는 각자 많은 차이가 있다. 따라서 이러한 역학과 조기수용자나 조기다수자로부터 격차를 이해해야 한다.

### SENSE 개인적인 경험은 훌륭한 사업 아이디어의 원천

FedEx가 미국 경제 전문지 포춘이 선정한 올해의 '세계에서 가장 존경 받는 기업순위에서 8위를 차지했다. 물류 업계 중에서는 1위다. FedEx의 창립자인 프레드 스미스(Fred Smith)는 편지가 하루 안에 전달되지 못하는 이유를 이상하게 생각했다. 이것이 물품을 하루 안에 배달할 수 있는 회사를 창업한 이유이다.

이탈리아 여행 중에 스타벅스 회장인 하워드 슐츠(Howard Schultz)는 유럽풍 카페가 미국에 없는 이유를 의아하게 느꼈다. 단순히 커피 제품만을 파는 곳이 아니라 이국적 분위기, 친절한 서비스, 재즈 음악을 제공하면서 소비자들에게 감성적 체험을 제공하는 곳이 스타벅스이다.

### ② 친구, 친척과 전문가 활용

친구, 친척이나 준거집단이 어떤 제품과 서비스를 구매하는지와 구매하는 이유를 알아본다. 그러면 그들이 어떤 문제를 해결하기를 원하는지를 탐색할 수 있다. 예를 들면, 조사자가 최첨단 제품을 구매하는 친구를 찾고, 그들이 무엇을 구매요소에서 고려했는지를 알아보는 것이다. 또한 전문가, 컨설턴트, 미래학자 등은 틈새를 발견하는 데 도움을 준다. 전문가들은 관련 산업에 대한 지식, 경험과 정보가 풍부하고, 항상 새로운 정보에 정통해 있는 경우가 많다. 이들을 통한 기회의 발견은 새롭고 참신한 아이디어를 얻는 데 유용하다.

### ③ 고객좌절

고객들은 제품사용 중에 작동이 잘 안 되어 마음이 상하는 좌절을 경험한다. 이러한 고객좌절(customer frustrations)을 이해하면 기회가 된다. 회사의 제품이나 서비스에 좌절을 느끼는 소비자들은 반복구매를 기피하고, 다른 사람들에게 회사를 비판하는 경향이 크다. 기업들은 이를 토대로 고객 서비스와 제품설계를 개선하여 제품이나 회사에 대한 소비자 좌절을 최소화한다. 다른 회사의 불량 서비스로부터 해결안을 도출하여 자신의 사업에서 변화를 추구할 수 있다. 자신이 겪은 불편, 불만이나 분노를 자신의 고객도 동일하게 느끼는지를 고객에게 묻고, 회사의 직원이 고객에게 동일한 실수를 하는지를 점검한다. 잘못된 것을 반복적으로 허용하는 것은 자신의 사업에서 현실적인 변화를 거부하는 것이다. 따라서 고객의 공통적인 좌절을 확인하여 고객이 동일한 좌절이나 불만을 경험하지 않도록 변화를 추구한다. 사업을 향상하는데 도움이 되는 해결안은 각 상황 안에 있다.

SENSE

### 소비자의 '튀는' 행동을 주목하라

세계적인 크리에이티브 디렉터인 얀 칩체이스와 사이먼 슈타인하트는 새로운 비즈니스 기회를 찾는 방법을 "소비자의 '창발성 행위(emergent behaviors)'에 주목해 보라"고 조언한다. 창발성 행위란 사용자가 자신에게 주어진 인프라나 서비스를 제공자가 의도한 대로 사용하는 것이 아니라 자신의 문제 해결을 위해 전혀 다른 목적으로 사용하는 것이다. 빵 만드는 데 쓰는 베이킹소다를 주부가 과일 씻는 데 사용하는 행동이나 유모차를 지팡이 삼아 끌고 다니는 할머니 행동이 대표적인 예다. 창발성 행위는 왜 생기는 것일까? 바로 사용자가 어떤 제품과 서비스를 사용하면서 요구나 불편한 점을 추가로 느꼈기 때문이다. 이런 점을 해소하려는 노력이 창발성 행위로 나타난다. 기업이 여기에 주목하면 사용자 불편을 찾아낼 수 있는 것은 물론 개선 방안에 대한 아이디어까지 얻을 수 있다.

영국 킹오브셰이브 창립자이자 최고경영자(CEO)인 윌 킹은 자신의 창발성 행위에서 창업 힌트를 얻었다. 윌 킹도 처음에는 남들처럼 셰이빙 젤이나 폼을 이용해 면도를 했다. 거품이 얼굴을 가려서 면도 부위가 잘 보이지 않아 긁히고 베이기 일쑤였고, 피부 트러블도 자주 생겼다. 이 문제를 해결하려고 윌 킹은 오일을 묻혀 면도하기 시작했다. 이런 자신의 창발성 행위를 사업화하기로 결심했다. 이렇게 탄생한 게 바로 세계 최초의 '면도용 오일(Shaving Oil)'이다. 윌 킹과 같은 문제로 고통받고 있던 소비자는 단숨에 면도용 오일에 몰려들었다. 킹오브셰이브는 20년이 지난 지금도 영국 면도용 오일 시장에서 1위를 독보하며 굳건히 지키고 있다. 게다가 면도기 분야에서도 질레트를 바짝 추격하며 치열한 경쟁을 펼치고 있다.

출처: 전자신문 2016.03.02

## (4) 조사과정

욕구발견은 간단하지만 심오한 과정이다. 고객의 욕구를 분명하게 정의하면 해결책이 당연히 드러나게 되어 있다. 욕구발견(need finding)의 핵심은 제품구매와 사용방식 사이에 존재하는 틈을 찾는 일이다. 욕구가 어떤 특정한 해결안보다 더 오래 지속되기 때문에 조사자가 고객욕구를 포착하는 데 집중한다면 욕구를 포착할 수 있다. 따라서 올바로 관찰한다면 기회가 나타날 것이고, 그릇되게 본다면 노력은 낭비될 것이다. 욕구발견은 제품설계 조사의 한 과정이다. 그 목적은 제품이 만족을 목표로 하는 사용자의 기본적인 욕구를 확인하는 것이다.

욕구조사는 고객의 욕구를 이해하여 설계규범과 제품해결책을 창출하는 것이다. 설계규범은 고객욕구를 해결함으로써 고객에게 실제 가치를 제공하는 당연적 품질특징이나 성능의 높은 수준을 말한다. 제품해결책은 실제 사용자 욕구를 충족하고, 직접적으로 설계규범을 따르는 컨셉, 제품과 원형 제품이다. 고객의 욕구를 밝혀내어 제품 아이디어로 연결하기 위한 조사과정은 구상과 준비, 관찰과 기록, 그리고 해석과 재구성으로 이루어진다.

그림 6-8 조사과정

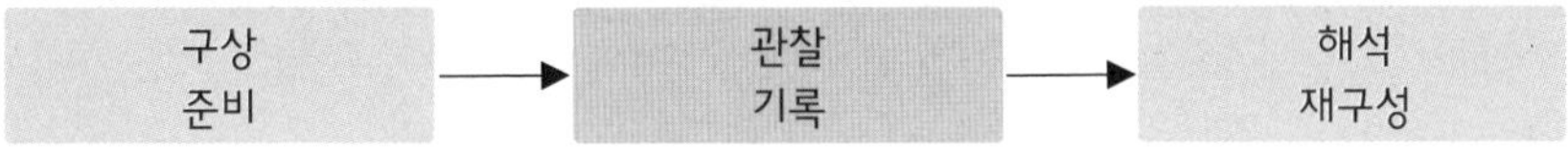


### 1) 구상과 준비

첫 단계로 조사문제, 범위, 목적, 표적고객이나 고객집단을 결정한다. 질문의 유형과 찾을 정보를 사전에 구상하는 단계이다. 다음 단계로 넘어가기 전에 이차자료와 기타 조사를 잘 이해하는 것이 중요하다. 이미 이루어진 조사를 다시 반복할 필요는 없다. 조사를 시작하기 전에 준비할 사항이 있다.

- 조사문제를 구성하고, 조사목적을 결정한다.
- 모집단을 정의한다.
- 시장분할을 확인하고 고객과 시장을 일치시킨다.
- 주제에 근거한 설정된 자료를 조사한다.

### 2) 관찰과 기록

고객의 행동과 그들이 직면하는 문제를 발견하는 것이다. 고객들이 문제로서 전혀 깨닫지 못하거나 지각하지 못하는 것도 문제이다. 고객의 행동을 방해하지 않을 뿐만 아니라 고객이 관찰받는다는 것을 알지 못하는 자연스런 환경을 조성해야 한다. 다음은 고객을 관찰할 때 고려해야 할 것들이다.

- 관찰할 집단에 몰두한다.
- 고객을 이해하기 위해서 조사자는 관찰할 집단의 상황에 자신을 노출한다.
- 자연스러운 행동을 유지하도록 강요하지 않는다.
  관찰받을 때 사람들은 자신의 행동을 경계하고, 최소한으로 유지하려고 한다.
- 적절한 기록방법을 사용한다.

사람들이 해야 할 것과 하지 말아야 할 것을 때때로 말로 적는 것은 어렵기 때문에 녹화와 같은 방법을 고려한다. 그리고 관찰만으로 고객과 행동을 완전히 포착할 수 없기 때문에 질문하는 것이 필요하다. 질문은 현재상황에 대한 고객의 감정과 생각을 더 깊게 이해할 수 있다. 다음은 면접할 때 고려할 사항이다.

- 고객 자신이 속한 환경에서 면접한다.
  환경은 이전에 숨겨진 욕구를 인식할 수 있도록 고객을 촉발할 수 있다.
- 고객의 용어로 정보를 기록한다.
  중요한 정보가 해석될 때 손실될 수 있기 때문에 고객 자신의 언어로 고객의 의견을 포착하는 것이 중요하다.

### 3) 해석과 재구성

이전 단계에서 얻은 정보를 해석하고 처리한다. 제품개발과정은 욕구발견과정과 병행하여 계속 진행할 수 있다. 고객의 상황을 개선하기 위해 문제가 해결될 필요가 있다는 것을 기억한다.

- 욕구서술문을 만든다.
- 욕구를 분류하고 우선순위를 정한다.
- 조사를 재구성한다.

#### SENSE 고객의 숨겨진 욕구를 탐구할 때 직면하는 문제

- 새로운 고객욕구를 평가하기 위한 자원이 충분하지 않다.
- 새로운 고객욕구에 관한 정보를 체계적으로 수집하지 않는다.
- 고객욕구의 평가가 과도하게 단기적인 고객만족에 집중된다.
- 숨겨진 미래의 욕구를 잊는다.
- 고객은 경쟁제품 안에 존재하는 동일한 기술적 해결안을 원한다.
- 고객은 배경욕구를 나타나지 않는다.
- 개별 고객의 의견이 고객욕구를 평가할 때 너무 지배적이다.
- 고객의 새로운 욕구에 관한 정보는 편견이 있고, 개발 중에 변경된다.
- 사용자들이 현재 제품과 기술적 해결에 지나치게 고착된다.
- 비관련제품일 때 컨셉을 사용자들이 평가하는 것이 어렵다.
- 사용자들이 기술을 이해하기가 너무 어렵다.

## 3 고객욕구의 분류

개발팀의 욕구분류를 토대로 잠재적 소비자를 대상으로 한 욕구분류를 실시하고, 양자를 비교하여 유사점과 차이점을 분석하고 재구성하는 절차를 밟는다. 왜냐하면 양자가 보는 시각과 정보의 차이가 크기 때문에 잠재적 소비자가 오해하거나 이해하지 못한 부분이 나타날 수 있기 때문이다. 고객욕구의 분석은 분류(categorization), 서열화(prioritization)와 포괄적인 방법으로 할 수 있다. 고객들은 제조나 설계방법보다 오히려 다른 특징과 기능에 따라 제품을 분류하는 경향이 있다. 이것은 고객의 욕구를 정확하게 기술하는 결과가 된다.

### (1) 욕구서술문

#### 1) 욕구서술문의 의미

가치 있는 분석을 위해 원자료를 욕구서술문으로 변환한다. 욕구서술문(need statements)은 고객이나 고객집단으로부터 얻은 명확하고 정확한 욕구서술이다. 욕구서술문을 구성할 때 사실에 근거하고, 편견이 없어야 하고, 제조방법이 아니라 제품이 수행하는 기능에 의해서 작성한다. 욕구서술문은 정보손실을 막기 위해서 원자료처럼 구체적이고 명확해야 한다. 욕구서술문은 제품사양으로 전환을 촉진하기 위해 제품속성으로 기술한다. 욕구서술문을 작성할 때 가능한 고객의 언어를 유지하는 것이다.

#### 2) 욕구서술문의 활용

욕구서술문은 고객욕구를 명확하고 정확하게 표현한 서술문이다. 이러한 욕구서술문은 조사자들이 처리해야 할 욕구가 무엇인지에 대한 질문을 간단하게 설명한다. 좋은 욕구서술문은 고객의 문제를 고객이 표현한 서술문과 문제해결책을 제시한다. 좋은 욕구서술문은 다음과 같은 질문에 답을 해야 한다.

- 문제가 무엇인가?
- 누가 문제를 갖고 있는가?
- 누가 고객인가?
- 해결책은 무엇인가?
- 문제를 해결하는 데 사용되는 범위와 한계는 무엇인가?
- 제품에 대한 새로운 특징은 무엇인가?

욕구서술은 욕구 조사팀의 주의를 집중하게 하는 것이다. 문제의 집중이 너무 좁거나 해결책의 범위가 너무 제한적이라면 해결책의 창조성과 혁신은 억제될 것이다. 적절한 해결책은 실천가능한 해결책에 대한 간단한 이론적 근거와 주장을 포함한다. 가치 있는 욕구서술문은 5W 1H로 설명한다. 고객을 충분히 이해하면 다음의 욕구를 설명할 수 있다.

**① 누가 제품을 구매하고 사용하는가?**

욕구 발동자, 구매 영향력 행사자, 구매결정자, 구매자와 사용자처럼 구매과정에서 상이한 행위자의 역할을 이해할 수 있다. 고객을 유사한 특성을 기준으로 동일한 집단으로 분류하여 시장세분화를 포함한다.

**② 고객이 무엇을 구매하고 어떻게 사용하는가?**

고객이 제품과 속성으로부터 얻는 가치가 무엇인지 이해하는 것은 중요하다. 구매빈도, 고객생애가치와 제품에 소비한 지갑점유율(share of wallet)[7]을 이해할 수 있다.

**③ 고객은 어디서, 언제 구매하는가?**

고객이 선호하는 유통경로와 이러한 선호가 어떻게 변경되는지를 알 수 있다. 고객이 구매하는 시점에 관하여 수요나 계절성을 이해하고 판매촉진과 가격파괴가 구매촉진결정에 효과적인지를 이해하는 데 집중한다.

**④ 고객이 어떻게 선택하는가?**

고객의 구매행동을 설명하는 모델이 있다. 다속성 모델은 소비자들이 제품속성과 그 속성에 대한 중요도, 즉 개인의 주관적 신념에 따라 특정 제품을 구매할 수 있다고 설명한다. 다속성 모델은 제품을 속성의 집합(collections of attributes)으로 본다. 고객은 각 속성의 특성이 어떤 제품 안에 포함되어 있다고 지각한다. 고객은 각 속성에 따라 중요도를 다르게 놓고, 그것은 구매결정에 직접적인 영향을 미친다. 고객은 선호도를 개발하는 과정에서 속성과 중요도의 지각을 결합한다.

**표 6-2 고객욕구의 수집**

| Who | What | Why | When/Where | How | | |
|---|---|---|---|---|---|---|
| 표적고객 | 제품편익 | 고객욕구 | 구매시간, 장소 | 사용방법 | 사용과정 | 보완제품 |
| | | | | | | |

7 한 소비자의 총 지출 중에서 특정 제품에 사용된 지출 비율

### (2) 욕구의 계층적 분류

다수의 욕구서술문을 추출하고, 그것들을 일차, 이차와 삼차욕구로 계층적으로 분류한다. 일차욕구(primary needs)는 하위수준 욕구의 제목으로 사용한다. 분류 전에 불필요한 서술을 확실히 제거한다. 이 분류과정은 개발팀이나 고객에 의한 2가지 방법으로 실행한다. 개발팀은 고객들이 제품을 어떻게 보는가에 근거하여 서술문을 분류하는 것이 유용하다는 것을 기억해야 한다. 고객들이 특정 서술문이 독특한지, 감동적이거나 기대하지 않은 것인지를 체크하도록 요청받는 점수표에 1~5점 사이의 숫자를 할당함으로써 서술문을 평가한다.

욕구의 위계적 분류작업은 친화도를 활용하면 쉽다. 친화도(affinity diagram)는 일본의 인류학자인 카와키타 지로(Kawakita Jiro)가 개발한 방법으로 방대한 자료에서 의미 있는 결론을 이끌어 내는데 효과적이다. 조사하여 수집한 다양하고 방대한 자료로부터 의미 있는 결과를 도출하는 기술로 이를 이용하면 다양한 아이디어나 정보를 몇 개의 연관성 높은 집단으로 분류하고 파악할 수 있어 문제에 대한 해결안을 도출할 수 있다. 따라서 이 친화도는 다량의 자료나 아이디어를 유사성에 따라 군집화하기 위해 사용한다. 개발팀이 고객욕구를 설계 요구조건으로 변환하기 위해 고객의 욕구를 확인할 때, 아이디어와 정보를 새로운 형태로 조직하여 문제를 더 좋은 관점에서 다룰 때, 문제의 속성을 정의할 때, 개발팀에게 문제해결, 공정개선이나 신제품개발의 방향을 제시할 때 활용된다. 다음은 친화도를 분류하는 절차이다.

① 각자 아이디어를 카드에 따로 기록한다.
② 카드를 모아서 탁자에 섞어서 펼쳐놓는다.
③ 전체 참석자들이 카드 주위에 모인다.
④ 서로 관련된 아이디어가 적힌 카드들을 가까이 모아서 놓는다.
 이때는 대화가 허용되지 않는다.
⑤ 모든 아이디어의 군집화가 끝나면 각 집단의 표제가 될 만한 아이디어를 골라서 그 카드를 해당 집단의 상단에 놓는다.
⑥ 표제어로 쓸 적당한 카드가 없으면 새 카드에 표제를 쓴다.
 이때는 대화가 허용된다.
⑦ 집단 간의 결합이 적절하다고 판단되면 집단을 합할 수 있다.

예를 들면, 스마트폰에 관한 욕구에 해당하는 단어를 각각 카드에 적어서 제출하라고 했을 때 "사용성, 심미성, 품목의 다양성, 터치의 반응속도, 메뉴의 복잡성, 외관 스타일, 다른 화면 표시" 등 [표 6-3]의 3차 욕구를 기재한 카드를 수거한다. 그런 다음에 수거한 카드를 탁자에 무작위로 섞어 놓은 다음 유사한 것끼리 모아놓는다. 마지막으로 세 개의 집단에 가장 적합한 표제어를 1차 욕구, 2차 욕구와 3차 욕구 카드에 써서 집단 위에 놓는다. 유사한 종류로 군집화하는 과정이다.

그림 6-9 친화도에 의한 분류의 사례

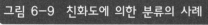

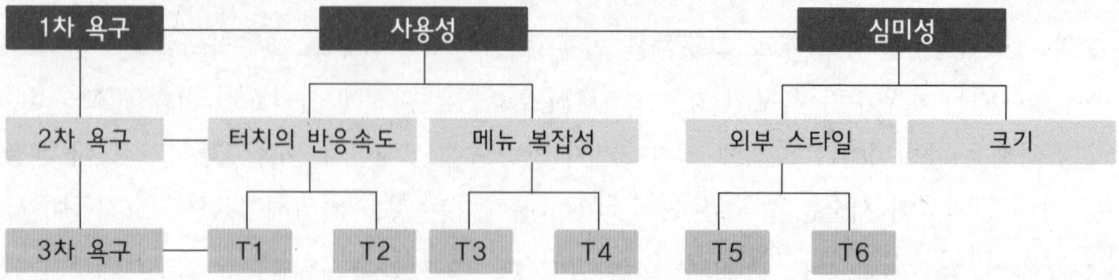


표 6-3 고객욕구의 계층적 분류표(사례)

| 대분류 | 중분류 | 소분류 | 평점 |
|---|---|---|---|
| **1차 욕구** | **2차 욕구** | **3차 욕구** | |
| **사용성** | 터치의 반응속도 | 화면이 열리는 데 오래 걸림 | |
| | | 터치를 잘 인식하지 못함 | |
| | | 다른 화면 표시 | |
| | | 영상 해상도가 깨지기도 함 | |
| | | 화면 회전이 너무 잘 됨 | |
| | 메뉴의 복잡성 | 분류의 연관성이 부족 | |
| | | 사용빈도 배열순서가 아님 | |
| | | 메뉴구성이 가시성이 떨어짐 | |
| | | 메뉴 길이가 길다. | |
| **심미성** | 외부 스타일 | 색상이 단조로움 | |
| | | 기능성에 어울리지 않는 디자인 | |
| | 크기 | 크기가 크다. | |
| **품목의 다양성** | 구성이 협소 | 품목이 너무 단순하다. | |
| | 기타 | 품목 간의 차이성이 크지 않다. | |

## 4 고객욕구의 선정

### (1) 고객문제의 탐지방법

불평은 사용자들에게 공통적이고 신제품에 대한 요청일 뿐만 아니라 고객문제를 발생하기도 한다. 불평이나 골칫거리인 고객의 핵심문제에 대한 탐지에는 역 브레인스토밍(reverse brainstorming)이 일반적으로 사용되는 기법이다. 문제탐지 절차는 제품 사용자를 통해서 현재 사용 중인 제품의 핵심문제 목록을 만들고, 목록을 분류하고, 제품개발에 가장 중요한 문제처리인 골칫거리를 추출하여 서열화하는 것이다. 탐지방법은 제품을 결정하고, 사용자 집단을 확인한다. 그런 다음 골칫거리와 발생빈도를 사용하여 문제를 탐지한다. 다음은 탐지과정이다.

### ① 제품을 결정하고 사용자 집단을 확인한다.

고객문제를 탐구할 제품을 결정하고, 결정한 제품의 다량 사용자 집단을 확인한다.

다량 사용자는 문제를 많이 이해하는 경향이 있고, 대부분의 시장에서 많은 구매력을 나타내는 사람들이다. 또한 해결할 수 있는 문제가 시장 밖에 있는지를 알아보기 위해 비사용자를 조사한다.

### ② 제품과 관련된 문제를 다량 사용자나 보통 사용자로부터 수집한다.

제품으로부터 원하는 편익과 그들이 얻는 편익을 순위화한다. 이들 간의 차이는 고객문제이다. 또한 고객이 생각하는 제품의 중요도(importance)에 따라서 분류하고 순위화할 수도 있으나, 고객이 기대한 편익과 제품이 제공하는 편익의 중요도를 순위화하여, 고객이 기대한 편익의 중요도가 높은 것이 고객문제가 된다.

**표 6-4 기대와 제공 편익의 중요도**

| 항목 | 순위 | |
|---|---|---|
| | 기대 편익의 중요도 | 제공 편익의 중요도 |
| 가 | | |
| 나 | | |

### ③ 골칫거리와 발생빈도를 사용하여 고객문제를 탐지하는 방법이다.

여기서 골칫거리(bothersomeness)는 현재 사용자 인식으로 사용자가 제품을 사용할 때 가장 문제가 된다고 생각하는 기능이나 속성을 의미한다. 따라서 이것은 사용자들에게 중요하고 현재 해결안이 없는 문제가 된다. 문제발생빈도의 척도는 5점으로 "전혀 발생하지 않는다, 조금 발생하지 않는다, 그저 그렇다, 조금 발생한다, 매우 자주 발생한다"로 묻고 그 응답 결과를 기록한다. 골칫거리의 척도도 5점으로 "전혀 골칫거리가 아니다, 조금 골칫거리가 아니다, 그저 그렇다, 조금 골칫거리이다, 매우 골칫거리이다"로 묻고 그 응답결과를 기록한다. 골칫거리(A)와 문제발생 빈도(B)를 승법(AxB)하여 기록하고 점수가 가장 높은 것이 고객의 가장 큰 문제이다. 이 고객의 가장 큰 문제가 바로 고객의 미충족욕구로 시장의 기회가 된다.

표 6-5 골칫거리와 발생빈도에 의한 문제탐지

| 항목 | 골칫거리(A) | 문제발생 빈도(B) | A x B | 순위 |
|---|---|---|---|---|
| 터치의 반응 속도 | 3 | 4 | 12 | 2 |
| 메뉴 복잡성 | 3 | 3 | 9 | 3 |
| 화면 해상도 | 2 | 4 | 8 | 4 |
| 배터리 사용 시간 | 4 | 5 | 20 | 1 |

고객의 골칫거리를 해결하면 신제품이 된다. [표 6−5]에서 가장 골칫거리는 배터리 사용 시간이다. 그 다음은 터치의 반응 속도이다. 이와 같이 고객이 가장 골칫거리로 생각하는 부분을 파악할 수 있다. 기타 제품의 중요도나 제품의 만족도를 조사하여 고객의 욕구와 비교분석하면 의사결정에 더욱 유용하다.

### (2) 고객욕구의 서열화

고객의 욕구는 모두 동일하지 않거나 중요도가 다르지만, 어느 정도 단계적이다. 고객에 따라서 과소나 과도 추정된 고객욕구가 나타나기 때문에 고객들이 더 매력적으로 느끼는 제품에 상대적 가중치를 주는 것이 일반적인 현상이다. 이것으로 고객욕구를 서열화(prioritization)하는 것이다. 고객욕구를 우선순위 하는 방법은 분석적 위계과정(Analytical Hierarchy Process: AHP), 컨조인트분석(Conjoint Analysis)과 고정총합법(Constant Sum) 등이 있다. 이 중에서 고정총합법은 가장 단순하여 많이 활용되는데 다른 두 방법은 복잡하여 통계패키지를 활용하여야 한다.

고정총합법은 욕구의 총합이 보통 100이 되도록 하는 것으로 어떤 고객욕구가 가장 중요한지를 결정하는 것이다. 즉, 주어진 대안의 상대적 선호도나 속성의 상대적 중요도 총합이 100이 되도록 하는 척도이다. 상대적 비교를 통해 수치가 부여되므로 서열척도의 성격이 강하다. 예를 들면, 다음은 자동차를 구매할 때 고려하는 요소이다. 7개의 요소 합계가 100이 되도록 각 중요도에 따라 점수를 부여한다. 전혀 중요하지 않은 항목은 '0'점을 줄 수 있으며, 점수를 부여한 후 합계가 100이 되는지를 확인한다.

표 6-6 고정총합법의 예

| 항목 | 점수 |
|---|---|
| 성능 | 20 |
| 신뢰성 | 15 |
| 내구성 | 8 |
| 심미성 | 30 |

| 항목 | 점수 |
|---|---|
| 사용성 | 6 |
| 가격 | 5 |
| 브랜드 | 16 |
| **총 합** | **100** |

어떤 욕구가 얼마나 중요하고 그것이 얼마나 만족되었는지를 고객이 평가하는 방법이 있다. 예를 들면, 중요도와 만족도를 측정한 결과 [그림 6-10]과 같다. 4분면에 고객이 평가한 두 축에 배치한다. 중요도에 높은 평점과 만족에 낮은 평점을 받은 욕구(B안)는 노력이 집중되어야 할 욕구이다. 낮은 중요도와 낮은 만족의 결합(E안)은 처리할 수 있는 숨겨진 기회(hidden opportunities)이다. 만일 어떤 욕구가 중요한 것으로 고려되지 않았지만 매우 만족했다면(C안) 회사는 제품의 다른 특징에 자원을 재할당하면 돈을 절약할 수 있다. 만족과 중요도가 높게 평점을 받은 욕구는 현재 수준에서 유지해야 한다.

**그림 6-10 중요도와 만족도**

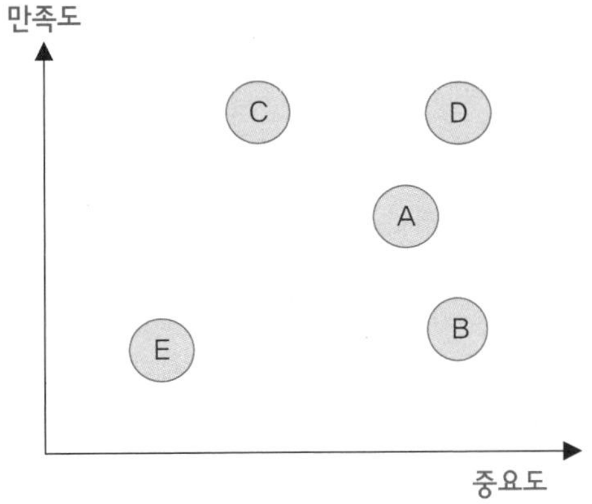


각 아이디어별 중요도와 만족도

| 구분 | A | B | C | D | E |
|---|---|---|---|---|---|
| 중요도 | 7 | 8 | 4 | 8 | 2 |
| 만족도 | 6 | 3 | 9 | 9 | 3 |

### ❖ 제품 중요도 조사

아래는 2017년 중형 H자동차의 기능들입니다. 이 제품을 구매하실 때 기능들이 얼마나 중요하다고 생각하는지 그 정도를 선택해 주십시오.

| | 전혀 중요하지 않음 | 조금 중요하지 않음 | 보통 | 조금 중요 | 매우 중요 |
|---|---|---|---|---|---|
| 안전성 | 1 | 2 | 3 | 4 | 5 |
| 주행성 | 1 | 2 | 3 | 4 | 5 |
| 경제성 | 1 | 2 | 3 | 4 | 5 |
| 심미성 | 1 | 2 | 3 | 4 | 5 |
| 가격 | 1 | 2 | 3 | 4 | 5 |

✤ 중요도 조사의 결과로 제품속성의 가중치를 결정하는 데 참고할 수 있다.

### ❖ 제품 만족도 조사

아래는 2017년 중형 H자동차의 기능들입니다. 이 제품을 구매하실 때 기능들을 얼마나 만족하는지 그 정도를 선택해 주십시오.

| | 매우 불만족 | 조금 불만족 | 보통 | 조금 만족 | 매우 만족 |
|---|---|---|---|---|---|
| 안전성 | 1 | 2 | 3 | 4 | 5 |
| 주행성 | 1 | 2 | 3 | 4 | 5 |
| 경제성 | 1 | 2 | 3 | 4 | 5 |
| 심미성 | 1 | 2 | 3 | 4 | 5 |
| 가격 | 1 | 2 | 3 | 4 | 5 |

07

# 제품 아이디어

1 아이디어의 탐색

2 창의적 사고기법

3 제품 아이디어 선별

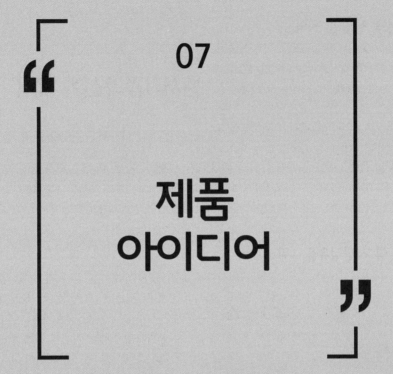

# 제닉: 세계 최고의 마스크 팩 전문 회사

## 2001년에 창립된 제닉

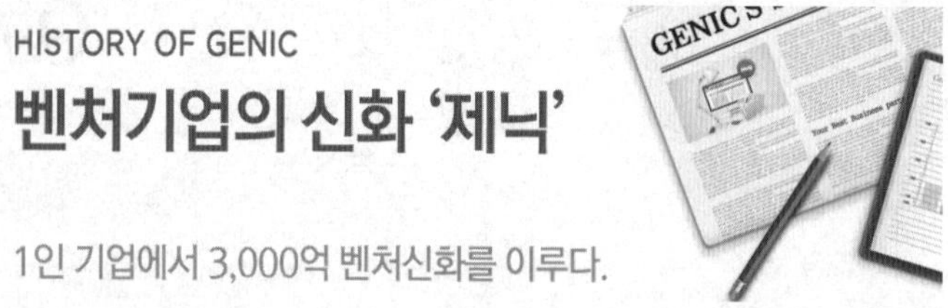

GENIC
HISTORY OF GENIC
벤처기업의 신화 '제닉'
1인 기업에서 3,000억 벤처신화를 이루다.


제닉은 2001년 화장품 및 의약품 제조를 목적으로 유현호 대표가 설립하였다. 2012년 벤처기업으로 선정되어 현재는 코스닥에 상장되어 있는 마스크 팩 전문회사이다. 1인 기업으로 시작하여 3,000억의 벤처신화를 이룬 기업이다. 처음에는 하이드로겔 상처치료용 패치를 개발하였다. 하지만 의료용 패치 대신 화장품 마스크 팩으로 전환하여 제품을 개발하였고, 2003년 미국시장을 개척하면서 크게 성공하게 하였다. 미국 대형마트에서 제품이 팔리자 한국화장품 기업들이 관심을 보였고, 이를 발판으로 국내 홈쇼핑에 출시하여 히트하면서 벤처캐피탈의 투자가 잇따르게 되었다.

## 마스크 팩 시장점유율 1위

그러나 회사가 승승장구하자 바로 위기가 오기 시작하였다. 별다른 기획도 없이 스타를 모델로 쓰며 80여 가지 제품을 생산하였다. 2007년에 회사는 20억원의 적자를 내고 존폐의 기로에 서게 되었다. 이를 교훈 삼아 종합화장품보다는 마스크 팩으로 1등 하는 회사가 되기 위해 연구개발에 더욱 많은 역량을 집중하여 일명 '하유미팩'으로 알려진 마스크 팩을 발판으로 재기에 성공하였다. 국내 마스크 팩 시장점유율 1위, 세계 최초 수용성 하이드로겔 마스크 팩 출시, 하이드로겔 마스크팩 특허 보유, 마스크팩 매출 3,000억원 달성, 세계 일류상품 인증 획득, 현대 홈쇼핑 전체상품 판매실적 1위 등을 갖고 있는 명실공히 국내 최고의 창업 롤모델 기업이다.

## 제품개발의 산실 부설연구소

기업부설연구소는 경피투여형 하이드로겔 제형의 연구개발을 시작하여 장기간의 임상테스트를 진행해 왔다. 그 결과 2005년 온도감응성 상태변화 하이드로겔에 대한 특허를 취득하였고, 홈쇼핑을 통해 마스크 팩을 유통하며 성장하기 시작했다. 주력제품은 마스크 팩으로 셀더마, 라쌍떼, 퓨어트리 3개의 자체 브랜드도 보유하고 있다. 라쌍떼와 퓨어트리에서는 일반 스킨케어 제품라인 또한 전개하고 있다. 국내외 시장에서 대부분의 화장품 브랜드가 마스크 팩을 취급할 정도로 경쟁이 심한 분야이지만, 제닉 자체 추산에 따르면 국내시장 점유율은 30%에 이를 것으로 분석하고 있다. 제닉은 소규모의 수출을 진행해 왔으며, 2011년에 처음 중국에서 홈쇼핑 채널을 통해 판매되기 시작한 이후 2012년 중국에 생산 및 판매 법인을 설립하였다. 상해에 공장을 임대하여 매입에 대한 리스크를 줄였다. 소수의 품목에 집중하면서 기술력을 바탕으로 점진적 글로벌화를 실현하고 있는 강소기업이다.

## 성공적인 글로벌화를 위한 역량구축 및 전략

화장품산업은 진입장벽이 낮고, 고객층이 다양한 전형적인 소비재(FMCP, Fast moving consumer product)이다. 고객충성도가 높고, 제품의 트렌드 변화가 빠른 화장품산업은 제약, 식품, 패션, 바이오 등 다양한 분야의 대기업이 다각화 차원에서 진출하기도 하고, 신생 벤처기업이 독특한 비즈니스 모델과 컨셉을 통해 성공신화를 이루어내기도 하는 분야이기도 하다. 마케팅에 대한 의존도가 높으며, 브랜드 경쟁력의 중요성 때문에 홍보 및 광고에 대한 비용 소모도 크다. 따라서 중견 브랜드나 중견 완제품업체, 국내외 대기업 등은 원가절감을 위해 생산판매의 이원화를 지향하면서 OEM/ODM 분야가 부상하고 있다. 이러한 경우 요구되는 조건은 높은 기술수준과 함께 생산능력으로 변화가 빠른 화장품산업에서 안정적인 가치사슬 축으로 자리 잡을 전망이다.

출처: 제닉 홈페이지, 이영주 외(2012), 글로벌 강소기업의 성공요건 및 정책 과제

# 제7장 | 제품 아이디어

## 1 아이디어의 탐색

신제품개발은 기업의 본질적인 경영활동이며 수익창출의 근원이다. 혁신은 새로운 아이디어, 장치나 방법에 의해서 고객의 미충족욕구와 기대를 충족하는 가치창출 과정으로 기업의 생존과 성장에 필수적이다. 혁신은 기존제품을 새로운 제품으로 대체하거나, 기존제품을 진부화하고 새로운 제품범주를 창조하는 것을 의미한다. 신제품개발은 시장에 현재 존재하지 않는 제품에 관한 새로운 아이디어의 개념화이거나 이미 시장에 존재하는 제품의 향상을 목표로 한다. 소비자 욕구와 필요의 변화, 제품수명주기상의 성숙기 제품, 쇠퇴기 제품, 경쟁자의 활동, 제품상의 문제와 환경변화에 대응하여 기업의 수익을 창출하기 위해서 기업은 신제품을 개발한다.

### (1) 신제품개발과정

신제품개발(NPD: New Product Development)은 [그림 7−1]과 같이 시장기회의 인식과 고객의 미충족욕구의 탐색으로 시작하여, 아이디어 창출, 제품컨셉 창출, 제품사양의 결정과 제품설계, 시제품 개발과 테스트, 경제성 분석, 마케팅 전략의 수립과 출시, 그리고 출시 후 관리로 끝을 맺는 활동이다. 신제품개발의 구체적인 절차는 아이디어 탐색, 해결안 도출, 제품컨셉 창출, 제품개발, 마케팅 전략과 출시 과정으로 진행된다.

그림 7−1 신제품개발모델

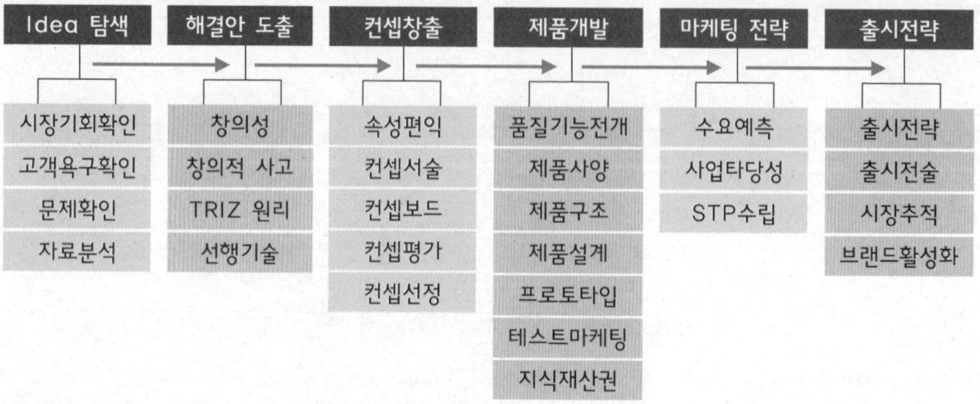

## (2) 아이디어의 탐색

아이디어는 정신적 이해, 인식이나 활동의 결과로써 마음속에 존재하는 구상이다. 기회는 경쟁우위를 얻기 위해 이용하거나 문제를 해결할 수 있는 현재상황과 잠재적 미래에 존재하는 확인된 사업이나 기술의 공백(gap)이다. 문제(problem)는 현재 상태(actual state)에서 개선된 상태(ideal state)로 변환이 가능한 상황으로 현재 상태와 이상적인 상태 간의 차이를 말한다. 제품 아이디어(product idea)는 소비자들이 시장에서 욕구를 충족을 할 수 있는 제품에 관한 생각이다. 따라서 제품 아이디어는 다른 기업이 충족시키지 못하는 소비자들의 욕구와 필요를 탐구하는 과정에서 창출된다. 즉, 제품화하여 시장에 도입하면 상업성이 있다고 생각하는 제품에 관한 아이디어이다. 제품컨셉(product concept)은 소비자들이 제품사용으로부터 얻는 편익으로 제품 아이디어를 언어, 상징, 디자인 등으로 표현한 것이다. 따라서 시장기회의 진화는 시장에서 문제를 확인하는 기회를 발견하여 제품 아이디어를 착상하고, 고객에게 편익을 제공할 제품컨셉을 창출하여 신제품으로 변화하는 과정이다.

그림 7-2 기회의 진화

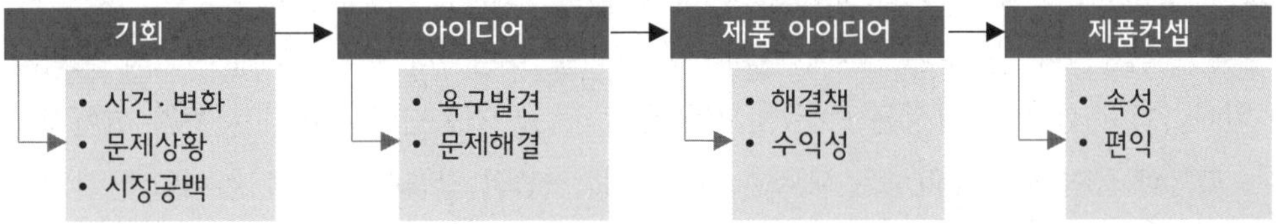


예를 들면, 도둑이 벽을 타고 올라와 집에 있는 물건을 훔쳐 달아나는 사건은 문제이지만, 시장기회는 이 문제를 인식하고 신제품이나 서비스를 위한 욕구를 창출할 수 있는 호의적인 환경이다. 문제를 인식하고 해결안을 찾을 수 있는 환경이 발생할 때 기회는 오는 것이다. 따라서 방범과 퇴치장치를 생각했다면 아이디어가 된다. 이 아이디어를 발전하여 도둑이 접근하는 것을 감지하여 퇴치할 장치가 바로 제품 아이디어이다. 접근할 때 소리로 퇴치하고 녹화하여 증거로 남기는 광음과 녹화기능 CCTV가 제품컨셉이 되고 이를 제품으로 개발하면 '도둑 끝 CCTV'신제품이 된다. 이를 도식하면 아래와 같다.

그림 7-3 시장기회의 진화

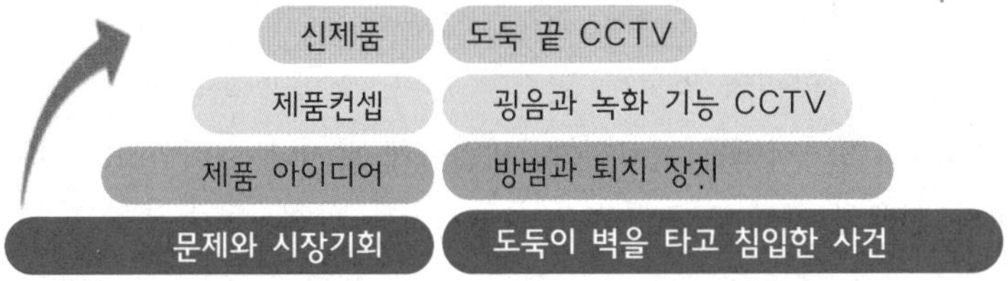

## (3) 창의성

### 1) 창의성

창의성(creativity)은 라틴어의 Creo(만들다)를 어원으로 하는 Creatio라는 말에서 유래되었다. 창의성은 無에서 또는 기존의 자료에서 새로운 것을 발견하고, 새로운 것을 만들고 산출하는 것을 의미한다. 학자들이 주장하는 창의성의 개념은 다음과 같다.

- Guilford(1977): 새롭고 신기한 것을 낳는 힘(인지능력)
- Lubart(1994): 새롭고 유용한 산출물을 생성하는 능력(인지능력)
- Seligman(2000): 독창적이고 가치 있으며 실행될 수 있는 사고과정 또는 산출물

창의성(creativity)이란 사물을 새롭게 탄생시키거나, 새로운 사물에 이르게 하는 개인의 지적 특성인 동시에 새롭고, 독창적이고, 유용한 것을 만들어 내는 능력이다. 따라서 창의성은 확산적 사고(divergent thinking)와 수렴적 사고(convergent thinking)를 포함하는 다양한 지적능력, 인성, 지식, 환경의 총체적인 관점이다. 창의성은 의식적 사고나 노력뿐만 아니라 무의식적인 사고와 노력의 영향을 받아 일어나기도 한다. 창의성은 모든 사고가 총체적으로 결합되어 나타나는 가장 고차적인 사고능력이다. 과학과 공학에서 창의성은 새로운 아이디어, 컨셉의 창출이나 기존 아이디어 간의 새로운 연상을 포함하는 정신적 과정이다. 따라서 창조적 사고는 신제품을 창조하거나 문제해결과 현상을 설명하는 데 필수적인 과정이다.

### 2) 창의성의 구성 요소

Maslow는 창의성을 일상생활 전반에서 넓게 나타나며 매사를 보다 창의적으로 수행해 나가는 어디에서나 볼 수 있는 성향이라고 하였다. 즉, 자신이 맡은 일에서 얼마만큼 창의적으로 사고하고 행동할 수 있느냐를 기준으로 삼는다. 그 구성요소는 유창성, 융통성, 독창성과 정교성을 포함한다.

- 유창성(fluency): 많은 아이디어를 내는 능력
- 융통성(flexibility): 유창성의 연장으로 사물을 다른 각도에서 볼 수 있는 능력, 여러 관점에서 상황을 볼 수 있는 능력
- 독창성(originality): 아이디어의 양보다 질적인 측면, 소재의 독특함
- 정교성(elaboration): 아이디어를 정교하게, 세밀하게 하거나 재미있고, 아름답게 꾸미는 능력, 기존의 지식이나 원래의 생각에 추가하고 확장시키는 능력

SENSE **창의성을 방해하는 요소(Amabile)**

- 평가: 평가받는다는 것에 대한 스트레스
- 과다한 보상: 보상이 너무 심한 경우 내적 동기가 사라질 위험
- 경쟁: 심리적으로 불안정한 상태에서 창의성이 충분히 발휘되지 않는다.
- 선택권의 제한: 스스로 선택할 수 있는 기회를 주어야 창의성이 증진된다.
- 창의성을 저해하는 말 사용: 부정, 조소, 비난, 무시, 경멸, 핀잔

## 2 창의적 사고기법

제품개발에서 창의성은 새로운 아이디어를 창출하기 위한 다양한 범위와 문제해결을 위한 접근법으로부터 지식과 경험의 요소를 결합하는 능력을 말한다. 이것은 생각의 구조와 패턴을 미리 극복하는 것을 뜻한다. 창의성 기법은 향상원리로 새로운 아이디어를 얻는 절차이다. 해결책의 직관적 개발을 위한 연상과 전환, 새로운 접근법의 체계와 분석적 생성을 위한 추상화와 결합이 있다.

수직적 사고(vertical thinking)는 어떤 아이디어나 제안의 옳고 그름을 따지기 위한 선택적 사고이며 논리의 규칙에 맞추어 따져보는 사고이다. 이와 달리 수평적 사고(lateral thinking)는 옳고 그름을 판단하는 것이 아니라 통찰력이나 창의성을 발휘하여 기발한 해결책을 찾는 사고방법을 말한다.

창의적 사고(creative thinking)는 생산적 사고라고도 하며, 이전에는 관계가 없었던 사물이나 아이디어의 관계를 재형성시키는 역동적인 힘이다. 따라서 과거의 경험을 이용하여 미지의 새로운 결론이나 새로운 발명을 끌어내는 사고과정이다. 이는 고차적 정신능력을 제공하는 다양한 정보로 다양한 결과를 산출해 내는 능력으로서 확산적 사고와 수렴적 사고가 동시에 요구된다. 확산적 사고기법(divergent thinking)은 주어진 문제에 대해 가능한 많은 해결책을 창출하는 기법이다. 유의미하고 새로운 연결을 만들고 표현하는 사고기법으로 아이디어를 생성해 내는 사고과정이다. 반면 수렴적 사고(convergent thinking)는 주어진 문제에 대한 최적의 해결책을 창출하는 사고기법으로 아이디어들을 분석하고, 다듬고, 선택하는 사고과정이다. 따라서 창의적 사고과정은 확산적 사고기법을 통하여 가능한

그림 7-4 창의적 사고기법에 의한 아이디어 선별과정

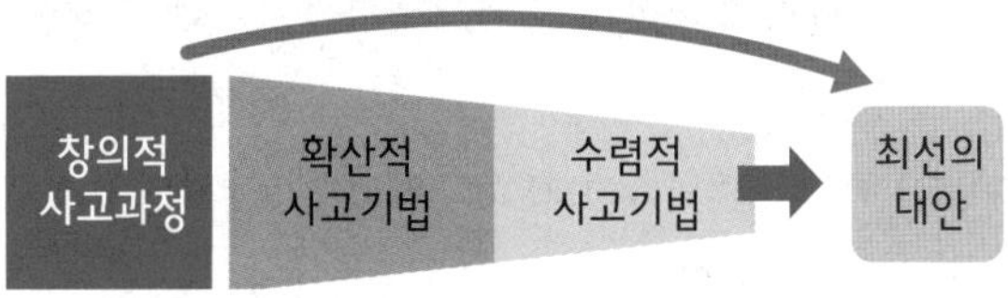

표 7-1 창의적 사고기법의 종류

| 구분 | 의미 | 사고기법 | |
|---|---|---|---|
| 확산적 사고 | 가능한 많은 아이디어 창출<br>다량의 아이디어 생산 | • 브레인스토밍<br>• 스캠퍼<br>• 마인드맵<br>• 연꽃기법 | • 브레인라이팅<br>• 시네틱스<br>• 속성열거법 |
| 수렴적 사고 | 아이디어의 분석, 정교화, 선택<br>소수의 최적안 선택 | • P-P-C기법<br>• 쌍비교분석법 | • 고든법<br>• 역브레인스토밍 |

많은 아이디어를 창출하고, 그런 다음 수렴적 사고기법을 통하여 최적의 아이디어를 선별하는 것이다.

## (1) 확산적 사고기법

### 1) 브레인스토밍

브레인스토밍(Brain Storming)은 400여 년 전 인도의 힌두교 교리를 가르칠 때 사용된 교수방법을 토대로 오스본(Alex F. Osborn)이 창안한 기법이다. 브레인스토밍은 뇌에 폭풍을 일으킨다는 뜻으로 어느 한 주제에 대해 다양한 아이디어를 공동으로 내놓는 집단토의 기법이다. 어떤 구체적인 문제에 대한 해결방안을 생각할 때, 비판이나 판단 없이 질을 고려하지 않고 머릿속에 떠오르는 대로 가능한 많은 아이디어를 창출하는 방법이다. 이 방법은 문제해결에 유용하다고 생각되는 정보를 권위, 책임이나 고정 관념에 빠지지 않고 자유분방하게 끄집어내는 것으로 언어의 논리구조의 틀에 제약되는 좌뇌보다는 오히려 이미지, 유추, 비유 또는 패턴 형식의 인식 등을 담당하는 우뇌를 활동시키는 것이다.

#### ① 브레인스토밍의 4가지 규칙

브레인스토밍은 비판금지, 다다익선, 자유분방, 결합과 개선 등 4가지 규칙이 있다. 이와 같은 4가지 규칙을 지지(Support), 자유분방(Silly), 양산(Speed), 결합과 개선(Synergy)으로 4S라고도 한다.

- 비판금지(deferment-of-judgment): 산출 아이디어에 대해서 끝날 때까지 평가나 판단을 금지한다. 어떤 것이든 말하며 부적절한 제안이라도 평가나 비판하지 않는다.
- 다다익선(quantity yield quality): 아이디어의 수준에 관계없이 가능한 많이 산출하도록 한다. 아이디어의 질보다 많은 양의 아이디어를 산출한다.
- 자유분방(free-wheeling): 과거의 지식, 경험, 고정관념, 전통 등에 관계하지 않고 자유롭게 아이디어를 산출한다.
- 결합과 개선(combination and improvement): 제안된 아이디어에 다른 아이디어를 결합이나 개선하여 새로운 아이디어를 창출한다.

② 진행절차

- 집단의 크기: 5~12명(투표를 위해 홀수가 좋음)
- 집단의 구성: 구성원의 성별, 연령이나 수준 등을 균등하게 구성하여 문제에 대해 다양하고 폭넓은 시각을 갖고 다양한 아이디어를 산출한다.
- 사회자: 많은 아이디어를 발표할 수 있도록 자유스럽게 진행한다.
- 기록자: 발표 내용을 빠뜨리지 않고 핵심 단어로 기록한다.
- 아이디어 생성을 위한 진행시간이나 아이디어의 수를 미리 정할 수 있다.
- 아이디어를 정리한 후 하나씩 평가과정을 거쳐 좋은 아이디어를 선택한다.
- 소심한 참여자들이 많은 경우에는 Brain Writing으로 변경할 수 있다.

SENSE **전문가와 브레인스토밍을 통해 진행하는 것이 확실**

지면광고를 통하여 숨어있던 잠재고객들이 랜딩페이지(모든 방문자의 첫 페이지)로 유입되어 구매 전환율을 상승시킬 수 있다면, 네이버를 통한 온라인마케팅에 광고비를 더 많이 투자하게 되고, 더 많은 수익을 창출할 수 있다는 것이 아이엠애드의 설명이다. 지면광고는 단순하게 내보내기만 하는 광고가 아니라 각 분야별로 마케팅 전문가들의 브레인스토밍을 통해 광고주의 특성을 분석해 나가는 방식이기 때문에 많은 개선점을 찾아낼 수 있으며, 광고주들에게 최대한의 효과를 기대하기에 충분할 것으로 보인다.

출처: 세계일보 2015.07.07

## 2) SCAMPER

SCAMPER는 제품개선이나 신제품개발에 많이 활용된다. 이것은 대치(Substitute), 결합·혼합(Com-bine), 적용(Adapt), 수정(Modify)·확대(Maginify)·축소(Minify), 다른 용도 사용(Put to Other Use), 제거(Eliminate), 재배치(Rearrange) 등의 두음자를 결합한 기법이다.

**표 7-2 SCAMPER의 활용**

| 단계 | 질문 | 예 |
|---|---|---|
| 대치 | 대신 사용할 수 있을까? | 종이컵, 나무젓가락 |
| | 누구? 무엇? 성분? 장소? | 고무장갑, 태양 전지, 물침대 |
| 결합 | 무엇을 결합할 수 있을까? | 전화기, 카메라와 컴퓨터 결합 → 핸드폰 |
| | 혼합하면? 조합하면? | 스팀청소기, 코펠 |

| 단 계 | 질 문 | 예 |
|---|---|---|
| 적용 | 조건·목적에 맞게 조절할 수 있을까? | 장미 덩굴 → 철조망, |
| | 번안하면? 각색하면? 비슷한 것은? | 산우엉 가시 → 벨크로(Velcro) |
| | 적용하면? | 돌고래 → 수중음파 탐지기 |
| 수정·확대·축소 | 색, 모양, 형태 등을 바꿀 수 없을까? | Post-it, 워크맨, 노트북 |
| | 확대? 축소? 변형? 빈도를 높이면? | 마트로시카 인형 |
| | 생략? 간소화? 분리? 작게? 짧게? | 소형냉장고 |
| 다른 용도 사용 | 다른 용도로 사용할 수 없을까? | 폐타이어 → 발전소의 원료 |
| | 수정하면? 맥락을 바꾸면? | 톱밥 → 버섯 재배 |
| 제거 | 삭제, 제거할 수 있을까? | 씨 없는 수박 |
| | 없애면? 줄이면? 압축시키면? | 알뜰 폰, 반값 TV |
| | 낮추면? 가볍게 하면? | 압축기 |
| 재배치 | 순서를 바꿀 수 없을까? | 장갑→ 다섯 발가락 양말 |
| | 거꾸로? 반대로? 바꾸면? | 발전기, 선풍기, 양수기 |
| | 위치를 바꾸면? 원인과 결과를 바꾸면? | 가속기, 감속기 |

## SENSE 청개구리 상상

청개구리의 슬픈 이야기를 기억하는가? 엄마의 말을 듣지 않고 항상 거꾸로 행동했던 청개구리는 냇가에 묻어달라는 유언만큼은 지켜 엄마를 냇가에 묻어드리고는 큰 비가 올 때마다 무덤이 떠내려갈까 슬피 울었다는 이야기다. 상상의 세계에서는 오히려 청개구리가 환영받는다. 청개구리처럼 생각하는 것, 그것이 바로 스캠퍼의 사고 원리 재배치(Rearrange)다.

자동차는 휘발유 1㎏을 태워 동력을 얻고 대신 3.15㎏ 정도의 이산화탄소를 배출하는 지구 온난화의 주범이다. 따라서 세계는 새로운 에너지원 자동차 개발에 몰두하고 있다. 줄리언 새러메진이라는 디자이너는 이산화탄소를 배출하지 않는 전기 자동차에 머무르지 않고, 청개구리 상상을 통해 '달리면 거꾸로 공기가 정화되는 자동차는 없을까?'라는 생각을 했다. 그 결과 디자인 경진대회에 달리면서 공기를 정화시키는 자동차 디자인을 출품했다. 빅 애플이라는 이 자동차는 달릴 때 흡입되는 공기를 내부의 풍력 장치를 가동함으로써 동력을 얻고 동시에 필터를 거쳐 밖으로 배출함으로써 공기를 정화한다. 꿈 같은 이야기일 수 있겠지만, 꿈을 현실화하기 위해 노력하는 사람들의 열정은 불가능을 가능하게 만들곤 한다.

출처: 전자신문 2009.03.05

### 3) 시네틱스

시네틱스(synectics)는 서로 관련 없는 요소들의 결합을 의미하는 희랍어의 synecticos에서 유래했다. 이는 시네틱스사를 창립한 고든(Gordon)이 개발한 것으로 유사한 문제의 인식을 촉진하는 것이다. 여러 개의 유추(analogy)로부터 아이디어나 힌트를 얻는 방법이다. 이는 이질순화(異質馴化: 낯선 것을 친숙한 것처럼)와 순질이화(馴質異化: 친숙한 것을 낯선 것처럼)의 과정이다. 서로 다르고 언뜻 보기에 관련이 없는 것 같은 요소를 연결시킨다. 어떤 사물과 현상을 관찰하여 다른 사상을 추측하거나 연상하는 것이다. 친숙한 것을 이용해 새로운 것을 창안하는 것과 친숙하지 않은 것을 친숙한 것으로 보는 것이다. 고든은 비유를 활용한다. 비유는 사물, 현상, 사건 등의 유사, 비교 등의 관계를 나타내는 것으로 비유를 통해서 특정 사물과의 개념적 거리를 느끼고, 고정관념을 깨뜨리고 새로운 대안을 창출할 수 있다. 상상력을 동원해서 특이하고 실질적인 문제전략을 이끌어내는 데 유용하다.

**표 7-3 시네틱스의 진행절차**

① **문제제시:** 팀원에게 문제를 제시한다.
② **해결목표의 설정:** 해결해야 할 문제를 목표의 형태로 구체적으로 기록한다.
③ **유추요구의 질문:** 사회자는 목표에 근거 유추한 것에 어떤 것이 있는지 질문한다.
- 직접유추(direct analogy): 창조하려는 대상과 다른 것을 선택하여 두 대상을 직접 비교 검토하는 것(우산으로 낙하산의 원리 파악)
- 의인유추(personal analogy): 자신이 해결하려는 대상이 되어 보는 것(자신이 직접 자동차가 되어 차가 겪는 어려움 생각하기)
- 상징적 유추(symbolic analogy): 두 대상물 간의 관계를 기술하는 과정에서 상징을 활용(마케팅은 성공의 천사이다)
- 환상석 유추(fantasy analogy): 환상적이고 신화적인 유추(하늘을 나는 자동차)

④ **유추선택:** 각 도출된 안들 중 과제해결에 사용할 수 있는 것 선택
⑤ **유추검토:** 해결목표에 따라 상세한 힌트를 찾고, 검토한다.
⑥ **가능성 연결:** 도출안을 현실적으로 쓸 수 있는 아이디어로 연결한다.
⑦ **해결책 작성**

### 4) 마인드맵

토니 부잔(Tony Buzan)이 창안한 마인드맵(Mind Map)은 좌·우뇌의 기능을 유기적으로 연결한 사고력 중심의 두뇌개발기법이다. Mind Map이란 생각의 지도란 뜻으로 무순서, 다차원적인 특성을 가진 사람의 생각을 읽고, 생각하고, 분석하고, 기억하는 것들에 대해 빈 종이 위에 이미지, 핵심단어, 색과 부호를 사용하여 마음의 지도를 그려나가는 기법이다. 이 기법은 복잡한 아이디어를 빠르고 쉽게 파악할 수 있고, 아이디어들 간의 관계를 확인하는 것이 편리하며, 새로운 통찰력을 얻을 수 있는 가능성을 높여 준다. 우뇌 기능인 색상을 활용하여 집중력과 기억력 등을 높이기 위해 가지별로 다른 색상을 사용한다. 같은 가지에서는 핵심단어를 반복하여 사용하지 않도록 한다. 마인드맵의 장점은 다음과 같다. 두뇌에 숨어 있는 잠재적 가능성을 쉽게 이끌어 낼 수 있다. 신속하게 시작

하고, 짧은 시간 동안 많은 아이디어를 발상해 내게 한다. 우뇌, 좌뇌 전체를 활발히 움직이게 한다. 작은 공간에 많은 양의 정보를 표현할 수 있다.

### 진행절차

**① 1단계: 중심 이미지**

먼저 나타내고자 하는 주제를 종이의 중앙에 함축적으로 나타낸다. 주제를 이미지로 표현한 것을 중심 이미지 또는 핵심 이미지라 한다. 중심 이미지는 함축적인 단어, 상징화한 그림, 기호, 삽화, 만화, 사진이나 인쇄물 등으로 나타내고 채색을 하여, 주제를 가장 효과적으로 시각화하면서 상상력을 자극할 수 있는 방법을 택한다. 예제에서 중심 이미지는 마케팅이다.

그림 7-5 중심 이미지

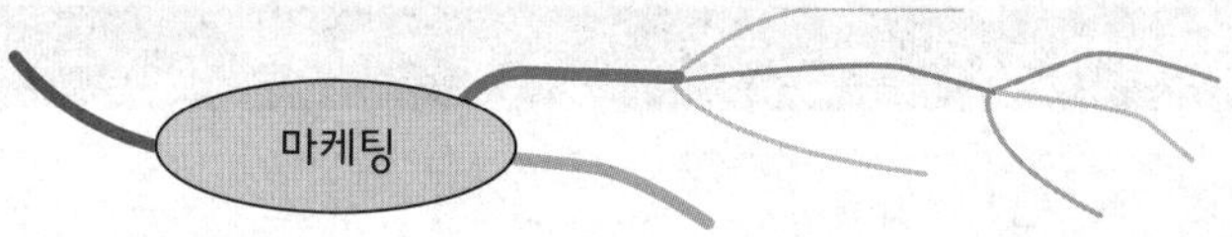


**② 2단계: 주가지**

중심 이미지로부터 연결된 가지를 주가지라 한다. 중심 이미지 쪽 가지는 굵고, 그 반대 쪽 가지는 가늘어지게 곡선을 유지하도록 한다. 주가지 위에는 핵심 단어(명사, 동사, 형용사, 부사 등)를 쓴다. 그 이유는 중심 이미지가 그림이므로 주가지에서 그림이 다시 나올 때에는 생각의 폭이 넓어져 혼돈을 일으킬 수도 있기 때문이다.

그림 7-6 주가지

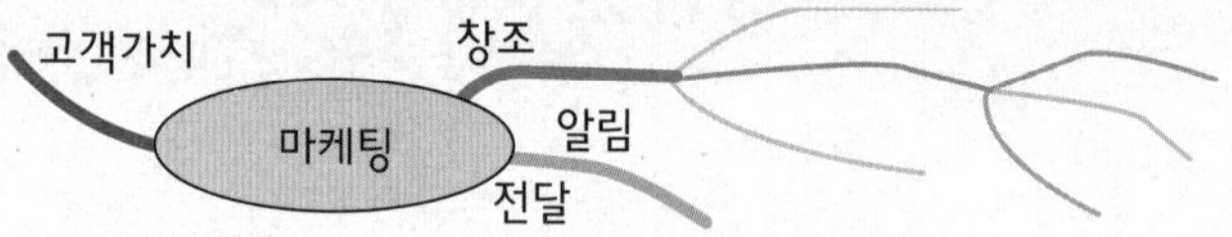


**③ 3단계: 부가지**

주가지로부터 연결된 가지를 부가지라 한다. 부가지는 주가지보다 작고 가늘게 나타내며, 부가지 위에는 핵심 단어, 그림, 기호, 약화 등으로 표현해도 된다. 양쪽 뇌의 기능을 사용함으로써 효과를 높이기 위함이다. 또 부가지 작성 시 주가지별로 차례대로 작성하지 않아도 된다. 중심 이미지와 주가지가 이미 연결성을 갖고 집중해야 할 생각을 확고하게 만들어 놓고 있으므로 부가지의 경우 생각이 먼저 떠오르는 쪽을 선정하여 연결해도 생각의 혼돈은 일어나지 않는다. 부가지는 생각이 이어지는 한 가지를 계속 그려 나간다.

그림 7-7 부가지

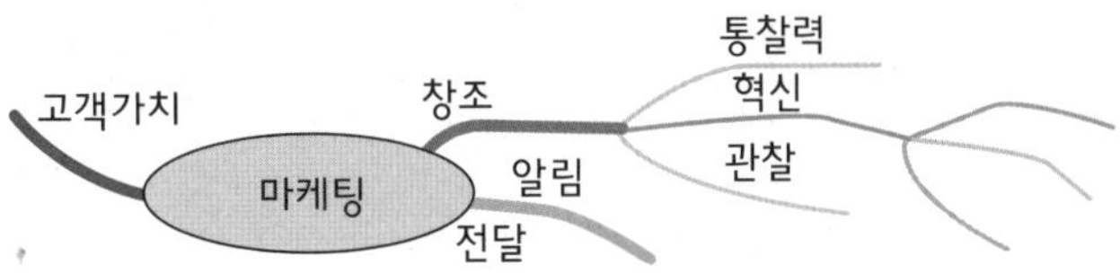


## 5) 속성열거법

속성열거법(attribute listing)은 제품공정상에서 아이디어나 서비스 개선의 기회를 찾기 위한 목적으로 네브라스카 대학의 Robert Crawford 교수가 개발한 기법이다. 대상을 속성에 의해서 세분화하고, 각 속성마다 사고의 방향을 국한시켜 새로운 아이디어, 개선안이 상기되도록 만든다. 이 기법은 문제 해결안이나 서비스 개선의 아이디어를 찾기 위해서 제품공정이나 서비스상에서 과정상의 속성을 체계적으로 변화시키거나 다른 것으로 대체한다. 어떤 대상, 형태, 사물, 아이디어, 방법, 과제 등의 전체나 각 부분들에 대해 대표적인 성질이나 형태의 특성을 기술하고, 개선, 변형, 대체하는 등을 발상하는 방법이다. 즉, 사물의 중요한 속성 등을 빼내어 열거하고, 각 항목마다 바꾸는 아이디어를 생각하여 항목을 짜 맞추고 효과 있는 아이디어에 연결하는 단순한 방법이다.

속성열거법은 팀의 구성원들이 아이디어를 내지 못할 때나 아이디어가 너무 한 편으로만 치우칠 때 새로운 아이디어가 나오도록 유도하기 위하여 사용된다. 어떤 문제를 제거하거나 축소시키기 위하여 문제에 해당하는 필수적인 속성들을 검사하여 그 속성 자체를 고치거나 변경하고자 할 때 주로 사용된다.

### ① 속성의 종류

- 물리적 속성: 명사적 속성, 형용사 속성, 동사적 속성
  - ✓ 명사적 속성: 전체, 부분, 재료, 제조 방법(예: 핸들, 바퀴, 백미러)
  - ✓ 형용사 속성: 제품의 성질(예: 빠른, 얇은, 무거운, 가벼운)
  - ✓ 동사적 속성: 제품의 기능(예: 이동한다. 정차한다)
- 사회적 속성: 규범, 금기, 책임감, 정치, 리더십, 커뮤니케이션 등
- 심리적 속성: 인지, 동기부여, 인상, 상징성, 자아상 등
- 공정 속성: 마케팅, 제조, 판매, 기능, 시간 등
- 가격 속성: 제조단가, 도매가격, 소매가격, 소비자가격 등
- 생태학적 속성: 환경에 대한 긍정적, 부정적 영향

### ② 진행절차

- 아이디어 발상의 대상과 주제를 결정한다.
- 대상이 가진 특성을 도출한다.
  - ✓ 물리적 특성으로 나누어 특성을 도출한다.

- ✓ 도출된 특성은 카드나 메모지 등에 적은 후 정리한다.
- ✓ 5~7명이 같이 하는 편이 훨씬 쉽다.

- 도출된 특성을 나누어 정리한다.
- 중복, 누락 부분을 확인한다.
- 열거한 특성을 기초로 개선 아이디어를 내 놓는다.
- 도출된 아이디어로부터 개선안을 생각한다.
- 개선안을 평가해 실시안을 결정한다.

### SENSE 매력적인 아이디어를 발견하는 방법

- 시장에 있는 공백을 찾는다.
- 경쟁이 서투른 것을 찾는다.
- 고객을 위해 문제를 해결한다.
- 아이디어를 새로운 방법으로 결합한다.
- 창조적인, 모방적인, 새로운 방식으로 생각한다.
- 다른 사람의 성공적인 아이디어를 모방한다.
- 아이디어를 추가한다.
- 제품, 서비스나 공정을 개선한다.
- 자신의 취미나 기량을 개발한다.

## 6) 연꽃기법

### ① 연꽃기법의 개요

연꽃기법(lotus blossom)은 연꽃 모양으로 아이디어를 발상해 나가는 사고기법으로 아이디어나 문제해결의 대안을 다양한 측면에서 얻기 위하여 활용된다. 주로 기존의 기술이나 제품을 응용하여 새로운 방법을 찾으려고 할 때나 미래 시나리오를 가상으로 만들 때 적용된다. 연꽃기법은 마인드맵의 자유로움과 스토리보드의 구조가 결합된 창의적 사고기법으로 일본 크로바 경영 연구소의 마쓰무라 야스오(Matsumura Yasuo)가 개발했다 하여 MY법이라고도 한다. 기본적으로 연꽃에서 힌트를 얻은 아이디어이다. 연꽃의 꽃잎들은 가운데를 중심으로 밀집되어 있으면서 바깥으로 펼쳐진다. 연꽃기법은 아이디어, 문제, 이슈, 주제 등을 3칸과 3줄로 이루어진 표에 배열하는 데서부터 시작한다. 가운데 네모 칸을 둘러싸고 있는 8개의 칸은 연꽃잎이 배열된 모습과 유사하다. 해결책, 아이디어, 독창적인 용도, 주제의 확대 등 핵심 아이디어와 관련이 있는 것들이 꽃잎이 된다. 이러한 프로세스를 한 번 반복한 후에는 중앙을 둘러싼 아이디어들이 새로운 연꽃의 중심부가 될 수 있다.

### ② 연꽃기법의 장점

- 연꽃기법은 집단이나 개인이 아이디어나 대안을 얻기에 유용한 방법으로 기존 기술이나 제품을 응용하는 새로운 방법을 찾으려고 할 때 유용하다.
- 다양한 아이디어를 이끌어 낼 수 있고, 독창적인 아이디어가 많이 표출될 수 있다.
- 토론하는 과정을 통하여 상호작용을 통한 협동적인 학습을 할 수 있다.
- 표현 능력, 추론 능력을 키울 수 있어 학습 참여도를 높일 수 있다.
- 미래 시나리오를 가상으로 만들어내려고 할 때 유용하게 쓰일 수 있다.

### ③ 진행절차

- 먼저 가로·세로 각각 세 칸짜리 표 아홉 개로 이루어진 그림 가운데 표 중간에 중심주제를 기록한다.
- 중앙에 쓴 중심주제를 해결하는 방향이나 관점이 다양한 하위주제로 중심주제 주변 여덟 칸에 기록한다.
- 중심주제를 작성한 가운데 표를 뺀 나머지 표 여덟 개 중간에 중심주제를 해결하는 다양한 방안과 관점을 담은 하위주제를 기록한다.
- 하위주제 아이디어를 생각해 하위주제 표 주변 여덟 칸에 기록한다.
- 상대방의 아이디어를 평가나 비판하지 않고, 자유로운 분위기를 조성한다.
- 개인이 아이디어를 작성하면 중심주제를 해결하는 하위주제에 따른 각 아이디어를 조합해 가장 좋은 새 대안을 만들기도 한다.
- 하위 주제별로 최적 아이디어에 동그라미를 쳐서 아이디어를 정리한다.

예) 스마트폰에 관한 아이디어 찾기

① [그림 7−8]의 가운데에 스마트폰을 기록한다.

② 좌측 상단 A 주위에 a1 … a8까지 아이디어를 산출하여 기록한다. 이 아이디어의 중심주제가 A가 된다. 이 A를 중앙에 있는 셀의 스마트폰 좌측 상단에 기록한다.

③ 이와 같은 방식으로 B, C, D, E, F, G, H의 중심주제를 찾아 선정하여 중앙에 있는 스마트폰 주위의 각 셀에 기록한다.

그림 7-8 연꽃기법의 다이어그램 만들기

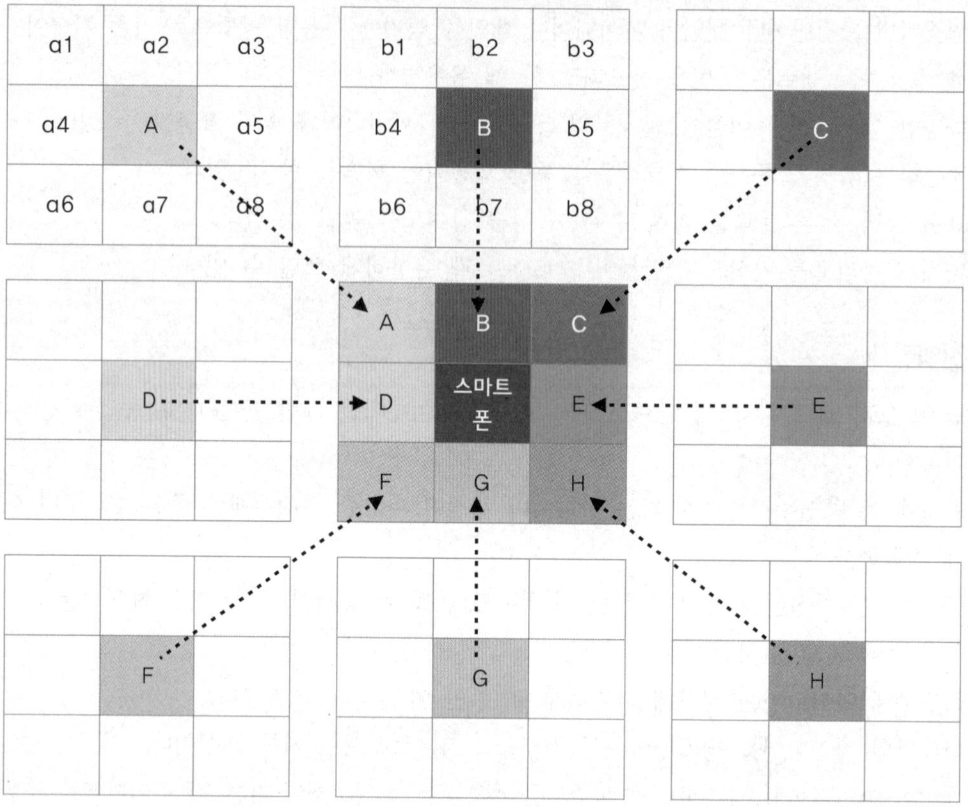


### (2) 수렴적 사고기법

#### 1) P-P-C기법

P－P－C기법(Positive－Possibilities－Concerns)은 의심스러운 생각이 드는 아이디어에 대해 긍정적인 면, 가능성이 있는 면, 의심스러운 면으로 구분하여 이야기해 보는 대화기법이다. 이 기법을 사용하면 너무 성급하거나 극단적으로 판단하는 것을 막을 수 있으며, 아이디어가 가지고 있는 모순점을 보완하여 문제해결을 위해 보다 완벽한 계획을 세울 수 있다.

표 7-4 P-P-C기법의 기록표

| 구분 | 설명 |
| --- | --- |
| P<br>(Positive) | • 긍정적인 면 |
| | • 제시된 아이디어의 훌륭한 면을 칭찬해 준다. |

| 구분 | 설명 |
|---|---|
| P (Possibilities) | • 가능성이 있는 면 |
| | • 아이디어를 구체적으로 응용할 수 있는 상황을 항목별로 작성한다. |
| C (Concerns) | • 의심스런 면 |
| | • 없애려면 어떻게 하면 좋을 것인가? |

## 2) 고든법

고든법(Gordon Technique)은 진정한 문제가 무엇인지를 모른다는 상태에서 출발한다. 주제와 전혀 관계없는 사실로부터 발상을 시작해서 문제해결로 몰입하는 것이다. 브레인스토밍과 달리 문제를 바로 제시하지 않고 문제와 직접적으로 관계가 없는 멀고 폭넓은 추상적인 문제를 제시하여 시작한다. 문제를 알고 있는 사람은 리더뿐이며, 리더는 크고 추상적인 문제로부터 작고 구체적인 문제로 구성원을 유도해 나간다.

### 진행절차

- 참가하는 사람은 해결하려고 하는 문제의 성질, 그 문제해결에 필요한 지식, 기술에 있어서 전문성을 가진 사람으로 구성한다.
- 리더가 문제를 이해한다.
- 리더는 팀원들이 자유롭게 발언하도록 한다.
- 리더는 해결이 가까워질 때까지 팀원들에게 문제를 알리지 않는다.
- 생각이 날 때까지 계속한다.
- 리더는 해결이 가까워지면 팀원들에게 문제를 알려 실현 가능한 아이디어를 형성한다.
- 문제에 대한 해결점을 찾는다.

## 3) 쌍비교분석법

쌍비교분석법(Paired Comparison Analysis)은 많은 대안들이 모두 중요해서 무엇을 먼저 실천하거나 처리할지를 판단하고자 할 때 사용되는 기법이다. 즉, 우선순위를 정하여 대안을 선택하고 결정할 때 사용하는 기법이다. 모든 대안들에 대하여 한 번에 한 쌍씩 비교하여 상대적인 중요성을 결정한다. 노력과 시간이 많이 들지만, 아이디어들이 모두 중요해서 우선순위를 매기기 힘들 때 적절하게 사용할 수 있다.

### 진행절차

- 주어진 아이디어로부터 만들 수 있는 2개의 쌍들에 대해 우열을 비교함으로써 아이디어별 점수를 계산한다.

- 가로축과 세로축에 아이디어를 기입한다.
- 세로축의 아이디어가 더 좋으면 +1, 같으면 0, 나쁘면 -1
  ⓐ안이 ⓑ안보다 좋으면 +1, 같으면 0, 나쁘면 -1을 기록한다.
- 아이디어의 개수가 5~10개 정도인 경우 효과적이다.

표 7-5 쌍비교분석의 기록표

| ⓑ / ⓐ | 출력 | 정숙성 | 안정성 | 연비 | 합계 | 순위 |
|---|---|---|---|---|---|---|
| 출력 | 0 | -1 | 1 | 1 | 1 | 2 |
| 정숙성 | -1 | 0 | 1 | 1 | 1 | 2 |
| 안정성 | 1 | 1 | 0 | 1 | 3 | 1 |
| 연비 | -1 | -1 | 1 | 0 | -1 | 4 |

### 4) 역 브레인스토밍

역 브레인스토밍(Reverse brainstorming)은 Hotpoint 회사가 고안해 낸 것으로 대안이 가지고 있는 부정적인 측면과 가능한 모든 약점에 대한 아이디어를 생성해 내는 것이다. 브레인스토밍은 문제해결이나 상황에 대하여 아이디어를 생성하는 것인 반면에 역 브레인스토밍은 생성해 놓은 아이디어를 실제상황에 적용하거나 실천할 것을 예상해보고, 아이디어에 대한 비판점이나 문제점, 약점만을 생성하는 것이다. 아이디어가 가질 수 있는 약점들을 모두 발견해 내고 아이디어가 실천될 때 잘못될 수 있는 것을 예상한 후 최선의 해결방법을 찾는 기법이다.

역 브레인스토밍을 할 때는 평가할 대안의 수가 10개 이내일 경우에 활용하는 것이 효과적이다. 아이디어를 만들어 낸 사람이 직접 아이디어 평가에 참여할 수 있으며, 첫 번째 아이디어에 대한 비판을 모두 하고 나면 두 번째 아이디어를 비판한다. 약점이 가장 적고 문제를 잘 해결할 수 있을 것 같은 아이디어를 선택한다. 그 다음의 단계는 실천을 위한 행동계획을 세우는 것이다.

#### 진행절차

- 목표와 문제 확인하기
  종이에 선정된 아이디어들의 목록과 함께 목표와 문제를 제시한다.
- 아이디어에 대한 비판 생성하기
  아이디어가 적힌 종이에 그 아이디어에 대한 반론을 기록한다.
- 해결책 선정하기
  비판된 아이디어를 검토하고 수정하여 가장 적절한 해결책을 찾는다.
- 실천계획 세우기
  해결책의 실천을 위한 행동계획 세우기

**표 7-6 역브레인스토밍의 기록표**

| 문제 : | | | |
|---|---|---|---|
| 순서 | 아이디어 | 아이디어 비판 | 문제해결 |
| 1 | | | |
| 2 | | | |
| 3 | | | |
| 해결책 : | | | |

## 3 제품 아이디어 선별

### (1) 사업기회의 선정

창조적인 제품은 새로움과 유용성이 있어야 한다. 새로움(newness)은 독창성(originality)과 관련이 있다. 유용성(usefulness)은 사회적 가치의 의미에서 창조성에 종종 이바지한다. 제품 아이디어 선별과정은 유망기회의 확인과 숨겨진 고객욕구의 확인을 통하여 문제를 확인하고, 아이디어를 창출하여 아이디어를 선별하는 과정을 거친다.

**그림 7-9 제품 아이디어 선별과정**

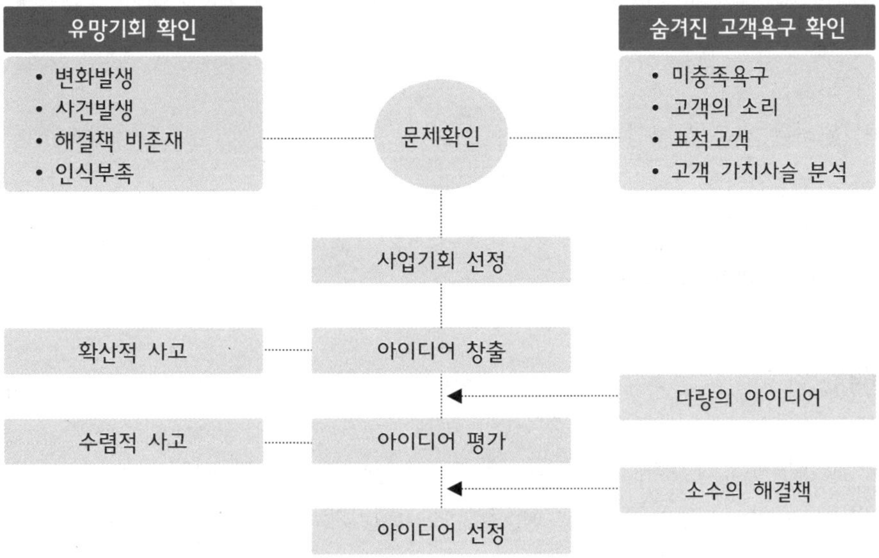

### 1) 유망기회의 확인

기회는 기업에게 신제품, 서비스나 사업을 위한 욕구를 창출하는 일련의 호의적인 환경이다. 어떤 변화나 사건이 사회에 발생하였는데 이를 해결할 대상이 존재하지 않는다거나 있더라도 부족하다면 사업기회가 되는 것이다. 이러한 현상은 시장을 불완전하게 정의하거나 기회를 인식하여 포착하지 않았기 때문에 발생할 수 있다. 기회는 현실적인데 아직까지 시장에 해결책이 제시되어 있지 않다면 매우 좋은 여건이다. 새로운 역량이나 기술, 충분히 이용하지 않거나 제공되지 않은 자원은 잠재고객을 위한 새로운 가치를 창출할 수 있는 좋은 조건이다. 아무리 좋은 아이디어라도 사회문화적으로 수용하기 어렵고, 법적 규제가 있다면 초기에 탈락시키는 것이 바람직하다.

### 2) 숨겨진 고객욕구 확인

욕구는 고객의 행동을 유발시키는 동기의 직접적인 원인이 된다. 경쟁자와 차별하기 위해서는 소비자의 숨겨진 욕구를 발견하는 것이다. 미충족된 시장욕구, 제공되지 않은 제품이나 서비스, 정의하지 않은 기술, 발명이나 제품 아이디어 등은 모두 시장기회가 된다. 고객욕구의 확인 과정은 표적시장의 고객에 대한 정보를 정확하게 수집·분석하여 고객의 미충족욕구, 숨겨진 욕구, 과소제공이나 미제공 욕구와 불만족한 욕구 등을 확인하여 시장기회를 찾는 과정이다. 숨겨진 욕구의 탐구는 혁신적이고, 비약적인 제품을 창출할 수 있는 기회이다. 회사가 숨겨진 욕구를 처리한다면 고객욕구의 충족과 차별화의 경쟁력을 갖기 때문에 소비자의 욕구를 끊임없이 처리·개발하고 해결책을 창출해야 한다. 만일 이를 처리하지 않는다면 고객의 소리를 무시하는 결과가 된다. 아래와 같은 질문에서 해답을 찾는다.

- 숨겨진 욕구는 무엇인가?
- 제공되지 않은 욕구는 무엇인가?
- 고객이 원하는 것은 무엇인가?
- 불만족은 무엇인가?
- 불완전한 만족은 무엇인가?
- 고객은 과연 구매할 것인가?

### 3) 문제확인

근원적인 고객문제를 해결하기 위해서는 징후(symptom)가 아니라 원인(cause)을 다루어야 한다. 예를 들면, 열병으로 아스피린을 복용한다면 원인이 아니라 징후를 처리하는 것이다. 이것은 임시적 안도를 경험할 수 있으나, 원인이 해결되지 않은 채로 남아있기 때문에 열병은 다시 되돌아올 것이다. 제품판매와 관련된 문제도 마찬가지이다. 예를 들면, 제품의 판매가 저조할 때 제품력이나 포지션을 개선하기보다 판매촉진에 집중하는 경우 일시적인 매출증가를 가져올 수 있으나 그 효과는 단기에 그칠 수 있다.

사업기회는 문제를 해결하기 위하여 체계적으로 시작해야 한다. 적합한 제품 아이디어를 얻는 것은 제품개발 초기 단계에 제품판매의 불확실성을 감소하기 위해 매우 중요하다. 고객욕구의 확인과 기술적 기반으로 이루어지는 새로운 해결책은 고객의 새로운 사용계획을 유발하고, 표적집단을 개발하는 것이다. 따라서 기회확인은 시장에 있는 공백을 찾는 것이다. 그러나 시장에 있는 공백(gap)은 고객의 욕구가 있는 시장이지만, 소매상이나 제조업자에게 이익이 되는 충분히 큰 시장을 의미하지는 않는다. 따라서 고객의 욕구가 있고, 충분히 규모 있는 시장의 공백이어야 매력적이다.

**SENSE** **소비자의 취향에 맞추지 못한 신제품**

기업에서 야심차게 내놓은 신제품들이 소비자들로부터 외면을 받는 경우가 있다. 신제품들이 사랑을 받지 못한 이유는 무엇일까요? 소비자의 취향을 무시했기 때문이다.

펩시콜라는 1992년 투명한 콜라를 선보였다. 카페인과 색소가 없는 건강함을 내세웠지만, 콜라의 원래 이미지에 익숙한 소비자들은 사이다와 비슷한 콜라를 받아들이지 않았다. 신라면 블랙 농심은 사골국물 등 고급 식재료를 이용해 스테디셀러 신라면의 프리미엄 라인을 선보였지만, 비싼 가격과 인스턴트 식품의 한계를 극복하지 못해 예상만큼의 성과를 얻지 못하였다. 스프레이 형태의 치약은 치약 성분 중 계면활성제가 피부와 위에 장애를 가져오고, 요거트 샴푸는 소비자들의 취향을 맞추지 못해 세상에 나왔다 사려졌다.

출처: 한국경제 TV 2016.02.25

## (2) 아이디어의 창출

### 1) 아이디어의 창출

아이디어 창출은 시장기회와 고객의 숨겨진 욕구에서 찾아낸 정보와 자신의 영감을 회사의 사명과 목적에 적합한 아이디어로 변환하는 것이다. 경영자, R&D 직원, 마케팅 직원들은 내부원천이나 외부원천으로부터 영감을 찾음으로써 활발하게 새로운 아이디어를 탐색한다. 시장기회와 고객욕구 확인을 통해서 제공되지 않은 문제에 대한 해결책이 바로 아이디어가 된다. 이러한 아이디어는 확산적 사고를 통해서 많은 아이디어를 생산하고, 수렴적 사고를 통해 최적의 아이디어를 선별한다. 창조적 사고기법은 확산적 사고와 수렴적 사고를 모두 포함한다.

집단이나 개인에게 적당한 방법을 통하여 아이디어를 생성한다. 문제중심 질문은 아이디어 창출을 위한 좋은 출발이다. 내·외부 원천으로부터 수집한 정보를 아이디어로 변환하려면 이를 자극하는 요인을 활용하는 것이 효과적이다. 기회와 고객욕구의 탐색을 통해 문제점을 해결하기 위한 자극 요인은 차원 수, 수량, 순서, 시간, 원인결과, 특성, 형태, 상태나 신시장 적용 등에 관한 요소들이 있다.

**표 7-7 아이디어의 자극 요인**

| 구분 | 요소 |
|---|---|
| 차원 수 | 큰, 작은, 긴, 짧은, 두꺼운, 얇은, 깊은, 얕은, 수평 위치, 수직 위치, 십자형, 경사, 병렬, 계층화, 반전, 역으로 |
| 수량 | 더 많은, 더 적은, 비율 변경, 세분, 결합, 추가, 완성 |
| 순서 | 배열, 우선순위, 시작, 조립, 분해, 집중 |
| 시간 | 빠르게, 느리게, 더 짧은, 연대기, 영속적, 동시, 기대, 갱신, 반복, 교대 |
| 원인결과 | 자극, 격려, 강화, 더 크게, 부드러운, 변경, 파괴, 영향상쇄 |
| 특성 | 강한, 약한, 변경, 변환, 대체, 교환, 안정화, 반전, 탄력, 균일, 저렴한, 비싼, 색상 추가, 색상 변경 |
| 형태 | 동적, 고요, 가속, 감속, 방향, 이탈, 매력, 격퇴, 인정, 금지, 해제, 감소, 회전, 정지, 동요, 진동, 주기, 간헐 |
| 상태 | 더운, 추운, 경화, 연화, 성형, 개폐, 부드럽게, 일회용, 통합, 부분, 전체, 액화, 기화, 분쇄, 마모, 윤활, 대소, 건조, 절연, 거품, 응고, 신축성 |
| 시장 적용 | 기존시장, 신시장, 국내시장, 해외시장 |
| | 남성, 여성, 아동, 직장인, 장년층, 노년, 신혼, 독신 |

## 2) 아이디어의 평가

### ① 아이디어의 일차평가

창출된 아이디어가 많을수록 좋은 아이디어를 많이 생산할 수 있지만, 아이디어가 양적으로 많다고 해서 모두 다 좋은 아이디어라 할 수 없다. 그렇기 때문에 아이디어를 선별할 필요가 있다. 일차선별의 목적은 초기에 열등한 아이디어를 제거하는 것이다. 선별할 때 중요한 점은 오류가 발생하지 않는 것이다. 즉, 좋은 아이디어를 제거하는 탈락오류(drop error)와 불충분한 아이디어를 제품개발과 상업화로 진행하는 진행오류(go error)이다.

평가방법은 현재 경쟁자 제품이나 자사제품을 기준으로 하여 기준안을 만들고, 기준안보다 우수하면 +1점을, 동일하면 0점을, 열등하면 -1점을 주어, 총합하여 순위를 정한다. 전체 안에 대한 개략적인 평가에 지나지 않기 때문에 각 안별로 비교하여 비교적 우수한 안을 적정한 숫자만큼 선별한다. [표 7-8]의 아이디어 1차 평가표를 활용한다.

**표 7-8 아이디어 1차 평가표**

| 평가질문 | 기준안 | 1안 | 2안 | 3안 |
|---|---|---|---|---|
| 기회가 현실적이다. | 0 | | | |
| 시장에 있는 공백이다. | 0 | | | |

| 평가질문 | 기준안 | 1안 | 2안 | 3안 |
|---|---|---|---|---|
| 숨겨진 욕구이다. | 0 | | | |
| 제공되지 않은 욕구이다. | 0 | | | |
| 고객을 위한 문제해결이다. | 0 | | | |
| 아직까지 해결책이 제시되지 않았다. | 0 | | | |
| 불만족을 해결한 것이다. | 0 | | | |
| 제공할 만한 가치가 있다. | 0 | | | |
| 소비자가 구입할 것이다. | 0 | | | |
| 충분한 잠재적 수익을 제공한다. | 0 | | | |
| 완전히 새로운 아이디어이다. | 0 | | | |
| 새로운 방법으로 결합한 아이디어이다. | 0 | | | |
| 모방한 아이디어이다. | 0 | | | |
| 제품, 서비스나 공정을 개선한 것이다. | 0 | | | |
| 합 계 | | | | |
| 순 위 | | | | |

### ② 아이디어의 최종평가

참으로 좋은 아이디어인가? 필요한 것과 불필요한 것을 많은 아이디어 중에서 선별하는 과정이 최종평가 과정이다. 이 단계에서 과제는 추가적인 탐색을 위한 적절한 아이디어를 확인하고 결정하는 것이다. 기술과 시장용어로 소비자의 관점에서 바라는 것과 타당성 간의 균형을 발견하는 것이다. 시장반응과 기술적 요구조건에 관한 정밀한 정보가 이 단계에서 이용할 수 없기 때문에 직관이나 육감에 의존할 필요가 있다. 심사할 때 탈락오류와 진행오류 등 2가지 잠재적 위험을 기억해야 한다. 아이디어 선별목표는 성공할 가능성이 낮은 제품 아이디어를 제거하고, 최선의 아이디어를 선택하는 것이다. 그러나 실무에서 최선의 아이디어를 선택하는 것을 종종 실패한다. 실패이유는 불충분한 심사체계의 사용, 동기와 반응의 부족, 다른 사람의 아이디어에 대한 부정적인 태도 등이 있다. 아이디어의 분석과 평가는 단계가 많을수록 성공과 실패에 대한 확신성은 높아지나 상대적으로 비용과 시간이 많이 소요되는 상충관계이다. 따라서 최적해를 탈락하는 오류와 불량해를 선택하는 오류를 범하지 않기 위하여 평가기준을 사용하는 것이 효과적이다.

이 단계는 이전단계에서 얻은 새로운 정보에 근거하여 아이디어를 재평가하는 것이다. 진행결정(go decision)은 아이디어를 사업분석으로 이동하는 것으로 시간과 돈에서 더 높은 투자를 필요로 한다. 여기서는 최종 평가를 위해 가중치를 둔 평가표를 사용할 수 있다. [표 7-9] 아이디어 최종 가중치 평가표를 활용하여 각각의 평가항목에 대해 10점 척도를 사용하는 것이 좋다. 1~2차에서 넘어온 각안을 평가하고 비교하여 득점이 많은 안을 선택할 수도 있고, 각각의 안에서 우수한 평가요소를 결합할 수도 있다.

**표 7-9 아이디어 최종 가중치 평가표**

| 평가항목 | | 가중치 | 점수 | 가중 평가치 |
|---|---|---|---|---|
| 전략 | 회사 전략과의 적합성 | | | |
| | 회사 이미지 일치성 | | | |
| | 법적 제약성 | | | |
| | 수익성 | | | |
| 기술 | 기술개발 능력 | | | |
| | 기술개발 기간 | | | |
| | 기술개발 비용 | | | |
| 마케팅 | 고객가치 | | | |
| | 고객편익 | | | |
| | 제품차별성 | | | |
| | 경쟁상황 | | | |
| | 시장규모 | | | |
| | 타제품과 잠식여부 | | | |
| | 매출기여도 | | | |
| 생산 | 생산원가 | | | |
| | 생산인력 | | | |
| | 생산능력 | | | |
| | 원자재 조달능력 | | | |
| OO안 | 합 계 | 100 | | |
| | 순 위 | | | |

08

# 제품컨셉

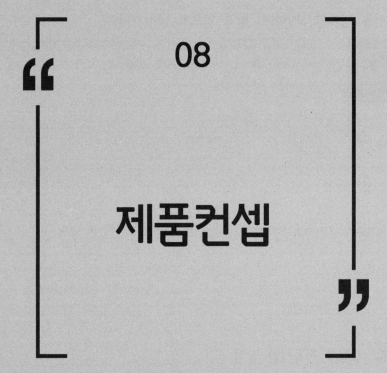

# 시대가 만든 천재 손정의

## 도전할 산을 정하면 고민하지 말고 앞으로 나아가라

손정의(孫正義)는 현 SOFTBANK 그룹의 최고경영자이다. 일본 최대 소프트웨어 유통회사이자 IT투자기업인 소프트뱅크사를 설립한 이후 세계적인 인터넷 재벌로 떠오른 재일교포 3세로 재산이 132억 달러로 세계 부호 17위이다. 손정의 회장은 가난한 재일교포 2세로 태어나 통신회사인 소프트뱅크를 설립하여 야후 재팬을 기반으로 120여 개 회사를 인수하고 중국의 알리바바에 투자하였고, 한국 등 세계적으로 유망한 기업에 과감한 투자를 하고 있다. 투자기업들이 주식공개를 하자 희대의 연금술사로 불린다.

## 손정의의 성장배경

어린 시절 '조센진'이라며 차별과 멸시를 많이 받은 손정의는 후쿠오카 지역 명문고에 들어갔으나, 고교 1학년 때 미국 캘리포니아 주립대학 버클리캠퍼스 영어연수를 다녀온 후 자퇴하고, 1974년 미국으로 유학을 떠났다. 검정고시로 고교 과정을 마치고 1975년 홀리네임즈대학교에 입학하였다. 이때부터 한국인이라는 차별 때문에 그동안 사용하던 야스모토 마스요시 성을 버리고 자신의 성인 손 씨를 썼다. 1977년 버클리대 경제학부로 편입하였다. 대학시절 1년에 250여 건의 발명을 해내고 일본어를 입력하면 영어로 번역해 주는 번역장치를 개발해 1백만 달러에 판매하였다.

## 소프트뱅크 설립과 지속적인 발전

미국에서 대학을 졸업하고 일본으로 귀국하여 1981년 자본금 1억엔과 직원 2명으로 소프트뱅크를 설립하였다. 회사를 설립한 후 파산 위기를 겪기도 하였으나, 전자전시회에 참여했고, 1년 뒤 매출 35억 엔의 중견기업으로 성장하였다. 그 후 미국의 첨단업체인 야후, 킹스턴테크놀로지, 지프 데이비스 등에 투자하면서 세계적인 인터넷 재벌로 부각되었다. 일본에서 하위 이동통신사인 보다폰 일본법인을 인수하여 소프트뱅크 모바일로 상호변경하였다. 2010년 소프트뱅크는 창립 30주년을 기념하며 2040년까지 소프트뱅크를 계열사 5,000개, 시가총액 200조 엔의 세계 톱10기업으로 만들겠다는 비전을 제시하였다. 2013년 7월 일본 3위의 소프트뱅크는 미국 3위 이동통신사 스프린트 넥스텔 지분 78%를 216억 달러에 인수하였다. 2000년 15년 전 창업한지 2년밖에 안 된 알리바바그룹에 2천만 달러(204억)를 투자하여 지분의 34.4%를 보유하는 최대주주가 되었다. 현재 증시상장으로 알리바바의 총가치는 160조로 투자 가치는 약 55조에 달해 무려 2,700배의 투자가치가 상승한 것이다. 소프트뱅크는 2015년 6월 한국의 쿠팡에 10억 달러(한화 1조 1,000억원)에 투자하였다. 소프트뱅크가 쿠팡에 투자를 결정한 배경으로는 전국 단위 물류센터 구축 및 배송 전담직원 쿠팡맨 통한 자체배송 시스템 완성, 판매부터 배송까지 직접 책임지는 새로운 다이렉트 커머스 모델 실현, 거래액 중 최대 81%, 평균 75%로 높은 모바일 거래 비중달성, 모바일 앱 다운로드 수가 2천 500만으로 전국민 2명 중 1명 꼴의 사용자 보유와 해외 R&D 센터를 통한 글로벌 수준의 IT기술력 보유 등이다. 유례가 드문 대규모 투자로 쿠팡이 제 2의 아마존, 알리바바와 같은 글로벌 이커머스 업체로 성장이 가능할 것으로 전망된다.

## 현대경영은 속도경영과 최고의 전문가 네트워크

"유능한 경영인은 결정이 아무리 힘들더라도 결코 미루지 않는다. 실패한 결정 10개 중 8개는 판단을 잘못해서가 아니라 '제때' 결정을 못 내렸기 때문이다"라는 손정의 회장의 말이다. 현대 경영의 특징은 속도경영이다. 이를 실현하기 위해 10명 단위의 소규모 팀제를 편성하여, 팀의 일상적인 경영활동은 팀장에게 권한을 부여하고, 사업팀장 이상에게는 급료와 상여 이외에 자사 주식을 10년 분할부여하여 주인의식을 고취한다. 관리자와 경영진의 업무를 구분하여 경영진은 M&A, 제휴, 방향성 제시와 같은 의사결정, 과감한 결단과 추진에 집중한다. 따라서 사업에 도움이 판단되면 위험을 부담하더라도 과감하게 도전하는 결단력과 추진력이 가능하다. 기업가의 인맥관리도 매우 중요하다. 전세계적인 전문가와 네트워크를 구축하여 최고의 정보를 수집하고 경영에 활용하는 전략이다. 영향력이 있는 최고 전문가인 컴퓨터 황제 빌게이츠, 미디어계의 루퍼트 머독, 넷스케이프의 짐 클라크 이들과의 개인적인 친분을 이용해 정보를 수집하는 전문가 중심의 인적 네트워크 구축이다. 최고 경영인은 해당 분야의 전문가를 강조한다.

## 미래를 예견하는 통찰력

향후 10년 이내에 손 안의 PC시대가 올 것을 예측하고 보다폰을, 전자상거래의 활성화를 예측하고 알리바바를 인수하였다. 이러한 사업의 적중은 미래를 예견하는 통찰력이며, 이는 최고의 전문가 네트워크에서 오는 정보력이다. 통찰력과 속도경영은 주력사업을 과감하게 전환할 수 있다. 무선과 컨텐츠 융합시대에 1등이 되기 위해서는 단 하루라도 빨리 이동통신사업에 진출해야 한다며 신규투자의 80%인 3,000억엔을 보다폰 K.K의 정상화에 과감하게 투입하여 유선통신 기업이 불과 1년 만에 이동통신기업으로 변신하였다. 이러한 특유의 기업가 정신이 현실에 안주하지 않는 공격적인 투자로 위기를 호기로 전환하여 이례 없는 성장을 지속하고 있다.

# 제8장 | 제품컨셉

## 1 제품컨셉의 창출

### (1) 제품컨셉

#### 1) 컨셉의 개념

컨셉(concept)은 개념, 구상, 발상, 상품·판매의 기본적 테마 등을 의미한다. 어떤 대상의 특성을 마음속에서 결합함으로써 형성된 어떤 대상에 대한 생각이다. 이처럼 컨셉은 어떤 대상을 마음속에서 상상한 것이며, 사고나 판단의 결과로써 형성된 특정한 사물, 사건이나 상징적인 대상들의 공통된 속성을 추출하여 종합한 보편적 관념이다. 어떠한 사물이나 대상의 공통적인 요소를 추출하여 인간의 감각적 경험으로 표현할 때 인식은 매우 효과적이다. 왜냐하면 어떤 대상의 보편성을 뽑아 전달할 때 인식의 공감이 이루어지기 때문이다. 인식을 높이기 위한 컨셉의 구성요소가 있다. 바로 컨셉은 전달하는 내용을 듣는 대상인 청자(*Who*), 전달할 내용(*What*), 전달하는 방법(*How*)과 공감해야 할 이유(*Why*) 등으로 이들은 간결해야 한다. 즉, 컨셉은 표적대상, 전달내용, 전달방법과 공감이유의 함수이다.[1] 따라서 소비자들의 지각과 인식은 이러한 4가지 요소에 크게 영향을 받는다.

그림 8-1 컨셉의 함수

*Concept* = *f(Who, What, How, Why)*

#### 2) 제품컨셉의 개념

한 제품의 언어는 그 제품의 세계이다. 시장기회를 탐색하여 제품 아이디어를 얻게 되면 제품개발을 하기 위해 제품컨셉을 창출하고, 여러 과정을 통하여 최적의 제품컨셉을 선정하게 된다. 제품컨셉은 제품 아이디어를 구체화하기 위한 과정으로 제품을 형태화하는 토대가 된다. 제품컨셉(product concept)은 의미 있는 소비자 언어(meaningful consumer terms)로 상세하게 표현한 신제품 아이디어이다.[2] 제품컨셉은 제품 아이디어를 소비자가 사용하는 언어로 전환시킨 것이다. 제품컨셉

1 유순근(2016), 창의적 신제품개발(2판), 진샘미디어.
2 Kotler et al.(2014).

은 소비자의 미충족욕구(unmet needs)를 특정 제품이나 서비스가 해결해 줄 수 있다는 약속, 그 욕구를 제품이 만족시켜줄 수 있는 이유와 그 제품에 대한 소비자의 인식에 영향을 줄 수 있는 요소를 설명하거나 기술한 것이다. 따라서 제품컨셉은 소비자들이 제품사용으로부터 얻는 편익이나 가치를 의미한다.

제품의 기능, 속성, 편익, 가치, 존재 이유나 독특한 판매제안에 관한 명확한 기술인 제품컨셉은 간단하고 쉬운 일상용어로 표현해야 한다. 소비자가 알기 어려운 전문용어로 표현한다면 소비자는 그 제품의 기능, 속성이나 편익을 충분히 이해하지 못한다. 그러므로 제품컨셉은 간단하고, 쉽고, 분명하고, 사실적으로 구성하는 것이 매우 중요하다. 제품컨셉의 용도는 신제품개발 목적에 따른 설계 지침, 물리적 원리, 재료와 형태에 관한 추상적 구현이라 할 수 있다. 이러한 제품컨셉은 사용목적과 상황에 따라서 설계컨셉, 프로토타입, 제품, 브랜드컨셉, 광고컨셉이나 표현컨셉 등으로 진화한다.

### 3) 제품컨셉의 구성요소

제품컨셉은 실제 세계뿐만 아니라 인간의 마음속에 존재하거나 존재할 수 있는 제품의 기능, 속성, 편익이나 가치를 표현한 것으로 제품의 특징이 된다. 제품은 유형적 형태와 이미지의 관념을 포함하기 때문에 유형적이거나 무형적 요소가 포함된다. 제품컨셉은 제품 아이디어를 구체적으로 언어로 표현한 것이다. 예를 들면, 기존의 마케팅 서적은 대부분 이론중심의 책이었다. 그래서 센스마케팅은 소비자의 욕구를 탐구하여 좋은 제품을 만들고(제품속성), 좋아 보이는 상품을 고객에게 전달하는 데 필요한 이론과 실무기법(제품속성)을 마케팅 담당자(표적고객)에게 제공한다. 또한 최신의 마케팅 이론과 실무기법은 창의적인 제품개발과 마케팅전략을 수립하는 데 도움이 된다(제품편익). 따라서 회사의 판매를 증가하고, 브랜드자산을 강화함에 따라 자신의 역량을 확대할 수 있다(구매이유).

이와 같이 제품컨셉에는 표적고객(*Target*)에게 전달하는 소비자의 문제를 해결할 수 있는 제품속성(*Attribute*), 제품을 구매하거나 사용함으로써 얻는 제품편익(*Benefit*)과 고객이 제품을 구매할 이유(*Rationale*)가 포함된다. 따라서 제품컨셉은 고객에게 전달하는 속성, 제품편익과 고객이 구매할 이유 등으로 구성된다. 즉, 제품컨셉은 표적고객, 제품속성, 제품편익과 구매이유의 함수이다.[3] 그러므로 소비자들의 제품에 대한 지각과 인식은 이러한 4가지 요소에 주로 영향을 받는다.

그림 8-2 제품컨셉의 함수

*Product Concept* = *f(Target, Attribute, Benefit, Rationale)*

3 유순근(2016), 창의적 신제품개발(2판), 진샘미디어.

### 4) 서비스컨셉

서비스컨셉(service concept)은 조직이 고객, 종사자, 주주와 채권자들에 의해서 지각되는 서비스를 가지려는 방법이며, 서비스 패키지의 구성요소나 고객편익 패키지이다. 즉, 서비스컨셉은 고객에게 제공하는 편익과 가치, 전달방법과 구매이유의 기술이다. 따라서 서비스컨셉에는 고객에 대한 편익인 서비스 마케팅컨셉과 서비스가 전달되는 방법의 명세인 서비스 운영컨셉이 있다.[4] 서비스 기업은 고객의 욕구를 이해하고 만족시키도록 조직을 자극하는 시도로써 마케팅컨셉을 사용한다. 이러한 서비스컨셉은 대부분의 서비스 조직에 존재하는 서비스 마케팅과 서비스 운영의 분리할 수 없는 교차로에 있다. 서비스컨셉은 만족되어야 할 고객의 욕구, 만족시키는 방법, 고객을 위해 수행해야 하는 것과 달성되는 방법에 관한 상세한 기술이다. Johnston과 Clark의 연구에 따르면 서비스컨셉은 서비스 전달 방법(way)인 서비스 운영(service operation), 고객의 서비스에 대한 직접적인 경험인 서비스 경험(service experience), 고객에게 제공된 서비스 결과(service outcome)와 고객이 서비스의 비용에 대하여 서비스에 내재한 것으로 지각하는 편익인 서비스의 가치(value of service)이다. 따라서 서비스컨셉은 서비스를 제공받는 표적고객과 서비스 제공자(people), 서비스 운영(Operation), 서비스 경험(Experience), 서비스 결과(Outcome)와 서비스 가치(Value)의 함수이다.

**그림 8-3 서비스컨셉의 함수**

*Service Concept* = *f(people, Operation, Experience, Outcome, Value)*

## (2) 제품의 속성과 편익

제품컨셉의 속성과 편익은 고객들에게 핵심편익을 제공하는 데 매우 중요하다. 시장의 기회를 확인하고, 미충족욕구나 과소제공된 욕구를 발견하여 제품 아이디어를 창출하고, 목표로 하는 제품범주 욕구를 찾는 데서부터 출발한다. 이를 토대로 목표고객을 선정하여 최적의 속성을 추출하는 과정으로 속성과 편익을 개발한다. 여기서 개발된 속성과 편익 목록은 제품컨셉 개발의 투입요소로 잠재고객의 미충족된 욕구, 과소제공이나 미제공된 욕구를 반영하여 선정된다. [그림 8-4]는 투입요소를 사전에 검토하여 제품컨셉의 속성과 편익을 개발하는 일련의 과정을 설명한다.

4 Lovelock and Wright(1999).

그림 8-4 제품속성과 편익 추출 과정

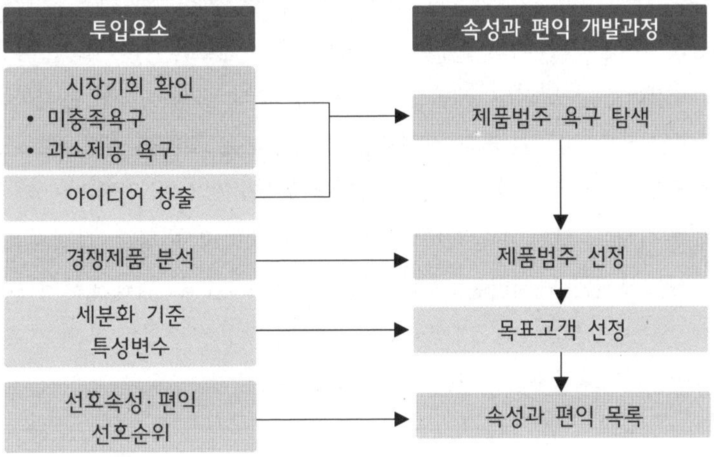


### 1) 제품범주 욕구의 탐색

#### ① 시장기회의 확인

시장기회를 확인하면 시장에서 경쟁자나 자사가 소비자들에게 제공하지 못한 속성이나 편익을 발견할 수 있다. 특히 소비자들이나 경쟁자들이 미처 알지 못하여 제공하지 않은 미충족욕구나 과소제공된 속성은 제품 아이디어(product idea)가 된다. 이러한 아이디어를 통해 문제를 확인하여 해결방안을 찾으면 바로 신제품이 될 수 있다. 예를 들면, 최근에 인기가 있는 실버세대를 위한 알뜰 폰은 "실버세대에게 꼭 필요한 기능만 제공하고, 저렴한 용도로 쓸 수 있는 핸드폰은 없을까"라는 아이디어에서 출발한 것이다. 숨겨진 욕구의 탐구는 혁신적이고, 비약적인 제품을 창출할 수 있는 기회이지만, 고객욕구는 날로 진화하고 있기 때문에 포착하기 쉽지 않다. 고객욕구의 충족과 차별화를 갖기 위해서 회사는 소비자의 욕구를 끊임없이 다루고, 새롭게 창출해야 한다. 만일 이를 처리하지 않는다면 고객의 소리를 무시하는 결과가 된다.

#### ② 아이디어의 창출

시장기회와 고객욕구의 확인을 통해서 제공되지 않은 문제에 대한 해결책이 바로 아이디어가 된다. 이러한 아이디어는 확산적 사고를 통해서 많은 아이디어를 생산하고, 수렴적 사고를 통해 최적의 아이디어를 선별한다. 아이디어 창출에 활용되는 기법인 창조적 사고기법은 확산적 사고와 수렴적 사고를 모두 포함한다. 아이디어 창출은 시장기회와 고객의 숨겨진 욕구에서 찾아낸 정보와 자신의 영감을 회사의 사명과 목적에 적합하게 아이디어로 변환하는 것으로 시작한다. 아이디어 창출 과정에 경영진, 직원과 잠재고객뿐만 아니라 이해관계자 집단을 포함하는 것이 바람직하다.

### ③ 경쟁제품 분석

경쟁제품이 제공, 미제공이나 과소제공하는 제품특징과 편익을 탐색하고, 경쟁제품의 결함이나 고객의 불만사항을 파악하여 차별화된 제품을 설계하기 위해 경쟁제품을 분석하는 것이다. 따라서 자사의 제품범주를 정의하여, 경쟁환경과 경쟁제품을 분석하는 절차를 수립하는 것이 필요하다. 경쟁제품을 분석하기 전에 먼저 해야 할 사항은 주된 경쟁자의 설정과 경쟁자의 자원을 분석하고, 그런 다음 경쟁제품을 분석하는 것이 바람직하다. 회사가 경쟁하고자 하는 경쟁제품을 선정하고 나면 경쟁제품의 소비자 반응 상태를 탐색하는 정보를 수집한다. 그런 후 경쟁제품의 표적고객, 핵심편익, 제품차별화 속성이나 성능을 추출한다. 경쟁제품이 제품범주를 창출했는지 또는 분할했는지, 선도제품인지 또는 어느 위치에 포지션하였는지를 분석한다.

### ④ 제품범주와 욕구

제품범주는 제품유형에 따라 제품을 조직화하는 방법이다. 제품범주(product category)는 소비자의 욕구와 사용목적이 동일한 제품의 집합이다. 제품유형(product typology)은 제품범주 내에서 보다 구체적인 욕구를 만족시키는 여러 가지 제품형태를 의미한다. 제품범주 욕구(category needs)는 제품범주의 기능을 활용하여 문제나 결핍감을 해소하려는 욕구로 제품의 용도와 관련된 욕구이다. 이러한 욕구에는 기능적 욕구, 경험적 욕구와 상징적 욕구가 있다. 제품범주 욕구에서는 특정한 브랜드를 고려하기 보다는 대체로 특정한 문제를 해결하려는 욕구이다. 따라서 제품범주는 제품의 핵심적 욕구를 함축하고 있다. 이를테면, 자동차는 거리이동, 휴대폰은 통화, 장난감은 즐거움을 제공하는데 이러한 제품범주의 핵심적인 욕구가 범주욕구이다.

**표 8-1 범주욕구의 종류**

| 범주욕구 | 구매동기 | 제품 예 |
|---|---|---|
| 기능적 욕구 | 문제해결(Problem Solution) | 진통제: 심한 통증(제품범주 욕구) |
| | | 진통제 복용: 통증해소(문제해결) |
| | 문제예방(Problem Prevention) | 문제발생 전 사전예방 |
| | | 생리대, 섬유유연제, 컨디션, 예방주사 |
| | 접근-회피갈등(Conflict Resolution) | 긍정적 편익은 접근, 부정적 편익은 회피 |
| | | 다이어트식품 |
| | 불완전한 만족(Incomplete Satisfaction) | 불만족하지만 구매를 방해할 정도는 아님 |
| | | 닥터캡슐 |
| 경험적 욕구 | 감각적 즐거움(Sensory Pleasure) | 소비자의 감각기관 자극 |
| | | 술, 기호식품, 오락, 대중음악 |
| | 지적탐구(Exploratory Interest) | 두뇌활동 자극 |
| | | 독서, 영화 ,바둑, 기념품 수집 |
| 상징적 욕구 | 사회적 인정(Social Recognition) | 상징물로 자아표현과 자아이미지 형성 |
| | | 열망집단 동일시, 화장품, 패션제품, 명품 |

### 2) 제품범주의 선정

시장환경과 경쟁상황을 분석한 다음 시장진입을 어떻게 할 것인가는 매우 중요하다. 왜냐하면 경쟁자와 관련하여 다각도로 검토하고, 자사의 제품에 적합한 제품범주를 설정하여, 제품컨셉을 창출하는 것은 향후 포지션을 설정하고, 시장에 출시하는 모든 과정에 영향을 미치기 때문이다. 이러한 제품범주의 선정전략에는 일반적으로 제품범주 창출, 제품범주 분할과 시장세분화 전략으로 구분할 수 있다.

**표 8-2 제품범주 진입전략**

| 전략 | 의미 |
|---|---|
| 제품범주 창출전략 | 시장선도자가 제품범주를 창출하여 최초로 시장에 진입하는 전략 |
| 제품범주 분할전략 | 후발 참여자가 시장에 이미 형성된 제품범주를 분할하여 자사제품을 차별화된 하위범주에, 기존 경쟁제품은 진부한 하위범주에 연결하여 차별화를 시도하는 계층적 구조를 형성하는 전략 |
| 시장세분화 전략 | 이미 동일한 제품범주에 다수의 상표들이 진입하여 제품범주가 있는 시장에 신제품으로 진출하는 전략으로 동일한 제품범주에서 동일한 표적고객이나 다른 표적고객을 대상으로 하는 전략 |

#### ① 제품범주 창출전략

제품범주 창출전략(category creating strategy)은 시장선도자가 새로운 제품범주를 창출하여 처음으로 시장에 진입하는 전략이다. 제품범주가 형성되어 있지 않아 선발자로서 제품범주를 처음으로 창조하고, 편익을 유발하여야 한다. 제품범주를 규정하는 편익인 범주욕구를 자사의 제품과 연관하여 포지션하는 방법이다. 상표를 특정 제품범주 욕구와 연관하여 포지션하는데 이를 1차 포지션이라고도 한다. 예를 들면, 숙취해소제의 컨디션, 즉석밥의 햇반, 섬유유연제의 피죤이나 섬유탈취제의 페브리지 등은 최초로 출시하여 시장을 개척하고 제품범주를 창출한 제품들이다. 이러한 제품범주 창출형 제품들은 시장을 선도하고, 해당 제품범주의 대표제품으로 인식되어 제품 성공력을 높여줄 수 있다.

#### ② 제품범주 분할전략

제품범주 분할전략(category partitioning strategy)은 후발 진입자가 시장에 이미 형성된 제품범주를 분할하여 자사의 제품을 차별화된 우수한 하위범주와 관련시키고, 기존의 경쟁제품은 진부하고 열등한 하위범주와 관련시키는 계층적 구조를 형성하는 전략이다. 예를 들면, 조미료 시장에서 과거에 미원에 비해 열세를 만회하지 못하던 CJ는 천연조미료라는 다시다를 출시하면서 자사제품은 천연조미료, 경쟁자 제품은 화학조미료로 포지션하는 전략을 사용하였다. 조미료라는 제품범주를 화학조미료와 천연조미료라는 제품범주의 분할을 통해 시장을 분화하고 창조한 것이다.

#### ③ 시장세분화 전략

시장세분화 전략(market segmenting strategy)은 이미 동일한 제품범주에 다수의 상표들이 진입하여 제품범주가 만들어져 있는 시장에 기업이 새로운 제품으로 진출하는 전략이다. 이것은 동일한 제품범주에서 동일한 표적고객이나 다른 표적고객을 대상으로 하는 전략이다. 이미 제품범주명이 있고, 경쟁상표들은 동일한 제품범주명에 의해 집단화한 상황에서 후발 진입자는 제품범주 욕구를 충족하면서 선발진입 상표와 차별화를 시도하는 전략이다. 이때 가장 중요한 점은 제품범주 내에서 경쟁상표와 차별화된 속성-편익과 관련하여 포지션하여 경쟁제품보다 탁월하다는 것을 소비자들이 인식할 수 있어야 한다. 예를 들면, 세탁세제를 출시할 때 원래의 제품범주 욕구를 충족하면서 경쟁제품과 다른 탁월한 차별점인 고농축으로 적게 쓰는 세제를 부각한 경우이다.

### 3) 목표고객의 선정

제품시장과 서비스 시장을 세분하려면 중요한 소비자, 제품이나 상황 등 관련된 기준에 근거하여 세분시장을 확인하고 표적시장을 선정한다. 세분화 기준은 대체로 인구통계변수, 심리변수와 행동변수가 있다. 인구통계변수는 인구, 연령, 소득, 사회계층과 지리 등이 있다. 심리변수는 라이프 스타일, 개성, 지각, 태도와 추구편익 등이 있다. 행동변수는 구매, 거래, 소비, 사용, 매체사용, 기술사용, 충성도 등이다.

제품범주의 선정은 경쟁제품과 비교하여 구체적인 표적고객의 특성을 제품이 제공하는 욕구와 편익으로 연결하는 것이다. 구체적인 목표고객의 특성은 기존 사용자, 잠재적 사용자 등의 예상 사용량이나 사용빈도, 라이프 스타일, 사회적 신분과 소득 등 변수를 고려한다. 이를 선호하는 표적고객을 "~를 위한 제품, ~가 선호하는 편익"처럼 암묵적으로 나타낸다. 예를 들면, 컨디션은 우루사를 경쟁제품으로 할 수 있다. 직장인들의 음주가 많았던 시절에 숙취해소제인 컨디션은 "직장인을 위한 숙취해소제"와 같이 표적고객을 직장인으로 선정하고, 제품편익을 나타내는 숙취해소제의 제품범주를 제시할 수 있다.

### 4) 속성과 편익 목록 선정

시장에서 제공되지 않거나 과소제공되는 미해결된 제품범주 욕구 중에서 잠재고객이 선호할 속성과 편익을 선정한다. 고객의 문제를 해결할 해결안에 따라서 잠재고객의 선호속성과 편익을 순위에 따라 목록을 작성할 수 있다. 이때 중요한 점은 추출한 속성과 편익이 자사의 자원으로 해결이 가능한지를 함께 검토하는 것이다. 또한 현재 개발되었거나 개발된 기술이 제품화할 수 있는지를 관련부서와 협의하는 것이 바람직하다. 속성과 편익을 개발한 후에는 제품컨셉을 제작하는 과정으로 전환한다.

표 8-3 속성과 편익 목록

| 미해결 욕구 | 문제 | 범주욕구 | 속성 | 편익 | 목표고객 |
|---|---|---|---|---|---|
| 미충족욕구 | | | | | |
| 과소제공 욕구 | | | | | |
| 미제공 욕구 | | | | | |

## 2 제품컨셉의 개발

시장기회를 통해 고객의 미충족욕구나 과소충족 욕구를 발견하고, 제품 아이디어를 개발하여 기업이 새롭게 제공할 수 있는 해결안을 찾는다. 이러한 제품 아이디어에 대한 해결안을 근거로 제품개발을 위한 속성과 편익을 추출한다. 추출한 속성과 편익목록을 토대로 변환과정을 통하여 제품컨셉으로 창출한다. 즉, 제품속성, 제품편익과 구매이유를 결합하여 제품컨셉을 창출하게 된다. 소비자는 단순히 제품을 구매하는 것이 아니라 여러 가지 속성의 덩어리를 구매하는 것이기 때문에 속성덩어리를 구성하기 위한 언어적 구성이 바로 제품컨셉의 변환과정이다. 선정된 속성과 편익이 제품컨셉 창출의 투입요소가 된다. 투입되는 속성과 편익에서 제품특징과 이를 구현할 적용기술, 핵심적이고 차별적이면서 고객이 감각적으로 자각할 수 있는 편익, 그리고 제품을 구매해야 할 이유를 드러낼 수 있는 제품컨셉을 개발하여야 한다. [그림 8-5]는 제품컨셉의 개발모델이다. 이 모델을 토대로 제품컨셉의 개발과정을 설명한다.[5]

그림 8-5 제품컨셉의 개발모델

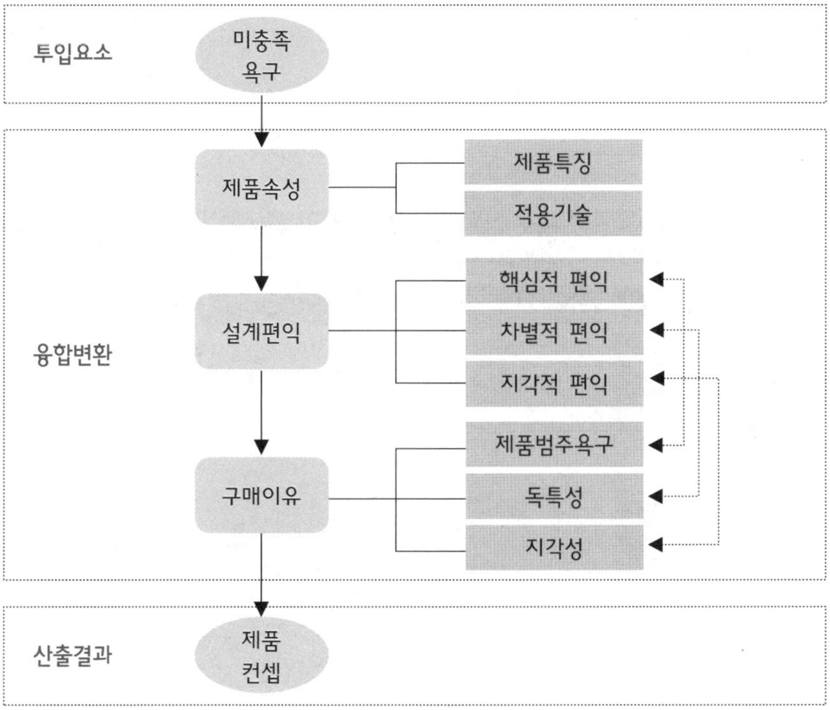


5 유순근(2016), 신상품마케팅, 무역경영사.

## (1) 제품속성과 편익의 변환

### 1) 제품속성

#### ① 제품속성의 성격

제품은 다양한 속성으로 구성되어 있다. 제품속성(product attributes)은 다른 제품과 구별되는 원재료나 완성품의 특징이다. 이러한 제품속성은 크기, 색상, 기능성, 구성요소와 시장에서 제품의 소구나 수용에 영향을 주는 특징을 포함한다. 속성은 소비자들의 기능적, 사회적, 상징적인 욕구를 만족시켜주는 성질이자 소비자들이 제품을 평가하는 지표이다. 가령 승용차를 구입할 경우 안정성, 연비, 디자인, 가격, 내구성, 브랜드명, A/S, 옵션 등을 비교하게 된다. 따라서 기업은 제품속성을 변화시킴으로써 소비자에게 매력적인 품질을 제시하여 고객들의 제품선호도를 증가시킬 수 있다.

제품속성(product attributes)에는 제품기능을 가능하게 하는 제품특징과 적용기술이 있다. 제품특징(product features)은 기업이 출시하여 판매하는 제품의 물리적 특징(physical characteristics)으로 외관, 형태, 크기, 색상, 무게, 속도, 내구성, 재료, 기능, 성능과 같은 품질이나 변수를 포함한다. 제품편익(product benefit)은 제품이 구매자에게 제공하는 이익이나 가치이다. 제품특징이 제품 자체에 존재하는 것이라면, 제품편익은 소비자가 제품으로부터 느끼는 가치의 본질이다. 제품특징은 제품을 사용하는 방법이나 사람과 관계없이 동일하게 유지되지만, 제품편익은 제품사용자에 의해서 평가될 뿐만 아니라 제품특징에 의존한다. 기술(technology)은 제품의 성능이 기능하여 편익을 창출할 수 있는 물리적 형태와 무형적 요소를 구현하는 공정방법을 의미한다.

그림 8-6 제품속성의 분류

| 1차 속성 | 2차 속성 | 3차 속성 |
|---|---|---|
| 기술적 속성 | 물리적 속성 | 재료, 재질, 원료, 물성<br>촉감, 질감, 형태, 길이<br>무게, 크기 |
| | 기능적 속성 | 기능의 효율성<br>작동의 용이성<br>구조의 신뢰성<br>기술과 특허 수준 |
| 인간적 속성 | 미적 속성 | 디자인, 색상, 형태<br>스타일의 특징, 그래픽<br>장식, 마감처리 |
| | 사용자 속성 | 사용자 인터페이스<br>사용의 편리성과 쾌적성<br>사용의 안전성과 적응성 |
| | 심리적 속성 | 스타일의 유행성, 상징성<br>사회적 적합성과 차별성<br>감각성과 가시성 |

제품속성은 1차 속성, 2차 속성과 3차 속성으로 구분할 수 있다. 1차 속성에는 기술적 속성과 인간적 속성이 있다. 기술적 속성은 물리적 속성과 기능적 속성으로, 인간적 속성은 미적 속성, 사용자 속성과 심리적 속성으로 구성된다. 인간은 합리적이면서도 감성적인 판단을 한다. 감성적인 판단은 구매결정에서 결정적인 역할을 수행하기 때문에 인간적 속성의 중요성이 날로 증대하고 있다. 이와 같이 이론들을 종합하여 [그림 8-6]과 같이 제품속성을 분류한다.

#### ② 제품속성의 결정

소비자에게 편익을 제공하는 제품특징과 속성을 결정한다. 제품특징은 제품을 구성하는 사양(specification)의 작동으로 제품 아이디어가 제품화되었을 때 표적고객에게 제공할 수 있는 기능성(capability)을 확보할 수 있어야 한다. 또한 경쟁자의 제품에 비해 표적고객에 대한 속성들의 차별적 편익을 고려한다.

### 2) 제품편익

제품편익(product benefit)은 소비자들이 제품사용으로 얻는 혜택으로 고객의 욕구나 필요를 만족하는 실제적인 요소나 지각요소를 포함한다. 실제적인 요소는 비용 효과성, 디자인, 성능 등으로 구성되나, 이미지, 인지도, 평판 등으로 상징요소를 형성한다. 제품편익을 확인하는 것은 다양한 제품특징을 열거하는 것이 아니라 고객의 욕구와 필요를 발견하는 것이다. 고객들은 문제해결과 욕구충족을 원하기 때문에 제품과 서비스를 구매한다.

제품이 고객들을 위해 무엇을 갖고 있는지를 고객들은 질문을 한다. 이러한 질문에 답하기 위해 제품은 기능적 편익, 상징적 편익과 경험적 편익 등을 제공한다. 이러한 세 가지 편익은 제품편익이다. 기능적 편익(functional benefit)은 제품의 기능적, 실용적이거나 물리적 성능을 통해 문제를 해결하여 얻는 편익이다. 상징적 편익(symbolic benefit)은 제품이나 서비스의 소비를 통해 얻을 수 있는 부가적인 욕구로 일반적으로 자아 이미지와 관련되어 있는 자기 표현적 욕구이다. 또한 보석, 패션이나 자동차와 같이 사회계층, 사회적 신분이나 특정한 사회집단과 제품을 연상으로부터 얻는 지각된 편익이다. 명품 의류, 고급 승용차, 보석이나 고급 레스토랑 이용 등이 해당된다. 경험적 편익

그림 8-7 제품편익의 종류

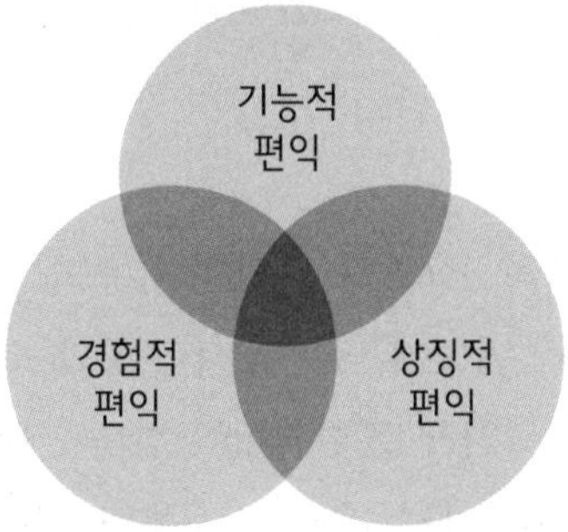

(experiential benefit)은 스포츠 관람, 게임이나 TV 시청처럼 즐거움, 재미, 환희와 긴장완화의 욕구를 충족할 수 있는 제품기능으로부터 얻는 편익이다. 경험적 편익(experiential benefit)은 쾌락적 편익과 동의어로 사용된다.

### 3) 설계편익

설계편익은 핵심적, 차별적, 지각적 편익으로 구분된다. 핵심적 편익(core benefit)은 주로 기능적 편익으로 제품이 무슨 용도로 사용되는가를 나타내는 편익이다. 이 편익은 제품의 고유기능으로 제품범주 안에 포함된 제품범주 욕구를 의미한다. 즉, 고객들이 제품이나 서비스로부터 기대하는 주요한 편익이나 만족을 의미한다. 예를 들면, 승용차를 구매할 때 어떤 사람은 디자인이나 색상과 같은 심미적 편익을, 다른 사람은 성능이나 가격과 같은 기능적 편익을 핵심편익으로 고려하는 것처럼 개인이나 상품에 따라서 다르다. 또한 핵심적 편익은 브랜드명이나 포지션할 때 매우 중요하다. 핵심적 편익이 모호하면 제품분류인 제품범주에서 혼란이 일어나 경쟁제품을 잘못 설정하기 쉽다. 예를 들면, 청량음료로 출시하였으나 청량음료, 탄산음료 아니면 이온음료인지 구분하기 어려워 소비자들이 올바로 인식하지 못하고 실패하여 브랜드 활성화를 하는 경우가 있다.

차별적 편익(differential benefit)은 이 제품이 경쟁자의 제품에 비하여 어떻게 다른가를 나타내는 편익이다. 경쟁제품에 비하여 다른 편익을 제공하는 것이다. "기능이 다른가? 이미지가 다른가? 디자인이 다른가? 또는 서비스가 다른가?" 등 경쟁제품과 다른 면을 제시하는 것이다. 이는 제품의 기능에서 오는 기능적 편익이나 제품의 구매와 사용으로부터 오는 사회적, 상징적 편익에서 제공하는 제품의 독특성에서 오는 편익을 의미한다. 예를 들면, 제품의 디자인이나 사용성에서 경쟁자와 차별화를 시도하여 혁신기업으로 꼽히는 애플의 제품들은 소비자들에게 다양하고 진기한 감각적 편익을 제공하기도 한다. 기업 간에 기술수준의 차이가 적기 때문에 제품의 차별화를 하는 도구로 많이 활용하는 편이다.

지각적 편익(sensible benefit)은 고객이 제품이나 서비스에서 지각할 수 있는 물리적이거나 유형적인 제품특성(physical or tangible features)이다. 이것은 제품을 오감으로 인식할 수 있는 정도로 경쟁제품보다 쉽게 인식할 수 있는 편익을 제공하는 것이다. 또한 합리적인 편익과 고객욕구를 일치하는 정서적 편익(emotional benefits)을 전달할 수 있어야 한다. 따라서 오감으로 쉽게 지각할 수 있도록 소비자들의 인지적 과부하를 유발하지 않으면서 경쟁자의 제품보다 더 잘 인식하고, 핵심적 편익이나 차별적 편익을 분명하게 구별할 수 있도록 표현되어야 한다.

### 4) 구매이유

소비자들의 구매이유는 표현컨셉의 3요소로 요약된다. 구매컨셉은 제품이 사용하는 용도가 무엇인지(제품범주 욕구), 경쟁자의 제품과 어떻게 다른지(독특성)와 소비자들이 오감에 의해 쉽게 지각과 인지할 수 있는 정도(지각성) 등이 간결하게 표현되어야 한다. 제품범주 욕구는 제품범주를 나타내는 표현이어야 소비자들이 제품용도를 혼돈하지 않는다. 아무리 제품의 성능이 뛰어나더라도 제품이 무엇에 사용하는 제품인지 소비자가 잘 알지 못한다면 제품은 성공할 수 없다.

그림 8-8 구매컨셉의 3요소

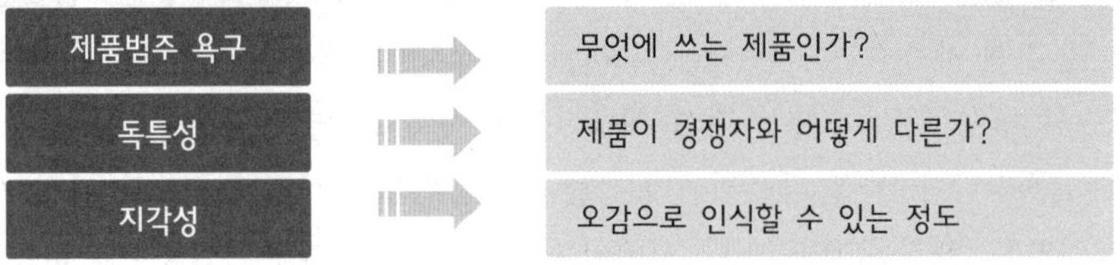
제품범주 욕구
무엇에 쓰는 제품인가?
독특성
제품이 경쟁자와 어떻게 다른가?
지각성
오감으로 인식할 수 있는 정도

경쟁자의 제품과 차별성이 없다면 제품은 존재감이 부각되지 못한다. 제품이나 서비스의 독특성은 경쟁자와 차별하는 요소이다. 독특성(uniqueness)은 제품의 지각된 독점성(perceived exclusivity)과 진귀성(rareness)으로 제품에 대한 소비자의 욕망이나 선호를 증가시킨다. 독점성은 다른 제품에는 없는 속성을 특정한 제품만이 갖고 있는 상태이며, 진귀성은 신기성(novelty)으로 다른 사람들이 이미 생산해 낸 것과는 다른 것으로서 새롭고, 특이하고, 예상했던 것이 아닌 낯선 현상을 의미한다. 또한 진귀성은 새로운 문화의 공유된 경험이나 개인의 주관적인 지각에서 발생하는 현상이다. 고객들이 제품을 더욱 독특하다고 생각할수록 비싼 것으로 인식하여 더욱 가치 있는 것이 된다. 특성(individuality)은 특징적이거나 개인화된 상표, 신기한 물건, 또는 희귀한 제품의 취득을 통해서 성취할 수 있다.[6] 차별화와 독점성은 어떤 브랜드의 소비와 사용이 독점적인 고객에게만 주어질 때 충족될 수 있다. 소비자의 독특성 요구는 자아 이미지와 사회적 이미지를 고양하려는 목적으로 소비재의 획득, 이용과 처분을 통해 타인에 비해 차별성을 추구하는 특질이다. 제품을 통한 소비자의 자아 이미지 고양은 내적, 주관적 과정이며 상징적 의미를 갖는 것으로서 소비자들이 제품을 인식할 때 나타날 것이다. 독특성을 확립하는 수단은 대체로 소비자의 차별성과 진귀성의 선택과 유사성의 회피 행동이다. 독특성을 표현하는 것은 이미지의 역할, 즉, 자아와 사회적 이미지를 강조하기 위한 것이다. 소비자가 오감에 의해 제품을 인식하지 않는다면 그 제품은 소비자의 관심과 흥미를 끌지 못한다. 소비자들은 자신의 경험을 토대로 기억을 재구성하기 때문에 소비자의 인지적 지각을 높이려면 소비자의 경험에 근거한 표현이 효과적이다.

### (2) 제품컨셉의 개발

제품컨셉은 제품을 쉽게 이해할 수 있도록 제품 아이디어를 글이나 그림으로 묘사한 것이다. 제품을 사전에 경험하지 못한 잠재고객들이 제품이 제공하는 편익을 이해하여 제품 구매의도가 있는지를 판단하는 데 유용하다. 다량의 제품컨셉을 창출하고, 컨셉의 문제점과 개선점을 발견하여 최적의 컨셉에 이르는 과정을 거치는 것이 제품컨셉의 정교화 과정이다.

6 Ayalla Ruvio(2008).

### 1) 제품컨셉의 개발과정

제품컨셉의 개발은 가설 제품컨셉의 창안부터 시작된다. 많은 가설 제품컨셉을 개발하는 것은 제품컨셉을 정교화하기 위해서이다. 추출된 아이디어를 정리하여 최종의 최적 제품컨셉을 선정하기 위해 만든 초안을 가설 제품컨셉(temporary product concept)이라고 한다. 불충분한 제품컨셉을 제거하고, 최적의 제품컨셉을 찾기 위해서 가설 제품컨셉은 아이디어별로 구성요소를 변경하여 10개 정도 개발하는 것이 적당하다. 가설 제품컨셉의 산출과 제품컨셉 보드의 구성으로 가설 제품컨셉 작업이 완료되면 개인면접, 표적집단면접이나 서베이를 통해서 가설 제품컨셉을 평가하여 수정하게 된다. 수정 제품컨셉도 동일한 과정을 반복적으로 거쳐 정교화 과정을 거친다. 이렇듯 제품컨셉은 평가와 수정을 거쳐 최종 제품컨셉에 이르게 된다.

제품컨셉을 정교화하기 위해서는 잠재고객에게 제품컨셉 보드를 제시하고, 그들의 제품속성, 제품편익이나 구매이유 등을 측정하여 수정하는 작업을 거친다. 이러한 절차로 개발된 제품컨셉은 개별면접, FGI, CLT, 서베이나 컨조인트분석(Conjoint analysis) 등의 방법으로 잠재적 소비자의 구매의도나 선호도를 조사하여 우선순위를 평가한다. 이렇게 하여 제품컨셉의 후보안을 3~5개 정도로 압축한다. 구매의도 측정은 보통 5점 척도를 사용한다. 이때 구매거부 이유와 구매유발 이유를 찾아내어 제품컨셉을 개선하는 데 활용한다. 이와 같이 적절한 과정의 반복을 통해 최적해를 찾아낸다.

**그림 8-9 제품컨셉의 정교화 과정**

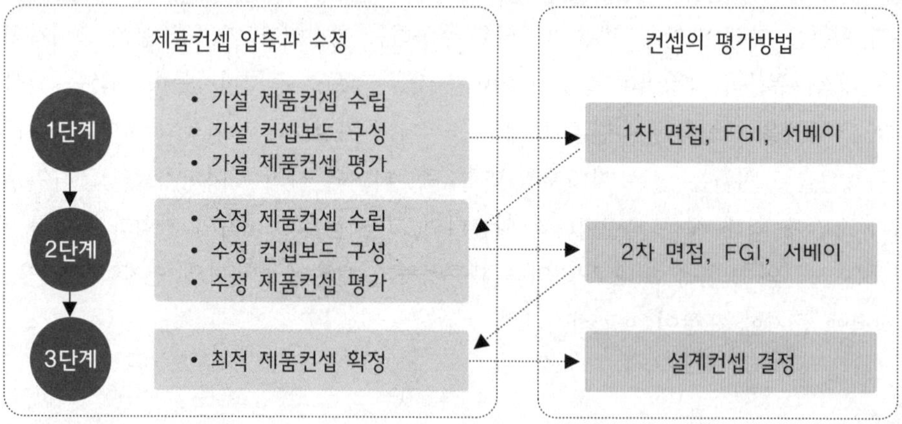


### 2) 최적 제품컨셉의 조건

아이디어도 좋아야 하지만 이를 추상화하는 제품컨셉 제작도 매우 중요하다. 최적의 제품컨셉은 다양한 속성이나 기능을 함축적으로 또는 상징적으로 간단하고 분명하게 표현하는 것이 필수적이다. 이러한 제품컨셉에 포함될 사항은 문제해결 편익, 욕구충족 이유, 제품형태, 디자인, 외적·기능적 요소, 브랜드명, 크기, 가격이나 기타 등이다. 최적 제품컨셉은 소비자들이 돈을 지불할 만한 가치가 있는 것이어야 한다. 즉, 소비자들에게 의미 있는 편익이어야 한다. 제품컨셉의 대중성은 성장하고 있는 현재 시장의 추세를 반영하고, 시장규모를 창출하거나 확대할 수 있어 수익을 얻을 수 있는 정도이다. 창의성은 뛰어난 기능이나 성능을 제공하여 경쟁자의 제품과 다르게 느낄 수 있는 정도를 말한다.

### 3) 제품컨셉 서술문

최종의 최적 제품컨셉을 선정하기 위해 다수의 제품컨셉을 만들어 정교화과정을 거치지 않은 제품컨셉을 가설 제품컨셉이라고 한다. 다수의 가설 제품컨셉을 비교평가하기 위해 제품컨셉 서술문을 구성한다. 제품컨셉 서술문(product concept statement)은 고객에게 시용구매를 알기 위해 특정한 문제에 대한 제품이나 서비스의 해결책을 언어나 시각으로 표현한 것이다. 기존의 다른 제품이나 문제 해결과 관련하여 선택된 편익을 제공하는 기대된 제품특징, 형태나 기술에 관한 진술이다. 제품 아이디어로부터 제품속성, 제품편익과 구매이유를 소비자의 언어로 변환하여 서술한다. 예를 들면, 농축세제는 적게 써도 기존의 다른 세제보다 세척력이 탁월하다. 세제를 적게 사용하면서 세척이 뛰어난 제품을 제품 아이디어라 한다면 이를 제품컨셉 서술문으로 구성하면 "적게 써도 세척력이 탁월하고, 농축하여 보관과 사용이 간편한 세탁세제"라고 할 수 있다. 이 농축세제의 성분이나 기능이 전문용어가 아닌 소비자가 이해할 수 있는 일상 언어로 표현하는 것이 바로 소비자의 언어이다.

**표 8-4 제품컨셉 서술문 추출**

| 제품 아이디어 | | |
|---|---|---|
| 제품속성 | 제품특징 | |
| | 적용기술 | |
| 설계편익 | 핵심적 편익 | |
| | 차별적 편익 | |
| | 지각적 편익 | |
| 구매이유 | 제품범주 욕구 | |
| | 독특성 | |
| | 지각성 | |
| 제품컨셉 서술문 | | |

# 3 제품컨셉의 선정

## (1) 제품컨셉 보드

### 1) 제품컨셉 보드의 구성

제품컨셉 서술문을 통해 제품컨셉 보드(product concept board)를 작성한다. 제품컨셉 보드는 주로 면접조사나 표적집단면접을 통해서 개발된 제품컨셉이 얼마나 소비자 욕구에 부응하는지, 제품컨셉 자체의 문제점과 개선점, 그리고 구매의도를 발견하기 위해 제품개발 전에 사용된다. 또한 제품컨셉에서 제시하는 제품속성, 핵심편익과 구매이유를 평가하여 최적의 제품컨셉을 도출하는 데 매우 효과적이다. 따라서 시장에 출시될 제품과 매우 유사하고 과장 없이 사실적으로 구성한다. 제품컨셉 보드의 구성요소는 [표 8-5]와 같다.

**표 8-5 제품컨셉 보드의 구성요소**

① **컨셉 헤드라인:** 신상품을 한마디로 표현할 수 있는 핵심문장
② 제품범주명:
③ 핵심표적:
④ 브랜드 체계:
⑤ ABV(Attribute-Benefit-Value) 체인:
⑥ 부가적 편익(Sub Benefit):
⑦ 예상 TPO(Time, Place, Occasion):
⑧ SKU(Stock Keeping Units): 출시할 모든 제품의 품목
⑨ 가격:

**그림 8-10 제품컨셉 보드의 예**

**신선한 인삼 한 뿌리의 효능이 그래도 살아있는 한 뿌리**

☑ 인삼 엑기스를 희석해서 만든 인삼음료와 달리 인삼 한뿌리 전체(1)를 사용하였습니다.
☑ CJ의 기술(2)로 인삼 한 뿌리의 맛과 영양(3)을 생생하게 살렸습니다.
☑ 꿀과 우유의 맛과 부드러움(4)이 스며 있습니다.
☑ 피곤할 때나 공복(5) 시에 마시면 든든한 인삼의 영양을 섭취할 수 있습니다.

가격: 2,500원/100ml

CJ

### 2) 제품컨셉 보드의 평가

제품컨셉 보드를 제시하고, 제품 아이디어가 표적 소비자에게 어떻게 전달되는지와 소비자들이 느끼는 반응을 평가하는 것이 제품컨셉의 평가이다. 제품컨셉 평가는 제품 아이디어의 서술과 실제 제품개발의 간격을 점검하는 일종의 품질검사이다. 각각의 제품컨셉은 소비자 욕구나 편익에 집중하여 제시되는 하나 이상의 제품컨셉 서술문을 잠재소비자 집단이 평가하는 것이다. 제품컨셉 평가는 소비자들에게 자극(제품컨셉)을 제시하고, 최종구매와 같은 행동반응을 예측하기 위해 구매의도와 독특성 등 소비자 반응을 측정하는 것이다.

제품컨셉은 제품속성의 단순한 사실적인 기술로부터 설득적인 주장이나 전체 모의광고에 이르기까지 형태가 매우 다양하다. 제품컨셉 서술문은 명확하고 현실적이어야 하며, 제품컨셉을 과장해서는 결코 안 된다. 서술문이 상업적이든 비상업적인 형태이든 간에 시장에서 제품컨셉과 기존 대안 간의 차이 없이 신뢰할 수 있어야 한다. 또한 제작된 제품컨셉 보드를 잠재고객들에게 제시하기 전에 검토하여 수정과 보완 작업을 거치는 것이 좋다. 제품컨셉 보드의 평가기준은 제품이 제공해 줄 수 있는 핵심편익, 구매이유, 차별성, 가독성과 지각성 등을 검토한다.

**표 8-6 제품컨셉 보드의 평가기준**

| 속성 | 세부 내용 |
|---|---|
| 핵심편익 | 핵심편익은 명확하게 설명되어 있는가? |
| | 핵심편익의 설명을 명확하게 이해할 수 있는가? |
| | 단어나 그림들이 단순하고도 직접적인 소비자의 언어인가? |
| 구매이유 | 소비자들이 구매할 만한 이유가 있는가? |
| | 그 이유를 믿을 수 있는가? |
| 차별성 | 제품의 우수성과 품질을 설명하는가? |
| | 제품의 혁신성과 독특성을 설명하는가? |
| | 의미 있는 차별화인가? |
| 가독성 | 컨셉을 30초 이내에 읽을 수 있는가? |
| | 보기와 읽기가 편한가? |
| | 읽기가 지루하지 않은가? |
| | 아이라도 이해할 수 있을 만큼 쉽게 썼는가? |
| 지각성 | 컨셉에 있는 사진이 구매욕구를 불러일으키는가? |
| | 제품형태가 컨셉 내에서 볼 수 있는가? |
| | 모든 품목을 제시하는가? |
| | 브랜드명이 포함되어 있는가? |

### 3) 제품컨셉의 평가

#### ① 제품컨셉의 평가방식

제품컨셉 평가의 조사대상은 해당 제품의 주사용자이다. 정량조사를 통해 제품컨셉 평가를 시행하는데 집단별 10~20명으로 나누어 약 200명의 표본을 추출한다. 고객집단의 성·연령 분포를 조사하고, 구성에 맞게 표본을 할당한다. 조사방법은 이미지와 동영상을 제시하여 조사하는 방법이 있으나, 제품컨셉 보드를 제시하여 조사하는 개인면접조사, 온라인 조사, FGD 조사 등이 일반적이다.

제품컨셉 평가방식은 크게 3가지가 있다. 한 사람에게 하나의 제품컨셉만 제시하여 제품컨셉을 평가하도록 하는 단일안 평가방식, 한 사람에게 여러 개의 제품컨셉을 제시하고 순차적으로 평가하도록 하는 복수안 순차평가방식과 한 사람에게 여러 안을 동시에 제시하여 선호하는 것을 선택하도록 하는 상대평가방식 등이 있다. [표 8-7]은 평가방식의 종류와 특징이다.

표 8-7 평가방식의 종류와 특징

| 구분 | 단일안 평가방식 | 복수안 순차평가방식 | 상대평가방식 |
|---|---|---|---|
| 내용 | 한 사람이 한 개 평가 | 한 사람이 다수 평가 | 한 사람이 다수 평가 |
| 제시방법 | 한 개 제시 | 순차적 제시 | 동시 제시 |
| 장점 | 구매상황과 유사 | 비용과 시간 절약 | 비교평가 |
| 단점 | 많은 비용과 시간 | 순서효과, 응답피로 | 인지적 과부하 |

#### ② 제품컨셉의 평가

제품컨셉 평가는 신제품의 소구점을 측정하고, 최적의 제품컨셉을 선정하는 과정이다. 평가목적은 제품을 구매할 때 관심의 정도, 제품에 대한 긍정적·부정적 인식, 사용할 제품특징, 가격인식과 유통채널, 사용빈도에 대한 행동패턴 등에 관한 정보를 파악하고, 많은 제품컨셉 중에서 최적안을 선정하기 위해 제거해야 할 좋지 못한 컨셉을 확인하는 것이다. 제품컨셉이 첫 장애물을 통과한다면 다음은 제품이 시장점유율이나 수입을 높일 수 있는 판매나 시용구매율을 추정한다. 구매의도와 구매 간에는 긍정적 상관관계가 있기 때문에 의미 있는 추정이다. 따라서 우수한 제품이 되기 위한 최고의 잠재력을 갖고 있는지를 결정하는 것은 자원을 확대하는 것이다. 그렇지만 제품컨셉을 평가하고 선택하는 것은 쉬운 일이 아니다.

## (2) 제품컨셉안의 선정

### 1) 제품컨셉의 평가항목

제품컨셉으로부터 얻는 정보는 대체로 4가지이다. 구매의도, 제품진단, 속성진단과 응답자 인구통계 수집자료 등이다. 구매의도는 5점 척도로 구입의향을 묻는 설문으로 시용구매의도이다. 기타 구매척도는 구매량과 구매빈도이다. 다음은 제품컨셉 보드를 제시하고 구매의도를 묻는 문항이다.

[설문]: 이 제품이 출시된다면 구매할 의향이 있습니까?(구매의도)

① 절대로 구입하지 않는다.
② 아마 구입하지 않을 것이다.
③ 구입하거나 하지 않을 수 있다.
④ 아마 구입할 것이다.
⑤ 확실히 구입할 것이다.

제품진단(product diagnostics)은 제품컨셉의 독특성(uniqueness), 제품의 신뢰성(credibility), 사용자의 문제해결 정도와 돈에 합당한 가치(value for money) 등을 얻는 것이다. 속성진단(attribute diagnostics)은 어떤 특성이나 속성이 쓸모없는 정도나 개선되어야 하는 정도를 알려준다. 즉, 속성진단은 어떤 특성이나 속성이 개선되었거나, 제품컨셉 보드에 제시된 이미지나 사진이 구매욕구를 불러일으키는 정도이다. 응답자 인구통계 수집자료는 표적시장의 인구통계와 사회경제적 특징을 확인하는 데 도움이 된다. 따라서 이러한 속성과 현재 구매습관 자료는 미래행동을 예측하는 데 도움이 된다. 다음은 제품컨셉 보드를 제시하고 독특성을 묻는 문항이다.

[설문]: 이 제품이 유사한 제품에 비해 어느 정도 독특하다고 생각하나요?(독특성)

① 전혀 독특하지 않다.
② 별로 독특하지 않다.
③ 어느 쪽도 아니다.
④ 약간 독특하다.
⑤ 확실히 독특하다.

다음은 제품컨셉 보드를 제시하고 속성개선을 묻는 문항이다.

[설문]: 이 제품은 기존제품을 많이 개선하였다고 생각하나요?(속성진단)

① 전혀 개선하지 못했다.
② 별로 개선하지 못했다.
③ 어느 쪽도 아니다.
④ 어느 정도 개선했다.
⑤ 아주 잘 개선했다.

그림 8-11 제품컨셉의 평가항목

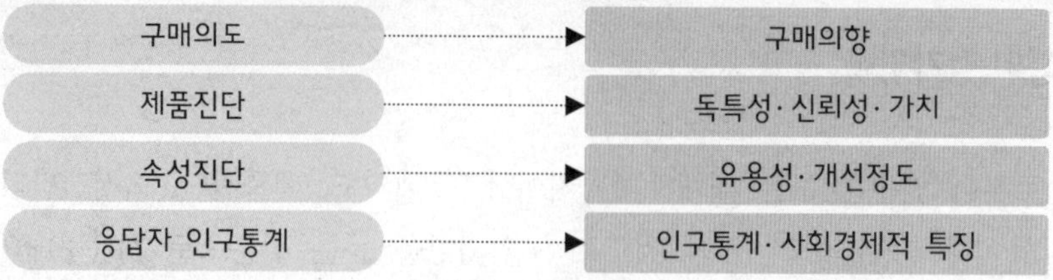


### 2) 제품컨셉안의 선정

제품컨셉안의 선정과정은 많은 대안을 평가하여 순위가 낮은 대안을 제거하는 과정이다. 각각의 대안별로 제품컨셉 평가 설문지를 통하여 응답자들의 응답을 집계하여 비교 · 평가하여 최적의 제품컨셉안을 선정한다. 각각의 설문항목에 가중치를 두어 평가할 수도 있다. 이때 가중치는 속성의 중요도에 따라 다르게 설정할 수 있다. 설문지의 응답점수를 제품컨셉 평가집계표에 기재하여 총점을 산출한다. 대안컨셉별로 평가하여 집계하고, 총점을 산출하여 순위를 산정한다. 또한 각 대안컨셉에서 우수한 속성을 추출하여 결합하는 재구성 방법으로 최적 제품컨셉을 선정하는 과정도 필요하다.

[표 8-8]에서 제품컨셉안은 컨셉 1안이 평가도와 구매의도에서 최고 점수를 얻어 최적의 제품컨셉안으로 선정될 수 있다. 설문문항은 5점 척도이다. 각각의 속성과 문항의 배점을 차례대로 곱하여 합산하면 총점이 된다. 제품컨셉 1은 제품속성과 구매의도에서 1위이다. 가중치와 컨셉 1안의 총점계산은 다음과 같다.

$$(0.2\times5)+(0.1\times4)+(0.1\times4)+(0.1\times3)+(0.1\times4)+(0.1\times3)+(0.1\times3)+(0.1\times4)+(0.1\times4)=3.9$$

표 8-8 제품컨셉 평가집계표

| 설문항목 | 가중치 | 제품컨셉 1 | 제품컨셉 2 | 제품컨셉 3 |
|---|---|---|---|---|
| 핵심편익 | 0.2 | 5 | 3 | 2 |
| 제품 호감도 | 0.1 | 4 | 3 | 3 |
| 제품가치 | 0.1 | 4 | 4 | 3 |
| 독특성 | 0.1 | 3 | 3 | 4 |
| 신뢰성 | 0.1 | 4 | 3 | 3 |
| 가격 | 0.1 | 3 | 3 | 5 |
| 디자인 | 0.1 | 3 | 5 | 4 |
| 브랜드 이미지 | 0.1 | 4 | 3 | 4 |
| A/S | 0.1 | 4 | 4 | 3 |
| 총 점 | 1 | 3.9 | 3.4 | 3.3 |
| 구매의도 | | 4.6 | 4.5 | 3.8 |
| 순 위 | | 1 | 2 | 3 |

09

# 제품개발

1 제품사양의 결정

2 제품개발

3 서비스 마케팅

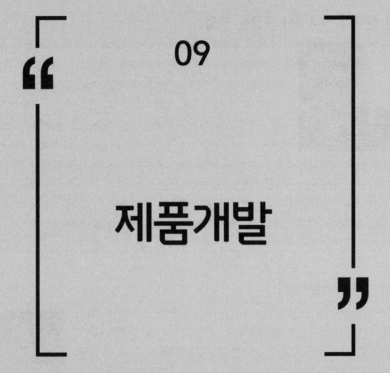

# 래리 페이지(Larry Page)

## 1998년 친구의 차고에서 구글을 창업

래리 페이지(Larry Page)는 1973년 미국 미시건주 이스트랜싱에서 태어났다. 6살 때부터 컴퓨터에 관심을 갖기 시작했고, 초등학교 숙제를 워드 프로세서로 작성해 제출하기도 했다. 12살 페이지는 '니콜라 테슬라'에 대한 전기를 읽고, 그처럼 세상을 바꿀 혁신적인 발명가가 되길 꿈꾸게 된다. 페이지는 고등학교 졸업 후 미시건 대학교에 진학해 컴퓨터 엔지니어링을 공부한 후 스탠퍼드 대학원에 진학해 컴퓨터 사이언스에 대한 연구를 시작했다. 스탠퍼드 대학원에 진학한 페이지는 평생을 함께할 친구 세르게이 브린(Sergey Brin)을 만나게 된다. 동갑내기인 브린과 페이지는 처음엔 사이가 좋지 않았지만, 웹 페이지에 관한 연구를 함께 진행하며 친분을 쌓게 된다. 세르게이 브린은 러시아 출신의 미국 시민권자 기업인으로서 래리 페이지와 함께 구글을 창립했다. 6살 때 미국에 온 그는 수학과 컴퓨터 과학을 전공하였다. 이후 그는 스탠퍼드 대학원에 입학하여 컴퓨터 과학을 전공하였다. 학위를 취득한 그는 컴퓨터 과학 박사과정을 밟았으나, 도중에 래리 페이지를 만나 박사과정을 그만두고, 1998년 친구의 차고에서 구글을 창업하였다.

## 경험에서 아이디어를 찾아

브린의 지도교수인 Motwani 교수는 박사학위 논문 주제로 다량의 자료 중에서 의미 있는 정보를 찾아내는 새로운 방법을 제안하였다. 1990년대 중반 당시 인터넷에서 필요한 정보를 검색하는 것은 쉽지 않았다. 대표적인 검색엔진으로 WebCrawler, Lycos, Magellan, Infoseek, Excite 등이 있었다. 페이지는 AltaVista 검색엔진으로 검색하면서 검색 결과에 나타나는 정보의 하나인 링크에 주목하는데, 이것들로부터 정보를 얼마나 얻을 수 있는지가 궁금하였다. 1996년 스탠퍼드대학교 박사과정에 재학 중이던 두 사람은 페이지랭크(PageRank)란 기술을 개발했다. 페이지는 학술논문에서 항상 다른 논문을 인용을 하는 것처럼 모든 링크가 다른 가치가 있다고 생각하였다. 가장 많은 링크를 갖는 웹사이트가 더 중요하다는 생각으로 링크 랭킹 시스템을 구축하여 PageRank라고 하였다. 1997년 초에 브린과 페이지는 이 PageRank 아이디어를 적용하여 박사학위 논문을 공저하고, 초보적인 검색엔진 BackRub을 제작하여 링크를 분석하는 데 활용하였다. 웹사이트의 중요도를 그 사이트로 연결되는 링크(link)를 따져 결정되도록 한 이 기술이 구글의 시초다. 페이지와 브린은 웹이 커질수록 검색엔진 또한 중요하다는 점을 깨달았다. 페이지랭크(PageRank: 래리 페이지가 발명한 것으로 웹사이트의 인기도를 다른 사이트가 링크한 개수에 의거해 계산해내는 방식)는 링크를 분석하는 형태로 작동하기 때문에 웹이 더 커질수록 이것은 더 좋은 결과를 보여주게 된다. 이 사실이 계기가 되어 그들은 새로운 검색엔진을 구글(googol, 1에 0을 100개 붙인 수학적 용어)이란 말을 패러디해서 구글이라고 불렀다. 1996년 8월 구글의 첫 번째 버전을 스탠포드 웹사이트에 올렸다. 인기가 대단하여 스탠포드대학의 인터넷 연결이 마비된 적이 한두 번이 아니었다.

## 구글의 창업

페이지와 브린이 처음부터 회사를 차리려던 것은 아니었다. 검색엔진을 기존 포털업체에 팔려고 하였다. 희망 가격은 16억원이었다. 그러나 야후, 인포시크, 익사이트 등 어떤 포털업체도 이 돈을 주고 구글을 사려하지 않았다. 체리턴 지도교수는 브린과 페이지에게 신생기업에 적극적으로 투자하고 있던 선 마이크로시스템즈의

창립자인 앤디 벡톨샤임을 만나볼 것을 권했다. 앤디 벡톨샤임은 수표에 회사명을 뭐라고 적어야 하는지를 물었다. 구글의 창립자들은 그때까지 회사 이름을 정하지 않은 상태였다. 그러자 앤디 벡톨샤임은 서비스의 이름을 따서 구글사로 하자고 제안했고, 그들은 그의 제안에 동의했다. 그리고 몇 분 뒤 그들의 손에는 10만 달러짜리 수표가 쥐어져 있었다. 바로 이런 것이 회사를 창업하는 맛이었다. 1998년 9월 7일 구글이 공식적으로 첫발을 내딛었고, 래리 페이지는 CEO를, 세르게이 브린은 사장을 맡았다. 구글의 첫 사무실은 페이지의 여자 친구 집 차고에서 시작하였다. 구글은 창업 2년 만에 하루 1,800만건의 검색을 하는 미국 최대 검색 사이트로 급성장하게 되었다. 구글은 다른 포털과 웹사이트에 검색엔진을 임대해주는 사업도 벌였다. 1999년 구글은 팔로알토의 중심부에 있는 유니버시티 애버뉴에 임대사무실을 쓰면서 직원 수가 10명 가까이 늘어난 이 신생업체는 현금을 만들어낼 수익모델이 필요했고, 결국 영업사원을 충원해야만 했다. 2000년 5월부터는 야후에 검색엔진을 납품했으나, 구글이 급성장하면서 위협을 느낀 야후는 검색엔진을 자체 개발하는 쪽으로 방향을 전환하였다.

### 구글의 수익구조

구글의 사업 구조는 검색 사업, 클라우드 사업과 기타 사업이 있다. 주요 수익원인 검색 사업은 검색과 광고가 있다. 검색 사업의 목적은 무료 검색 서비스를 통해 사용자 수를 증대하는 것이다. 이를 통해 광고 등을 판매해 광고 수수료를 얻는다. 클라우드 사업은 애플리케이션, 엔터프라이즈, 플랫폼이 있다. 애플리케이션 부문은 구글 문서, 피카사 등의 소프트웨어 서비스, 구글 토크나 구글 보이스 등 통신 서비스로 구성되어 있다. 클라우드 환경 정비에 필요한 각종 플랫폼이나 툴을 제공한다. 브라우저의 부가가치 기능을 담당하는 구글 기어스(gears)나 소프트웨어 개발 환경을 제공하는 구글 앱 엔진, 독자적 프로그램 언어를 목표로 하는 구글 고(Go) 등 여러 방면에 걸쳐 있다. 독자적 브라우저인 크롬도 여기에 속한다. 구글은 2005년 6월 구글 어스(Google Earth) 서비스를 통해 전 세계 위성사진을 개인 컴퓨터에서 무료로 볼 수 있도록 해놓았다. 구글 어스는 전 세계의 지형 사진뿐만 아니라 대도시의 건물에 대한 정보까지 입체적으로 파악하게 해준 것이다. 2006년 온라인 비디오 사이트인 유튜브를 인수했다. 안드로이드 OS는 플랫폼 부문에서 가장 활발한 사업이다. 그 밖에 전자 서적이나 건강 의료 IT, 스마트 그리드, 재생에너지 사업이나 해저 케이블 건설 등의 기반 정비나 주변 사업을 개척하고 있다.

### 구글의 성공비결

*구글의 경쟁자는 오직 구글뿐이다.*

① **정확한 사용자의 욕구파악**: 소비자와 브랜드가 지속적으로 연애관계에 있을 때 고객에게 잊지 못할 경험을 제공할 수 있다. 구글은 빠르고 정확한 검색을 원하는 고객을 사로잡아서 러브마크 브랜드가 되었다. 구글이 인터넷 광고시장을 장악할 수 있었던 것은 독특한 검색과 광고 방식 때문이었다. 사용자가 되도록 빠르게 구글에서 벗어나 검색 목적지로 가도록 해주는 것이 올바른 방식이라고 믿었다. 배너를 달면 검색 결과가 느려지고, 배너는 검색의 본질적인 요소도 아니면서 주의만 분산시키기 때문이었다. 발상의 전환을 통해 구글은 오히려 인터넷 광고 시장을 키우며 엄청난 수입을 올릴 수 있었는데 그 돈은 기존 미디어 기업의 손실분에서 빠져나간 것이었다. 구글은 검색어 몇 개만으로 광고를 판매할 수 있었고, 광고주는 광고 중개업자들에게 지불하는 2~5% 비용조차 추가로 들이지 않아도 되었다.

② **기술력**: 기술력이 곧 경쟁력이다. 검색의 정확도와 속도가 경쟁사에 비하여 탁월하다. 사용자가 신속한 검색결과를 얻어서 사이트를 빨리 떠날 수 있는 서비스 개발에 몰두했다.

③ 독특한 리더십: “사악해지지 말자”는 공통분모를 직원들과 공유하는 독특한 리더십으로 변함없이 기업을 이끌고 있다. 부정한 방법이 아니라도 돈을 벌 수 있다.
④ 즐거운 직장: 창의력은 즐거운 가운데에서 온다. 수영장, 안마시술소, 이발소까지 회사에 있으며, 즐거움 경영을 실천한다. 혁신적인 아이디어가 안출되도록 재미있는 근무환경을 조성하고 놀라운 복지와 열린 문화를 지향한다.
⑤ 자기중심 경영: 구글은 자신이 만들어 놓은 시장에 다른 기업도 산업의 잠재력이 충분하니 진입하라는 식으로 규모를 키우고, 경쟁의 규칙을 만들었다. 기존의 규칙과 경쟁법칙을 깨고, 자기중심의 경쟁원칙 만든다.

# 제9장 | 제품개발

## 1 제품사양의 결정

### (1) 고객의 소리

고객의 소리(VOC: voice of the customer)는 고객이 표현하거나 하지 않은 욕구나 요구사항을 기술하는 데 사용하는 용어이다. 고객의 소리는 고객의 기대, 선호, 불만과 고객의 요구사항을 포착하는 심층과정이다. 고객의 소리는 욕구의 계층적 구조 속에서 조직화되고, 상대적 중요도와 만족을 서열화하는 제품개발기법이다. VOC 과정은 제품개발자에게 중요한 결과와 혜택을 준다.

#### 1) 고객욕구

고객욕구(customer needs)는 고객 자신의 언어(customer's own words)로 제품이나 서비스에 의해 충족되는 편익을 기술한 것이다. 예를 들면, 컴퓨터 모니터에 있는 대각선을 기술할 때 고객은 계단현상이 없이 똑바른 선처럼 보이는 것으로 말한다. 고객욕구는 모니터의 특정한 유형처럼 하나의 해결책이나 선 안에 있는 뚜렷한 틈의 수와 같은 물리적 측정도 아니지만, 고객이 모니터에서 나타나는 이미지를 원하는 방법의 상세한 기술이다. 이러한 물리적 측정과 고객욕구 간의 차이는 고객이 자신의 지각 렌즈로 세상을 본다는 렌즈 모델처럼 마케팅 전술의 성공요소의 하나이다. 고객욕구를 아는 것은 제품개발과 마케팅에 중요하다. 제품개발팀이 고객의 소리를 듣지 않고 너무 일찍 개발에 집중한다면, 창조적 기회를 잃게 될 것이다.

그러나 선호는 고객이 세상을 어떻게 보는지에 근거한다. 이러한 지각은 전체적으로 정확할 수도 있고, 그렇지 않을 수도 있다. 그것은 제품특징에 근거하지만, 광고, 포장, 가격, 구전이나 사회적 맥락에 의해 생성되는 이미지에 또한 근거한다. 마케팅은 물리적 특징인 제품을 설계하고, 소비자 지각에 영향을 주려는 통합된 활동이다. 고객의 소리는 고객가치와 고객이 이러한 욕구에 관한 선호를 어떻게 형성하는지를 확인한다. 고객의 소리는 광고가 지각, 이용성과 지각된 가치에 어떻게 영향을 주는지를 확인할 수 있다.

물리적 제품의 특징은 기업의 마케팅믹스나 고객의 구전활동으로 제품이미지를 형성하는 데 많은 영향을 미친다. 물리적 특징과 제품이미지를 근거로 하여 고객은 제품에 대한 특정한 지각을 형성하고, 다른 제품보다 더 좋아하는 선호를 형성한다. 선호는 구매태도에 영향을 미치는 일련의 단계적인 과정이며, 특히 관여도가 높고, 자신에게 제품의 구매가 중요할 때 고객은 주로 이러한 일련의 이성적 판단을 하게 된다.

그림 9-1 소비자의 구매결정 과정

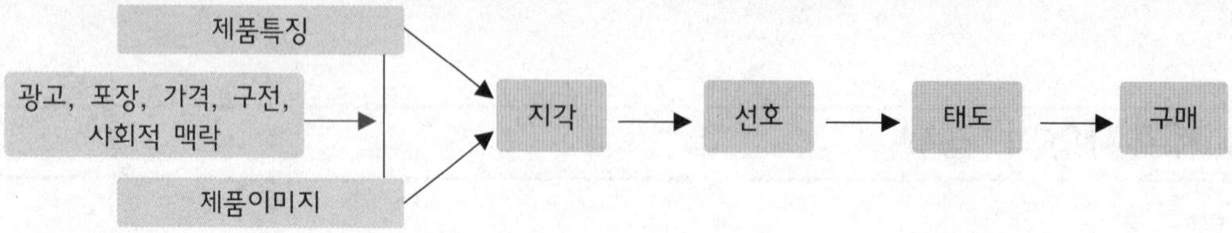


### 2) 성능에 대한 고객지각

고객지각은 고객이 제품의 성능을 어떻게 지각하는가를 계량적 시장조사로부터 확인할 수 있다. 제품이 아직 존재하지 않는다면, 지각은 고객이 이러한 욕구를 어떻게 충족하는지를 나타낸다. 가장 필요로 하는 것을 어느 제품이 충족하는지, 어떻게 충족하는지와 최고의 제품과 기존제품 간의 차이가 있는지를 아는 것은 마케팅 의사결정에 더 많은 입력자료를 제공한다. 응답자들이 각 제품을 평가하는 설문지에 의해 이차욕구 자료를 종종 얻게 된다.

## (2) 품질기능전개

품질기능전개(QFD: Quality Function Deployment)는 1972년 일본 미쓰비시의 고베(Kobe) 조선소에서 개발되어 Ford와 Xerox사에 의해 도입된 종합적 품질관리기법이다. 새로운 프로젝트를 개발하기 위해 혁신적인 해결책, 정보를 얻는 방법과 가장 좋은 가능한 결과를 확보하는 방법으로 의사결정을 관리하는 방법이다. 회사의 성공은 회사가 고객의 요구사항을 이해하고 다루는 방법에 달려있다. 고객의 욕구를 설계의 필요사항으로 전환하고, 이러한 필요사항을 중요한 특징과 구체적인 필요사항으로 변환한다. 품질기능전개는 제품기획, 설계, 생산의 각 단계에서 고객의 요구사항(고객의 목소리)을 회사의 기술적 요구사항으로 전환시키는 체계적인 방법이다. 따라서 제품개발 및 생산의 각 단계에서 고객의 요구사항을 파악하여 각 부문에 전달함으로써 고객만족을 통한 수익실현과정이다.

그림 9-2 품질기능전개

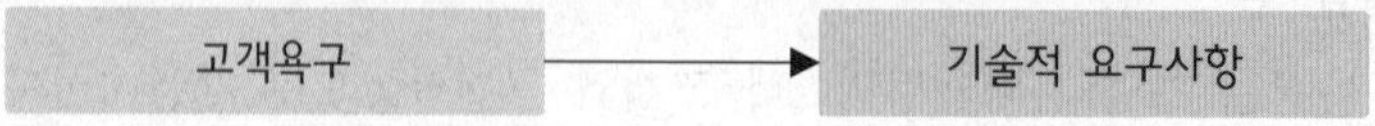


품질기능전개는 고객의 소리(voice of the customer)를 엔지니어의 소리(voice of the engineer)로 전환하는 것이다. 제품을 잘 설계하기 위해 설계팀은 설계하고 있는 것이 무엇인지와 최종 사용자가

설계로부터 기대하는 것이 무엇인지를 알 필요가 있다. 예를 들면, "필기가 잘 되는 펜"과 같은 고객 욕구를 "일정한 잉크 점도나 부드러운 볼펜의 접촉면"과 같은 기술적 요구사항으로 전환한다. QFD는 주관적 품질기준을 계량화하고, 측정할 수 있는 객관적 기준으로 해석하는 것으로 품질, 기능과 전개 등 3가지 요소가 중심이다. 품질(quality)은 고객의 기대를 만족시키는 우수한 제품의 품질, 속성, 특성, 특징, 성능을 의미한다. 기능(function)은 제품이 수행하는 것으로 측정 가능한 기능이고, 전개(deployment)는 고객의 소리를 누가, 어떻게, 언제 전환하는가에 관한 것이다. 따라서 품질기능전개는 고객욕구를 기술적 요구사항으로 전환하는 것을 의미한다.

품질기능전개의 목적은 주로 3가지가 있다. 첫째, 출시할 고품질의 제품을 빠르고 저원가로 개발할 수 있다. 둘째, 고객에 근거한 제품설계를 달성할 수 있다. 마지막으로 미래설계나 공정개선을 위해 추적 시스템을 제공할 수 있다. QFD는 고객의 요구사항(customer requirements)을 기술적 요구로 전환하여 품질의 집(House of Quality)이라는 행렬(matrix)을 이용하는 기법이다. QFD공정을 실행하는 첫 단계에서 품질의 집을 만든다. 고객으로부터 입수한 자료를 통해 고객요구 사항을 기술적인 사양으로 전환하는 것이다. 품질의 집은 고객의 요구와 그의 중요도, 고객의 요구를 만족시킬 설계특성, 고객요구와 설계특성과의 관계, 설계특성 간의 상관관계, 그리고 경쟁자 제품과의 품질특성 비교, 경쟁기업의 벤치마킹 등을 고려하여 설정한 각 설계특성에 대한 목표치를 하나의 집과 같이 일목요연하게 나타낸 일람표이다. 품질의 집 작성은 창의적 신제품 개발(유순근 저)을 참조한다.

그림 9-3 품질의 집 기본모형

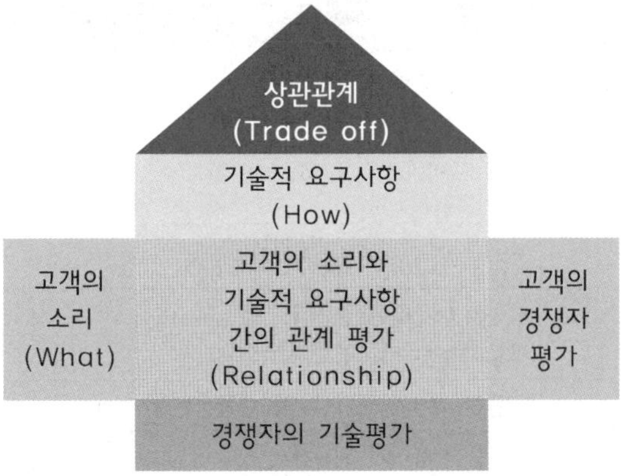

## 2 제품개발

### (1) 제품사양

제품사양(product specification)은 제품수행을 정확하게 측정할 수 있도록 상세하게 설명한 것으로 사용재료의 규격, 종류, 등급, 공법 등 도면에 나타내기 어려운 것을 자세히 쓴 설명서로 기술규격의 한 유형이다. 따라서 재료, 설계, 제품이나 서비스 등에 의해 만족되는 문서로 된 요구사항인 것이다. 즉, 제품이 무엇을 할 수 있는가를 명확하고 측정 가능한 형식으로 표현한 것이다. 이것은 제품에 의해서 충족해야 할 자세한 요구조건을 공식적으로 문서화한 것으로 제품의 규격과 제품의 내용을 포함한다. 제품설계는 제품사양으로부터 시작한다. 고객요구 사항은 주로 성능, 시간, 비용과 품질에 근거한다. 따라서 고객요구를 점검하는 주요변수가 있다. 성능은 제품의 구체적이거나 의도된 기능이다. 시간은 설계에 관여되는 모든 시간을 포함한다. 적절한 설계는 신제품을 시장에 출시하는 주기를 단축할 수 있다. 비용은 설계의 금전적 측면이다. 품질은 표현된 욕구를 만족하기 위한 능력과 관련이 있는 제품특징이다. 고객의 요구사항에 대한 중요한 측면은 제공된 기능과 비용의 비율이다. [표 9-1]은 일반적으로 발생하는 기본적인 고객요구 사항이다.

표 9-1 기본적인 고객요구 사항

| 구분 | 설명 |
| --- | --- |
| 성능(performance) | 제품이 기준을 수행하는가?<br>제품이 의도된 기능을 수행하는가? |
| 특징(features) | 제품에 어떤 편익을 제공하는가?<br>그것은 유형적인 편익인가? 무형적인 편익인가? |
| 신뢰성(reliability) | 품질은 일관성이 있는가? 제품은 잘 작동되는가? |
| 내구성(durability) | 제품의 내구성은 좋은가?<br>제품수명은 어느 정도 지속되는가? |
| 일치성(conformance) | 제품이 내부와 국가사양을 충족하는가? |
| 사용성(usability) | 제품은 사용하기 쉬운가? |
| 심미감(aesthetics) | 제품은 시각적 매력이 있는가? |
| 품질(perceived quality) | 가격이 제품의 품질을 반영하는가? |

### (2) 제품구조

제품은 전체적인 성능을 구성하는 기능요소와 부품을 결합한 외형요소로 이루어진다. 제품구조는 제품의 기능적 요소(functional elements)가 물리적 덩어리(physical chunks)로 배열되고 덩어리가 상호작용하는 방식이다.[7] 제품구조는 제품이 어떻게 설계, 제작, 판매, 사용과 수리되는지를 알려준다. 예를 들면, 자동차의 진행방향을 조절하는 조향장치는 조향 핸들, 조향 축, 조향 링크와 조향 기어 등의 구성부품으로 이루어져 있다. 이 구성부품이 조향장치라는 덩어리 속에서 결합된다.

덩어리(chunks)란 하나의 기능을 수행할 수 있도록 관련된 구성부품을 결합한 것을 의미한다. 따라서 제품구조는 제품 본래의 기능을 수행할 수 있도록 관련된 덩어리의 집합으로 필요한 기능을 전달하기 위해 제품의 물리적 요소(physical element)를 배열하는 것이다. 제품구조(product architecture)는 제품의 기능을 형태(form)로 전환하는 과정에서 만들어지는 결과물로 제품의 구성부품(component), 하위시스템과 이들 간의 인터페이스로 이루어진다. 제품의 물리적 요소는 부품, 구성부품, 덩어리, 모듈, 제품플랫폼의 과정을 거친다. 기능(function)은 어떤 부품이나 장치가 작동하는 일이며, 형태(form)는 기능을 달성하기 위한 물리적 형상, 구성, 재질 등을 말한다.

제품의 기능적 요소는 제품의 전체 성능에 영향을 주는 개별적 작동과 변환이며, 물리적 요소는 실제로 제품의 기능을 구현하는 부품과 구성요소로 주요 구성부품과 제품의 기능을 구현하는 부품의 집합으로 구성된다. 다음은 제품에 요구되는 품질특성에 관한 요소이다.

- 물리적 요소
  - 외관의 특성(크기, 길이, 두께, 무게)
  - 동적 성질(속도, 강도, 취성), 물성(통기성, 투광성, 신축성)
  - 광학적 성질, 음향적 성질, 화학적 성질, 전기적 성질
- 기능적 요소: 효율, 안전성, 기능의 다양성, 사용성, 휴대성
- 인간적 요소: 이미지, 희소성, 습관, 지적·정서적 충실감
- 시간적 요소: 내한성, 내습성, 내진성, 지속성, 속효성(速效性)[8], 내구성, 보전성
- 경제적 요소: 저가, 유지비, 수선비, 처리비
- 생산적 요소: 작업성, 원재료, 수율
- 시장적 요소: 적시성(유행, 계절), 품종의 다양성, 신용, 제품수명주기

## (3) 제품설계

제품설계(product design)는 소비자들의 욕구를 충족하는 제품과 서비스를 창안하고, 물리적 실체를 구현하기 위해 골격을 구성하는 과정이다. 즉, 고객의 소리를 제품사양으로 전개하여 설계의 특성에 따라 변환하여 가치를 창출하는 과정이다. 제품에 따라서 다르게 설정해야 할 제품설계의 핵심적 특성이 있다. 즉, 질, 양, 정체성과 방법이다. 질(quality)은 가치, 양(quantity)은 대량생산, 정체성(identity)은 제품특징, 그리고 방법(method)은 설계산출을 의미한다. 예를 들면, 경주용 자전거, 산

7 Ulrich(1995).
8 빠르게 나타나는 효과를 가진 성질.

악자전거나 일반자전거는 설계에서 핵심적 특성을 설정하는 방법이 다를 수밖에 없다.

설계용어는 많은 혼란이 있지만 제품설계는 일반적으로 공학설계(engineering design)와 산업설계(industrial design)를 포함한다. 공학설계와 산업설계는 실제 설계활동에서 노력을 기울이는 제품설계의 주요 요소이다. 제품설계는 제품의 제조에 필요한 계획을 안출하고 결정하는 과정이다. 설계는 창의적인 과정이다. 창의적 예술은 순수예술의 영역이지만, 설계는 응용과학으로 설계의 유형별로 순수예술 영역을 포함하는 정도가 조금씩 다르다. 제품설계는 대표적으로 마케팅의 언어 안에서 분할시장이라 부르는 고객의 집단과 함께 시작한다[9]. 제품설계의 많은 문제는 미적 감각, 의미, 원가, 지속가능성과 사용성을 포함하여 명확하게 이루어지지 않는 점이다.

제품설계를 일반적으로 산업설계, 공학설계, 공정설계와 시각설계로 분류한다. 산업설계(industrial design)는 형태, 심미감, 상징적 의미와 사용자 경험과 주로 관련되어 있다. 공학설계(engineering design)는 시스템, 기구의 기본적 기능과 특징을 개발하고 분석하는 데에 다양한 기법과 과학적 원리를 적용하는 설계이다. 산업설계는 제품설계, 스타일과 공학과 같은 영역에서 결합된 능력으로 개인에 의한 독립적인 설계노력을 의미한다. 공학설계가 기술적 시스템이 어떻게 작동하는가를 구체화하는 것이라면, 산업설계는 심미감, 인체공학과 사용자 공유영역을 구체화하는 것이다. 공정설계(process design)는 대량생산시스템을 위한 구성부품, 도구, 장비의 설계에 제한된 설계이다. 시각설계(visual design)는 품목의 외관특징에 관한 설계로 스타일링 설계(styling design)라고도 한다. 제품설계(product design)는 소비자들에게 팔리는 특정 품목에 관한 설계이다. 설계결과물이 본래의 의도대로 작동되는지와 요구사항을 충실히 만족하는지를 평가해야 한다. 이러한 기술설계를 평가하는 요소는 기능성, 구성, 실현가능성, 결과와 표현 등이 있다.

- 기능성(functionality): 인공물은 무엇을 수행하는가?
- 구성(construction): 인공물은 무엇으로 구성되는가?
- 실현성(realizability): 인공물을 어떻게 달성하는가?
- 영향(impact): 인공물의 위험과 혜택은 무엇이인가?
- 표현(presentation): 인공물은 어떻게 보이는가?

### (4) 제품 테스트

일반적으로 제품평가는 개발팀에 의한 자체평가, 전문가평가와 사용자평가를 거쳐 출시준비를 하게 된다. 이 과정을 통과하면 테스트 마케팅으로 전환한다. 기능평가를 실시한 후 제품 사용자 평가를 실험실과 사용자 환경에서 실시할 수 있다. 실험실 평가는 사용자 환경을 반영하지 못하는 단점이 있지만, 제품의 기술적 평가를 위한 평가도구와 기자재들을 구비하고 평가하기 때문에 기능,

9 Ulrich and Eppinger(2011).

성능이나 품질평가에서는 객관성을 확보할 수 있는 장점이 있다. 제품 사용자 테스트와 함께 구매의향, 독특성, 품질이나 신뢰성을 조사할 수 있다.

### 1) 제품 사용자 테스트

제품 사용자 테스트(user testing)는 제품을 실제로 사용할 고객들이 제품을 평가하는 것을 말한다. 즉, 사용자 테스트는 일상적인 제품 사용상태하에서 제품을 테스트하는 것이다. 제품이 아직까지는 완벽하지 않기 때문에 신제품이 고객의 요구사항을 충족하거나 문제를 해결할 때까지 개발팀은 테스트를 계속 진행한다. 따라서 제품 사용자 테스트는 소비자들의 제품사용 전 지각반응이며 초기 사용경험이 된다. 설계기준과 제품과의 일치성, 사용의 용이성을 제공하는지, 제품의 불만, 불편이나 오류가 없는지는 등에 관한 사용자 테스트는 시장진입의 성공가능성을 한층 더 높여준다. 제품 사용자 테스트로부터 고객의 요구사항이 반영된 상태인 충실도, 속성의 독특성과 우수성, 그리고 시용구매와 반복구매를 사전에 파악할 수 있다. 기업은 제품 사용자 테스트로부터 배우고 얻는 지식을 충분히 활용하여 표적시장에 적합한 제품을 제공할 수 있다. 그러나 제품 사용자 테스트를 생략하면 제품고장이 마케팅활동 중에 나타나 구매자를 쫓아내는 위험을 안고 가는 것이다.

### 2) 테스트 마케팅

#### ① 테스트 마케팅

테스트 마케팅(test marketing)은 제품과 마케팅 계획이 전면적인 출시 전에 출시여부를 결정하기 위해 제품과 마케팅 계획을 선택된 모집단의 표본에게 제시하여 평가받는 제품개발 과정이다. 테스트 마케팅은 구매자들이 제품평가에 참여하는 것을 모르고, 실제 점포와 실제 구매상황으로 구성하는 현장실험실에서 이루어지는 실험이다. 이러한 현장실험을 테스트시장(test market)[10]이라고 한다. 소비자 반응을 확인하기 위해 최종 마케팅믹스를 모의실험한다. 최종 결정에 필요한 판매자료의 질과 양에 따라서 테스트 마케팅은 일정한 기간 동안 지속할 수 있다. 그러나 높은 실시비용 때문에 테스트 마케팅은 내구재(consumer durables)[11]보다는 FMCG[12]에 더 적당하다. 테스트 마케팅은 상업화 전의 마지막 단계로 마케팅 계획의 모든 요소가 시험되는 곳이다.

#### ② 테스트 시장의 유형

테스트 마케팅은 제품의 노출수준에 따라 소비자 의견과 제품정보의 노출 간에 균형을 이루는 선에서 유형을 결정할 수 있다. 테스트 시장의 유형은 모의점포 테스트 마케팅, 통제테스트 마케팅과 표준 테스트 마케팅 등이 있다.

---

10 판매예정 시장에서 신제품을 판매하기에 앞서 시장에서의 반응을 조사하기 위하여 시험적으로 선정되는 소규모 시장
11 자동차·세탁기·텔레비전·가구 등과 같이 장기간 사용되는 소비재
12 FMCG(Fast Moving Consumer Goods): 구매주기가 짧으며, 단기간 내에 소비하는 주로 저렴한 가격의 제품군. 음식료품, 생활용품, 개인용품, 화장품, 영유아 제품 등 비내구재

**㉮ 모의점포 테스트 마케팅**

모의점포 테스트 마케팅(simulated store test marketing)은 실험실 내에 가상점포를 만들어 자사의 신제품과 경쟁제품을 진열하거나 광고를 보여준 후 실험에 참가한 대가로 받은 금액으로 가상의 점포에서 실제로 제품을 구매하도록 하는 방법이다. 제품에 대한 최초 반응을 테스트하기 위해 보통 30~40명의 소비자 표본을 사용한다. 상당히 인공적인 테스트이지만, 통제된 방식과 초기 단계에서 유용한 정보를 제공한다. 특정 마케팅 조사회사가 원래 상황과 가까운 시나리오를 만든 상세한 모의실험 장소에서 시행하는 대표적인 유형이다. 이 방법의 이점은 결과가 신속하고 광고효과를 평가할 수 있다는 것이다. 이 방법의 실시비용은 표준이나 통제 테스트 시장보다 저렴하다.

**㉯ 통제 테스트 마케팅**

통제 테스트 마케팅(controlled test marketing)은 소수의 실제점포를 선정하여 그 점포에서 소비자 반응을 조사하는 방법이다. 제품을 테스트 지역으로 보내지만, 제품, 촉진, 배치와 가격 같은 요소는 통제된다. 광고나 매체홍보와 같은 전체 계획을 복제하는 것이 가능하지 않다. 이 방법은 표준시험보다 일반적으로 더 신속하고 더 저렴하다. 그러나 표준 테스트보다 더 적은 표본을 사용하여 점포의 대표성이 적기 때문에 결과를 판독할 때 더 많은 주의가 요구된다.

**㉰ 표준 테스트 마케팅**

표준 테스트 마케팅(standard test marketing)은 표적시장을 대표할 수 있는 소수의 지역을 선정하여 그 지역 내 소매상에 신제품을 진열하고, 표적시장에 사용할 광고 및 판촉 캠페인과 유사한 캠페인을 실시한 후 소비자의 반응과 판매성과를 조사하는 방법이다. 특정한 도시에 있는 특정한 점포를 선정하여 본격적인 마케팅 프로그램을 실제와 동일하게 수행하고, 실제 소비자 반응을 조사하는 방법이다. 스캐너 패널 자료(scanner panel data)[13]를 이용하면 테스트 결과를 거의 실시간으로 추적할 수 있다. 이 방법으로 전국 출시할 경우 사용한 마케팅 프로그램을 거의 정확하게 복제할 수 있다. 주요 출시를 위한 시험출시이고, 판매와 마케팅 계획의 모든 요소는 점포수준에서 반응으로부터 평가될 수 있다. 따라서 현실적으로 가장 효과적인 테스트 방법이지만 비용과 시간이 많이 소요된다.

13 소비자들에게 소비자의 ID 번호를 주고 그들이 구입한 제품에 스캐너 코드를 읽으면 구입자, 구입품목과 구입일자가 자동적으로 컴퓨터 기억장치에서 기록된다.

# 3 서비스 마케팅

## (1) 서비스의 이해

서비스는 어디에서나 이용할 수 있을 정도로 매우 다양하고, 선진국일수록 국내총생산액에서 차지하는 비율이 증가하고 있다. 자동차, 컴퓨터나 가전제품과 같은 전통적인 상품 제조자들은 수익의 원천을 추가할 뿐만 아니라 차별화의 이점을 확보하기 위해 서비스 부문을 확대하고 있다. 글로벌화, 인구변화와 기술발달로 서비스의 규모, 복잡성과 상호의존성이 더욱 확대되고 있다. 개인들의 소득증가와 고령화로 문화, 여가, 건강, 미용이나 교육 등의 욕구가 증가하고 있다. 따라서 기업에는 많은 부가가치를 제공하는 기회가 되고, 산업에는 고용과 수출의 중요한 원천이 된다. 그러나 서비스의 특징인 무형성, 이질성, 비분리성과 소멸성을 관리하는 데는 어려움이 많다. 특히, 서비스는 고객참여와 기대에 대한 불확실성을 극복해야 하는 과제가 있다.

### 1) 서비스의 개념

서비스는 GDP의 70% 이상을 구성하는 경제이다. 백화점, 운송, 여행, 호텔, 음식점, 통신, 교육, 보험, 은행, 극장이나 병원처럼 서비스 산업의 유형은 매우 다양하고, 복잡하다. 서비스(services)는 공동 생산자의 역할을 하는 고객을 위해 수행되고, 시간에 따라 소멸하는 무형적인 경험이다.[14] 상품(goods)은 대상, 장치나 사물이지만, 서비스는 수행(performances), 행위(deeds)나 노력(efforts)이다.[15] 서비스는 무형적인 것을 제공하는 활동(activity)이나 편익(benefit)으로 소비자에게는 소유권이 없다. 따라서 서비스는 소유권이 없는 행위, 수행이나 편익을 제공하는 무형제품이다.

- 제품(product): 상품(goods)이나 서비스(service)
- 상품(goods): 대상(objects), 장치(devices)나 사물(things)
- 서비스(services): 수행(performances), 행위(deeds)나 노력(efforts)

제품, 상품과 서비스는 많은 차이가 있다. 제품(product)은 상품과 서비스를 포함한 개념이다. 상품과 서비스의 차이가 명확하지 않다. 순수 상품은 서비스 요소가 없으나, 순수 서비스는 상품 요소가 없다. 레스토랑, 항공사나 도소매업과 같이 많은 서비스는 실제로 상품요소를 포함하고, 대부분의 상품은 전달 서비스를 제공한다. 상품과 서비스의 차이는 사업을 모두 수행하는 조직에 의해서 더욱 모호하다. 상품과 서비스 간의 주요 차이는 무형성이다. 상품은 유형요소(tangible)가 더 지배적이고, 서비스는 무형요소(intangible)가 더 지배적이다. 유형요소의 우위는 제품의 물리적 요소가 더 크다.

14 Fitzsimmons & Fitzsimmons(2013).
15 Zeithaml, Parasuraman, & Berry(1985).

이와 달리 무형우위 제품은 제품의 물리적 요소가 적고, 단지 경험할 수 있을 뿐이다. 기차나 비행기는 수송을 제공하지만, 승객은 기차나 비행기를 물리적으로 소유하지 않고, 승차나 비행을 경험한다.

### 2) 서비스의 유형

서비스는 순수서비스와 혼합서비스로 구분할 수 있다. 가사, 교육, 은행과 전기·가스 서비스는 순수서비스(pure services)이다. 유형상품의 지원으로 제공되는 서비스는 혼합서비스(hybrid services)이다. 서비스가 모두 순수서비스는 아니다. 서비스는 다소 유형요소를 포함한다. 레스토랑은 서비스 영역이지만, 사실 음식과 포장은 매우 유형적이다. 고도로 전문적인 기술장비의 판매는 공급자로부터 기술지원을 받아야 하고, 그래서 서비스의 중요한 요소를 포함하고 있다. 따라서 모든 서비스는 순수서비스가 아니고, 모든 상품은 순수상품이 아니다. 중요한 것은 순수하게 무형적이거나 부분적으로 무형적인 것은 효과적으로 판매될 수 없다는 것을 이해하는 것이다. 레빗(Theodore Levitt)에 의하면 모든 순수유형제품이라도 무형서비스 요소와 관련이 있다. 다음은 상품과 서비스의 관계 분류이다.[16]

그림 9-4 상품과 서비스의 관계 분류

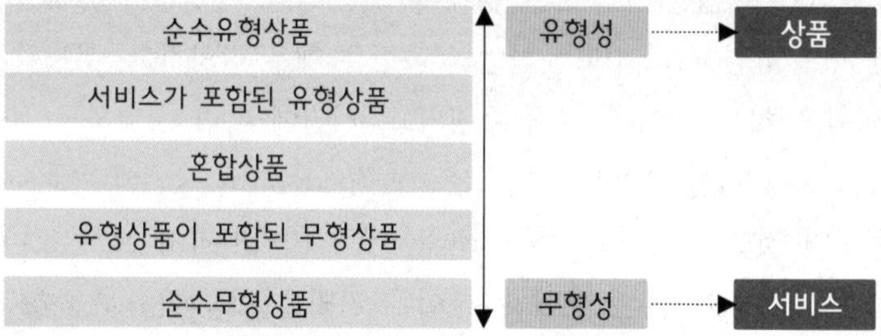


- 순수유형상품: 서비스 요소가 전혀 없는 제품으로 설탕, 소금과 치약 등이다.
- 서비스가 포함된 유형상품: 유형성이 매우 우세하지만, 서비스가 부가된 유형상품이다. 서비스는 유형제품을 지원한다. TV나 에어컨 판매 후 서비스이다.
- 혼합상품: 유형제품과 서비스가 동등하게 있는 상품이다. 레스토랑은 좋은 서비스와 좋은 음식을 고객들에게 제공한다.
- 유형상품이 포함된 서비스: 소비자들은 서비스를 구매하지만, 유형요소를 추가하지 않는다. 유형요소는 서비스의 구매평가에서 중요하다. 소비자들이 탑승권을 구매할 때 탑승할 비행기의 물리적 안정성은 매우 중요하다.
- 순수서비스: 순수서비스는 소비자들이 무형서비스에만 관심이 있고, 유형적인 부분에는 관심이 없는 제공물이다. 예를 들면, 법률, 세무 상담 등이다.

16 Kotler, Keller, & Costabile(2014).

### 3) 서비스의 분류

#### ① 서비스 제공 주체와 행위에 따른 분류

서비스를 제공대상과 행위의 성격에 따라 분류할 수 있다. 서비스의 제공대상이 사람이나 사물 여부와 서비스 행위가 가시적이거나 비가시적인지에 따라 서비스를 분류한다. 이러한 서비스의 분류 방법은 Lovelock(2002)이 제시한 것이다.

**표 9-2 Lovelock의 서비스 유형별 분류**

| 구분 | | 서비스 대상 | |
|---|---|---|---|
| | | 사람 | 사물 |
| 서비스 행위 | 유형 | ▪ **신체에 대한 서비스**<br>여객운송, 병원, 건강관리, 미장원, 이발소, 식당, 술집, 장례업 | ▪ **유형물에 대한 서비스**<br>화물운송, 수리, 보관, 세탁소, 택배, 독서실, 당구장, 탁구장 |
| | 무형 | ▪ **정신에 대한 서비스**<br>광고, PR, 오락, 방송, 교육, 예술 공연 | ▪ **무형자산에 대한 서비스**<br>온라인 쇼핑, 세무회계, 은행, 증권, 보험, 법률, 데이터처리 |

#### ② 국내 서비스 산업에 의한 분류

서비스(services)에는 소비자 시장의 서비스와 산업재 시장의 서비스가 있다. 따라서 서비스는 도소매업, 숙박 및 음식점업, 운수업, 통신업, 금융 및 보험업, 자문 서비스, 보관 서비스, 공공행정 및 사회보장, 교육 서비스, 보건 및 사회복지, 엔지니어링 서비스와 기타 서비스 등 다양하다. [표 9-3]은 서비스의 분류와 산업의 예이다.

**표 9-3 서비스의 분류와 산업의 예**

| 분류 | 산업 |
|---|---|
| 도소매업 | 백화점, 편의점, 대형 할인점 |
| 숙박 및 음식점업 | 호텔, 콘도, 패스트푸드점 |
| 운수업 | 철도, 도로, 수상, 항공·해상 운송 및 보조서비스 |
| 통신업 | 우편, 전기, 전자통신, 우편 |
| 금융 및 보험업 | 은행, 보험, 증권, 투자 관련 서비스 |
| 자문 서비스 | 생산, 마케팅, 금융, 법률과 세무와 같은 경영 자문 |
| 보관 서비스 | 원자재, 제품이나 기계장치 등을 보관하는 서비스 |
| 공공행정 및 사회보장 | 공공행정(중앙·지방), 국방, 국민연금 |
| 교육 서비스 | 대학교, 중고등학교, 학원 |
| 보건 및 사회복지 | 의료 및 보건, 사회복지사업, 위생서비스 |
| 엔지니어링 서비스 | 프로젝트의 계획, 공장의 설계, 건설, 설비와 기계의 수리 |
| 기타 서비스 | 방송, 문화 및 오락서비스, 개인서비스 |

### 4) 서비스의 특성

서비스는 상품과 비교하여 주로 독특한 특성이 있다. 서비스의 독특한 특성은 무형성, 비분리성, 이질성과 소멸성이다.[17] 이러한 특성은 독특한 마케팅을 필요로 한다. 이러한 네 가지 특성이 상품 마케팅과 구별되는 서비스 마케팅이다.

- 무형성: 유형제품처럼 만지거나 볼 수 없다.
- 비분리성: 판매되고, 그런 후 생산되면서 동시에 소비된다.
- 이질성: 생산과 전달과정에서 품질의 일관성에 편차가 발생할 수 있다.
- 소멸성: 저장이 불가능하고 재고화하기 어렵다.

그림 9-5 서비스의 특성

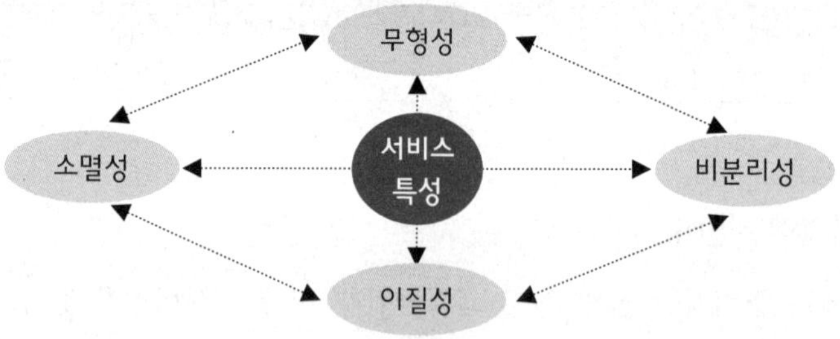


#### ① 서비스의 속성

상품과 서비스 간의 차이는 유형성과 무형성의 연속선에 있다. [그림 9-6]에서 유형성(tangibility)에 근거한 제품과 서비스의 속성 특징을 보여준다. 상품은 유형성이 우세하고, 서비스는 무형성이 우세하다. 유형성이 우세한 제품의 핵심편익은 서비스 요소를 적게 포함한다. 예를 들면, 자동차는 거리이동을 제공하는 유형성이 우세한 제품이다. 제품은 유형성이 우세할수록, 서비스 측면은 더 적어진다. 이와 달리 무형성이 우세한 제품은 제품의 물리적 속성을 거의 포함하지 않고, 단지 경험을 할 수 있을 뿐이다. 예를 들면, 항공회사는 비행을 제공하지만, 고객은 비행기를 소유하지 않는다. 항공사 고객은 비행을 경험하고, 결과적으로 항공여행의 서비스는 비행이 핵심편익으로 중요한 특징이고, 유형요소가 있지만 적다.

제품의 특징에는 여러 측면이 있다. 첫째, 순수 제품이나 순수 서비스는 실제로 존재하지 않는다. 제품은 유형과 무형의 요소를 결합한 것이다. 둘째, 무형성이 우세한 제품의 유형적 측면과 유형성이 우세한 제품의 무형적 측면은 제품차별화와 새로운 수익의 중요한 원천이다. 예를 들면, 유형성이 우세한 제품을 생산하고, 제품의 서비스의 측면을 무시하는 기업은 사업의 중요한 요소를 간과

17 Zeithaml, Parasuraman, & Berry(1985).

하고 있다. 너무 협소하게 사업을 정의하면 마케팅 근시(marketing myopia)[18]를 탈피하지 못한다. 예를 들면, 통신회사가 유선통신 사업에만 집중하는 경우이다. 제품에 서비스 측면을 추가하면, 제품을 경험으로 변형하고, 수익창출 기회를 증가한다.

그림 9-6 제품과 서비스의 속성 특징

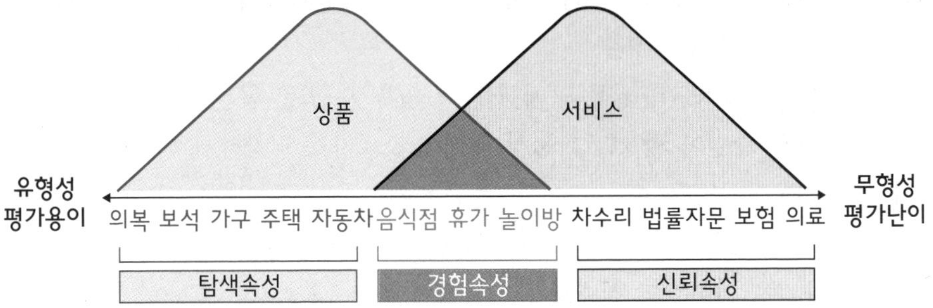


속성은 탐색속성, 경험속성과 신뢰속성으로 분류되고[19], 제품이나 서비스는 특정한 속성을 더 많이 유지하고 있다. 탐색속성(search properties)은 제품을 구매하기 전에 소비자가 식별할 수 있는 속성이다. 예를 들면, 의류, 보석, 가구, 가방, 주택, 자동차 등이 해당된다. 경험속성(experience properties)은 구매 후 혹은 소비하는 동안에 식별할 수 있는 속성이다. 예를 들면, 식당 음식, 휴가, 미용 서비스, 유아 돌봄 등이 있다. 신뢰속성(credence properties)은 상품이나 서비스를 구입하거나 소비한 후라도 특성을 알기 힘들거나 또는 평가할 수 없는 것이다. 예를 들면, 자동차 수리, 의료진단 등이다. 지식이나 기술을 가지고 있는 극소수의 사람들만이 해당 서비스가 제대로 제공되었는지를 판단할 수 있다. 대체로 제품은 탐색속성이 많으나 서비스는 경험 및 신뢰속성이 지배적이다. 따라서 소비자들은 유형성이 높은 제품은 평가하기가 쉽지만, 무형성이 높은 제품은 평가하기가 어렵다.

표 9-4 속성의 정의와 사례

| 속성 | 정 의 | 사례 |
|---|---|---|
| 탐색속성 | 구매 전 식별할 수 있는 속성 | 가방, 옷, 선풍기, 냉장고, 컴퓨터, 휴대폰 |
| 경험속성 | 구매 후나 소비 중 식별할 수 있는 속성 | 음식, 오락, 미용, 유아 돌봄 |
| 신뢰속성 | 소비 후라도 식별할 수 없는 속성 | 보험, 자동차 수리, 병원서비스 |

### ② 지각된 위험

지각된 위험(perceived risk)은 손실, 손상이나 부상 등이 소비자들에게 노출될 가능성이다. 즉, 소비자의 구매의사결정과정에서 선택 후 결과에 대한 불확실성과 선택의 결과로 생기는 손실의 기대

18 장기적인 관점에서 미래를 예상하지 못하고 바로 앞에 닥친 상황만 고려한 마케팅.
19 Zeithaml, Valarie(1981).

치이다. 구매 전에 서비스를 평가할 때 소비자들은 위험을 당하지 않는 것을 확실히 하기를 원한다. 소비자의 의사결정과정에 영향을 주는 위험은 성과위험, 재무적 위험, 시간손실위험, 기회위험, 심리적 위험, 사회적 위험, 신체적 위험과 감각적 위험 등이 있다.

- 성과위험(performance risk): 서비스가 약속한 편익을 수행하거나 제공되지 않을 위험이다. 고급음식을 판매하고, 실제로는 저급품을 제공한 경우이다. 기능적 위험으로 제안한 속성이나 편익이 수행되지 않을 위험이다.
- 재무적 위험(financial risk): 잘못 구매했을 때 입을 수 있는 금전적 손실위험이다. 구매를 위해 투자한 금액의 손실이 발생할 가능성에 대해 소비자가 지각하게 되는 위험으로 경제적 위험이라고도 한다.
- 시간손실위험(time loss risk): 판매자의 비효율성의 결과로서 구매자의 측면에 나태나 지연활동의 위험이다. 즉, 서비스의 실패로 구매자에게 주는 시간손실이다.
- 기회위험(opportunity risk): 고객이 선택한 서비스가 실패했을 때 발생하는 위험이다. 어떤 항공사를 선택한 여행객이 서비스를 잘 받지 못하면, 선택하지 않은 다른 항공사에 대한 기회손실을 후회하게 된다. 위험은 한 회사를 선택하고 다른 회사를 선택하지 않은 데에서 온다.
- 심리적 위험(psychological risk): 구매한 서비스가 개인의 자아개념에 적합하지 않을 위험이다. 사람들은 자아개념과 일치되게 행동하려는 욕구가 있다. 신부가 생각했던 미용사로부터 받은 미용 서비스가 취향과 다를 때 발생할 수 있다.
- 사회적 위험(social risk): 다른 사람들로부터 사회적 인정을 얻지 못하는 서비스를 받을 위험이다. 친구들이 판매자가 제공한 서비스를 인정하지 않을 수 있다.
- 신체적 위험(physical risk): 신체적 손상이나 위해를 발생하는 서비스를 구매할 때 나타난다.
- 감각적 위험(sensory risk): 오감의 어떤 부분에 원하지 않는 영향을 주는 위험이다. 가죽이나 담배 냄새 등은 비흡연자에게 불쾌하다.

## (2) 서비스 마케팅 믹스

서비스의 역동적인 환경으로 마케팅의 필요성이 확대되었다. 서비스 생산은 고객의 욕구에 맞추어야 하고, 현실적인 가격을 결정하고, 편리한 경로로 유통해야 하고, 고객에게 적극적으로 촉진해야 한다. 신규 진입자들은 가격, 커뮤니케이션 노력과 서비스 전달을 통해 특정한 세분시장에 소구하는 포지셔닝을 한다.

### 1) 상품과 서비스의 기본적인 차이

상품 마케팅 기술을 서비스 조직에 직접적으로 적용할 수 있는가? 답은 그렇지 않다. 왜냐하면

서비스 영역의 마케팅 관리는 몇 가지 중요한 점에서 제조영역과 다르기 때문이다. 다음은 유형적인 상품과 다른 서비스의 특징이다.

- 서비스는 무형적인 수행이다.
- 서비스는 재고가 없다.
- 생산과정에서 고객의 많은 참여가 필요하다.
- 다른 고객들은 제품의 일부를 형성한다.
- 서비스 운영의 투입과 산출에는 많은 변동성이 있다.
- 고객들은 서비스의 소유권을 가질 수 없다.
- 고객이 서비스를 평가하기 어렵다.
- 시간요인이 비교적 중요하다.
- 전달 시스템은 장비와 물리적인 경로를 포함할 수 있다.

### ① 무형적인 수행

서비스 제품은 무형적인 수행이다. 비행기의 좌석에 앉아있고, 음식을 먹고, 손상된 장비를 수리하는 것처럼 서비스는 유형적인 요소가 있더라도 서비스 수행 자체는 기본적으로 무형적이다. 서비스에서 편익은 수행의 본질에서 온다. 서비스는 만지거나 포장할 수 없는 수행이다. 임차 서비스는 자동차나 장비처럼 유형적 대상을 포함한다. 그러나 자동차 임차는 유형적 대상의 판매와 다르다. 유형상품을 소유함으로써 얻는 핵심편익은 유형요소로부터 온다. 상품과 서비스를 구별하는 방법은 유형요소와 무형요소 중에서 차지하는 비중이다.

### ② 재고나 저장불능

서비스는 재고가 없다. 서비스는 고객이나 회사가 보관할 수 없고, 저장할 수 없는 행위나 수행이다. 설비, 장비와 노동력은 서비스를 만들기 위해 보유할 수 있지만, 이것은 생산이 아니라 생산능력을 의미한다. 은행의 ATM은 하루 24시간 서비스를 전달하는 능력을 갖고 있지만, 고객들이 지정된 계좌로 이전을 지시할 때까지 현금전달을 수행할 수 없다. 이와 마찬가지로 병원 응급실은 의료요원과 장비를 갖추고 있지만, 응급처치가 필요한 환자가 도착하지 않는다면 의료서비스를 제공할 수 없다.

### ③ 고객참여

서비스는 생산과정에 고객이 참여한다. 서비스의 수행은 유형기구와 정신이나 신체노동의 결합을 전달하는 것이다. 고객들은 미용실이나 병원에서 앉아있는 것처럼 서비스 종업원과 협력함으로써 서비스 제품을 산출하는 데 적극적으로 참여한다. 그러한 환경에서 서비스 회사는 서비스가 더 효율적이기 위해 고객들을 교육함으로써 더 많은 것을 얻는다.

④ **다른 고객**

다른 사람들은 제품의 일부를 형성한다. 고객들은 서비스 종업원과 접촉할 뿐만 아니라 다른 고객들과도 접촉할 수 있다. 예를 들면, 버스에서 다른 사람과 함께 승차하고, 음식점에서 다른 사람과 같은 시간대에 같은 장소에서 식사를 한다. 서비스 조직의 차별성은 고객들을 시중드는 종업원들의 질에 달려있다. 만족스런 경험을 주기 위해 고객과 서비스 종업원 간의 서비스 접점을 관리하는 것은 어려운 과업이다. 좋든 나쁘든 다른 고객들은 많은 서비스에서 제품의 일부분이다.

⑤ **투입과 산출의 변동성**

서비스는 운영의 투입과 산출에는 많은 변동성이 있다. 운영시스템 안에서 종업원과 다른 고객들의 현존은 서비스 투입과 산출을 표준화하고, 변동성을 관리하는 것을 어렵게 한다. 상품은 통제된 조건에서 생산되고, 생산성과 품질을 최적화하기 위해 계획되고, 고객에게 전달하기 전에 품질기준과의 일치성을 검사할 수 있다. 그러나 서비스는 생산과 동시에 소비되기 때문에 실시간 조건에서 고객마다 또는 시간마다 변동성이 있을 수 있다. 이러한 요인들로 회사는 생산성을 향상하고, 품질을 관리하고, 일관된 제품을 제공하는 것이 어렵다.

⑥ **서비스 평가의 어려움**

고객이 서비스를 평가하는 데는 어려움이 있다. 대부분의 유형상품은 탐색속성이 상대적으로 높다. 색상, 외형, 스타일, 형태, 가격, 느낌이나 냄새처럼 제품을 구매하기 전에 고객이 결정할 수 있는 제품의 특징이 있다. 이와 달리 어떤 상품이나 서비스는 구매 후나 소비 중에서만 특징을 인식할 수 있는 경험속성이 있다. 또한 소비자들이 소비한 후에도 평가하기 어려운 신뢰속성이 있다. 예를 들면, 회계 서비스와 기술적 수리와 같은 전문 서비스나 의료수술이 있다.

⑦ **서비스의 소유권**

고객들은 서비스의 소유권을 가질 수 없다. 상품과 서비스의 핵심적인 차이는 고객들이 유형요소의 계속적인 소유권 없이 서비스로부터 편익이나 가치를 얻는 것이다. 서비스 회사는 고객들에게 호텔 객실처럼 유형적인 대상을 일정한 기간 동안 빌리거나 사용할 수 있는 기회를 제공한다.

⑧ **시간요인의 중요성**

서비스에서 시간요인은 중요하다. 서비스는 대부분 실시간 전달된다. 고객들은 항공기, 오락, 영화나 공연, 교육, 병원, 미용실과 레스토랑 같은 조직에서 서비스를 받기 위해 물리적으로 현존해야 한다. 서비스는 고객들이 서비스를 받는 시간을 낭비하지 않도록 전달되어야 한다. 고객들이 오랫동안 기다리는 데는 한계가 있다. 고객들은 시간에 민감하고, 속도는 좋은 서비스의 핵심 요소이다.

### ⑨ 전달경로의 차이

서비스의 전달 시스템은 장비와 물리적인 경로를 포함할 수 있다. 고객에게 상품을 이동하기 위해 물적유통을 필요로 하는 제조사와 달리 많은 서비스 회사는 전자경로를 사용하거나 서비스 시설, 소매점과 소비시점을 결합한다. 서비스 회사는 고객 접점종업원을 관리하는 데 책임이 막중하다. 종업원은 원활한 운영을 확보하고, 종업원의 행동은 동시에 현존하고 있는 다른 고객들에게 노출되기 때문에 서비스 시설에 있는 종업원의 행동을 관리해야 한다.

**표 9-5 상품과 서비스의 차이**

| 상품 | 서비스 | 설명 |
|---|---|---|
| 유형성 | 무형성 | • 서비스는 저장할 수 없다.<br>• 서비스는 특허가 될 수 없다.<br>• 서비스는 보여주거나 커뮤니케이션할 수 없다.<br>• 가격결정이 어렵다. |
| 표준화 | 이질성 | • 서비스 전달과 고객만족은 종업원과 고객행동에 달려있다.<br>• 서비스 품질은 많은 통제불능 요인을 갖고 있다.<br>• 전달된 서비스는 계획되고 촉진된 것과 일치한다고 확신할 수 없다. |
| 소비와 생산의 분리 | 비분리성 | • 고객들은 생산에 참여하고 영향을 미친다.<br>• 고객들은 상호영향을 준다.<br>• 종업원들은 서비스 결과에 영향을 준다.<br>• 서비스는 대량생산이 어렵다. |
| 비소멸성 | 소멸성 | • 서비스의 공급과 수요를 동시에 일치하기 어렵다.<br>• 서비스는 반환하거나 다시 판매될 수 없다. |

제품이나 서비스는 기업이 전략적 목적을 달성하는 도구이다. 소비자들은 제품이 충족하는 다양한 욕구를 찾는다. 제품이나 서비스는 고객의 욕구와 필요를 만족시키기 위한 유형과 무형적 특징이 있는 상업적 의도의 제공물이다. 구매되거나 소비되지 않는다면, 원자재나 가공 중의 재료이다. 예를 들면, 영화나 연극이 상을 많이 받았더라도 사람들이 관람하지 않는다면, 완전한 오락물이 아니다. 서비스 제품은 핵심서비스와 주변서비스를 포함한 패키지이다. 핵심서비스는 고객이 찾는 주된 문제해결 편익을 제공하는 서비스의 중심 구성요소이다. 보조서비스는 핵심서비스의 사용을 촉진하고, 가치와 매력을 향상한다.

## 2) 서비스 제품

서비스 제품(service product)은 고객에게 가치를 창조하기 위해 서비스 수행의 유형과 무형요소를 포함한다. 서비스 제품은 핵심서비스, 보조서비스와 프로세스를 포함한다. 따라서 서비스 제품은 핵심서비스와 주변서비스를 포함한 패키지(package)이다. 핵심서비스(core service)는 고객의 주된 문제해결 편익을 제공하는 서비스의 중심 구성요소이다. 예를 들면, 원하는 위치로 이동, 특정한 건강

문제의 해결이나 고장 장비의 수리와 같이 기본적 편익이다. 보조서비스(supplementary service)는 핵심서비스의 사용을 촉진하고, 가치와 매력을 향상한다. 즉, 정보, 조언, 문제해결의 문서화와 환대행동이다. 예를 들면, 레스토랑의 핵심서비스는 고객에게 우수한 음식을 제공하는 것이지만, 보조서비스는 우수한 분위기를 제공하는 것이다. 프로세스(processes)는 핵심서비스와 보조서비스를 전달하기 위해 사용되는 전달과정(delivery processes)이다. 서비스, 서비스 제품(service products), 서비스 제공(service offers)이나 서비스 제공물(service offerings)은 상호 교환적으로 사용된다.

그림 9-7 서비스 제품의 구성요소

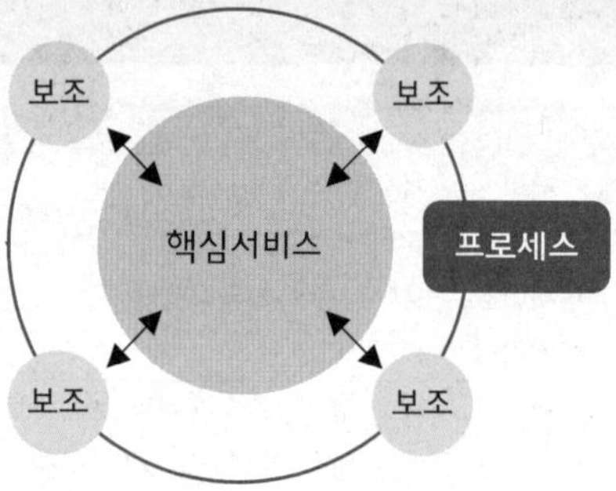


- 핵심서비스: 고객의 주된 문제해결 편익을 제공하는 서비스의 중심 요소
- 보조서비스: 핵심서비스의 사용 촉진하고, 가치와 매력 향상
- 프로세스: 핵심서비스와 보조서비스를 전달하기 위해 사용되는 전달과정

### 3) 확장된 마케팅 믹스

서비스 마케팅과 상품 마케팅 간의 차이는 무엇인가? 모든 제품은 구매하고 사용하는 고객에게 편익을 전달한다. 상품은 물리적 대상이나 장치로써 기술될 수 있지만, 서비스는 행동이나 수행이다. 서비스는 유형적 실체가 부족하다. 무형제품은 전통적인 상품 마케팅에 의해서 적절하게 해결되지 않는 마케팅 문제에 직면한다. 서비스는 산출이 물리적 제품이 아니며, 생산되는 시간에 소비되고, 편의성, 오락, 적시성, 즐거움이나 건강과 같은 구매자의 무형적인 형태로 부가가치를 제공한다. 이러한 서비스의 특징은 무형성, 비분리성, 이질성과 소멸성이다.

전통적인 상품믹스는 제품, 가격, 촉진과 유통의 4P's 모델로 설명한다. 그러나 4P's 모델은 유형제품의 마케팅에 유용하지만, 서비스 제품에는 충분하지 못하다. Booms와 Bitner는 4P's에다 과정(process), 사람(people)과 물적증거(physical evidence)를 포함한 7P's를 제시하였다. 실제로 모든 서비스는 고객을 직접적으로 다루고 수행하는 데는 사람에 의존한다. 서비스는 고객의 존재로 수행되기 때문에 서비스가 전달되는 과정은 소비자가 돈을 지불하는 것의 일부이다. 서비스는 어느 정도 물적증거를 포함하고 있다. 예를 들면, 레스토랑 음식은 계산에 서비스의 무형적인 요소를 제공하더라도 유형적인 물건이다. 미용실은 완성된 머리모양을 제공하고, 심지어 보험회사는 화려한 보험증서의 문서를 제공한다. 서비스 회사는 고유한 마케팅 믹스를 갖는 경향이 있고, 다른 회사와 동일한 마케팅 접근을 정확하게 수행하지 않는다. [그림 9-8]은 7P's의 특징을 설명한 것이다.

**그림 9-8 서비스 믹스의 7P's**

| Product | Price | Promotion | Place | Process | People | Physical Evidence |
|---|---|---|---|---|---|---|
| 물리적 특성<br>품질<br>보조서비스<br>상품계열<br>브랜드 | 가격<br>유연성<br>차별화<br>거래조건<br>할인 | 인적판매<br>판촉<br>매체광고<br>홍보<br>옥외광고 | 매장위치<br>경로방식<br>다입지<br>체인화 | 서비스<br>활동의 흐름<br>서비스<br>제공단계<br>고객참여 | 종업원선발<br>종업원교육<br>동기부여<br>고객관계 | 건물, 시설<br>장비, 설비<br>복장, 명함<br>팸플릿<br>문서 |

[표 9-6]은 고급 레스토랑의 식사에 대한 상품과 서비스의 결합의 예이다. 레스토랑은 유형적인 음식만을 판매하는 곳이 아니라 무형적인 서비스를 결합하여 판매하는 장소이다. 이러한 서비스의 전달은 이용자의 감각적 편익과 심리적 편익을 제공해 준다. 그래서 분위기, 환경과 종업원의 서비스를 판매하는 것에 비중이 크기 때문에 가격이 비싸다.

**표 9-6 상품과 서비스의 결합의 예**

| | |
|---|---|
| 물리적 요소 | 음식 |
| | 음료수 |
| | 기타(건물, 탁자, 냅킨, 기구, 장치 등) |
| 감각적 편익 | 미감과 향기 |
| | 종업원의 서비스 |
| | 시청각적 분위기(실내 장식, 가구, 기구 등) |
| | 사회적 분위기(다른 손님들이 어우러진 분위기 등) |
| 심리적 편익 | 편안함 |
| | 사회적 신분감, 성취감 |
| | 행복한 기분 |

### ① 과정

제품요소를 고객에게 창조하고 전달하는 것은 효과적인 전달과정의 설계와 실행을 필요로 한다. 과정(process)은 서비스 전달과 운영 시스템이다. 즉, 과정은 서비스가 전달되는 절차, 방법과 활동의 흐름이다. 효과적인 서비스는 비분리성과 고객참여에 의해서 야기되는 문제를 극복하는 데 중요하다. 과정은 서비스 시설 내에 고객이 현존하기 때문에 발생할 수 있는 서비스의 이질성과 고객참여를 다루는 데 중요하다. 서비스 접점의 변동성은 인간요소에서 발생한다. 간소화되고, 표준화된 과정은 변동성을 극복하는 데 도움이 되고, 어떤 서비스 상황에서 효과적인 서비스 전달이 되지만, 맞춤화는 복잡한 상황에서 고객만족을 전달하는 데 필요하다.

### ② 사람

서비스 마케팅을 위한 확장된 마케팅 믹스에서 사람(people)은 서비스 전달, 고객만족과 서비스 품질의 지각에 영향을 주는 서비스 종업원들, 고객과 다른 고객들을 포함한다. 사람 요소는 서비스가 동시에 생산되고, 소비되는 비분리성과 서비스를 받는 고객이 서비스 시설에 현재 존재하고, 공급자와 직접적으로 상호작용하는 장소를 반영한다. 다른 고객들이 현존할 때 종업원과 고객 간의 상호작용을 신중하게 관리해야 한다. 서비스 종업원의 태도와 기술은 서비스 품질의 지각에 영향을 미치고, 그래서 선발, 훈련, 지원과 보상에 신중해야 한다. 회사는 고객만족을 전달하기 위해 서비스 스크립트(service scripts)[20]와 역할에서 서비스 종업원과 고객들을 교육하고, 훈련할 필요가 있다.

### ③ 물적증거

물적증거(physical evidence)는 서비스의 수행이나 커뮤니케이션을 촉진하는 유형요소뿐만 아니라 조직과 고객이 상호작용하고, 서비스가 전달되는 환경이다. 물적증거는 서비스 환경이나 서비스 시설의 외관, 서비스 종업원, 회사 웹 사이트, 광고, 문서나 청구서 등을 포함한다. 서비스 환경이나 서비스 시설은 실내장식, 시설·장비, 분위기, 배치, 도형·기호·문자 등이며, 서비스 종업원은 외모와 의상 등이다. 이러한 유형요소는 서비스가 전달되고, 서비스 품질을 평가하기 위한 중요한 단서를 제공한다. 확장된 마케팅 믹스는 충성고객을 유인하고, 유지하고, 서비스 품질의 만족할 수준과 고객만족을 전달하는 데 필요하다.

## (3) 새로운 서비스의 개발

새로운 서비스의 개발은 창조와 혁신과정이다. 고객과 종업원의 만족을 충족하고, 회사의 성장과 발전은 새로운 서비스의 개발과 출시성공에 의해서 가능하다. 따라서 새로운 서비스의 개발은 고객의 욕구를 발견하고, 이를 충족할 수 있는 우수한 가치를 창출하는 것이다. 새로운 서비스는 혁신과정을 사용함으로써 고객에게 이전에 제공하지 않은 제공물이다. 새로운 서비스의 개발과정은 고객과 시장의 역동적인 요구사항을 수용하고, 기술의 발전을 활용하여, 경쟁우위를 달성하는 서비스 혁신이다. 새로운 서비스를 모방하거나 원형을 제작하고, 실험실에서 테스트하는 것은 매우 어렵다. [그림 9-9]는 새로운 서비스 개발과정이다.[21]

20 서비스 스크립트는 서비스 접점 동안 전방종업원들이 따라야 할 사전에 정해진 상세한 지침이다. 서비스 과정의 단계에서 종업원들에 대한 기대, 단어, 구와 제스처 등을 포함한다.
21 유순근(2016), 서비스 마케팅, 무역경영사.

그림 9-9 새로운 서비스 개발과정

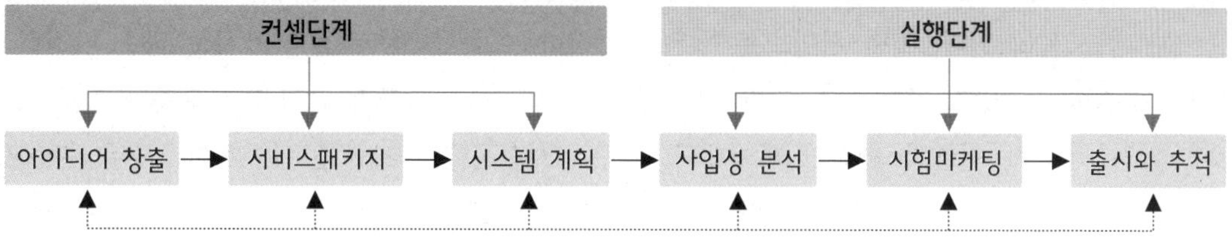


새로운 서비스의 개발 단계는 컨셉단계와 실행단계로 구분할 수 있다. 컨셉단계는 아이디어 창출, 서비스 패키지 개발과 시스템 계획으로 구성되고, 실행단계는 사업성 분석, 시험마케팅, 출시계획과 추적단계로 구성된다. 주요 컨셉단계는 새로운 서비스, 목적, 전략의 형성, 아이디어의 창출과 선별, 컨셉개발과 테스트 등이 있다. 사업성 분석은 기업분석과 프로젝트의 우선순위 설정 등이 있다. 시험마케팅은 서비스, 프로세스와 시스템, 마케팅 프로그램의 계획과 테스트, 종업원훈련 등이 있다. 마지막으로 출시는 전체규모의 출시와 출시 후 추적관리가 있다.

### 1) 아이디어의 창출

아이디어 창출을 착수하기 전에 먼저 새로운 서비스의 목적과 전략을 수립한다. 새로운 서비스는 조직의 전체 전략과 일치해야 한다. 고객들이 새로운 서비스의 가치를 어떻게 생각하는지와 경쟁 서비스를 어떻게 평가하는지를 파악한다. 새로운 서비스의 아이디어를 창출하고, 다수의 아이디어 중에서 우수한 아이디어를 선별하는 과정으로 아이디어의 정교화 과정을 거친다.

#### ① **아이디어의 창출**(Idea Generation)

아이디어는 시장과 기술의 공백, 과소제공과 미제공 욕구이다. 표적시장이 정확하게 확인되고, 정의되면, 표적들의 구체적인 욕구와 문제가 파악된다. 이러한 고객의 미충족욕구는 미해결된 문제로 아이디어의 원천이 된다. 서비스 문제와 가능한 해결안을 창출할 때 종업원과 사용자를 포함한다. 사용자와 서비스 종업원과 함께 하는 표적집단면접은 실제적인 아이디어의 생생한 원천이다. 아이디어 창출기법은 서비스 아이디의 창출에 도움이 된다.

고객, 종업원과 이해관계자 등으로부터 아이디어를 수집한다. 서비스 문제를 발견하고, 사용자 특성을 개발하고, 기존 서비스의 사용자 지각, 태도, 사용과 평가를 측정하기 위해 표적고객을 심층 조사한다. 기회확인과 욕구분석은 사용자 관점에서 기존 서비스를 철저하게 평가하는 것이다. 서비스 속성과 속성의 중요성을 고객과 공급자와 토의하면, 서비스 문제와 개선영역이 탐구된다. 서비스 문제나 욕구의 확인과 정의는 사용자 태도, 욕구, 행동과 서비스 사용의 조사를 통해서 가능하다.

#### ② **아이디어 선별**(Idea Screening)

수집된 아이디어 중에서 잠재적 수익을 고려하여 유망하고 실행 가능한 아이디어만을 선택하는 아이디어 선별과정을 거친다. 불충분한 아이디어를 제거하고, 창의적이고 수익성이 있는 아이디어를 선택한다. 아이디어의 선별은 많은 아이디어 중에서 불충분한 아이디어를 제거하여 우수한 아이디어로 줄이는 데 도움이 된다. 어떤 서비스는 매우 복잡하다. 예를 들면, 자전거 조사로 많은 다양한 아이디어를 수집할 수 있다. 주행유형, 기반시설, 주행관리와 전체 전략과 같이 거시수준과 가로등, 도로상태, 자전거 도로, 신호와 자전거 거치대와 같은 미시수준에서 자료를 분류한다. 하위 수준으로 더 분류한다. 예를 들면, 안전, 건강과 안락과 같은 개인수준과 환경, 도로규칙, 교통체증, 운전자 행동과 같은 공동체 수준이다.

### 2) 서비스 패키지의 개발

서비스 아이디어를 창출하고, 평가하여, 최종 선정하면, 이 아이디어를 토대로 서비스 컨셉을 개발한다. 개발된 서비스 컨셉에 근거하여 기본적인 서비스 패키지와 확장된 서비스 제공물을 개발한다. 서비스 컨셉을 종업원과 고객을 통하여 평가하여, 서비스 컨셉을 최종적으로 선정한다.

그림 9-10 서비스 패키지 개발 단계

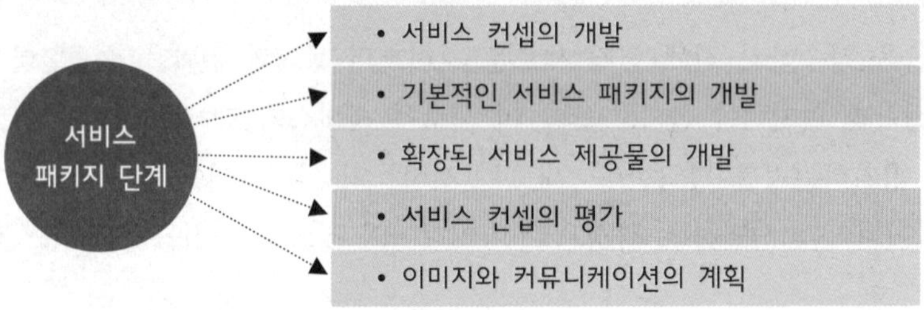


#### ① 서비스 컨셉의 개발

선택된 아이디어로부터 서비스 컨셉을 개발한다. 아이디어를 선정한 후 서비스의 특징, 충족하는 욕구와 프로세스의 완전한 기술을 정리한다. 서비스 컨셉(service concept)은 서비스가 제공할 편익, 해결안과 가치의 기술이다. 서비스와 관련된 편익과 수행을 기술한다. 서비스 제품이 제공하는 편익과 어떻게 제공하는지에 관한 수행을 개발한다. 예를 들면, 항공여행은 안전한 수송이고, 호텔은 환대, 휴식과 회복을 제공한다. 철도는 안전과 신뢰할 수 있는 이동, 교육은 능력향상과 자아실현, 미용은 매력과 신뢰촉진이다. 서비스는 제품처럼 외양을 제공하지 못하는 무형성이 있다. 서비스 컨셉개발은 서비스 정의(서비스의 범위. 기술적 기술), 조직컨셉(프로세스, 역할, 교육과 자원)과 마케팅 컨셉(제품, 가격, 유통과 촉진 정책)으로 구성된다.

#### ② 기본적인 서비스 패키지의 개발

기본적인 서비스 패키지(service package)는 고객이나 표적시장의 욕구를 충족하는 데 필요한 서비스의 묶음(bundle of services)이다. 서비스 패키지는 핵심서비스, 촉진서비스와 지원서비스이다. 핵심서비스는 시장에서 서비스 존재의 이유이다. 예를 들면, 통신은 통화를, 게임은 재미를 제공한다. 촉진과 지원서비스의 구분은 항상 명확한 것은 아니다.

### ③ 확장된 서비스 제공물의 개발

확장된 서비스는 촉진과 지원서비스이다. 촉진서비스는 경쟁의 수단이 되고, 서비스를 차별화하는 데 도움이 되도록 계획한다. 지원서비스는 경쟁력을 향상할 수 있다. 촉진서비스는 다른 환경에서 지원서비스가 될 수 있다. 예를 들면, 항공사가 고객이 비행정보에 접근하는 것을 쉽고 즐겁게 하기 위해 음성인식 서비스를 도입한다. 특정 항공사를 선택하기 전에 고객들이 핵심서비스인 안전 이외에 예약절차나 기내 서비스에 관심이 있다. 이와 같이 확장된 서비스 제공물은 주로 서비스 프로세스와 관계가 있고, 서비스의 접근가능성, 서비스 기업과의 상호작용과 고객참여 등이다.

- 서비스의 접근가능성: 종업원의 수와 기술, 근무시간, 사무실, 작업장, 영업장의 위치, 장비, 서류와 과정에 관여된 소비자 등을 포함한다.
- 서비스 기업과의 상호작용: 종업원과 고객, 물리적·기술적 자원, 프로세스에 동시에 있는 다른 고객과, 시스템과의 상호작용이다.
- 고객참여: 고객참여의 수준이다. 새로운 지원서비스는 접근가능성, 상호작용과 고객참여를 고려하지 않고 추가될 수 없다.

### ④ 서비스 컨셉의 평가

서비스 컨셉을 개발한 후 평가과정으로 돌입한다. 종업원과 고객의 역할을 다루고, 그들에게 서비스가 무엇을 제공하는지를 파악한다. 계획된 서비스가 미충족 수요를 충족하는지를 평가한다. 편익이나 가치의 기준으로 제안된 서비스의 아이디를 종업원과 고객들이 이해했는지를 검토한다. 제품 컨셉은 평가를 위해 사용자와 종업원에게 제시된다. 사용자 문제에 조사를 집중하기 때문에 사용된 많은 기준은 사용자의 관점에서 나온다. 이것은 기술이나 자금과 같은 기준이 덜 중요하다는 것은 아니다. 서비스 컨셉에 내부적으로 서비스 전방종업원, 지원종업원, 수요패턴과 촉진방법과 같은 상세한 문제를 포함한다. 컨셉평가는 서비스 전달의 한 부분인 사용자와 서비스 공급자를 포함한다.

### ⑤ 이미지와 커뮤니케이션의 계획

서비스 컨셉과 사용자 이미지의 연결을 계획한다. 고객들은 커뮤니케이션을 통하여 이미지를 형성한다. 이렇게 형성된 호의적인 이미지는 고객경험을 향상하지만, 나쁜 이미지는 고객경험을 손상할 수 있다. 시장 커뮤니케이션은 판매, 광고, 판매촉진과 같은 활동이다. 이미지와 커뮤니케이션의 관리는 서비스 제공물을 개발하는 통합된 부분이다.

### 3) 서비스 전달 시스템 계획

새로운 서비스 컨셉이 선별되면, 서비스를 전달할 프로세스를 검토한다. 이 과정은 서비스 전달 시스템과 고객접촉의 지점을 통해서 확인한다. 또한 고객의 관점에서 서비스와 관련된 물적증거를 계획한다. 서비스 전달 시스템은 새로운 서비스를 계획하고 전달할 때 가장 중요한 구성요소이다. 이와 같이 중요한 서비스 전달 시스템의 구성요소는 다음과 같다.

- 사람(people): 다기능팀으로 사람을 조직한다.
- 기술(technology): 계획과 실행을 위한 적절한 도구와 자원을 사용한다.
- 시스템(system): 제품이 신속하고 효과적으로 개발될 수 있도록 전체 서비스 전달 프로세스를 촉진하는 조직문화를 개발한다.

### 4) 사업성 분석

계획한 서비스 컨셉을 테스트한 후 서비스의 경제적 실행가능성을 확인한다. 프로젝트 검토는 다양한 집단의 사람과 함께 한다. 충분한 규모가 있는 시장이 있는지, 서비스가 합리적인 수익을 창출할 수 있는지를 검토한다. 기업의 필요자원과 비용분석이 필요하다. 수집된 정보를 토의하고, 미래 활동을 계획한다. 필요하면, 전문가에게 의뢰한다. 새로운 서비스의 계획과 서비스 전달 시스템의 실행을 위한 자원할당을 계획한다. 새로운 서비스의 도입을 위해 경영층의 승인을 얻는다.

### 5) 시험마케팅

출시 전에 시험마케팅은 내부고객과 외부고객을 대상으로 실시한다. 출시하기 전에 개발된 새로운 서비스를 내부고객을 통해 테스트한다. 내부적으로 테스트한 결과를 토대로 보안과 수정을 거친다. 정교화된 새로운 서비스를 특정한 잠재고객 집단에게 시범적으로 운영하여 결과를 얻을 수 있다. 시험마케팅은 서비스 계획과 테스트, 프로세스와 시스템의 계획과 테스트, 마케팅 프로그램의 계획과 테스트, 종업원훈련, 사전운영과 테스트 마케팅 실시 등이 있다.

### 6) 출시와 출시 후 추적조사

새로운 서비스를 시장에 출시를 한다. 출시 목적의 달성 여부를 파악하기 위해 출시 후 추적조사를 실시한다. 고객과 종업원들로부터 정보를 입수하여 일정한 간격으로 조사를 실시한다. 필요하다면, 변경하는 조건으로 새로운 서비스를 개선한다.

**표 9-7 서비스 개발 단계의 활동과 결정사항**

| 서비스개발 단계 | 활동 | 의사결정 |
|---|---|---|
| 서비스 개발전략 | 상황분석<br>내부자료<br>서비스의 정의와 목적<br>비전과의 일치성<br>이차자료 수집<br>문제확인 | 목적결정<br>정보평가<br>비전과의 시너지<br>새로운 서비스 개발의 몰입 |
| 기회확인 | 경쟁분석<br>정보공백 확인<br>일차조사계획 | 서비스 사용증가 가능성<br>이용가능 자원<br>진행/중단결정 |
| 욕구분석 | 욕구와 문제탐구<br>일차조사<br>서비스 속성 확인<br>사용자 지각과 태도<br>표적시장 확인<br>서비스 태도 조사 | 서비스 영역 집중 |
| 서비스 아이디어 창출과 선별 | 서비스 속성 창출<br>서비스 개선 확인<br>아이디어 창출<br>아이디어 선별 | 선택된 서비스 검토<br>서비스 아이디어 평가 |
| 세부조사 | 정량조사와 분석<br>문제의 타당성과 기존 서비스 평가<br>개선할 중요한 속성 | 중요한 서비스 속성<br>진행/중단결정 |
| 서비스 컨셉개발과 선정 | 사용자 컨셉<br>컨셉기술과 선택 | 새로운 서비스 계획 |

## SENSE 성공적인 서비스 개발 지침

- 서비스 패키지를 상세하게 정의한다.
- 고객관점, 즉 기대와 지각에 집중한다.
- 설계자의 관점과 고객의 관점이 다르다는 것을 인식한다.
- 유형과 무형요소에 대한 품질을 정의한다.
- 모집, 훈련과 보상을 기대와 일치시킨다.
- 예외를 다루는 절차를 수립한다.
- 서비스를 추적할 시스템을 수립한다.

10

# 제품관리와 가격결정

1 제품관리

2 가격결정

# Steve Jobs로부터 배우는 기업가 정신

## 창고에서 애플 창업

1976년에 스티브 잡스(Steve Jobs)가 애플을 창고에서 창업하였다. 그는 초라하게 시작하였지만, 세계에서 가장 부유한 기업을 만들었다. 스티브 잡스의 기업가 정신을 정리한다.

## 성공은 인내로 시작하여 인내로 끝내라. 설립자가 되면 언제나 판매원이 되라.

스티브 잡스는 많은 실패에도 불구하고 인내했기 때문에 성공하였다. 그는 실패에 무관한 것처럼 보였다. 실패는 여정의 한 부분이고, 오히려 실패가 새로운 아이디어를 자극했다. 한 예로 1985년 애플에서 해고되었고, 그 후 몇 개월 안에 Pixar와 NeXT를 설립했지만 실패하였다. 성공한 기업가와 성공하지 못한 기업가 간의 차이는 순수한 인내심(perseverance)이라고 그는 1995년에 말하였다.

스티브 잡스는 마지막까지 애플의 주요 판매직위를 가졌다. 유튜브는 그에게 매우 다양한 청중에게 제품을 판매하는 무한한 도구였다. 그의 기조발표는 쉽고 즉흥적으로 보지만, 사실은 모든 발표는 세심하게 계획된 판매홍보였다.

## 고유한 시장을 창조한다. 새로운 시장을 만든다.

스티브 잡스는 원하는 것을 시장에 주는 격언을 무시했다. 그는 시장조사 발견을 무시하고 소비자는 만들 때까지 원하는 것을 알지 못한다고 말했다. 소비자는 너무 섹시하고 다른 것을 창조하기 때문에 억누를 수 없고 그래서 이것이 시장이 원한다고 말한다.

스티브 잡스는 신제품개발에서 언제나 선도자는 아니지만, 시장에서 효과가 있는 것에 대한 비전과 직관을 갖고 있다. 그의 많은 제품은 그의 아이디어가 아니고, 오히려 그는 아이디어의 다른 것을 보았다. 스티브 잡스의 특별한 재능은 그러한 아이디어를 정교화할 수 있고 그것을 시장선도자로 전환할 수 있었다. 스티브 잡스는 컨셉을 갖고 그것을 시장에 출시할 수 있는 정도로 차별화했다.

## 실행의 탁월성, 상세한 것에 주의를 기울인다.

스티브 잡스에게 실행은 모든 것이었다. 애플은 생산에서 공급사슬, 유통, 마케팅까지, 즉 실행의 모든 상세한 면에서 탁월성의 신조로 설립되었다. 경쟁자보다 더 좋게 만드는 탁월성의 수준이다.

기능성뿐만 아니라 모든 주변 디자인은 그에게 매우 중요하다. 그는 장치후면은 전면보다 더 좋게 보여야 하고 내부는 정교하게 해야 한다고 믿는다.

## 카리스마가 중요하다. 단순성을 판매한다.

스티브 잡스는 카리스마 리더십이 시장에서 구매를 얻는데 얼마나 중요한지를 보여준다. 애플은 존 스컬리(John Scully) 아래에서는 결코 동일하지 않았다. 스티브 잡스의 카리스마는 주로 애플브랜드를 형성하였다.

스티브 잡스는 복잡한 것을 싫어하기 때문에 애플의 모든 제품은 사용하기 쉽다. 그에게 사용의 용이성이 첫째이다. 사용의 단순성(simplicity)과 애플 제품과 다른 제품을 구별하는 제품에 관한 미적 최소성이 있다.

### 다양한 시장경로를 활용한다. 최선으로 자신을 둘러싼다.

스티브 잡스는 주류시장의 추세에 압력을 느끼지 않았다. 그는 모든 마케팅 기회를 끌어안고 전통적인 것부터 최신 경로를 모두 이용하였다. 유혹적인 고객경험을 창조하는 방법으로 명확하게 이야기를 하기 때문에 그의 마케팅 성공이 왔다. 그는 마케팅 분석을 무시했지만 대신에 애플에 관해서 말하는 방법과 장소에 관하여 직관을 따랐다.

스티브 잡스는 재능으로 유명하다. 그는 전략적으로 팀을 구성하기를 원하는 사람을 확인하고 개인적으로 그들을 얻으려고 노력하였다. 그는 그를 지원할 최고의 사람들을 갖기 위해 은퇴 후에 인수할 Tim Cook을 찾았다.

출처: Allon Raiz(2012), CEO of Raizcorp, Ten Ggreat Entrepreneurial Lessons from Steve Jobs.

# 제10장 | 제품관리와 가격결정

## 1 제품관리

기업의 혁신적인 활동과 성장은 강한 긍정적인 관계가 있다. 기업의 혁신적 활동의 결과가 제품이나 서비스이다. 유형이나 무형제품은 회사가 고객을 만족시키기 위해 제공하는 것이다. 제품은 단일제품, 제품의 결합, 제품과 서비스의 결합이다. 제품이나 서비스를 통해 소비자의 만족을 제공하지 않는 기업은 존재할 수 없다. 브랜드는 제품의 출처를 확인하고, 특정한 제조자나 유통업자에게 성능의 책임을 부여한다. 소비자들은 브랜드를 통해서 제품을 평가한다. 브랜드의 주요 기능은 제품을 확인하고, 경쟁제품과 구별하는 것이다. 브랜드는 일관된 품질이나 만족이며, 구매효율성을 높인다. 브랜드명을 선택하는 것은 신제품의사결정의 핵심 중의 하나이다.

### (1) 제품의 이해

#### 1) 제품의 개념

제품(product)은 고객의 욕구나 필요를 충족하는 물리적 대상, 서비스, 장소, 조직, 아이디어나 사람이다. 제품은 생산자가 제조한 생산품이다. 이와 달리 제품이 생산자나 유통업자에게 있어서 거래의 대상이 되었을 때, 즉 상품(merchandise)은 유통업체 상품을 의미한다. 제품은 물리적 제품뿐만 아니라 고객의 만족에 영향을 주는 다양한 이미지와 서비스 특징을 포함한다. 이를 통틀어 전체 제품컨셉이라고 한다. 제품의 구성요소는 품질, 신용과 서비스이다. 이러한 세 가지 요소에 집중함으로써 기업은 제품을 경쟁제품과 차별화할 수 있다. 차별화 제품은 상이한 세분시장을 충족하기 위해 차별화나 변형으로 생산된 제품으로 생산자가 판매가격을 통제할 수 있다.

제품(product)은 편익의 꾸러미(bundle of benefits)이다. 이것은 제품이 물리적 특성(physical characteristics)의 합보다 더 많다는 의미이다. 즉 브랜드 이미지, 제품포장, 전달방법과 포장의 색상과 같은 주변요소를 포함한다. 기본특성(primary)은 경쟁제품과 공통으로 갖고 있는 제품의 핵심편익이다. 보조특성(auxiliary)은 제품에 독특한 특징과 편익이다. 마케터는 제품범위에 의해서 제공된 편익이 욕구와 필요에 적합하게 맞춤화될 수 있도록 소비자의 욕구와 필요가 변하고 있는 방식을 알아야 할 필요가 있다.

## 2) 제품의 다차원적 개념

고객이 실제로 구매하는 것은 하나 이상의 핵심편익, 공식적인 제품발표와 A/S나 보증과 같은 확장제품으로 구성된다. 여기서 중요한 점은 고객과 최종 소비자들이 확장제품을 구매하고, 핵심편익은 부분적으로 확장제품으로부터 온다는 점이다. 그래서 신제품관리자는 공식적인 제품에만 집중할 수 없다. Kotler는 제품을 다차원적으로 설명하였다. 핵심제품(core product)은 소비자들이 구매하려는 제품으로부터 기대하는 본질적인 편익이다. 예를 들면, 배고픔을 해결하기 위해 음식을 구매하는 경우이다. 유형제품(tangible product)은 핵심제품을 구체화한 것으로 특징, 품질, 스타일, 포장, 상표 등이 있다. 확장제품(augmented product)은 배달, 설치, 보증, A/S 등과 같은 유형적 제품속성 이외의 부가적인 서비스이다. 보증(warranty)은 제품에 문제가 발생했을 경우 제조업자가 제공해야 할 서비스 및 제품의 성능과 기능을 기술한 공식적인 보증서이다. 또한 보장(guarantee)은 제품성능이 소비자의 기대에 미치지 못할 경우 환불이나 교환과 같은 보상을 약속한 것이다. 최근에 고객만족과 기업 이미지 유지를 위해 보증을 넘어 보장까지 실시하는 기업들이 많다.

**그림 10-1 다차원적 제품개념**

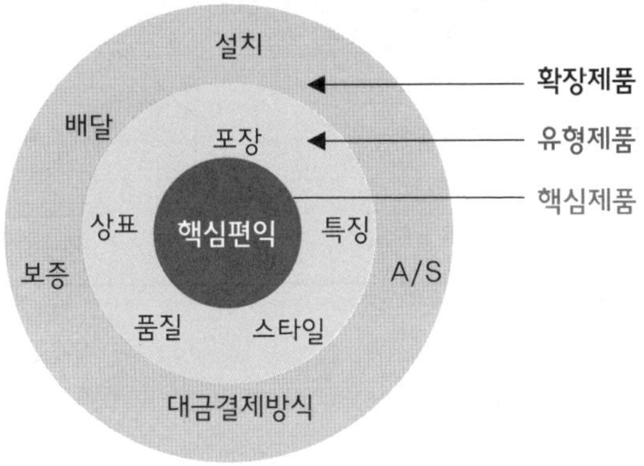


## 3) 신제품의 유형

기업은 소비자가 기꺼이 지불하고자 하는 제품을 제공하고, 시장에서 경쟁자를 이기기 위해서 신제품(new product)을 개발한다. 이러한 신제품은 정기적으로 시장에서 기존제품을 대체하고 있다. 신제품이 시장에 등장하는 속도는 기하급수적인 속도로 급증하고 있다. 다음은 기업에서 신제품을 개발하는 이유이다.

- 제품차별화로 차별적인 이점확보
- 제조자를 위한 계속적인 성장지원
- 비약적인 기술적 발전활용

- 변화하는 소비자에 대한 반응

신제품은 기업에서 이전에 생산한 제품이 특징이나 의도된 사용에서 상당히 다른 제품이나 서비스이다. 따라서 신제품은 어떤 잠재고객이 새롭다고 지각하는 제품, 서비스나 아이디어이다. 이것은 많은 잠재고객이 아직 제품을 채택하지 않았거나 제품의 정상적인 사용자가 되기로 결정하지 않은 경우에 해당한다. 또한 신제품은 기업에 새로운 제품이다. 신제품은 리포지셔닝과 원가절감뿐만 아니라 세상에 새로운 제품을 포함한다. 신제품은 세상이나 기업에 얼마나 새로운가로 분류된다. 제품혁신(product innovation)은 제품제조에 새로운 기술을 적용하는 과정이다. 제품이 기술과 시장에 새로울수록 위험과 보상이 증가한다. 다음은 신제품의 유형을 분류한 것이다[1].

그림 10-2 신제품의 유형

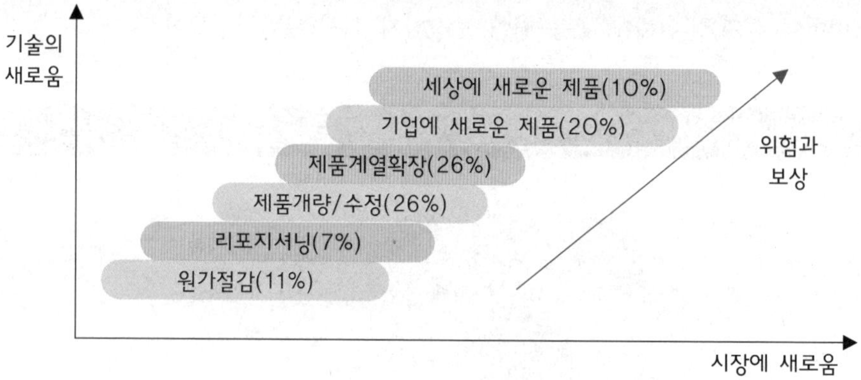


*( )는 구성비[2]

### ① 세상에 새로운 제품

세상에 새로운 제품(new-to-the-world products)은 혁신이 있는 제품으로 기존의 제품범주를 근본적으로 변화하는 제품이다. 이러한 신제품은 혁신적인 기술을 포함하고 소비자들에게 사용설명을 필요로 한다. 신제품은 제품종류의 최초이고 완전히 새로운 시장을 창조하지만, 이러한 제품범주는 신제품 중에서 10%에 불과하다. 실제로 새로운 제품으로 전체 새로운 시장을 창조하는 발명, 예를 들면, 자동차, 비행기, 라디오, 컴퓨터, HP의 레이저 프린터나 P&G의 페브리즈 등이 있다.

### ② 기업에 새로운 제품

기업에 새로운 제품(new-to-the-firm products)은 새로운 제품계열로 세상에는 새로운 제품이 아니지만 기업의 입장에서 새로운 제품이다. 이러한 제품은 기존제품의 모방제품이며 기업에 새로운

1 Booz, Allen, & Hamilton(1982).
2 Cooper(2001).

시장의 진입을 제공한다. 제품이 시장에 존재하고, 기업이 시장에 출시한 제품이 동일하더라도 기업입장에서 신제품이라면 이것도 신제품이다. 신제품 중에서 약 20%에 해당한다. 예를 들면, P&G의 아기 기저귀 Luvs, LG의 샴푸나 치약, 삼성전자의 휴대폰이나 컬러 TV, Canon의 레이저 프린터 등이 있다.

### ③ 제품계열 확장

제품계열 확장(product line expansion)은 회사의 현재 시장에 제공하는 동일한 범주의 제품을 새롭게 설계하거나 경미하게 다르게 하는 것이다. 즉, 제품계열이나 제품품목을 확대한 경우로 신제품의 26%이다. 이러한 신제품은 회사에는 새로운 품목이며, 회사가 이미 생산하는 기존제품계열 안에서 만들 수 있다. 예를 들면, 타이드 액체 세제와 같은 라인확장이나 자매상품, HP의 레이저 프린터 출시 이후 칼라 레이저나 복합기 등이 있다.

### ④ 기존제품의 개량이나 수정

기존제품의 개량이나 수정(improvements or revisions to existing products)은 기존제품을 더욱 좋게 개량한 것이다. 실제로 시장에 출시된 모든 제품은 기존제픔의 개량이나 수정제품이 대부분이다. 이렇게 새롭지 않은 제품은 회사의 제품계열에서 기존제품의 대체라 할 수 있다. 그러나 기존제품에 비하여 향상된 성능, 기능이나 더 큰 지각된 가치를 제공한다. 이러한 제품은 신제품의 26%이다. P&G의 아이보리 비누와 타이드 세탁세제는 여러 번 수정되어 왔다. 예를 들면, 현대자동차의 장수제품인 소나타, 삼성전자의 TV, LG전자의 에어컨, Microsoft의 Windows 등이 있다.

### ⑤ 리포지셔닝

리포지셔닝(repositioning)은 제품의 판매가 침체되었거나 소비자의 욕구나 환경이 변함에 따라 기존제품을 새로운 용도나 새로운 이용으로 새롭게 조정하는 활동이다. 새로운 이용은 새로운 시장을 선택하고, 새로운 문제를 해결하고, 다른 시장의 요구를 충족한다. 이러한 제품은 신제품의 7%이다. 예를 들면, 아스피린은 기본적인 두통약과 해열제였지만 새로운 의료급여로 처리된 이후 혈병, 뇌졸중과 심근경색(heart attacks)의 예방뿐만 아니라 기본적인 두통 완화제로써 포지셔닝하였다.

### ⑥ 원가절감

회사가 갖고 있지 못한 바람직한 새로운 아이디어를 경쟁자가 갖고 있고, 기술의 차이가 기업간에 크지 않기 때문에 제품차별화가 더욱 어렵지만, 소비자들로부터 제품가격 인하의 압박이 크다. 따라서 기업은 원가절감을 통한 가격인하로 판매와 수익을 일정 수준 유지하려고 한다. 원가절감(cost reductions)은 소비자들에게 동일한 성능을 저가격으로 제공하는 신제품이다. 원가절감을 제공하는 신제품은 라인에서 기존제품을 대체할 수 있지만, 동일한 편익과 성능을 제공한다. 이러한 제품은 신제품의 11%이다. 예를 들면, PC나 아크릴 섬유 등이 있다.

### 4) 제품수명주기

제품수명주기(product life cycle)에 따르면 제품은 시장에 처음 출시되어 도입기, 성장기, 성숙기와 쇠퇴기 등의 과정을 거친다. 대체로 제품이 시장에 처음 출시되는 도입기, 매출액이 급격히 증가하는 성장기, 제품이 소비자들에게 확산되어 성장률이 둔화되는 성숙기, 그리고 매출이 감소하는 쇠퇴기의 네 단계로 구분한다. 전형적인 제품수명주기는 S자 곡선 형태를 띠고 있지만, 제품이나 시장에 따라 다양한 형태의 제품수명주기 유형이 있다.

초기에 도입부분이 완만한 곡선을 보이는 것은 구매자들의 관심을 유도해 신제품의 시용구매를 자극시키는 것이 매우 어렵기 때문이다. 초기 수용자들이 도입기에서 제품을 구매하는 선도구매자들이다. 제품의 우수성이 입증되면 많은 구매자들이 제품을 구매하면서 성장기에 진입하게 된다. 이후 제품의 잠재적 구매자까지 구매하여 시장이 포화상태에 이르면서 성장률이 하락하고 안정세를 보이는 성숙기에 이른다. 마지막으로 새로운 대체품이 등장하면서 제품은 쇠퇴기를 맞게 된다.

**그림 10-3 제품수명주기**

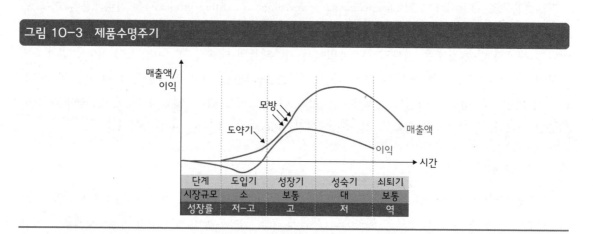

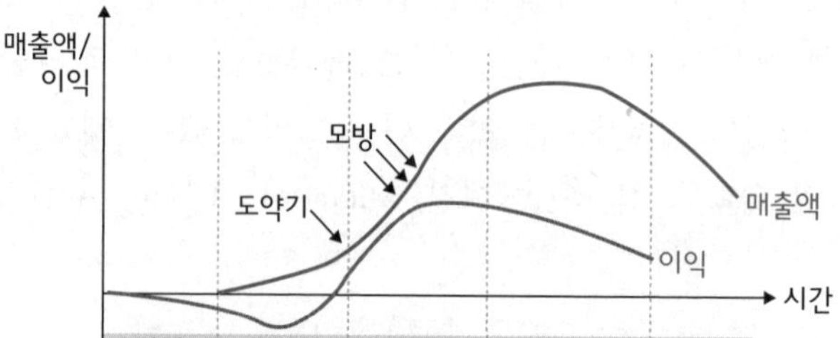


| 단계 | 도입기 | 성장기 | 성숙기 | 쇠퇴기 |
|---|---|---|---|---|
| 시장규모 | 소 | 보통 | 대 | 보통 |
| 성장률 | 저-고 | 고 | 저 | 역 |

신제품이 시장에서 제품수명주기 상에 어디에 위치하고 있는지를 파악한다. 왜냐하면 제품수명주기 단계에 따라서 사용할 전략이 다르기 때문이다. 최근에 제품수명주기가 단축되는 이유는 소비자의 선호급변과 신기술의 급속한 개발이다. 기업은 신제품개발을 신속히 해야 하고 막대한 R&D 비용이 발생한다. 따라서 기업은 제품개발 기술과 대량생산 기술을 동시에 구축해야 하며, R&D, 자금, 기술의 확보를 위한 전략적 제휴와 세계 시장의 확보가 필요하다. 신제품이 도입기라면 초기 혁신자들을 대상으로 제품확산에 주력하고, 제품의 인지도 구축에 초점을 맞추는 것이 필요하다. 시용구매를 유도하여 반복구매와 구전을 이끌어내야 한다.

## (2) 제품의 분류

제품은 필요(needs)와 욕구(wants)를 충족하기 위해 획득, 사용, 소비를 목적으로 시장에 제공할 수 있는 모든 것을 말한다. 브랜드는 판매자가 자신의 제품이나 서비스를 특징짓고, 다른 경쟁자와 차별하기 위해 사용하는 명칭, 용어, 기호, 상징, 디자인 또는 이들의 결합체이다. 따라서 제품 마케팅과 브랜드 마케팅 간에는 차이가 있다. 제품 마케팅은 제품의 특징, 크기, 사용법, 가격 등을 구체적으로 설명하는 이성적 소구 방법을 사용하는 마케팅을 의미하지만, 브랜드 마케팅은 제품의 상세 내용보다는 브랜드가 줄 수 있는 가치와 아이덴티티 등을 감성적 소구 방법을 사용하여 설명하는 마케팅을 뜻한다. 제품은 사용성, 소비재 유형, 특수방어나 산업제품, 표준화와 주문제작, 유형성과 무형성, 속성으로 넓게 분류한다. 제품(product)과 상품(goods)은 마케팅에서 상호 교환적으로 사용하기도 한다.

### 1) 사용성에 의한 분류

사용성이나 구매목적에 의한 제품분류는 소비재와 산업재로 분류된다. 개인과 가족의 욕구를 만족시키기 위해 구매한 제품은 소비재이다. 재판매나 다른 제품을 만들기 위해 구입하는 제품은 산업재이다. 일반적으로 최종사용자가 구매한 제품은 소비재가 되고, 재판매하거나 제조목적으로 사용하면 산업재가 된다.

그림 10-4 사용성에 의한 제품분류

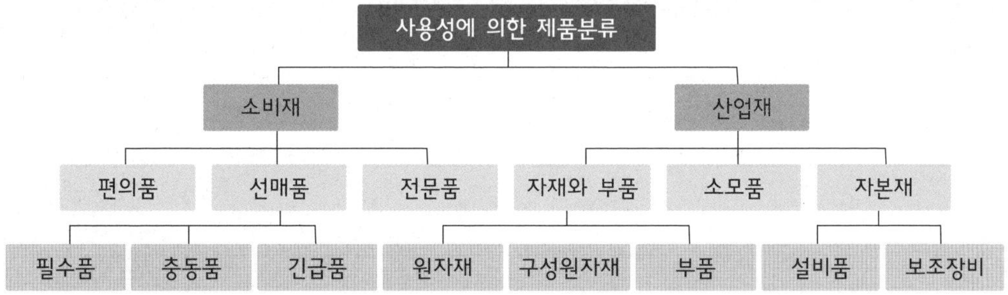


① **소비재**

소비재(consumer goods)는 최종 소비자가 개인적인 소비를 목적으로 하는 제품이다. 식품, 의복, 노트, 책이나 노트북이 개인적 소비를 목적으로 구매한 경우에 해당한다. 소비재는 소비자의 구매행동에 근거하여 편의품, 선매품과 전문품 등이 있다.

㉮ **편의품**

편의품(convenience goods)은 껌, 청량음료나 식품처럼 소비자가 제품구매를 위해 많은 노력을 기울이지 않는 제품으로서 가격이 비교적 저렴한 제품이다. 또 편의품은 필수품, 충동품과 긴급품으로 분류한다.

- 필수품(staple goods): 규칙적으로 구매하는 제품
- 충동품(impulsive goods): 사전 계획 없이 충동적으로 구매하는 제품
- 긴급품(emergency goods): 비상시에 즉시 구매해야 하는 제품

### ㉯ 선매품

선매품(shopping goods)은 의복, 구두, 가전제품처럼 구매빈도가 적고, 비교적 오래 사용되는 제품으로 소비자들은 적절성, 가격, 스타일, 품질 등을 경쟁제품이나 대체재와 비교·평가한 다음 구매하는 제품이다. 구매하기 전에 완전한 정보가 부족하기 때문에 구매의사결정을 하는 데 소비자들은 상당한 양의 시간과 노력을 소비한다. 선매품은 편의품보다 더 많은 비용을 포함한다.

### ㉰ 전문품

전문품(specialty goods)은 제품범주의 특별한 특성 때문에 사람들은 일반적으로 구매하기 위해 특별한 노력을 기울이는 제품이다. 소비자들은 구매하기 위해 판매자를 찾는 특별한 노력을 하고, 판매자가 제공하는 가격에 구매할 준비가 되어있다. 예를 들면, 가구, 신형 승용차, 고급향수, 디자이너의 의류 등으로 제품 차별성, 소비자 관여도, 특정상표에 대한 충성도가 높다.

**표 10-1 제품분류에 따른 특징과 마케팅 전략**

| 구분 | 편의품 | 선매품 | 전문품 |
|---|---|---|---|
| 구매빈도 | 높음 | 낮음 | 매우 낮음 |
| 관여도 수준 | 낮음 | 비교적 높음 | 매우 높음 |
| 문제해결 방식 | 습관적 구매 | 복잡한 의사결정 | 상표충성도 |
| 제품유형 | 치약 | 가전제품 | 명품 시계 |
| | 세제 | 의류 | 명품 핸드백 |
| | 비누 | 승용차 | 고급 카메라 |
| 마케팅 전략 | 저가격 | 고가격 | 매우 높은 가격 |
| | 집약적 유통 | 선택적 유통 | 독점적 유통 |
| | 낮은 제품 차별성 | 제품차별성 강조 | 높은 상표 독특성 |
| | 빈번한 판매촉진 | 제품특징 강조 광고 | 구매자 지위 강조 광고 |
| | 높은 광고비 지출 | 인적판매 | 인적판매 |

### ② 산업재

산업재(industrial goods)는 다른 제품의 생산이나 서비스의 제공을 위해 사용이나 소비하는 제품으로 개인적인 사용이 아니라 상업적인 사용을 목적으로 한다. 산업재에는 자재와 부품, 자본재와 소모품 등이 있다. 자재와 부품은 제조업자가 완전한 제품을 생산하기 위해서 제품의 한 부분으로 투입되는 부분품으로 원자재, 구성원자재와 부품이 있다. 원자재(raw materials)는 원유, 철광석이나 목재와 같이 가공 처리되지 않은 자재이다. 구성원자재(component materials)는 강철이나 실과 같이 추가적인 가공과정에서 그 형태가 변화하는 것이며, 부품(parts)은 CPU, HDD나 마우스처럼 제품에 추가적으로 투입하여 완제품의 외형을 유지하는 것을 뜻한다. 자본재(capital items)는 제품의 일부분을 구성하지는 않지만, 제품생산을 원활히 하기 위해서 투입되는 것으로 이를 설비품과 보조장비가 있다. 소모품(supplies)은 완제품 생산에 전혀 투입되지 않고 공장이나 회사의 운영을 위해 사용되는 제품이다.

산업재 구매자들은 지식이 높고, 구매를 결정할 때 원가 의식적이며 합리적이다. 동일한 제품이라도 최종 사용에 따라서 소비재와 산업재가 다르게 분류된다. 예를 들면, 자동차를 구입할 때 개인적인 사용이라면 소비재이고, 회사의 영업이나 업무적인 사용으로 구입했다면 산업재이다.

## 2) 제품특성에 의한 분류

### ① 내구재와 비내구재

내구재(consumer durables)는 소비자가 구입하여 비교적 오래 사용하는 소비재로 내구 연수가 3년 이상인 제품이다. 예를 들면, 자동차, TV, 냉장고, 가구, 세탁기 등이 있고, 내구성이 더 긴 주택, 상가 등의 건축물도 내구 소비재로 간주한다. 이러한 제품들은 주로 가계에서 소비한다. 비내구재(consumer non-durables)는 음식, 과자, 종이처럼 한번 쓰면 상품의 효용이 없어지는 제품이다. 제품의 수명이 상대적으로 짧고, 내구재보다 제품기능이 덜 복잡하다. 소비재 가운데 오래 쓸 수 있는 것이 아닌 제품으로 주로 가계에서 소비하고, 제품취급점이 많기 때문에 쉽게 구입할 수 있다.

### ② 유형제품과 무형제품

제품이 소비재나 산업재, 내구재나 비내구재이든 대부분의 제품은 만지거나 볼 수 있는 물리적 형태를 갖고 있다. 물리적인 형태의 유무에 따라서 유형성과 무형성으로 제품과 서비스를 구별한다. 유형성(tangibility)은 인간의 오감으로 감지할 수 있는 정도로 제품은 많은 부분이 감각으로 인식할 수 있다. 그러나 서비스는 대부분 인간의 오감으로 감지하기 어려운 무형성(intangibility) 요소가 많이 있다. 그래서 유형성 요소가 많으면 유형제품으로, 무형성 요소가 많으면 무형제품으로 분류한다. 자동차, 컴퓨터, 가구, 의복, 식품, 기계 등은 유형제품(tangible goods)이다. 교육, 은행, 보험, 의료진단, 법률이나 회계 서비스 등은 무형제품(intangible goods)이다. 그러나 제품의 요소는 상호 침투하는 경향이 크다. 유형제품은 무형성을, 무형제품은 유형성을 추가함으로써 제품차별화를 시도하기 때문에 유형성과 무형성은 하나의 연장선에 있다고 할 수 있다.

## (3) 마케팅믹스

### 1) 마케팅믹스

마케팅믹스(marketing mix)는 제품과 서비스를 출시하기 위해 회사가 사용하는 상이한 의사결정 변수의 결합이다. 마케팅믹스는 회사가 수익, 판매, 시장점유율, 투자수익과 같은 목표를 성취하기 위한 모든 마케팅 요소의 결합이다. 4P's인 제품(product), 가격(price), 유통(place)과 촉진(promotion)의 네 가지 요소를 배합하는 것이 마케팅믹스이다. 제품은 고객의 욕구와 필요를 만족하는 상품, 서비스나 아이디어이며, 가격은 제품을 얻기 위해 지불하는 돈이다. 유통은 소비자가 제품을 구매하는 장소이며, 촉진은 구매자와 판매자 간의 전달수단으로 제품이나 서비스를 소비자들이 구매하도록 정보를 제공하거나 설득하는 활동이다. 마케팅활동은 고객의 욕구와 필요를 충족하는 것을 목표로 하고, 이를 수단으로 하는 4P's를 적절하게 사회, 문화, 경제, 기술, 정치나 법규와 환경 등 통제 불가능한 변수(uncontrollable variables)에 맞게 배합하는 것이다.

그림 10-5 환경과 마케팅믹스

마케팅믹스는 기업의 전체 마케팅 전략을 추진하는 도구상자이다. 마케팅 관리는 적절한 제품(right product)을 적절한 가격, 적절한 장소, 적절한 시간에 제공하는 것이다. 마케팅 운용의 수익성 있는 방법은 주로 마케팅믹스와 마케팅 조건을 변화하는 환경요인에 따라 적절하게 변경하는 것이다. 마케팅믹스는 회사가 구매자 반응에 영향을 주기 위해 사용할 수 있는 통제 가능한 변수(controllable variables)의 집합이다. 마케팅 관리자는 회사의 마케팅 목표를 달성하기 위해 마케팅 지출의 수준을 결정한다. 즉, 마케팅 예산을 확정한 후 마케팅믹스에서 다양한 도구에 대한 총 마케팅 예산을 어떻게 배분하는지를 결정하는 것이다.

**표 10-2 마케팅 요소: 4P's**

| Product(제품) | 가격(Price) | 유통(Place) | 촉진(Promotion) |
|---|---|---|---|
| 품질, 특징, 스타일, 디자인, 기술, 브랜드, 포장, 크기, 보장, 서비스 | 정가, 할인, 보상판매가, 결제조건 | 경로, 유통범위, 구색, 위치, 재고, 배송 | 광고, PR, 인적판매, 판매촉진, 직접 마케팅 |

**그림 10-6 마케팅믹스**

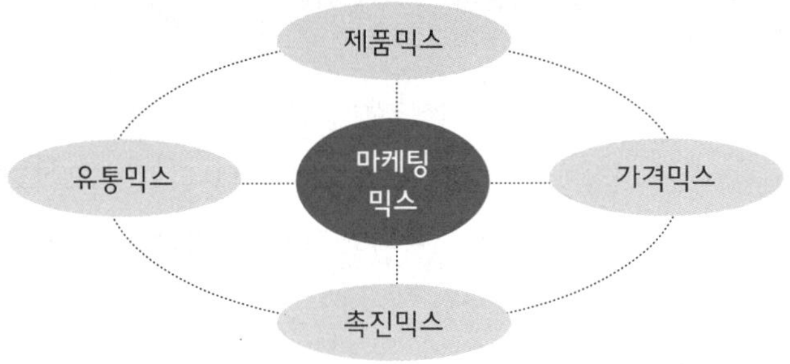


## 2) 제품믹스

제품은 소비자가 지불의도가 있는 물리적 제품이나 서비스이다. 이러한 물리적 제품에는 제품품질과 제품특징이 중요한 요소이다. 제품특징(product feature)은 기업이 출시하여 판매하는 제품의 물리적 특징(physical characteristics)으로 이는 외관, 형태, 크기, 색상, 무게, 속도, 내구성, 재료, 기능, 성능과 같은 품질이나 변수를 포함한다. 이러한 특징이 있는 제품은 마케팅믹스의 핵심요소이다. 제품, 서비스는 모든 마케팅활동의 출발점이다. 또한 제품은 속성들의 결합으로 색상, 디자인, 특징, 성능과 같은 물적요소와 가치, 품질과 같은 비물적요소를 포함한다. 제품계획은 제품을 시장에 출시하는 데 취해지는 다양한 의사결정이다. 제품과 관련된 의사결정은 다음과 같다.

### ① 제품 디자인

제품 디자인(product design)은 고객의 주의를 끌어들이고, 제품에 집중하고, 고객의 구매결정에 영향을 주는 중요한 요소이다. 디자인은 제품의 스타일과 기능을 결합한 것으로 제품성공과 직접적으로 연결되어 있고, 다른 제품과의 차이를 내는 요소이다. Steve Jobs는 디자인은 인간이 만든 창조물로 근본적인 영혼이라고 한다. 제품 디자인은 색상, 형태, 질감과 같은 심미적 속성, 촉감, 미각, 후각, 청각, 시각 기능, 인체공학, 기술과 사용성을 포함한다. 디자인은 회사의 제품과 서비스를 차별화하고, 포지션하는 매우 효과적인 방법으로 회사에 경쟁우위를 제공한다. 디자인은 특히 제조, 소매, 서비스, 의복, 포장재와 내구장비에서 중요하다. 잘 디자인된 제품은 생산하거나 유통하기가 쉽고, 고객은 보는 것이 즐겁고, 개봉, 설치, 사용, 수리와 처분이 쉽다. 또한 이성적 사고에 의한 판단보다는 감성적 판단에 더 많은 영향을 준다. 기업이 제품, 서비스나 이들의 결합물을 제공하는 탁월한 제품디자인은 사업성공에 이르는 길이라는 데는 의문이 없다.

#### ② 품질과 기술

제품품질(product quality)은 제품이 갖고 있는 기능을 작동할 수 있는 능력으로 품질수준과 품질일치성으로 평가된다. 품질수준은 제품이 본래의 기능을 제대로 작동할 수 있는 능력으로 성능품질을 뜻한다. 품질일치성은 제품이 결점이 없고, 목표성능이 일정하게 전달되는 정도이다. 소비자는 언제나 좋은 품질을 찾기 때문에 품질은 고객들에게 이익을 주어야 한다. 기술은 제품을 구현하고, 차별화하고, 사용자가 선호하는 신제품을 개발하는 공법이다.

#### ③ 제품의 유용성

제품의 유용성(usefulness)은 시장에서 경쟁우위를 갖는 필수적인 요소이고, 시장에서 이용할 수 있는 동일한 제품과 비교하여 제품의 만족과 반복적인 사용을 이끌어 내는 요소이다. 제품차별화는 제품의 유용성을 증가함으로써 확립된다.

#### ④ 제품의 가치와 편의성

제품의 가치(value)는 고객이 제품의 제조비용보다 더 크다고 느끼고, 대체로 만족을 느끼는 주관적인 평가이다. 제품성능과 관련된 고객수요를 충족하거나 초과하는 제품성능이 개발되어야 가치가 향상된다. 편의성(convenience)은 제품의 사용과 관련된 변수로 제품이 고객의 생활에 편리성을 가져다줄 수 있어야 한다.

#### ⑤ 포장 디자인

포장(packaging)은 제품보관을 위한 용기를 디자인하고 제조하는 모든 활동이다. 포장은 제품의 내용물을 보호하고, 제품정보를 제공하며, 제품이미지를 전달함으로써 제품의 가치를 향상한다. 포장은 제품을 외부에 표현하는 방법이고, 제품품질에 관한 지각적 경험을 향상한다. 포장은 제품, 가격, 촉진과 유통 다음으로 마케팅의 다섯 번째 요소로 간주된다. 좋은 포장은 고객의 주의를 끌고, 고객에게 제품정보를 제공하여 마침내 판매를 이끌어낸다. 포장은 물리적 구조이지만, 동시에 많은 환상요소가 있다. 그래서 이성(reason)뿐만 아니라 감성(emotion)에 호소한다. 이처럼 포장은 구매자에게 감성과 기능적 편익을 전달하고, 제품차별화의 강력한 수단이 된다. 따라서 잘 디자인된 포장은 브랜드자산을 구축하고, 판매를 유인한다. 따라서 좋은 포장이 갖추어야 할 특징(VIEW)은 가시성, 정보제공, 감성적 소구와 가동성이다.

- 가시성(visibility): 포장은 구매시점에 주의를 유발할 수 있어야 한다. 강렬한 색상의 패키지나 색다른 그림, 형태, 사이즈를 통하여 시각적 자극을 강화한다.
- 정보제공(information): 제품 사용법, 제품이 제공하는 편익, 슬로건, 기타 제품정보(요리법, 판매촉진 제공물)를 제공한다. 시용구매를 자극하고, 반복구매를 유발하며, 정확한 제품 사용법이

그림 10-7 좋은 포장의 요건

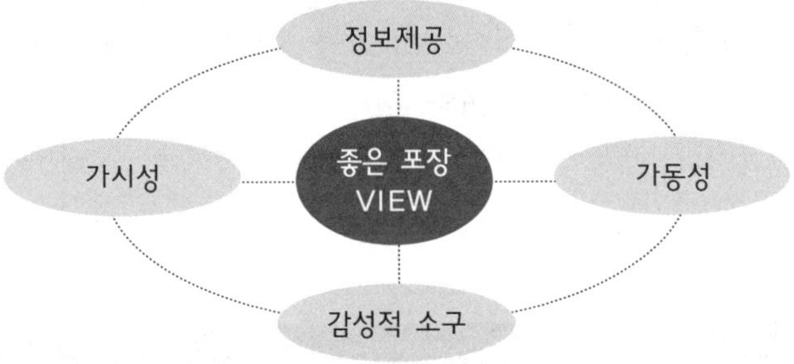


나 적절한 제품정보를 제공한다.

- 감성적 소구능력(emotional appeal): 소비자가 원하는 느낌이나 무드를 유발하고, 즐거움, 환상, 쾌감 등 감성 유발 요소를 제공한다.
- 가동성(workability): 제품의 본래 기능이 제대로 작동할 수 있을 뿐만 아니라 제품내용을 보호하고, 저장과 제품사용의 편리함을 제공하고, 환경보호에 기여한다.

### ⑥ 보장

보증(warranty)은 제품의 내구성에 대해 고객에게 보장하고 시장에서 만족한 고객을 유지하는 판매 후 보증을 주는 것이다. 제품에 문제가 발생했을 경우 제조자가 제공해야 할 서비스와 제품으로부터 기대되는 기능을 보증하는 것이다. 보장(guarantee)은 제품성능이 소비자의 기대에 미치지 못할 경우 환불이나 교환 등을 약속한 것이다.

## 3) 제품의사결정

### ① 제품믹스와 제품계열관리

제품계열의 의사결정은 제품믹스의 변경방법이다. 제품계열(product lines)은 기업이 동일한 기능을 제공하는 모든 개별제품의 집합이다. 즉, 제품계열은 제품기능이 유사하거나, 동일한 고객집단에 판매되거나 동일한 유통경로를 이용하는 제품의 집단이다. 다음은 제품계열의 특징이다.

- 제품들이 동일한 기능을 수행한다.
- 제품들이 동일한 고객집단에 판매된다.
- 제품들이 동일한 유통경로로 판매된다.
- 제품들이 주어진 가격범위 내에 있다.

제품믹스(product mix)는 회사가 관리하는 제품계열의 결합으로 넓이, 길이와 깊이로 구성된다. 제품믹스의 넓이(breadth)는 회사가 제공하는 제품계열의 수이다. 제품믹스의 길이(length)는 특정 제품계열 내에 있는 제품의 수이다. 제품믹스의 깊이(depth)는 특정한 제품계열 내에 각 제품이 제공하는 품목(version)의 수이다. 제품플랫폼(product platform)은 다양한 상품을 생산하거나 판매하기 위해 공동적으로 사용하는 기본구조, 틀을 의미하며, 공통 구성부품, 모듈 또는 부품의 집합이다. [그림 10-8]은 나이키의 제품믹스의 넓이, 길이와 깊이를 나타낸 도해이다. 나이키는 제품계열이 3개로 제품믹스의 넓이가 3개이다. 제품계열 1은 제품믹스의 길이가 7개이며, 워킹화의 제품품목의 수는 4개이다.

그림 10-8 나이키의 제품믹스의 넓이, 길이와 깊이

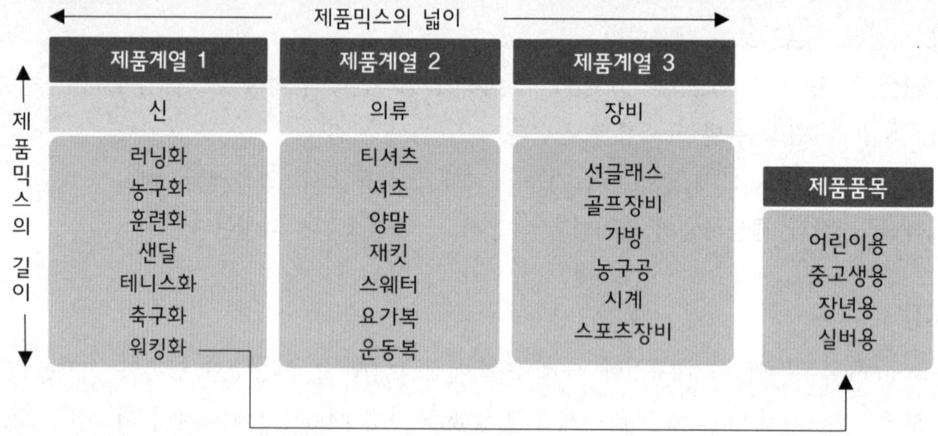


### ② 제품계열의 길이확장 전략

중요한 제품의사결정의 하나는 제품믹스의 길이에 관한 것이다. 제품믹스의 길이는 제품계열 내에 있는 제품의 수로 매출기회와 수익성에 관한 의사결정이다. 제품수가 적으면 유통망이나 진열장의 확보가 어렵고, 고객들에게 다양한 선택의 기회를 적게 제공하기 때문에 판매기회의 감소를 초래할 수 있다. 그러나 제품수가 많으면 수익성이 악화될 가능성이 있다. 제품계열의 길이 확장전략에는 하향확장, 상향확장과 쌍방향확장전략이 있다. 이외에도 제품믹스의 깊이를 확장하는 제품확충전략이 있다.

#### ㉮ 하향확장전략(Downward Stretch)

하향확장전략은 더 넓은 시장을 유인하기 위해 제품계열 내에 저가의 제품을 추가하는 것이다. 초기에 고품질과 고가격 제품을 출시하여 고급 이미지를 소비자에게 각인시키고 나서 저가의 신제품을 출시하는 전략이다. 저가의 신제품이 기존제품의 명성을 이용하는 전략으로 이미 확립된 브랜드를 사용하는 시도이다. 고가제품의 이미지를 저가제품에 확산하거나 경쟁자의 진출을 방지할 목적이다. 그러나 고가제품의 이미지가 새로운 저가제품으로 투영되지 않고, 오히려 고가제품마저 저가제품으로 인식될 가능성이 있다. 신제품이 회사의 평판을 손상할 수 있기 때문에 기존제품과 같지 않은 브랜드명을 신제품에 사용하는 경우도 있다.

㉯ **상향확장전략**(Upward Stretch)

상향확장전략은 더 넓은 시장을 유인하기 위해 계열 내에 기존제품보다 더 높은 가격의 제품을 추가하는 전략이다. 초기에 저가의 제품을 출시하여 시장에서 성과를 쌓은 후 고품질과 고가격의 제품으로 확장하는 전략이다. 이 전략은 저가시장에서 쌓은 성과를 활용하여 상대적으로 수익이 높은 고가시장에 진출하는 전략이다.

㉰ **쌍방향확장전략**(Two-Way Stretch)

쌍방향확장전략은 동일한 시기에 저가와 고가로 신제품을 기존 제품계열에 출시하는 과정이다. 신제품을 기존제품 가격의 양 끝에 소비자들에게 소개하는 것이다. 고가 소비자와 저가 소비자들 모두에게 제품을 판매하여 판매증가와 수익을 실현하는 전략이다.

㉱ **제품확충전략**(Product Filling Stretch)

제품확충전략은 기존 제품계열 내에서 품목을 추가함으로써 제품믹스의 깊이를 확대하는 전략이다. 기존 제품계열 내에서 제품의 수를 증가하는 것은 시장의 공백을 활용하고 경쟁을 감소시킨다. 많은 기업들이 이미 확립된 제품계열을 풍부하게 하기 위해 계열확충전략을 사용하고, 새로운 관련제품의 시장성공을 증가하는 데 도움이 된다. 이 전략은 잉여 생산설비의 활용, 다양성 추구 소비자의 욕구충족과 매출증대가 가능하다. 그러나 품목 간의 차이가 적어 소비자의 혼돈을 초래하고, 비용상승 요인이 될 수 있다.

그림 10-9 제품확장의 유형

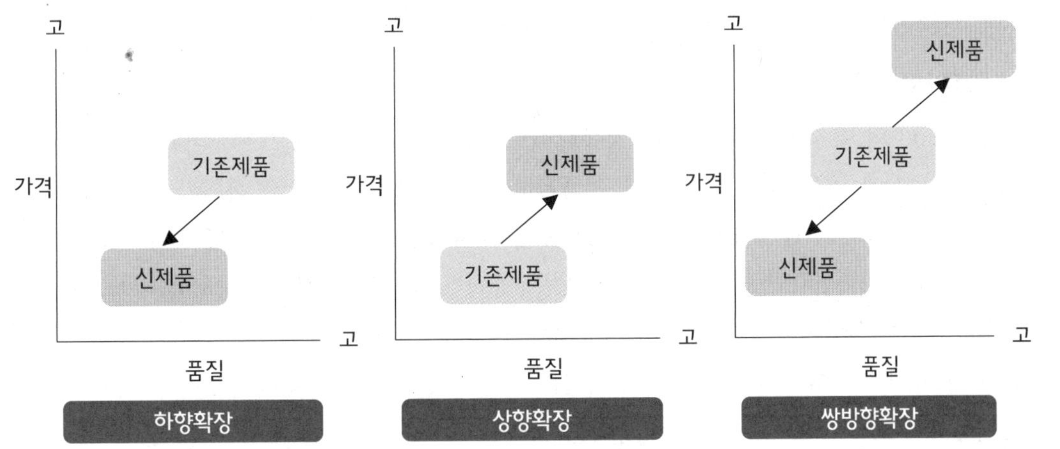

## (4) 브랜드전략

### 1) 브랜드의 이해

#### ① 브랜드의 개념

브랜드(brand)는 판매자의 제품이나 서비스를 식별하고, 경쟁자와 구별하기 위해 의도된 이름, 용어, 신호, 상징, 디자인이나 이들의 결합이다. 브랜드는 어떤 기대를 충족하겠다는 고객에 대한 약속이며, 회사의 가장 중요한 자산이다. 브랜드가 기존과 잠재고객의 욕구와 핵심가치를 표현하는 것을 확실히 하기 위해 끊임없이 브랜드를 추적하는 것이 중요하다. 브랜드의 목적은 간결한 메시지를 전달할 수 있어야 한다. 따라서 브랜드명은 기억하기 쉽고, 발음하기 쉽고, 특징을 암시하고, 경쟁브랜드와 다른 차별성을 암시해야 한다. 이러한 브랜드는 회사의 신뢰성을 확인하고, 표적고객과 감성적으로 연결하고, 구매자를 자극하고, 고객충성도를 강화한다. 기업이 소비자 경험에 집중한다면, 기대하지 않았던 것을 추가하는 것이 브랜드를 향상하는 방법이다.

#### ② 브랜드의 유형

회사는 제품에 관한 지각을 창조하고, 경쟁제품과 구별하고, 표적고객과의 관계를 창조함으로써 제품에 가치를 추가하기 위해서 브랜드를 사용한다. 회사는 고객과의 연대감을 창조하는 편익을 얻고, 고객은 특정한 브랜드에 충성을 하게 된다. 회사가 브랜드를 통해서 얻는 힘은 더 싼 가격을 제공하는 대체품이 있더라도 고객이 자사의 브랜드를 지속적으로 구매하는 것이다. 잘 구축된 브랜드는 높은 상표충성도, 시장점유율과 수익을 가져다주기 때문에 기업은 브랜드자산을 구축하기 위해 많은 투자와 노력을 기울인다. 강력하고, 호의적이고, 독특한 브랜드는 언제나 높은 품질이나 적어도 일관된 품질을 보증한다. 그래서 반복구매를 촉진한다.

##### ㉮ 브랜드의 유형

브랜드(brand)의 유형은 기업브랜드, 공동브랜드, 개별브랜드와 브랜드수식어가 있다. 삼성, 현대, LG, SK, 농심과 쿠쿠와 같이 기업의 이름을 그대로 사용하는 브랜드는 기업브랜드(corporate brand)이다. 여러 가지 상품에 공동적으로 사용하는 브랜드는 공동브랜드(family or umbrella brand)이다. 갤럭시, 쏘나타, 신라면 등은 특정제품에만 사용하는 브랜드를 개별브랜드(individual brand)라고 한다. K5, SM5, 갤럭시 7처럼 구형 모델과 구별하기 위해 붙이는 숫자, 문자 등 수식어를 브랜드 수식어(brand modifier)라고 한다.

##### ㉯ 브랜드전략

브랜드를 부착할 것인가의 여부와 브랜드의 소유자를 누구로 할 것인가 등 브랜드의 기본방향을 결정하는 것을 브랜드전략이라 한다. 제조업자브랜드(national brand)는 제조업자 자신이 브랜드명을 소유하며, 생산된 제품의 마케팅 전략을 제조업자가 직접 통제한다. 유통업체브랜드(private brand)는 도소매상이 하청을 주어 생산된 제품에 도소매상의 브랜드명을 부착한다. 무브랜드(generic brand)는 제품에 브랜드를 붙이지 않고, 철물, 맥주, 콜라, 설탕 등 제품의 내용만 표시한다. 브랜드확장(brand extension)은 2080 치약이 성공하여 2080 칫솔이나 구강용품에 사용하는 것처럼 기존 브랜드를 다른 제품에 사용하는 경우를 의미한다. 브랜드확장은 원래의 브랜드와 관련성이 있어야 바람직하다.

그림 10-10 브랜드체계

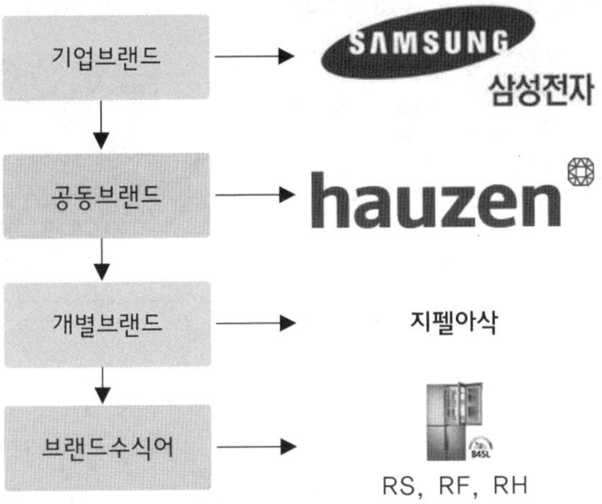


㉰ **브랜드명의 결정**

브랜드는 브랜드가 표현하는 것을 신뢰하는 충성고객을 갖는다. 이것이 신규 진입자들이 브랜드와 경쟁하는 것을 어렵게 하는 이유가 된다. 예를 들면, 밥보다 더 맛있는 밥으로 포지셔닝한 햇반은 제품범주와 연관성이 크고, 기억하기도 쉬워 간편식에 매우 잘 어울리는 브랜드명이다. 좋은 브랜드명은 제품성공에 크게 기여한다. 그러나 좋은 브랜드명을 찾는 것은 어려운 과업이다. 그것은 제품과 편익, 표적시장과 마케팅 전략을 신중하게 검토함으로써 시작한다. 브랜드 작명은 과학, 인문학과 본능의 수단이다. 바람직한 브랜드명은 제품편익과 품질을 제안해야 하고, 발음, 인식과 기억하기 쉽고, 확장할 수 있어야 하고, 외국어로 쉽게 번역할 수 있어야 하고, 등록과 법적보호를 받을 수 있어야 한다.

바람직한 브랜드명은 제품의 편익이나 품질과 연관성이 있다. 경쟁자와 명백히 구별되고, 세상에서 흔하지 않고, 독특한 느낌을 준다. 기억이나 발음하기 쉽다. 브랜드명의 의미가 부정적이거나 혐오의 대상이 아니어야 한다. 또한 글로벌 브랜드명에 적합한지와 진출국가의 언어와 문화를 검토할 필요가 있다. 우수한 브랜드명이 갖추어야 할 공통적인 요건은 브랜드와의 연관성, 유연성, 독특성과 기억용이성이 있다.

그림 10-11 바람직한 브랜드 네임의 요건

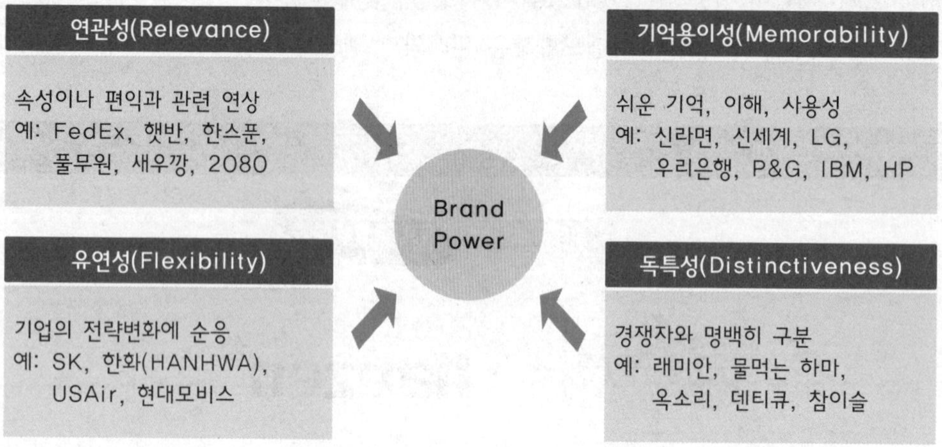


### ㉣ 브랜드의 작명 기법

브랜드 이름은 강력한 브랜드자산을 구축하여 회사가 소비자에게 제품속성을 전달하고, 소비자의 기억 속에 쉽게 저장될 수 있는 의미를 전달하여 자사의 브랜드가 경쟁제품보다 더 먼저, 더 많이 기억되고, 회상과 인출되도록 수립한다. 이 때 고려하는 실무적으로 흔히 사용하는 방법은 기술적, 암시적 또는 자의적 이름 등으로 구축한다.

- 기술적 이름: 제품속성을 구체적으로 설명한다. 예를 들면, 물 먹는 하마, 팡이제로, 한스푼, 햇반, 풀무원 등이 있다.
- 암시적 이름: 제품의 특징이나 기능을 은유적이나 우회적으로 암시한다. 예를 들면, 참이슬, 처음처럼, 명화우유, 컨디션, 제네시스, 무쏘 등이 있다.
- 자의적 이름: 별다른 의미를 지니지 않는 대신, 기억이 쉽거나 음률로 좋은 느낌을 표현한다. 예를 들면, LG, SK, IBM, 에쿠스, 코웨이 등이 있다.

그림 10-12 브랜드 작명의 사례

## 2) 브랜드연상

### ① 브랜드연상의 개념

브랜드연상(brand association)은 브랜드와 관련하여 기억으로부터 떠오르는 모든 것을 의미한다. 브랜드 이미지(brand image)는 소비자가 그 브랜드에 대해 갖는 전체적인 인상으로 브랜드와 관련된 여러 연상들이 결합되어 형성된다. 고객이 특정 브랜드를 알고 있고, 브랜드와 관련하여 긍정적이고, 강력하면서, 독특한 연상들을 기억 속에 갖고 있을 때 브랜드자산은 형성된다. 긍정적인 브랜드 이미지는 기억 속에 있는 브랜드에 대하여 강력하고, 호의적이고, 독특한 연상을 만들어낸다.[3] 사회적 인정, 개인적 표현과 타인지향 자아 존중감을 포함한 심리적 편익은 사용자 이미지와 연상된다. 바람직한 브랜드연상이 갖추어야 할 특성은 호의적이며, 강력하며, 독특해야 한다.

- 호의적인 브랜드연상(favorable association): 다른 브랜드보다 더 좋아한다.
- 강력한 브랜드연상(strong association): 브랜드를 접했을 때 브랜드와 관련된 연상들이 즉각적으로 떠오른다.
- 독특한 브랜드연상(unique association): 경쟁브랜드에 비하여 특별하게 다르고 독특한 연상을 자아낸다.

### ② 브랜드연상의 유형

브랜드연상은 브랜드와 관련하여 소비자들이 갖고 있는 마음의 이미지이다. 호의적인 브랜드연상은 고객이 계속 제품을 구입하는 데 기여한다. 이러한 브랜드연상은 여러 가지 유형이 있다. 즉, 제품범주, 제품품질·속성·가격, 브랜드 개성, 제품사용자, 제품용도, 원산지와 기업과 관련된 연상이다.

#### ㉮ 제품범주에 대한 연상

제품범주에 대한 강한 연상은 경쟁제품에 대한 기억을 방해한다. 예컨대, 천연 조미료하면 다시다, 라면하면 신라면, 정수기하면 웅진 코웨이 등이 있다.

#### ㉯ 제품품질·속성·가격과 관련된 연상

지각된 품질은 고객들이 자사 브랜드의 전반적인 성능에 대해 갖고 있는 주관적 생각이다. 품질에 대한 연상은 고객들의 브랜드 충성도를 유지하는 데 결정적인 역할을 한다. 가격은 품질을 연상한다. 높은 품질의 제품으로 지각된 브랜드는 높은 제품가격을 책정할 수 있어 높은 수익성을 제공한다. 제품속성과 관련된 연상은 경쟁브랜드들에 의해 쉽게 모방될 수 있고, 시장상황이 변했을 때 전략적으로 대응하기가 어렵다.

---

3 Keller(1993).

#### ㉰ 브랜드 개성에 대한 연상

브랜드 개성(brand personality)은 브랜드를 인간으로 표현하였을 때 브랜드와 관련된 인간적인 특성이다. 예를 들면, 코카콜라는 전통적이고 활동적으로, 펩시는 젊고 새로움을 특징으로 한다. 브랜드는 소비자 자신의 개성이나 자아를 표현할 수 있는 수단이다. 소비자는 자신의 자아개념과 일치하는 정보를 더 잘 기억하고, 다른 브랜드보다 더 선호한다.

#### ㉱ 제품사용자에 관한 연상

브랜드를 제품 사용자와 연계하여 형성되는 연상이다. 예를 들면, Benz는 성공한 젊은 기업가, Sonata는 실용적인 소비자 등이 있다.

#### ㉲ 제품용도에 관련된 연상

브랜드를 제품용도와 연결하여 형성되는 연상이다. 예를 들면, 음주전후에 마시는 컨디션이나 무공해 자연식품을 판매하는 풀무원 등이 있다.

#### ㉳ 원산지와 관련된 연상

제품 브랜드가 생산된 지역이나 국가는 품질을 연상한다. 예를 들면, 가전제품을 동남아에서 생산한 것보다 국내에서 생산한 것을 소비자들이 더욱 선호한다.

#### ㉴ 기업과 관련된 브랜드연상

유한양행은 창립자인 유일한 박사의 경영이념인 국민보건 향상, 국가경제 기여, 사회적 책임완수를 실현하는 기업이다. 유한양행하면 떠오르는 신용과 투명경영이듯이 기업과 관련한 연상을 형성하는 것이다.

SENSE

### 제품속성과 제품사용자에 관한 연상

Porsche 브랜드는 기술적 탁월성, 신뢰성, 스포츠, 스타일링, 높은 속도와 높은 가격, 부와 성공의 이미지를, Benz 브랜드는 성공한 젊은 사업가의 이미지를 전달한다.

### 3) 브랜드의 구축

브랜드전략은 특정한 목적을 달성하기 위해서 계획된 행동계획이다. 브랜드전략은 소비자들이 어떻게 브랜드를 경험하는 지를 이해하고, 표적청중을 결정하는 것을 포함하는 브랜드 장기계획이다. 브랜드전략은 브랜드명 결정을 포함하는 모든 마케팅활동을 선행한다. 브랜드전략은 소비자 시장에서 브랜드의 가시성을 향상하려는 의도로 사전에 고안된 계획이다.

### ① 브랜드개발

회사는 신제품을 개발할 때 기존 브랜드명을 사용하거나 새로운 브랜드명을 개발할 수 있다. 따라서 회사는 브랜드를 개발할 때 4개 중에서 하나의 전략을 선택할 수 있다. 즉, 계열확장, 브랜드확장, 복수브랜드와 신규 브랜드 등이다.

**그림 10-13 브랜드개발전략**

| 브랜드명 \ 제품범주 | 기존 | 신규 |
|---|---|---|
| 기존 | 계열확장 | 브랜드확장 |
| 신규 | 복수브랜드 | 신규브랜드 |

- 계열확장(line extensions): 기존 브랜드명을 동일한 제품범주의 새로운 형태, 색상, 크기, 요소나 향기 등을 확대하는 것을 뜻한다. 신제품을 출시할 때 저비용과 저위험 능력을 사용하거나 소매업자로부터 진열선반을 지배하기 원할 때 사용된다.[4]
- 브랜드확장(brand extension): 현재의 브랜드명을 새로운 제품범주에 있는 새롭거나 수정된 제품으로 확대하는 것이다. 브랜드확장은 신제품에 즉각적인 인지와 신속한 수용을 제공한다. 신규 브랜드명을 구축하는 데 필요한 높은 광고비를 절약할 수 있다.
- 복수브랜드(multibrands): 다른 소비자 분할시장에 출시하는 다른 특징을 수립하고, 소매업자의 진열공간을 차지하고, 더 큰 시장점유율을 획득하기 위한 방법이다.

### ② 브랜드의 전략적 구축

브랜드를 명명하여 제품에 가치를 추가하는 것은 기억하기 쉬운 이름을 단순히 부여하는 것 이상을 의미한다. 브랜드명의 제정은 품질, 가격, 성능과 신분 등에 관하여 소비자에게 전체 메시지를 전달하는 브랜드 이미지에 영향을 주는 전체 마케팅믹스에 걸쳐 다양한 활동의 결합이다. [그림 10-14]처럼 브랜드는 제조자와 소비자 간의 연결점으로 제조자가 투입한 요소가 소비자에게는 다른 모습으로 변환되어 산출된다. 소비자들은 특정한 브랜드에 대하여 자아 이미지, 품질, 성능, 가격, 가치, 비용과 경쟁제품과의 차별성을 형성하고 연상한다. 예를 들면, Benz 브랜드는 성공한 젊은 사업가의 이미지를 전달한다. Porsche 브랜드는 기술적 탁월성, 신뢰성, 스포츠, 스타일링, 높은 속도와 높은 가격, 부와 성공의 이미지를 전달한다. 사람들은 이러한 자동차를 단순히 이동의 수단으로 구매하지 않는다. 브랜드는 마케팅믹스의 모든 요소를 포함하기 때문에 소비자 만족을 창출하는 경영의 사고과정을 안내하는 수단으로써 마케팅 노력에 대한 집중으로 간주한다.

4 Keller(1993).

그림 10-14 브랜드의 투입요소와 산출 결과

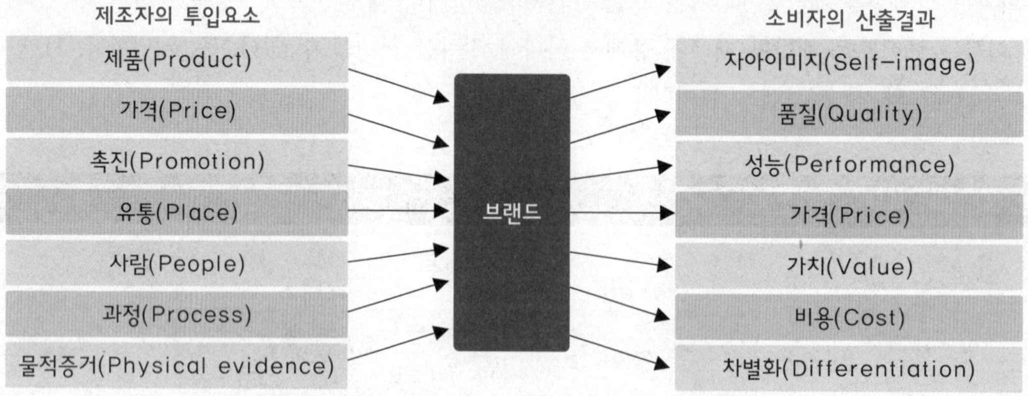


브랜드의 인위적인 차별화에도 불구하고 소비자에게 주는 편익은 매우 현실적이다. 고통을 완화하는 진통제 실험에서 브랜드가 있는 진통제가 무브랜드 진통제보다 더 효과가 있다는 결과가 나왔다. 이것은 브랜드의 정신신체의학적인(psychosomatic) 힘이다. 심지어 자동차의 성능이 값싼 자동차의 성능과 다름이 없더라도 명품차를 운전하는 사람은 다른 사람의 존경과 선망에 의한 실제적인 편익을 얻을 수 있다. [표 10−3]처럼 브랜드의 전략적 기능은 소유자의 기호, 차별화 도구, 기능적 성능, 싱징도구, 위험축소기능, 간단한 전달기능, 법적 도구와 전략도구 등이 있다.

표 10-3 브랜드의 전략적 기능

| 기능 | 설명 |
|---|---|
| 소유자 기호 | 브랜드에 대한 마케팅활동을 하는 주체를 나타낸다.<br>지식재산권 보호가 불충분한 경우에 제품을 보호해주는 시도이다.<br>제조자 브랜드나 유통업자 브랜드 간의 선택을 확실히 할 수 있다. |
| 차별화 도구 | 강력한 브랜드는 유사브랜드와 구별해준다.<br>브랜드 이미지는 소비자에게 차별성을 전달하는 커뮤니케이션 도구이다. |
| 기능적 성능 | 브랜드는 기능적 성능을 전달하는 데 사용될 수 있다.<br>브랜드는 소비자에게 품질 이미지와 기대된 성능을 전달한다. |
| 싱징도구 | 브랜드의 상징성은 소비자가 브랜드에 관하여 무엇을 말할 수 있게 한다.<br>이것은 특히 고가의 명품에서 뚜렷하다.<br>브랜드를 선택할 때 상당한 시간과 노력을 감소한다. |
| 위험축소기능 | 모든 브랜드는 위험을 포함한다.<br>제품은 기대한 대로 작동되지 않을 수 있다.<br>강력한 브랜드 제품은 소비자에게 제품과 제조자에 관한 안심을 제공한다. |
| 전달기능 | 소비자의 기억 속에 있는 제품에 관한 정보를 연결하는 방법이다.<br>이것은 특히 브랜드가 다른 제품범주에 확장될 때 관련된다. |
| 법적 도구 | 브랜드는 제조자에게 법적 보호를 준다.<br>포장 디자인과 브랜드명은 다른 제품이 사용할 수 없도록 보호된다. |
| 전략도구 | 브랜드자산은 브랜드가 표현하는 추가적인 가치를 유지하고 관리할 수 있다. |

# 2 가격결정

가격(price)은 제품이나 서비스를 소유 또는 사용하는 대가로 지불하는 금전적 가치이다. 고객은 제품이나 서비스의 주어진 양을 얻기 위해 돈을 지불한다. 이러한 가격은 기업의 수익을 결정하는 마케팅믹스의 유일한 변수로 중요한 경쟁의 도구이다. 소비자들은 가격이 높을수록 품질이 좋을 것이라고 추론하는 경향이 있다. 가격결정(pricing)은 마케터에게는 가격은 달성해야 할 수익(profit)일 뿐만 아니라 판매할 제품의 가치(value)이기 때문에 중요하다. 가격에 대한 고객의 반응, 정부조치, 도매상과 소매상의 영향, 경쟁환경, 제품개발, 제조, 유통과 관리 등은 가격을 결정할 때 고려해야 할 요소이다. 따라서 가격결정에 영향을 주는 주요 요인은 소비자, 수요의 가격탄력성, 경쟁자, 제품원가, 경제, 법과 정부의 규제와 회사의 정책 등이다.

## (1) 가격결정 요인

### 1) 소비자

구매자들이 제품가치를 어떻게 지각하는지, 구매자들이 얼마나 많이 있는지와 가격의 변화에 얼마나 민감한지가 중요한 요소이다. 시장의 규모에 관한 자료를 수집하는 것 이외에 회사는 소비자들이 가격에 얼마나 민감한지를 파악한다. 가격은 수요와 공급(supply and demand)의 법칙에 따라서 자동적으로 결정된다고 가정한다. 가격이 오르면 수익이 증가하지만, 제품이 돈에 비해 가치가 있다고 느끼는 소비자들이 적기 때문에 제품에 대한 수요는 감소한다. 반대로 가격이 떨어지면 수요는 더 많이 증가하지만, 제품을 공급하는 것이 가치가 있다고 느끼는 공급자들이 적기 때문에 적게 생산한다. 궁극적으로 생산량이 소비량과 같아지는 균형상태가 도달하고, 그 지점에서 가격은 고정된다.

### 2) 수요의 가격탄력성

탄력성(elasticity)은 가격이 변할 때 수요량이나 공급량이 변하는 정도를 수치로 나타내는 지표이다. 가격탄력성(price elasticity)은 가격에 대한 수요의 탄력성으로 가격이 변할 때 수요량이 변하는 정도이다. 예를 들면, 가격이 1% 변화하였을 때 수요량은 몇 % 변화하는가를 절대치로 나타낸 크기이다. 즉, 소비자가 가격 변화에 얼마나 민감하게 반응하는지, 둔감하게 반응하는지를 확인하기 위한 지표이다. 이와 달리 공급탄력성(elasticity of supply)은 가격이 변할 때 공급량이 변하는 정도이다.

$$\text{수요의 가격탄력성} = \frac{\text{수요량의 변화율(\%)}}{\text{가격변화율(\%)}}$$

가격탄력성은 고객이 구매하는 양의 증가나 감소에 의해 가격변화에 대한 고객의 민감도이다. 수요가 탄력적이라면 가격의 작은 변화는 수요의 큰 변화가 될 것이다. TV나 냉장고와 같은 내구재는 필수품보다 더 가격 탄력적이다. 사람들은 가격이 떨어질 때 더 많이 구입하고, 가격이 상승하면 적게 구입한다. 수요가 비탄력적이라면 가격의 변화는 수요변화에 적은 영향을 준다. 고객반응은 수용할 수 있는 대체재와 긴급한 욕구에 부분적으로 달려있다. 은행업과 같은 공급자는 수요량에서 변화에 매우 신속하게 반응하지만, 농업과 같은 공급자는 생산수준을 변경하는 데 장시간이 필요하다. 제품에 대한 수요가 비교적 동일하고, 구매자들이 가격변화에 민감하지 않을 때 수요는 비탄력적이다. 음식품과 같은 필수품은 가격변화에 영향을 적게 받는다. [그림 10-15]에서 (a)는 판매량이 가격변동에 아주 적게 영향을 받는 제품을 나타내는데 수요는 비탄력적(inelastic)이다. (b)는 가격의 작은 변화로 수요가 상당 폭 변화하는 경우로 수요는 탄력적(elastic)이다. (c)는 완전탄력적, 탄력적, 단위탄력적, 비탄력적 및 완전비탄력적 수요를 표현한 도표이다.

- **탄력적 수요(elastic demand):** 탄력성의 절대값 >1
- **비탄력적 수요(inelastic demand):** 탄력성의 절대값 < 1
- **단위탄력적 수요(unitary demand):** 탄력성의 절대값 = 1

그림 10-15 수요의 가격탄력성

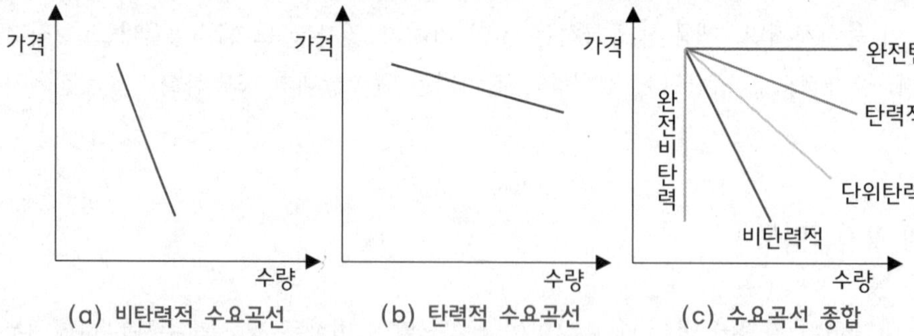


### 3) 경쟁자

경쟁자의 가격은 기업의 가격결정에 매우 큰 영향을 준다. 회사는 충성고객을 확고히 하고 유지하기를 원하기 때문에 경쟁자의 가격과 종종 일치한다. 한 회사가 원가상승으로 제품가격을 5% 인상한다면 다른 회사들도 그 만큼 인상할 것이며, 어떤 회사가 무료배송을 실시한다면 다른 회사도 무료배송을 한다. 대체재의 이용가능성도 회사의 가격결정에 영향을 준다. 직접적인 경쟁자뿐만 아니라 대체재와 잠재적 진입자를 조사한다.

### 4) 제품원가

원가(cost)는 가격의 하한선이다. 기업의 생존과 성장을 위한 최소한의 가격은 제품의 원가에 의해서 결정된다. 제품개발, 테스트와 포장에 들어간 비용, 촉진과 유통비용을 포함한 제품원가는 가격을 결정할 때 고려사항이다. 예를 들면, 신제품이 출시될 때 사람들이 제품의 존재를 알리는 촉진비용은 매우 크다. 제품수명주기에서 신제품의 출시단계는 가격에 영향을 줄 수 있다. 제품이 다른 시장에서 제품수명주기상 어떠한 단계에 있는지를 아는 것이 중요하다. 미국에서 iPhone의 판매가 꾸준하지만, 한국인들은 다소 진부하다고 느낄 수 있다.

총비용이 총수입과 같은 점이 손익분기점(BEP: breakeven point)이다. 이것은 사업의 총고정비와 총변동비를 충당하는 데 필요한 판매와 수익을 계산할 때 유용하다. 손익분기점은 이익과 손실이 없는 곳이다. 기업이 손익분기점 이상으로 제품가격을 책정하여 수익을 확보하려고 할 때 매출액을 추정하고 전략을 수립한다. 특정한 가격을 책정하였을 때 총수익과 총비용이 같아지는 매출액을 산출한다. 이때 손익분기점 이상으로 매출을 실현하면 수익이 발생하고, 이하로 매출하면 손실이 발생한다. 고정비(fixed costs)는 판매수준과 관계없이 충당해야 할 비용으로 고정자산의 감가상각비, 임금과 급여, 보험료, 임차료, 이자, 제세공과금 등이다. 변동비(variable costs)는 판매에 따라서 발생하는 비용으로 판매수수료, 광고와 마케팅 비용과 재료비 등이다. 손익분기점을 구하는 공식은 다음과 같다.

- 총수익 = 판매량 x 판매단가
- 총비용 = 변동비 + 고정비
- 총수익 = 총비용
- 판매량 x 판매단가 = 변동비 + 고정비

예를 들면, 판매단가가 12,000원, 총고정비가 50,000,000원, 단위당 변동비가 2,000원일 때 손익분기점 매출수량과 매출액을 구하면 다음과 같다.

- 총수익 = 총비용 = 변동비 + 고정비
- 판매량 Q, 단가 P이면 총수익은 판매량(Q) × 단가(P)이다.
- 총수익: 판매량 × 단가 = Q × 12,000
- 총비용: 고정비 + 변동비 = 50,000,000 + Q × 2,000
- 따라서 총수익 = 총비용이므로 Q × 12,000 = 50,000,000 + Q × 2,000
- Q = 5,000개

- 판매액= 판매수량 × 판매단가: 5,000(개) × 12,000(원) = 60,000,000원
- 손익분기점 매출수량과 매출액: 수량 5,000개, 매출액 60,000,000원

그림 10-16 손익분기점과 매출액

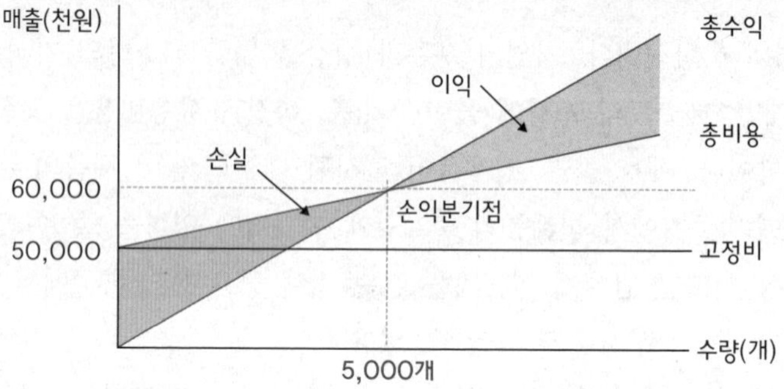


### 5) 경제, 법과 정부의 규제

경제 또한 가격결정에 큰 영향을 준다. 경제가 취약하고, 많은 사람들이 실업자일 때 회사는 종종 가격을 낮춘다. 국제시장에서의 환율 또한 영향을 준다. 가격결정은 정부의 규제에 의해서 영향을 받는다. 규제는 소비자를 보호하고, 경쟁을 촉진하고, 기업의 윤리와 공정거래 행동을 장려한다.

### 6) 회사의 정책

보관, 유통과 판매과정에서 다양한 역할에 의해서 가격결정에 영향을 준다. 시장조절 가격 환경에서 경쟁은 격심하고, 경쟁공급자의 제품은 유사한 것으로 보이고, 가격에 대한 통제는 거의 없다. 가격결정은 판매량, 수익, 현금흐름, 재고수준, 이미지, 정부규제에 대한 잠재력과 시장경쟁에 영향을 준다. 가격결정의 목적은 대체로 수익지향이다. 목표는 수익을 극대화하고, 투자나 판매에 대한 목표수익을 달성하고, 만족할 만한 수익을 실현하는 것이다. 대기업은 제품의 가격을 결정할 때 판매지향적인 경향이 있다. 가격결정 목적을 지향하는 판매목적은 시장점유율을 증가하고, 판매수입을 극대화하고, 회사와 교환을 창출하기 위한 것이다. 회사는 서비스나 품질을 통해서 제품을 차별화할 수 있고, 제품에 대한 더 큰 지각된 가치를 창출한다.

## (2) 가격믹스

가격이 직접적인 수익을 창출하는 것은 마케팅믹스에서 유일한 요소이다. 가격은 소비자가 제공물을 받기 위해 교환하는 금액이다. 제품이나 서비스를 소유 또는 사용하는 대가로 지불하는 금전적

가치이다. 가격은 품질정보를 제공하고, 기업의 수익을 결정하는 유일한 변수로서 중요한 경쟁의 수단이다. 가격은 재료비, 제품차별화, 경쟁, 시장점유율과 제품에 대한 고객의 지각된 가치(perceived value)를 포함하는 다양한 변수로 영향을 준다.

### 1) 출시가격정책

가격결정을 할 때 제품원가, 마케팅과 유통비용, 광고비용이나 시장에 있는 모든 가격변화를 고려한다. 가격결정(pricing)은 동적이다. 모든 변수가 변하기 때문에 제품의 가격도 변한다. 경쟁력이 있는 가격결정 전략은 차별화 요소, 브랜드 이미지, 우수한 유통, 광고소구 등을 기준으로 결정한다. 제품가격을 계획할 때 몇 가지 전략이 있다. 침투가격, 초기고가, 중립가격, 제품계열가격, 묶음가격, 심리적 가격, 부산물가격, 사양제품가격, 원가가산, 손실유도 등이 있다. 이러한 전략들은 기업이 달성하고자 하는 목표에 달려있다.

#### ① 침투가격전략(penetration pricing)

초기에 동일한 제품에 대해 비교적 저렴하게 가격을 책정하고, 나중에 제품가격을 인상하는 전략이다. 규모의 경제가 존재하거나 단위당 이익이 낮더라도 대량판매로 높은 총이익을 확보하기 위한 목적이다. 매출과 시장점유율을 증가하기 위해 저가전략을 실정한다. 시장점유율을 증가하기를 원할 때 효과적인 전략이지만 위험하다. 경쟁자는 시장점유율을 잃지 않기 위해 가격을 낮출 수 있기 때문이다.

#### ② 초기고가전략(skimming pricing)

신제품을 출시할 때 유사한 제품에 비해 초기에는 비교적 높게 제품가격을 책정하고, 점진적으로 가격을 인하하는 것을 의미한다. 초기고가 전략은 판매수입을 극대화함으로써 신속하게 비용을 회수하는 것이다. 초기고가 전략의 목적은 시장에서 제품개발비를 초기에 회수하기 위한 것이다.

#### ③ 중립가격전략(neutral pricing)

자신들의 비용구조나 수요보다는 경쟁자의 가격을 보다 중요하게 생각하고, 주된 경쟁자의 제품가격과 동일하거나 비슷한 수준에서 책정하는 방법이다. 이것은 기업이 싼 값에 제품판매를 원하지 않을 때 사용한다. 중립가격은 경쟁자의 보복을 피하고, 마케팅믹스의 이점을 유지할 수 있다.

### 2) 판촉가격 정책

- 제품계열가격(product line pricing): 동일한 제품범위에 있는 서로 다른 품목을 상이한 가격대로 설정하는 것이다. 예를 들면, 자동차를 소형, 중형이나 대형으로 분류하여 기능과 품질의 차이를 두어 다른 가격대로 제공하는 경우이다. 특징과 편익이 클수록 소비자는 더 많이 지급

하는 경향을 활용하여 가격대별 차이가 있는 품목에 적용한다.

- 묶음가격(bundle pricing): 유사하거나 동일한 제품을 묶어서 구입하면 낱개로 구입하는 것보다 더 저렴하게 가격을 설정하는 것이다. 회사는 판매율을 올리기 위해 인하된 가격으로 제품의 묶음판매를 한다. 소비자들은 제품을 낱개 구입이 묶음 구매보다 더 많이 지불하게 된다. 묶음가격은 개별가격보다 저렴하기 때문에 구매유발 효과가 나타날 수 있다.
- 심리적 가격(psychological pricing): 최종가격의 선정에 있어 가격에 대한 소비자 지각을 반영하는 방법이다. 즉, 어떤 가격이 경쟁제품보다 더 호소할 수 있다고 믿는 가격을 결정하는 것이다. 예를 들면, 소매상들이 9,990원, 990원과 같은 가격표를 사용한다.
- 부산물 가격(by product pricing): 주제품 생산과정에서 발생하는 여러 부산물을 판매하는 것이다. 예를 들면, 원유, 육류, 어류, 제재소 등의 부산물을 판매하는 경우이다.
- 사양제품 가격(optional pricing): 주제품 이외에 각종 액세서리나 선택제품을 고가로 설정한다. 이 전략은 주로 자동차, PC나 아파트에서 일반적으로 사용된다. 보통 자동차의 기본모델은 비교적 싸게 하고, 사양제품은 비싸게 책정한다.
- 종속제품 가격(captive-product pricing): 주제품과 함께 사용하는 제품을 동시에 판매하는 것이다. 예를 들면, 면도기와 면도날, 프린터와 잉크 카트리지이다.
- 손실유도(loss leader): 특정 제품을 끌기 위해 저가격을 사용한다. 그러나 경쟁력이 있는 가격결정 전략을 선택하는 마케터는 비가격경쟁을 사용하려고 한다.
- 명성가격(prestige pricing): 자사 브랜드를 탁월한 품질이나 사회적 지위의 표상으로 만들기 위해 최고급 제품의 가격을 설정하는 전략이다. 할증가격(premium pricing)이라고도 한다. 예를 들면, 롤렉스나 벤틀리 등이 있다. 주로 명품 패션, 고급 오디오, 아파트와 자전거, 화장품, 문구류 등 다양한 분야에서 활용하고 있다.

### 3) 가격할인 정책

- 현금할인(cash discount): 제품을 구입하고 현금으로 대금을 지급할 경우 일정 금액을 할인해주는 경우이다. 대손을 방지하고, 유동성을 확보하기 위해 사용된다.
- 수량할인(quantity discount): 대량으로 구매하는 경우 일정금액을 할인해 주는 제도이다. 대량판매는 판매비용, 보관비용, 배송비용, 주문처리비용 등을 절감할 수 있다.
- 거래할인(transactional discount): 중간상이 판매업자가 하는 일을 대신 해주는 경우 그 역할에 대한 보상으로 일정금액을 할인해 주는 제도이다.
- 계절할인(seasonal discount): 계절이 지난 제품을 구매하는 소비자들에게 재고를 소진하고 유동성을 확보하기 위해 일정금액을 할인해 주는 제도이다.
- 공제(allowance): 보상판매로 기존제품을 신제품으로 교체 구매할 때 기존제품의 가격에서 일정한 비율만큼을 공제해주는 제도이다.

## (3) 가격결정의 절차

### 1) 가격결정의 고려사항

가격(price)은 소비되는 돈의 양을 강조하고, 가치(value)는 소비되는 돈의 교환으로 받는 것을 강조한다. 판매가 저조하거나 고객이 불만족하는 것처럼 보일 때 신속한 수정 해결책을 찾아서 가격을 변경하는 것이 바람직하다. 판매나 만족을 향상하기 위해 가격을 인하하기 전에 전달하는 가치를 증가하는 다른 방법을 먼저 생각한다. 이때 고려할 요소이다.

- 고객들이 요청하는 가격보다 더 크게 제품가치를 느껴야만 한다.
- 고객이 가치를 적게 생각할수록 저가격을 더 강조한다.
- 고객들은 가격이 낮을수록 가치를 더 낮게 지각한다.
- 가격을 변경할 때는 변경을 확실해야 한다.
- 매우 필요하고 거의 구하기 어려운 제품은 대부분 가격에 민감하지 않다.

### 2) 가격결정의 목적

마케팅 전략을 개발할 때 가격결정의 중요성은 다양한 전략적 사용이다. 새로운 제품이나 서비스의 도입기에 가격은 새로운 시장의 진입을 확보하는 데 사용된다. 가격은 시장점유율을 유지하는 수단으로 또는 경쟁자에 대한 포지션을 방어하기 위해서 사용된다. 또한 가격은 재무적 목적을 충족하는 수준에서 설정된다. 가격결정은 제품 제공에 투입된 비용과 마케팅활동에 대한 이익을 회수하고, 경쟁자와 경쟁하는 도구에 관한 의사결정이다. 이러한 가격결정의 목적은 수익실현, 판매증가, 현상유지와 사회지향 목적 등이 있다.

그림 10-17 가격결정의 목적

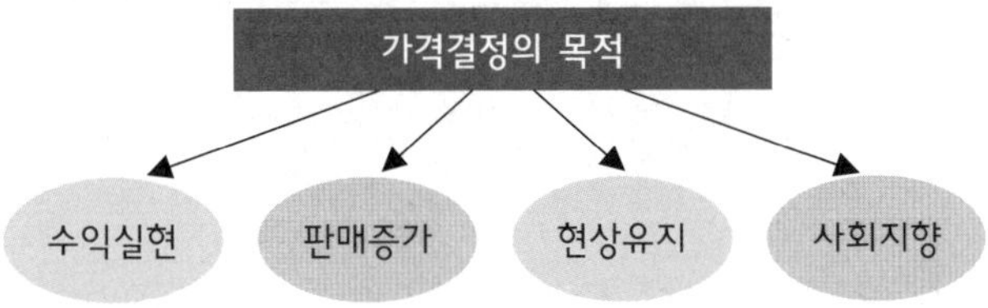


#### ① 수익실현

- 투자수익의 달성: 기업은 투자수익의 목표를 설정한다. 원가가산은 수익뿐만 아니라 예상비용을 포함한다.

- 수익극대화: 기업은 배당금을 지급하고, 임차료와 공공요금, 임금과 급료를 지급하고, 신기술과 확장계획에 투자하기 위해 수익이 필요하다. 그러나 수익을 극대화하기 위해 기업은 시장, 판매가능액에 관한 자료와 고정비와 변동비의 추정이 필요하다.

#### ② 판매증가

- 매출액 증가: 기업은 시장침투와 신규진입자의 저지를 위해 가격결정 목적을 추구한다.
- 시장점유율의 유지나 확대: 시장점유율(market share)은 시장지위의 지표이다. 시장점유율의 하락은 공격적인 경쟁이나 외부요인에서 올 수 있다. 시장점유율의 하락은 생산능력의 이용을 불가능하게 하고, 유휴비용(idle cost)[5]이 증가한다. 시장점유율이 하락하면 명성의 손실뿐만 아니라 유휴비용으로 어려움을 당한다.

#### ③ 현상유지

가격은 기업의 현상을 유지하기 위해서 설정된다. 경쟁자 가격을 따르는 가격결정은 가격결정의 가장 수동적인 목적이고, 기업은 실제로 가격전쟁을 회피한다.

- 경쟁자 추격: 기업은 시장에서 널리 통용되는 가격을 설정하려고 한다. 주요 목적은 수익을 얻는 것보다 시장에 진입하는 것이다. 신규 진입자는 복잡한 의사결정의 귀찮은 상황 없이 동일한 포지셔닝과 이미지를 얻기 위해 성공적인 기업과 자신을 함께 다룬다.
- 가격안정화: 기업은 가격을 설정할 때 선도자를 따르는 경향이 있다. 주요 목적은 모든 기업에 해로운 가격전쟁을 시작하지 않는 것이다.

#### ④ 사회지향

어떤 기업은 수익, 판매나 경쟁자를 능가하기 위해 가격을 설정하지 않는다. 주요 목적은 소비자에 대한 책임이나 사회적 책임이다. 기업은 실제로 손실을 입지만, 목적은 일반 대중의 공공 이익이다. 철도, 지하철, 버스, 전기나 우편 서비스는 사회적 목적을 따른다.

### 3) 가격결정 절차

#### ① 가격결정의 방법

가격의 하한선은 제품원가이고, 가격의 상한선은 고객가치이다. 따라서 가격은 대체로 제품원가와 지각가치 안에서 설정된다. 경쟁자들의 가격은 가격결정에 중요한 영향을 미친다. 고객이나 자사의 원가구조에 의하여 가격결정을 하는 것이 아니라 경쟁자와 비용구조, 시장과 고객 등이 동일하다는 전제로 가격결정을 실무에서는 많이 한다. 그러나 위와 같은 전제가 문제가 있을 수 있다. 궁극

5 공장의 생산 설비나 노동력이 정상적으로 이용되지 아니할 때 생기는 손실.

적으로 기업은 고객이 제품에서 느끼는 가치에 기꺼이 지불하려는 점에서 가격을 설정하려고 한다. 그러나 고객이 지각하는 제품의 가치는 계량화하기가 어렵다.

- 경쟁기반 가격결정(competition-based pricing): 가격선도자는 가격에 의해서 산업을 이끄는 지배적인 시장점유율을 갖는 기업이다. 경쟁자들은 언제나 가격 선도자를 관찰하고, 가격을 변경할 것이다. 어떤 가격 선도자들은 매우 우세하여 가격 관행을 통하여 경쟁자를 봉쇄할 수 있는 능력을 갖고 있다.
- 비용기반 가격결정(cost-based pricing): 첫 단계는 손익분기점을 결정하는 것이다. 손익분기점 분석은 품목의 판매와 제조와 판매비용 간의 손익분기점을 달성하는 데 필요한 판매량을 결정하는 것이다.
- 고객지각 가치가격결정(perceived value pricing): 비가격변수의 사용으로 시장에서 고객들에게 지각되고 있는 상품의 상대적 가치를 파악하여 상품의 가격을 결정한다. 이것은 제품원가보다는 고객의 가치지각을 토대로 가격을 책정하는 것이다. 따라서 고객이 지각하는 제품가치를 측정하여 목표가격을 먼저 설정한다. 그런 다음 목표로 삼은 제품가치와 가격에 맞는 제품을 설계하고 생산하는 비용을 추정한다. 상징성·분위기·편리성·이미지 등의 무형적 가치는 고객의 가치판단에 의존할 수 있다.

그림 10-18 가격의 범위

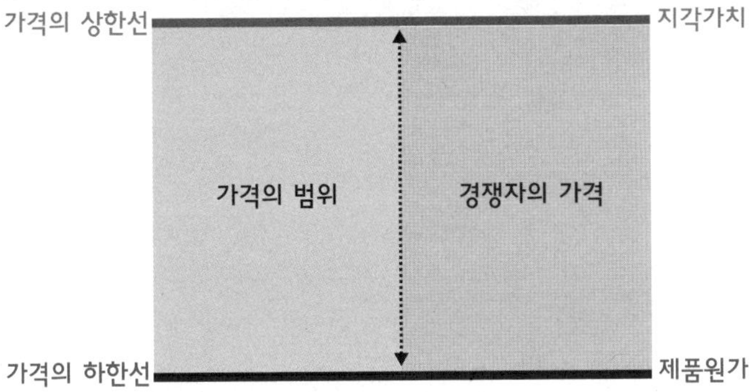


### ② 가격결정의 절차

회사의 수익을 창출하는 유일한 요소인 가격설정은 대체로 8단계로 진행된다. 가격설정할 때 경쟁자를 확인하는 것이 어렵지만 어떠한 제품도 경쟁 없이 독점적으로 판매되는 경우는 매우 드물다. 제품이 제공하는 욕구를 충족할 수 있는 방법들이 항상 많이 있다. 또한 고객들은 다른 욕구를 갖고 있고, 돈에 합당한 가치를 구성하는 다른 견해가 있다. 다음은 적절한 가격결정의 절차들이다.

㉮ 가격의 개발: 가격결정의 목적은 조직의 전체 목적과 관련이 있어야 한다. 시장점유율이나

수익 극대화를 추구하는 회사의 목표에 따라 다르다.

㉯ 표적시장의 평가: 표적시장의 구매능력과 가격을 평가한다. 구매자들은 유흥지의 음료수 가격보다 슈퍼마켓의 식품가격에 더 민감하다.

㉰ 수요의 결정요인: 대부분의 제품은 가격이 오르면 수요는 떨어진다. 그러나 반드시 직선적인 관계는 아니다. 어떤 제품에 관해서 심지어 작은 가격상승은 수요에서 급격한 감소가 되지만, 어떤 제품에서는 큰 폭의 가격상승이 수요에 거의 영향을 미치지 않는다.

㉱ 수요, 비용과 수익관계의 분석: 필요로 하는 이익을 고려하여 시장에서 허용되는 가격으로 제품을 생산하는 비용을 분석할 필요가 있다. 비용계산은 주어진 제품수량을 생산하는 데 소요되는 고정비용과 단위비용을 포함한다. 판매수량은 시장에 의해서 결정되고, 판매가격과 관련이 있다.

㉲ 경쟁자의 가격평가: 현재 부과된 가격의 조사이지만, 새로운 경쟁자의 진입가능성을 고려한다. 가격은 독점성이나 고급품질의 인상을 주기 위해 경쟁자보다 더 높은 가격으로 할 수 있다. 이것은 향수시장이나 레스토랑과 미장원 같은 서비스 시장에서 흔하다.

㉳ 가격정책의 선택: 가격정책은 여러 가지 가격정책의 리스트에서 자사에 가장 적합한 것을 선택한다.

㉴ 가격결정 방법의 개발: 제조자는 장차 가격을 결정하기 위한 단순한 방법을 개발한다. 단순한 방법은 원가가산이나 이익가산을 사용한다.

㉵ 구체적 가격의 결정: 이전 단계가 철저한 방법으로 수행되면 실제적인 가격결정은 단순한 문제이다.

# 11

# 시장세분화, 표적화와 포지셔닝

1 시장세분화

2 표적시장의 선정

3 포지셔닝

4 출시전략

5 출시전술과 출시 후 관리

Insight

# 하워드 슐츠



## 영업사원으로 출발한 하워드 슐츠

하워드 슐츠(Howard Schultz)는 1953년 뉴욕 브루클린의 트럭 운전사의 아들로 궁핍한 가정에서 태어났다. 대학졸업 후 제록스사에 영원 사원으로 출발하였다. 그 후 스타벅스(Star Bucks)에 마케팅 이사와 컨설턴트로 취업하여 근무하다가 회사를 인수하여, 전세계 70여 개국 20,000여 점포를 운영하는 글로벌 기업으로 성장시켰다. 스타벅스는 맛과 향이 좋은 커피가 아니라 편안하고, 안정적인 공간, 열정과 낭만, 편안한 음악, 진심이 담긴 친절한 서비스를 판매하는 문화기업이다. 또한 파트 타임 근무자를 포함한 직원들에게 Beans Stock이라는 스톡옵션을 비롯한 양질의 복지제도를 실시하고 있다.

## 원래의 스타벅스

열렬한 커피 애호가인 Jerry Baldwin, Zev Seigal과 Gordan Bowker가 최초의 스타벅스를 1971년에 커피점을 개점하였다. 스타벅스는 고급커피원두를 판매하는 소매점으로 점내에서 커피는 판매하지 않았다. 세 동업자들은 커피제조에 열정적이었고, 고품질의 커피콩과 장비를 판매하였다. 이 점포는 소매점이었고 다른 커피 음료는 판매하지 않았다. 이 세 사람은 그들의 분야에서 전문가였다. 커피는 수세기 전에 미국에 도입되었지만, 패스트푸드점에 제공되는 커피로 인식되었다. 스타벅스는 미국에서 드문 생커피콩을 독점적으로 판매했다. 대부분의 슈퍼마켓은 미국에 있지 않은 다른 공장에서 구운 커피콩을 판매했다. 동업자들은 커피콩을 구우면 산화되어 대부분의 향기를 잃는다고 믿었다. 구운 커피콩이 약화되지 않기 위해 그들은 굽는 과정을 집에서 해야만 한다고 믿는다. 커피콩을 구우면 스타벅스는 구운 커피콩을 분쇄하는 것뿐만 아니라 분쇄기도 판매했다. 커피를 만들기 위해 분쇄기는 끓일 필요가 있었다. 일단 구운 커피콩이 분쇄되면 매우 빠르게 산화되고 향기가 콩에서 떠나기 때문에 분쇄 과정은 항상 끓이기 전에 한다. 스타벅스 점포는 신선한 커피를 확보하기 위해 굽는 기구, 분쇄기와 끓이는 기구를 판매했다. 커피콩을 굽는 시간과 구운 커피콩과 관련된 산화요인을 고객들에게 설명하는 데 많은 시간을 들인다.

## 스타벅스 취업, 유럽여행과 인수

하워드 슐츠는 1981년 시애틀을 방문하여 많은 커피장비를 구매하는 스타벅스를 발견하였다. 그는 스타벅스에 가서 커피를 시음하고 나서 스타벅스의 커피에 빠졌다. 점원이 끓인 우수한 품질의 커피에 감탄하였다. 커피에 대하여는 초심자였지만, 마케팅 이사와 컨설턴트로서 스타벅스 팀에 합류하기로 결정하였다. 1982년 하워드 슐츠는 그의 일생을 영원히 바꾸는 유럽여행을 하였다. 그는 유럽에 가서 에스프레소 음료와 커피에 매료되었다. 스타벅스에서 잡담하는 동안 커피 한잔을 즐기기를 원하는 소비자들에게 판매하는 커피점을 상상한다. 이탈리아의 카페에서 큰 감명을 받고 커피를 마시며 사람들과 친교하고 휴식을 취할 수 있는 공간을 만드는 아이디어가 떠올랐다. 그는 시애틀에 돌아와 Baldwin, Seigal과 Bowker에게 그의 아이디어를 제안하였지만 즉시에 거절당하였다. 커피를 계속해서 만든다면 굽고, 분쇄하고, 끓이는 커피 제조공정을 완성하는 데 많은 시간이 들기 때문에 소비자들에게 양질의 커피를 판매하는 것이 불가능하다고 믿었다. 그들은 의자에 앉아 있는 동안에 집에서 커피를 즐기는 음료이어야 한다고 믿었다. 그러나 하워드 슐츠는 위험을 추구하는 것을 두려워하지 않고, 몇 년 후에 시애틀에 커피 전문점을 열어 대단히 성공하였다. 스타벅스는 시애틀 사회에서 절대적인 존재였다. 하워드 슐츠는 1987년 이 회사를 인수하였고, 그런 후 회사는 기하급수적으로 성장하고, 전설을 창조하였다.

## 하워드 슐츠의 아이디어

진귀한 정보는 가치가 있고, 가치 있는 정보는 큰 경제적인 부로 전환된다. 기꺼이 위험을 감수할 뿐만 아니라 기회를 확인할 수 있는 능력이 있기 때문에 진행할 수 있고 부로 전환할 수 있는 사람은 일반적으로 기업가이며, 초심자들이다. 스타벅스의 원래 소유주들이 커피제조에 관하여 가치 있는 정보에 접근하였지만, 그들은 대중에게 양질의 커피를 판매하는 잠재력을 충분히 깨닫지 못하였다. 대중에게 장비와 원두 생커피콩을 판매함으로써 경제적 가치를 부분적으로 알았지만, 하워드 슐츠는 커피와 문화를 판매하는 것이 더 효과적이라고 믿었다. 당시에는 카페 형태의 커피점이 존재하지 않았고, 그러한 장소의 표준은 스타벅스가 만들었다. 사업 아이디어는 단순해 보이는 것 안에서도 새로운 것을 찾아내는 것이다.

스타벅스가 도입되기 전에도 점포에서 신선하게 굽고, 끓이는 유럽풍의 많은 커피 전문점이 있다. 문제는 확장이었다. 커피를 굽는 종업원을 숙련되게 훈련하는 데 추가적인 비용이 필요하기 때문에 굽는 공정은 커피제조에서 가장 중요한 단계이다. 이러한 점이 커피체인점의 제한 사항이다. 굽는 기계와 훈련 때문에 확장이 어렵다는 것을 알았고, 이러한 문제에 대한 답을 찾기 위해 노력하였다. 마침내 구운 커피콩을 압축가방에 즉시 저장한다면 구운 커피콩이 산화되지 않고, 향기가 유지된다는 것을 알게 되었다. 비용절감을 위해 규모의 경제를 활용하여 커피콩을 대량으로 굽기로 결정하였다. 그의 계획은 한 지역에서 대량으로 생산하여 구운 콩을 압축하여 상자에 넣는 것이었다. 이렇게 하여 굽는 기계와 종업원의 훈련비용을 동시에 절감한다.

## 스타벅스의 성공요인

성공요인은 내부적 혁신으로는 고급커피에 대한 열성과 혁신, 투자와 해외진출에 대한 도전정신이다. 고품질의 원두커피만을 사용하고, 엄격한 품질관리로 최고품질을 위한 노력이다. 최고품질을 위해 최고급 원두 아라비카종만을 사용하며, 인공향을 넣지 않고, 정수기를 사용한다. 고객에 대한 서비스 혁신으로는 커피를 판매하는 장소보다는 편안한 장소, 음악과 향기가 있는 분위기와 즐거운 대화를 할 수 있는 곳이다. 커피라는 속성을 토대로 편안한 장소, 음악과 향기가 있는 분위기와 즐거운 대화라는 결과를 얻게 되어 최종적으로 정서적 안락과 행복이라는 가치를 주는 문화산업으로 격상시킨 점이다.

# 제 11 장 | 시장세분화, 표적화와 포지셔닝

## 1 시장세분화

기업은 소비재나 산업재를 구매할 고객을 목표로 시장을 세분화한다. 기업은 신제품의 기회를 확인하고, 적절한 포지셔닝과 전달전략을 개발하고, 그리고 핵심 마케팅활동에 효과적으로 자원을 할당하기 위해 매력적인 세분시장을 확인한다. 동일한 제품으로 모든 고객을 만족시킬 수 없기 때문이다. 시장세분화(segmentation: S)는 전체시장을 비교적 동일한 욕구를 가진 고객의 집단으로 나누는 것이다. 표적시장(target market)은 특정 제품을 구입할 가능성이 가장 높은 소비자의 특정 시장을 의미한다. 표적화(targeting: T)는 시장세분화를 통해 목표로 하는 시장의 고객집단을 선정하는 과정이다. 포지셔닝(positioning: P)은 소비자의 마음속에 경쟁제품보다 더 유리하게 자사제품을 자리 잡게 하는 과정이다.

### (1) 시장세분화의 이해

#### 1) 시장세분화의 개념

시장세분화 개념은 웬델 스미스(Wendell Smith, 1956)에 의해서 개발되었고, 고객의 욕구에 의해 고객들을 분류하는 방법이다. 고객의 욕구는 동일하지 않다고 전제한다. 세분화는 시장을 분할하는 것이고, 표적화는 목표로 하는 시장을 선정하는 것이다. 시장을 세분화하고, 목표로 하는 소비자를 표적으로 선정하고, 경쟁제품보다 더 유리하게 소비자들의 마음속에 제품을 위치하게 하는 전략을 STP 전략이라고 한다. 따라서 [그림 11－1]과 같이 STP 전략은 조직의 현재상황, 자원이나 능력, 제약사항과 시장진출 목적에 대한 상황분석부터 시작한다. 상황분석을 통해 시장세분화, 표적화와 제품 포지션을 설정하여 마케팅믹스를 통해 시장에 접근하는 것이다.

조사를 통하여 입수한 시장정보가 변환과정을 거쳐서 제품이 고객에게 전달되는 과정이다. 구체적인 대상의 설정을 통하여 고객의 마음속에 추상적인 상징과 이미지를 형성하는 과정이기도 하다. 시장세분화 측면에서 시장을 조사하고, 유사 고객집단을 확인하여 동질적인 집단을 토대로 세분시장을 구축한다.

그림 11-1 세분화, 표적화와 포지션의 과정

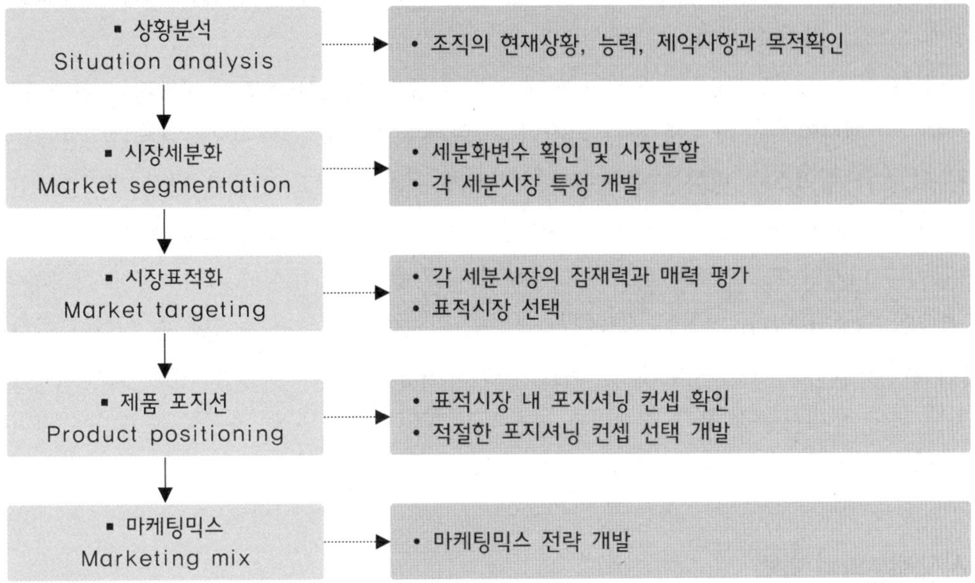

| 단계 | 내용 |
|---|---|
| ■ 상황분석<br>Situation analysis | • 조직의 현재상황, 능력, 제약사항과 목적확인 |
| ■ 시장세분화<br>Market segmentation | • 세분화변수 확인 및 시장분할<br>• 각 세분시장 특성 개발 |
| ■ 시장표적화<br>Market targeting | • 각 세분시장의 잠재력과 매력 평가<br>• 표적시장 선택 |
| ■ 제품 포지션<br>Product positioning | • 표적시장 내 포지셔닝 컨셉 확인<br>• 적절한 포지셔닝 컨셉 선택 개발 |
| ■ 마케팅믹스<br>Marketing mix | • 마케팅믹스 전략 개발 |

그림 11-2 STP 구축 과정의 예

| 시장정보 | 시장세분화<br>(S) | 표적시장<br>(T) | 제품 포지셔닝<br>(P) | 시장전략<br>의사결정 |
|---|---|---|---|---|
| 고객정보 | 유사고객<br>집단확인 | 표적고객<br>집단확인 | 표적시장<br>컨셉창출 | 표적화<br>의사결정 |
| 고객분류 | 남, 여<br>연령, 직업 | 여성, 30대<br>직장인 | 내적보상<br>개인발전 | 창의적<br>표현컨셉 |

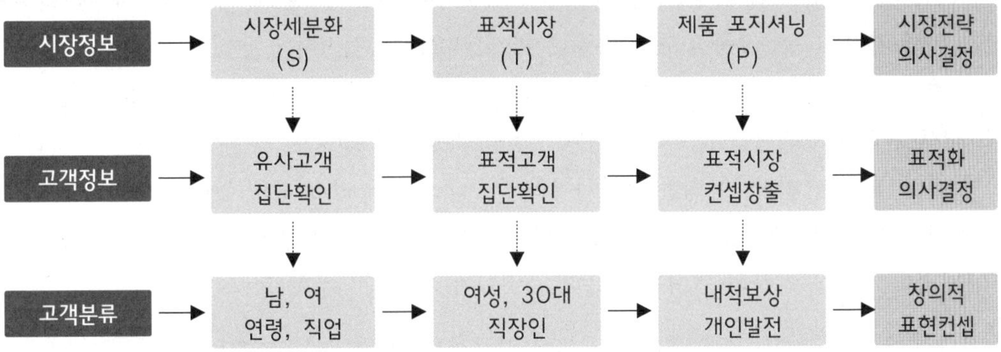

## (2) 시장세분화의 목적과 방법

### 1) 시장세분화의 목적

마케팅을 대량마케팅, 제품다양화 마케팅과 표적마케팅으로 분류할 수 있다. 대량마케팅(mass marketing)은 기업이 한 종류의 제품으로 모든 구매자에게 판매하는 전략으로 대량생산, 대량유통과 대량촉진이 특징이다. 대량마케팅은 규모의 경제나 경험효과로 생산원가의 절감과 단일 마케팅 프로그램으로 인한 마케팅 비용을 절감할 수 있다. 제품다양화 마케팅(product-variety marketing)은 기업이 제품의 기능, 형태, 크기, 색상, 디자인 등에서 차이 있게 보이는 2개 이상의 품목을 생산하여 판매하는 방식이다. 소비자들의 취향과 싫증에 다양성과 변화를 도모하는 전략이다. 표적마케팅(target marketing)은 하나 또는 복수의 시장을 선택하여 이에 적합한 차별적인 제품과 마케팅믹스로 표적시장에 노력을 집중하는 것이다.

시장세분화는 구매자의 욕구가 동일한 형태로 널리 존재하는 시장 안에 구매자나 잠재적 구매자를 분할하고, 마케팅믹스를 다르게 하는 과정이다. 회사는 시장을 전략적으로 관리할 수 있는 부분으로 나누고, 마케팅믹스에 변화를 줌으로써 정확하게 목표로 삼고 만족할 만한 결과를 기대한다. 그 이유는 단일 제품이나 동일한 마케팅 방법이 모든 구매자의 욕구와 필요에 소구할 수 없기 때문이다. 제품이나 마케팅 프로그램을 다르게 적용하거나 구매자들의 특성과 제품욕구에 근거하여 구매자들을 분류할 필요가 있다. 기업이 시장에서 자신의 위치를 확립하고 강화할 수 있어야 한다. 이로써 경쟁자들이 공격하는 것이 어렵게 될 뿐만 아니라 시장지식과 고객충성도를 구축할 수 있다. 시장세분화는 결국 틈새시장을 찾아 경쟁자가 제공하지 않았던 고객들의 욕구를 충족하는 것이다. 또한 제품차별화를 통하여 시장에서 경쟁을 완화할 수 있는 이점이 있다.

### 2) 시장세분화의 방법

시장세분화는 시장을 유사한 욕구와 제품의 요구사항을 갖는 고객집단으로 구분하는 것이다. 따라서 시장분할의 목적은 희소자원을 강화하기 위한 것이다. 즉, 특정한 고객집단의 개별적인 욕구를 충족하기 위해 가격, 유통, 제품과 촉진과 같은 마케팅 요소를 적절하게 투입하는 것이다. 회사의 자원은 유한하기 때문에 모든 고객이 만족하는 제품을 제공하는 것은 사실상 불가능하고 필요하지도 않다. 그래서 선택된 고객집단을 위해 선택된 제품을 제공하는 것으로 회사가 특정한 고객의 욕구에 집중하게 된다. 따라서 시장세분화는 제품차별화(product differentiation)와 관련이 있다. 다른 고객욕구를 충족하기 위해 변형제품을 적용하고, 그런 다음에 다른 세분시장에 소구하는 것이다.

제품차별화 전략은 제품의 변형을 사용하는 것이지만, 시장세분화 전략은 고객의 욕구를 사용하는 것이다. 제품차별화 접근은 고객의 욕구를 발견하여 이를 충족하고, 경쟁자와 다른 차별적인 제품을 개발하여 마케팅믹스를 계획하여 새로운 세분시장에 진출하는 방법인데 비해, 시장세분화 접근은 새로운 세분시장을 발견하여 적합한 신제품을 출시하는 전략이다. 아래 그림은 제품차별화 접근과 시장세분화 접근의 차이를 설명한다.

- **제품차별화 접근:** 경쟁제품과의 차이점 → 제품의 변형 → 세분시장 접근
- **시장세분화 접근:** 고객의 욕구와 필요 파악 → 세분시장 발견 → 신제품출시

### 3) 시장세분화의 요건

시장세분화는 전략과 전술의 두 수준에서 작동한다. 전략 수준에서 세분화는 포지셔닝에 관한 의사결정과 직접적인 관련이 있다. 전술 수준에서는 어느 고객집단을 목표로 하는지와 관련이 있다. 이러한 목적을 정당화하기 위한 시장세분화에 대하여 만족해야 할 요건이 있다. 효과적인 세분시장의 요건은 측정성, 접근성, 충분성, 독특성, 적합성과 실행성이다.

그림 11-3 시장세분화의 요건

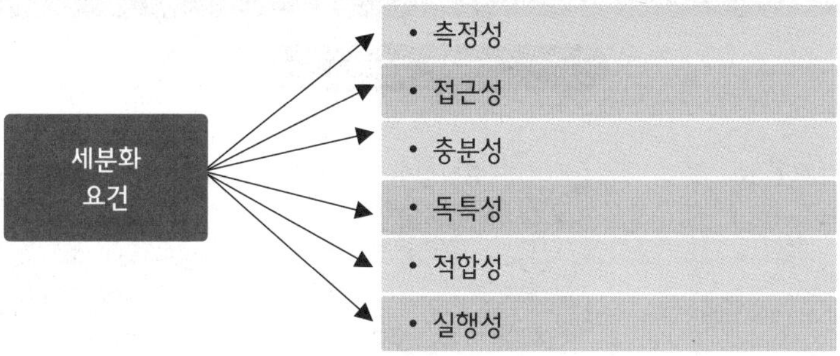


- 측정성(measurability): 세분시장의 규모나 소비자들의 구매력 등을 측정할 수 있어야 한다. 많은 시장에서 측정은 비교적 간단한 과제이지만, 산업이나 기술제품에서는 매우 복잡한 과정이다. 이것은 구체적인 공시자료가 부족하기 때문이다.
- 접근성(accessibility): 기업은 목표 세분시장을 유통경로나 매체를 통해서 접근할 수 있어야 한다. 규모가 크고 잠재적으로 수익성이 있는 세분시장이더라도 자금이나 내부 전문지식이 부족하여 세분시장의 잠재력을 이용하는 것이 어려울 수 있다.
- 충분성(substantiality): 세분시장은 충분히 규모가 커서 이익을 창출할 수 있어야 한다. 회사가 세분시장의 개발을 정당화하려면 규모의 경제와 경험효과를 활용할 수 있어야 한다. 세분시장의 규모와 가치는 동질적인 고객들의 집단이 충분히 클 때 가능하다.
- 독특성(uniqueness): 목표 세분시장은 다른 세분시장과 차별화된 다른 특성이 있어야 한다. 다른 세분시장으로부터 구별될 수 있고, 고객반응에 독특해야 한다.
- 적합성(appropriateness): 세분시장은 회사의 목적, 기술, 자원과 적합해야 한다. 세분시장에 회사의 자원과 역량은 시장에 적합하고, 시장에 효과적인 마케팅 프로그램을 개발할 수 있어야 한다. 또한 기업의 사명, 규모와 이미지에 적합한 것이어야 한다.
- 실행성(actionability): 회사는 세분시장에 접근할 수 있는 효과적인 마케팅 프로그램을 개발하고, 미래의 행동을 충분히 신뢰할 수 있도록 예측할 수 있어야 한다. 아무리 좋은 기회라고 하더라도 현재 회사의 여건에서 실행할 수 없다면 무용지물이 된다.

## (3) 시장세분화의 요건

제품시장과 서비스 시장을 세분하려면 중요한 소비자, 제품이나 상황 등 관련된 기준에 근거하여 수집된 자료를 사용한다. 세분화 기준은 대체로 인구통계변수, 심리변수와 행동변수가 있다. 인구통계변수는 인구, 연령, 소득, 사회계층과 지리 등이 있다. 심리변수는 라이프 스타일, 성격, 지각과 태도 등이 있다. 행동변수는 추구편익, 제품사용, 사용자 상태, RFM, 충성도와 브랜드 열성, 중요 행사와 매체 이용경험 등이다. 이러한 자료는 전술 수준의 마케팅활동에 유용하다.

그림 11-4 세분화를 위한 소비자 기준

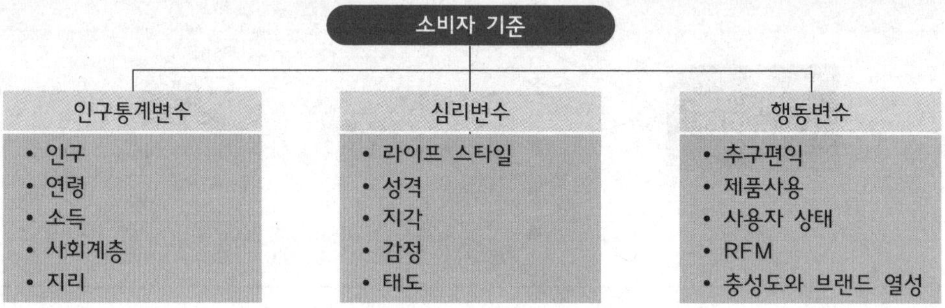


### 1) 인구통계변수

인구통계변수(demographic variable)는 연령, 성, 생활주기, 세대, 가족크기, 소득, 직업, 교육, 민족, 국적, 종교와 사회계층과 관련된다. 연령은 시장을 세분화하는 공통적인 방법이고, 시장이 묘사되는 첫 방법이기도 하다. 예를 들면, 어린이들의 욕구와 기호가 성인들과는 근본적으로 다르기 때문에 어린이들은 사탕, 옷, 음악, 장난감과 음식으로 목표로 삼는다.

#### ① 연령과 가족생활주기

소비자들의 구매행태와 욕구는 연령과 생애주기 단계에 따라 변화하는 경향이 있다. 청소년들은 결혼한 장년과 다른 제품을 필요로 한다. 가족이 성장하고, 자녀가 집을 떠나고, 그래서 부모의 욕구가 변하고, 그들의 가처분 소득도 대체로 증가한다. 이처럼 가족생활주기에서 휴일, 가구와 자동차는 생활단계에 의해 영향을 받는 주요 제품범주이다. 결혼의 유무, 자녀의 유무 등에 따라 개인들의 소비행태가 많이 다르다.

가족생활주기(family life cycle)는 시간의 흐름에 따른 가족의 변화이다. 가족생활주기는 출생·성장·결혼·출산·자녀의 출가·배우자의 사망과 같은 가족 내의 중대사를 중심으로 단계를 나눈다. 일반적으로 가족수명주기는 5단계로 구성된다. 독신 단계, 신혼부부 단계, 유자녀 부부 단계, 빈 둥지 단계와 고독한 생존자 단계 등이 있다. 사회는 변하고, 가치나 신념이 가족생활주기에서 계속적으로 변하고, 이러한 변화에 따라 선택하는 제품도 다르다.

### ② 성별

성별은 의복, 화장품과 같은 제품에 적용되지만, 광범위한 제품의 범위를 출시하는 전략에서 핵심요소로 사용할 수 있는 변수이다. 미용제품, 향수, 잡지와 옷에서 여성을 목표로 하는 많은 제품을 창조한다. 남성을 목표로 하는 제품은 잡지, 몸단장 제품과 음료수를 포함한다. 향수와 시계처럼 남성과 여성을 목표로 한 제품이 있다. 최근 근로여성의 증가와 높은 수준의 여성 독립을 포함하여 사회 안에서 일어나는 기본적인 역할의 변화에 의해서 제품수요가 창출된다.

### ③ 소득

소득(income)은 유효수요를 창조하기 때문에 세분화의 확실한 변수이다. 회사는 소비자가 제품을 살 만한 여유가 있는지를 알아낸다. 수입이나 사회경제적 신분은 또 다른 중요한 인구통계 변수이다. 이것은 소비자들의 개인 소득, 주부 소득, 고용 상태, 가처분 소득과 순자산 가치에 관한 정보를 포함한다. 어떤 회사들은 고가의 독점제품을 구매하는 부유한 소비자를 목표로 한다.

### ④ 사회계층

사회계층(social class)은 한 사회 내에서 거의 동일한 지위에 있는 집단으로 직업, 교육수준, 소득 등 여러 가지 변수에 의해 복합적으로 형성된다. 동일한 사회계층에 속한 사람들은 대체로 동일한 가치관, 활동, 관심과 행동패턴 등을 공유하는 경향이 있다. 사회계층은 구성원들의 사회적 지위를 나타내기 때문에 특정 제품의 소유가 지위를 나타내는 지표로 사용될 수 있다. 사회계층은 하위계층에 있는 사람들에게 준거집단으로서의 역할을 수행하기도 한다. 사회계층에 따라 자동차, 주택, 의류, 가구, 보석 등 선호에 많은 차이를 나타낸다.

### ⑤ 지리변수

지리변수(geographic variable)는 국가, 도시, 지방, 기후, 인구밀도 등 지역마다 다른 소비자의 욕구에서 차이가 있다. 문화, 기호, 소비와 선호에서 지리적 차이가 명확할 때 이 방법은 매우 유용하다. 예를 들면, “아침에 무엇을 먹을까요? 밥, 죽, 토스트, 우유, 주스나 햄버거?” 어떤 국가나 지방의 사람들은 토스트나 햄버거를 먹지 않고, 밥이나 따뜻한 죽을 선호할 수 있다. 시장은 지역, 도시의 크기나 인구밀도를 고려할 수 있다. 제품선택과 소비 이외에도 지리적 세분화는 소매위치에, 광고는 매체선택에 중요하다. 저가소매 형식은 저소득 지역의 소매점에 사용할 수 있다. 직접 판매방식은 최적 소비자 세분화와 예측모델을 개발하기 위한 인구조사 정보를 사용할 수 있다.

## 2) 심리변수

소비재 시장을 세분화하기 위해 사용되는 심리적 기준은 태도와 지각, 즉 심리도식이다. 라이프스타일, 제품과 브랜드로부터 소비자가 추구하는 편익의 유형과 소비선택을 포함한다. 태도(attitude)

는 어떤 대상에 대해 일관성 있게 호의적 또는 비호의적으로 반응하게 하는 학습된 선입견이다. 이에 비해 지각(perception)은 소비자들이 자극물을 분리하지 않고 하나로 통합하여 조직화하고 해석하는 과정이다. 소비자들이 동일한 제품을 각각 보고 제품에 대한 태도나 평가는 지각의 주관성으로 매우 다를 수 있다.

#### ① 라이프 스타일

라이프 스타일(life style)은 생활양식을 뜻하며, 사람들이 생활하면서 사는 방식으로서 개인마다 독특한 삶의 양식을 말한다. 이것은 개인의 인구통계적 특성, 사회계층, 동기, 개성, 감정, 가치, 가족수명주기, 문화, 경험 등에 의해 결정된다. 또한 개인이나 가족의 가치관 때문에 나타나는 다양한 생활양식, 행동양식, 사고양식 등 생활의 모든 측면의 문화적·심리적 차이를 나타낸다. 라이프 스타일 세분화는 소비자들의 활동, 관심과 의견에 근거한 AIO(Activity, Interest, Opinion)로 표현한다.

#### ② 성격

성격(personality)은 개인을 특징짓는 지속적이며 일관된 행동양식으로 시간, 상황이 달라져도 지속되며, 한 사람을 다른 사람과 구별짓는 특징적인 생각, 감정, 행동들의 패턴이다. 상황대처 방식, 대인관계, 도덕적 가치, 감정적 반응, 스트레스나 곤경에 대처하는 방식 등이 사람의 성격에 따라 독특하다. 환경에 대하여 특정한 행동형태를 나타내는 개인의 독특한 심리적 체계이기 때문에 개인의 성격차이는 구매욕구와 행태에 따라서 다양하게 나타난다. 독특한 개인의 성격은 화장품, 의류나 주류제품 등 구매에서 많은 차이가 있다.

자아개념(self-concept)은 개인이 사회적으로 결정된 준거체계에 따라 자신에 대하여 갖는 지각이며, 자신에 관한 지식이다. 자아개념은 제품의 선택과 밀접한 관계가 있다. 소비자들은 자신의 자아개념과 일치하는 이미지를 갖는 제품 혹은 상표를 구매하기도 한다. 즉, 소비자는 자신의 자아 이미지와 일치하는 이미지를 가진 브랜드를 더 선호하게 되는데 이를 자아 일치성(self congruity)이라고 한다.

### 3) 행동변수

소비재 상품과 서비스를 세분화하는 제품 관련 방법은 세분화 기준으로서 제품사용, 구매나 소유와 같은 행동주의 방법을 사용하는 기법이다. 시장세분화의 행동기준은 추구편익, 제품사용, 사용자 상태, RFM, 충성도와 브랜드 열성, 중요 행사와 매체 이용경험, 제품에 대한 반응을 포함하여 일련의 행동주의 척도에 근거한다. 소비자들이 제품과 매체를 이용하는 것을 관찰하는 것은 신제품 아이디어의 중요한 원천이 되며, 제품설계와 개발을 위한 아이디어가 된다. 더욱 제품촉진을 위한 적절한 커뮤니케이션의 주제뿐만 아니라 기존제품에 대한 새로운 시장을 볼 수 있게 된다. 따라서 제품의 구매, 소유와 사용은 소비자 시장을 개괄하고 세분화하는 데 도움이 되는 행동주의적 변수이다.

그림 11-5 행동변수

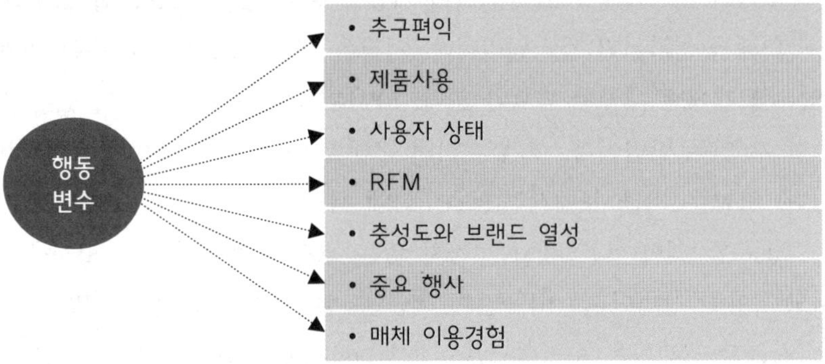


### ㉮ 추구편익

추구편익(benefits sought)은 제품이나 서비스를 설계하는 방법이 아니라 소비자들이 사용하는 제품이나 서비스로부터 유래되는 편익에 근거하여 소비자들이 원하는 것을 정확하게 제공한다는 관점이다. 예를 들면, 편의성, 접근성과 내구성의 편익은 기능성 편익을 중시하는 고객들에게 중요한 평가기준이다.

### ㉯ 제품사용

소비자의 제품 사용량(usage rate)에 따라 소비자들을 다량 사용자, 중간 사용자와 소량 사용자로 분류하여 시장을 세분화한다. 예를 들면, 고급 자가용의 사용자들은 대중교통의 다량 사용자와는 다르게 표적할 수 있다. 이와 같이 소비자들마다 추구하는 편익이 다른 소비재 제품을 세 가지 관점에서 탐구할 수 있다.

- 사회적 상호작용(social interaction): 자동차나 주택처럼 사회적으로 눈에 띄는 과시적 제품의 소비에 대한 사회적 의미와 상징적 측면을 조사하는 것이다.
- 경험소비(experiential consumption): 만족, 환상, 느낌과 재미와 같은 소비자 경험과 제품의 쾌락적 소비 등의 결과로써 정서와 감각적 경험을 탐구하는 것이다.
- 기능적 실용(functional utilization): 제품의 기능과 속성을 탐구하는 것이다.

### ㉰ 사용자 상태

시장을 사용자 상태(user status)의 기준으로 비사용자, 이전 사용자, 잠재사용자, 처음 사용자와 계속적 사용자 등으로 다시 나눌 수 있다. 비사용자와 잠재사용자는 제품을 시용하도록 설득할 필요가 있는 집단이지만, 처음 사용자는 중간 사용자가 되도록, 또 다량 사용자가 되도록 설득할 필요가 있다. 예를 들면, 치약을 하루 한 번 사용하던 것을 일일 3회 사용하도록 고객을 설득한다.

㉣ RFM

RFM분석은 이탈리아 경제학자 Pareto법칙에 기반을 두고 있다. Pareto법칙은 회사 수익의 80%가 20%의 고객에 의해서 이루어진다는 원리이다. 시장을 세분하고, 목표로 하는 마케팅 프로그램을 회사에 수익이 있는 고객에게 제공할 필요가 있다. RFM분석은 가장 수익성이 있는 고객을 구성하는 세분시장을 확인할 수 있는 방법이다. 고객의 미래 구매를 예측할 때 가장 중요한 것이 과거 구매내용이라고 가정한다. RFM은 최근 구매시점(Recency)에 특정 기간 동안의 구매빈도(Frequency)와 구매규모(Monetary Value)를 의미한다. RFM은 가치 있는 고객을 추출해내어, 고객을 분류할 수 있는 매우 간단하면서도 유용한 방법이다. 이와 같이 최근에, 얼마나 자주, 얼마나 많이 구매하고, 구매당 높은 구매금액을 지불한 고객들은 수익성 있는 고객(profitable customer)으로 분류할 수 있다. 따라서 RFM은 구매 가능성이 높은 고객을 선정하기 위한 자료분석방법이다.

- Recency(구매시점): 고객이 최근에 언제 상품을 구입했는가?
- Frequency(구매빈도): 고객이 얼마나 자주 상품을 구입했는가?
- Monetary(구매규모): 고객이 구입한 총 금액은 어느 정도인가?

**㉤ 충성도와 브랜드 열성**

특정한 브랜드나 점포에 대한 충성도(loyalty)의 정도와 깊이를 기준으로 구매자를 분류한다. 충성도의 유형은 절대적 충성도, 보통 충성도, 가변적 충성도와 브랜드 전환자 등이 있다. 예를 들면, 비행기의 경우에 항공사에서는 과거 수년 동안 충성도를 구축하기 위해 상용고객 우대제도에 막대한 투자를 했다. 그러나 구축될 것으로 기대했던 충성도 관계는 깊지도 직접적이지도 않았다. 높은 충성도가 있는 구매자들은 연령, 사회경제적 특성 등에 의해서 일반적인 특징을 보이지만, 낮은 충성도는 매우 다른 특징을 보인다.

**㉥ 중요 행사**

중요한 사건의 시장세분화는 상황을 기준으로 하는 세분시장의 개발이다. 이것은 개인 생활의 중요한 사건이 제품이나 서비스의 사용과 수집에 의해서 만족될 수 있는 욕구를 창출한다는 아이디어에 근거한다. 대표적인 예는 결혼, 생일, 의례, 졸업, 입학, 가족의 사망, 실업, 질병, 은퇴와 이사 등이 있다. 의례(ritual)는 정기적으로 반복되어 발생하는 종교적, 민속적 행사이다. 의례에는 자체 행사용품과 선물증정 등으로 제품의 구매와 소비가 일어난다. 신혼부부의 주택 구입에 따른 세분화는 단순한 주택판매에서 벗어나 주택매매와 관련된 법과 재무서비스를 제공하는 범위로 이전한다. 중요한 사건의 아이디어는 졸업식, 입학식, 결혼식, 국가기념일, 추석, 구정, 성탄절, 석가탄신일, 빼빼로 데이 등을 활용하는 회사에 의해서 사용되는 마케팅 방법을 근거로 한다.

**㉦ 매체 이용경험**

시청자 매체이용의 이해와 특성은 커뮤니케이션 계획과정에 중요하다. 매체의 이용빈도를 근거로 사용자를 세분하는 것은 광고업자의 커뮤니케이션에 반응하는 소비자들을 확보하고 유지하는 통찰력을 준다. 이러한 정보는 매체의 효과와 효율을 평가할 때 중요한 자료가 된다. 다른 광고와 이전 광고노출과 경쟁함으로써 반복된 수동적 광고노출에 반응하는 빈도에 따라 효과의 차이가 난다. 매체 이용빈도는 매체 이용경험의 주된 척도이다. 지속시간은 소비경험의 중요한 결과 척도이고, 목표지향에 대한 경험지향의 유용한 행동지표이다. 매체선택기준은 이러한 변수 주위에서 개발되기 때문에 소비자의 특성과 관련되고 마케팅 커뮤니케이션, 매체계획을 지원할 때 특히 유용하다. 다음은 매체사용의 유형들이다.

- 노출빈도: 어떤 기간 동안에 매체에 노출된 정도
- 매체의 다양성: 노출된 매체의 종류와 유형
- 노출기간: 매체가 노출된 시간의 길이

## 2 표적시장의 선정

### (1) 시장표적화 방법

시장표적화(market targeting)는 시장세분화를 통해 목표로 하는 시장의 고객집단을 선정하는 과정이다. 이것은 세분화 과정 동안에 확인된 다양한 세분시장을 평가하고, 가장 잘 제공할 수 있는 세분시장의 수와 위치를 결정하는 것이다. 세분시장이 확인되면 기업은 표적마케팅 방법을 선택할 필요가 있다. 표적시장 마케팅(target marketing)은 기업이 소비자의 욕구와 필요에 따라 시장을 몇

그림 11-6 시장의 마케팅 전략

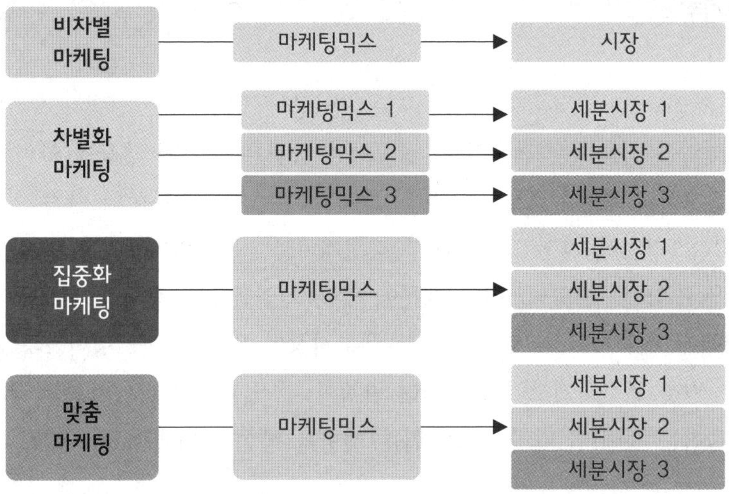

개로 세분하여 각기 다른 마케팅믹스를 제공하는 것이다. 시장에 관한 마케팅 전략은 4개가 존재한다. 즉, 비차별 마케팅, 차별화 마케팅, 집중화 마케팅과 맞춤 마케팅이다.

### 1) 비차별 마케팅

비차별 마케팅(undifferentiated marketing)은 시장에 존재하는 고객의 욕구나 필요의 차이를 무시하고 공통점에 중점을 두어 전체시장을 단일제품과 단일 마케팅 프로그램으로 공략하는 대량마케팅(mass marketing) 전략이다. 이것은 다양한 구매자에게 적용하거나 공통적으로 보이는 특징에 집중하는 것이다. 예를 들면, 초기에 Ford의 T모델 자동차는 동일한 제품으로 전체시장에 접근하였다. 기업이 표준화된 제품을 취급하는 비차별 마케팅의 이점은 제조, 촉진과 유통에서 엄청난 비용의 경제에 대한 기회를 제공하는 것이다.

### 2) 차별화 마케팅

차별화 마케팅(differentiated marketing)은 전체시장을 여러 개의 세분시장으로 나누고 각 세분시장의 상이한 욕구에 적합한 마케팅믹스를 활용하는 전략이다. 시장의 경쟁강도가 점점 증가하고 정교화되기 때문에 비차별 마케팅이 드물어지고 있다. 이러한 환경에서 기업은 더 넓은 시장의 영역을 목표로 하는 제품을 출시할 기회가 상당히 감소된다. 시장의 경쟁강도 심화와 정교화로 시장의 탈대중화 현상이 증대함에 따라 제품다양성 마케팅과 표적마케팅의 전략이 점점 중요하다. 새롭고 다른 세분시장에 호소하는 것보다 차라리 제품차별화나 제품다양성 마케팅으로 기존 구매자들에게 더 큰 다양성을 제공하는 방향으로 이동할 필요성이 있다. 회사는 주요 세분시장을 확인하고, 하나 이상의 세분시장을 목표로 하고, 그런 다음 각 세분시장의 특정한 수요에 맞추는 마케팅 프로그램을 개발하는 것이다.

### 3) 집중화 마케팅

집중화 마케팅(concentrated marketing)은 세분시장 중에 한 시장을 선택하고, 단일 마케팅믹스로 단일 표적시장에 노력을 집중하는 전략이다. 집중화의 장점은 특정한 시장을 확인하고, 주요 표적으로써 세분시장에 광고하고 유통함으로써 비용을 통제할 수 있다. 집중화의 단점은 목표로 하지 않는 고객을 놓칠 수 있다. 기업이 경쟁자에 의해서 직접적이고 지속적인 공격을 받게 되고, 표적시장의 수요가 침체할 경우 취약할 수 있다. 이것 때문에 많은 기업들은 다중시장 정책을 추구하고, 다양한 다른 세분시장 정책에 집중하고, 그런 다음 각 세분시장에 적합한 마케팅믹스를 개발한다. 집중화 마케팅은 마케팅 노력을 분산하기보다는 오히려 만족할 수 있는 가장 큰 기회를 갖는 구매자에게 집중하여 수익을 창출하는 것이다. 따라서 집중화 마케팅을 종종 산탄총(shot gun)보다는 소총(rifle) 전략이라 한다.

### 4) 맞춤 마케팅

맞춤 표적화(customized targeting) 전략은 마케팅 전략이 각 시장세분화와 관계없이 개별고객을 위해 개별적인 전략을 개발하는 미시마케팅이다. 미시마케팅(micro marketing)은 모든 고객 속에서 개별고객을 보는 방법이다. 개별적인 고객의 욕구나 선호를 충족하기 위해 개별적인 맞춤 제품과 마케팅 프로그램을 제공한다. 개별적인 마케팅은 충족되지 않은 고객의 욕구를 발견해 내고, 그러한 욕구를 충족시켜 줄 제품을 생산하여, 고객에게 제공하는 일대일 마케팅이다. 이것은 B2B나 고객의 주문에 의한 맞춤식 자동차 제작처럼 높은 가치가 있는 주문제품에서 매우 지배적이다. 주로 소비재에서는 자동차, 보석, 식품이나 의복이, 산업재에서는 특정한 산업제품이 주문자의 요구사양에 따라 제작된다. 예를 들면, Dell컴퓨터는 온라인 주문으로 맞춤형 PC를 제작하여 판매한다. 남들과 같은 것을 싫어하는 고객에게 맞춤형 제품을 제공한다.

**표 11-1 표적시장과 대상**

| 유형 | 전략 방향 |
|---|---|
| 비차별 마케팅 | 불특정 다수 |
| 차별화 마케팅 | 특정한 고객이나 시장 |
| 집중화 마케팅 | 극소수의 표적고객이나 틈새시장 |
| 맞춤 표적화 | 개별고객 |

## (2) 세분시장의 평가

발견한 세분시장 중 특정 시장을 표적으로 하고, 마케팅 프로그램을 집중하는가를 결정하는 것이다. 경영자 판단은 특정 시장을 선택하고 이용하고, 다른 시장을 무시하는지를 결정하는 것이다. 시장세분화가 효과적이기 위해서는 세분시장의 요건을 충족하는 것이다. 세분시장을 평가하는 방법은 시장성장률, 세분시장 수익률, 세분시장 규모, 경쟁강도와 산업의 주기와 같은 세분시장의 매력요인에 대한 평가이다. 기업은 전체시장 중에서 어느 시장을 표적시장으로 선정할 것인가를 결정해야 할 문제에 직면하게 된다. 기업에 가장 바람직한 세분시장을 선정하기 위해서는 각각의 세분시장을 평가하여 선정한다. 시장을 세분화하는 가장 좋은 방법을 결정하기 위해 고려할 요소가 있다.

**그림 11-7 세분시장의 평가 요소**

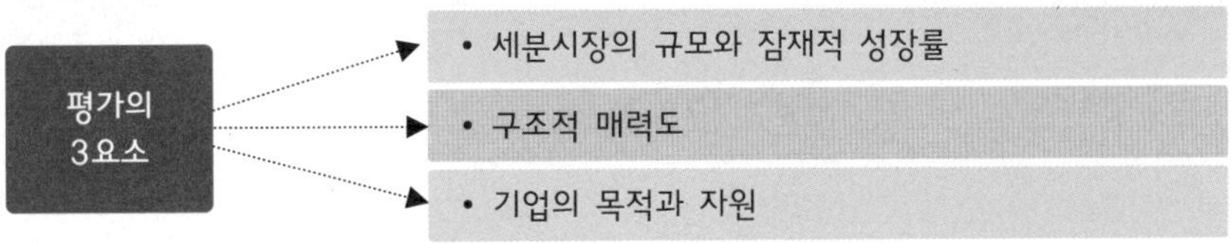

### 1) 세분시장의 규모와 잠재적 성장률

시장세분화에 대한 출발점은 각 세분시장의 규모와 잠재적 성장률을 조사하는 것이다. 분명히 세분시장의 적정한 규모가 얼마인지에 관한 질문은 기업에 따라서 매우 다르다. 진출하고자 하는 세분시장은 규모와 잠재적 성장률이 기대되는 시장이어야 한다. 가격탄력성이 적고, 신규나 철수장벽이 적어야 한다. 또한 이러한 요인들을 회사의 역량과 자원으로 충분히 감당할 수 있어야 한다.

### 2) 구조적 매력도

세분시장은 충분한 수익이 기대되고, 경쟁환경에서 위협적인 요소가 약한 시장이어야 매력적이다. 세분시장의 수익성은 5가지 주요 요인에 의해서 영향을 받는다. 이는 산업의 경쟁자와 시장 경쟁자의 위협, 시장의 잠재적 진입자, 대체재의 위협, 구매자의 상대적 교섭력과 공급자의 상대적 교섭력 등이 있다.

그림 11-8 시장의 매력도

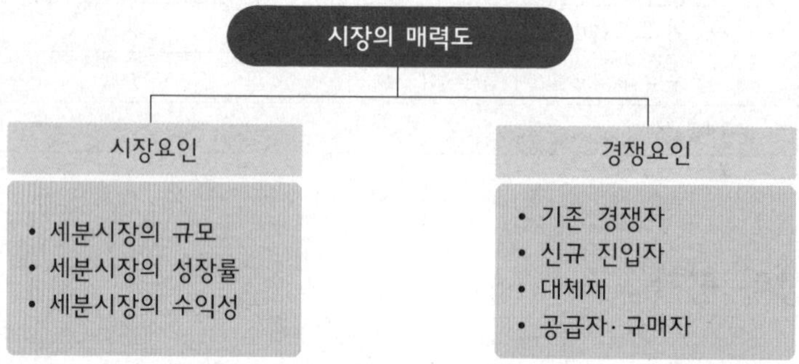


### 3) 기업의 목적과 자원

또 다른 세분시장 매력도 요인은 세분시장의 안정성, 수익성과 자사와의 적합성이다. 세분시장의 안정성(segment stability)은 시간의 경과에도 안정적인 세분시장의 욕구이고, 사명의 적합성(mission fit)은 회사의 사명이나 목표가 특정 세분시장과 일치하는 정도이다. 세분시장이 법적인 규제와 일치하고, 사회의 여론과 기업의 이미지를 훼손하지 않아야 한다. 기업의 자원과 기술이 세분시장에 부합되어야 한다. 이러한 기업의 자원, 역량과 기술이 세분시장에 적합할 때 매력적인 시장이 된다.

## (3) 시장유형의 결정

유통범위는 유통의 강도로서 표적영역 내에서 제조자가 사용하는 중개자의 수이다. 시장 유통범위는 특정한 시장 내에서 소비자의 욕구를 가장 잘 만족할 수 있는 소매상의 수를 결정할 때 사용된다. 중개업자의 수를 결정하는 것이 매우 간단한 것처럼 보이지만, 회사의 미래 위치를 확실하게 결정하기 때문에 제조자가 올바른 시장 유통범위를 신중하게 선택하는 것이 중요하다. 유통은 경로활동의 수준, 세분화 접근, 유통되는 제품의 성격, 표적시장의 특성과 규모와 일치해야 한다.

### 1) 시장의 유형

시장표적화는 제품차별화, 커뮤니케이션과 다른 마케팅 변수에 의해서 마케팅믹스를 다루는 과정이다. 시장표적화와 시장세분화를 혼돈해서는 안 된다. 시장세분화는 표적화의 선행과정이다. 시장세분화로 회사는 시장을 많은 세분시장으로 나눈다. 그러나 모든 세분시장은 표적시장을 구성할 필요가 없다. 표적시장은 구성된 분할시장에서 선택된다. 시장의 규모, 성장률과 매력도로 다른 세분시장을 평가하고, 세분시장이 회사의 목적 및 자원과 일치한다면 표적시장을 선택하는 절차로 간다. 표적시장 선택의 5가지 유형이 있다. 즉 단일 세분시장 집중, 선택적 전문화, 시장 전문화, 제품전문화와 집약적 전문화 등이 있다. 진입할 세분시장의 위치와 수를 결정하는 것이다.

그림 11-9 시장선택의 유형

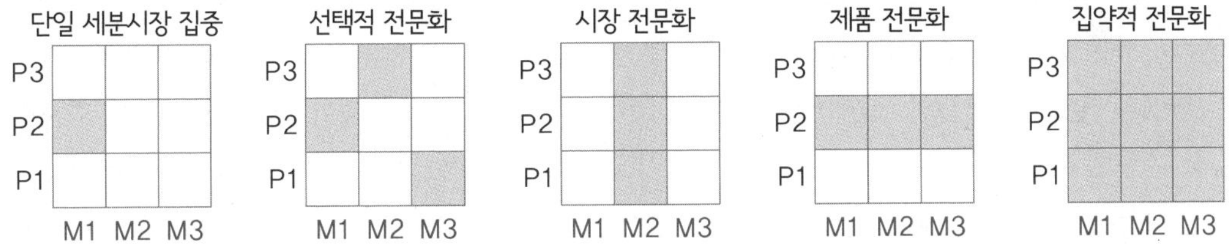


P: 제품, M: 시장

#### ① 단일 세분시장 집중

단일 세분시장 집중(single segment concentration)은 기업이 단 하나의 세분시장에 집중하는 것이다. 중소기업은 소비자 기호의 급격한 변화나 거대 경쟁자의 진입에 취약하기 때문에 잠재적으로 고위험 전략이지만, 집중화 마케팅은 제한된 자금의 소기업에게 매력적이다. 단일 세분시장 집중을 선택하는 조직은 강력한 시장지위, 전문가 평판과 평균 이상의 수익을 개발할 수 있다. 회사가 강력한 시장 위치, 세분시장의 특별한 욕구, 특별한 명성과 리더십 위치를 갖고 있을 때 적용할 수 있다.

#### ② 선택적 전문화

선택적 전문화(selective specialization)는 기업이 어느 한 세분시장에 집중하는 대신 몇 개의 매력적이고, 적절한 세분시장에 진입함으로써 위험을 분산하는 전략이다. 각 세분시장이 조직의 목적 및 자원과 적합하더라도 이 세분시장은 반드시 서로 관련될 필요는 없다. 높은 관련된 효과를 고려하지 않고 여러 시장 가운데 수익성이 있는 몇몇 시장에 각기 상이한 제품을 생산, 판매하는 것이다. 시너지 효과는 크지 않지만, 위험의 분산효과가 있다.

#### ③ 시장전문화

시장전문화(market specialization)는 기업이 어떤 특정 고객집단의 여러 가지 욕구를 충족시키는데 집중하는 전략이다. 즉, 표적집단에 모든 관련된 제품을 공급하는 특별한 시장분할이다. 예를 들면, TV, 냉장고, 세탁기와 에어컨 같은 모든 가정용 전기제품을 제조하는 전략으로, 치과병원을 위한 치과재료나 기구를 생산하여 판매하는 경우이다. 특정 고객집단을 대상으로 다양한 제품을 제공하기 때문에 소비자 집단에 의한 위험이 있다.

#### ④ 제품전문화

제품전문화(product specialization)는 기업이 다양한 표적시장에 동일한 제품으로 출시하는 집중전략이다. 단 하나의 제품군을 모든 소비자의 계층에 생산, 판매하는 경우이다. 즉, 회사가 어떤 제품을 각기 다른 잠재고객에게 판매하는 것이다. 제품전문화는 제품영역 안에 있는 고객의 강력한 회상을 전제로 한다. 제품전문화로 전문적인 기업의 평판이나 이미지를 얻을 수 있지만, 다양한 시장을 대상으로 단일제품을 제공하기 때문에 단일제품에 대한 수요부족의 위험이 있다.

#### ⑤ 집약적 전문화

집약적 전문화(intensive coverage)는 전체시장 유통범위 전략(full market coverage)이다. 모든 소비자 집단에게 필요한 제품의 전체범위를 제공하는 전략으로 가장 비용이 크다. 매우 큰 회사만이 전체시장 유통범위 전략을 수행할 수 있다. 전체시장 대상 전략은 단일상품으로 모든 시장에서 마케팅활동을 하는 비차별화 마케팅과 모든 시장에 대해 각기 다른 상품을 제공하는 차별화 마케팅이 있다. 비차별화 마케팅은 구매자들 간의 차이보다 기본적인 구매자 욕구에 집중하는 것이다. 차별화 마케팅은 회사가 몇 개의 세분시장에 각기 다른 프로그램을 계획하는 것이다. 이것은 전자보다 더 많은 전체판매를 창출한다. 그러나 차별화 마케팅의 비용이 더 높은 요소는 제품수정비용, 제조비용, 관리비용, 재고비용과 촉진비용 등이 있다.

### 2) 시장유형 선택 시 고려사항

기업은 단일 세분시장 집중, 선택적 전문화, 제품전문화, 시장전문화나 집약적 전문화를 결정하는 5가지 전략 중에서 선택을 결정한다. 이때 현재 전략의 성격과 조직의 자원과 역량 등 관련 문제를 고려할 필요가 있다.

#### ① 현재 전략의 성격

시장분할은 회사가 취하는 광범위한 전략적 의사결정에 따라서 선택한다. 예를 들면, 시장에서 차별화 포지션을 목적으로 하는 기업은 차별화 시장 위치를 유지하는 동안 관련 분할시장의 수에서 유연성을 유지할 필요가 있다. 한편 집중된 기업은 소수의 분할시장에 더 많이, 더 밀접하게 접근하고, 일찍 더 세분화된 부분을 예측하고, 동화해야 한다. 집중화에 의한 시장전략의 실패는 핵심시장에서 경쟁자의 공격에 매우 취약한 상태로 남게 된다.

#### ② 조직의 자원과 역량

선택된 분할시장 내에 있는 고객의 욕구가 적절하게 제공될 수 있기 위해서 자원과 역량을 확인할 필요가 있다. 또 상대적인 매력도의 측정으로 분할시장을 서열화한다.

## 3 포지셔닝

### (1) 포지셔닝의 특성

포지션(position)은 제품이 점유하는 시장에서의 위치이다. 포지션은 제품이 표적시장 내에 있는 고객의 마음 혹은 인식 속에서 차지하는 상대적 위치를 의미한다. 즉, 포지션은 어떤 제품이 소비자의 마음속에 인식되고 있는 모습이다. 포지셔닝(positioning)은 자사제품이 경쟁제품에 비하여 소비자의 마음속에 가장 유리한 위치를 차지하게 하는 과정이다. 따라서 포지셔닝은 표적고객의 마음속에 의미 있고, 특징적인 경쟁적 위치를 점유하기 위해 회사의 제공물과 이미지를 계획하는 활동이다. 포지셔닝은 소비자의 마음 또는 인식에서 경쟁 브랜드에 비해 특정 브랜드가 차지하고 있는 위치를 강화하거나 변화시키는 전략이다. 고객의 욕구와 필요를 파악하여 동질적인 시장으로 나누는 시장세분화와 경쟁제품과의 차이점을 인식시키는 제품차별화를 결합하는 것이 포지셔닝이다. 따라서 포지셔닝은 세분화된 시장에서 제품차별화를 통해 경쟁우위를 확보하는 방법이다.

그림 11-10 포지셔닝의 진행 과정

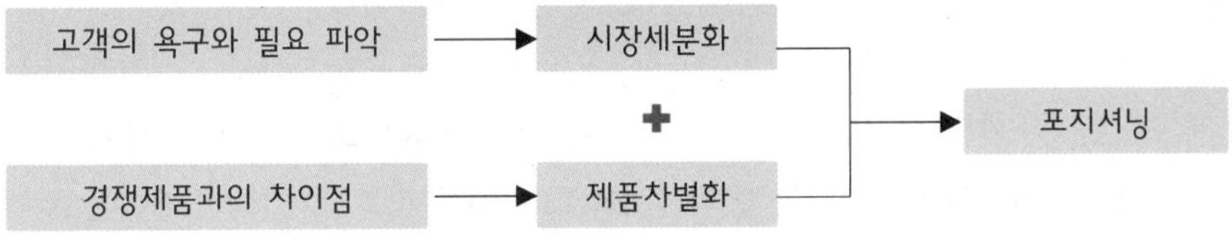

제품컨셉과 포지셔닝의 목적에는 차이점이 있어야 한다. 제품컨셉은 소비자의 편익을 명확하게 하여 고객 선호도를 파악할 수 있어야 하고, 포지셔닝은 경쟁제품과의 차이를 명확하게 하여 고객인식을 증진하는 데 목적이 있다. 제품포지셔닝의 목적은 고객들이 구매를 고려할 때 자사의 제품이 고객 마음의 상단에 있도록 하는 것이다. 즉, 고객이 자사의 제품을 최초로 생각하도록 하는 것이다. 다음은 제품포지셔닝은 3가지 목적이다.

- 자사제품을 경쟁제품과 구별한다.
- 중요한 고객의 구매기준을 처리한다.
- 핵심 제품특성을 분명히 한다.

## (2) 포지셔닝의 전략

포지셔닝의 목적은 고객이 자사 브랜드에 대해서 경쟁제품보다 마음속에 연상을 더 유리하게 갖도록 하는 것이다. 포지셔닝은 세분화된 시장에서 제품차별화를 통해 경쟁우위를 확보하는 방법이다. 따라서 경쟁상태 내에서의 자사 브랜드의 위치, 소비자의 욕구와 제품특성 등을 통합적으로 고려한다. 고객들이 특정 제품범주를 생각할 때 자사의 브랜드가 최초로 또한 우수한 제품으로 상기하도록 하는 것이다. 포지셔닝 전략에는 제품속성과 편익, 제품범주, 사용상황, 사용자, 가격과 품질, 경쟁자 대항, 경쟁자와 반대 설정과 브랜드 이미지 등이 있다.

### 1) 제품속성과 편익

자사제품이 표적고객에게 제공하는 편익에 집중하는 전략이다. 브랜드가 경쟁제품과 관련하여 갖고 있는 특징, 속성이나 편익을 기준으로 하여 포지션하는 것이다. 제품속성과 편익은 가장 일반적인 포지셔닝 전략이다. 예를 들면, 현대 소나타는 실용성, 레드 불은 에너지를 제공한다. 제품의 특정한 속성을 강조하는 것은 흥미를 돋운다. 다른 예를 들면, Ritz Carlton호텔은 호화에 집중한다. 삼성전자의 지펠은 문을 닫을 때 반대편 문이 열리지 않도록 독립 냉각기술을 제시한다. 비비안은 "숨어있는 와이어가 여자를 자유롭게, 비비안 히든 와이어"로 브라의 속성을 제시한다. 또 Volvo는 안전으로, 클라이덴 치약은 미백치약으로 편익을 제시한다.

### 2) 제품범주

고객들에게 브랜드를 제품범주의 선도자(leader)나 최초 브랜드로 인식하게 하는 전략이다. 예를 들면, 다시다는 천연조미료, 코크(Coke)는 콜라, 제록스(Xerox)는 복사기, 아스피린은 두통제, 게보린은 진통제로 포지션하는 경우이다. 고객들은 최초(first)를 최고(best)라고 인식하는 경향이 있다. 또

제품을 다른 범주에 있는 제품과 비교하는 것은 차별화하는 데 효과적일 수 있다. 예를 들면, 액체 세제인 비누를 로션에 비교하여 손을 부드럽게 하는 것을 강조한다.

### 3) 사용상황

고객들이 제품을 언제 또는 어떻게 사용하는지를 강조하는 것이다. 제품이 언제 또는 어떻게 사용되는지를 안다면 구매자의 마음속에 포지션을 창출할 수 있다. Kellogg는 아침 식사보다는 낮에 소비되는 제품으로 포지션하였다. 게토레이는 운동 후 갈증이 발생하는 상황에서 갈증해소 음료, 롯데제과 자일리톨 껌은 핀란드에서는 자기 전에 씹는 껌, 음주전후의 컨디션, 출출할 때 요거트는 간식으로 포지셔닝한다.

### 4) 사용자

제품을 특정한 사용자의 독특한 특성이나 특정 계층의 사용자 집단과 연결하는 것이다. 이를 통해 동일 집단의 사용자들이 제품을 사용하도록 유인한다. 표적 사용자를 확인함으로써 적절한 표적에게 명확하게 커뮤니케이션을 할 수 있다. 예를 들면, 성공한 젊은 사업가로 포지션한 Benz 자동차가 있다. VVIP 카드는 대한민국 국민의 1%만을 위한 최상위층 카드로 포지셔닝한다.

### 5) 가격과 품질

싼 게 비지떡이란 속담처럼 가격은 품질을 강력하게 전달한다. 일반적으로 높은 가격은 높은 품질과 가치를, 낮은 가격은 낮은 품질과 가치 수준을 알린다. 가격이 높으면 품질도 좋을 것이라는 가격과 품질 연상효과(price-quality association)는 가격으로 품질을 연상하게 하는 포지션이다. 이는 주로 명품 가방, 외제차, 디자이너 패션이나 보석 등이 있다. 따라서 제품가격으로 제품품질의 위상을 설정한다. 예를 들면, Chanel No. 5 향수는 고가격과 고품질로, 티파니는 고가 보석으로, 저가 항공사들은 최저가로 포지셔닝한다.

### 6) 경쟁자 대항

경쟁제품에 직접적으로 대응하는 포지셔닝은 구체적인 제품의 우수성 주장을 필요로 한다. 대표적인 예를 들면, 미국의 렌터카 업체인 Avis는 "우리는 2위입니다. 그래서 더욱 노력합니다."로 포지셔닝한다. 국내 한 대형할인점은 다른 할인점과 비교하여 항상 최저가격을 제공한다고 포지션하고 있다. 삼성전자와 LG전자는 가전부문에서 많은 화제를 일으키고, 최고와 최신을 경쟁한다.

### 7) 경쟁자와 반대

경쟁자와 반대로 포지셔닝하는 것은 어떤 제품이 우위를 차지하는 시장에서 주의를 얻는 데 도움이 된다. 예를 들면, 미국의 탄산음료인 세븐업은 콜라와 달리 카페인이 없는 Uncola로 포지셔닝하여 콜라가 아닌 탄산음료 중 대표 브랜드라는 인식을 고객들의 마음속에 심었다.

### 8) 브랜드 이미지

이미지는 과거 촉진, 명성, 동료의 평가를 포함하고, 고객의 기대를 반영한다. 브랜드도 사람처럼 개성을 가지고 있고, 특정한 상징과 연결되고, 이미지와 결합하여 고객들의 심리에 접근한다. 기업은 브랜드를 소비자들의 실제적, 이상적, 또는 사회적 자아와 일치하는 전략을 사용한다. 이성적인 장점을 부각하는 USP 전략과 달리 감성적으로 접근하는 방식이다. 예를 들면, 아시아나 항공은 "아름다운 사람, 그녀의 이름은 아시아나"로 포지션하여 아시아나 항공사는 따뜻하고 편안한 감정을 제시하였다. 관광 서비스산업에서는 회사 또는 나라의 문화유산(cultural heritage)이나 전통과 연결하여 브랜드 연상을 강화한다.

### 9) 제품군 분해

제품군 분해는 제품이나 회사가 경쟁자보다 탁월한 것으로 포지션할 수 있거나 제품이 동일한 제품범주에 거의 적합하지 않은 경쟁자와 비교하여 아주 다르다는 것을 암시한다. 예를 들면, Ferrari는 다른 스포츠 제조자와 비교하여 스포티한, 고급스러움과 명성을 언제나 연상한다.

## (3) 포지셔닝의 전략 수립

### 1) 포지셔닝 전략의 개요

포지셔닝(positioning)은 표적시장에 있는 고객이 브랜드의 차별적인 의미를 경쟁브랜드와 관련하여 이해하도록 제품의 이미지와 가치를 계획하는 과정이다. 브랜드를 고객이 지각하도록 하는 방법이기 때문에 고객의 마음을 차지하기 위한 전쟁이다. 본질적으로 마케팅믹스는 조직의 포지셔닝 전략의 전술적인 도구이다. 포지셔닝의 일관성이 없다면 전략의 신뢰성은 급격하게 감소할 뿐만 아니라 고객의 지각 상에 혼란이 일어나 고객은 무엇에 사용하는 제품인지조차 잘 인식하지 못할 수 있다. 따라서 중요한 것은 일관적인 포지션을 유지하는 것이다. 조직은 표적시장에 호소하고, 효과적으로 커뮤니케이션하는 경쟁우위를 확인하고, 구축해야 한다. 이러한 관점에서 포지셔닝의 과정은 3단계를 포함한다.

- 조직이나 브랜드의 가능한 경쟁우위를 확인한다.
- 강조해야 할 점을 결정한다.
- 포지셔닝 컨셉을 실행한다.

### 2) 포지셔닝 전략의 수립

성공적인 제품포지셔닝 전략은 제품을 차별화하고, 중요한 고객에게 구매기준을 설명하고, 핵심적인 제품속성을 분명히 표현한다. 제품, 표적시장과 경쟁력이 있는 포지셔닝의 상호관련 요소는 경쟁우위를 달성하기 위해 균형을 이룰 수 있도록 요소의 적절한 결합을 고려한다. 이를 위해서 다음 사항을 깊이 이해하는 것이 필요하다.

- 표적고객은 구매결정을 어떻게 하는가?
- 경쟁자들은 제품을 어떻게 포지션하는가?
- 자사제품은 무엇을 제공하는가?

그림 11-11 포지션의 3대 변수

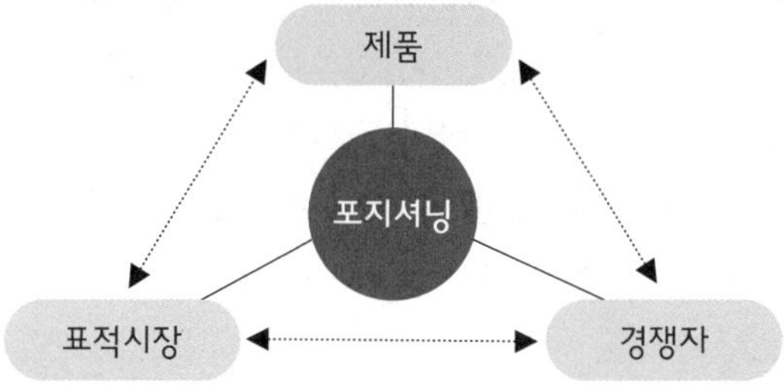


포지셔닝을 수립하는 절차를 5단계로 설명한다. 처음은 표적고객의 특성을 이해하기 위하여 표적시장에 관한 정보를 수집하고 분석한다. 이어서 경쟁자의 이해, 고객의 구매기준 분석, 자사제품의 강점 평가와 위치 선정, 그리고 마지막으로 마케팅믹스를 개발한다. 이러한 단계로 포지셔닝 전략이 수립된다.

그림 11-12 포지셔닝 전략 수립 절차

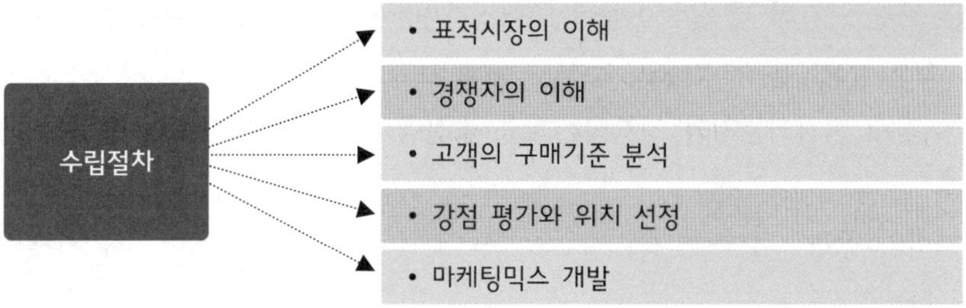

### ① 표적시장의 이해

정보를 수집하고 해석하기 위하여 표적고객의 특성을 사용하고, 표적고객이 사용하는 구매기준을 파악한다. 각각의 구매기준에 대하여 속성의 중요도를 사용하여 우선순위를 작성한다. 잠재구매자들로부터 속성의 중요도를 조사하여 선정할 수 있다. 표적고객으로부터 직접 수집한 자료가 타당성이 없다면 판매원이나 산업의 전문가에게 자문을 구한다. 다음은 조사할 때 고려해야 할 주요 사항이다.

- 표적고객은 어떤 제품특성을 강조하는가?
- 표적고객은 어떤 제품편익을 강조하는가?

### ② 경쟁자의 이해

진출하고자 하는 표적시장에 경쟁자들이 그들의 제품을 어떻게 포지션하고 있는지를 지각도로 판단한다. 경쟁제품이 위치하는 영역이 각각 다르고, 치열한 경쟁영역과 비어있는 공백이 발견된다. 경쟁영역과 공백에서 자사의 제품이 경쟁할 위치를 찾는 것은 매우 중요한 과업 중의 하나이다. 지각도(perceptual map)는 소비자가 어떤 제품과 관련하여 중요시하는 속성에 따라 다차원 공간상에서 경쟁제품들이 차지하는 상대적 위치를 나타내는 지도로 포지셔닝 맵(positioning map)이라고도 한다. 고객이 가치 있게 평가하는 핵심속성에 따라서 다양한 브랜드가 어떻게 지각되는가를 발견하기 위해 지각도가 사용된다. 핵심속성이나 편익에 근거하여 고객이 이상적인 브랜드를 어떻게 보는지를 발견하고, 지도를 그리는 것이 가능하다. 지각도를 통하여 소비자 심리상에서 위치한 경쟁자와 자사의 경쟁적인 위치를 파악하고, 목표 포지션을 정하는 마케팅 전략을 결정할 수 있다. 지각도를 작성할 때 고려해야 할 요소는 다음과 같다.

- 소비자들이 제품을 선택할 때 최고의 기준은 무엇인가?
- 소비자들은 어느 브랜드를 선택하는가?
- 소비자들은 원하는 속성을 어떻게 지각하는가?

제품이나 브랜드는 사용용도나 편익에 따라 지각도상에 함께 몰려 있을수록 경쟁은 더 치열하다. 위치에서 멀리 떨어질수록 경쟁의 강도가 작기 때문에 신제품이 시장에 진입하는 기회는 더 많다. 지각도상에서 다른 브랜드 간의 거리와 방향이 주어진다면, 이격은 소매 브랜드 간의 포지셔닝에서 차별화 수준이다. 속성 중요도를 결정하고, 속성을 통해 브랜드 지도를 그리면 자사 브랜드와 경쟁브랜드가 시장에서 어떻게 지각되는지와 경쟁하는지를 발견할 수 있다. 지각도의 용도는 다음과 같다.

- 신제품 기회의 발견
- 신제품의 타당성 조사

- 기존제품의 경쟁적 포지셔닝 조사
- 리포지셔닝의 타당성 조사

그림 11-13 지각도의 예

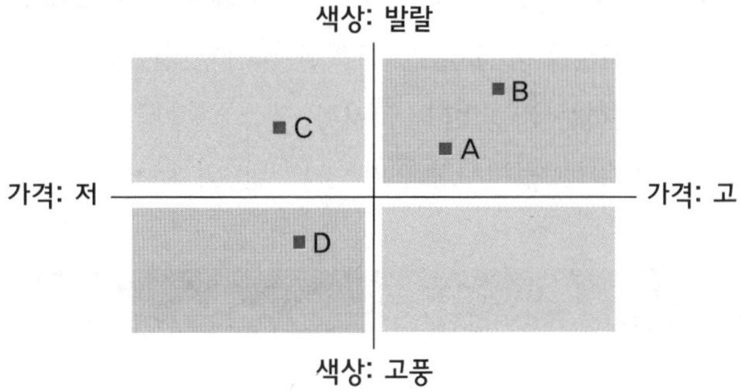


### ③ 고객의 구매기준 분석

경쟁력이 있는 포지셔닝을 위해 고객이 가장 중요하게 생각하는 구매기준을 선정한다. 제품을 포지션하는 각 경쟁자를 주목하기 위해 고객의 구매기준의 목록에 경쟁자의 포지션을 추가한다.

### ④ 자사의 제품강점 평가와 위치 선정

고객이 가장 중요하게 생각하는 구매기준이 자사제품과 적합해야 한다. 이를 위해서는 자사제품의 강점을 평가하고, 제품차별화 요인을 찾아야 한다. 경쟁제품에 없는 제품차별화 요인을 찾고, 이를 포지션에 차별적으로 활용한다. 제품차별화 의미와 유형을 설명한다.

#### ㉮ 제품차별화의 의미

시장은 대체로 동질적(homogeneous)이 아니라 이질적(heterogeneous)이고, 항상 변하는 가변적 성질이 있다. 표적고객이 다르고, 고객마다 독특한 욕구를 가지고 있기 때문에 제품차별화는 표적고객에게 경쟁자보다 유리한 차별화 우위를 실행하는 것이다. 차별화 우위는 소비자에게 독특한 가치를 제공하고, 그 대가로 차별화에 소요되는 비용 이상으로 높은 가격 프리미엄을 얻는 것이다. 따라서 제품차별화(product differentiation)는 제품의 표적고객에게 편익, 가격, 품질, 스타일이나 서비스 등에서 경쟁제품과 다르고, 소비자가 바람직하게 지각하는 속성의 개발이나 결합이다. 즉, 소비자가 원하고, 동일한 제품범주에 있는 다른 경쟁제품이 제공하지 않는 것이다. 다음은 차별적 우위가 되는 중요한 기준이다.

- 중요성(importance): 구매자에게 중요하지 않는 요소라면 차별적 우위가 아니다.
- 지각(perception): 탁월한 차별적 우위는 고객이 지각할 수 있어야 한다. 시장이 중요하다고 보는 요소를 기업이 갖고 있고, 고객이 확실히 지각할 수 있어야 한다.

- 독특성(uniqueness): 제품이나 서비스가 다른 제공자와 독특하게 달라야 한다.
- 지속성(sustainability): 차별적 우위가 일정 기간 지속되어야 한다.

### ㉯ 제품차별화의 유형

기본적인 마케팅 전략은 시장세분화와 마케팅믹스 차별화이다. 시장세분화는 고객의 욕구를 충족하기 위해 하나 이상의 표적시장을 선택하고, 독특한 마케팅믹스를 개발하는 목적으로 전체시장 내에서 작고 유사한 시장을 구분하는 과정이다. 이러한 시장세분화의 목적은 표적고객에게 선호브랜드를 제공할 수 있는 수익성이 있는 틈새시장을 확인, 개발 및 이용하는 데 있다.

그림 11-14 제품차별화의 유형

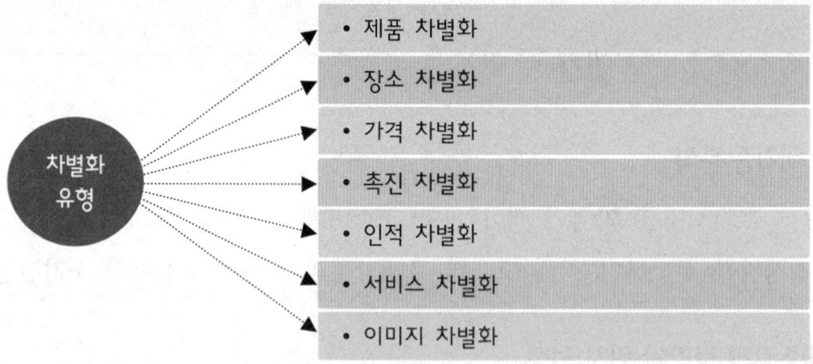


ⓐ 제품 차별화(product differentiation)

경쟁자보다 더 우수한 성능이나 최적의 심미성을 제공하는 것이다. 경쟁자와 동일한 특성의 제품이 전혀 아닌 특징을 제공하여 정확한 가격비교가 어렵도록 제품의 독특한 속성이나 성능을 제공한다. 제품사용에서 오는 쾌락적 기능이나 남과 다르고 싶어 하는 상징적 기능을 제공한다. 상징적 욕구는 제품의 사용이 아니라 소유와 수집욕구를 자극한다.

ⓑ 장소 차별화(place differentiation)

다입지나 다경로를 통하여 소비자들이 제품이나 서비스를 쉽게 이용하게 하는 것이다. 고급품 고객은 제품이나 서비스에 있는 독특성, 차별성과 선택적 서비스를 원하기 때문에 독점적 유통을 선호하고, 자가 서비스 판매업자보다는 완전서비스 판매업자를 선호할 수 있다.

ⓒ 가격 차별화(price differentiation)

상이한 제품특성으로 각기 다르게 판매하는 방식이다. 첫째, 회사가 표적고객들에게 최상의 가치를 제공하고, 표적고객이 제품이나 서비스에 기꺼이 지불하려는 수준에서 가격을 포지션한다. 둘째, 경쟁제품과 동일한 특징이나 속성을 갖는 제품을 서로 다른 시장에서 각기 다른 가격으로 판매하거나 최저가격으로 차별화할 수 있다. 셋째, 관련 상품의 묶음판매, 보상판매, 심리적 가격, 할인가격이나 세일과 같은 제품가격정책의 다양화를 제공한다.

ⓓ 촉진 차별화(promotion differentiation)

회사, 제품이나 서비스의 바람직한 이미지를 투영하기 위해 독특하고 획기적인 광고를 이용한다. 표적고객의 마음에 들게 현저하게 만드는 기발한 촉진이다. 특정한 세분시장에 가장 잘 도달하는 특이한 광고방법을 사용할 수 있다.

ⓔ 인적 차별화(people differentiation)

경쟁자보다 고객을 접촉할 때 더 훌륭하고, 친절하고, 자상하고, 근면하고, 자격이 있는 직원을 배치한다. 경쟁자가 제품편익을 판매한다면, 소비자 상담과 교육을 제공함으로써 회사나 브랜드를 차별화할 수 있다.

ⓕ 서비스 차별화(service differentiation)

제품의 물리적 특성이 아니라 배달, 설치, 교육, 상담, A/S, 자금결제, 보장이나 보증 등에서 차별화를 시도하는 것이다. 물적증거, 서비스의 절차나 운영, 서비스 회복 등을 경쟁자와 다른 요소를 독특하게 제공하여 고객에게 새로운 경험을 제공한다.

ⓖ 이미지 차별화(image differentiation)

제품이미지 형성 요소인 제품의 성능, 품질, 가격, 서비스, 디자인, 유통, 광고, 장소, 로고, 문화, 행사, 기업 이미지 등을 경쟁제품에 비하여 독특하고 차별적인 요소를 선정하고, 상징물이나 인물과 결합하여 연상효과를 도모한다. 따라서 제품이 갖는 환상적인 느낌이나 가치 등을 전달하는 방법이다.

제품차별화는 쉽지 않지만 브랜드의 경쟁력을 증가한다. 제품차별화는 많은 장점을 갖고 있지만 단점 또한 지니고 있다. 제품을 차별화하는 것은 결국 비용을 수반하는 상충관계이다. 제품차별화에는 많은 비용이 소요되는 이유는 다음과 같다.

- 고품질의 투입 요소비용
- 서비스를 위한 재고 확보비용
- 차별화를 위한 소량생산 시 규모의 경제 약화
- 빈번한 신제품 출시로 경험곡선 활용 약화
- 브랜드 강화를 위한 광고비용

**㉰ 자사의 제품강점 평가**

자사제품의 상대적 강점을 분석하여 추가한다. 자사제품의 강점을 고객으로부터 순위를 평가받는다. 이것이 어렵다면 자체 판단한 자료를 사용한다. 이러한 평가를 한 다음 차이분석으로 이전한다.

**㉱ 제품강점 요인추출과 위치 선정**

자사의 핵심편익, 제품 차별점, 제품강점 요인을 선정한다. 표적시장에 있는 경쟁자들과 다른 차별점을 찾는다. 자사의 제품을 설정할 위치에서 고객을 효과적으로 만족시키는가? 찾은 위치가 수익을 낼 수 있는 성공적인 포지셔닝인가? 어떠한 위치도 없다면, 경쟁자들이 싸우고 자사가 가장 효과적으로 승리할 수 있는 곳을 결정해야 한다. 이러한 자사의 제품강점이 소비자의 마음속에서 어떻게 위치하는지를 지각도상에서 살펴본다. 시장에서 어떤 빈 공간이 있는지를 알아내어 자사가 목표로 하는 포지셔닝을 선정한다. 경쟁할 위치를 선정한 다음 특징적이고, 차별적이고, 가치 있는 포지션 컨셉을 개발한다. 표적고객에게 전달할 핵심메시지와 고객 가치제안을 담은 포지셔닝 서술문을 창안한다. 포지셔닝 메시지는 USP를 소비자의 마음속에 한 단어(one word)로 인식시키는 것이 중요하다. 자사 브랜드가 소비자의 마음속에서 어떻게 위치하고 있는지, 즉 소비자가 이해하고 기억할 수 있는 핵심편익을 한 단어로 제시한다.

#### ⑤ 마케팅믹스 개발

상업화(commercialization)는 신제품을 시장에 출시하는 것으로 제품출시, 안정적인 생산량 증가, 마케팅 자료와 프로그램 개발, 공급사슬 개발, 판매경로 개발, 훈련개발과 지원개발을 포함한다. 출시는 최초 판매를 위해 신제품을 시장에 도입하는 과정이다. 시장출시를 위한 마케팅믹스를 개발하는 단계로 이전한다.

## 4 출시전략

### (1) 제품출시 전략의 개요

제품을 출시하기 전에 시장의 반응과 소비자 교육을 유도하기 위해 회사는 사전발표를 실시하기도 한다. 제품 사전발표는 복잡한 문제나 해결책을 시장과 소비자에게 교육하고, 경쟁자를 압박하고, 제품인지도와 자금조달을 위한 것이다. 사전발표에서 회사는 기술의 핵심요소를 기술하고, 적용한 기술을 설명한다. 제품제안을 전체적으로 분명하게 하는 것이 필요하다. 그러나 많은 정보를 조기에 제공하고, 제품을 노출하기 때문에 시장환경이 실질적으로 변화할 수 있을 뿐만 아니라 경쟁자에 의해 제품이 진부화될 수 있다. 또한 제품 사전발표에서 얻는 분석이 실제적인 이상을 포함하지 않을 수 있다. 제품 사전발표 후에 전체시장에 처음으로 제품을 출시하는 것을 상업화라고 한다. 상업화는 신제품을 시장에 출시하는 것으로 제품출시, 안정적인 생산량 증가, 마케팅 자료와 프로그램 개발, 공급사슬 개발, 판매경로 개발, 훈련개발과 지원개발을 포함한다. 신제품의 출시목적은 아래와 같다.

- 성공적인 출시를 위해 회사는 목표를 공유하고 결속한다.
- 제품과 서비스가 표적시장의 대표가 되기 위한 전략적 증거를 제공한다.
- 독립적인 제3자로부터 포지셔닝 전략의 타당성과 전략증거를 구축한다.
- 버즈 마케팅[1]과 일관된 메시지구조로 pull 전략을 시작한다.

- 자금조달을 촉진한다.
- 표적고객의 인지와 신뢰도를 확립한다.
- 시장동력을 창출하고 판매주기를 촉진한다.

제품출시(product launch)는 시장과 유통경로에 물리적인 포지셔닝(physical positioning)을 하는 과정으로 이전 개발단계에서 지출한 총비용을 훨씬 능가하는 상당한 비용을 필요로 한다. 출시활동 계획에서 오는 실수, 오산과 간과는 신제품 성공에 치명적인 장애가 된다. 신제품 출시는 비용과 시간이 많이 들고, 위험을 수반하기 때문에 출시품목, 출시장소, 출시시기와 출시방법 등을 전략적으로 계획한다. 전략적 의사결정은 신제품 개발단계의 초기에서 일어나지만, 출시전략은 마지막 단계에서 일어난다. 신제품출시 전략은 제품출시 전략과 제품출시 전술로 구분된다. 제품출시 전략은 제품전략, 시장전략, 경쟁자 전략과 사업전략을 포함한다. 제품출시 전술은 제품믹스, 가격믹스, 유통믹스와 촉진믹스를 포함한다. 제품출시 전략은 신제품의 물리적 개발이 완성된 후에 일어난다. 따라서 이러한 과정은 성공적인 제품출시에 관한 의사결정이다.

**그림 11-15 신제품출시 전략**

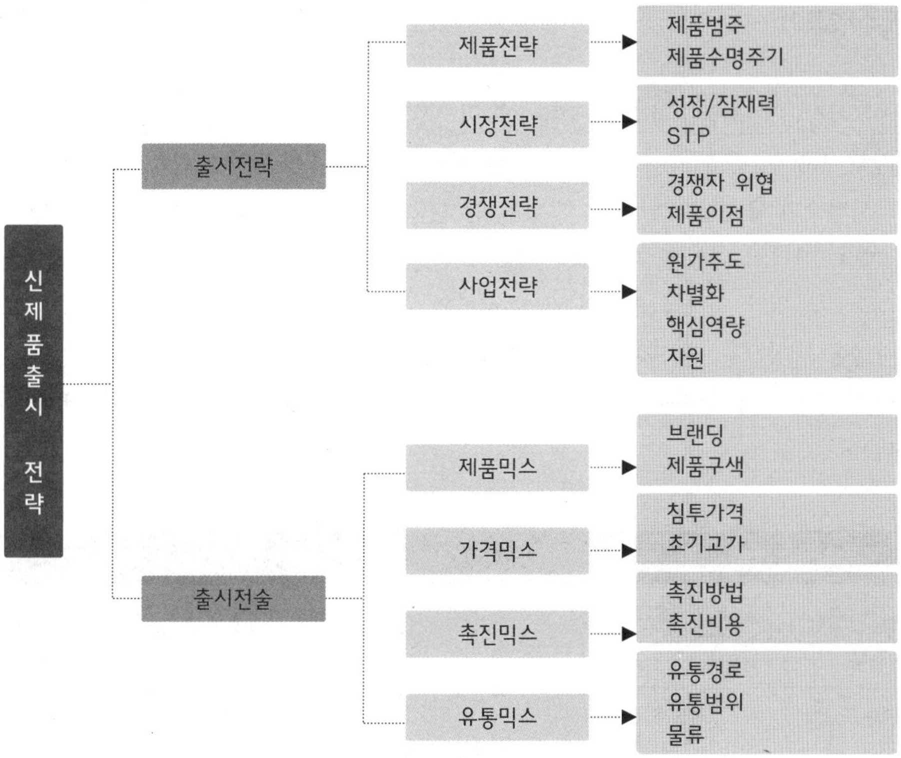


1 buzz란 벌이나 기계 등이 웡웡대는 소리로 고객이 특정 제품이나 서비스에 열광하는 반응이다. 버즈 마케팅(buzz marketing)은 구전 마케팅(verbal marketing)으로 상품을 이용해 본 소비자가 자발적으로 주위 사람에게 긍정적인 메시지를 전달함으로써 좋은 평판이 확산되는 효과가 있다.

### (2) 제품전략

신제품전략 수립은 산업, 회사와 경쟁자에 따라 매우 다양하다. 경쟁환경과 제품전략 간의 일치나 적합이 중요하다. 제품출시 전략은 몇 가지 있다. 진입전략 변수로는 시장개척, 제품장점, 상대적 촉진노력과 상대적인 가격이다. 결국 제품 혁신성과 제품의 차별성이 출시성공의 주요 요인이 된다. 따라서 적절한 요소의 결합은 성공적인 시장출시에 중요한다. 제품전략은 제품범주, 제품수명주기, 출시시기, 출시지역, 출시방법 등에 관한 의사결정이다.

#### 1) 제품범주

제품범주 창출전략은 동일한 욕구와 기능을 갖고, 동일한 유통경로를 갖는 경쟁할 제품대상을 선정하는 것이다. 제품범주 분할전략은 후발 진입자가 시장에 이미 형성된 제품범주를 분할하여 자사의 제품을 차별화된 우수한 하위범주와 관련시키고, 기존의 경쟁제품은 진부하고 열등한 하위범주와 관련시키는 계층적 구조를 형성하는 전략이다. 시장세분화 전략은 이미 동일한 제품범주에 다수의 상표들이 진입하여 제품범주가 있는 시장에 기업이 새로운 제품으로 진출하는 전략이다.

#### 2) 제품수명주기

신제품이 시장에서 제품수명주기상 어디에 위치하고 있는지를 파악한다. 왜냐하면 제품수명주기 단계에 따라서 사용할 전략이 다르기 때문이다. 최근에 제품수명주기가 단축되는 이유는 소비자의 선호급변과 신기술의 급속한 개발이다. 기업은 신제품개발을 신속히 해야 하지만, 막대한 R&D 투자를 필요로 한다. 따라서 기업은 제품개발 기술과 대량생산 기술을 동시에 구축해야 하며, R&D, 자금, 기술의 확보를 위한 전략적 제휴와 세계 시장의 확보가 필요하다. 따라서 신제품이 도입기라면 초기 혁신자들을 대상으로 제품확산에 주력하고, 제품의 인지도 구축에 초점을 맞추는 것이 필요하다. 시용구매를 유도하여 반복구매와 구전을 이끌어내야 한다. [표 11-12]는 각 단계별로 추진해야 할 전략이다.

**표 11-2 제품수명주기별 전략**

| 구분 | 도입기 | 성장기 | 성숙기 | 쇠퇴기 |
|---|---|---|---|---|
| 마케팅 목표 | 제품인지와 시용구매 | 시장점유율 확대 | 점유율 유지 | 지출감소/수확 |
| 제품 | 기본 형태 | 품질향상 | 제품의 다양화 | 단계적 철수 |
| 가격 | 고가격·저가격 | 시장침투가격 | 방어적 가격 | 저가격 |
| 유통경로 | 선택적 유통 | 집약적 유통 | 집약적 유통 | 선택적 유통 |
| 광고 | 인지도 구축 | 인지도·관심제고 | 제품편익 강조 | 최소한의 광고 |
| 판매촉진 | 시용구매 | 판촉비 감소 | 상표전환 유도 | 감소 |

### 3) 출시지역 및 출시시기

신제품의 출시지역은 단일지역, 전국시장과 국제시장에서 동시 또는 단계적으로 결정할 수 있다. 신제품 출시시기에 관한 의사결정은 회사의 목적과 경영전략에 달려있다. 최종적으로 전국시장에 신제품을 도입할 것을 결정하는 단계를 결정하는 전략은 아래와 같다.

- 초기진입 전략: 경쟁제품보다 먼저 출시하여 유통경로를 선점하거나 특정 제품군에서 선도자의 이미지를 확립하는 전략이다.
- 동시진입 전략: 경쟁제품과 동일한 시기에 출시하는 것이다.
- 후발진입 전략: 경쟁제품의 마케팅 비용과 문제점을 활용하여 경쟁제품보다 늦게 출시하는 전략이다.

SENSE **후발기업이 활용할 수 있는 전략: 원숭이도 나무에서 떨어진다.**

- 선도자의 포지셔닝 실수
- 선도자의 제품 문제
- 선도자의 마케팅믹스 문제
- 최신기술 활용
- 선도자의 경영자원 취약성

## (3) 시장전략

### 1) 시장전략

새로 진출하고자 하는 산업은 시장의 규모가 커서 충분한 이익을 창출할 수 있어야 하지만, 중요한 것은 시장의 성장성과 제품수명주기 단계이다. 제품수명주기상에서 성숙기나 쇠퇴기보다는 가격경쟁이 치열하지 않은 도입기나 성장기여야 한다. 이러한 시장은 신규진입자와 신제품 도입을 잘 받아들이기 때문에 매력적이다. 따라서 신사업의 타당성을 결정하는 주요 요인은 산업의 매력성이다. 사업전략유형은 시장선도자 전략, 시장도전자 전략, 시장추종자 전략과 틈새시장 추구자 전략이 있다. 다음은 매력적인 시장에서 기업의 시장 위치에 따라서 추진할 수 있는 전략이다.

- 선도자 전략: 전체시장 규모 확대, 현 시장 점유율 방어나 확대

- 도전자 전략: 시장점유율 확대
- 추종자 전략: 현 시장점유율 유지
- 틈새시장 추구자 전략: 특정 세분시장에서의 전문화를 통한 수익성 추구

표 11-3 시장 위치에 따른 전략

| 위치 | 시장목표 | 마케팅 과제 | 마케팅믹스 |
|---|---|---|---|
| 선도자 | 최대 시장점유율 | 총수요 확대 | 풀 라인업 |
| | 최대이윤 | 제품가치 향상 | 복수 판매채널 구축 |
| | 충성도 강화 | 점유율 확대 | 고부가가치 제품 |
| | 이미지 유지 | 경쟁기업 추월 방어 | 카니발리즘 해소 |
| 도전자 | 선도자에 도전 | 차별화 | 차별화 판매채널 |
| | 시장점유율 확대 | 우위제품 개발 | 차별화 제품 |
| | 제품의 독특성 | 선도자 제품 진부화 | 차세대 제품개발 |
| 추종자 | 현상 유지 | 벤치마킹, 신속한 모방 | 인기제품 집중 |
| | 최소이윤의 확보 | 비용절감과 가격인하 | 실증된 판매채널 |
| 틈새 추구자 | 고객과 이익에 집중 | 집중화·전문화 | 전문화 판매채널 |

## (4) 경쟁전략

마이클 포터(M. Porter)는 저서 「경쟁전략(Competitive Strategy)」에서 기업이 취할 수 있는 경쟁전략의 유형을 크게 3가지로 유형화했다. 첫째, 전반적 원가우위(overall cost leadership) 전략은 제품의 저원가나 저비용을 통해 경쟁우위를 확보하기 위한 것이다. 둘째, 차별화(differentiation) 전략은 경쟁자들이 제공하지 못하는 독특한 가치의 제공을 통해 경쟁우위를 획득하는 것이다. 셋째, 집중화(focus) 전략은 기업의 목표 또는 자원의 제약으로 전체시장을 대상으로 하지 않고 특정 세분시장에 자원과 노력을 집중하는 것이다.

표 11-4 본원적 전략의 특징

| 구분 | 저 원가 전략 | 차별화 전략 | 집중화 전략 |
|---|---|---|---|
| 제품차별화 | low | high | low or high |
| | 가격집중 | 독특성 집중 | 가격이나 독특성 집중 |
| 시장세분화 | low | high | low |
| | 대량생산과 단일시장 | 다량의 세분시장 | 하나 또는 소수 |
| 차별적 역량 | 제조와 물류 | 연구개발 | 다양한 차별적 역량 |

자료: Charles, Hill & Jones(2004), "Strategic Management: An Approach," Houtghton Mifflin Company, Boston.

성장기 시장이 매력적인 이유는 시장점유율의 확대가 상대적으로 용이하고, 점유율 확대가 성숙기에 비해 기업에게 더 많은 수익을 줄 뿐만 아니라 상대적으로 가격경쟁이 비교적 크지 않기 때문에 핵심영역을 강화하여 시장확대에 주력하는 것이 필요하다. 성장기에는 선도자와 후발자의 진입전략에서 많은 차이가 있다.

### 1) 시장선도자의 전략

시장선도자는 기존고객을 유지하고, 후기 제품수용자의 선택적 수요를 흡수하여 전체적인 매출을 증가하고, 본원적 수요를 확대하는 시장확대 전략이 바람직하다. 방어전략은 오직 시장선도자만이 할 수 있는 전략이다. 경쟁자의 기존제품보다 개선된 제품을 출시하여 경쟁자보다 항상 앞서는 전략이다. 따라서 시장선도자가 활용할 수 있는 전략은 기존 포지션방어, 측면방어, 선제방어, 반격방어와 이동방어 전략 등이 있다.

#### ① 포지션방어 전략(position defense)

이 전략은 기존 또는 잠재 경쟁자들의 공격을 방어하기 위해 강력한 포시지션을 강화한다. 따라서 시장선도자는 경쟁시장에서 높은 인지도와 선호도를 구축하는 데 필요한 핵심역량과 자원을 확보하여야 한다. 이 전략에 필요한 마케팅믹스 전략은 다음과 같다.

- 품질관리와 서비스를 강화하고, 지속적인 제품개선으로 고객만족 실행
- 구득성의 향상과 구매과정의 단순화로 반복구매 촉진
- 고객과의 장기적인 관계구축

#### ② 측면방어 전략(flank defense)

측면방어 전략은 새로운 경쟁자들이 다수 출현하는 성장기에 시장선도자의 취약한 측면을 역공하는 것을 사전에 방지하는 전략이다. 시장선도자라고 하더라도 제품의 경쟁우위가 아직 확보되지 않은 상태이기 때문에 주력제품을 더 강화하여 경쟁제품을 대처한다. 제품의 질을 향상하고 새로운 속성을 추가하여, 고객의 선택적 수요를 자극하기 위한 제품차별화 전략이 필요하다. 정보제공 광고에서 제품선호와 이미지 광고로 전환할 필요가 있다.

#### ③ 선제방어 전략(preemptive defense)

경쟁자를 정신없이 선제공격하는 공격이 최선의 방어전략이다. 표적시장에서 이미 확보한 경쟁우위를 더욱 강화하기 위해 마케팅믹스의 변화를 통해서 경쟁자의 공격을 사전에 차단하는 전략이다. 예를 들면, 시장선도자가 계속해서 신제품을 출시하고, 기존고객에 대해 서비스를 강화하거나 가격을 인하하고, 광고와 판촉을 강화하는 것이다. 회사는 내적으로는 규모의 경제와 학습효과를 통해서 원가절감과 제품개선을 위한 투자를 도모하고, 외적으로는 고객서비스를 강화하여 차별화를 시도

한다. 또한 틈새시장을 활용한 브랜드 확장을 도모하여 각 세분시장별로 높은 점유율을 유지한다. 브랜드 확장으로 자사의 경쟁상품 간의 자기잠식효과(cannibalization effect)를 피한다.

④ **반격방어 전략**(counteroffensive defence)

반격방어란 경쟁기업의 공격에 대해 반격하는 전략으로 경쟁기업의 주력시장을 공격함으로써 시장을 방어하거나 경쟁기업을 단념시키기 위해 주요 공급자, 수요자나 유통경로 또는 정치적 영향력을 행사하는 전략이다.

⑤ **이동방어 전략**(mobile defense)

이동방어란 시장선도자가 시장확장과 시장다각화 등의 방법을 통해 미래의 공격과 방어의 중심지가 될 새로운 시장으로 이동하는 전략이다. 예를 들면, 담배 제조사가 흡연에 대한 규제강화와 소송으로 식품 등과 같은 비관련 산업에 진출하는 경우이다. PC 제조사들이 제품품질 차이가 거의 없어지고 신흥국의 저가공세로 경쟁력이 약화되자 하드웨어 부문을 철수하고 소프트웨어로 이동하는 전략을 실행했다.

### 2) 후발기업의 전략

후발기업은 선발기업에 비하여 자원과 역량이 대체로 우월하지 못하다. 경쟁우위를 갖고 있지 못한 측면이 많지만, 시장 후발기업이 효과적으로 활용할 수 있는 전략은 도약, 게릴라공격 전략, 포위전략과 측면공격 전략 등이 있다.

① **도약전략**(leapfrog strategy)

경쟁자들보다 우수한 기술, 탁월한 제품 및 공정 엔지니어링 능력을 보유한 경우 실행할 수 있는 전략으로 고객들에게 자사제품의 우수성을 알려, 고객들이 인지하고 제품을 선호하도록 하는 것이다. 경쟁자와 확실하고 탁월하게 차별화된 제품이나 서비스를 제공하여 시장점유율을 확대하는 것이다.

② **게릴라공격 전략**(guerrilla attack strategy)

경쟁자의 시장기반이 매우 강하지 않은 제한된 지역시장들을 중심으로 기습공격을 감행하는 전략으로 최저가정책, 판매촉진활동, 지역이나 비교광고나 법적 제소 등이 있다. 경쟁자들이 게릴라공격에 대한 정면대응이 어려울 때가 많지만, 역풍과 부작용이 발생할 가능성이 상존하고 있고, 상대적으로 높은 비용증대를 유발할 수 있다.

③ **포위전략**(encirclement strategy)

포위전략은 경쟁자들이 별로 관심을 갖지 않는 몇 개의 작은 세분시장을 동시에 공략하는 것이다. 전체시장이 다양한 용도의 세분시장으로 나누어져 있고, 고객들의 욕구에서 차이가 있는 여러 지역시장으로 나누어져 있는 경우에는 바람직한 후발기업의 시장전략이다.

#### ④ 측면공격 전략(flanking attack strategy)

측면공격 전략은 경쟁기업의 약점을 공격함으로써 시장점유율을 획득하려는 전략이다. 기존경쟁자들이 무시하고 있거나 잘 충족시키지 못하는 세분시장을 집중적으로 공략하는 것이다. 고객욕구와 선호도에 맞춘 제품특성과 서비스를 개발하여 선택적 수요를 유발한다.

### SENSE 파괴적 혁신은 선두 기업을 시장에서 퇴출

"2000년 현대자동차가 미국 자동차 시장에 성공적으로 진입한 이후 한국 기업의 파괴적 혁신은 찾아보기 힘들다." 크리스텐슨 교수에게 '한국 기업 중 파괴적 혁신을 이룬 기업이 있냐'고 묻자 돌아온 답이다. 현대차는 2000년 들어 아반떼, 쏘나타를 미국 시장에 선보였다. 가격 대비 좋은 성능과 '10년 10만 마일 무상보증 프로그램'이라는 파격적인 마케팅 전략으로 미국 시장에 안착할 수 있었다. 이후 한국 기업 중 파괴적 혁신을 이룬 기업이 없다는 게 크리스텐슨 교수의 생각이다.

파괴적 혁신에 성공한 기업은 로엔드(low-end) 시장을 주목한다. 수익성이 떨어져 선두기업이 무시하거나, 멀리하는 새로운 시장에 초점을 맞추는 것이다. 그는 "파괴적 혁신은 기존 시장에 존재하지 않는 제품을 판매하는 것"이라며 "성능은 다소 떨어지지만 가격이 저렴하거나, 사용하기 편리하다는 게 그들의 첫 번째 무기"라고 설명했다. 선두 기업과 경쟁하는 시장 자체가 다르다는 게 그가 말하는 비대칭적 경쟁이다. 파괴적 혁신은 선두 기업을 시장에서 퇴출시키기도 한다. 그는 "우리는 블록버스터 비디오(Blockbuster Video), 모토로라(Motorola) 등 세계적인 기업이 파괴적 혁신으로 인해 시장에서 완전히 사라지는 것을 지켜봤다"고 말했다.

출처: 이코노미조선 2016.01.29

## (5) 제품컨셉의 변환 전략

자사의 제품이 표적고객의 욕구를 충족하고, 표적고객의 마음속에 경쟁제품보다 더 유리하게 차지하여 판매를 증대하려는 노력이 STP전략이다. 포지셔닝은 경쟁자와 치열하게 다투는 무대이다. 이 무대에서 승리하기 위해서는 훌륭한 연출이 필요하다. 그것은 다름 아닌 포지셔닝이다. 제품컨셉은 제품개발 단계에 따라 용도에 맞게 변환해야 한다. 제품포지셔닝은 구매과정에서 중요한 요소이며, 기회가 치열한 곳으로 자사제품이 고객인식에 영향을 미칠 수 있는 기회이다.

제품포지셔닝을 선제적으로 처리하지 않으면 좋은 결과를 얻지 못한다. 고객들은 경쟁자의 정보로 자사제품을 약하게 위치할 수 있다. 분명하고, 간단하고, 의미 있는 포지셔닝은 시장의 끈질긴 광고와 마케팅 잡음을 줄일 것이다. 고객의 마음속에 고객들이 잘 수용하기 위해 메시지를 제공한다. 포지셔닝의 이상적 목적은 고객이 구매할 때 최초 상기가 되도록 하는 것이다. 이를 위해서는 경쟁제품과 차별화하고, 고객의 중요한 구매기준을 처리하고, 핵심제품 특징을 분명하게 표현해야 한다.

### 1) 브랜드 컨셉의 유형

브랜드 컨셉(brand concept)은 브랜드와 관련된 독특하고, 추상적인 의미이다.[2] 브랜드 컨셉에는 기능적 브랜드 컨셉, 경험적 브랜드 컨셉, 상징적 브랜드 컨셉과 관계적 브랜드 컨셉이 있다. 기능적 브랜드 컨셉(functional brand concept)은 기술적 우수성, 높은 내구성, 신뢰성이나 돈에 합당한 가치를 약속하는 것이다. 경험적 브랜드 컨셉(experiential brand concept)은 오감으로 연상을 구축함으로써 제품의 감각적 경험을 강조한다. 상징적 브랜드 컨셉(symbolic brand concept)은 구매자가 자아존중감과 사회적 표현을 향상하는 데 도움이 되는 개성, 가치와 신분을 표현하게 해준다. 관계적 브랜드 컨셉(relational brand concept)은 브랜드에 정서적 애착을 환기하고, 브랜드와의 친밀감을 주는 것이다. 이것은 일반적으로 수용되는 사회적 가치와 정서적 조건의 광고기법에 활용된다.

그림 11-16 브랜드 컨셉의 유형

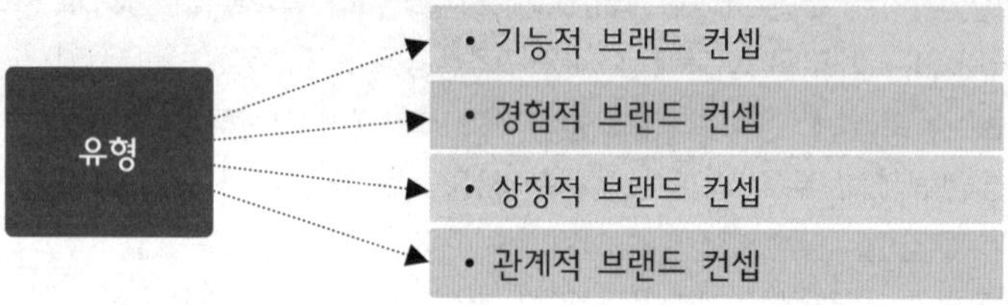


### 2) 컨셉의 진화

컨셉은 단계별로 용도에 따라 변해야 한다. 제품컨셉은 이성적인 판단으로 제품의 물리적 특성이나 성능에 중점을 둔다. 제품컨셉은 브랜드 컨셉, 포지셔닝 컨셉이나 표현컨셉으로 단계적으로 진화하고, 구체적인 속성이 편익이나 가치로 변환한다. 단계적인 컨셉의 변환은 소비자에게 다가갈수록 이성적 사고보다는 감성적 사고로 진화하는 것이 바람직하다. 자사 브랜드가 가장 유용한 기능을 제공한다는 것을 표현하는 문장이 브랜드 포지셔닝 서술문(brand positioning statement)이다. 가장 효과적인 브랜드 포지셔닝 서술문은 표적시장, 경쟁하는 시장의 정의, 브랜드 약속과 브랜드 약속을 믿는 이유 등을 포함한다. [그림 11－17]은 소비자의 욕구가 아이디어, 제품컨셉, 브랜드 컨셉으로 진화하는 과정을 예로 들어 설명한 것이다.

2 Park, Milberg, and Lawson(1991).

그림 11-17 욕구의 상업적 발전

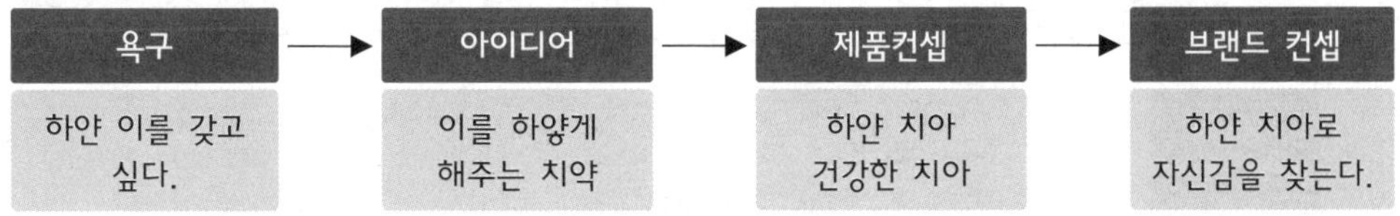


독특하고, 추상적인 편익은 사용되는 속성, 편익과 마케팅 노력의 특별한 결합으로 일어난다. 브랜드 컨셉은 브랜드의 유형과 무형적인 측면을 반영한다. 의인화나 사용자 이미지와 같은 과정을 통해서 인간과 같은 가치, 목적과 감정이 들어있다. 추상적인 브랜드의 구조는 인간의 가치로 표현된다. 브랜드 컨셉은 포지셔닝, 광고나 표현컨셉의 근거가 된다. 고객에게 다가갈수록 이성적 사고에서 감성적 사고로 표현하는 것은 소비자들의 인식을 향상하는 우뇌를 자극하는 전략이다.

그림 11-18 제품컨셉의 진화

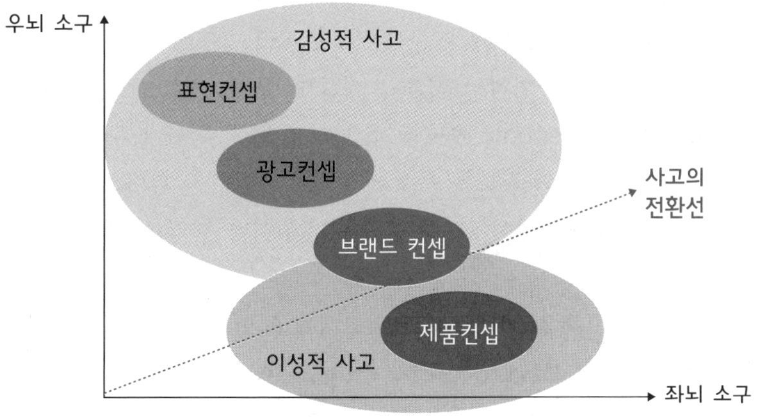


### 3) 컨셉의 유형과 용도

제품컨셉은 마케팅 담당자가 제품을 개발하기 위하여 제품 아이디어를 소비자 언어로 표현한 것으로 핵심 메시지는 무엇을 판매할 것인가(What to sell)에 초점을 두고, 방식은 제품차별화이다. 광고컨셉(advertising concept)은 마케팅 담당자가 핵심 메시지를 소비자에게 전달하기 위해 무엇을 말할 것인가(What to say)에 초점을 두고, 방식은 감성적 소구이다. 표현컨셉(creative concept)은 광고기획자가 메시지를 어떻게 전달하는가(How to say)에 초점을 두는 창의적인 아이디어 개발 과정으로 방식은 감성적 소구이다. 또 광고컨셉은 감성적 소구라 하더라도 고객에게 제품특징을 과장 없이 사실적으로 전달하고, 고객의 반응을 측정하여, 제품의 구매의향을 판단하기 위한 것이다.

그림 10-19 컨셉의 용도

| | | | |
|---|---|---|---|
| 유형 → | 제품컨셉 | 광고컨셉 | 표현컨셉 |
| 대상 → | 제품분석 | 소비자 분석 | 창의적 아이디어 |
| 목적 → | What to sell | What to say | How to say |
| 사용자 → | 마케팅 | 광고 기획자 | 광고문안 기획자 |
| 초점 → | 제품차별화 | 감성적 소구 | 감성적 소구 |

### 4) 광고컨셉

광고컨셉은 커뮤니케이션 컨셉으로 좋은 광고컨셉을 구성하기 위해서 고려해야 할 요소가 있다. 즉, 고려할 요소는 편익, USP, 단일메시지, 표적계획과 FCB 등이다.

- 편익: 메시지의 핵심은 고객에게 제품이 제공할 편익을 정확하게 전달하는 것이다. 고객이 제품구매와 사용으로부터 얻는 이익과 제품이 해결해 줄 수 있는 해결책이다.
- USP(unique selling proposition): 구매를 유도하기 위해 회사가 제시하는 가치약속이다. 가치제안은 경쟁자가 모방할 수 없도록 독특하고 차별적이어야 한다.
- SMP(single minded proposition): 가장 중요한 속성이나 편익을 집약된 단일 메시지로 단순 명료하게 전달한다.
- 표적고객: 정확한 표적고객을 선택하고 표적고객에 적합한 메시지를 소구한다.
- FCB Grid(Foote, Cone & Belding Grid): Vaughn(1986)이 만든 모델로서 주로 광고전략 수립에 필요한 포지셔닝 기법이다.

소비자의 인지구조 분석을 토대로 구매결정 과정을 고관여·저관여와 이성·감성의 차원으로 해석한다. 제품 구매가 소비자에게 관련이 있고 중요할 때와 그렇지 않을 때, 그리고 이성적으로 판단할 때와 감성에 의존할 때, 광고주는 소비자 설득을 위해 다르게 접근해야 한다. 이성과 고관여 제품은 대체로 고가로 자세한 정보제공, 저관여와 이성은 반복적으로 구매되는 제품으로 단순노출, 고관여와 감성제품은 고가의 상징적 제품으로 제품의 이미지, 저관여와 감성제품은 기호식품으로 소비자의 주목에 중점을 두는 표현컨셉이 효과적이다.

표 11-5 FCB Grid

| | 이성(좌뇌) | 감성(우뇌) |
|---|---|---|
| 고관여 | **1공간: 고관여·이성** | **2공간: 고관여·감성** |
| | 자동차, 주택, 가구, 신제품, 보험<br>전략: USP<br>구체적 제품정보(특징) 실연<br>자세한 정보제공<br>조사: 회상, 진단조사 | 보석, 화장품, 패션, 모터사이클<br>전략: 브랜드 이미지<br>강력한 실행요소<br>극적 노출, 이미지 강조<br>조사: 태도변화, 정서환기 |
| 저관여 | **3공간: 저관여·이성** | **4공간: 저관여·감성** |
| | 식품, 가정용품, 휘발유<br>전략: 단순노출<br>크리에이티브: 상기광고<br>POP, 작은 크기 광고 | 담배, 맥주, 사탕<br>전략: 저관여 학습<br>크리에이티브: 주목 끌기<br>빌보드, 신문, POP |

## 5 출시전술과 출시 후 관리

### (1) 출시전술

전략적 의사결정은 호의적으로 시장에 영향을 주기 위해 적절한 제품, 가격, 촉진과 유통믹스를 결정함으로써 제품출시를 성공적으로 실행하는 것이다. 따라서 출시전술은 마케팅믹스를 계획하여 실제 시장에서 추진하는 과정이다. 사업이 성공적이기 위해서는 마케팅 요소들이 적절해야 한다. 적절한 장소와 적절한 시간에, 적절한 촉진노력을 사용하여, 적절한 가격으로 적절한 제품이나 서비스를 제공해야 한다. 마케팅믹스는 4P's라고 하며, 이는 마케팅 네 가지 변수의 결합이다. 즉, 제품(product), 가격(price), 촉진(promotion)과 유통(place) 등 네 변수를 배합하여 마케팅 전략을 수립하는 것이다. 출시전술은 별도의 장에서 자세히 설명한다.

### (2) 출시 후 제품관리

#### 1) 잠재적 문제발견

출시관리는 조기에 잠재적인 문제를 발견하고, 신속하게 문제를 해결하는 과정이다. 즉, 계획했던 궤도를 이탈하지 않도록 문제를 발견하고, 해결하는 과정이다. 잠재적 문제발견 및 해결절차는 출시 후 문제의 신속한 발견, 통제 가능한 것 선택, 관리비상계획 수립과 추적시스템 계획이다.

- 출시 후 발생하는 문제의 신속한 발견: 잠재적으로 취약한 문제를 확인하는 단계이다. 이러한 문제는 서툰 광고나 제조와 같은 자사의 내부 전략이나 경쟁자의 보복과 같은 외부환경에서 발생한다. 마케팅 계획단계에서 구매자들이 시장에서 자사제품에 높은 수준의 만족을 나타낼 것이라고 예상하였는데, 자사 신제품을 시용하는 데 문제를 제기한다. 경쟁자가 신제품 소식을 들은 후 보복행동에 들어가는 경우가 있다. 악마의 옹호자(devil's advocate)[3]를 활용한다면, 처음 생각이나 경쟁자들이 실시하는 무서운 경쟁전략보다 더 많은 옵션을 갖고 문제를 들추어낼 것이다.
- 통제 가능한 것 선택: 통제 가능한 것과 통제 불가능한 것을 구분하고, 통제 가능한 문제의 우선순위를 정한다. 통제 불가능한 요소는 환경에 적응한다.
- 관리를 위한 비상계획 개발: 어려움이 실제로 발생할 때를 대비하여 비상계획을 수립한다. 계획은 시간과 상황에 따라 변하지만, 비상계획은 즉각적인 행동을 위한 준비이다.
- 추적 시스템 계획: 이때 추적 시스템은 사용할 수 있는 자료를 신속하게 보낼 수 있는 시스템이어야 한다.

### 2) 출시 후 제품관리

출시 후(post-launch) 제품관리는 제품수명주기의 가장 긴 단계이다. 제품의 중단이나 계속 여부에 대한 의사결정이 이루어질 때 많은 활동이 포함된다. 출시 후 단계의 주요 행동은 사업의 실제적인 진행이다. 출시 후 학습이 이루어지기 위해서 제품 반응결과를 보고하는 것은 중요하다. 적절한 제품관리가 될 때 초기 출시 후 관리는 많은 정보를 제공한다. 이러한 정보와 통찰력은 현재와 잠재적 문제를 극복하고, 미래 제품출시 성공을 향상하는 데 유용하다. 그러나 출시감사와 수정행동의 실패는 언제나 경쟁자에게 좋은 기회를 제공한다.

감사의 적시성은 제품유형에 따라 다르다. FMCG는 신속한 평가를 필요로 한다. 대규모 B2B 제품은 감사자료를 수집하고, 평가하기 위해 시장성숙, 혁신소비자나 초기 수용자 조사를 필요로 한다. 출시와 초기 제품성능을 평가하는 핵심 감독자 역할을 특정인에게 부여하는 것이 중요하다. 출시 후 감사는 제품출시 계획의 모든 측면과 요소를 감사하는 것을 의미한다. 출시 후 제품관리 절차는 추적대상의 범위 결정, 감사, 지속적인 추적실시, 그리고 문제의 개선과 반영 등이 있다.

그림 11-20 출시 후 제품관리

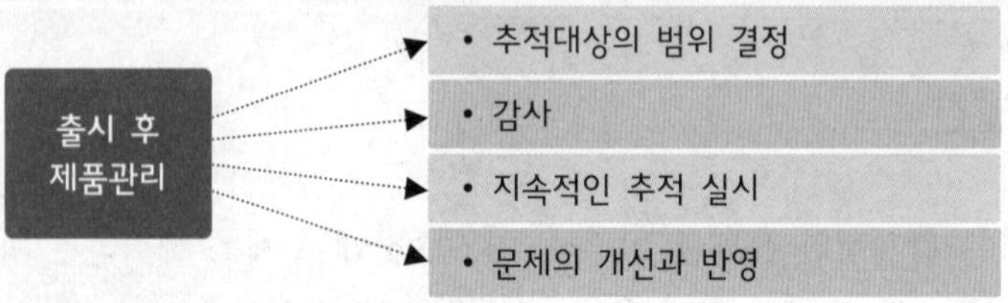


3 악마의 옹호자: 문제점을 가능한 한 많이 들춰내 올바른 의사결정을 돕는 사람.

### ① 추적대상의 범위 결정

기존 경쟁자뿐만 아니라 새로운 경쟁자 출현은 시장에서 경쟁을 더욱 격화할 뿐만 아니라 자사 브랜드에 위협이 된다. 경쟁자들은 시장을 잠식하기 위해 치밀한 전략, 정교한 마케팅믹스와 노력을 집중한다. 그래서 자사의 제품판매 추이를 감사하고, 문제점을 발견해야 한다. 이러한 과업은 추적 시스템을 통하여 찾아내는 것이다. 따라서 마케팅에서 추적(tracking)이란 신제품 출시가 표적시장에서 잘 맞는지를 알아보는 절차를 말한다. 마케팅 계획의 중요성은 계획된 궤도에 신제품을 배치할 수 있는 능력이다. 경쟁상황, 제품특징과 계획된 마케팅 노력이 합리적인가를 검토하는 것이다.

신제품 출시 후 추적조사는 제품출시 이후에 소비자의 인지(awareness), 태도(attitude), 시용구매(trial), 수용(adoption)과 재구매율(repurchase rate)을 측정하기 위한 소비자 반응조사이다. 이러한 변수의 측정을 통해 소비자 반응을 파악하여 마케팅믹스에 반영하는 것이 효과적이다. 이때 고려해야 할 요소가 있다.

- 경쟁자들은 누구인가?
- 경쟁자들은 회사에 위협이 되는가?
- 경쟁자들은 강한가?
- 경쟁자들의 판매량은 어느 정도인가?
- 신제품이 고객의 욕구를 충족하는가?
- 누가 제품을 구매하는가?
- 고객들은 얼마나 구매하는가?
- 제품에 만족하는가?
- 제품에 대한 결함, 문제나 불만은 없는가?

### ② 감사

출시 후 시장상황을 공정하게 감사(audit)하는 것은 매우 중요하다. 공정성을 위해 프로젝트 팀이 아닌 다른 사람에 의해서 시장상황 감사가 이루어질 필요가 있다. 이러한 감사는 출시 후 한 달에서 몇 개월 사이에 집중적으로 이루진다. 이러한 감사결과 보고는 모든 프로젝트와 서류를 조사하는 것이고, 현재 시장에서 계획이 달성되고 있는지와 계속이나 중단을 해야 하는지를 분석할 필요가 있다.

감사팀은 출시과정의 검토를 확인하기 위해 프로젝트 팀의 개인 구성원과 함께 논의한다. 이러한 검토는 각 서류에 대한 목표기술이 충족되는지를 조사하는 것이다. 사업에서 이루어진 가정이 정확하게 증명되는지를 논의하는 것이다. 또한 제품의 재무성과가 예측한 대로 이루어지는지를 검토한다. 검토가 완성되어 상세히 기록하면 이 결과를 프로젝트 팀 전원이 공유한다. 그런 다음 학습할 필요가 있는 주제를 선정하고, 토의하기 위해 다기능 팀 회의나 워크샵을 개최한다. 이렇게 해야 문제로 나타난 어떤 갭을 좁히기 위해서 필요한 변화를 추진하는데 공동노력이 이루어질 수 있다. 또한 이것은 신제품개발주기에서 과정을 지속적으로 향상하는 능력을 제공한다.

### ③ 지속적인 추적 실시

추적을 제품출시 후에 너무 늦게 시작한다면 초기의 고객과 경쟁자의 반응을 찾아 마케팅믹스에 변화를 줄 기회를 잃게 된다. 추적실시는 일일관찰과 추적과정이 지속적으로 이루어져야 한다. 따라서 제품을 출시한 후 4단계로 검토하는 것이 중요하다. 즉, 성장(growth), 성숙(maturity), 쇠퇴(decline)와 철수(exit) 단계이다. 철수는 현재 시장상황에서 브랜드를 철수하는 것으로 깊게 고려해야 할 필요가 있다. 각 단계에서 중요한 제품관리는 브랜드 관리, 재무관리, 제품 포트폴리오 관리, 고객서비스와 지원 등이 포함된다.

- 브랜드 관리: 언론, 고객과 협력사와 함께 외부적으로 제품을 촉진한다. 판매팀을 지원하고, 산업회의, 포럼과 이벤트에 참석하고, 기사나 백서를 쓴다.
- 재무관리: 마케팅믹스의 최적화를 추적하고, 손익, 재무상태와 현금흐름을 관리한다.
- 제품 포트폴리오 관리: 제품을 검토·유지·확장하고, 시장과 경쟁자를 추적·감시한다.
- 고객 서비스와 지원: 고객 반응을 추적하고, 고객을 방문하고, 제기된 문제를 조치한다.

### ④ 포지셔닝의 재수립

신제품개발에 큰 잠재력을 제공하는 경쟁우위를 확인하고, 이것을 고객에게 전달하여 경쟁제품보다 유리하게 위치하는 것이 포지셔닝이다. 포지셔닝 이론을 창시한 알 리스와 잭 트라우트(Al Ries & Jack Traut)는 포지셔닝이 먼저이고, 가장 중요한 것은 커뮤니케이션 전략이고, 이것을 인식하지 못하는 것은 전체 마케팅믹스를 약화한다고 한다. 종종 잠재적으로 가치 있는 포지셔닝의 경쟁우위를 확인함에도 불구하고, 조직은 이러한 이점을 충분하게 나타낼 수 없다. 이것은 세 가지 오류 중의 하나이다.

그림 11-21 포지셔닝의 오류

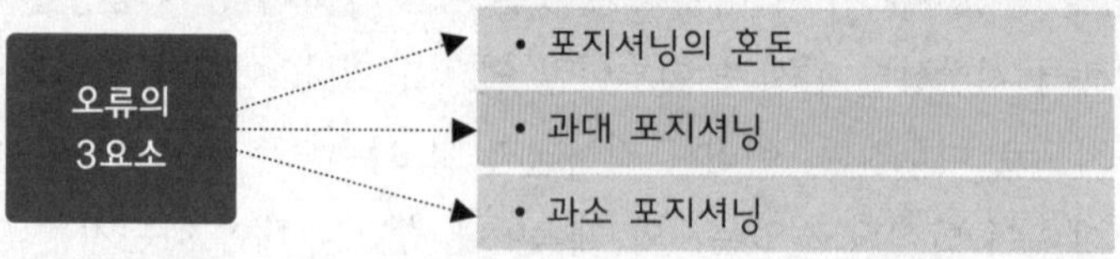


- 포지셔닝의 혼돈(confused positioning): 회사가 표현하는 것을 구매자가 확신할 수 없는 경우이다. 포지셔닝이 자주 변경되어 일관된 커뮤니케이션이 안 되거나 메시지가 모호하여 고객이 쉽게 지각하지 못하거나, 커뮤니케이션과 제품이 잘 연결되지 않는 경우이다. 시용구매나 반복구매가 이루어지기 어려워 명확하고 단순한 핵심편익을 개발하여 리포지셔닝하는 것이 좋다.
- 과대 포지셔닝(over-positioning): 소비자들이 회사가 제공하는 제품이 가치가 지나치게 커서 신뢰하지 않는 경우이다. 제품컨셉력이 우수하여 시용구매는 일어날 수 있다. 회사의 제품을

가치에 비해 비싼 것으로 인식하여 가격과 품질의 연상이 일어나는 데 혼란을 초래한다. 그러나 시용구매가 일어난다고 하더라도 제품력이 우수하지 못하여 반복구매가 일어나는 데 지장이 많다. 이것은 과도한 사전 가치제안에 대한 사후 과소한 제품성능 지각으로 소비자들은 실망하게 된다. 결국 소비자들이 외면하는 제품이 되고, 기업 이미지는 큰 손상을 받게 될 것이다.

- 과소 포지셔닝(under-positioning): 메시지가 실제 제품성능이나 품질보다 약하고 경쟁제품과 다른 차별점을 잘 제시하지 않아 소비자들이 경쟁자와 어떻게 다르고 좋은지를 잘 알지 못한다. 과소한 사전 가치제안과 과도한 성능이나 품질전달이 될 수 있다. 따라서 초기에 제품 컨셉이 약하여 시용구매가 일어나지 않아 제품확산에 어려움이 있다. 만일 제품을 시용구매한다면, 제품력이 우수하여 반복구매가 일어날 수 있다. 그러나 곧 경쟁제품에 의하여 제품은 시장에서 위기를 맞게 될 것이다.

### ⑤ 문제의 개선과 반영

출시제품에 대한 적절한 추적감시는 많은 잠재적 문제를 발견하여 적절한 궤도에서 출시상품이 계획대로 역할을 수행하게 하고, 많은 정보와 학습을 제공한다. 이러한 정보와 통찰력은 현재와 잠재적 문제를 극복하고, 향후 제품출시 성공을 향상하는 데 도움이 된다. 출시감사와 수정행동의 실패는 경쟁제품의 시장지배력을 강화하는 좋은 기회가 된다. 따라서 추적결과로 얻는 정보는 신속하고 효과적인 방법으로 마케팅믹스를 수정하여 브랜드의 활성화에 활용하여야 한다. 즉, 브랜드 인지도 향상, 포지션의 개선이나 촉진전략의 수정 등에 적용할 수 있다. 제품출시와 관련된 학습은 브랜드 확장이나 신제품개발의 효과적인 정보와 자료가 된다. 브랜드는 살아 있는 생물체이기 때문에 출시 후 브랜드자산의 형성관계를 추적하여 브랜드 강화나 브랜드의 재활성화를 위한 전략과 노력이 지속되어야 한다.

12

# 유통관리와 판매촉진

1 유통의 이해

2 유통경로

3 유통믹스

4 물적유통

5 촉진전략

# 국내 대표 손목시계 로만손의 끊없는 도전

## 종업원 5명과 자본금 5,000만원으로 설립

로만손은 1988년 4월1일 종업원 5명과 자본금 5,000만원으로 설립되어 1999년 12월 18일 코스닥시장에 상장된 손목시계와 핸드백, 주얼리를 제조, 판매하는 회사이다. 현재 전 세계 70여 개국에 로만손 자체 브랜드를 수출하고 있으며 연간 100개 이상의 신제품 개발 보유 능력을 확보하고 있다. 최근에는 '트로피쉬', '프리미어' 등 고가 패션시계 위주로 신제품을 개발하고 있다. 또 내수시장 확대를 위해 4~5개의 명품 수입브랜드들과 자사의 패션브랜드를 접목해 'THE WATCHES'로 백화점에 진출했다. 지난 2003년 14K, 18K 위주의 한국 최초의 브릿지 주얼리 브랜드로 티아라를 주요 디자인으로 한 제이에스티나를, 2010년 핸드백 등 가죽제품으로 확대했다. 올해 로만손은 면세점과 온라인 시장에 집중, 중국 본토로 영역을 확대하고 있다.

## 손목시계의 성장한계와 정치적 리스크 극복 위한 다각화

매출은 주얼리, 핸드백과 손목시계 주류이지만, 주력 사업인 손목시계 매출은 점차 감소하고 있다. 손목시계 시장은 전체적으로 계속해서 성장하고 있지만 휴대폰의 출현 이후 시간을 알리는 장치로서의 시계 의미가 많이 축소되고 대신 패션화 경향이 두드러지고 있다. 이 가운데 해외 명품시계 시장은 지속적으로 성장하는 반면 국내 중가제품의 시장은 정체됐다. 화장품 사업, 향수 등으로 강화하고 있다. 로만손은 장기적으로 시계 사업의 성장 둔화와 주얼리 사업의 단기 고성장으로 더 이상 고수익을 기대하기 힘들 것이란 판단 아래 미래 수익성 확보에 집중한다는 계획이다. 이에 핸드백과 화장품 등 신성장동력을 육성하고 선글라스, 의류, 구두 등 종합패션 기업으로 도약을 준비하고 있다. 주얼리 사업과 관련 금 등 주요 원재료 가격 상승 시 원가부담과 가격인상에 따른 수익성 악화 가능성은 부담요인이다. 개성공단에서 생산하는 손목시계의 경우 남북의 정치적 상황으로 생산의 차질이 발생할 수 있다. 대비책으로 일정 부분을 중국에서 대체생산 체제를 구축하였다. J. ESTINA 브랜드 가치를 활용해 2011년 핸드백, 2013년 향수, 2015년 화장품으로 이어지는 사업영역을 지속적으로 확대하는 전략을 진행 중이다. 이것은 핸드백에 이어 향후에는 화장품이 동사의 성장을 견인할 것으로 전망하기 때문이다. 2014년 출시한 J. ESTINA Red를 패션주얼리와 색조화장품, 의류, 문구 등을 포괄하는 토탈 라이프스타일 브랜드로 육성할 계획이며, 2015년 백화점 편집매장을 시작으로 20개 매장을 출점할 계획이다.

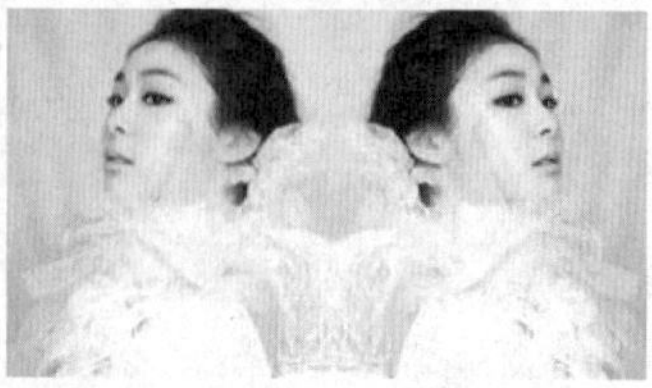

## 현지 마케팅 전략은 고급화와 100% 무상교환

로만손 시계가 1990년대 처음 중남미 시장에 진출할 때 각국의 시계 바이어들은 한국산 무명 브랜드인 로만손 시계를 가격은 비싸고 약한 브랜드 인지도로 회의적이었다. 파나마의 교포 무역업체인 Gold way사에 중남미 유통을 맡겼고, 이 판매업체는 초기 시장진출 단계에서는 위탁판매를 시작했다. 위탁판매란 주요 시계 체인점에 시계를 공급하고 팔린 다음 돈을 받는 방식이다. Gold way사는 표적고객을 소수의 부유층과 중산층으로 선정하고 브랜드 홍보에 나섰다. Gold way사는 로만손 시계 판매가격 100달러 내외이지만 브랜드 이미지 제고를 위해 로렉스나 까르띠에처럼 일부제품을 흠집이 나지 않는 다이아몬드나 18k 순금을 사용하여 판매가격 1,000달러에서 최대 5,000달러의 최고급품으로 구성하여 고급 브랜드 이미지를 구축했다. 브랜드 홍보를 위해 항공 기내 잡지에 매번 제품광고를 게재하고 미디어 광고, 여성잡지 광고, 그리고 도로 주변의 입간판 제작 등을 통해 로만손 시계의 브랜드를 알리는 한편 시계 취급점 등을 대상으로 한 제품 설명 리셉션 등을 주최하여 브랜드 이미지 제고에 주력하였다. 로만손 시계의 품질이 우수해 실제적으로 A/S가 크게 필요하지 않은 점을 감안하여 A/S 체제 구축 대신 제품하자에 대해 100% 무상교환제도를 운영하였다. 고급품 정착을 위해 조그만 흠집이나 별다른 하자가 없더라도 소비자들이 클레임을 제기하면 즉시 동일제품으로 교환해 주는 전략을 통해서 로만손 시계가 고급품으로서 소비자의 신뢰를 얻었다. 이러한 브랜드 이미지 제고를 위한 마케팅으로 중남미에서 로만손 시계는 중가품 시계가 아닌 고급품으로 인식되고 있다. 로만손 시계의 지속적인 변신과 다각화를 기대한다.

출처: 로만손 홈페이지 정리

# 제12장 | 유통관리와 판매촉진

## 1 유통의 이해

제품을 고객에게 전달하는 가장 효과적이고 효율적인 방법을 확인하는 것은 중요하다. 제조자와 소비자를 연결하는 구조는 유통경로이다. 유통은 시간과 장소효용의 창조이다. 이것은 경로의 중요한 목적이다. 소비자들은 이용할 수 있고, 쉽게 구할 수 있는 제품을 구매한다. 마케터들은 유통의 적절한 경로를 발견하고, 제품이 소비자들에게 가장 효율적인 방식으로 도달될 수 있는 것을 확보하는 데 상당한 노력을 기울인다. 또한 마케팅 경로는 다른 모든 마케팅 의사결정에 영향을 준다. B2B 마케팅에서는 유통이 성공의 실제적인 비법이다.

### (1) 유통

유통(distribution)은 상품을 최종 소비자에게 이전시켜주는 활동이다. 따라서 유통은 생산자와 소비자 간의 공간과 시간적 간격을 줄여주는 가치창출 활동이다. 유통경로는 상품이나 서비스를 최종 소비자에게 이전하는 과정에 참여하는 조직체나 개인들이다. 이 과정에 참여하는 경로 구성원들은 제조업자, 중간상과 구매자들이다. 유통구조는 생산자와 소비자 간의 상품의 이동을 위해 구축된 유통기관 및 경로를 의미한다. 제조에서 소비로 가치가 이동하는 데 관계가 있는 모든 중개기관으로 구성된 조직 간 시스템이다. 유통경로 조사는 상품이 목표고객에게 가장 효율적으로 전달되는지를 파악하는 것이다. 대체로 중소기업은 대기업보다 판매량이 적기 때문에 유통경로에 따라서 하나 이상의 중개경로를 갖는다. [그림 12-1]은 일반적인 소비재의 유통경로이다.

**그림 12-1 유통경로**

공급업자 → 생산자 → 도매상 → 소매상 → 소비자

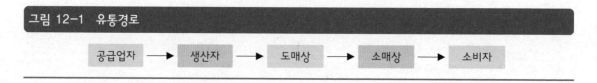

소비자들이 구매하고자 하는 것을 생산하는 것은 마케팅에서 단지 한 부분이다. 소비자들은 이용할 수 있고, 쉽게 얻을 수 있는 상품을 구매한다. 유통은 장소를 결정하는 수단이다. 그러므로 마케터는 유통의 적절한 경로를 발견하고, 가장 효율적인 방법으로 상품이 소비자에게 전달되는 것을 확보하는 데 상당한 노력을 기울인다. 마케팅에서 유통은 사업성공의 비결이다. 기업 구매자들이 좋은 유통망을 활용하는 것은 제조업자로부터 직접 구매하는 것보다는 오히려 중간상이나 도매상을 이용하는 것이 더 유리할 수 있기 때문이다.

### (2) 중개기관의 역할

중개기관은 상품의 소유권을 갖는 형태와 갖지 않는 형태의 두 가지가 있다. 소유권을 갖는 상인중개상(merchant)은 소매상, 협동구매센터, 도매상, 산업유통상, 중개상 등을 포함한다. 상품의 소유권을 갖지 않는 중개인은 대리인(agent)이다. 유통경로를 선택할 때 중개기관의 역할을 이해하는 것이 중요하다.

## 2 유통경로

### (1) 유통경로의 개념

유통경로(distribution channel)는 제조업자로부터 최종 소비자에게 상품이나 서비스를 이동하는 과정에 참여하는 조직이나 개인들을 뜻한다. 유통은 가상점포뿐만 아니라 물적 점포를 포함한다. 운송방법은 유통경로나 마케팅 경로에 의해서 영향을 받는다. [그림 12－2]는 소비재 상품이 통과하는 유통경로이다. 상품은 제조업자로부터 소비자에게 직접 전달되는 경우는 드물지만, 대신 도매상, 대리인이나 기타 요인의 손을 통하여 이동된다. 수입업자는 도매상으로부터 주문을 받기 위해 대리인을 사용한다. 수입업자가 동남아에서 생산한 가방을 도매상에게 대량으로 납품하고, 도매상은 이것을 소매상에게 보낸다. 도매상은 많은 수입업자와 제조업자의 상품을 소매상에게 전달한다. 이러한 결과는 소비자가 상품을 구매하기 위해 먼 거리를 직접 가지 않기 때문에 많은 시간을 절약한다. 식품은 길고 복잡한 유통 시스템을 통과한다. [그림 12－2]는 소비재의 유통경로이다.

그림 12-2 소비재의 유통경로

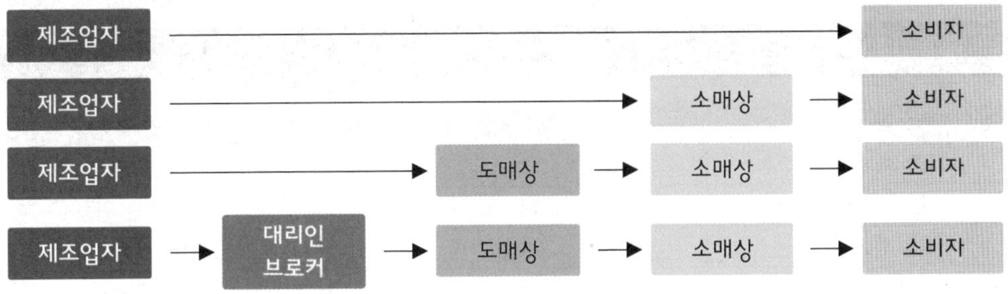

[그림 12-3]처럼 산업재의 유통경로는 소비재 유통경로와 비슷하지만, 상품이 소비자가 아니라 기업과 정부에 판매되는 경우는 유통경로가 다소 다르다. 산업재 유통업자가 개입되는 경우가 많다. 산업재 경로는 기업, 정부나 대리인이 사용하는 제품을 공급하는 기업이지만 재판매를 목적으로 하지 않는다.

그림 12-3 산업재의 유통경로

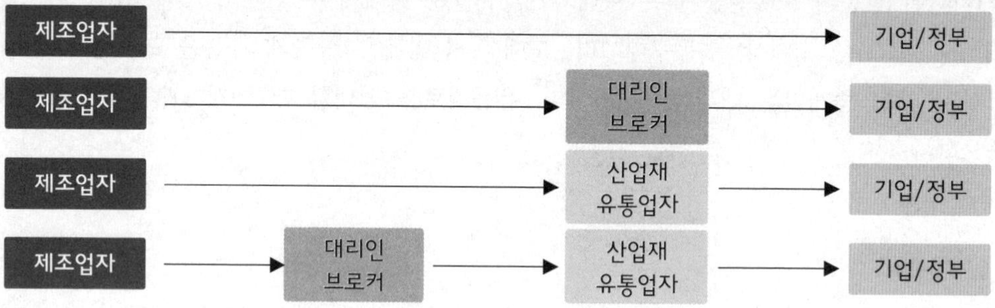


중개상은 유통과정에서 교환의 효율성을 높이면서 중요한 기능을 수행한다. 대리인과 도매상이 사용하는 대부분의 상품에 관해서 효율성이 이루어져 절약이 되지만, 중개인이 배제되면 오히려 상품의 비용이 증가한다. 유통경로상의 구성원은 상품을 선별하고, 집하하고, 분배하고, 분류하여, 최종 소비자에게 전달하는 기능을 수행한다.

## (2) 유통경로의 특징

상품과 고객의 유형은 이용할 중개기관의 유형과 수를 결정한다. 중개기관의 수가 증가함에 따라 유통경로의 길이가 증가한다. 유통경로가 길수록 수익이 더 작아지고, 경로망이 더욱 넓어진다. 일반적으로 긴 유통경로는 저수익이지만, 상품판매를 쉽게 한다. 짧은 경로는 대체로 더 많은 네트워크를 필요로 하고, 높은 수익으로 전환할 수 있다. 경로의 길이가 짧을수록 고객의 수는 적지만, 지리적으로 집중되어 있고, 주문이 다량이고, 상품이 복잡하기 때문에 상품 유지보수가 필요하고, 자원이 크게 소요된다. [표 12-1]은 유통경로별로 요인을 비교한 표이다.

표 12-1 유통경로별 요인 비교

| 요인 | 짧은 경로 | 긴 경로 |
|---|---|---|
| 고객의 수 | 소 | 대 |
| 지리적 집중도 | 고수준 집중 | 저수준 집중 |
| 주문 규모 | 대량 | 소량 |
| 복잡성 | 고수준 | 단순 |

| 요인 | 짧은 경로 | 긴 경로 |
|---|---|---|
| 상품 유지보수 | 대 | 소 |
| 자원 | 대 | 소 |

## (3) 유통경로의 유형

직접경로는 미장원 같은 인적서비스의 일반적인 경로로서 중개기관의 사용이 불가능하거나 주택수선과 같은 주요 자본재 구매이다. 이러한 상품들은 더 작은 단위로 쪼개거나, 분류하거나 집하할 수 없다. 이러한 경우는 중개인이 수행해야 할 기능이 없다. 유통망이 효율적으로 관리되면 상품은 경로로 내려오고, 정보는 올라온다. 소매상은 소비자들이 필요로 하는 정보를 줄 수 있다. 공식적으로 제조업자나 도매상에게 정보를 전달해 주고, 비공식적으로 소매상은 판매하는 것을 주문받고, 제조업자는 소비자들로부터 얻는 정보로 시장과 고객 상황을 추론한다. 훌륭한 판매원은 정보경로의 역할을 하며, 소매상에서 제조업자까지 정보를 전달해 줄 뿐만 아니라 소비자가 생각하는 것을 소매상으로부터 발견할 수 있다.

주요 제조업자는 몇 개의 유통경로를 갖고 있다. 식품취급 회사는 음식공급자와 소매상 경로를 분리한다. 제조업자는 소비상품을 대리점과 직영점 방식으로 운영할 수 있으나, 방산상품은 대체로 인적판매 방식의 경로로 운영할 수 있다.

**표 12-2 경로 구성원의 분류**

| 구성원 | 기능 |
|---|---|
| 대리점 | 상품 소유권을 갖지 않는다.<br>대리점은 소매상과 도매상을 방문하고, 주문을 받아 배송을 처리한다.<br>제조업자는 작은 상품범위를 전달하기 위해 많은 판매원을 운영하는 비용을 절약한다. |
| 도매상 | 도매상은 실제로 제조업자, 대리점으로부터 상품을 구매한다.<br>소매상이나 때때로 최종 소비자에게 상품을 판매한다. |
| 소매상 | 소매상은 소비자에게 직접 상품을 판매하는 조직이다.<br>이것은 우편주문, 방문판매와 온라인 판매를 포함한다. |
| 브로커 | 구매자와 판매자 간의 거래를 중개하는 역할을 수행한다.<br>재고를 보유하지 않아 거래에 대한 위험이 없고, 거래에 따라 일정한 보수를 받는다. |

### 1) 소매상

#### ① 소매상의 개념

소매상(retailer)은 소비자, 가족이나 친구의 사용을 위해 상품을 판매한다. 사업적 필요가 아닌 구매라면 어떤 구매라도 소매상의 영역이다. 소매상은 반드시 중심가 점포나 시장상인이 아니다. 우편주문판매나 방문판매도 소매상이다. 소매상은 많은 상품을 소비자에게 노출하는 상이한 브랜드의 상품들을 보유하고, 고객과 직접 대면하기 때문에 고객과 강한 관계를 갖는다. 대체로 상품과 서비스는 소매상들에 의해 촉진되고 상업화된다. 대부분의 소매점은 도시 중심이나 시외 번화가에 있다. 구매자들이 중심지역에 밀집하는 것은 부분적으로 구매자의 편의성을 고려하기 때문이다. 최근에는 시외에 판매점들이 성장하고 있다. 이러한 이유는 다음과 같다.

- 소비자들의 차량 소유로 거주 지역이 아닌 지역에서 구매하고 있다.
- 번화가의 임차료가 비싸 소매상들은 도심 밖 위치를 더욱 매력적으로 느낀다.
- 도시 계획자들은 쇠퇴하는 산업지역을 재건하는 방법으로서 소매단지를 사용한다.
- 식품 소매상은 주로 주요 도시의 중심지역에서 나가는 경향이 있다.

### ② 소매상의 유형

최종 소비자에게 제품을 판매하는 소매상의 종류는 다양하고, 새로운 유형들이 발생하고 있다. 다음은 대표적인 소매상의 유형이다.

- 편의점(convenience store): 편의점 또는 구멍가게는 식품과 가계용품을 제공한다. 지역상점은 밤늦게까지 열어놓고, 대개 가족이 운영한다.
- 슈퍼마켓(supermarket): 저가로 판매하는 큰 셀프 서비스 상점이다. 슈퍼마켓은 방대한 상품범위를 보유하고, 상품을 적절하게 배치하는 전문적인 점포이다.
- 하이퍼마켓(hypermarket): 식품에서 가전제품까지 매우 많은 상품을 판매하는 매우 큰 슈퍼마켓이다.
- 백화점(department store): 도시 중심에 위치하고, 모든 제품을 판매한다. 각각의 부문은 독립된 이익센터로서 구매와 판매기능을 갖고 있다.
- 잡화점(variety store): 제한된 상품범위를 제공하고, 의류, 가정용품과 선물용품을 판매한다.
- 할인점(discounter): 매우 저가로 최소 상품의 범위를 제공한다. 실내 장식은 거의 존재하지 않고, 실내 분위기는 기둥이 높고, 가격은 싸게 판매한다.
- 틈새마케터(niche marketer): 매우 제한된 제품범위를 취급하지만 깊이가 깊다. 예를 들면 양말 전문점과 타이 전문점이다. 이들은 작은 가게이지만, 매우 좁은 범위 내에서 가능한 모든 제품을 제공한다.
- 할인창고(discount shed): 도심 밖 DIY나 철물점이다. 서비스 수준은 최소한이나 점포는 값싸게 구축하고, 실내 장식과 분위기는 매우 기본적이고, 간접비를 최소화하는 데 집중된다.
- 카탈로그 쇼룸(catalogue showroom): 진열이 최소한이거나 존재하지 않고, 실제로 우편주문 카탈로그의 확장이다. 미국에서 싸게 파는 가게의 하나이다. 사전에 구매 가능성이 있는 고객에게 카탈로그를 우송하고, 고객은 전시된 상품을 확인한 후에 구입하는 방식을 채택한 상점이다. 이때 점포의 배후에 있는 창고에서 상품을 가져다준다.
- 무점포소매점(non-store retailing): 방문판매, 자판기, 전화로 상품을 판매하는 텔레마케팅,

우편주문과 카탈로그 판매 등을 포함한다. 인바운드(inbound)는 고객이 주문을 하기 위해 전화하는 것이지만, 아웃바운드(outbound)는 소매상이 고객에게 구매 요청하기 위해 잠재고객에게 전화하는 것이다.

- 이커머스(e-commerce): 인터넷으로 하는 소매이다.

### ③ 소매상의 성공요인

고객의 욕구가 급속하게 변하기 때문에 소매업에서도 유행이 있다. 소비자의 욕구에 반응하는 것은 모든 마케터에게 중요하고, 소매상은 변화하는 추세에 신속하게 적응할 수 있어야 한다. 다음과 같은 요인은 소매업 성공에 중요하다.

- 위치: 소비자가 쉽게 점포를 찾을 수 있고, 소비자들이 점포가 있을 것이라고 기대하는 곳이 성공적인 위치이다. 구두점은 대체로 도심이나 번화가에 위치하고 있으나, 가구 창고는 도심 밖에 위치해 있다. 가전제품, 컴퓨터나 한약재상은 특정 지역에 몰려 있는 경향이 있어 소비자들이 특정 제품과 지역을 연상할 수 있다.
- 적절한 상품과 적절한 재고: 소비자가 구매하기를 원하는 것을 공급할 수 있는 적절한 상품과 적절한 수량을 확보한다. 품절은 판매기회의 상실이고, 고객의 이탈원인이 될 수 있다.
- 적절한 서비스 수준 제공: 서비스 수준이 고객이 기대한 것보다 못하면 고객은 실망하고, 다른 점포를 찾는다. 서비스 수준이 너무 높으면 비용이 증가하고, 고객은 가격이 비싸다고 의심할 수 있다. 고객들은 할인점이 서비스 수준이 낮을 것으로 기대하고, 가격이 싸다는 것을 믿음으로써 반응한다.
- 점포 이미지: 점포와 상품이 상류층을 대상으로 한다면 소비자의 마음속에는 상류층의 이미지가 있어야 한다. 편익이 기대한 대로가 아니면 구매 후 부조화가 따를 것이다. 점포 이미지는 고객의 단골화나 제품평가와 직접적으로 관련이 있다.
- 분위기: 구매를 장려하는 점포 디자인의 물적요소이다. 적절한 색채, 조명, 음악과 향기의 사용은 구매행동에 크게 영향을 미친다. 예를 들면, 어떤 슈퍼마켓은 빵의 매출을 증가하기 위해 인공적으로 신선한 빵 굽는 냄새를 사용한다.
- 제품믹스: 소매상은 어떤 상품을 소비자에게 소구할 것인지를 파악해야 한다. 최근 소매추세는 계산대기를 빠르게 하기 위해 EPOS[1]와 레이저 스캐너를 도입하고, 고객의 유지를 위해 충성도 카드를 사용한다. 이 카드사용의 목적은 할인을 얻기 위해 동일한 점포에서 고객이 더 많은 제품구매를 촉진하는 것이다. 경제적 혜택을 포함한 충성도 프로그램은 고객유지에 긍정적인 영향을 준다. EPOS 기술로 고객의 구매습관의 기록을 유지할 수 있고, 고객의 구매패턴을 규정할 수 있다. 소매상은 어떤 상품이 팔렸는지를 알 수 있기 때문에 고객이 특정 상품을 적게 구매했는지를 계산대에서 상기할 수 있다.

---

1 판매시점 정보관리 시스템(electronic point-of-sale): 판매시점에 곧바로 직접 거래를 기록하는 시스템.

## 2) 도매상

### ① 도매상의 개념

도매상(wholesale)은 최종 소비자에게 상품을 판매하지 않고, 주로 소매상, 다른 도매상이나 기업 고객들에게 판매하는 중간상이다. 도매상들은 소매상과 비교하여 상품의 가격을 자주 인하한다. 도매상들은 제조업자의 판매를 촉진하기 위해 브로슈어를 제작하고, 판매, 재고보유, 자금결제와 판촉활동을 수행한 대가로 전체 판매 수수료를 받는다. 상거래는 거래 상대방 확인, 상품의 내용과 품질확인, 거래조건 합의, 상품전달과 대금결제로 이루어진다. 이러한 거래 과정 속에 사용되는 비용을 거래비용(transaction costs)이라 하는데 중간상은 거래비용을 줄여 상거래를 원활히 한다. 도매상이 존재하지 않는다면 공급업자와의 협상, 재고, 보관, 운송, 신용 기능은 각각의 제조업자에 의해서 개별적으로 수행되어야 한다. 많은 제조업자를 위해서 이러한 기능을 수행함으로써 도매상은 규모의 경제를 달성한다. 도매상은 소매상에게 다음과 같은 서비스를 제공한다.

- 정보수집과 보급
- 광범위한 제품범위의 원스톱 쇼핑
- 소량구매의 촉진
- 신속한 배송, 때때로 현금 무배송
- 유연한 주문: 수요변동에 따른 주문

### ② 도매상의 유형

소매상의 관점에서 도매상을 이용하는 것은 더 편하고 값이 싸다. 소매상이 경제적 수량을 주문받을 만큼 충분히 크다면 제조업자로부터의 직접주문은 가치가 있다. 예를 들면, 제조업자로부터 모든 것을 직접 주문받을 만큼 큰 미용실은 많지 않다. 그래서 도매상으로부터 구입한다. 다음은 도매상의 유형이다.

- 상인도매상(merchant wholesaler): 상품을 구입하여 소매상에게 직접 판매한다. 보통 상품을 배달하고, 지역 내에 있는 소매상에게 판매원을 방문시킨다.
- 완전서비스도매상(full-service merchant): 소매상에게 점포 디자인, 판매촉진, 광고, 쿠폰, 상인 브랜드 상품 등을 포함하여 광범위한 마케팅 서비스를 제공한다.
- 종합상품도매상(general-merchandise wholesaler): 넓은 제품믹스를 전달하지만, 주로 식료품과 일반 점포로 폭이 깊지 않다. 소매상을 위해 원스톱 쇼핑을 운영한다. 현금 무배송 창고가 좋은 예이다.
- 한정품도매상(limited-line wholesaler): 제품의 제한된 범위만을 제공하지만, 상품의 폭이 깊다. 주로 산업재나 전문장비를 판매하고, 분야의 전문지식을 제공한다.
- 전문품도매상(speciality line wholesaler): 매우 협소한 범위의 상품을 보유하고, 차와 같이

식품의 한 가지 유형에만 집중하는 경우이다. 구매, 취급의 특별한 지식을 필요로 하는 상품을 일반적으로 취급한다.

- 진열도매상(rack jobber): 소매 점포에 자신의 진열대를 보유하고 유지한다. 대표적인 상품은 화장품, 스타킹이나 인사 카드 등이다. 소매상은 판매된 상품에 대해서만 자금을 지불하고, 상품에 대한 소유권을 갖지 않는다. 이것은 자본 측면에서 큰 절약이 될 수 있고, 진열도매상들이 필요할 때 스스로 재고를 점검하고 비축하기 때문에 소매상은 시간을 절약할 수 있다.
- 직송도매상(drop shippers or desk jobber): 소매상으로부터 주문을 받고, 제조업자에게 상품을 구매하여, 실제로 상품을 보지 않고 소매상에게 판매한다. 직송도매상은 제조업자를 위해 판매원을 제공하고, 신용위험을 감수하지만, 보관비용이나 간접비를 받지 않는다.
- 현금거래도매상(cash-and-carry wholesaler): 도매상이 최소비용을 목적으로 상품을 현금거래로 소매상에게 공급하는 방식이다. 소매상이 필요한 상품을 요청하고, 선택하고, 계산하고, 도매상은 소매상에게 배송하지 않고, 소매상 스스로가 갖고 간다.
- 우편주문도매상(mail order wholesaler): 소매상이나 산업재 사용자에게 팔기 위해 카탈로그를 사용한다. 이것은 비용이 드는 판매원의 사용을 피하고, 원격지역에 있는 소매상과 거래하기 위해 효과가 좋다. 상품은 우편이나 택배 등을 통해 전달한다.

### 3) 기타

- 인터넷: 많은 고객들이 웹 사이트를 이용하여 온라인으로 상품을 구매한다. 인터넷의 주요 장점은 틈새상품의 장벽이 낮고, 방대한 사람들에게 도달할 수 있다는 점이다. 적은 비용으로 구축하기 때문에 인터넷을 경유한 무역과 소비가 성장하고 있는 추세이다.
- 직접판매(direct sale): 유통업자나 중개자 없이 수행되며, 촉진에 의해서 회사는 고객과 직접 커뮤니케이션하는 것을 의미한다. 델 컴퓨터 회사의 판매는 대부분 유통업자를 통하지 않고 인터넷으로 상품을 주문하는 판매방식이다.

## 3 유통믹스

물적유통(physical distribution)은 상품이 제조업자에서 소비자에게 이동하는 과정이다. 유통은 상품과 서비스가 제조업자나 서비스 공급자로부터 소비자에게 이전하기 위한 유통경로, 저장시설, 배송방법과 재고관리를 포함한다. 산업재는 고객과 상호작용을 필요로 하고, 고객에게 상품의 이용가능성을 확실하게 제공해야 한다. 유통은 수익성에 매우 큰 영향을 미치기 때문에 회사가 탁월한 공급사슬과 물류관리를 가져야 한다. 따라서 기업은 유통과 관련된 의사결정을 할 때 자사와 경쟁자를 고려할 요소는 경로선택, 유통범위, 유통경로와 경로갈등 등이 있다.

## (1) 경로선택

가장 좋은 경로선택은 상품의 성공을 의미하기 때문에 중요하다. 인터넷이 마케팅 경로로서 성공적인 이유의 하나는 소비자들이 경로결정을 스스로 하기 때문이다. 인터넷에 접촉하는 한 원하는 장소나 시간에 어떤 제품을 실제로 구매할 수 있다. 기업은 최적의 유통시스템을 선택하기 위해 고객이 누구인지를 잘 알아야 한다. 일단 고객을 확인하면 유통경로를 선택할 때 평가해야 할 유통 측면이 있다.

- 시스템의 타당성(feasibility): 시장욕구와 필요, 필요자본, 유통경로의 신뢰성, 상품전달의 속도, 표적시장과 시장규모의 적합성
- 시스템의 매력성(desirability): 시스템이 실제적인가 또는 시스템이 사업과 개인적인 욕구를 충족하는가?
- 시스템의 수익성(profitability): 유통시스템의 각 수준에서 이익이 되는가? 누가 상품을 촉진하는가? 유통시스템에 어떤 비용이 포함되는가?

## (2) 유통범위

경로대안을 개발할 때 유통경로 상에 필요한 중간상의 수를 결정하는 것을 유통범위라 한다. 유통범위에는 집약적 유통, 전속적 유통과 선택적 유통이 있다.

### 1) 집약적 유통

집약적 유통(intensive distribution)은 청량음료나 사탕처럼 저가상품을 가능한 한 많은 소매상들이 취급하는 전략이다. 소비자들은 이러한 상품을 적은 노력으로 구매할 수 있다. 중요한 요소는 시간과 장소이다. 소비자들이 상품을 찾지 못한다면 경쟁상품을 구매할 것이다. 집약적 유통의 장점은 소비자의 인지도와 구매 편의성의 증가 등이나, 단점은 저 마진, 소량주문, 재고관리와 중간상의 통제 어려움이 있다.

### 2) 전속적 유통

전속적 유통(exclusive distribution)은 각 판매지역별로 하나 혹은 소수의 중간상에게 자사상품의 유통에 대한 독점권을 부여하는 전략이다. 상품은 보통 높은 가격 범위이고, 판매점은 자세한 상품

정보를 필요로 한다. 전속적 유통은 전문품에 적당하다.

### 3) 선택적 유통

선택적 유통(selective distribution)은 소비자들이 주변에서 보다 많이 구매하려 하고, 제조업자가 큰 지리적 확산을 원하는 장소에서 컴퓨터와 같은 상품판매에 주로 사용된다. 제조업자는 주로 판매 지역별로 상품을 취급하고자 하는 중간상들 중에서 자격을 갖춘 소수의 중간상들을 선택한다.

표 12-3 시장 유통범위의 비교

| 구분 | 집약적 유통 | 전속적 유통 | 선택적 유통 |
|---|---|---|---|
| 점포전략 | 가능한 한 많은 점포 | 한 지역에 하나 점포 | 한 지역에 제한된 수 |
| 통제력 | 낮음 | 매우 높음 | 제한된 범위에서 |
| 상품유형 | 편의품 | 전문품 | 선매품 |

## 4 물적유통

### (1) 물류와 유통

물적유통(physical distribution)은 기업이 소비자가 구매하기에 가장 편리한 장소에 유형상품을 이동하는 과정이다. 따라서 [그림 12-4]처럼 물적유통은 판매를 위해서 상품이 생산자에서 소비자에게 이동되는 과정이다. 물류(logistics)는 더 넓은 개념이다. 원래 군사용어에서 유래된 것으로 물류는 최종 상품이 필요한 곳으로 제조와 유통과정을 통해 자재, 부품, 완제품 등을 이동하고, 저장하는 것이다. 이것은 창고위치, 자재관리, 재고수준 및 정보 시스템에 대한 전략적 의사결정을 포함한다. 물류는 구매와 마케팅이 중첩되는 영역이다.

어떤 면에서 상품의 물적유통은 상품을 구성하는 편익 다발의 일부이다. 예를 들면, 온라인으로 구매한 셔츠는 점포에서 제공하지 않는 편리성 혜택을 제공한다. 반대로 점포 구매는 온라인 주문이 제공하지 않는 주변 쇼핑의 재미, 진짜 바겐세일을 찾는 흥분처럼 쾌락적 편익이 있다. 실제적으로 셔츠를 확인할 때 유통방법에서 오는 편익은 다르다. 물적유통 방법의 목적은 제조지역에서 고객에게 효율적으로 상품을 이동하는 것이다. 상품은 좋은 상태로 도착하고, 편의성, 저비용이나 선택에 대한 소비자의 욕구에 적합해야 한다. 마케팅 견해로부터 유통의 주제는 운송방법, 도매, 시내 중심가 소매, 우편 마케팅과 농산물의 직매점과 같은 영역을 포함한다. 따라서 물적유통은 운송방법을 다루는 것이다.

그림 12-4 물적유통의 과정

| 제조업자 | → | 유통경로 | → | 소비자 |
|---|---|---|---|---|

### (2) 운송방법

운송방법은 속도, 비용과 관련 상품의 처리능력에 따라 다르다. 빠르면 빠를수록 더 많은 비용이 들지만, 어떤 경우에 오히려 신속한 방법이 더 저렴할 수 있다. 과일처럼 부패할 수 있는 상품은 낮은 훼손율을 고려할 때 항공화물이 해운수송처럼 쌀 수 있다. 특정한 상품을 위해 선택된 운송방법은 [표 12-4]에 있는 요인에 달려있다. 매우 큰 고객 서비스는 거의 더 많은 비용이 든다. 회사가 경쟁력을 유지하기를 원한다면 고객의 전체 욕구를 고려하고, 정확하게 고객욕구의 상대적 중요성을 판단해야 한다.

표 12-4 운송방법의 선택

| 요인 | 설명과 예 |
|---|---|
| 상품의 물적유통 특징 | 상품이 깨지기 쉽다면 유통경로는 짧고 최소 경로이어야 한다.<br>부패하기 쉬운 상품이라면 부패가 적은 대기항공화물이 더 저렴할 수 있다. |
| 경쟁방법 | 정상적인 방법과 다른 방법을 사용함으로써 경쟁우위를 얻을 수 있다. 도심 택배 회사는 긴급한 서류를 위해 오토바이를 사용하면 전달이 더 빠르다. |
| 경로비용 | 가장 싼 것이 가장 좋은 것은 아니다. 컴퓨터 칩은 가볍지만 비싸고, 운송기간 중에 회사의 자금이 묶여있는 것보다 항공을 사용하는 것이 더 저렴하다. |
| 경로의 신뢰성 | 긴급한 의료장비 공급자는 100% 신뢰할 수 있는 운송을 찾는다. |
| 운송 시간 | 컴퓨터 칩이나 과일운송은 운송시간이 중요하다. |
| 안전 | 고가 품목은 소매상을 통해서 배송되지 않고, 직접배달이 더 좋은 방법이다. |
| 추적성 | 선적은 위치 추적이 쉽다. 예를 들면, 유조선은 비교적 짧은 시간 안에 다른 정유소로 전달하기 위해 방향을 전환할 수 있다. |
| 고객 서비스 수준 | 고객들은 정확한 시간에 전달되는 상품을 필요로 한다. |

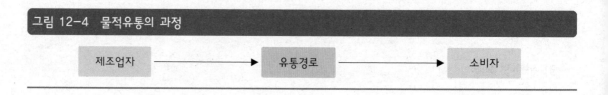

# 5 촉진전략

대중에게 조직의 메시지를 전달하기 위해 광고, 인적판매, PR과 판매촉진은 마케팅 커뮤니케이션의 효과적인 도구이다. 메시지는 조직이 전달하려고 하는 정보를 포함할 뿐만 아니라 주의를 기울이도록 소비자들에게 충분히 흥미가 있도록 커뮤니케이션은 송신자와 수신인의 적극적인 참여가 필요하다. 마케팅 커뮤니케이션은 회사가 고객에게 판매하는 제품이나 서비스에 대한 정보를 제공하고, 설득하고, 회상하게 하는 수단이다. 회사는 고객과 대화하고, 고객충성도를 강화하고, 장기적 관계를 구축한다.

## (1) 마케팅 커뮤니케이션

인간 사회는 정신으로 연결되거나 물질로 연결된 복합적인 유기체이다. 자연은 물질과 물질을 연결하지만, 인간은 인간이나 물질을 상호 복합적으로 연결한다. 뿐만 아니라 정신과 정신 또는 정신과 물질을 연결하기도 한다. 이러한 연결은 인간이 사용하는 언어에 의해서, 언어는 커뮤니케이션에 의해서 가능하다. 대중에게 조직의 메시지를 전달하기 위한 광고, 인적판매, PR과 판매촉진은 마케팅 커뮤니케이션의 효과적인 도구이다. 마케팅 커뮤니케이션은 회사가 고객에게 판매하는 제품이나 서비스에 대한 정보를 제공하고, 설득하고, 회상하게 하는 수단이다.

### 1) 커뮤니케이션

communication(의사전달)은 라틴어 communicare에서 유래된 것으로 공동(common) 또는 공유하다(share)를 뜻한다. 따라서 커뮤니케이션은 언어, 몸짓이나 문서 등 상징을 통해서 정보, 의견, 감정을 전달, 수신, 해석하는 과정이다. 커뮤니케이션에서 전달되는 정보는 사실, 생각, 개념, 의견, 신념, 태도, 지시와 감정 등을 포함한다. 사람들은 커뮤니케이션을 통해서 영향력을 행사하고, 정보를 교환하고, 감정을 표현을 한다. 다음은 커뮤니케이션에 관한 주요 정의이다.

- 개인이나 조직 간에 정보가 전달되는 과정[2]
- 의미를 이해하고 공유하는 과정[3]
- 사실, 생각, 의견이나 감정을 둘 이상 개인 간의 교환[4]
- 감정, 인지나 행동상태를 변경하는 개인들 간에 발생하는 상징적 과정[5]

2 Peter Little(1977).
3 Pearson and Nelson(2000).
4 Newman and Summer(1977).
5 Albrecht, Johnson, and Walther(1993).

언어는 사람과의 관계를 연결하고, 정보, 생각이나 감정을 공유하는 매개역할을 한다. 또한 관계를 맺고 있는 사람을 통하여 메시지를 음성적 또는 비음성적인 메시지로 느낌이나 생각을 교환하고, 이해하는 의식적이거나 무의식적 과정이다. 생각의 교환은 대화, 몸짓, 문서와 그림에 의해서 이루어진다. 커뮤니케이션의 핵심요소는 정보, 상징, 교환과 공유이다. 커뮤니케이션 참가자들은 정보를 의도적으로 교환하며, 정보를 전달하는데 단어, 그림, 음악, 감각적 자극과 같은 상징을 사용함으로써 상호 간에 의미를 공유한다. 따라서 커뮤니케이션은 상징을 통하여 의미를 전달하고 해석하는 상호작용 과정이다.

그림 12–5 커뮤니케이션의 핵심요소

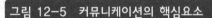

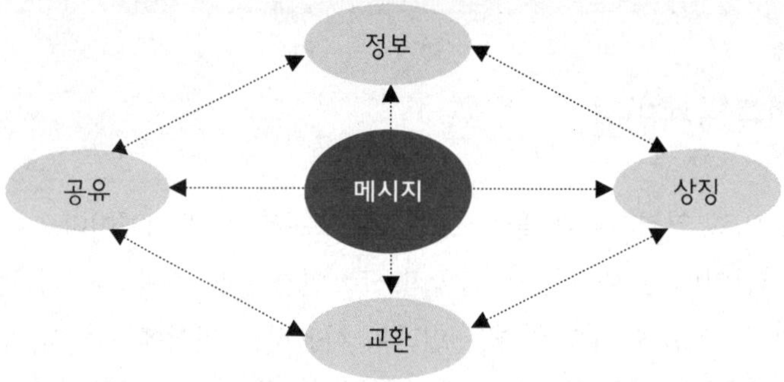


발신인과 수신인의 경험영역은 적어도 공통 언어를 갖고 있는 정도에서 중첩된다. 대부분 마케팅 커뮤니케이션에서 중첩 부분은 가장 복잡하고 미묘하다. 광고는 속담 및 일상적인 언어에서 TV 쇼처럼 인기 있는 문화로부터 참고하고, 관련된 문화적 준거인(referent)을 알기 때문에 청중이 완성할 수 있는 문장을 사용하거나 말장난을 종종 한다. 이것은 외국 TV 광고가 종종 의도하지 않게 유머나 심지어 이해할 수 없게 보이는 이유이다. 잡음(noise)은 커뮤니케이션 과정에 나타나는 주변의 집중을 방해하는 것이며, 광고방송 중에 놀고 있는 어린아이들부터 잡지를 사로잡은 표제어까지 다양하다. 간섭(interference)은 지능적인 커뮤니케이션으로 청중의 주의를 산만하게 하는 의도적인 시도이다. 예를 들면, 자동차 운전자가 라디오 광고(잡음)를 듣거나 재미있는 광고판(간섭)을 봄으로써 주의가 산만해질 수 있다. 마케팅 커뮤니케이션을 구성하는 요소는 다음과 같다.

- 발신인(sender): 다른 개인이나 집단에 메시지를 보내는 당사자
- 메시지(message): 전달하고자 하는 내용
- 부호화(encoding): 전달하고자 하는 생각을 말, 문자나 그림 등으로 상징화하는 과정
- 매체(media): 발신인이 수신인에게 메시지를 전달하는 데 사용하는 경로
- 해독(decoding): 발신인이 부호화하여 전달한 메시지를 수신인이 해석하는 과정
- 수신인(receiver): 발신인이 전달한 메시지를 받는 당사자
- 반응(response): 메시지에 노출된 후 나타나는 수신인의 행동

- 피드백(feedback): 수신인이 받은 메시지에 대해 발신인에게 보이는 반응
- 잡음(noise): 의사전달과정에서 계획되지 않은 현상이나 왜곡이 일어나는 것
- 간섭(interference): 청중의 주의를 산만하게 하는 의도적인 시도

그림 12-6 커뮤니케이션의 구성 요소

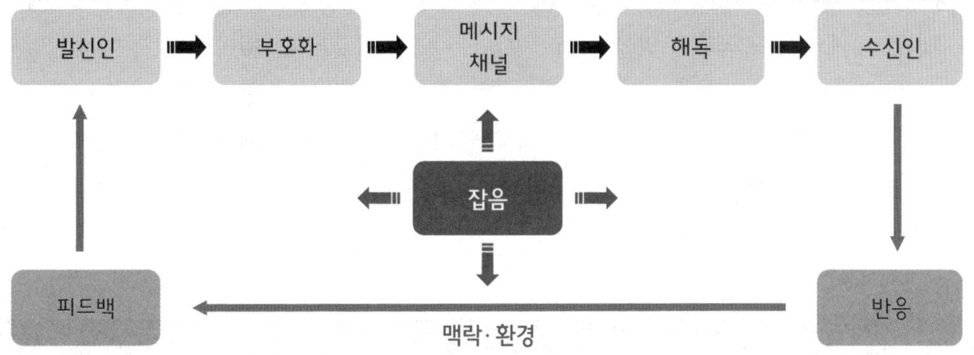


[그림 12-6]은 커뮤니케이션 모델이지만 이것은 너무 단순하다. 커뮤니케이션은 이처럼 단일 단계로 발생하지 않는다. Katz와 Lazarsfield에 의하면 메시지는 여론주도자를 통해 여과되고, 대부분의 경우 메시지는 몇 가지 경로에 의해 수신인에게 도달한다. 하나 이상의 경로로 동일한 메시지를 보내는 것을 중복(redundancy)이라 하고, 이것은 메시지를 전달하는 좋은 방법이다. [그림 12-7]에서 발신인은 다른 경로로 거의 확인할 수 있는 메시지를 보낸다. 잡음과 간섭의 효과는 메시지를 왜곡하고, 여론주도자는 메시지를 조절하지만, 세 가지 다른 경로를 사용함으로써 메시지의 의미가 더 많이 전달된다. 이것이 마케팅 커뮤니케이션을 통합하는 근거이다. 커뮤니케이션의 다른 견해는 의미의 공동 창조와 관련이 있다. 이 견해에서 커뮤니케이션은 한 사람이 다른 사람과 하는 것이 아니다. 커뮤니케이션은 최초 발신인, 이해자를 포함함으로써 더 나은 생각을 할 수 있다. 공동 의미의 수용은 최초 발신인의 의도에서 오는 것이 아니라 이해자의 선택에서 일어난다.

그림 12-7 커뮤니케이션의 잡음과 간섭

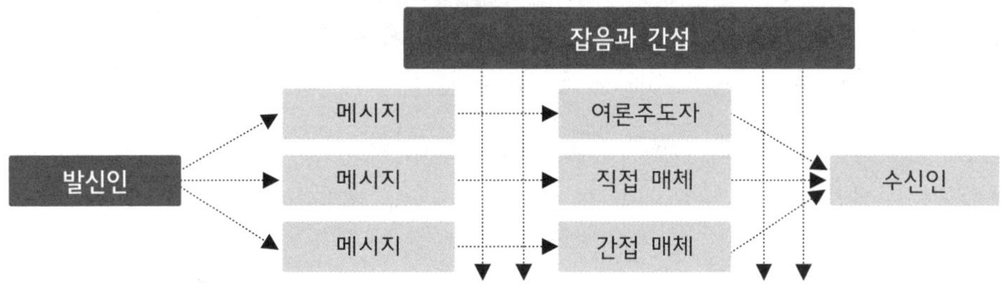

### 2) 커뮤니케이션의 개발

커뮤니케이션은 언제나 비용이 든다. 표적청중이 메시지를 이해하기 위해 시간과 노력을 투입하는 것이 가치 있어야 한다. 커뮤니케이션은 종종 AIDA를 따른다. AIDA 모델은 소비자가 제품이 있다는 것에 먼저 주의를 기울인 후에 그 제품에 대해 관심이 생기고, 관심이 생기면 제품을 소유하고 싶은 욕망이 유발되어, 결국 제품을 구매하게 된다. 따라서 이것을 마케팅 커뮤니케이션에 활용할 수 있다. 첫째, 마케터가 고객의 주의를 끌어야 한다. 수신인이 관심이 없다면 메시지는 전달되지 않는다. 둘째, 마케터는 메시지를 흥미 있게 만들어야 한다. 그렇지 않으면 수신인이 주의를 기울이지 않을 것이다. 메시지가 적합하다면 수신인이 제품에 대한 열망에 이르게 된다. 이 모델은 간단하지만 촉진계획에 유용한 지침을 제공한다. 이러한 이유로 마케터는 언제나 촉진믹스라고 하는 다른 요소에 결합하여 사용한다.

**표 12-5 AIDA와 마케팅 전략**

| 단 계 | AIDA | 마케팅 전략 |
|---|---|---|
| 인지적 단계 | 주의(Attention) | • 제품 자체의 속성 제공<br>• 제품 출시 정보 제공 |
| 감정적 단계 | 흥미(Interest) | • 구체적인 정보를 제공하는 메시지 |
| | 열망(Desire) | • 제품에 대하여 갖고 있는 태도와 느낌 전환 |
| 행동 단계 | 행동(Action) | • 구매의욕 자극 |

소비자들은 많은 잡음에 둘러싸이고, 선택적 주의를 기울일 뿐만 아니라 정보를 주관적으로 판단하고, 항상 듣고 싶은 것만 듣는 경향이 있다. 또한 장기기억 속에 정보의 일부만 저장한다. 따라서 소비자의 주의를 끌고, 설득력이 있는 메시지를 개발하여 효과적인 매체를 통해서 전달해야 한다. 다음은 효과적인 마케팅 커뮤니케이션의 개발 절차이다.

- 표적고객 확인: 메시지를 받을 사람을 확인한다.
- 목표 반응 파악: 메시지 수신 후 마케터는 청중들이 원하는 것을 파악한다.
- 메시지 선택: 광고 문안을 작성하거나 적절한 이미지를 제작한다.
- 매체 선택: 신문, 잡지, TV나 라디오를 결정한다.
- 원천의 속성 선택: 전달할 필요가 있는 것을 결정한다.
- 반응수집: 수신인의 메시지에 대한 반응을 확인하고, 효과를 측정할 수 있는 피드백 채널을 확보한다.

## (2) 촉진믹스의 이해

### 1) 촉진믹스의 개념

촉진믹스(promotional mix)는 광고, PR, 판매촉진과 인적판매 등이 있다. 광고는 촉진믹스의 매우 효과적인 요소이다. 매체는 회사가 메시지를 전달하는 방법이다. PR은 매체를 통하여 기업과 좋은 관계를 유지하고, 기업의 이미지를 높여 판매를 증대하는 활동이다. 판매촉진은 마케팅믹스에서 단기적으로 가장 효과적인 요소로 판매원이 고객에게 효과적인 방법을 제시하고, 구매를 유인하는 데 도움이 된다. 따라서 회사의 제품을 구매하도록 표적고객을 설득하고 의사소통하는 것을 의미한다. 촉진믹스는 표적시장에서 제품의 포지셔닝을 결정하는 것이지만, 제품의 원가를 추가하는 요인이기 때문에 사전에 지출을 고려한다. 회사는 표적시장의 욕구를 충족하는 제품을 선택하고, 동시에 적절한 유통경로로 소비자들이 제품을 이용할 수 있도록 한다. 이러한 촉진믹스를 마케팅 커뮤니케이션 믹스라고도 한다.

그림 12-8 촉진믹스

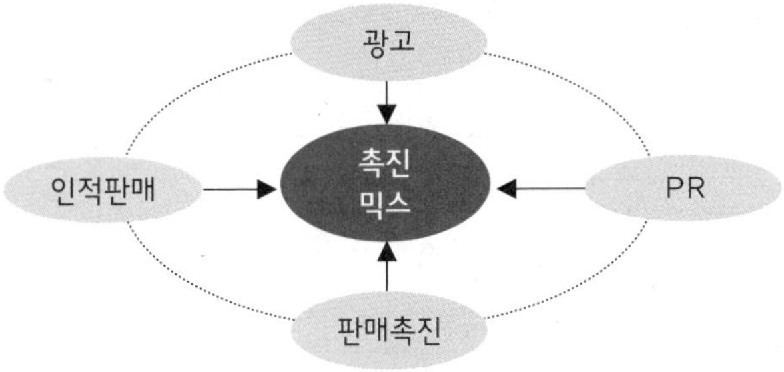


효과적인 촉진은 각각의 제품수명주기에서 적절하게 촉진전략을 실시하는 것이다. 도입단계에서는 광고와 PR이 인지도를 높이는 데 효과적이지만, 초기 시용구매를 유도하는 데는 판매촉진이 유용하다. 성장기에는 광고와 PR을 지속적으로 수행하여 차별적 광고를 실시한다. 성숙기에는 광고는 상기광고가 효과적이고, 경쟁자 고객을 빼앗기 위한 판촉을 실시한다. 쇠퇴기에 광고를 거의하지 않고, PR의 활용을 감소시키고, 판매촉진을 높은 수준으로 유지하는 것이 효과적이다. 소비자의 구매 의사결정에서 촉진의 역할은 다음과 같다.

- 광고와 PR은 인지와 지식의 단계에서 중요한 역할을 수행한다.
- 인적판매는 소비자의 호감, 선호 및 확신 단계에서 효과적이다.
- 촉진수단은 의사결정의 마지막 단계인 구매단계에서 효과적이다.

### 2) 촉진믹스의 과정

촉진이 효과적이기 위해서 적절한 시간에 적절한 양으로 양념을 추가하는 요리와 같다. [그림 12-9]는 제품과 회사에 관한 메시지가 소비자, 종업원, 압력단체와 기타 공중에게 촉진믹스의 요소를 통해서 전달되는 과정이다. 각 집단은 하나 이상의 전달도구로부터 메시지를 수신하기 때문에 메시지가 충돌하지 않도록 메시지의 요소는 서로에게 공급된다. 요리에 있는 요소(양념)는 상호 교환적이지만 촉진믹스의 요소는 상호 교환적이 아니다. 예를 들면, 인적판매를 요청하는 과업은 광고에 의해서 수행될 수 없고, 또한 공중관계 과업도 판매촉진을 사용함으로써 수행될 수 없다. 촉진믹스는 가장 효과적인 방법으로 고객에게 메시지를 전달하는 것이며, 방법의 선택은 메시지, 수신인과 바라는 결과에 달려있다.

그림 12-9 촉진믹스의 전달과정

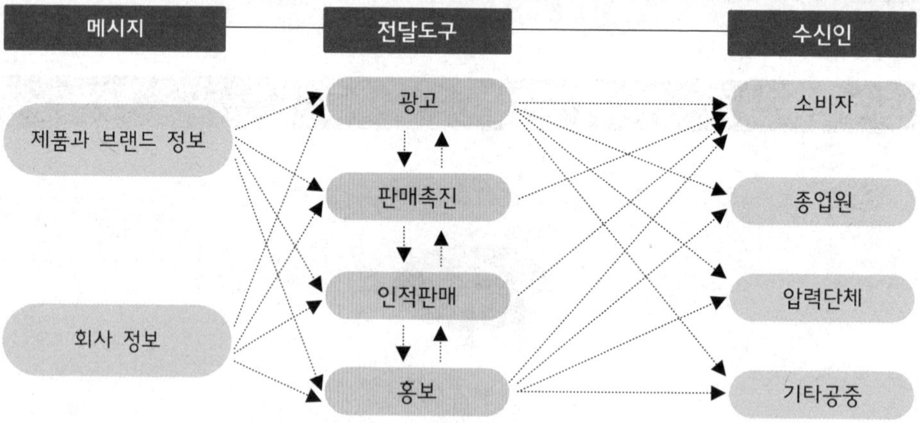


### 3) 촉진믹스의 목적

촉진믹스의 목적은 고객들에게 정보를 제공하고, 고객들을 설득하고, 상기하고, 연상하는 것이다. 그럼으로써 제품판매를 증대하는 목표를 달성한다. 대부분 예산이 확정되고 동의한 후에 촉진활동은 많은 목표를 달성하기 위해 수행된다. 신제품 출시뿐만 아니라 제품이 성숙기에 접어들었을 때 또는 시장점유율을 끌어올릴 목적에도 실행하여 매출을 증가하는 데 기여한다. 따라서 촉진믹스의 목적에는 이미지 구축, 제품차별화, 포지셔닝 전략과 직접반응 등이 있다.

#### ① 제품 이미지 구축

제품 이미지 구축(image-building)은 제품의 특정한 위치를 전달하기 위해서, 사용자의 라이프스타일을 보충하는 방법을 강조하기 위해 계획한다. 예를 들면, 볼보는 외양보다는 자동차의 신뢰성과 기술성을 촉진한다.

#### ② 제품차별화

제품차별화(product differentiation)는 차이점을 강조함으로써 경쟁제품보다 더 우수한 것을 나타내는 것이 목적이다. 대부분 이것은 독특한 판매제안(USP: unique selling proposition)의 형태를 띤다. USP는 경쟁제품과 다르고 소비자들에게 독특한 제품편익을 전달하는 특징을 뜻한다. 성숙기 제품은 성능에서 다른 제품과 아주 근소하게 다르다. 그래서 USP는 때때로 포장이나 유통에 의해서 확인될 수 있다. 따라서 USP는 소비자에게 의미가 있을 때 효과적이지만, 그렇지 않다면 구매의사결정에 영향을 미치지 않을 것이다.

#### ③ 포지셔닝 전략

포지셔닝 전략(positioning strategies)은 경쟁제품의 지각과 비교하여 제품을 소비자들이 지각하는 방법과 관련이 있다. 예를 들면, 소매상이 큰 점포보다 더 싼 가격을 강조할 수 있거나 레스토랑이 경쟁자보다 더 고급시장을 나타내길 원할 수 있다.

#### ④ 직접반응

직접반응(direct response)은 구매, 광고 전단의 요청이나 점포 방문 시 소비자의 즉각적인 반응이 나타나는 것이다. 예를 들면, 소매상이 가격할인 쿠폰을 신문에 끼어 광고할 수 있다. 광고 목적은 고객들이 점포를 방문하는 것을 촉진하는 것이다. 쿠폰을 휴대하고 점포를 방문한 고객을 통해서 직접적인 반응을 알 수 있다.

## (3) 촉진믹스의 유형

### 1) 광고

#### ① 광고의 개념

광고(advertising)는 광고주가 비용을 지불하고, 매체를 통해서 제품, 품질, 특징과 이용성에 관하여 현재와 잠재고객들에게 정보를 알리는 수단이다. 광고는 확인된 광고주에 의해 제품, 아이디어, 서비스나 조직에 관하여 매체를 통해 비인적(non-personal) 커뮤니케이션의 유료 형태(paid form)이다. 광고는 표적시장으로부터 고객을 확보하기 위해서 의사소통의 중요한 수단이고, 인지를 창조하고, 정보를 전달한다. 광고는 신문, 잡지, 광고판과 같은 인쇄매체와 라디오, TV 같은 공중매체로 이루어진다. 매체를 통하여 광고되는 제품은 소비자들에게 표준적이고 합법적인 제품임을 전달하는 효과가 있다. 또한 동일한 메시지를 반복적으로 전달함으로써 소비자들을 수동적으로 학습시킨다. 다음은 광고의 특징이다.

- 유료(paid): TV, 라디오, 신문이나 잡지와 같은 매체에서 유료로 메시지 전달
- 메시지(message): 광고에는 커뮤니케이션의 의도가 있어야 한다.
- 매체(medium): 신문, 잡지나 방송 매체 안에 메시지가 있어야 한다.

**표 12-6 광고 매체의 특성**

| 매체 | 장점 | 단점 |
|---|---|---|
| TV | 시청각 효과가 크다. | 고가의 광고비와 긴 제작기간 |
| | 짧은 시간 내에 다수 청중 전달 | 짧은 광고시간과 간섭효과가 크다. |
| | 강한 주의력과 유인력 | 표적화 어려움 |
| 신문 | 제작기간이 짧다. | 광고수명이 짧다. |
| | 다량의 정보전달 | 시각에만 의존 |
| | 특정 독자층 전달 가능 | 주의력 유인 어려움 |
| 잡지 | 광고 수명이 길다. | 한정적인 독자층 |
| | 표적화 가능 | 급한 광고게재 곤란 |
| | 다량의 정보전달 가능 | 간섭효과가 크다. |
| | 인쇄의 질이 높다. | 페이지 위치에 따라 광고효과의 차이 |
| 라디오 | 저렴한 광고비 | 청각에만 의존 |
| | 전문채널로 표적화 용이 | 정보 전달량과 광고시간 제약 |
| | 제작, 변경의 즉시성 | 주의력 유인 어려움 |
| 옥외 광고 | 저렴한 광고비 | 정보 전달량 제한 |
| | 반복적 시각 접근 | 환경과 미관 지장 |
| | 특정지역 표적 가능 | 표적청중 전달 난이 |

### ② 광고목표의 설정

- 정보제공광고: 신제품을 처음 출시하는 시장 초창기에 소비자를 대상으로 브랜드명, 사용방법, 효과 및 특성 등에 관한 정보를 제공하는 것을 목적으로 한다.
- 설득광고: 성장기나 성숙기 초기에 소비자에게 제품에 대한 태도를 긍정적으로 형성시키고, 제품에 대한 선호도, 확신 등을 심어 주어 구매를 유도한다.
- 상기광고: 특정 브랜드를 기억하고 있는 성숙기 시장이나 쇠퇴기 시장의 소비자에게 브랜드를 상기시킴으로써 반복구매를 유도하기 위한 광고이다.
- 강화광고: 소비자가 특정 브랜드를 구입하고 나서 올바른 선택을 했다거나 현명한 구매를 했다는 점을 강조함으로써 구매 확신을 주기 위한 광고이다.

**표 12-7 광고의 목표**

| 정보제공광고 | 설득광고 | 상기광고 | 강화광고 |
|---|---|---|---|
| 기본적 수요 | 선택적 수요 | 성숙기 상기 | 제품구매 확신 |
| 제품정보 전달 | 상표선호도 구축 | 제품 구득이용성 증대 | 인지부조화 감소 |
| 기존제품의 신용도 제안 | 상표전환 유도 | 제품 회상력 유지 | 긍정적 구전 |

| 정보제공광고 | 설득광고 | 상기광고 | 강화광고 |
|---|---|---|---|
| 제품의 가격변화 전달 | 제품속성의 변화 유도 | 최초상기군 형성 효과 | 구매취소 방지 |
| 기업 이미지 구축 | 구매 설득 | 회상과 상기 유지 | 고객관계 유지와 강화 |

### ③ 메시지의 표현방식

- 이성적 광고: 소비자에게 제품의 성능, 속성, 편익 등을 논리적으로 강조하여, 제품구매를 유도하는 광고로 주로 논리적인 설득을 기초로 하는 광고이다.
- 감성적 광고: 감성에 호소하는 광고로 호의적인 느낌이나 감정을 형성하는 것을 광고목표로 하며, 제품기능이나 편익보다는 이미지를 표현방법으로 사용한다.
- 성적소구 광고: 성적인 매력을 제품 호소의 기본으로 사용하는 광고이다. 화장품 등 성적 매력과 관련성이 높은 제품범주에서 주로 사용되는 광고이다.
- 증언형 광고: 이성적 광고의 한 유형으로 유명인이나 표적시장 고객과 일치하는 일반인 소비자가 광고모델이 되고, 제품의 사용경험을 증언하는 표현형식이다.
- 티저 광고: "괴롭히다, 놀리다"라는 의미를 지닌 'tease'에서 시작된 용어로 소비자의 호기심이나 주의를 환기시키는 광고이다. 시작 부분에서는 메시지의 일부만 노출시키고, 시간이 지남에 따라 점차 구체적으로 광고내용을 밝히는 방식이다.

### SENSE 최악의 광고들

| | | | |
|---|---|---|---|
| **순수함은 당신의 생각보다 섹시하다고요?**<br>이 러브 코스메틱 광고는 사춘기 소녀의 성적매력을 부각시켰다. 아동은 성적 대상에서 제외되어야 한다. | **5명 중 4명은 반 휴센 셔츠를 원한다.**<br>이 셔츠 광고는 원주민이 아니라면 반 휴센 셔츠를 원한다며 잔인하고 무례한 인종관념을 표현하였다. | **누구든 상관없으니 주변을 돌자! 하지만 바지는 반드시 브룸스틱스여야지**<br>바지는 대체할 수 없는 유일한 브랜드이다. 여성을 도구화하고, 집단강간을 연상시킨다. | **검은 색 위에도 얼마나 잘 칠해지는지 보세요!**<br>페인트의 성능을 자랑하려고 흑인 몸에 흰 페인트를 칠하는 인종차별적 광고이다. 심지어 페이트 칠을 하는 사람도 같은 흑인이다. |

출처: YTN 2015.11.24

### ④ 기타 광고

광고인의 상품추천(endorsement)은 소비자가 역할 모델이나 유명인을 따르고, 소비자의 마음에 변화를 일으킨다. 전단지·포스터(leaflet·poster)는 고객에게 제품정보를 전달하는 직접적인 전달방법이다. 직접우편(direct mailing)은 고객자료에 근거하여 표적고객에게 집중하고, 직접 홍보물을 전달하는 방식이다. 중소기업이 보통 사용하는 촉진방법은 지방신문과 무역업계 간행물에 있는 유료광고이다. 유료광고처럼 효과가 있는 다른 촉진방법은 네트워킹의 실천이다.

유료광고는 회사가 제공하는 서비스와 경쟁우위를 명확하게 제시해야 한다. 유료광고의 중요한 측면은 광고 안에 있는 메시지가 표적고객에게 적합해야 한다. 회사에 관한 광고전단 개발은 사업을 위한 효과적인 촉진이 될 수 있다. 신문과 협회 간행물의 유료광고비용은 일반적으로 단어의 수와 크기에 근거한다. PC와 잉크젯 프린터는 잠재고객이 긍정적인 의사결정을 하는 데 도움이 되기 위해서 조직역량을 개괄적으로 제공하는 정보전단을 만드는 데 사용된다. 가능하다면 전문작가, 그래픽 디자이너를 고용하는 것은 투자가치가 있다. 다음은 광고전단에 포함될 요소이다.

- 회사의 명확하고, 긍정적인 이미지
- 고객이 이용할 수 있는 편익
- 회사를 독특하게 하는 것
- 회사가 제공하는 서비스
- 구매자를 위한 전문적인 정보
- 회사의 능력과 배경
- 상호명, 주소와 전화번호
- 조직의 사명

광고전단을 개발할 때 일 년 안에 구식이 되는 가격정보를 포함하는 것은 피해야 한다. 현재의 가격에 대한 문의는 회사에 전화를 함으로써 이루어질 수 있다는 것을 명확하게 표현한다. 네트워킹은 사업을 아는 사람의 수를 확대하는 데 도움이 된다. 전문협회에 가입함으로써 네트워킹 노력은 사업에 직접적으로 관심이 있는 사람들에게 집중될 수 있다. 지방단체 활동에 관여하는 것은 네트워크 접촉의 수를 증가할 수 있다. 공동체 활동과 노력에 관여하는 것은 무료광고에 해당하는 호의적인 홍보에 도움이 된다. 좋은 홍보는 회사나 제품의 인지를 창출하고, 구매자의 신뢰를 구축하고, 영향력이 있는 산업 구성원이 회사의 진전을 계속적으로 알게 할 수 있다.

## SENSE 무시 못할 전단지 효과

거리에 뿌려지는 전단지가 얼마나 홍보 효과가 있을까. 업주들은 "효과가 있으니 돈을 써가며 뿌리는 것"이라고 강조하고 있다. 홍익대 부근에서 치킨집을 운영하는 유무궁씨(45)는 지난해 7월 가게를 연 직후 고민에 빠졌다. 소셜네트워크서비스(SNS)를 통한 홍보에 집중할 것이냐 아니면 홍보 전단지를 돌릴 것이냐를 놓고 오랫동안 갈등했다. 대학생 등 젊은층이 주로 찾는 장소임을 감안하면 SNS의 힘을 무시할 수 없었다.

하지만 유씨는 전단지 홍보를 선택했다. 수많은 음식점이 몰려 있는 홍익대 주변 상권을 감안할 때 바로바로 손님을 잡을 수 있는 홍보 전략이 필요했던 것이다. 그는 전단지의 장점으로 '현장에서 갖는 즉흥적인 힘'을 꼽았다. 유씨는 "전단지가 꾸겨지고 찢어져 길에 버려져 있어도 그것을 보고 가게를 찾는 시민들이 있기 때문에 전단지를 주문하고 배포한다"고 말했다.

출처: 동아일보 2016.03.12

### 2) PR

#### ① PR의 개요

PR(Public Relations)은 홍보보다 더 넓은 개념으로 매체를 통하여 기업과 좋은 관계를 유지하고, 기업의 이미지를 높여 판매를 증대하기 위한 활동이다. 매체에서 돈을 받지 않고 신제품개발, 뉴스나 행사를 보도한다. PR에 사용되는 메시지가 일종의 정보라고 생각하기 때문에 광고보다 소비자들로부터 높은 신뢰를 얻을 수 있다. 따라서 제품속성이나 기능에 대한 신뢰를 형성하는 데 효과적이다. PR의 수단은 홍보활동을 포함하고, 언론, 사회, 봉사활동, 정치, 정부 기관에 기업활동에 관한 것을 합법적으로 설득하는 행동이다. 다음은 PR의 역할이다.

- 신제품 출시에 도움
- 성숙기에 있는 제품의 리포지셔닝에 도움
- 제품범주에 대한 관심 고조
- 특정 표적집단에 대한 영향
- 공중이 제기한 불리한 문제에서 제품을 보호하는 데 유용
- 우호적인 기업 이미지 구축

#### ② PR의 수단

회사는 항상 제품에 대한 흥미로운 이야깃거리를 찾아내어 홍보거리를 제공할 수 있어야 한다. 언론기관과 호의적인 유대관계를 형성하는 것이 필요하다. 다음은 PR의 수단이다.

- 연간 기업보고서, 브로슈어, 논문집, 시청각 자료집, 기업사보 및 잡지 등
- 기자회견, 세미나, 전시회, 음악회, 운동경기 등을 주관 혹은 후원
- 골프, 테니스, 연주회 등을 후원하면서 기업 혹은 제품의 브랜드 이름을 후원자 혹은 후원브랜드로 삽입
- 기업, 제품이나 종업원 등에 관한 흥미로운 기삿거리를 찾아내거나 개발
- 환경보호 운동, 불우이웃 돕기, 심장병어린이 돕기 등 사회 운동에 적극 참여나 후원

### 3) 홍보

홍보(publicity)는 제품과 기업에 대한 호의적인 태도에 기여하는 방대한 커뮤니케이션을 만들어내는 무료(non-paid) 활동 과정이다. 회사가 어떠한 돈도 지불하지 않는 형태이다. 회사는 회사와 제품의 호의적인 이미지를 얻기 위해 많은 시간과 노력을 들인다. 홍보에는 신문기사, 기자회견, 발표나 뉴스가 있다.

### 4) 인적판매

인적판매(personal selling)는 판매원이 고객과 직접 대면, 자사의 제품이나 서비스의 구매를 권유하는 커뮤니케이션 활동이다. 대면접촉을 통하여 메시지가 전달되기 때문에 소비자들이 제품에 대하여 확신을 갖게 하고, 구매를 유도하는 촉진방법이다. 특히 고객과의 대면적인 상호작용으로 추가적인 질문이나 불만을 즉각적으로 처리할 수 있고, 고객의 반응을 신속하게 포착할 수 있다. 소비자와 판매원 사이의 다양한 관계를 형성하고, 고객들은 광고보다 메시지에 더 집중하는 경향이 있다. 판매는 기업이 갖고 있는 가장 강력한 마케팅 도구이다. 판매원이 가망고객 앞에 앉아있고, 고객욕구를 토의하고, 제품의 편익을 설명하는 것은 어떤 광고, PR이나 판매촉진보다 강력하여, 설득을 얻을 가능성이 더 높다.

그러나 판매조직의 크기를 쉽게 변화시키기 어렵기 때문에 상당한 고정비용이 발생한다. 불행하게도 판매는 기업에 가장 비싼 촉진도구이다. 어떤 소매점 종업원들은 판매기법을 훈련받는다. 전자제품이나 구두점과 같은 점포에서는 고객이 조언을 필요로 한다. 이런 경우에 소매상은 제품범위의 기술성과 판매기법을 판매원에게 훈련하는 데 상당한 시간과 노력을 소비한다. 어떤 사람들은 판매에 재능을 갖고 있더라도 판매는 배우는 것이고 타고난 판매원은 없다. 역할에 따라서 판매원을 네 가지로 분류한다.

- 주문개척자(order creator): 신규고객을 찾고 판매를 준비하는 사람
- 주문달성자(order getter): 해결책을 발견하고 구매를 설득하는 사람
- 주문접수자(order taker): 구매가 결정된 고객으로부터 주문을 접수하는 사람
- 지원직원(support staff): 제품을 시연하고, 채용하도록 설득하는 기술사원

## (4) 판매촉진믹스

### 1) 판매촉진의 개요

판매촉진(sales promotion)은 광고, PR, 홍보, 인적판매 이외의 단기간에 판매를 증진하기 위해 중간상, 소비자, 판매원들을 대상으로 실시하는 모든 프로그램 활동으로 중간상 판매촉진과 소비자 판매촉진이 있다. 중간상 판매촉진은 중간상들이 자사의 신제품을 판매하고, 많은 재고를 보유하며, 넓은 진열공간을 확보하기 위한 것이다. 소비자 판매촉진은 단기적으로는 판매를, 장기적으로는 시장점유율을 증대하기 위한 것이다. 판매원 판매촉진의 목적은 자사의 제품판매에 많은 관심을 갖고, 소비자들에게 판매를 유도하도록 하기 위한 것이다. 판매촉진은 구매나 좋은 제품의 시용을 유인하기 위한 단기적이고 임시적인 유인이다. 무료나 쿠폰, 할인, 무료 액세서리, 출시 기념품 등이 있다. 판매촉진 활동은 종종 소매점 수준에서 추진한다.

- 중간상 판매촉진(trade promotion): 중간상 할인, 협동광고, 교육훈련 프로그램 등
- 소매상 판매촉진(retailer promotion): 가격할인, 쿠폰, 특수 진열, 소매점 광고 등
- 소비자 판매촉진(consumer promotion): 샘플, 쿠폰, 사은품, 경연, 추첨, 보너스팩, 가격할인, 환불 등

그림 12-10 판매촉진의 종류

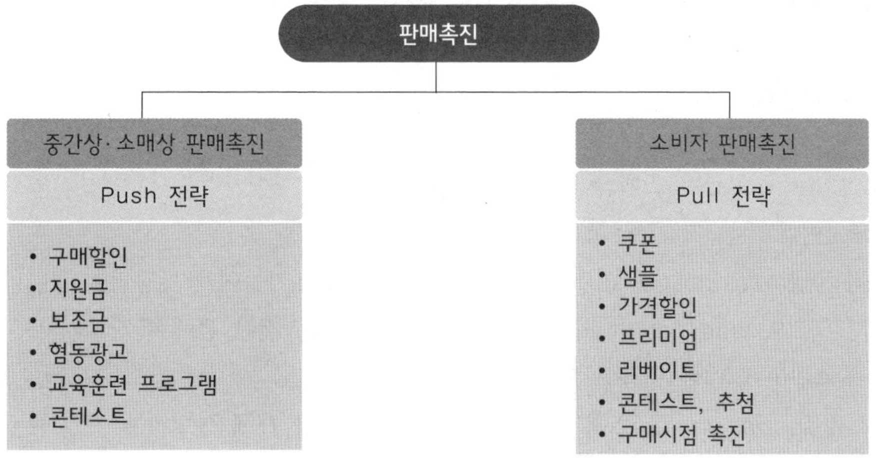


### 2) 판매촉진의 특성

판매촉진은 제품판매의 일시적 증가를 위해서 계획된 단기적 활동이다. 판매촉진의 목적은 고객들이 구매결정을 미리 하고 구매의사결정에 긴박성을 추가함으로써 단기적인 매출을 증가하는 것이

다. 이러한 판매촉진의 특성은 다음과 같다.

- 매력성: 소비자가 촉진을 바람직하게 지각하는 정도가 높아야 한다.
- 제품범주의 적합성: 제품과 관련이 없는 촉진은 고객들을 소구하지 못한다.
- 제시준수: 촉진상품이나 할인이 계획된 시간 안에 제시하지 못하면 매력이 없다.
- 가치: 고가치 제품의 촉진은 저가치 제품보다 효과가 더 크나, 고객이 지각한 가치이어야 한다.

### 3) 중간상 판매촉진

- 중간상 할인(trade allowance): 구매할인, 판매촉진 지원금과 제품진열 보조금 등이 있다. 구매할인(buying allowance)은 일정량 이상을 구매한 중간상에게 가격을 할인해 주는 방법이며, 판매촉진 지원금(promotional allowance)은 중간상이 하는 판촉에 대한 지원금이다. 제품진열 보조금(slotting allowance)은 자사의 제품이 좋은 진열위치를 차지하기 위해 제공하는 지원금이다.
- 협동광고(cooperative advertising): 협동광고에는 수평적 협동광고와 수직적 협동광고가 있다. 수평적 협동광고는 제조업자들이 특정 제품군의 수요를 확대하기 위해 공동으로 해당 제품을 광고하는 것이나, 수직적 협동광고는 중간상이 특정상표에 대해 광고 시 제조업자가 비용을 분담하는 형태이다.
- 교육·훈련 프로그램(training program): 판매원은 소비자와 직접적인 접촉을 통해 구매를 설득하는 역할을 수행하기 때문에 판매원들에게 제품에 대한 정보와 경쟁제품과의 차별성 교육이 필요하다.

### 4) 소매상 판매촉진

- 가격할인(price-offs): 소매상이 취급하는 제품에 대해 판매가격을 할인하는 것으로 강력한 판촉도구이다.
- 소매점 쿠폰(retail coupons): 소매점에서 발행하여 소비자들에게 제공하는 쿠폰이다.
- 전단지 광고(feature advertising): 소매상에서 발행하는 전단 등에 특정 제품을 소개하거나 각종 판촉활동에 대한 내용 광고이다.
- 특수진열(special display): 특정제품이나 브랜드를 매장 내에 특별하게 진열하는 형태의 판촉도구이다.

### 5) 소비자 판매촉진

- 견본제공(sampling): 제품을 고객에게 알리는 확실한 방법으로 시용을 유도하기 위해 소비자에게 견본을 무료로 제공하는 것이다. 신제품을 도입할 때 시용구매를 유도하는 데 가장 효과

적이지만, 가장 많은 비용이 필요하다.

- 쿠폰(coupon): 표시된 금액만큼 구매제품에 적용될 할인액, 할인조건 및 유효기간 등을 명시한 증서이다. 시용구매와 반복구매를 유도하고, 가격할인 효과가 있으며, 소비자에게 직접 전달할 수 있다.
- 사은품(premium): 제품을 구매할 때 무료로 제공되는 선물이다. 사은품은 충동구매를 유발할 만큼의 가치를 제공해야 효과적이다.
- 경연(contest)과 추첨(sweepstake): 소비자에게 소정의 상금이나 상품을 제공하는 것이다. 경연은 소비자의 지식과 노력이 요구되지만, 추첨은 운에 의해 결정된다.
- 보너스 팩(bonus pack): 정상가격보다 많은 양의 제품을 제공하여 판매하는 것이다. 가격할인과 비교할 때 할인의 효과는 같으면서 다량을 일시에 구매하도록 유도하는 방법이다.
- 가격할인(price-offs): 제품가격을 일시적으로 인하시키는 것으로 판촉효과가 가장 명백하게 나타나는 방법이다.
- 환불(rebate): 소비자가 구매영수증 등 구매증명 서류를 제조업자에게 보내면 제조업자가 일정금액을 되돌려주는 방법이다.

### 6) 푸시 전략과 풀 전략

마케팅은 좋은 제품을 단지 생산하는 것 이상으로 표적고객에게 매력적인 가격으로 이용할 수 있게 하는 것이다. 회사는 고객과 커뮤니케이션을 해야 한다. 촉진믹스는 광고, 인적판매, 판매촉진과 PR 등을 결합한 기업의 커뮤니케이션 프로그램이다. 회사는 마케팅 목적을 추구하는 데 촉진믹스를 사용한다. 촉진믹스를 선택하는 방법은 푸시와 풀 전략이 있다. 양 전략은 매우 다르기 때문에 올바른 전략의 선택이 중요하다.

푸시 전략(push strategy)은 최종 소비자에게 유통경로를 통해서 제품구매를 촉진하는 것이다. 최종 소비자에게 제품을 촉진하기 위해 경로구성원을 설득하는 마케팅활동이다. 주로 소매업자의 협력을 얻어 소매점의 진열 공간을 확보하여, 경쟁자들과의 경쟁에서 자사제품을 보호하기 위한 전략이

그림 12-11 Push와 Pull 전략

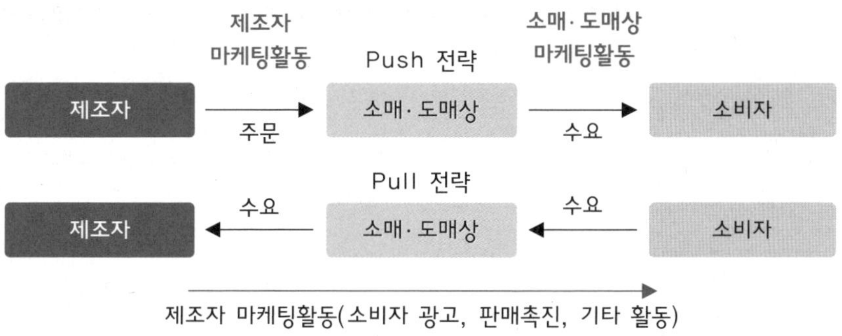

다. 유통업자들은 표적으로 한 중간상 촉진으로 유통업자들을 독려하여 제품을 밀어내는 전략이다. 풀 전략(pull strategy)은 최종구매자가 제품을 구매하도록 유인하는 마케팅활동을 지도하는 것이다. 즉, 소비자들로 하여금 제품을 찾거나 요구하게 만들어 결국 유통경로를 따라 제품을 끌어당기게 하는 전략이다. 고객을 직접 끌어들여 제품에 대한 수요를 증가시키기 위한 전략이다. 소비자 광고와 소비자 판매촉진이다.

### 7) 판매촉진의 기법

판매촉진은 저가제품에 유용하고 통합적인 촉진활동의 일부로써 사용할 때 가장 효과적이다. 이것은 광고와 PR이 장기적 판매를 구축하지만, 판매촉진과 인적판매는 판매에 신속한 증가를 가져오기 때문이다. 두 방법의 결합은 톱니효과(ratchet effect)[6]가 된다. 판매는 판매촉진으로부터 신속한 증가를 보이고, 점진적으로 광고 활동의 생명이 구축된다. 너무 자주 반복되는 판매촉진은 소비자 기대의 일부가 될 수 있다. 소비자들이 촉진 때까지 소비를 미룰 수 있다.

판매촉진의 결과로써 브랜드 전환은 일반적으로 일시적이다. 장기적인 사업이 단기적인 판촉으로 구축되지 않는다. 촉진은 제품을 구매하는 고객에게는 이익이 된다. 그래서 지출의 일정 부분은 효과적으로 절약된다. 좋은 표적화는 판촉비용을 극복하는 데 도움이 되지만, 기존고객들이 촉진제공을 받지 않기 때문에 불공정하게 대우받는다고 느끼지 않아야 한다. 가격할인은 심각하게 브랜드 가치를 훼손할 수 있다. 가격이 할인된 것만큼 제품가치가 지각될 뿐만 아니라 널리 품질신호로써 사용되기 때문에 훼손가능성은 분명하다.

**표 12-8 주요 판매촉진의 기법**

| 판매촉진 기법 | 예 |
|---|---|
| 테스트용 무료샘플 | 신제품을 출시할 때 소비자가 제품을 직접 경험할 수 있고, 제품을 구매해야 하는 작은 의무를 느낀다. 이 기법은 효과적이지만 비용이 든다. |
| 할인쿠폰 광고에 첨가 | 쿠폰이 홍보로부터 왔는지를 점검함으로써 광고의 효과를 검토하는 이점이 있다. 단기적인 브랜드 전환을 유도하는 경향이 있다. |
| 하나의 가격에 두 개 | 단기적인 브랜드 전환을 촉진한다. 가격에 민감한 소비자들은 저가로 전환할 것이다. 기존고객에게 보상하고 촉진하는 것은 유용하다. |
| 경쟁제품에 무료 쿠폰 첨가 | 브랜드 충성도가 있기 때문에 브랜드 침투할 때 매우 성공적이다. 다른 제품의 라벨 뒤에 쿠폰을 사용할 수 있다. |
| 현장 추첨 | 제품 관심 증가와 사용으로 인한 구매의도를 끌어낼 수 있다. |
| 구매 시 무료 선물권 | 브랜드 전환을 유도하고, 지속적인 구매를 이끌어낼 수 있다. |

6 한 번 올라간 소비 수준이 쉽게 후퇴하지 않는 현상.

### 8) 구전

구전(word－of－mouth: WOM)은 사람들의 입에서 입으로 정보가 전해지는 형태의 비공식 전달 과정이다. 구전은 비상업적 전달자와 수신인 간에 제품, 브랜드나 서비스에 관한 정보를 전달하는 것을 의미한다. 인터넷, 소셜 네트워크 등을 통하여 제품, 브랜드나 회사에 관한 정보 공유를 eWoM(electronic word of mouth)이라고 한다. 이와 같은 구전은 온오프라인에서 가장 강력한 커뮤니케이션 매체이다. 구전의 힘이 있는 이유는 다음과 같다.

- 당사자와의 토론을 포함한 상호작용성이 있다. 문제는 회사의 통제 하에 있지 않은 양당사자 간에서 상호작용이 일어난다는 점이다.
- 메시지의 피드백과 확인이 허용된다.
- 회사의 커뮤니케이션보다 친구나 지인과 같은 원천이 더 큰 신뢰성을 전달한다.

사람들은 자주 제품과 서비스에 관해서 토론한다. 사람들은 최근 구매에 관하여 말하고, 다른 사람에게 조언하고, 친구와 가족에게 보여주고, 심지어는 토론하는 것을 좋아한다. 문제는 회사가 좋아하든 싫어하든 사람들이 제품과 회사에 관하여 말하는 것이다. 구전 커뮤니케이션은 긍정적이거나 부정적일 수 있고, 나쁜 소식은 좋은 소식보다 소비자에게 미치는 영향이 더 크다.

**표 12-9 긍정적 구전을 촉진하는 방법**

| 방법 | 설명과 예 |
|---|---|
| 기자회견 | 다른 촉진과 연결하여 좋은 보도 가치가 있는 기자회견은 토론을 자극할 것이다. 예를 들면, 골프 스포츠 경기를 발표하는 기자회견은 골프 선수들에게 구전을 창출할 것이다. |
| 친구 초청 계획 | 기존고객은 작은 보상에 대한 대가로 친구를 모집하기 위해 초정된다. 어떤 경우에 보상은 소개자보다는 친구에게 주어진다. 어떤 사람들은 친구에게 판매하는 것에 대한 보상을 받는 것을 불편하게 느낀다. 예를 들면, 헬스클럽은 하루 무료로 모든 시설을 이용할 수 있도록 친구를 초청하는 날을 개최한다. 회원들에게 클럽을 자랑할 기회를 주고, 헬스 회원 모집을 촉진한다. |
| 수상 및 인증 | 상패와 인증을 진열하고, 그것에 관하여 말한다. 예를 들면, 권위 있는 공공기관의 제품 성적서나 특허 인증서, 정부의 표창, 소비자단체나 시민단체의 상패 등은 회사의 이미지와 신뢰도를 향상할 수 있다. |
| 티셔츠 | 프로모션 의류는 친구들의 의견을 흥분시킨다. 디자이너 라벨, 브랜드의 이름, 콘서트 장소의 이름 등은 모두 친구나 지인으로부터 구전을 자극한다. |

그러나 많은 구전 커뮤니케이션은 불행하게도 부정적이다. 불만족한 고객은 만족한 고객보다 제품에 관해서 3배 말을 한다고 한다. 사실이라면 부정적인 구전을 예방하는 것은 긍정적인 구전을 창출하는 것보다 더 긴급한 문제이다. 고충처리는 핵심적인 사안이다. 마케터의 문제는 시장에서 여론주도자를 확인하는 것이다. 기자, 산업계의 영향력 있는 개인, 조직과 저명한 TV 전문가는 확인이 쉽지만, 일반 대중 속에서 특정한 제품에 대해 여론주도자를 확인하는 것은 세밀한 조사가 필요하다.

**표 12-10 여론주도자의 특징**

| 특성 | 설명과 예 |
|---|---|
| 인구통계 | 제품범주에 따라서 많은 차이가 있다. 패션과 영화는 젊은 여성들이 지배한다. 자가 치료는 어린이가 있는 부인들이 가장 영향력이 있다. |
| 사회적 활동 | 영향력 행사자와 여론주도자는 항상 사교적이고, 집단을 좋아한다. |
| 제품태도 | 신제품에 대해 혁신적이고 긍정적이다. |
| 개성과 라이프 스타일 | 라이프 스타일은 유행 의식적이고, 사교적으로 활동하고, 독립적이다. |
| 제품 관련 | 여론주도자들은 다른 사람들보다 특정한 제품영역에 관심이 있다.<br>그들은 활동적인 탐색자이며 정보수집자들이다. |

13

# 인터넷 마케팅의 전략

# 페이스북, VR 인터넷 패권 도전장…구글과 결투

## 가상현실

마크 저커버그가 10월 6일 미국 캘리포니아주 새너제이에서 열린 오큘러스 개발자대회에서 가상현실 공간에서 자신의 아바타와 부인(프리실라 챈), 집에서 키우는 개(비스트)와 가족사진을 시연하고 있다. 저커버그는 이 사진을 즉석에서 자신의 페이스북에 올렸다. "여기 미친(Crazy) 가상현실(VR) 데모가 있다. 가상현실 속에서 함께하고 싶은 것들은 화성 여행, 게임, 영화 감상, 순간 이동 등 뭐든지 할 수 있다."

마크 저커버그 페이스북 창업자가 10월 6일 미국 캘리포니아주 새너제이에서 열린 오큘러스 개발자대회(커넥트3) 무대에 올라 '소셜 VR'를 시연하며, 자신의 페이스북 계정에 올린 포스팅이다. 그는 VR 공간에서 자신의 아바타와 부인(프리실라 챈) 그리고 자신의 집에 있는 개(비스트)를 동시에 올려놓고 가상 셀카봉으로 찍은 사진을 가족사진이라고 소개했다. 이 장면을 현장에서 본 약 2,500명의 개발자들은 일제히 환호성을 질렀다. 비즈니스 인사이더와 블룸버그 등 외신은 미래 인터넷을 두고, 구글과 본격적인 패권 경쟁이 시작됐다고 평가했다. 최근 잇따라 향후 10년 로드맵을 밝힌 페이스북과 구글은 미래 인터넷 패권, 즉 미래 광고 시장을 두고 곳곳에서 충돌할 것으로 예상된다.

## 구글과 페이스북 VR, 인공지능대결

비즈니스 인사이더는 구글과 페이스북이 서로 중복되는 사업이 많아 향후 10년간 양사의 경쟁이 더욱 치열해질 것이라고 분석했다. 이날 페이스북은 미래 인터넷으로 예상되는 소셜 VR 및 웹 VR 개념을 처음으로 소개했다. 인터넷(웹)이 웹 VR로 진화할 것으로 예측하고 VR용 브라우저 '카멜(Carmel)' 프로젝트를 공개했으며 '소셜 VR'도 공개했다.

**인터넷의 진화**

| 구분 | PC 인터넷 | 모바일 인터넷 | VR 인터넷 |
|---|---|---|---|
| 시기 | 1995~2009년 | 2010~2020년 | 2020년 이후 |
| 웹브라우저 | 넷스케이프·익스플로러 | 크롬·에지·사파리 | 카멜 |
| 경쟁 기업 | MS·구글 | 구글·MS·애플 | 페이스북·구글 |

전문가들은 미래 인터넷을 두고 구글과 페이스북의 승부가 시작된 것으로 평가하고 있다. 이는 구글이 지난 4일 VR용 플랫폼 '데이드림'과 기기 '데이드림 뷰'를 공개했기 때문이다. 페이스북의 VR 질주에 맞불을 놓는 효과를 가져왔다. 페이스북(오큘러스 리프트)의 VR 기기가 고가 장비인 데다 활용도가 아직 '게임'에 한정돼 있으나, 구글 데이드림은 상대적으로 저렴하고 대중적인 VR 플랫폼이다. 페이스북이 'VR' 분야에서 앞서 있지만 구글이 대중화를 무기로 적극적인 보급에 나서면 구글이 더 유리한 고지에 올라설 수 있다.

미래 인터넷을 좌우할 또 다른 기술인 '인공지능'은 구글이 치고 나갔다. 구글의 새로운 스마트폰 '픽셀'은 인공지능 소프트웨어인 '구글 어시스턴트'를 내장했는데 최초로 인공지능 기술이 스마트폰에서 만나 인공지능 대중화 시대를 열었다는 의미이다. 양사가 최근 들어 미래 기술 로드맵을 경쟁적으로 밝히고 있는 이유는 '영상 및 광고 시장'을 장악하기 위해서다. 3~5년 후에는 현재 광고 시장 주도권이 모바일에서 미래 인터넷 영역, 특히 VR·증강현실 분야로 넘어갈 것으로 예상된다.

출처: 매일경제 2016.10.13

# 제13장 | 인터넷 마케팅의 전략

## 1 인터넷 비즈니스

### (1) 인터넷 비즈니스의 관계

어떤 통신매체도 인터넷만큼 주의를 받지 못한다. 모든 주요 신문, 잡지와 TV 방송은 정보교환이 생활을 어떻게 변화하는지를 다루고 있다. 분명히 인터넷은 소비자들이 구매하고, 제품과 서비스에 관한 정보를 찾는 도구가 되었다. e-비즈니스(e-business)는 인터넷을 기업경영에 도입하여 기존기업의 경영활동 영역을 가상공간으로 이전하여 활용하는 모든 상행위이다. e-비즈니스는 거래행위는 물론 소비자 거래업체와 관계형성을 통한 원가절감과 잠재고객 발굴 등도 포함한다. e-커머스(e-commerce)는 인터넷 웹사이트상에 구축된 가상의 상점을 통해 제품과 서비스를 판매하는 모든 행위를 의미한다. 정보기술을 활용한 모든 상행위라고 할 수 있다. e-커머스는 인터넷을 통해 제품, 서비스나 정보의 거래와 교환이다. 즉, 인터넷을 통해 사업정보를 공유하고, 사업관계를 유지하고, 사업을 운영하는 것을 의미한다. 인터넷 마케팅(internet-marketing)은 인터넷과 다른 전자수단을 통해서 상품, 서비스, 정보와 아이디어 마케팅으로 온라인 마케팅(online marketing)이라고도 한다. 인터넷 마케팅은 동일한 의미로 e-commerce나 e-business로도 사용되지만, e-commerce나 e-business는 인터넷 마케팅보다 더 광범위하다.

그림 13-1 인터넷 비즈니스의 관계

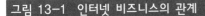

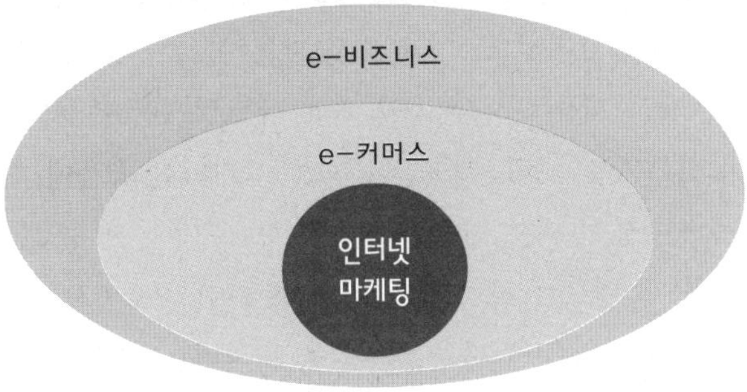


e-business는 운영효율을 창조하기 위해 인터넷과 온라인 기술을 사용함으로써 고객에게 가치를 증가한다. 예를 들면, 온라인 재고관리, 회계시스템, 조달, 공급자 성과평가, 공급체인 효율향상,

기계수리에 대한 처리요청, 계획, 외주와 생산의 통합 등이 있다. 중요한 사업 시스템은 고객, 판매회사와 공급자를 인터넷, 인트라넷(intranet)[1]과 엑스트라넷(extranet)[2]으로 연결한다. e-business 채택은 수익이 발생하는 것은 아니지만, 가치의 교환이 발생할 때 정확하게 e-commerce로 전환된다. 기업은 e-business가 운영과 비용효율을 전반적으로 향상하지만, 현재 사업을 e-business로 전환하는 것은 회사의 규모에 따라서 재설계와 재형성을 필요로 한다.

마케팅은 고객의 욕구를 충족하고, 대가를 받기 위해 온오프라인에서 수행하는 활동이다. 마케팅, 제품과 서비스의 판매와 구매는 e-business의 부분집합이다. e-commerce는 추가적이고 신속한 성장을 경험하고, 더 많은 시장점유율을 계속적으로 확보할 수 있다. 성장과 수익을 증가하고 비용을 감소하는 데 도움이 된다. 어떤 기업은 생존하기 위해 인터넷에 의존한다. e-commerce야 말로 중소기업의 민첩성과 혁신성을 갖지 못한 대기업과 맞서 경쟁할 수 있다는 것이 큰 장점이다. 다음은 e-commerce의 혜택이다.

- 저렴한 운영비용: 유지하는 데 많은 공간과 직원이 필요하지 않다.
- 접근성: 고객이 원할 때 즉시 구매할 수 있다.
- 맞춤형 서비스 제공: 반복구매자를 인지하고 감사함으로써 개인수준에서 고객을 처리할 수 있다.
- 고객충성도 증가: 가치 있는 것을 제공하는 동안 고객에게 정보를 제공할 수 있다. 예를 들면, 다음 구매 시에 사용할 수 있는 쿠폰제공이나 제품사용법 설명 등이 있다.

## (2) 인터넷 비즈니스의 유형

인터넷 비즈니스는 B2B(Business to Business), B2C(Business to Consumer), C2C(Consumer to Consumer)와 G2G(Government to Government)로 분류된다. 이것은 가장 기본적인 형태이다. B2B는 기업 간의 거래, B2C는 기업과 소비자 간의 거래, C2C는 소비자 간의 거래와 G2G는 정부 간의 거래이다. B2C는 기업이 상품과 서비스를 최종 고객에게 판매하는 것이다. B2B는 새로운 기업고객에게 접근하고, 현재 고객에게 더욱 효과적으로 서비스를 제공하고, 구매효율성과 더 좋은 가격을 얻기 위해 웹 사이트, 이메일, 온라인 제품목록, 온라인 거래 네트워크 등을 사용한다. 기업은 제품정보, 고객구매와 고객지원 서비스를 온라인으로 제공한다. C2C는 다양한 제품에 대해 이해당사자 간에 웹에서 일어난다. 인터넷은 소비자들이 다른 사람과 직접적으로 제품이나 정보를 구매하거나 교환할 수 있는 수단을 제공한다. C2B는 소비자와 기업 간의 거래 형태이다. 소비자들은 인터넷의 덕분으로 기업과 커뮤니케이션하는 것이 더 쉬워졌다. 많은 기업들은 회사 웹 사이트를 통해 제안과 질문을 받기 위해 잠재고객과 기존고객을 초정한다. 고객들은 웹 사이트에서 판매자를 찾고, 학습하고, 구매를 하고, 피드백을 줄 수 있다. 웹 사이트를 사용하여 고객들은 기업과 거래를 추진할 수 있다.

1 인터넷의 기술을 응용하는 기업 내 전용 컴퓨터 네트워크.
2 협력업체와 공급업체 또는 업체와 고객 간의 정보 공유를 목적으로 구성된 네트워크.

그림 13-2 인터넷 비즈니스의 유형

| | 소비자 표적 | 기업 표적 |
|---|---|---|
| 기업주도 | B2C (Business to Consumer) | B2B (Business to Business) |
| 소비자 주도 | C2C (Consumer to Consumer) | C2B (Consumer to Business) |

표 13-1 인터넷 비즈니스의 모델

| | Customer(C) | Business(B) | Government(G) |
|---|---|---|---|
| Customer(C) | C2C | C2B | C2G |
| Business(B) | B2C | B2B | B2G |
| Government(G) | G2C | G2B | G2G |

# 2 인터넷 마케팅

## (1) 인터넷 마케팅의 이해

기업들은 전세계를 연결하는 네트워크인 인터넷(world wide web)을 이용하여 상호연결과 쌍방향 커뮤니케이션을 바탕으로 마케팅 활동을 한다. 인터넷 마케팅(internet marketing)은 인터넷과 다른 전자수단을 통해서 상품, 서비스, 정보와 아이디어 마케팅이다. 인터넷 기술의 사용을 통해 온라인으로 수행하는 마케팅 활동이다. 광고뿐만 아니라, 이메일과 소셜 네트워크와 같은 온라인 활동을 포함한다. 인터넷 마케팅의 모든 측면은 컴퓨터나 유사한 기구로 전송되는 전자정보를 의미한다. 인터넷 마케팅은 온라인 마케팅(online marketing)이나 이마케팅(emarketing)으로 사용된다. 즉, 인터넷 마케팅은 온라인 마케팅, 이마케팅이나 디지털 마케팅과 동일한 의미로 사용된다. 본서에서는 인터넷 마케팅으로 용어를 통일한다.

기술발전은 조직이 기존과 잠재고객과 상호작용하는 방법에 중요한 변화를 야기했다. 전자상거래(e-commerce, e-business)는 인터넷을 통해 제품, 서비스나 정보의 거래와 교환이며, 사업정보를 공유하고, 사업관계를 유지하고, 사업을 운영하는 것을 의미한다. 전자상거래가 사업계에 가져다 준 가장 중요한 변화의 하나는 잠재소비자를 확인하고, 접근할 수 있는 기술적 수단이다. 전자상거래는 혁신적인 방법, 가상 응용 프로그램과 인터넷 사업운영을 결합하고, 이들 관계가 구매, 주문처리, 배송, 결제, 제조, 재고와 고객지원에 도움이 된다. 인터넷 마케팅의 기본원리는 즉시성, 개인화 서비스와 관련성 등이다.

그림 13-3 인터넷 마케팅의 기본원리

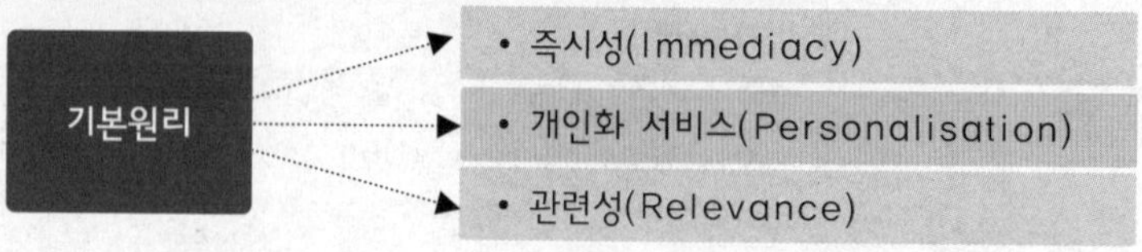


- 즉시성(Immediacy): 웹은 정보를 게시하는 순간 처리된다. 속도가 빠르고, 주의 기간이 짧다. 청중의 관심과 호의를 유지하기 위해 가능한 신속하게 온라인 메시지에 반응해야 하고, 집단과 상호작용해야 한다.
- 개인화 서비스(Personalisation): 온라인 고객은 방대한 표적청중의 얼굴 없는 구성원이 아니다. 그들은 개인적으로 처리되기 원하는 개인들이다. 관련된 사람에게 정밀하고, 개인적으로 표적화하기 위해 방대한 개인정보를 사용해야 한다.
- 관련성(Relevance): 온라인 커뮤니케이션은 독자에게 흥미와 관련성이 있어야 한다. 그렇지 않으면, 독자들로부터 무시당한다. 독자들의 주의를 끌 수 있는 정보를 찾는 가장 좋은 방법은 독자들이 원하는 것과 그들이 원할 때 정확하게 제공하는 것이다.

### (2) 인터넷 마케팅의 5P's

인터넷은 무형성 요소가 많고, 서비스가 생산과 동시에 소비된다. 이러한 요소들은 서비스 제공자와 이용자 간의 상호작용으로 이루어진다. 사람의 요소가 중요하다. 따라서 인터넷 마케팅은 고객, 시장, 가격, 판매, 유통을 충분히 아는 것이 필요하다. 5P's는 제품(Product), 사람(People), 가격(Price), 촉진(Promotion)과 장소(Place)이다.

그림 13-4 인터넷 마케팅의 5P's

| 제품(Product) | 사람(People) | 가격(Price) | 촉진(Promotion) | 장소(Place) |
|---|---|---|---|---|
| • 기능성<br>• 외관<br>• 품질<br>• 포장<br>• 브랜드<br>• 보장<br>• 서비스와 지원 | • 표적고객<br>• 서비스 공급자<br>• 지식<br>• 서비스<br>• 태도 | • 판매의 극대화<br>• 목표수익률<br>• 가치기반 가격<br>• 저가격대<br>• 적정가격 | • 광고<br>• 인적판매<br>• PR<br>• 메시지<br>• 매체<br>• 예산 | • 채널동기<br>• 광고범위<br>• 물류<br>• 서비스 수준 |

### 1) 제품(Product)

고객에게 제공하는 제품이나 서비스이다. 다른 웹 사이트와 동일한 제품이나 서비스를 제공할 수 있지만, 경쟁제품이나 서비스와 다르게 고객에게 제공할 필요가 있다. 제품이나 서비스를 마케팅할 때, 고객에게 제공할 서비스와 지원의 수준을 고려할 필요가 있다. 다음은 제품의 고려 요소이다.

- 기능성(Functionality): 제품이 무엇을 수행하는가? 기능성은 제품특징의 목록이고, 제품이 제공하는 편익의 근거이다. 고객들이 제품의 기능성을 탐색하는 데 어렵다면, 회사는 판매기회를 상실하게 된다.
- 외관(Appearance): 제품이 현대적, 구식, 대중적, 정교하게 보이는가? 제품외관은 고객에게 보이기를 원하는 메시지를 전달하는 데 중요하다.
- 품질(Quality): 제품이나 서비스의 품질은 고객에게 전달하는 메시지와 일치할 필요가 있다. 고급품질을 약속하고 저급품질을 전달한다면, 회사의 이미지는 심하게 훼손될 것이다. 품질은 고객에게 약속한 것을 충족하거나 초과해야 한다. 추가적으로 웹 사이트, 주문이행, 이메일, 전자정보나 고객들과의 온라인 상호작용은 동일한 품질을 전달해야 한다.
- 포장(Packaging): 포장이 고객에게 무엇을 커뮤니케이션하는가? 마케팅 활동에서 전달하는 메시지와 일치하는가? 포장은 약속한 품질과 기능성의 동일한 수준인가?
- 브랜드(Brand): 새로운 브랜드인가? 기존 브랜드의 새로운 버전인가? 새로운 브랜드가 기존브랜드와 어떻게 다른가? 새로운 이름, 새로운 색상, 새로운 스타일, 새로운 특징이 있는가? 이러한 것들이 회사에 분명하지 않다면, 고객들에게는 더욱 분명하지 않다.
- 보증(Warranty): 보증은 제품에 많은 영향을 준다. 고려 요소는 보증의 금전적 요소, 보증범위, 보증방법과 보증기간 등이 있다.
- 서비스와 지원(Service · Support): 고객들이 제품에 대해 문제를 갖는 것은 불가피하다. 서비스와 지원의 수준을 고려할 필요가 있다.

### 2) 사람(People)

사람은 표적고객과 서비스 공급자이다. 표적고객은 누구인가? 서비스 공급자는 고객과 상호작용을 하는 회사 직원이다. 회사 직원들이 제공하는 지식, 서비스나 태도는 회사 평판을 구축하는 중요한 요소이다.

- 지식(Knowledge): 고객들은 정보의 올바른 원천이나 신뢰할 수 있는 지식을 기대한다.
- 서비스(Service): 고객들이 판매원들에게 무엇을 기대하는가를 파악하고, 고객의 요구에 신속한 서비스를 제공한다. 서비스의 적절한 회복은 고객만족을 증가한다.
- 태도(Attitude): 종업원들의 상호작용 태도는 판매와 회사의 이미지에 영향을 준다.

### 3) 가격(Price)

가격은 제공하는 제품이나 서비스의 가격, 가치와 결제의 안전성과 다양성이다. 고객들이 받아들이는 적절한 수익을 산출하는 가격결정과 결제정책은 무엇인가? 인터넷 기술의 발전으로 회사는 비용을 절감할 수 있다. 수익, 경쟁가격과 수요를 고려하여 가격을 결정한다.

- 판매량의 극대화: 생산량을 극대화함으로써 생산비용을 절감한다면, 가격경쟁력을 얻게 된다. 이것은 신시장을 침투할 때 강력한 전략이 된다.
- 목표수익률: 가격을 투자수익률로 결정할 수 있다. 경쟁제품보다 가격이 더 높다면, 확실하게 충분한 가치를 제공해야 한다.
- 가치기반 가격결정: 고객들이 제품에서 생각하는 가치로 결정하는 방식이다.
- 저가격대: 돈에 합당한 가치로 지각되도록 저가격대로 결정한다.
- 적정가격: 고객들이 제품에 대해 적정한 가격으로 생각하는 가격을 결정한다.

### 4) 촉진(Promotion)

어떤 종류의 촉진을 고객에게 제시하는가? 즉, 광고, 전단, 판매직원과 고객지원 등이 있다. 웹사이트의 소통량을 증가하기 위해 배너광고 등을 사용할 수 있다. 촉진전략은 기존고객과 잠재고객과 커뮤니케이션하는 방법에 관한 의사결정이다.

- 광고: 고객들이 웹 사이트를 방문하도록 광고를 하고, 고객들이 인터넷에서 쉽게 입장할 수 있도록 한다.
- 인적판매: 웹 사이트가 판매채널이면, 판매를 종결하는 데 필요한 판매원이 있다. 고객이 재방문하고, 구매하도록 고객과 관계를 구축하는 것이 핵심이다.
- PR: 회사의 평판은 판매에 중요하다. 온라인과 오프라인에서 기울이는 PR 노력은 자사제품이 경쟁제품에 비해 차이가 있어야 한다. 공중과 커뮤니케이션하는 이미지는 인터넷 마케팅 전략을 계획할 때 고려할 요소이다.
- 메시지: 몇 단어로 마케팅 메시지를 요약할 수 있는가? 제품, 서비스와 조직에 관해서 고객이 알기 원하는 기본적인 정보를 한 구절로 압축한다.
- 매체: 어떤 매체를 사용하고, 어떻게 온라인 광고와 마케팅을 통합할 것인가? 표적고객들은 어떤 매체에 귀를 기울이는가?
- 예산: 촉진노력은 지출해야 할 돈에 의해 제한받는다. 많은 인터넷 마케팅 방법은 상대적으로 저렴하거나 무료이지만, 어떤 경우는 매우 비싸다. 따라서 예산을 고려한 촉진전략을 수립한다.

### 5) 장소(Place)

기업이 인터넷 사업을 어디에서 운영하는가? 인터넷 마케팅은 마케팅 활동이 인터넷에서 이루어지기 때문에 인터넷이 장소에 해당한다. 기업은 유통채널로 인터넷을 사용할 수 있다. 제품이나 서비스를 유통하는 방법에 관한 의사결정이다.

- 채널동기: 판매채널은 고객의 행동을 유인할 수 있어야 한다. 특정한 제품을 판매한다면, 주요 웹 사이트를 통해서 판매할 수 있다. 각 판매채널은 다른 마케팅, 광고와 촉진활동을 필요로 한다. 고객반응을 확실히 얻기 위해서 각 채널의 효과성을 추적할 필요가 있다.
- 광고범위: 어떤 웹 사이트에 광고하고, 그것들을 어떻게 선택할 것인가?
- 물류: 장소, 사람과 판매방법에 관한 의사결정이다. 제품을 판매하기 위해 복수경로를 사용한다면, 이행조건을 충족할 수 있는가? 사전에 일정 수준의 재고를 유지할 수 있는가? 적시 배달경로를 갖고 있는가?
- 서비스 수준: 온오프라인에서 동일한 수준의 서비스를 제공할 수 있는지를 고려한다.

## (3) 마케팅의 구성요소와 특징

### 1) 인터넷 마케팅의 구성요소

인터넷 마케팅은 인터넷으로 제품이나 서비스를 광고하고 마케팅하는 것을 뜻한다. 인터넷 마케팅은 사용자를 납득시키기 위해 웹 사이트나 이메일에 의존하고, 사업거래를 촉진하기 위해 이커머스를 결합한다. 인터넷 마케팅에서 웹 사이트, 블로그, 이메일, 소셜 미디어나 모바일 앱을 통해 제품과 서비스를 촉진한다. 이와 같이 인터넷 마케팅은 다양한 요소로 구성되어 있다.

그림 13-5 인터넷 마케팅의 구성요소

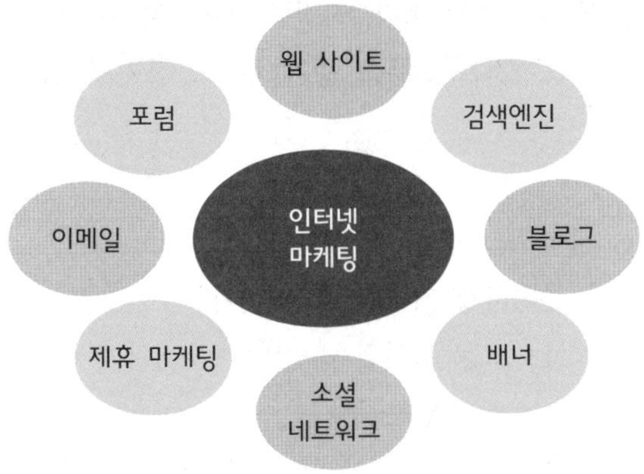

### ① 시장조사

인터넷 마케팅은 웹 사이트의 사용자들을 표적으로 끌어들이고, 웹 사이트에서 판매를 증가하는 목적으로 실행되는 과정이다. 따라서 기업은 인터넷 마케팅의 명확한 목적을 수립하고, 강력한 시장 이해가 필요하다. 인터넷 마케팅 운영자는 다음과 같은 시장요소를 조사한다.

- 웹 사이트 흐름량(traffic) 검토
- 광고전환율(ad conversion rate) 검토
- 기존고객의 요청질문 검토
- 고객의 고민점(pain points) 확인
- 분명한 답이 있는 FAQ의 목록 예상과 편찬

### ② 웹 사이트 구축

인터넷 마케팅을 수행하는 첫 단계는 웹 사이트의 구축이다. 회사는 매력적인 사이트를 디자인하고, 고객들이 사이트를 방문하고, 주위에 머무르고, 다시 자주 돌아오는 방법을 찾아야 한다. 웹 사이트는 목적과 콘텐츠가 매우 다양하다. 가장 기본적인 유형은 회사 웹 사이트이다. 이러한 사이트는 고객의 호의를 구축하고, 고객의 피드백을 수집하고, 판매채널을 보충한다. 고객문의에 답하고, 고객관계를 밀접하게 구축하고, 회사나 브랜드에 대한 흥분을 자아내기 위해 다양하고 풍부한 정보와 특징을 제공한다. 회사와 브랜드 웹 사이트 방문자들은 다른 사람들에게 많은 영향을 주고, 그들에게 브랜드를 추천한다. 웹 사이트는 직접 구매로 유인하는 상호작용에 소비자들을 관여하도록 한다.

### ③ 검색엔진의 최적화

사용자들이 어떻게 웹 사이트를 찾아 방문하는가? 사용자의 고민점 주위에서 적절한 핵심어를 발견하는 것은 효과적인 웹 사이트가 된다. 주제 순으로 핵심어를 분류하고, 각각의 글과 핵심어를 연결한다. 정확하고 관련된 핵심어의 선정은 신선하고 설득력이 있는 광고를 디자인하는 데 유용하다. 검색엔진을 사용하기 편하게 만들기 위해 웹 페이지를 최적화하거나 완성하고, 결과적으로 검색 결과가 상위 위치에 나타나도록 하는 활동이다. 적절한 제목, 웹 사이트 속도와 연결과 같은 요소는 핵심어의 전체 순위에 기여한다. 이것은 방문을 증가시키고, 장기적으로 수익이 된다. 핵심어 조사 도구를 선정하기 전에 고려할 사항이 있다.

- 사용자들이 어떻게 웹 사이트를 찾을 수 있는가?
- 검색어 유입율을 얼마나 분명하게 기술할 수 있는가?
- 사용자들이 페이지에서 찾는 모든 고민점을 얼마나 분명하게 대답하는가?
- 핵심어가 사용자의 의도와 관련이 있는가?
- 해답을 찾는 동안 사용자들이 어떤 문장에 들어오는가?

### ④ 인터넷 광고

소비자들이 인터넷에 더 많은 시간을 보냄에 따라 많은 기업들은 브랜드를 구축하거나 방문객들을 웹 사이트에 유치하기 위해 온라인 광고에 많은 돈을 들이고 있다. 인터넷 광고의 주요 형태는 디스플레이 광고, 검색관련 광고와 온라인 분류광고 등이 있다. 디스플레이 광고(display ads)는 인터넷 사용자의 스크린 상에 어디에나 나타난다. 가장 흔한 형태는 배너 광고로 웹 사이트에 띠 모양의 부착하는 광고이다. 팝업광고(pop－up ads)는 인터넷상에서 별도의 창이 갑자기 나타나는 광고이다. 많은 회사들은 애니메이션, 비디오, 음성과 상호작용을 결합한 흥미로운 새로운 리치 미디어 디스플레이 광고를 개발한다. 리치 미디어 광고(rich media ads)[3]는 다운로드 되자마자 사용자와 즉시 상호작용을 할 수 있는 애플릿, 사용자가 광고 위에 마우스를 올려놓으면 변하는 광고이다. 이것은 배너 광고보다 더 많이 소비자의 주의를 끌고, 유지한다. 리치 미디어 광고는 소비자들에게 제품정보, 브랜드 경험과 온라인 구매옵션을 제공한다. 온라인 광고는 블로그, 배너, 모바일 광고, 소셜 미디어 광고, 이메일, 콘텐츠나 포럼 등 다양하다. 제품이나 서비스에 대해 보는 사람의 주의를 끌기 위해 웹 사이트의 광고를 산뜻하고, 간결하고, 유혹적으로 배치한다.

온라인 촉진의 다른 형태는 콘텐츠 후원, 연합과 제휴 프로그램(affiliate program), 바이럴 광고 등이다. 콘텐츠 후원을 사용할 때 회사는 뉴스, 재무정보나 특별한 인터넷 주제와 같은 다양한 웹 사이트의 특별한 콘텐츠를 후원함으로써 상호명이나 브랜드명을 노출할 수 있다. 바이럴 마케팅(viral marketing)은 구전 마케팅의 인터넷 버전으로 매우 전염성이 있어, 고객들이 다른 친구들에게 넘겨주기를 원하는 웹 사이트, 비디오, 이메일 메시지나 기타 마케팅 이벤트를 창조한다. 바이럴 마케팅은 웹 사이트, 전화, 메시지 게시판이나 심지어 현실 세계의 이목을 끄는 행동 안에서 살아있는 중독성이 있는 자기 선전광고이다. 고객들이 메시지나 촉진을 다를 다른 사람들에게 전달하기 때문에 바이럴 마케팅은 매우 저렴하다. 정보가 친구로부터 올 때 수신인은 열린 마음으로 읽는다.

- 블로그(blogs)[4]: 개인이나 집단에 의해서 구성된 웹 페이지이다. 주기적으로 갱신하고, 사업촉진을 위해 블로그를 작성할 수 있다.
- 배너(banner): 웹 사이트에 띠 모양의 부착하는 광고이다. 인기 있는 페이지의 한쪽에 특정 웹사이트의 이름이나 내용을 부착하여 홍보하는 그래픽 이미지를 의미한다.
- 모바일 광고(mobile advertising): 스마트 폰으로 기업과 제품 인지도를 창조하고, 촉진하는 광고이다.
- 소셜 미디어(social media): 페이스북, 구글 플러스, 트위터와 같은 소셜 미디어 플랫폼에 브랜드의 특성을 창조하는 것이다. 기존이나 잠재고객과 연결을 유지하고, 제품이나 서비스에 대한 인지도를 구축하고, 관심을 창조하고, 제품을 구매하도록 하고, 고객과 상호작용한다.
- 이메일(email): 고객들의 질문에 답하기 위해 고객들과 상호작용하고, 웹 사이트에 대한 고객

3 배너광고에 비디오, 오디오, 애니메이션 효과 등을 결합한 멀티미디어 광고.
4 웹(web)의 b와 항해일지도 또는 여행일기를 뜻하는 log의 합성어.

경험을 향상한다. 수신인이 귀찮지 않도록 이메일을 재미있고, 산뜻하게 작성한다. 제목 선에 가장 적합한 단어를 사용한다.

- 콘텐츠 마케팅(contents): 고객을 획득하고, 유지하기 위해 매체를 구성하고, 공유하고, 콘텐츠를 게시한다.
- 인터넷 포럼(internet forums): 온라인 토론 웹 사이트의 메시지 게시판이지만, 사람들은 메시지를 게시하고, 대화에 관여한다.

### ⑤ 소셜 네트워크

독립적이고 상업적인 웹 사이트는 소비자들이 의견과 정보를 교환하고, 모이고, 사회화하는 온라인 장소를 제공한다. 오늘날 모든 사람들은 페이스북, 유튜브나 밴드에서 친구가 되고, 세컨드 라이프(second life)에서 아바타(avatar)[5]를 통해 놀랄 만큼 실제적인 환상적인 삶을 살아가는 것처럼 보인다. 소비자들이 모이는 곳이라면 어디든지 마케터들은 확실하게 추적한다. 마케터들은 거대한 소셜 네트워크 물결을 타고 있다. 마케터들은 양방향으로 온라인 커뮤니티에 관여할 수 있다. 그들은 기존 웹 커뮤니티에 참여할 수 있거나 스스로가 구축할 수 있다. 기존 네트워크에 가입하는 것은 쉽다. 페이스북과 같은 거대한 온라인 소셜 네트워크가 장악하고 있더라도 새로운 종류의 틈새 네트워크가 나타나고 있다. 생각이 비슷한 사람들의 더 작은 커뮤니티의 욕구를 제공하고, 특정한 관심집단을 표적으로 하는 마케터들에게 이상적인 수단을 제공한다.

그러나 기존 온라인 소셜 네트워크에 성공적으로 참여하는 것은 과제이다. 첫째, 온라인 소셜 네트워크들은 결과를 측정하기 어렵다. 대부분의 회사들은 아직도 소셜 네트워크를 효과적으로 사용하는지를 실험하고 있다. 둘째, 웹 커뮤니티는 주로 사용자가 통제한다. 회사의 목표는 브랜드를 고객대화와 삶의 한 부분으로 만드는 것이다. 그러나 마케터들은 고객들의 온라인 상호작용으로 그들의 방법을 간단히 밀고 나아갈 수 없다. 웹 커뮤니티에 참여하는 많은 회사들은 소비자들이 가치를 얻는 방법을 알아야 한다.

### ⑥ 제휴 마케팅

제휴 마케팅(affiliate marketing)은 웹 사이트 발행자(publisher)가 그의 노력에 의해 파트너의 웹 사이트에 새로 방문자, 회원, 고객, 매출을 발생시키면, 웹 사이트 발행자는 대가로 일정한 보상을 받는 마케팅 기법이다. 그러나 제휴 마케팅은 모든 제품에 적당하지 않다. 다음은 제휴 마케팅이 가능한 경우이다.

- 제휴사에게 지급할 수수료를 감당할 수 있을 정도의 충분한 수익이 있어야 한다.
- 제품이 비교적 팔기 쉬워야 하고, 촉진하기에 충분한 매력적인 제품이어야 한다.

---

5 인터넷의 가상공간에서 자기 자신을 나타내는 그래픽 아이콘을 의미한다. 원래 분신·화신을 뜻하는 힌두어로 '사이버 공간에서 자신을 대체하는 캐릭터'를 뜻한다. 온라인게임, 채팅, 가상현실 게임, 스타홍보 등 그래픽 위주의 가상사회에서 자신을 대표하는 가상육체를 뜻한다.

## 2) 전통적 마케팅과 인터넷 마케팅의 차이

인터넷 마케팅은 인터넷 상에서 제품이나 서비스를 광고하고, 마케팅하는 것이다. 사용자에게 접근하기 위해 웹 사이트, 이메일, 블로그, 소셜 미디어, 포럼과 모바일에 의존한다. 또한 거래를 촉진하기 위해 이커머스와 결합한다. 이처럼 마케팅의 매체가 인터넷에서 이루어지지만, 전통적 마케팅과 인터넷 마케팅의 목적은 동일하다. 기업수익을 증가할 목적으로 고객을 유인하고, 제품을 구매하게 하는 것이다. 그러나 [표 13－2]와 같이 양자는 차이가 있다.

표 13-2 전통적 마케팅과 인터넷 마케팅

| 전통적인 마케팅 | 인터넷 마케팅 |
|---|---|
| 마케팅 효과 측정이 어렵다. | 마케팅 효과 측정이 쉽다. |
| 많은 사람들이 광고를 어떻게 읽는지와 광고에 얼마나 호의적인지를 알 수 없다. | 온라인 광고를 보는 사람의 수와 제품을 구매하는 사람의 수를 알 수 있다. |
| 비용 효과적이지 못하다. | 비용 효과적이다. |
| 브랜드구축이 신속하지 못하다. | 브랜드구축이 빠르고, 효과적이다. |
| 간섭이 있다. | 간섭이 없다. |
| TV 광고가 시청하는 프로그램을 중단하듯이 사용자의 일상적인 행동을 중단한다. | 사용자는 편의성과 선호도에 따라 온라인 광고에 주의할 수 있다. |
| 제품이나 서비스에 관한 인쇄나 구술정보가 완전하지 않다. 사용자의 질문이 미결된 채로 있을 수 있다. | 제품이나 서비스, 거래에 관한 최대한의 정보를 제공할 수 있다. |

## 3) 인터넷 마케팅의 추세

현재 웹은 사회화, 협력, 공유와 개인적인 오락이 가장 중요한 특징이다. 웹은 작업과 오락의 공간이다. 모든 사업의 필수적인 도구와 모든 형태의 매체 문화제품의 저장소이다. 모든 연령대의 사람들은 많은 시간을 온라인에서 보내고, 좋은 서비스, 편의성과 생활향상 도구로 인터넷에 돌린다. 사람들은 인터넷을 통해 온라인 쇼핑, 온라인 뱅킹, 모든 영역을 뛰어넘는 웹 커뮤니티, 인스턴트뉴스(instant news)[6], 소셜 네트워크와 채팅과 자아표현을 한다. 다음은 인터넷 마케팅의 세계적 현재 추세이다.

- 소셜 미디어 마케팅: 소셜 마케팅은 회사와 제품을 촉진하기 위해 소셜 미디어 채널을 사용하는 활동이다. 소셜 미디어 마케팅은 동료추천, 공유, 브랜드 개성의 구축, 이질적인 개인의 집단을 다루는 것을 포함한다. 고객들이 콘텐츠를 창조하고, 제품을 구전하는 것을 촉진한다.
- 바이럴 마케팅: 바이럴 마케팅(viral marketing)은 누리꾼이 이메일이나 다른 전파 가능한 매체를 통해 자발적으로 어떤 기업이나 기업의 제품을 홍보하기 위해 널리 퍼뜨리는 마케팅 기법이다. 이것은 온라인 구전에 의해 마케팅 메시지를 기하급수적으로 확산한다. 바이럴 커뮤

6 뉴스 제공자가 원래의 정보를 자신들에게 유리하게 가공해 완성된 형태로 제공하는 뉴스.

니케이션의 주요 구성요소는 밈(meme)[7]이다. 밈은 바이러스로 확산하고, 집단의식에 깊이 새겨두는 메시지이다. 바이럴 마케팅은 소셜 미디어와 밀접하게 연결되어 있다. 그러나 바이럴 마케팅은 바이러스성으로 이동하지만, 전체적인 온라인 마케팅이 아니라 인지를 창조하고, 상호작용을 촉진하는 데 사용하는 많은 도구의 하나이다.

- 제품으로서 브랜드: 브랜드는 개성과 정체성을 창조한다. 온라인 공간은 고객들이 브랜드 개성과 상호작용하고, 대화하는 것을 가능하게 한다.
- 광고피로: 웹 사용자들은 온라인 광고와 매우 친숙하게 되고, 광고를 무시하는 것을 학습한다. 회사는 신중한 시청자를 끌어들이기 위한 매우 혁신적이고 눈길을 끄는 전략을 생각해야 한다.
- 표적화: 모든 온라인 광고는 특정한 독자들을 목표로 한다. 전통적인 마케팅에서 하는 방대한 표적화와 달리 웹 표적화는 매우 정밀할 수 있다. 방대한 개인과 사용자료를 통해서 표적화는 자동적으로 이루어질 수 있다.
- 효과적 기법: 모든 흥미 있는 새로운 전략에도 불구하고 이메일과 웹 사이트 마케팅은 가장 유용하고 효과적인 기법이다. 물론 추적, 소셜 네트워크와 고객창작 콘텐츠의 통합처럼 새로운 도구와 전술을 사용한다.

## 3 인터넷 마케팅의 전략

### (1) 인터넷 마케팅 전략

인터넷 마케팅은 마케팅 자원이 부족한 중소기업에서 선택이 아니라 필수이다. 인터넷 마케팅 전략을 계획하는 것은 어렵지 않다. 인터넷은 다른 사람들이 보기 위해 인쇄문서를 웹 페이지에 단순히 배치하는 것이 아니다. 웹의 독특한 도구를 아용하는 것은 온라인 마케팅 전략을 창조하는 핵심이다. 웹은 현명한 인터넷 마케터에게 독특한 기회를 제공하고, 고객과 잠재고객에게 더 풍부한 경험을 제공한다. 회사는 고객들에게 메시지를 전달하고, 고객관계를 구축하기 위해 영상, 사진, 토론, 팟캐스트(podcast)[8]와 같이 다양한 도구를 사용한다.

#### 1) 인터넷 마케팅믹스

인터넷 마케팅 전략 계획은 마케팅의 원리와 유사하다. 인터넷 마케팅믹스는 광고, 촉진, PR과

7 생물체의 유전자처럼 재현·모방을 되풀이하며 이어가는 사회 관습·문화.
8 애플의 아이팟(iPod)에서 따온 pod과 방송(broadcast)의 cast가 합쳐진 용어로 오디오 파일이나 비디오 파일형태로 뉴스나 드라마 등 다양한 콘텐츠를 인터넷망을 통해 제공하는 서비스.

판매와 관련이 있지만, 관련된 활동을 수행하기 위해 준비하는 독특한 활동이다. 인터넷 마케팅은 가격결정, 판매와 유통방법과 고객에 관해 충분히 아는 것이 필요하다.

그림 13-6 인터넷 마케팅믹스의 구성요소

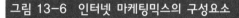

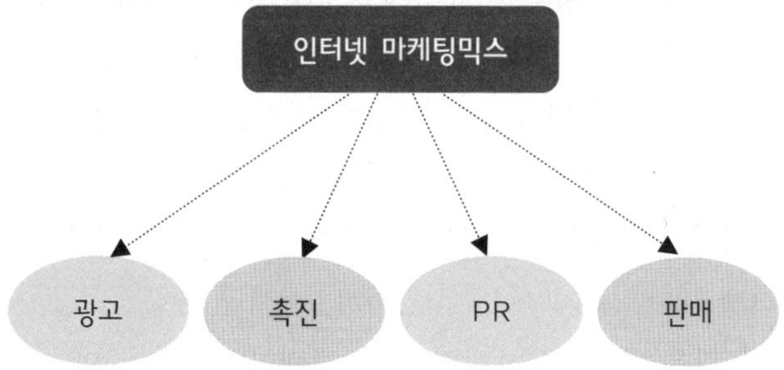


### ① 광고

광고는 제품이나 서비스에 기존고객과 잠재고객이 주의를 갖도록 하는 과정이다. 인터넷 마케팅에서는 자료나 방문객이 흐르는 길을 발견하는 것이다. 인터넷 마케팅은 배너광고, 클릭당 광고료 지불(pay-per-click) 광고나 다른 웹 사이트로 이동하는 연결 등 많은 형태가 있다. 광고는 한 번에 한 제품에 집중된다. 인터넷 마케팅 계획은 많은 고객과 판매를 창출하기 위해 몇 가지 다른 광고 캠페인이 필요하다. 광고는 특정한 제품을 알게 하는 것이다.

### ② 촉진

촉진은 제품수요를 창출하는 전략으로 광고, PR과 판매를 포함한다. 촉진은 판매노력, 기자회견, 제품정보 제공이나 이메일이 온라인에서 이루어지나 오프라인에서도 이루어진다. 회사의 이미지 향상이나 판매증가 노력 등이 촉진의 일부이다.

### ③ PR

PR은 회사가 고객들이 인식하기를 원하는 방식으로 공중들이 인식하도록 회사의 이미지와 브랜드를 개발하는 것을 포함한다. 따라서 웹 사이트가 어떻게 보이고, 어떻게 운영되는지를 검토한다. 예를 들면, 웹 사이트가 젊고, 최신 유행으로 보이는가? 웹 사이트는 PR전략의 전방으로 생각한다.

### ④ 판매

판매는 고객발견, 정보제공, 구매조건의 합의 등을 포함한다. 많은 사람들은 온라인으로 제품과 정보를 찾는다. 인터넷은 동일한 고객의 주의를 요청하는 웹 사이트가 많이 있다. 그래서 고객에게 도달되기 위해서 회사, 제품이나 서비스를 알려야 한다.

## (2) 인터넷 마케팅의 잠재력과 과제

### 1) 인터넷 마케팅의 잠재력

인터넷 마케팅은 많은 잠재력과 과제를 동시에 갖고 있다. 인터넷이 잡지, 신문과 심지어 점포를 대체하고 있다. 인터넷 마케팅은 확실히 성공적인 사업모델이 될 것이다. 예를 들면, 아마존, 이베이, 구글, 네이버, 옥션과 직접 마케팅하는 델과 같은 인터넷 회사이다. 그러나 대부분의 회사에게 온라인 마케팅은 통합된 마케팅믹스로 시장에 접근하는 중요한 수단으로 있을 것이다. 많은 과제에도 불구하고 회사들은 인터넷 마케팅을 전통적인 마케팅과 통합하고 있다. 계속적으로 인터넷 마케팅이 성장함에 따라 인터넷 마케팅은 판매를 신장하고, 회사와 제품정보를 커뮤니케이션하고, 제품과 서비스를 전달하고, 더 깊은 고객관계를 구축하는 강력한 직접 마케팅 도구로 있을 것이다.

### 2) 인터넷 마케팅의 과제

직접 마케팅(direct marketing)은 즉각적인 반응을 얻고, 지속적인 고객관계를 육성하기 위해 표적화된 개별 고객과 직접적으로 연결하는 마케팅 활동이다. 직접 마케터들은 일대일, 상호작용 기반으로 고객과 직접적으로 커뮤니케이션을 한다. 상세한 데이터베이스를 사용하여, 마케터들은 개별 고객이나 좁게 정의된 세분시장의 욕구를 제공한다. 직접 마케터들은 고객들과의 상호 보상관계를 좋아한다. 그러나 어두운 측면이 나타난다. 소수의 직접마케터들의 공격적이고 의심스런 전술은 고객들을 괴롭히거나 해를 준다. 불공정한 관행이나 노골적인 사기로 소비자들을 분개하는 경우가 있다. 직접 마케팅 산업은 프라이버시 침해 우려에 직면하고, 온라인 마케터들은 인터넷 보안문제를 신중하고, 안전하게 처리해야 한다.

#### ① 불공정한 관행이나 사기

직접 마케팅은 때때로 짜증을 유발하거나 소비자들을 괴롭힌다. 사람들은 너무 거칠고, 길고, 지속적인 TV 상업광고를 싫어한다. 우편함에 원치 않는 스팸 메일로 가득차고, 컴퓨터 스크린에 원치 않는 배너나 팝업 광고로 번쩍인다. 소비자들이 분개하는 것 이외에 어떤 직접 마케터들은 충동적이거나 덜 정교한 구매자들을 불공정하게 이용한 것에 대해 고소당한다. 인터넷 사기의 흔한 형태는 피싱(phishing)[9]이다. 사기는 웹과 이메일 거래에서 사용자 신뢰를 강화하기 위해 작업하는 합법적인 기업들의 브랜드 정체성을 훼손한다. 많은 소비자들은 온라인 보안에 관하여 우려한다. 그들은 파렴치한 사기꾼들이 개인정보를 수집하거나 신용카드 번호를 가로채어 온라인 거래를 엿보는 것을 우려하고 있다. 스파이웨어(spyware)[10] 프로그램은 사용자가 인터넷을 방문한 곳을 추적하고, 괴롭히는

---

9 개인정보(private data)와 낚시(fishing)를 합성한 조어로 인터넷·이메일 등을 통해 개인정보를 알아내어 그들의 돈을 빼돌리는 사기.

10 사용자의 동의 없이 또는 사용자를 속이기 위해 설치되어 광고나 마케팅 정보를 수집하거나 중요한 개인정보를 빼내는 악의적 프로그램.

팝업 광고로 스크린을 채운다.

#### ② 개인정보보호의 침해

개인정보보호(privacy)의 침해는 직접 마케팅 산업이 직면하는 가장 어려운 공공정책 문제이다. 소비자들은 데이터베이스 마케팅(database marketing)[11]으로부터 이익을 얻는다. 소비자들은 밀접한 관심이 있는 것에 적합한 제의를 받는다. 그러나 마케터들은 고객에 관해 너무 많은 것을 알고, 소비자들을 불공정하게 이용할 지식을 사용할 수 있다. 소비자들이 추첨, 신용카드, 웹 사이트 방문이나 제품을 주문할 때 고객정보가 수집된다. 정교한 컴퓨터 기술을 사용하여, 직접 마케터들은 고객정보를 수집하고 분석한다. 따라서 다음과 같이 기업은 개인정보보호에 관한 원칙을 준수해야 한다.

- 사전고지와 소비자 동의: 소비자들은 개인정보가 수집되고 있다는 것을 알아야 하고, 기업이 개인정보를 수집, 사용과 노출하기 전에 고객의 동의를 받아야 한다.
- 거래와 관련된 정보 한정: 기업은 거래와 관련된 정보만을 수집하고 사용하여야 한다.
- 정확성: 기업은 수집한 정보를 정확하게 기록해야 한다. 기업은 정보수집 업무에 책임이 있는 개인정보보호자를 임명해야 한다.
- 접근권: 개인들에게는 정보가 다른 사람들에게 전달되는 것을 알 권리가 있다. 소비자들은 개인정보의 오류 수정을 요구할 수 있고, 개인정보를 회사의 데이터베이스에서 제거할 것을 요청할 수 있다.

### (3) 마케팅 전략의 계획

마케팅 전략의 계획과정이 분명한 것처럼 보여도 온라인과 오프라인 간에 불일치하는 전략이 일어나는 실수가 있다. 온라인과 오프라인 마케팅 전략은 어떤 측면에서 다르지만, 목적은 양자가 일치해야 한다. 특히 마케팅에 사용할 도구와 제시 방법의 결정은 고객을 근거로 해야 한다. 다음은 마케팅 전략을 계획할 때 고려사항이다.

- 측정할 수 있는 전략의 목적을 결정한다.
- 접근할 수 있는 일정과 이정표를 수립한다.
- 정성적·정량적 목표를 결정한다.

11 고객 개인의 특성에 맞는 서비스를 제공하는 마케팅이다. 고객에 대한 정보를 데이터베이스화하고, 구축된 고객 데이터베이스를 활용하여, 고객 개개인과의 접촉을 통해 직접적인 판매를 유도하거나 장기적인 일대일 관계를 구축한다.

### 1) 인터넷 마케팅 전략 계획

인터넷 마케팅은 표적고객의 인구통계 특성과 이상적인 고객의 개인적 가치를 찾아내는 조사를 포함한다. 다음은 고객을 조사할 때 기본적인 지침이다.

- 기존고객 목표: 평균적인 고객을 표적으로 할 때, 제품이나 서비스가 확실히 매력적이어야 한다. 마케팅 전략을 구성할 때 고객가치를 고려한다.
- 이상적인 고객목표: 어떤 유형의 고객과 관계를 발전하기 원하는가? 이상적인 고객은 마케팅 전략을 개발하는 좋은 방법이다. 이상적인 고객이 평균적인 고객과 같지 않다면, 제품이나 서비스의 매력을 확대할 수 있다.
- 가치평가: 고객이 제품과 마케팅 수단에 대해 갖고 있는 가치이다. 고객은 좋은 품질과 가격을 기대하나, 기대하는 것이 따로 있을 수 있다. 고객들은 제품이나 서비스를 실연하는 영상에 관심이 있는가? 다른 고객들의 제품이나 서비스 평을 읽기를 원하는가?
- 정보제공: 고객들은 장차 구매할 수 있는 제품이나 서비스에 관한 정보를 기대한다. 신뢰할 수 있는 정보의 원천은 고객과 브랜드 간의 관계를 구축한다.

### 2) 온라인과 오프라인 계획의 통합

온라인과 오프라인 전략계획은 상호 보완적이어야 한다. 한 전략이 다른 전략의 단순한 확장일 수 있다. 회사의 웹 사이트를 관리할 때, 회사의 궁극적인 목적을 고려하고, 온오프라인 전략을 통합한다. 이것은 고객의 지각을 일치하게 한다.

#### SENSE O2O 서비스 앱

- O2O 서비스

O2O는 온라인 투 오프라인(Online to Offline)의 줄임말로 소비자가 스마트폰·인터넷을 통해 상품을 둘러보거나 주문하고 오프라인으로 이를 제공받는 마케팅이다. 온라인과 오프라인을 연결해 새로운 가치를 창출하는 서비스이다. 즉, 인터넷이나 스마트폰을 이용해 오프라인 매장으로 고객을 유치하는 서비스이다.

- TLX PASS라는 헬스클럽 서비스

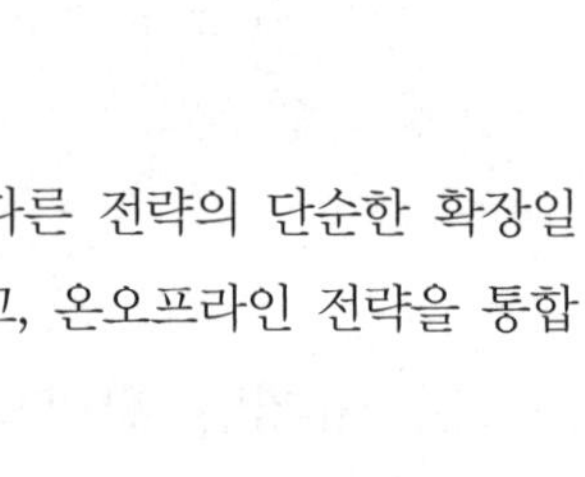


예전에 자택 인근의 헬스클럽을 선택해 6개월 또는 1년 장기 계약을 맺고 운동을 했다. 하지만 저녁약속이나 야근을 할 경우에는 헬스클럽을 이용할 시간이 없어 빠지는 경우가 많았다. 이 서비스에 가입한 후 제휴되어 있는 모든 헬스클럽을 이용할 수 있게 됐다. 이 서비스는 앱을 통해 5패스 10패스 15패스 등 필요한 만큼의 패스를 결제하기 때문에 목돈이 들어가지도 않는다. 전국 2,500개 헬스클럽이 이 서비스에 등록되어 있다. TXL PASS는 운동전문 O2O 서비스다. 이 서비스를 이용한 건수는 올해 700만건을 돌파했다. TLX PASS 앱

을 설치하고, 인근의 TLX 제휴 업체를 찾아 방문하면 헬스, 요가, 에어로빅, 골프 등 다양한 운동 프로그램을 이용할 수 있다. 최근에는 네일과 마사지, 격투기, 찜질방, 사우나로 제휴 업체가 확장돼 이용범위가 넓어졌다.

■ 대표적인 음식배달 서비스 배달의 민족

음식 배달 O2O 앱인 '배달의 민족'은 최근 신선식품 배송 서비스인 '배민프레쉬'와 반조리 식자재 배달 서비스인 '배민쿡', 맛집 배달 서비스 '배민라이더스'를 선보이며 사업을 확장하고 있다. 배달의 민족은 상반기 매출액 349억원, 영업이익 9억원을 기록하며 전년대비 매출 38.6% 성장을 기록했다. 최근 고객들이 배달앱을 통해 주문하는 음식의 범위가 넓어지면서 기존에는 식사용 음식이 주를 이뤘다면 최근에는 디저트 주문이 빠르게 증가하고 있기 때문이다. 현재 배달의 민족은 커피, 주스, 조각케익, 마카롱, 아이스크림, 빙수 등 대부분의 디저트 메뉴를 배달한다. 고객들은 배민라이더스가 진출한 서울 강남, 송파, 관악, 동작, 용산과 경기도 일산 지역 등에서 디저트 배달을 이용할 수 있다. 최근에는 디저트 배달 강화를 위해 배스킨라빈스와 입점 계약을 맺고 배스킨라빈스 주문을 오픈했다.

■ 숙박 예약대행 야놀자

숙박 예약대행업체 '야놀자'는 부띠크호텔이나 비즈니스호텔 등 중저가 호텔시장을 공략하고 있다. 이 서비스에 등록된 업체들은 객실에 성인용품을 없애고 당구장과 노래방까지 갖춘 파티 공간을 제공하는 등 새로운 숙박 놀이문화를 제공하고 있다는 평가다. 한경희생활과학은 국내 1위 숙박 O2O기업 야놀자와 업무협약을 체결했다. 이번 업무협약은 중소형 숙박시설 이용 고객들을 위해 객실 청결 상태를 개선하기 위해 체결됐다. 앞으로 한경희 홈케어 매니저는 야놀자 프랜차이즈 직·가맹점에 방문해 매트리스의 집먼지 진드기, 곰팡이 등 유해 세균과 오염 물질을 제거하고 에어컨을 완전 분해해 세척하고 피톤치드로 살균할 예정이다.

출처: 내일신문 2016.12.13; 서울경제 2016.12.16

14

# 인터넷 마케팅과 창업

1 웹 사이트의 구축과 운영

2 소셜 네트워크

3 인터넷 광고

4 인터넷 쇼핑몰 창업

5 고객관계관리

# 아마존(Amazon)





## 창업자 제프 베조스(Jeff Bezos)

아마존 CEO 제프 베조스는 1964년에 태어났다. 어머니가 10대에 임신해서 태어났다. 한 살 때 부모님이 이혼했고, 다섯 살 때 새아버지에게 입양된다. 가족이 텍사스를 거쳐 플로리다에 이사한 후 프린스턴대학에 입학했으며 컴퓨터 사이언스 학위를 받은 후 월 스트리트의 D. E. Shaw & Co.라는 금융회사에서 파이낸셜 애널리스트로 근무 중 인터넷의 무한한 가능성을 보고, 1994년에 30살에 인터넷 서점 아마존을 창업했다. 시가 총액에서 월마트는 220조원이나 아마존은 370조원이 된다.

## 혁신적인 아이디어보다는 뛰어난 실천력

소비자에게 선투자한다는 생각은 그리 혁신적인 아이디어는 아니다. 마케팅 믹스인 "가격은 저렴하게, 제품은 다양하게, 구매는 편리하게, 그리고 배송은 신속하게"를 실천한 것이다. 이러한 마케팅 믹스의 실천은 고객의 욕구를 파악하고 고객의 욕구에 적합한 제공물을 제안하는 것이다. 기업이 소비자들에게 집중할 때 혁신이 일어나고 혁신은 기업의 성공을 가져온다. 소비자 경험을 위해 원클릭 쇼핑과 프라임 멤버십을 도입했고, 일대일의 개인화된 쇼핑 경험을 제공했고, 구매과정을 상세히 설명함으로써 고객으로부터 신뢰를 쌓았다. 결국 아마존은 소비자의 잠재요구를 다른 기업보다 먼저 파악하고, 충족시켜 최초상기군 브랜드가 되도록 했다. 이를 실현하는 도구가 인터넷이다. 아마존의 성공요인은 낮은 변동비, 실시간 최적화, 프로토타입을 이용한 테스팅, 전 세계적인 시장, 무제한의 재고, 끝없이 개선되는 추적 측정지표와 이를 신속하게 반영하는 업무체계이다.

## 고객 지향적 신제품 개발 프로세스

- 언론 보도문 작성: 명확하고 간단한 서비스 컨셉창안과 선정
- FAQ 작성: 새로 출시될 서비스를 고객의 입장에서 구성
- 기술구상 및 상세 서비스 개발 진행: 인터뷰, 개인화

## Jeff Bezos의 명언 선정

- 사업은 언제나 젊어야 한다. 기업이 오래되면서 당신의 고객층도 늙어간다면, 당신은 울워스(Woolworth's[1])처럼 될 것이다.
- 기업의 유형은 소비자에게 더 많은 부담을 경감하려는 기업과 소비자의 부담을 전가하려는 기업이 있다. 아마존은 소비자의 부담을 경감하려는 기업이다.
- 당신의 이윤은 나에게 있어 기회다.
- 정답을 확실히 알고 있는 일만 한다면, 그 회사는 결국 없어질 것이다.
- 아마존에서 18년 동안 세 가지 아이디어, 즉 "고객이 왕이다, 새로운 것을 만들어내라, 인내하라."를 고수했으며, 이것들이 결국 우리를 성공으로 이끌었다.
- 많은 사람들이 앞으로 10년 동안 무엇이 변할 것인가를 나에게 자주 묻지만, 아무도 앞으로 10년 동안 변하지

1 1879년 설립된 유명 백화점으로 100년 이상 존속했으나 1997년 파산.

않는 것은 무엇이냐고 묻지 않는다.

- 모든 사업계획도 실제 상황에 적용하려고 하면 변경할 수밖에 없다. 실제 상황은 예측할 수 없으며, 절대 계획할 수도 없다.
- 구시대에는 시간의 30%를 서비스 개발에 쓰고, 나머지 70%는 개발한 서비스를 알리는 데 썼다. 그러나 70%의 시간은 서비스를 개발하고, 30%의 시간은 알려야 한다.
- 1994년 아마존을 시작하기로 결정하게 된 과정은 매우 간단하다. 바로 '후회를 최소화하자'때문이다. 내 나이 80세가 되어 인생을 되돌아볼 때 후회스런 일을 최소화하고 싶었다. 그리고 내가 80세가 됐을 때 아마존을 시작한 일에 대해 나는 후회하지 않을 것이다. '인터넷'이라 불리는 산업이 크게 발전할 것이라 생각했기 때문이다.
  아마존을 시작하지 않았더라면, 여생 동안 후회했을 것 같다.
- 아마존의 혁신은 고객으로부터 시작된다. 소비자는 아마존 혁신의 시금석이다.
- 다른 기업들은 최대 경쟁자 중 하나를 어떻게 앞서 갈 지에 대해 생각하지만, 아마존은 고객들을 위해 어떤 혁신을 만들어낼 지에 대해 생각한다.
- 우리는 보이는 것에 집착하지 않는다. 눈에 보이는 것은 오래 가지 못하기 때문이다.
- 부족이 혁신을 이끈다. 부족한 상황을 극복하기 위해서 나만의 방법을 발견해야 한다.
- 일 년에 하는 실험을 두 배로 늘린다면 창의성도 두 배가 될 것이다.
- 비판받고 싶지 않다면, 새로운 것은 아무것도 하지 말라.
- 새로운 것을 만들고 싶다면, 오랫동안 오해받을 것을 각오해야 한다.

amazon.com®

출처: 'The 20 Smartest Things Jeff Bezos Has Ever Said' By Morgan Housel, September 9, 2013.

# 제 14 장 | 인터넷 마케팅과 창업

## 1 웹 사이트의 구축과 운영

모든 회사가 웹 사이트를 갖고 있고, 고객들이 방문하여, 제품이나 서비스 정보를 찾는다. 고객들은 인터넷을 통해서 가능한 쉽게 정보를 찾으려고 한다. 인터넷 마케팅 전략을 채택하는 것은 잠재고객들이 필요로 하는 정보를 제공하는 장소를 만드는 길이다. 첫 단계는 웹 사이트를 구축하고, 최신 자료를 유지해야 한다. 웹 사이트는 고객에게 중요한 공간이어야 한다. 웹 사이트는 고객들이 정보를 수집하고, 제품을 구매할 공간이다. 정확하게 계획되면, 검색엔진은 잠재고객들이 찾는 웹 사이트를 인식시켜 줄 것이다.

### (1) 웹 사이트의 구축절차

웹 사이트를 창작하고, 등록하기 전에, 고려할 사항이 있다. 많은 웹 사이트는 막대한 양의 페이지를 갖고 있다. 웹 사이트는 구축 단계에서 준비할 사항들을 계획하는 것이 중요하다. 한번 구축된 웹 사이트는 고객들에게 실시간으로 평가받기 때문에 회사의 이미지에 심대한 영향을 미친다. [그림 14-1]은 웹 사이트 구축절차이다.

그림 14-1 웹 사이트의 구축절차

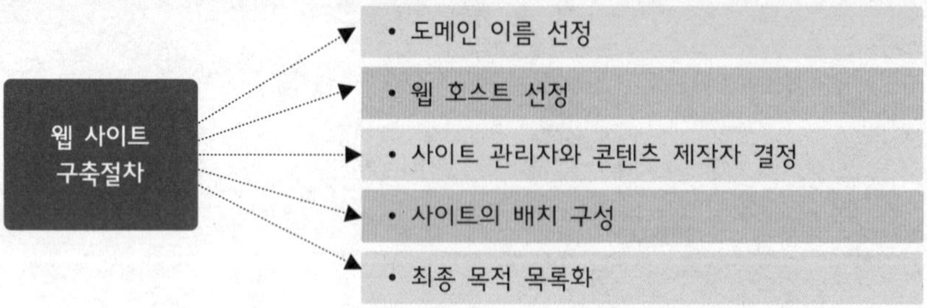
웹 사이트
구축절차
• 도메인 이름 선정
• 웹 호스트 선정
• 사이트 관리자와 콘텐츠 제작자 결정
• 사이트의 배치 구성
• 최종 목적 목록화

## 1) 도메인 이름 선정

도메인(domain)은 숫자로 이루어진 인터넷상의 컴퓨터 주소를 알기 쉬운 영문으로 표현한 것을 말한다. 도메인은 시스템, 조직, 조직의 종류, 국가명 순으로 구분된다. 웹 사이트를 계획할 때, 기존과 잠재고객의 주의를 잡을 도메인 이름을 갖는 것은 필수적이다. 도메인 이름으로 회사명을 포함해야 하지만, 도메인 이름을 선정할 때 고려사항이 있다.

- 도메인 이름과 웹 사이트 이름: 사이트의 도메인 이름과 웹 사이트의 이름은 반드시 동일하지 않는다. 도메인 이름은 도메인 등록회사에 등록되어야 사용할 수 있고, 연간 단위로 도메인의 사용권리를 위한 비용을 지불한다. 웹 사이트 이름은 웹 사이트에 들어갈 때 브라우저의 주소이다. 웹 사이트에 접근하는 가장 직접적인 방법은 웹 사이트 이름을 통해서이다. 따라서 도메인 이름과 웹 사이트 이름이 일치하는 것이 좋다. 고객들은 복수의 이름을 기억하는 데 시간을 소비하기 원하지 않는다. 고객들이 찾는 방법을 단순화한다.
- 도메인 이름의 길이: 도메인 이름이 정상적인 대화로 말하기에 너무 긴가? 전단, 광고판이나 광고에 쉽게 게시할 수 있는가? 단순함이 핵심이기 때문에 이러한 질문들은 중요하다. 정상적인 대화로 말하기 어려운지를 판단한다. 철자가 너무 복잡하고 어렵다면, 사람들이 철자를 잘못 입력할 수 있다.
- 회사명: 회사명이 결정되지 않았다면, 기억하기 쉬운가? 발음하기 쉬운가? 동일한 회사명이 있는가? 독특한가? 사업을 연상하는가?

**표 14-1 도메인의 구성**

| | |
|---|---|
| ▪ 도메인 이름: www.auction.co.kr | |
| ▪ IP[2] 주소 : 211.233.17.12 | |
| ▪ 웹 사이트 이름: 옥션 | |
| auction | 도메인 이름 |
| co | com과 같은 한국의 상업 사이트 |
| ac | 대학 사이트 |
| biz | 기업 사이트 |
| kr | 국적명 사이트 |
| net | 네트워크 기술 회사 사이트 |
| edu | 교육기관 사이트 |
| gov | 정부 사이트 |
| org | 비영리 단체 사이트 |
| info | 정보 사이트 |

2 IP(Internet Protocol): 인터넷상의 각 컴퓨터, 즉 호스트들은 다른 컴퓨터와 구별될 수 있도록 적어도 한 개 이상의 고유한 주소.

### 2) 웹 호스트 선정

웹 호스트(web hosts)는 사이트 정보와 페이지를 보유하는 컴퓨터와 서버의 네트워크이다. 웹 호스팅(web hosting)은 통신업체나 전문회사가 자신들의 웹 서버를 개인 또는 개별업체에 제공하거나 임대해 주는 것을 의미한다. 사용자들은 웹 호스트에 연결함으로써 사이트와 페이지를 보고, 접근할 수 있다. 웹 사이트를 시작하기 전에 웹 호스트 업체와 계약을 체결한다. 호스팅 업체는 무료와 유료가 있다. 사업을 시작한다면, 유료업체를 선정한다.

- 무료: 유료 호스팅 서비스보다 제한이 많이 있다. 어떤 무료 서비스는 업체가 제시하는 배너와 광고를 페이지에 게시하는 조건이 있다. 또한 파일의 용량제한이 있다.
- 유료: 호스팅 업체에 사용료를 지불하는 유료 서비스이다. 사용용량과 조건에 따라 비용을 지불하는 형식이다. 비용이 적으면 서비스에 따라서 지불한다.

### 3) 사이트 관리자와 콘텐츠 제작자 결정

웹 사이트를 제작할 때, 전문가나 내부직원을 결정한다. 내부직원은 전문가에게 사이트의 방향과 목적, 정보와 자료를 제공한다. 전문가들은 매우 창의적인 재능으로 사이트를 제작한다. 전문가들은 다양한 도구를 사용하고, 소셜 미디어를 사용하는 방법을 안다. 단점은 비용이 든다는 점이다. 웹 사이트는 기능성과 전문적 이미지를 나타내야 하기 때문에 종업원들이 사이트를 제작하는 것은 비용이 적지만, 질적인 면에서 불리하다.

웹 사이트의 창의적 콘텐츠는 다양한 정보를 포함할 수 있다. 회사, 제품이나 서비스를 기술하는 방법은 고객이 회사를 어떻게 보는가에 영향을 미친다. 그래픽과 로고와 같은 창의적인 콘텐츠는 브랜드와 회사의 이미지를 반영한다. 산업재 제조업체인가? 여대생 의류업체인가? 이 두 업체의 그래픽과 로고는 전혀 다를 수 있다. 웹 콘텐츠를 제작하는 것은 인쇄광고와 많이 다르다. 비용이 들더라도 전문가에게 의뢰하여 콘텐츠를 제작하는 것이 바람직하다.

### 4) 사이트의 배치 구성

홈페이지는 사용자의 주의를 잡을 수 있도록 디자인되어야 한다. 홈페이지는 사용자가 방문하는 첫 페이지이다. 그래서 우수한 미적 디자인과 쉬운 탐색으로 좋은 인상을 만든다. 정보는 문자와 시각으로 제공한다. 회사소개를 사용자에게 전달하는 부분이 있어야 한다. 회사소개는 회사에 관한 정보, 경험과 신뢰성을 찾는 사용자에게 중요하다. 회사소개는 회사의 요약, 사명과 목적의 기술, 특히 대표자의 사진과 이력을 포함한다. 웹 사이트는 회사의 문화나 브랜드를 반영한다. 디자인, 색상, 글자 등으로 회사의 적절한 느낌을 사용자에게 줄 수 있어야 한다. 예를 들면, 고급호텔인가? 병원인가? 쇼핑몰인가?

### 5) 최종 목적 목록화

웹 사이트는 염두에 두고 있는 최종 목적으로 설계되어야 한다. 예를 들면, 사이트에서 제품을 판매하기를 원한다면, 제품목록을 제작하고, 판매를 완료하기 위해 전자상거래 프로그램이 필요하다. 방문객을 끌어들이고, 쇼핑몰 평판을 구축하기 위해서는 정보제공으로 설계한다. 다음은 웹 사이트에 필요한 기본적인 사항이다.

- 회사정보
- 제품이나 서비스 정보
- 주문처리 방법
- 주문 및 결제 처리
- 회원신청
- 정보요청이나 FAQ
- 게시판

## (2) 웹 사이트의 디자인

웹 사이트는 기업, 브랜드나 서비스의 인지도를 구축하고, 고객과 이해관계자들에게 제품이나 현안에 관한 정보를 제공하고, 제품이나 서비스를 판매하고, 고객과 관계를 구축하고, 새로운 마케팅 전략을 개발하거나, 기존 전략을 강화하고, 이벤트를 관리하고, 회사 이미지를 구축하고, 마케팅 정보를 수집할 수 있다. 사람들은 시각적 디자인만으로도 웹 사이트를 즉시 평가한다. 이미지는 온라인의 모든 것이다. 고객과 소통하고, 회사의 이미지나 신뢰도를 증가할 수 있는 웹 사이트 디자인의 기본적인 요소는 배치, 색상, 활자, 그래픽, 상호작용, 검색, 사용성, 콘텐츠와 연출 등이 있다.

### 1) 웹 사이트 디자인의 기본원칙

웹 사이트 제작과 사람들을 방문하도록 하는 것은 별개이다. 방문객을 끌어들이기 위해 신문, 방송광고나 다른 사이트 연결로 회사는 웹 사이트 트래픽을 촉진한다. 그러나 웹 사이트 사용자들은 끌리지 않는 웹 사이트를 쉽게 단념한다. 웹 사이트 디자인의 핵심은 사이트에 찾아오고, 머무르고, 다시 방문하는 고객을 잡기 위해 충분한 가치와 흥분을 창조하는 것이다. 이것은 회사가 사이트를 최신으로, 신선하고, 유용하게 유지하기 위해 지속적으로 갱신해야 한다는 의미이다. 주요 과제는 첫인상에 매력적이고, 반복방문을 촉진하기 위해 충분히 흥미 있는 웹 사이트를 디자인하는 것이다. 주의를 잡고 유지하기 위해 문자, 음성과 동영상을 결합하는 화려한 그래픽으로 정교한 웹 사이트를 제작한다. 적어도 웹 사이트는 사용하기 쉽고, 전문적으로 보이고, 물리적으로 매력적이어야 한다.

효과적인 사이트는 깊고, 유용한 정보, 상호작용 도구를 포함한다. 구매자가 관심 있는 제품을 찾고, 평가하고, 다른 관련된 사이트와 연결되고, 촉진과, 즐거운 특징을 제공한다. 효과적인 웹 사이트 디자인을 구축하기 위해 7Cs를 고려한다.

그림 14-2 효과적인 웹 사이트 디자인의 7Cs

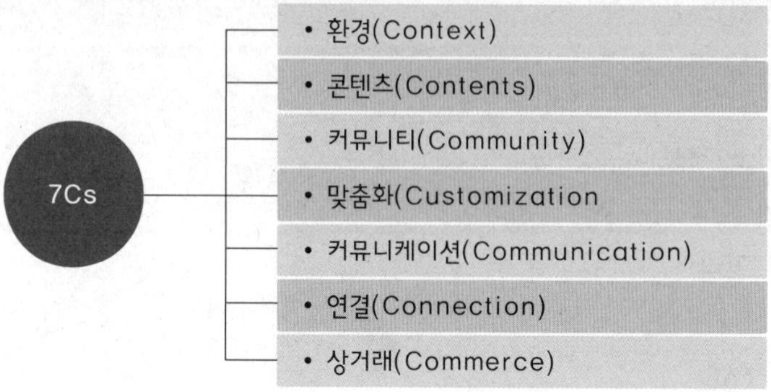
7Cs
• 환경(Context)
• 콘텐츠(Contents)
• 커뮤니티(Community)
• 맞춤화(Customization
• 커뮤니케이션(Communication)
• 연결(Connection)
• 상거래(Commerce)

- 환경(context): 사이트의 배치와 디자인
- 콘텐츠(contents): 문자, 그림, 음성, 동영상
- 커뮤니티(community): 웹 사이트는 사용자 간의 커뮤니케이션이 가능한 방식
- 맞춤화(customization): 개별 사용자들에게 맞추거나 사용자들이 사이트를 개인화하도록 하는 능력
- 커뮤니케이션(communication): 사이트가 사이트와 사용자, 사용자와 사용자 간의 양방향 커뮤니케이션이 가능한 방식
- 연결(connection): 사이트가 다른 사이트와 연결되어 있는 정도
- 상거래(commerce): 상업적 거래를 할 수 있는 사이트의 능력

### 2) 사용자 경험 디자인

사용자 경험은 디지털 도구와 상호작용할 때 개인이 느끼는 신체적, 감각적, 정서적 및 정신적 경험이다. 사용자 경험은 기능적 사용자 경험과 창조적 사용자 경험으로 분류된다. 기능적 사용자 경험은 기술적 요소, 서핑, 검색과 링크와 같은 실제로 도구를 사용하는 것과 관련된 사용자의 경험 요소이다. 창조적 사용자 경험은 시각과 창조적 요소로 도구에 의해서 창작되는 인상이다. 우수한 사용자 경험을 구성하는 요소는 다음과 같다.

- 검색 가능성(findability): 쉽게 찾을 수 있는가? 검색 결과에서 높게 나타나는가?
- 접근성(accessibility): 필요할 때 사용할 수 있는가? 모바일 폰이나 인터넷 연결로 작업할 수 있는가? 신체적 장애가 있어도 사용할 수 있는가?

- 사용용이성(usability): 사용하기 쉬운가? 필요한 도구인가? 찾기 쉬운가?
- 신뢰성(credibility): 믿을 수 있는가? 이 웹 사이트가 합법적인가?
- 유용성(usefulness): 가치가 있는가? 상호작용에서 무엇을 얻을 수 있는가?

### 3) 웹 사이트의 배치

웹 사이트의 배치(layout)는 웹 페이지를 구성하는 다양한 요소의 위치 잡기이다. 즉, 각각의 텍스트나 이미지가 페이지나 스크린 상 어디에 위치하는지, 칼럼의 폭과 길이, 텍스트의 선 사이에 위치하는 공간, 사용되는 좌측·중앙·우측 정렬, 그래픽 등을 적절하게 배열하는 것이다. 웹 사이트를 방문했을 때 방문자가 지각하는 첫 번째이기 때문에 배치는 매우 중요하다.

### 4) 색상

인간이 분간할 수 있는 색의 수는 몇 백만 개나 되지만, 색은 크게 흰색, 회색, 검정 계통에 속하는 무채색(無彩色, achromatic color)과 무채색 이외의 모든 색으로 빨강, 주황, 노랑, 녹색, 파랑, 보라 등 밝고, 어둡고, 맑고, 탁한 색 전부를 포함하는 유채색(有彩色, chromatic color)이 있다. 색상(color)은 디자인의 매우 영향력이 있는 요소로 분위기와 정서에 영향을 미치고, 시간과 장소와 관련된 연상을 환기한다. 사람들이 콘텐츠에 몰입하기 전에 색상을 보기 때문에 사이트의 환경을 정의할 때 색상은 중요하다. 웹 사이트 디자인에서 표적청중의 기대와 일치하도록 색상을 효과적으로 사용한다. 색상은 사이트의 목적을 반영하고 디자인을 향상하는 것으로 선택되어야 한다. 색상의 의미와 색상의 문화적 사용과 색상이 어떻게 상호작용을 하는지를 이해하는 것은 올바른 톤과 메시지를 전달하고, 사이트가 바라는 반응을 환기하기 위해 중요하다. 잘못된 선택은 회사의 판매와 이미지에 부정적인 영향을 미친다.

재무 서비스 사이트는 많은 그림이 아니라 텍스트를 설명하는 단순한 도표가 있는 녹색이나 청색의 공식적인 색상을 사용하는 경향이 있다. 여성 청중들을 목표로 하는 사이트는 많은 그림과 많은 흰색 공백을 특징으로 하는 자유로운 디자인으로 보통 파스텔(pastel)과 같은 밝은 색상을 특징으로 하는 경향이 있다. 게임 사이트는 섬광효과(flash effect)와 매우 높은 애니메이션 그래픽을 특징으로 하는 경향이 있다.

### 5) 활자학

활자학 또는 인쇄술(typography)은 인쇄 단어를 사용함으로써 커뮤니케이션을 설계하는 기술로 디자인에서 활자체(typeface)의 사용이다. 활자체는 특정한 형태나 서체(font)이다. 예를 들면, 고딕체, 명조체, 굴림체, 바탕체 등이 있다. 활자학은 웹 디자인의 통합이고, 웹의 심미감에서 중요한 역할을 한다. 웹에 있는 정보의 약 90%는 문서언어이고, 그래서 웹 디자이너는 문서정보의 형태를 이해하는 것이 논리이다. 적절하지 못한 활자체를 선택하면 웹 방문객의 약 50% 이상을 날려 보낸다는 연구가 있다.

#### 6) 그래픽

사진, 삽화, 동영상이나 비디오와 같은 그래픽(graphics)을 정확하게 사용한다면 매우 효과적이다. 그래픽은 관심, 정보, 재미와 심미감을 제공할 수 있지만, 보여지는 데 시간이 걸리기도 하고, 화면에 적합하지 않으면 의미가 없거나 유용하지 않을 수 있다. 이미지는 웹 페이지를 향상하지만, 신중하게 생각해야 하고 선택해야 한다. 그래픽은 메시지의 적절한 분위기를 전달하기 위해 사용되어야 한다. 그림 하나가 천 단어의 가치가 있듯이 이미지의 적절한 사용은 표적청중의 관심과 이해를 높일 수 있다. 그래픽은 분위기나 공간의 의미를 창조하는 데 도움이 된다. 그러나 그래픽을 사용할 경우 웹 사이트의 속도를 고려한다.

고급 이미지는 판매를 신장하고 방문객의 경험을 향상한다. 웹 사이트에서 제품을 훑어보는 소비자들은 높은 양질의 이미지에 의해서 제시된 제품을 보기를 원한다. 사람들은 볼 수 없는 제품을 구매하지 않는다. 그래서 이미지의 해상도와 품질이 높을수록 판매결과는 더욱 좋다. 웹 사이트에 그래픽 표현을 원하는 기업은 그래픽이 사용자 경험에 가치를 높이는 방법을 고려해야 한다. 그래픽은 기업이 아니라 사용자의 직접적인 편익을 위한 것이어야 한다. 많은 이미지와 애니메이션은 읽기 매우 어려운 웹 페이지를 만들 수 있기 때문에 신중해야 한다. 그래픽은 뒤늦게 추가할 것이 아니라 디자인의 중요한 부분으로 고려한다.

### (3) 웹 사이트의 운영

#### 1) 사이트 탐색

고객들이 회사의 사이트를 찾을 수 있어야 방문할 수 있다. 사람들이 길을 찾지 못한다면 웹 사이트를 사용하지 않을 것이다. 웹 사이트 사용자들은 찾고자 하는 것을 찾을 수 없거나 사이트가 어떻게 조직되었는지를 알지 못한다면 오래 머무르지 않거나 되돌아 갈 것이다. 사이트 구축의 목적은 방문객들이 웹 사이트에서 필요한 정보를 신속하고 쉽게 찾도록 하는 것이다. 다음은 사이트의 방문과 사용률을 높이기 위한 질문이다.

- 방문객들이 어떻게 사이트에 들어오는가?
- 방문객들이 사이트를 어떻게 사용하는가?
- 방문객들은 사이트에서 이용할 수 있는 것을 어떻게 발견하는가?
- 방문객들은 한 페이지에서 다른 페이지를 어떻게 도달하는가?

- 방문객들이 찾고자 하는 것을 어떻게 찾는가?

웹 사이트의 탐색은 방문자가 깊게 생각하지 않아도 탐색을 쉽게, 예측할 수 있게, 일관적이고, 그리고 직관적이어야 한다. 효과적인 탐색의 설계는 회사가 사이트에 제공하는 것을 방문객들이 시험적으로 이용할 수 있도록 유인할 수 있어야 한다. 사이트 구조가 복잡하여 정보를 찾기 어렵다면 웹 방문객은 매우 짧은 순간에 가버리고 결코 재방문하지 않는다는 것을 깨달아야 한다. 이것은 기업에서 의미하는 바가 무엇인가? 그것은 다름 아닌 잃어버린 판매와 기회이다.

### 2) 사이트의 사용성

사용성(usability)은 쉽게 사용할 수 있는 정도이다. 사용성은 인터넷에서 생존을 위한 필수이다. 사용자 인터페이스는 개인이 웹 사이트와 상호작용하는 방법으로 매우 중요하다. 웹 사이트가 사용하기 어렵다면, 사람들은 떠날 것이고, 부정적인 경험에 관하여 SNS에서 알고 있는 모든 사람들에게 말하는 경향이 있다. 기업은 최적의 사용자 경험을 확보하기 위해 도움이 되는 사이트 구축 후 사용성 테스트를 고려해야 한다. 이러한 것은 구글 애널리틱스(www.google.com/analytics/ko–KR)에서 분석할 수 있다. 구글 애널리틱스는 무료로 구글에서 제공하는 것으로 웹 로그 분석 서비스, 방문자 통계, 유입 키워드, 이용 방법 등을 안내한다. 웹 사이트의 사용성은 온라인 경험을 만들거나 깰 수 있고, 직접적으로 사이트의 성공과 상관관계가 있다. 웹 사이트의 사용성은 웹 사이트와 상호작용할 때 사용자 경험의 질을 측정하고, 사이트 탐색과 함께 작업을 한다. 사용성은 5가지 요인의 결합이다.

- 학습용이성(ease of learning): 기본적인 과업을 달성하기 위해 얼마나 빨리 학습할 수 있는 사용자 인터페이스를 갖추고 있는가?
- 사용의 효율성(efficiency of use): 경험 사용자가 웹 사이트를 사용하는 것을 학습했다면, 과업을 얼마나 빨리 달성할 수 있는가?
- 기억성(memorability): 사용자가 전에 웹 사이트를 사용했다면 모든 것은 학습과 기억이 쉽고, 학습효과가 지속되어 얼마나 쉽게 다시 사용할 수 있는가?
- 실수 발생빈도(error frequency): 사용자가 웹 사이트를 사용하는 동안 얼마나 자주 실수를 하는가? 이러한 실수가 얼마나 심각한가?
- 주관적 만족(subjective satisfaction): 사용자들이 얼마나 많이 웹 사이트 사용을 좋아하는가? 좋아하지 않는다면 이유가 무엇인가?

### 3) 사이트 상호작용

사이트 상호작용(interactivity)은 방문객들로부터 어떤 행동을 유발하는 회사의 웹 사이트에 관한 것이다. 방문객들은 사이트에 몰입하게 되면 오래 머무르고, 회사가 제공하는 것을 보기 위해 사이트를 깊게 들여다보고, 다른 사이트로 잘 이동하지 않고, 공동체의 일부로 연결되어 있다는 것을 느낀다. 이것이 그들을 사이트에 되돌아오게 하는 것이다. 다음은 기업이 사이트에 효과적인 상호작용을 제공하는 방법이다.

- 설문조사, 투표 또는 퀴즈
- 블로그, 게시판과 토론장
- 페이스북, 트위터, 카카오톡이나 밴드와 연결
- 자주 묻는 질문의 검색 데이터
- 사이트 검색엔진
- 상호작용 게임, 퍼즐 및 경연대회
- 논평이나 의견을 추가할 수 있는 기사

### 4) 콘텐트

콘텐트(content)는 기업이 웹 사이트에 표현하는 단어, 이미지, 제품, 소리, 비디오, 대화형 그림과 다른 재료를 의미한다. 방문자가 찾는 것은 콘텐트이고, 이를 회사가 사이트에 게시하여 유지하는 것이다. 고품질 콘텐트는 사람들에게 흥미를 유지하고, 더 많이 되돌아오도록 할 것이다. 빈약하고 비효과적인 문서 웹 사이트는 웹 사이트의 효율성에 역효과를 가져온다. 따라서 웹 사이트 뒤에 있는 브랜드나 회사에 부정적인 인상을 준다. 좋은 콘텐트가 없다면 웹 사이트는 빈 상자에 불과하다.

### 5) 제품진열

웹 사이트에 제품을 진열하는 방법은 웹 사이트의 성공에 영향을 준다. 결과적으로 제품진열(product display)은 웹 사이트 디자인의 문제로 보아야 한다. 웹 사이트에서 이용할 수 있는 제품의 각 범주에 대한 핵심 의사결정은 특징이 되는 제품의 선택, 제품 상세페이지의 제공방법, 구매자가 이용할 수 있는 옵션 분류와 특별한 품목이 페이지에 배치되는 위치 등을 포함한다. 제품명세에 많은 내용이 있기 때문에 개별 제품에 대한 개별 페이지가 선호된다.

웹 사이트의 디자인이 잘되고 콘텐트의 질이 높더라도, 로딩하는 데 오래 걸리는 웹 사이트는 방문객을 잃게 될 것이다. 웹 사이트의 로딩 속도는 페이지가 사용자의 요청에 얼마나 빨리 반응하는 정도이다. 빠른 사이트 속도는 최적 둘러보는 경험을 원하는 사용자들과 높은 수입과 높은 매출을 원하는 기업이 선호한다. 사용자들은 더 빠른 속도를 원한다. 빠른 로딩 사이트의 방문은 즐거운 경험이다. 사용자의 컴퓨터 연결속도가 아니라 웹 사이트의 로딩 속도를 느리게 하는 요인들이 있다. 이것은 웹 디자이너와 사이트 소유자의 통제 밖에 있다. 그러나 가장 큰 원인은 단일 페이지상에 있는 큰 그래픽이나 몇몇 작은 그래픽이다. 낮은 속도의 영향은 사이트 게시 전에 검사해야 하고, 후에는 추적을 해야 한다.

기업 소유자는 회사의 웹 사이트 속도를 측정하기 위해 무료로 이용할 수 있는 인기 있는 도구를 사용할 수 있다. 구글 페이지 스피드(pagespeed.googlelabs.com)는 구글이 제공하는 온라인 웹 페이지 속도 분석 사이트로 모바일용, 브라우저별 사이트 속도 성능을 분석할 수 있다. 문제영역을 확인하면 개선조치를 취할 수 있다. 결론적으로 웹 사이트의 구축 목적은 흥미 있고 빠른 사이트를 갖는 것이다.

## 2 소셜 네트워크

### (1) 소셜 네트워크의 성격

소셜 미디어(social media)는 쌍방향 커뮤니케이션이 가능한 인터넷 미디어를 말한다. 신문이나 방송처럼 일방향으로 정보를 전달하는 것이 아니라 사용자들이 참여하고 정보를 공유할 수 있도록 만드는 참여형 미디어로 트위터, 블로그, 유튜브, UCC 등이 있다. 페이스북이나 카톡과 같은 소셜 미디어는 콘텐츠를 공유하고, 수정하고, 반응하거나 새로운 콘텐츠를 만듦으로써 커뮤니케이션의 과정에 있는 참여자들에게 권한을 주는 전자매체이다. 소셜 미디어는 비즈니스 커뮤니케이션을 위해 이용할 수 있는 유일한 선택은 아니다. 개인과 회사는 단문 메시지를 보내는 데 많은 선택이 있다. 소셜 네트워크, 정보와 매체공유 사이트, 이메일, 인스턴트 메시지(instant message)[3], 문자 메시지, 블로그와 팟캐스트 등이 있다. 대부분의 비즈니스 커뮤니케이션이 전자수단에 의하더라도 인쇄 메시지의 혜택이 없어지는 것은 아니다. 다음은 전자매체보다 인쇄매체를 더 사용하는 상황이다.

- 형식적 인상을 만들기 원할 때
- 법적으로 인쇄형태의 정보를 제공할 필요가 있을 때
- 전자 메시지의 범람으로부터 두드러지고 싶을 때
- 영속적이고, 변하지 않거나 안전한 기록이 필요할 때

브랜드 마케팅은 단순히 웹 사이트를 운영하는 데 제한되지 않는다. 소셜 미디어(social media)는 회사의 존재를 알리는 중요한 도구이다. 회사를 적극적으로 나타낼 뿐만 아니라 콘텐츠를 공유하게 하고, 제품을 최대한으로 좋게 하는 도구를 제공한다. 콘텐츠 마케팅(contents marketing)은 제품에 관한 소비자들의 의견에 영향을 주는 능력을 향상한다.

3 인터넷상에서 이메일과 채팅, 호출기, 다자간 동시통화 기능을 합쳐 놓은 것이다. 이메일은 상대방이 열어 보기 전에는 전달되지 않지만, 인스턴트 메시지는 보내는 즉시 상대방의 화면에 튀어나와 전화처럼 실시간으로 의사소통이 가능하다.

### 1) 소셜 네트워크의 개념

소셜 네트워크(social network)는 사람과 사람 사이의 관계를 네트워크 세계로 옮겨놓은 것으로 일련의 사회적 행동, 유대와 사람 간의 상호작용으로 구성된 사회적 구조이다. 소셜 네트워킹 서비스(SNS: social networking service) 또는 소셜 네트워킹 사이트는 유사한 관심, 활동, 배경이나 실제 연결을 공유하는 사람들 간의 사회적 네트워크나 사회적 관계를 구축하는 플랫폼(platform)[4]이다. 소셜 네트워킹 서비스는 사용자, 사회적 연결과 다양한 추가적 서비스의 표현으로 구성된다. 구성요소는 온라인 공간, 대인관계의 형성 및 유지, 관계망의 구조, 정보의 교류 등이 있다. 따라서 SNS는 웹사이트라는 온라인 공간에서 공동의 관심이나 활동을 지향하는 사람들이 공개적으로 또는 비공개적으로 자신의 신상정보를 드러내고, 정보를 교환함으로써 대인관계망을 형성해 주는 웹 기반의 온라인 서비스이다. 개인과 조직 구성원들에게 연결을 형성하고, 정보를 공유하게 하는 소셜 네트워크는 최근에 비즈니스 커뮤니케이션에서 중요한 영향력이 되고 있다. 페이스북 이외에 다양한 공적 사적 소셜 네트워크를 사업가와 전문가들이 사용한다.

### 2) 소셜 네트워크의 특성

다양한 전자형태를 통해 무제한 사람들에게 가상적으로 접근하는 능력이 있는 소셜 네트워크는 많은 비즈니스 커뮤니케이션에 매우 적합하고, 사용빈도가 점차 더욱 증가하고 있다. 다음은 조직의 내외부 커뮤니케이션을 위한 소셜 네트워크의 핵심적인 적용이다.

- 직원의 통합: 신입직원이 조직을 통해서 방법을 탐색하고, 전문가, 멘토와 다른 중요한 접촉점을 찾는 것을 포함하여 회사를 이해하고 친숙해지는 데 도움이 된다. 재조직이나 통합한 후 종업원들이 결속하고, 시의적절한 방법으로 필요한 정보를 전달하기 위한 공적 커뮤니케이션으로써 커뮤니케이션의 구조적 장벽을 극복하는 데 도움이 된다.
- 협력촉진: 회사 외부에서 가장 적합한 사람을 확인하고, 조직 내부에서 지식과 전문가를 찾고, 만나는 방법과 관계를 유지하는 방법을 제공하며, 사람들이 서로를 알게 되고, 지식의 개인적 영역을 확인함으로써 팀의 발전을 촉진한다.
- 공동체 구축: 동일한 과업에 종사하는 사람들이나 특정한 제품이나 활동에 대한 열정을 공유하는 사람들을 함께 묶는 도구이다. 크고 지리적으로 분산된 회사들은 다른 부서나 다른 국가에서 일하는 전문가를 연결하는 실행공동체로부터 많은 혜택을 얻을 수 있다. 특정한 제품으로부터 형성되는 관심의 커뮤니티를 브랜드 공동체(brand community)[5]라고 하고, 이것을 육성하

---

4 용도에 따라 다양한 형태로 활용될 수 있는 공간, 컴퓨터 시스템의 기본이 되는 특정 프로세서 모델과 하나의 컴퓨터 시스템을 바탕으로 하는 운영체제.

5 제품이나 유명상표에 애착되어(brand attachment) 형성된 공동체이다. 가치, 기준과 대표성의 체계를 공유하고, 상호간 구성원의 연대감을 인식하는 지속적인 자기 선택의 집단이다. 브랜드 공동체는 공유된 지각, 의식과 전통, 도덕적 책임감 등을 특징으로 한다.

는 것은 활력 있는 비즈니스 커뮤니케이션이다. 많은 소비자들은 제품정보보다 동료를 더 신뢰한다. 공식과 비공식적 브랜드 커뮤니티는 소비자구매결정에서 필수적인 정보원천이 된다.

- 브랜드와 회사의 사회화: 브랜드 사회화는 정보를 상호이익이 되게 교환할 때 다양한 온라인 이해관계자들이 어떻게 효과적으로 관여하는 방법의 척도이다. 커뮤니케이션이 성공적이기 위해 회사가 아니라 모든 사람에게 가치가 있어야 한다.
- 표적시장의 이해: 회사들은 소셜 미디어로 자신을 표현하는 많은 사람들을 경청한다. 소셜 미디어는 자동적으로 시장지식을 얻는 도구가 된다. 예를 들면, 어떤 회사는 소셜 네트워크를 추적하고, 여론의 동향을 수집하고, 영향력이 있는 여론 주도자를 확인한다.
- 종업원과 회사 파트너의 모집: 회사는 잠재적 종업원, 단기계약자, 특정 문제 전문가, 제품과 서비스 공급자와 사업 파트너 등을 찾는 데 소셜 네트워크를 사용한다. 전문적인 네트워크에서 신뢰하는 연결을 찾을 수 있다. 예를 들면, 비즈니스 네트워크 인맥의 회원들은 현재나 과거의 사업관계에 근거하여 추천할 수 있고, 이것은 완전히 낯선 사람과의 사업관계를 시작하는 불확실성을 제거하는 데 도움이 된다.
- 판매연결: 네트워크 판매원들은 잠재적 구매자를 확인하고, 공유된 연결을 통해 요구사항을 묻기 위해 네트워크를 사용할 수 있다. 판매 네트워크는 대화의 끝에서 서로가 즐겁지 않는 전화권유나 전화하는 잠재고객을 감소할 수 있다.
- 고객지원: 고객 서비스는 소셜 미디어에 의해 대변혁을 이루는 비즈니스 커뮤니케이션의 기본적인 영역의 하나이다.
- 조직확대: 소셜 네트워크는 네트워크 조직의 성장을 자극하고, 디자인 회사, 제조회사나 판매와 유통회사와 같은 외부 파트너로부터 종업원들의 재능을 보충한다.

## (2) 소셜 네트워크의 유형

### 1) 소셜 네트워크의 환경

사용할 수 있는 소셜 미디어 도구와 사이트는 소셜 네트워크, 소셜 공유 서비스, 멀티미디어와 블로그 등이 있다. 소셜 네트워크는 웹 사이트의 사용 없이 회사의 존재를 알리는 방법이다. 웹 사이트나 소셜 네트워크의 한 부분으로써 블로그를 유지하는 것은 좋다.

- 소셜 네트워크: 소셜 네트워크는 특정한 사람들의 집단을 표적으로 할 수 있다. 회사의 사명과 정보를 포함한 회사정보를 게시하고, 웹 사이트와 연결한다. 제품정보를 게시하고, 경쟁제품보다 왜 탁월한지를 대화한다. 가장 중요한 것은 토론을 위한 광장을 개방하는 것이다. 이것은 고객의 욕구와 가치를 분석할 기회를 준다.
- 소셜 공유 서비스: 소셜 네트워크 사이트와 같이 사용자들이 특성을 창조한다. 사이트와 가장

큰 차이점은 콘텐츠의 신속하고 효율적인 공유이다.

- 멀티미디어: 그림과 영상은 웹 사이트의 시각적 경험의 통합이다. 유튜브와 같은 사이트는 영상 업로드를 제공한다. 사이트는 다른 사람들이 본 사진을 저장할 수 있고, 사진의 슬라이드쇼나 프레젠테이션을 만들 수 있는 도구가 특징이다.
- 블로그: 블로그는 새로운 콘텐츠를 주기적으로 게시하는 좋은 방법이다. 회사나 제품, 소식과 신제품 등을 갱신하여 제공한다. 시각과 문서 콘텐츠를 함께 제공해야 한다.

소셜 네트워크는 회원들에게 정보와 매체를 네트워크의 일부로써 공유하게 하지만, 다양한 시스템은 콘텐츠를 공유하기 위해 특별하게 설계되어 있다. 사람들은 의견·생각·경험·관점 등을 서로 공유하기 위해 사용하는 온라인 도구를 많이 사용한다. 소셜 미디어를 통해 공유되는 콘텐츠는 텍스트·이미지·오디오·비디오 등의 다양한 형태를 가진다. 매체 범위는 다양하고 아직도 진화하고 있다.

그림 14-3 소셜 네트워크의 유형

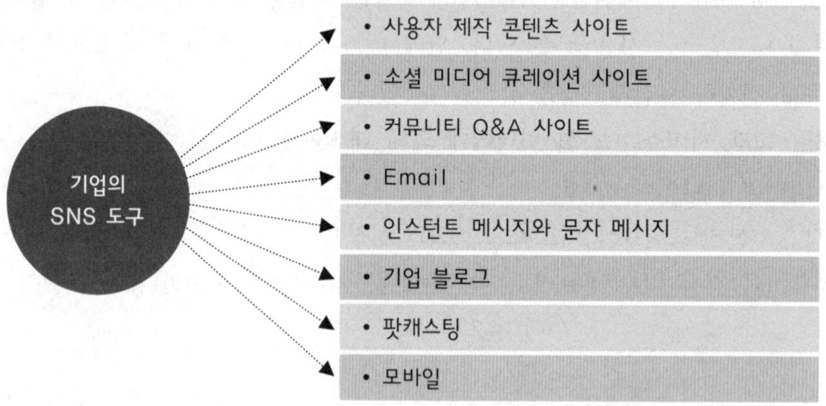


### ① 사용자 제작 콘텐츠 사이트

웹 사이트 소유자보다 사용자가 되는 콘텐츠에 기여하는 YouTube와 같은 사용자 제작 콘텐츠(UGC: user-generated contents) 사이트는 중요한 사업 도구가 되고 있다. YouTube에서 회사는 제품시연과 TV광고부터 회사개요와 기술적 설명까지 모든 것을 게시한다. 효과적인 사용자 제작 콘텐츠의 핵심을 가치 있게 제작하고, 이용하기 쉽게 하는 제작지침이 있다. 첫째, 사람들이 시청하고, 동료와 공유하기 원하는 콘텐츠를 제공한다. 제품을 더욱 효과적으로 사용하는 방법을 설명하는 동영상은 말하는 것보다 인기가 더욱 크다. 동영상은 3~5분보다 길지 않게 짧게 유지한다. 둘째, 발견하고, 소비하고, 공유하기 쉽게 자료를 제작한다. 소비자 행동에 영향을 주는 대중의 목소리로 회사는 고객들이 긍정적인 검토를 하도록 높은 수준으로 제작한다.

### ② 소셜 미디어 큐레이션 사이트

소셜 미디어 큐레이션(social media curation)은 인터넷에서 사용자가 자신의 취향대로 정보를 가공해 다른 사람과 공유하는 것을 의미한다. 큐레이터가 박물관에서 기존과 다른 방식으로 유물을 전시해 새로운 의미를 부여하는 것처럼 정보의 과잉과 중복으로 사용자의 피로감이 증폭되고, 넘쳐나는 정보들 속에서 필요한 정보를 찾아 주는 역할을 한다. 사용자가 자기 취향대로 인터넷에서 사진이나 그림, 동영상 등을 끌어 모아 자기만의 전시회를 만드는 것과 같이 다수가 함께 콘텐츠를 전시하고 공유하는 의미를 갖고 있다.

### ③ 커뮤니티 Q&A 사이트

방문객들이 게시한 질문에 답하는 것은 서로를 돕는 것이다. Q&A 사이트의 질문에 응답하는 것은 개인적인 브랜드를 구축하고, 고객 서비스에 회사가 몰입하는 것을 보여주고, 회사와 제품에 관한 오해를 설명하는 좋은 방법일 수 있다. 커뮤니티 Q&A 사이트에 개인적인 질문에 응답할 때 동일한 질문이 있는 사이트에 오는 모든 사람들에게 미리 응답한다. 더 긴 시간 틀과 더 넓은 청중을 유지하기 위해 최초 질문자에게 소통하는 것뿐만 아니라 참고자료를 게시한다.

### ④ Email

이메일(Email)은 많은 회사에서 꾸준히 사용되는 매력적인 이점이 있다. 첫째, 이메일은 전세계적이다. 이메일 계정이 있다면 발신인과 수신인이 누구든지 계정이 있는 사람에게 접근할 수 있다. 둘째, 이메일은 신속하고, 정확하고, 대량으로 동시에 전달할 수 있는 가장 좋은 매체이다. 셋째, 이메일은 발신인이 상당한 메시지를 구성할 수 있고, 수신인이 느긋하게 메시지를 읽을 수 있다. 모든 기업들이 고객의 이메일 목록을 준비한다. 이메일 마케팅(Email marketing)은 인터넷 마케팅에서 가장 저렴한 도구로 전자도구를 사용하는 직접 마케팅 전술의 하나이다. 고객에게 상업적인 메시지를 전달하는 전자메일이다. 이메일은 온라인 광고의 최적 기법이다. 판매를 극대화하고, 비용을 최소화하는 것을 목표로 한다. 다음은 이메일 마케팅 메시지의 목표이다.

- 기업과 고객 간의 판매 커뮤니케이션과 대화증가
- 반복판매의 비용감소
- 신제품의 출시소개
- 고객의 피드백 수신
- 판매촉진

#### ㉮ 이메일 메시지 계획

불쾌하게 보이는 자료를 전송하고, 개인적인 메시지를 위한 회사 이메일 서비스를 사용하는 것에 대한 제한을 포함하여 많은 회사들은 종업원들이 이메일을 사용하는 방법을 규정하는 공식 이메일 정책을 갖고 있다. 또한 민감한 내용을 찾아주는 소프트 프로그램으로 이메일을 추적한다. 공식 정책과 관계없이 모든 이메일 사용자는 곤란을 야기할 수 있는 행동을 피할 책임을 갖는다. 이메일 위생은 회사가 이메일을 깨끗하고 안전하게 유지하는 모든 노력이다.

#### ㉯ 이메일 메시지 작성

회사 이메일은 개인적인 이메일보다 더 형식적이어야 한다. 예를 들면, 이메일과 다른 전자문서는 인쇄문서처럼 동일한 법적 중요성을 갖고 있고, 소송과 범죄수사에서 종종 증거로 사용된다. 수신인이 읽을 메시지와 읽는 때를 결정하는 데 도움이 되기 때문에 이메일의 제목선은 이메일 메시지의 가장 중요한 부분이다. 따라서 핵심어, 인용, 지시나 질문으로 관심을 구축하는 것은 좋은 방법이다. 예를 들면, 『3월 판매결과』는 메시지의 내용을 정확하게 기술하지만, 『3월 판매결과: 좋은 소식과 나쁜 소식』은 더 흥미롭다.

독자들은 어떤 뉴스가 왜 좋고, 어떤 뉴스가 왜 나쁜지를 알기를 원한다. 수신인이 메일을 열기 전에 많은 이메일 프로그램은 도착하는 메시지의 첫 몇 단어나 첫줄을 보여준다. 독자들의 주의를 끌어들이기 위해 첫 몇 단어를 신중하게 선택한다. 제목선의 확장으로서 첫 문장을 고려한다. 이메일은 특정한 정서적 뉘앙스를 표현할 필요가 있을 때 난제이다. 이메일 사용자들은 정서를 표현하기 위해 이모티콘을 사용한다. 그러나 이모티콘의 사용은 게으르거나 성숙하지 못한 작문의 증거로 볼 수 있기 때문에 신중하게 사용한다. 외부와 내부 커뮤니케이션의 모든 형태에서 이모티콘을 피하고, 특히 모든 비즈니스 커뮤니케이션에서 밝은 노란색 이모티콘의 사용을 자제한다.

#### ㉰ 이메일 메시지의 완성

중요한 메시지를 몇 번 수정하고 교정하는 것은 지독한 두통과 피해 관리의 시간을 절약할 수 있다. 이메일 메시지를 만들 때 간결성은 중요하다. 흰 배경에 깨끗하고, 쉽게 읽을 수 있는 검정색 활자이면 충분하다. 메시지의 끝에 이름, 직책, 회사명과 연락정보를 포함한다. 메시지를 전달할 준비가 되면 전송을 클릭하기 전에 다시 메시지 내용을 확인하기 위해 멈춘다. 문장의 내용과 수신인이 적절한지를 신중하게 검토한 후 발송하여 훗날에 발생할 수 있는 두통을 방지한다.

#### ㉱ 이메일 마케팅과 허락

기업이 이메일 마케팅을 하려면 고객들이 제공한 개인정보를 바탕으로 특정의 광고 수신을 허락해야 한다. 퍼미션 마케팅(permission marketing)은 고객의 자발적인 허락이 필요하며, 고객의 허락은 기업이 장기적인 이윤창출을 위한 자산이 된다는 전략이다. 기업이 고객에게 풍부한 커뮤니케이션을 제공하기 위해 기업과 고객 간의 허락된 관계가 필요하다. 이메일은 선택 이메일과 스팸 이메일로 분류된다. 선택 이메일(opt-in e-mail)은 수신인이 사전에 받기로 선택한 광고성 이메일이다. 이와 달리 스팸 이메일(spam e-mail)은 사전 허락 없이 우편함에 보내는 메일이다. 스팸(spam)은 발신자가 불특정 다수에게 일방적, 대량으로 발송하는 전자우편이다. 수신인이 표적화되지 않고, 원하지 않는 메시지로 개인정보를 침해하고, 비윤리적이고, 부정적이다. 선택 이메일은 전달된 메시지의 수신을 보증하고, 결과적으로 스팸 메일과 비교해 더 효과적이다. 다음은 이메일 마케팅에서 중요한 성공적인 요인이다.

- 이메일 제목: 이메일 제목은 고객반응을 증가하는 데 중요하다. 매력적인 제목은 더 많은 반응을 이끌어낸다.
- 매력적인 인센티브: 매력적인 인센티브가 있는 이메일은 높은 반응을 얻는다.
- 이메일의 길이: 이메일의 길이는 고객반응과 역의 관계이다.
- 이미지: 이미지를 포함한 이메일은 더 많은 반응을 얻는다.

#### ㉶ 이메일 사용지침

이메일은 대부분 효과성 때문에 회사에서 문서 커뮤니케이션의 주요 수단이다. 그러나 사용의 용이성은 단점이 될 수 있다. 전송이 쉽기 때문에 많은 이메일을 보낼 수 있지만, 과도한 이메일은 수신인들에게는 불만이 된다. 받을 이유가 없는 전송된 메시지를 불평한다. 다음은 이메일로 불평하는 것을 방지하는 지침이다.

- 작성의 기본규칙 준수: 작성의 기본규칙을 무시하지 않는다. 문법과 철자에 주의를 하지 않는다면, 부주의 실수는 회사나 발신인의 이미지를 훼손한다.
- 이모티콘 사용 자제: 이모티콘은 회사 문서에서는 부적당하다. 약어 표현은 개인적 커뮤니케이션에서는 좋지만, 회사에서는 바람직하지 않다.
- 과도한 정보 자제: 과도한 정보를 제공하지 않는다. 많은 사람들은 과도한 이메일을 받는 것을 불평한다. 전송하기 전에 수신인이 읽을 필요가 있는지를 고려한다.
- 간결성: 간결하게 작성한다. 사람들이 메시지를 읽기 위해 스크롤하지 않도록 한 화면 이하로 메시지를 제한한다. 긴 메시지라면 첨부하여 전송하는 것을 고려한다.
- 1메시지 1주제: 하나의 메시지에는 하나의 주제로 제한한다. 동일한 사람이나 집단에게 두세 개의 메시지를 전달하려면 두세 개의 메일로 보낸다. 이것은 독자가 정보를 놓칠 가능성을 줄이고, 정보를 조직하는 데 도움이 된다.
- 이메일 사용정책 제정: 종업원들의 개인적 이메일 사용정책을 제정한다. 회사 이메일 계정의 개인적 사용 한도를 정한다. 사적 이유로 업무계정을 사용한다면 전송하는 정보에 매우 신중해야 한다. 비관련자가 읽지 않도록 이메일을 신중히 전송한다.
- 메시지의 어조: 어조를 관찰한다. 이메일의 편리성과 속도는 단점이 될 수 있다. 나중에 후회하게 될 답신을 성급하게 쓰는 것보다 기다리고 진정하는 것이 더 좋다.
- 보존의 무한성: 이메일은 영원하다는 것을 기억한다. 비밀정보이거나 부적절한 사람이 읽지 않도록 다른 경로로 고려한다. 심지어 삭제된 메시지도 복구될 수 있다.
- 강요성 금지: 기술로 사람들을 괴롭히지 않는다. 많은 프로그램은 긴급을 나타내는 메시지에 아이콘을 부착하는 특징이 있다.
- 전달내용의 특성 고려: 민감한 문제는 이메일을 사용하지 않는다. 관리자에게 심각한 불평을

하거나 종업원을 해고할 필요가 있다면, 이메일보다는 다른 경로를 사용하는 것이 더 좋다. 대면접촉이나 전화는 정성의 좋은 표현으로써 양방향 피드백을 얻을 수 있고, 서명서신은 이메일 메시지보다 더 공식성을 제공한다.

### ⑤ 인스턴트 메시지와 문자 메시지

전송한 메시지가 다른 사람의 스크린에 나타나는 컴퓨터 기반의 인스턴트 메시지(IM: instant messaging)는 내외 커뮤니케이션으로 사용된다. 유무선망을 결합하여 실시간으로 문자 및 메일을 보내는 서비스이다. 팩스, SMS[6], 이메일과 같은 서비스와 유사하나 실시간 통신이라는 면에서 다르며, 이동전화뿐만 아니라 문자기반의 통신이 가능하다. 또한 대화그룹 관리, 대화상대의 온라인 확인 및 초대기능, 현재상태 및 실시간 채팅 기능 등 유선전화나 개인용 컴퓨터와는 다르게 항상 수신 가능한 현장감 기술이 결합된 서비스이다. IM은 온라인 회의 시스템, 공동작업 시스템, 소셜 네트워크와 다른 플랫폼 안에 내장된 기능과 독립형 시스템에서 이용할 수 있다. 기업용 IM 시스템은 채팅, 존재인식[7], 문서의 원격노출, 영상능력, 다른 컴퓨터의 원격관리, 블로그와 웹 사이트로부터 자동 뉴스피드(newsfeed)[8], 컴퓨터가 간단한 대화를 전달할 수 있는 자동 봇(bot)[9] 기능 등을 포함하여 많은 역할을 제공한다. 또한 문자 메시지(text messaging)도 마케팅, 고객 서비스, 안전, 위기관리와 공정추적을 포함하여 기업에서 많이 채택하고 있다.

IM의 장점은 전화와 이메일에 비하여 긴급한 메시지에 신속한 반응능력과 저비용이다. 일대일 대화에 보다 가깝기 때문에 IM은 이메일처럼 일대 다 기법처럼 오용되지 않는다. IM의 단점은 안전문제, 사용자 인증 요구, 원하지 않는 상업 메시지 등이 있다. 안전문제는 컴퓨터 바이러스, 네트워크 침투와 스핌(spim)[10] 등이다. 사용자가 개봉 여부를 결정할 수 있는 스팸 메일과 달리 스핌은 컴퓨터 화면에 무조건 떠오르기 때문에 더 큰 불편을 초래하고 있다. 안전은 기업 IM 시스템의 중요한 관심사이다.

### ⑥ 기업 블로그

블로그(blog)는 웹(web)에서 따온 b와 항해일지 또는 여행일기를 뜻하는 로그(log)의 합성어로 사람들이 자신의 관심사에 따라 자유롭게 글을 올릴 수 있는 웹 사이트이다. 사람들이 자신의 관심사에 따라 일기·칼럼·기사 등을 자유롭게 올릴 수 있을 뿐 아니라, 개인출판·개인방송·커뮤니티까지 다양한 형태를 취하는 일종의 1인 미디어이다. 블로그 페이지만 있으면, 누구나 텍스트 또는 그래픽 방식을 이용해 자신의 의견이나 이야기를 올릴 수 있고, 디지털카메라를 이용해 사진 자료를 올릴 수 있는 미디어이다. 기술적·상업적인 제약 없이 자신의 생각을 사이트에 올려 다른 사람들과

6 단문 메시지 서비스(Short Message Service): 휴대전화로 짧은 메시지를 주고받을 수 있는 양방향 무선 데이터 서비스.
7 사람들이 책상에 있고, IM을 이용할 수 있는지를 쉽게 알 수 있는 능력.
8 투고된 뉴스의 내용을 한 뉴스 서버에서 다른 뉴스 서버로 전달한다. 인터넷상에 있는 많은 뉴스 서버 상호 간에 기사가 교환되어 전 세계로 퍼져 나간다.
9 데이터를 찾아주는 소프트웨어이다. 웹 사이트를 방문하여 요청한 정보를 검색, 저장, 관리하는 에이전트의 역할을 한다.
10 스팸(spam)과 인스턴트 메시지(instant message)의 조합어로 인스턴트 메시지 네트워크로 유포되는, 원치 않는 상업용 인스턴트 메시지.

공유할 수 있는 특성 때문에 기존의 언론을 보완할 수 있는 대안언론으로서도 주목을 받고 있다.

### ㉮ 기업 블로그의 특성

블로그는 웹상의 가상현실 속에서 정보를 공유하고, 여론을 형성하며, 생각이 같은 사람들이 모여서 공동의 관심사에 관해 얘기를 나눌 수 있는 모임방을 개설할 수도 있다. 이런 기능 때문에 블로그를 소셜 미디어(social media)라고 부르기도 한다. 따라서 전통적인 웹 사이트보다 개인화하고, 갱신하기가 더 쉬워 비즈니스 커뮤니케이션에서 중요한 영향력이 있다. 수많은 기업 블로그가 운영되고 있고, 블로그는 소비자와 전문직에서 중요한 정보의 원천이 된다.

마이크로블로그(microblog)는 한두 문장 정도의 짧은 메시지를 이용하여 여러 사람과 소통할 수 있는 블로그의 한 종류로 미니블로그(miniblog)라고도 한다. 웹상에서 지인과의 인간관계를 강화하고, 새로운 인간관계를 형성할 수 있도록 해주는 서비스인 소셜 네트워크 서비스의 일종이다. 짧은 텍스트를 통하여 이용자들이 서로 소식을 주고받기 때문에 실시간으로 정보가 갱신되는 특성이 있고, 사진이나 동영상 등을 올릴 수도 있다. 블로그와 메신저(messenger)[11]를 결합한 것과 같은 형태로 이용자들은 채팅하는 것 같은 느낌을 받는다. 일반 블로그는 대체로 길고 의미 있는 글이나 주제가 있는 글을 게시해야 한다는 부담감이 있는 반면 마이크로블로그는 개인의 소소한 일상과 평소 머릿속에 떠오르는 생각이나 느낌, 감정, 소식 등을 짧은 텍스트로 작성하여 교류하기 때문에 글쓰기나 읽기에 대한 부담감 없이 간편하게 사용할 수 있다. 대표적인 마이크로블로그로 트위터(twitter)를 들 수 있다. 트위터는 2006년 샌프란시스코의 벤처기업 오비어스가 개설한 서비스로 친구 맺기·메신저 기능을 함께 갖추고 있고, 한 번에 쓸 수 있는 글자 수는 140자로 제한되어 있다. 국내의 대표적인 마이크로블로그는 미투데이(me2day), 요즘(yozm) 등이 있다. 우수한 기업 블로그와 마이크로블로그는 다음과 같은 몇 가지 중요한 요소에 매우 주의해야 한다.

그림 14-4 블로그의 특성

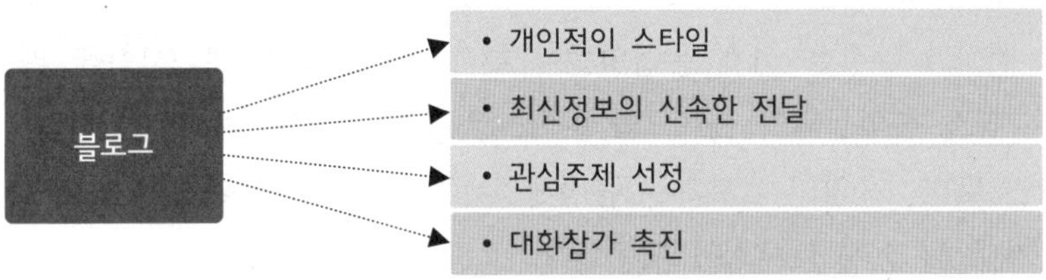
블로그
• 개인적인 스타일
• 최신정보의 신속한 전달
• 관심주제 선정
• 대화참가 촉진

- 개인적인 스타일: 개인적인 스타일과 신뢰할 만한 목소리로 커뮤니케이션을 한다. 개인들이 쓰고, 개인적 스타일을 나타낸다. 청중들은 신선한 접근과 관계가 있고, 블로거의 조직과 더 밀접한 정서적 연대를 구축한다.
- 최신정보의 신속한 전달: 블로그 도구는 새로운 자료를 제작하거나 찾자마자 게시를 가능하게 해준다. 이러한 특징은 기업위기 때 신속하게 반응하게 할 뿐만 아니라 활발한 커뮤니케이

11 인터넷에서 실시간으로 메시지와 데이터를 주고받을 수 있는 소프트웨어.

션이 발생하는 것을 알게 한다.

- 관심주제 선정: 청중에게 최고의 관심주제를 선정한다. 성공적인 블로그는 독자들이 관심이 있는 주제를 포함한다.
- 대화참가 촉진: 청중을 대화에 참가하도록 촉진한다. 모든 블로그가 의견의 참여를 초청하지는 않지만, 의견을 필수적인 특징이 되도록 고려한다. 블로그 의견은 뉴스, 정보와 통찰력의 가치 있는 원천이 될 수 있다.

**㉯ 블로그의 기업채택**

블로그는 온라인 청중들과 공유하는 정보의 지속적인 흐름을 가질 때, 특히 청중이 반응하는 기회를 가질 때 잠재적 해결책이 된다. 다음은 기업들이 내외 커뮤니케이션을 위한 블로그를 사용하는 이유이다.

- 현재 중심의 소셜 미디어: 회사나 개인이 소셜 미디어 프로그램 중에서 블로그를 중심적으로 소유하고 통제하여야 한다. 블로그는 이상적인 소셜 미디어의 중심이 된다.
- 프로젝트의 관리와 팀 커뮤니케이션: 특히 팀 구성원이 지리적으로 분산되어 있을 때 블로그의 사용은 프로젝트 팀을 최신으로 유지하는 좋은 방법이다.
- 회사뉴스: 회사는 시설에서 복지 뉴스까지 회사 문제에 관해 직원들에게 알리기 위해 블로그를 사용한다. 블로그는 직원들에게 질문과 관심사를 제기할 기회를 제공하고, 온라인 공동체 토론회 기능을 한다.
- 고객지원: 온라인 고객지원 블로그는 질문에 답변하고, 정보와 조언을 제공하고, 고객에게 신제품을 알린다. 불평과 제의에 대한 반응을 찾고, 불만족한 고객을 돕기 위해 회사는 블로그스피어(blogosphere)[12]를 추적 감시한다.
- 공중관계와 미디어 관계: 경영진과 종업원들은 블로그를 통해 공중이나 기자들과 회사 뉴스를 공유한다.
- 직원모집: 블로그 사용은 잠재 종업원들이 회사, 종업원들과 기업문화에 관해서 알게 한다. 사용자들은 잠재 종업원들의 블로그와 마이크로블로그를 발견하고 평가한다.
- 정책과 사안 토론: 중역의 블로그는 규정제정, 규제와 조직에 관심이 있는 다른 위원회 문제를 토론하기 위해 공개 토론회를 제공한다.
- 위기 커뮤니케이션: 블로그 사용은 위기 동안에 가장 최근의 정보를 제공하고, 오보를 수정하거나 루머에 반응하는 편리한 방법이다.
- 시장조사: 시장에서 고객과 전문가로부터 피드백을 요청하는 현명한 방법이다. 피드백을 요청하는 것 이외에 회사는 토론할 가능성이 있는 블로그를 추적 관찰한다.
- 브레인스토밍: 블로그를 통한 온라인 브레인스토밍은 사람들이 아이디어를 논의하고, 상호간

---

12 블로거, 블로그 사이트, 방문자, 블로그 글 등을 모두 통칭한다. 블로그(Blog)와 영역 (Sphere)의 합성어로 블로그라는 매체를 통해 연결된 인적 네트워크 공간을 뜻한다. 서로 연결되어 블로그에서 댓글을 달고, 블로그의 글을 읽고, 트랙백(trackback)을 하면서 이슈를 확산, 개인적인 의견을 나누며 블로그 문화를 성장시킨다.

의 기여를 강화하는 방법을 제공한다.

- 고객교육: 현재와 잠재고객이 제품과 서비스를 이해하고 사용하는 것을 돕는다. 대면 커뮤니케이션의 필요성을 감소함으로써 판매와 지원서비스의 생산성을 향상한다.
- 구전 마케팅: 블로거는 종종 관심이 있는 다른 블로그와 웹 사이트에 연결을 제공한다. 열광적인 팬이 메시지를 전파하는 기회를 제공한다. 온라인 구전 마케팅을 바이럴 마케팅이라고도 한다. 바이럴 마케팅(viral marketing)은 누리꾼이 이메일이나 다른 매체를 통해 자발적으로 기업이나 기업의 제품을 홍보하기 위해 널리 퍼뜨리는 마케팅 기법이다.
- 매체의 영향력: 신문이나 TV와 같은 뉴스 보도에 영향력이 있다. 가치 있고, 지속적인 콘텐츠를 제공하는 다작하는 블로거는 특정한 문제에서 전문가로 간주되고, 종종 기자들은 다양한 주제에서 통찰력이 필요할 때 초청한다.
- 공동체 구축: 독자들이 다양한 게시에 대한 의견에 의해 아이디어의 흐름에 참여할 때 독자들의 공동체는 인기 있는 블로그 주변에서 성장할 수 있다. 동료, 고객과 다른 중요한 청중과의 긍정적인 관계를 촉진하기 위해 사용할 수 있는 새로운 방법을 세심히 살펴야 한다.

#### ㉰ 성공적인 블로그의 채택

블로그 청중들은 회사로부터 정보를 원하고, 편리하게 읽고 싶어 한다. 엉성한 쓰기는 신뢰성을 손상한다. 성공적인 블로그 콘텐츠는 독자들에게 흥미 있고, 가치 있어야 한다. 따라서 블로그의 계획단계는 단일 메시지가 아니라 전체 커뮤니케이션을 계획하기 때문에 블로그를 시작할 때 특히 중요하다. 따라서 블로그를 계획할 때 청중, 목적과 범위에 세밀하게 주의를 기울인다.

- 청중: 투자하는 시간을 정당화할 수 있을 정도로 청중이 커야 하고, 블로그를 위해 명확하게 집중할 수 있는 청중이어야 한다.
- 목적: 선택된 청중에게 회사와 관련된 목적을 가져야 한다.
- 범위: 확인할 수 있는 초점을 갖고 있고, 몇 달이나 몇 년 동안 토론 가능성을 제공하기 충분히 넓은 주제영역을 포함한다. 메시지가 지속되는 것을 필요로 한다.

### ⑦ 팟캐스팅

팟캐스팅(podcasting)은 오디오 및 비디오 파일을 자동으로 내려 받는 서비스이다. 팟캐스팅은 자동적으로 예약자에게 공급되는 방식으로 오디오나 비디오 파일을 기록하고, RSS[13] 예약을 통해서 온라인으로 유통하는 과정이다. 팟캐스팅은 이동의 편리성으로 시각 커뮤니케이션이나 음성의 매체 풍부성을 결합하여, 기존의 오디오와 영상 메시지를 대체한다. 팟캐스팅은 세미나와 교육의 무료 사전 검토를 제공하는 아주 좋은 방법이다. 많은 회사 게시자와 자문가들은 개별적인 브랜드를 강화하

13 RSS(Really Simple Syndication, Rich Site Summary): 독자가 RSS 서비스를 제공하는 온라인 신문 사이트에 등록하면 관련 뉴스가 자신의 RSS 리더 파일에 모여지는 형식으로 서비스가 이루어져 일일이 포털 사이트 뉴스 검색을 할 필요조차 없다.

고, 다른 제품과 서비스를 향상하기 위해 팟캐스팅을 사용한다.

팟캐스팅의 게시과정은 보통 세 단계를 따른다. 첫째, 상황을 분석하고, 필요한 정보를 수집하고, 재료를 조직화하는 계획단계이다. 계획단계는 제한된 사용과 보급을 위한 팟캐스트나 일관된 주제에 주기적으로 기록하는 팟캐스트를 만들거나 더 넓은 일반청중을 위해 어떻게 계획할지에 달려있다. 둘째, 주제의 범위를 확실히 한다. 팟캐스트 경로를 만들 의도가 있다면, 적절한 목적을 갖고 있는지를 입증하기 위해 취급하는 주제의 범위를 확실히 생각한다. 한 주제에서 다른 주제로 변경된다면, 청중을 잃을 위험이 있다. 일관된 일정을 유지하는 것이 중요하다. 셋째, 정기적으로 갱신한 자료를 제공하지 않는다면 청자들은 주의하지 않을 것이다.

### ⑧ 모바일 마케팅

모바일 폰(mobile phone)은 생활에서 중심적인 도구이다. 기업이 인지도를 향상하고, 고객과의 연결을 강화하는 중요한 기회를 제공한다. 모바일 폰은 기업이 언제, 어디서나 고객에게 접근할 수 있는 마케팅 도구이다. 모바일 마케팅(mobile marketing)은 기업이 고객과 연결을 구축하는 양방향이나 다방향 커뮤니케이션 도구이다. 모바일 장치나 네트워크를 통해 상호작용과 관련된다.

#### ㉮ 모바일의 역할

인터넷 상시 접속으로 모바일은 우수한 마케팅, 광고와 유통 채널이다. 모바일 도구는 사용자들에게 계속적인 접근과 커뮤니케이션을 제공하기 때문에 사용자들은 현실적인 관계와 상호작용을 한다. 모바일의 독특한 특징은 개인적인 존재, 상시휴대, 상시접속, 내장결제시스템, 창의적 자극과 정확한 표적측정 등이 있다.[14] 이러한 모바일의 특징은 모바일 콘텐츠를 창조하고, 시청하는 방법에 영향을 준다.

그림 14-5 모바일의 역할

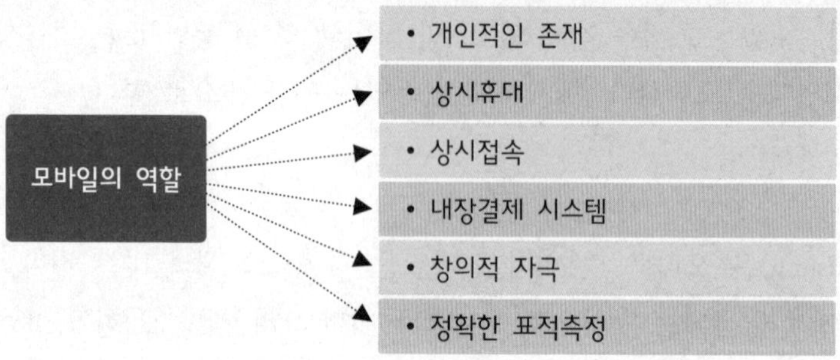


- 개인적인 존재: 컴퓨터는 인터넷에 개별적으로 연결되나, 모바일 폰처럼 개인적이 아니다. 모바일 폰은 개인적인 존재와 사회적 제휴의 일부이다.
- 상시휴대: 집에서 나올 때 무엇을 휴대하는가? 지갑, 열쇠와 모바일 폰 등이다. 모바일 폰으로

14 Ahonen(2008).

메시지가 전달되자마자 접근할 수 있다. 수신인은 받은 메시지를 즉시 읽고, 행동할 수 있다.

- 상시접속: 기본적인 기능을 사용하기 위해 모바일 폰은 언제나 접속되어 있다. 기업은 마케팅 커뮤니케이션에 더욱 민감할 필요가 있다.
- 내장결제 시스템: 모바일 폰은 내장결제 기구를 갖고 있다. 결제는 사용자의 모바일 네트워크를 통해서 쉽게 처리된다. 콘텐츠와 다운로드에 대한 지불이 즉시 이루어진다.
- 창의적 자극: 사진과 영상을 촬영하거나 아이디어를 메모하는 등 창조적인 자극으로 행동한다. Instagram과 같은 도구는 창조적인 콘텐츠를 창작하고, 공유하고, 소비하는 목적으로 제작되었다. 이러한 특징은 상호작용을 촉진하는데 사용될 수 있다. 고객제작 콘텐츠에 기반한 바이럴 마케팅의 유용한 도구로 사용될 수 있다.
- 정확한 표적측정: 모바일 폰에서 이루어지는 모든 거래를 측정할 수 있다. 이러한 것들은 실시간 추적이 가능하다. 누적된 자료는 특성과 시장세분화 기회를 제공한다.

#### ㉯ 모바일의 기능

- 단문 메시지 서비스(Short Message Service: SMS): 가장 간단하고, 효과적인 모바일 마케팅 경로이다. SMS를 통해서 커뮤니케이션하는 자료의 양이 제한적이지만, 양방향 커뮤니케이션이 가능하다.
- 멀티미디어 메시지 서비스(Multimedia Messaging Service: MMS): 텍스트는 물론 그림, 사진, 동영상, 음악 등 다양한 멀티미디어 데이터까지 상대방의 휴대폰에 전송할 수 있는 서비스이다. 풍부한 정보를 전달할 수 있다.
- QR(Quick Response)코드: 모바일 폰에서 해독할 수 있는 이미지로 복잡한 정보를 압축하는 방식을 제공한다. QR코드는 가로, 세로에 숫자는 최대 7,089자, 문자는 최대 4,296자, 한자는 최대 1,817자를 기록할 수 있는 2차원적 구성이다. 바코드는 특정 상품명이나 제조사 등의 정보만 기록할 수 있지만, QR코드에는 긴 문장의 인터넷 주소, 사진, 동영상, 지도, 명함 등을 담을 수 있다. QR 코드는 카메라 폰을 갖고 있는 사용자가 한 번의 클릭으로 정보를 얻는 쉬운 방법을 제공한다.

#### ㉰ 모바일 쇼핑

모바일 쇼핑(Mobile shopping)은 모바일 도구의 유연성과 직접성으로 매우 인기가 있다. 사용자들은 모바일 웹으로 제품이나 서비스를 구매할 수 있다. eBay에서는 모바일 폰 사용자들이 데스크탑 사용자들보다 더 많이 구매한다. 사람들은 온라인으로 무엇을 구매하는가? 사람들은 대부분의 물건을 온라인으로 구매한다. 모바일 쇼핑객들의 행동과 관심에 영향을 주는 다양한 요인이 있다. 쇼핑이 탐색되는 환경, 도구와 인터페이스는 모바일 사용자의 행동에 큰 영향을 준다.

#### ㉱ 모바일 커머스의 고려요인

모바일 커머스(Mobile commerce)는 사용자가 모바일 기구를 통해 제품을 구매할 수 있는 다양한 방법을 포함한다. 성공적인 모바일 상거래는 모바일 고객이 누구인지를 고려하는 것이 필요하다.

고객들은 어떤 종류의 기구를 소유하고 있는가? 그들은 온라인 쇼핑을 마음에 들어 하고, 모바일 폰으로 제품을 구매하는가? 모바일 점포를 구축할 때 다른 것보다도 사용자 경험에 우선순위를 둔다. 모바일 사용자들은 목적 지향적, 탐색 지향적이고, 찾으려고 하는 것이 정확하고, 분명하다. 따라서 목표를 달성하기 위해서 가능한 쉬워야 제품을 찾고 구매한다. 다음은 모바일 커머스를 시작할 때 기본적인 지침이다.

- 탁월한 검색창을 포함하고, 검색을 쉽고 신속하게 하기 위해 자동검색을 혼합한다.
- 메뉴를 짧고 분명하게 한다. 가장 중요한 항목만을 보인다.
- 모든 페이지의 상단에 뒤로 가기 버튼을 포함하여 찾는 것을 쉽게 한다.
- 제품 페이지를 간단하게, 가장 중요한 정보를 상단에, 구매버튼을 분명하게 배열한다.
- 고객들이 선호하는 품목을 나중에 알 수 있도록 희망목록(wishlist)이나 저장버튼을 포함한다.
- 주의를 끌기 위해 이미지를 사용하고, 제품을 실연한다.
- 사용자들이 구매하기로 본 제품을 추가로 등록할 필요가 없도록 한다. 작은 화면에 복잡한 형태를 채워야 한다면, 많은 사용자들은 과정을 포기할 것이다.
- 안전한 보안이 있는 결제 시스템을 구축하고, 사용자들이 안전하다고 확신하게 한다. 사람들은 보안문제로 모바일 거래를 염려한다. 개인정보보호 정책과 안전조치에 관한 정보를 포함한다.

## SENSE 모바일 쇼핑 경험에 영향을 주는 요인[15]

- **위치**: 모바일 광고는 사용자의 현재 위치와 관련이 있어야 한다.
- **목표지향**: 사용자들은 쇼핑하고, 분류정보를 찾고, 해야 하는 것을 안다.
- **신중성**: 사용자들은 분류정보에 충분한 주의를 기울인다.
- **소일거리**: 사용자들은 지루하기 때문에 콘텐츠에 접근한다.
- **시간허용**: 과업을 완수하는 데 필요한 많은 시간을 사용한다.
- **긴급감**: 사용자들은 과업을 완수하는 데 긴급감을 경험한다.
- **정해진 일**: 사용자들은 분류정보에 접근하는 데 사용되는 동일한 방법을 선택한다.
- **열정**: 사용자들은 분류정보에 대해 열정감을 나타낸다.
- **신뢰와 안전**: 사용자들은 신뢰할 수 있고, 안전한 원천에 접근하기를 원한다.

15 Nielsen(2011).

## (3) 소셜 네트워크의 마케팅 전략

소셜 미디어는 하나의 실체가 아니라 사람과 웹 콘텐츠를 서로 연결하는 다양한 네트워크의 복합이다. 적절하게 사용된다면 소셜 미디어는 가치 있는 마케팅 도구로 브랜드뿐만 아니라 회사의 존재를 더욱 부각할 수 있다.

### 1) 소셜 네트워크 활용 지침

소셜 네트워크는 많은 비즈니스 커뮤니케이션의 잠재력을 제공하지만, 이러한 기회는 어느 정도 복잡성을 띤다. 회사의 소셜 네트워크의 규범과 관행은 온라인 환경의 변화에 따라서 진화한다. 다음은 소셜 네트워크를 활용하는 지침이다.

- 구성방법 선정: 메시지, 목적과 네트워크를 위한 구성방법을 선정한다. 다양한 소셜 네트워크를 방문할 때 메시지의 다양한 형태를 관찰할 시간을 가진다. 예를 들면, 페이스북 게시는 자료갱신이 잘 되지만, 회사의 개요와 사명 선언문은 효과적이지 못하다.
- 가치 있는 콘텐츠 선정: 회원에게 가치 있는 콘텐츠를 제공한다. 사람들은 소셜 네트워크를 판매표적이 되기 위해 가입하는 것이 아니라 연결과 정보를 찾기 위해 가입한다. 콘텐츠 마케팅은 커뮤니티 회원에게 가치가 있는 정보를 무료로 제공한다. 이것은 현재와 잠재고객을 더 밀접하게 묶는 데 도움이 된다.
- 대화참가: 지금 일어나는 온라인 대화를 탐색한다. 질문에 답하고, 문제를 해결하고, 루머와 오보에 반응한다.
- 커뮤니티 구축촉진: 고객이 회사와 서로를 연결하는 것을 쉽게 한다. 특정한 제품의 소유자처럼 특정한 주제에 관심이 있는 사람을 연결하는 방법이다.
- 전통적인 촉진노력 축소: 적절한 시간과 적절한 장소에 전통적인 촉진노력을 축소한다. 설득 커뮤니케이션 노력은 특정한 커뮤니케이션 과업에 타당하지만, 소셜 네트워크 대화에 판매를 끌어들이는 노력은 청중들이 언제나 거절한다.
- 일관적인 개성유지: 소셜 네트워크는 커뮤니케이션의 특정한 규범이 있는 독특한 환경이다. 현재 활동하고 있는 모든 네트워크에 일관적인 개성을 유지해야 한다.

### 2) 소셜 미디어의 사용 이유

인터넷 마케팅에서 마케팅 도구로서 소셜 미디어를 사용하는 것은 매우 유익하다. 모든 사람들이 소셜 미디어 사이트와 도구를 사용하고 있고, 회사는 시대에 뒤떨어지기를 원하지 않는다. 마케팅 도구로서 소셜 미디어를 사용하는 이유는 커뮤니케이션, 교육, 공동작업과 오락이다.

그림 14-6 소셜 미디어 사용 이유

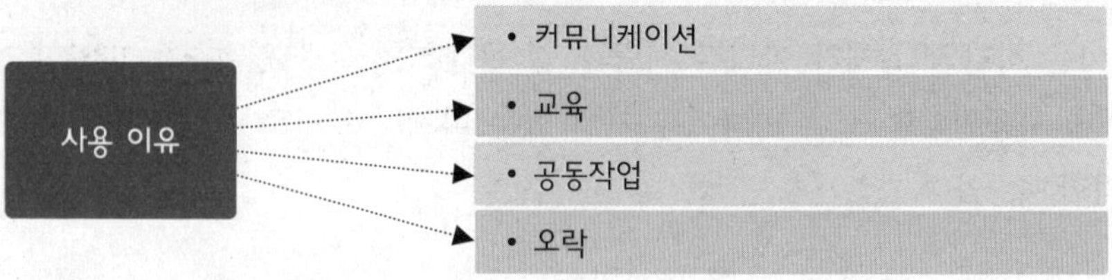


- 커뮤니케이션: 소셜 미디어 사용으로 고객들과 커뮤니케이션하고, 관계를 수립한다. 가장 중요한 것은 회사와 사용자 간의 커뮤니케이션이다. 그러나 대화를 시작하지 않는다면, 사람들이 알지 못한다면, 사이트를 개설하고 운영하는 것으로 이익을 주지는 않는다. 검색엔진만으로 존재를 나타낼 수가 없다. 따라서 소셜 미디어를 사용하고, 고객에게 접근하는 것이 필요하다. 소셜 네트워크 사이트는 선제적인 커뮤니케이션을 하고, 그래서 고객들이 쉽게 찾을 수 있다.
- 교육: 사용자들은 상대방에 대해서 누구인지 알기를 원한다. 사용자들에게 어떤 회사인지와 무엇을 판매하는지를 알려줘야 한다. 고객들이 정확히 무엇을 구매할지를 알아야 한다. 소셜 미디어가 사용자들과 직접적인 커뮤니케이션을 하기 때문에 사용자들을 교육할 효과적인 콘텐츠를 제작해야 한다.
- 공동작업: 인터넷과 소셜 미디어는 서로가 공동작업을 하는 복수 사이트와 도구가 가능하다. 서로가 공동작업을 위해 다른 도구를 사용할 수 있는 것은 마케팅 매체로서 인터넷이다. 블로그를 갖고 있다면, 문서자료를 보충하기 위해 동영상을 삽입할 수 있다.
- 오락: 회사 이미지나 판매제품의 유형에 따라서 오락은 관심의 이차적인 항목이다. 오락을 의미하는 영상이나 블로그와 같은 것을 창안하는 것은 장점이다. 오락은 회사나 제품에 관심을 자아낸다. 사람들이 알기를 원하는 평판을 고려한다.

### 3) 소셜 미디어의 최적화

인터넷 마케팅 전략으로 소셜 미디어 이용은 절대적으로 필요하다. 소셜 미디어 네트워크와 도구는 인터넷에 회사의 인지를 증가하고, 사용자들에게 브랜드에 관여하게 한다. 소셜 미디어의 최적화는 회사의 인터넷 존재를 증가하기 위한 네트워크와 소셜 미디어 도구를 가장 잘 사용하는 것을 의미한다. 최적화의 규칙은 공유 콘텐츠의 창안, 공유의 단순화, 참여의 보상, 콘텐츠의 선제적 공유와 콘텐츠 배합 장려 등이 있다.

- 공유 콘텐츠의 창안: 연결성은 공유할 수 있는 콘텐츠를 만드는 첫 단계이다. 이것은 회사와 제품에 관한 콘텐츠와 사이트에 접근성을 제공한다. 콘텐츠의 웹 페이지에 연결버튼을 추가한다. 콘텐츠 자체는 제품의 관심과 구전을 자아낸다.
- 공유의 단순화: 연결성과 공유 콘텐츠를 회사와 제품에 제공할 때 사용자들이 많은 연결 버튼

에 압도당하지 않도록 한다. 사용자가 콘텐츠를 공유하는 방법을 단순화하는 것은 과정에 시간을 소모하지 않게 하는 것이다. 소비자들의 시간은 소중하고, 그래서 쉽게 공유할 수 있다면 사용자들은 콘텐츠를 더 많이 볼 것이다.

- 참여의 보상: 회사와 제품에 관심을 자아낼 때 사용자 대화참여는 중요하다. 이것은 토론에서 공유 콘텐츠 게시까지 다양한 형태가 있다. 대화는 흥미를 자아내고, 보다 많은 콘텐츠로 보상함으로써 사용자들에게 흥미를 가치 있게 한다.
- 콘텐츠의 선제적 공유: 사용자들이 회사의 콘텐츠를 공유하도록 장려하고, 이러한 공유 과정에 참여해야 한다. 인터넷 소셜 미디어 시장에서 선제적이어야 한다. 신제품이나 개선제품의 이미지를 갖고 있는가? 제품이 어떻게 작동하는지, 사람들이 어떻게 사용하는지를 동영상으로 보여줄 수 있는가? 이러한 것들은 소셜 미디어에 게시되어야 한다. 선제적으로 콘텐츠를 공유한다면, 다른 사람들과 공유하기를 원하는 사용자들과 함께 콘텐츠를 공유할 수 있게 된다.
- 콘텐츠 배합 장려: 콘텐츠의 배합은 원래의 콘텐츠를 갖고 자신의 콘텐츠에 추가하는 사용자로 구성된다. 사용자들은 콘텐츠를 재창조하고, 배합하고, 공유한다. 최근에 회사들은 동영상이나 사진과 같은 사용자 제작 콘텐츠를 포함한 콘테스트를 개최한다. 콘테스트의 목적은 소비자들이 제품에 관여하고, 제품을 전파하도록 하는 것이다.

### 4) 콘텐츠 마케팅

소셜 미디어의 사용은 비즈니스 커뮤니케이션에서 기본적인 변화를 가져왔다. 많은 소비자들이 소셜 미디어를 채택함에 따라 변화는 아직도 진행 중이다. 소셜 미디어는 사용자들이 참여하고 정보를 공유할 수 있도록 만드는 참여형 미디어로 트위터, 블로그, 유튜브, UCC 등이 있다. 페이스북이나 카톡과 같은 소셜 미디어는 콘텐츠를 공유하고, 수정하고, 반응하거나 새로운 콘텐츠를 만듦으로써 커뮤니케이션의 과정에 있는 참여자들에게 권한을 주는 전자매체이다. 콘텐츠는 인터넷이나 컴퓨터 통신 등을 통하여 제공되는 각종 정보나 그 내용물을 의미한다. 유·무선 전기 통신망에서 사용하기 위하여 문자·부호·음성·음향·이미지·영상 등을 디지털 방식으로 제작하여, 처리·유통하는 각종 정보나 내용물이다.

#### ① 콘텐츠 마케팅의 이해

콘텐츠(contents)는 기업이 웹 사이트에 표현하는 단어, 이미지, 제품, 소리, 비디오, 대화형 그림과 다른 재료를 의미한다. 방문자가 찾는 것은 콘텐츠이고, 이를 회사가 사이트에 게시하여 유지하는 것이다. 고품질 콘텐츠는 사람들에게 흥미를 유지하고, 더 많이 재방문하도록 할 것이다. 빈약하고 비효과적인 문서 웹 사이트는 웹 사이트의 효율성에 역효과를 가져온다. 따라서 웹 사이트 뒤에 있는 브랜드나 회사에 부정적인 인상을 준다. 좋은 콘텐츠가 없다면 웹 사이트는 빈 상자에 불과하다.

사용자 제작 콘텐츠의 황금 표준은 고객평가이다. 고객평가(customer reviews)는 사이트 트래픽(site traffic)을 증가한다. 긍정과 부정평가의 게시에 관해서 회사가 건설적으로 반응을 설명한다면 사용자는 제품의 부정과 긍정평가를 게시하는 조직을 신뢰할 것이다. 좋은 콘텐츠는 관련성이 있고, 고객 중심적이다. 회사의 콘텐츠가 표적청중과 적합하지 않다면 웹 사이트는 좋은 결과를 가져오지 못할 것이다. 최적의 콘텐츠는 바로 웹 사이트 사용자가 제작하는 콘텐트다. 사용자 제작 콘텐츠가 회사의 홈페이지보다 더 검색엔진의 랭킹이 높다는 것은 특이한 경우가 아니다. 사용자 제작 콘텐츠는 다음과 같다.

- 게시판
- 제품평
- 회사의 제품의 새로운 용도
- 증언이나 사례연구
- 소셜 미디어 페이지
- 트위터피드
- 비디오 콘테스트 제출
- 사용자 인터뷰
- 온라인 그룹이나 소셜 커뮤니티 연결

**② 콘텐츠 마케팅의 구성요소**

콘텐츠 마케팅은 제품에 관한 소비자 의견의 영향을 증가하기 위해 콘텐츠를 창조하는 것을 포함한다. 다양한 매체를 통해 메시지의 품질을 향상하고 개발하는 것이다. 즉, 콘텐츠 마케팅은 고객들 욕구에 정보나 오락과 같은 콘텐츠를 일치시키는 것이다. 광고주가 표적에게 메시지를 강요하는 TV와 달리 매력적인 콘텐츠에 집중한다. 고객과 브랜드는 많은 온라인 플랫폼을 통해 직접적으로 연결된다. 콘텐츠 마케팅(contents marketing)은 수익성이 있는 고객행동을 유인하는 목적으로 명확하게 정의된 표적고객을 유치하고, 획득하고, 관여시키고, 가치 있는 콘텐츠를 창조하고 유통하는 마케팅 기법이다(Content Marketing Institute, 2013). 콘텐츠 마케팅의 구성요소는 주장기반, 마케팅 지원, 행동기반, 복합 미디어 플랫폼과 표적화 등이 있다.

- 주장기반: 독자에게 관련 정보를 말하는 것을 의미한다. 어떤 가치를 주지 않는다면, 독자의 관심을 유지할 수 없다. 독자에게 정보제공과 재미가 있어야 한다. 독자들이 읽을 가치가 있는가? 가치 있는 정보인가? 주장이 사실인가? 장점으로 보이기 위해 콘텐츠는 교육적이어야 한다. 또한 독자의 입장에서 기술하고, 독자들이 듣기를 원하는 것을 제공한다.
- 마케팅 지원: 회사는 기본적인 판매와 마케팅 목적을 갖고 있다. 콘텐츠를 통해서 새로운 사업을 창조하기를 원한다. 콘텐츠는 사실적이고, 가치가 있어야 한다. 제품과 서비스가 제공하는 것이 고객에게 이익이 있다는 것을 설명해야 한다.
- 행동기반: 회사 제품이 경쟁제품보다 더 좋고, 고객의 욕구를 더 잘 충족한다는 것을 잠재고객들이 알도록 해야 한다. 개인의 의견을 변경하는 가장 좋은 방법은 우수한 제품을 보유하는

것이다. 그러나 제품에 대한 고객 개인의 의견은 제품 자체를 능가한다. 즉, 고객 개인의 의견은 회사가 제품에 관해서 말하는 것보다 더 효과적이다.

- 복합 미디어 플랫폼: 제품을 판매하기 위해 얼마나 많은 형태의 매체를 사용하는가? 영상, 텍스트, 그림, 오디오나 TV광고 등을 사용한다. 복합 미디어 플랫폼을 사용함으로써 마케팅은 더 방대한 표적에게 신속하게 전달된다.
- 표적화: 마케팅은 특정한 인구집단을 표적으로 한다. 마케팅은 고객의 지식을 필요로 하고, 고객이 누구인지 모른다면, 마케팅 전략을 실행할 수 없다. 고객들은 속임수가 없고, 가치 있는 콘텐츠를 발견하기를 기대하고, 인터넷으로 더욱 유식하다.

### ③ 전자매체의 구성방법

전자매체에서 사용하는 많은 방법이 인쇄매체에서도 활용될 수 있지만, 다양한 전자와 소셜 미디어 콘텐츠 안에서 사용할 수 있다. 전자매체를 사용하는 새로운 커뮤니케이션 과업에 접근할 때 청중이 필요로 하는 정보가 무엇인지를 스스로 질문하고, 적절한 구성방법을 찾는다. 다음은 전자매체의 구성방법이다.

- 대화: 인스턴트 메시지는 구어 대화를 모방하는 문서매체의 예이다. 유용한 팁과 통찰력이 있는 논평의 공유는 개인적인 브랜드를 강화하는 좋은 방법이다.
- 논평과 평가: 유능한 논평자가 되기 위해서 작은 단위의 정보에 집중한다. 호언장담, 모욕, 농담, 그리고 뻔뻔스러운 자기 홍보를 하지 않는다.
- 지향점: 정보를 수집할 때 핵심을 찾는 위치를 독자들에게 알려주는 것이다. 효과적인 지향점은 한 걸음 물러나서 생각하고, 초보자의 미숙한 관점으로 보는 것이다.
- 요약: 요약은 문서의 축소판 기능처럼 세부사항을 대충 지나가는 동안 독자에게 핵심을 신속하고 간결하게 해준다. 전면에 있는 요약은 독자에게 전체 문서를 읽을 것을 결정하는데 도움이 된다. 말미에 있는 요약은 핵심을 상기하는 기능을 한다.
- 참고자료: 인터넷의 장점은 방대한 양의 참고자료를 제공한다. 참고자료의 기술은 독자들에게 접근하는 방법을 알려주는 것이다.
- 이야기: 스토리텔링 기법[16]은 회사 역사에서 제품평과 시연까지 다양한 상황에서 효과적이다. 이야기는 시작에서 독자의 호기심을 애태우고, 중간에서 직면하는 도전으로 이동하고, 종결에서 영감이나 교육적이고 삶에서 유용한 정보를 제공한다.
- 예고광고: 예고광고(teaser)는 독자를 이야기나 다른 문서 속으로 끌어당기는 방법으로써 핵심적인 정보를 의도적으로 주지 않는다. 예고광고는 독자의 시간과 지성을 존중하여 드물게 사용한다. 독자들이 속았다고 생각한다면 신뢰성을 잃을 수 있다.

---

16 Storytelling: 이야기는 어떤 논리적인 설득보다도 사람의 마음을 움직이는 힘이 강력하다. 상대방에게 알리고자 하는 것을 재미있고 생생한 이야기로 설득력 있게 전달하는 행위이다. 화자가 음성과 몸짓을 통해 청자들에게 이야기를 전달한다.

- 정보갱신과 고지: 문서작성은 갱신과 고지가 필요하다. 독자들이 유용하다고 찾는 것을 갱신하여 게시하고, 필요로 하는 정보만을 포함한다.
- 사용 지침서: 많은 메시지의 목적은 조언하는 방법을 공유하는 것이다. 신뢰할 수 있는 전문가로서 절제되고 일관성이 있는 지침이 필요하다.

### ④ 콘텐츠 마케팅의 사용 방법

콘텐츠 마케팅은 메시지를 얻기 위해 다양한 수단을 사용하는 것을 의미한다. 콘텐츠는 메시지와 회사의 평판에 적절해야 한다. 더욱 중요한 것은 콘텐츠가 메시지를 얻는 데 사용하는 소셜 미디어 플랫폼이나 도구와 일치해야 한다. 소비자는 인터넷을 통해 제품을 검색하고, 온라인으로 쇼핑함으로써 구매과정을 시작한다. 소비자들은 웹 사이트의 상품평이나 후기를 읽는다. 사이트를 분석할 수 있는 명확하고, 측정할 수 있는 방법이 없기 때문에 이러한 탐색과정은 어렵다. 소셜 미디어는 의사결정과 쇼핑 과정의 한 부분이다. 콘텐츠 마케팅을 실시하는 단계는 창작, 유통과 참여이다.

#### ㉮ 창작

콘텐츠 마케팅을 시작할 때 가장 중요한 단계이다. 이 단계는 회사와 사용자를 포함한다. 이미지와 콘텐츠를 얻기 위해 웹 사이트와 소셜 네트워크 특성을 수립함으로써 시작한다. 콘텐츠는 소셜 네트워크 사이트와 웹 사이트에 근거를 둔다. 콘텐츠는 논평, 영상과 사진을 포함한다. 판매하는 제품, 제품을 사용하는 방법이나 제품을 사용하는 사람들과 관련이 있는 토론 화제를 포함한다. 사용자들은 콘텐츠를 창작하고, 원하는 것을 말할 자유가 있다. 우수한 제품이라면 걱정할 필요가 없다. 제품에 관하여 나쁜 일이 발생할 경우 부정적인 피드백에 반응하는 소비자에게 더 우수한 서비스를 제공한다. 고객들에게 보여주려는 이미지는 콘텐츠 안에 반영하고, 욕구를 충족하고, 좋은 제품과 콘텐츠를 창작한다. 고객들은 블로그를 만들고, 제품에 관하여 검토하고, 이러한 것들은 많은 사람들이 읽을 수 있다. 인터넷에서 말한 것은 영원히 인터넷에 있다는 것을 기억해야 한다.

#### ㉯ 유통

이 단계는 회사와 사용자가 참여하는 것을 포함한다. 광고를 만들고, 블로그에 글을 올리고, 영상을 창작하는 순간 유통된다. 소셜 미디어 도구에 따라서 사용자들과 다른 독특한 방식으로 콘텐츠를 유통한다. 주간 팟캐스트는 사이트나 프로그램을 통해서 소개될 수 있다. 소셜 네트워크는 대다수의 콘텐츠가 유통되는 곳이다. 페이스북에 게시된 신제품 사진을 볼 수 있다. 반면, 사용자들은 회사와 같은 방법으로 콘텐츠를 유통한다. 가장 큰 차이는 콘텐츠가 그들 자신이 만든 것이 반드시 아니라는 것이다. 회사는 자신의 콘텐츠를 유통하지만, 사용자들은 회사의 콘텐츠를 추가하여 만든 콘텐츠를 유통한다. 그들은 링크, 영상과 사진을 공유하는 소셜 네트워크를 사용한다. 그들의 콘텐츠는 다른 사람들이 리뷰 웹 사이트에서 볼 수 있게 유통된다.

#### ㉰ 참여

사용자들은 콘텐츠 마케팅에 대해 다수의 통제권을 갖고 있다. 회사는 소비자들의 희망에 근거하여 제품을 향상하고, 피드백에 반응한다. 회사의 이미지와 평판을 반영하기 때문에 참여는 과정의 한 부분이다. 많은 참여가 아니더라도 회사는 계속적으로 대화에 참여하기를 원한다. 이것은 페이스북의 논평이나 토론, 최신 제품이나 미래계획에 대한 관심과 사안을 설명하는 영상 형태를 취할 수 있다. 어떤 경우에도 소셜 미디어 도구의 콘텐츠는 사용자와 관련이 있어야 하고, 사용자들이 듣기를 원해야 한다. 콘텐츠의 창작과 유통이 회사나 제품의 대화를 불러일으킨다면, 그것들의 관심이 나타난다. 그들은 논평, 게시와 토론의 형태로 대화에 참여할 것이다. 사용자들은 제품에 관하여 다른 사람들과 말하기 시작할 것이다. 콘텐츠는 사용자들에게 관련이 있고 가치가 있어야 한다.

## SENSE 소셜 미디어용 콘텐츠 제작 지침

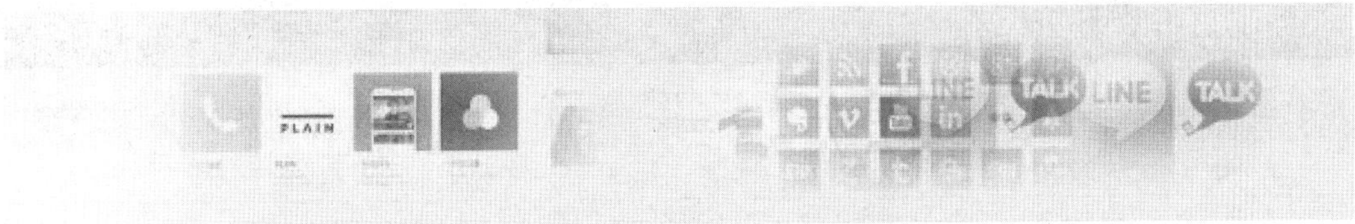

- 대화: 소셜 미디어는 강연이나 판매권유가 아니라 대화이다. 소셜 미디어의 호소 중의 하나는 한 사람이 모든 사람에게 대화하는 것이 아니라 서로가 대화하는 느낌이다. 소셜 미디어는 구전 커뮤니케이션의 새로운 의견제시이다. 사람들이 목소리가 커짐에 따라 소셜 미디어 환경에서 회사는 고객의 목소리를 무시할 수 없게 되었다.
- 비공식성: 비공식적으로 작성한다. 독특하고, 개인적인 목소리를 가진 인간으로서 작성한다. 어떤 사람도 오자와 불충분한 문장을 통해 메시지를 찾으려고 하지 않는다.
- 간결하고 구체적인 제목: 간결하고, 구체적이고, 정보가 있는 제목을 작성한다. 영리한 말장난은 피한다. 이것은 소셜 미디어에서는 필수이다. 독자들은 재치 있는 제목이 의미하는 것을 찾아내기 위해 시간과 정력을 낭비하고 싶지 않다. 소수의 사람들만이 내용을 알 수 있다.
- 몰두: 몰두하고 계속 몰두한다. 청중들이 메시지에 대하여 높은 수준의 통제력을 갖고 있지 않기 때문에 소셜 미디어는 사업가들을 신경질적으로 만든다. 잘못된 정보를 수정하고, 실수가 어떻게 고쳐지는지를 설명할 기회를 갖는다.
- 간접적 촉진: 무언가를 촉진할 필요가 있다면 간접적으로 한다. 비공식적인 친목회에서 판매권유로 사람을 만나지 않듯이 소셜 미디어로 노골적인 촉진을 삼간다.
- 정직성: 투명하고 정직하라. 정직은 언제나 필수적이며, 특히 소셜 미디어 환경은 용서를 잘 안 한다. 정보를 숨기고, 가상의 장애물 뒤에 숨고, 진실을 왜곡하려는 시도는 소셜 미디어의 공공광장 안에서 공격을 초래할 뿐이다.
- 무정부 환경: 인터넷의 환경은 무정부 환경과 같기 때문에 통제의 환상을 포기한다. 메시지와 브랜드 이미지에 대한 통제력 상실의 공포로 관리자들은 회사 내에 소셜 미디어의 채택이나 허용을 경계한다. 그러나 과거에 있던 어떤 통제라도 새로운 세계에서 다소간 없어진다. 통제하기 보다는 오히려 대화를 장려하고 형성한다.
- 신중성: 게시하기 전에 생각한다. 부주의한 메시지 때문에 개인들과 회사들은 고소와 비난을 면하기 어렵다. 회사와 고객의 보안을 유지할 책임을 기억한다. 전자매체로 보내는 모든 메시지는 영원히 저장되고, 원래 청중 외에 다른 사람들이 읽을 것이라는 것을 생각한다.

## 3 인터넷 광고

### (1) 인터넷 광고의 특징

인터넷 광고는 광고주가 제품이나 서비스를 인터넷 등을 통하여 소비자에게 널리 알리거나 제시하는 행위이다. 광고주와 광고 수용자 간에 다양한 상호작용이 일어나는 커뮤티케이션이다. 인터넷 광고는 표적화, 즉시성, 위치기반이나 상호작용으로 메시지를 수용자들에게 전달한다. 또한 고객과 직접 커뮤니케이션을 통해 충성도를 유지할 수 있다. 광고 대상이 특정한 목표고객으로 표적화가 가능하다. 광고가 실시간으로 즉시에 제공되는 등 전통적인 광고와는 많은 면에서 차이가 있다.

**표 14-2 인터넷 광고의 특징**

| 특성 | 내용 |
|---|---|
| 표적화 | 고객분석을 통해 개인별 광고 가능 |
| 즉시성 | 실시간으로 서비스를 즉시에 제공 가능 |
| 위치기반 | 고객의 위치분석을 통해 필요한 시간에 정보제공 |
| 상호작용 | 참여, 포럼, 상품주문 등 상호작용하며, 고객의 반응을 즉시 확인 가능 |

**표 14-3 전통적 광고와 인터넷 광고의 비교**

| 구분 | 전통적 광고 | 인터넷 광고 |
|---|---|---|
| 광고 대상 | 불특정 다수 | 특정 목표고객 |
| 커뮤니케이션 방향 | 일방적 | 쌍방향 |
| 정보제공 범위 | 제한적 | 무제한 |
| 이용자 참여 | 수동적 | 능동적, 자발적 |

### (2) 인터넷 광고의 유형

인터넷 광고는 형태에 따라 디스플레이 광고와 검색광고가 있다. 디스플레이 광고는 텍스트, 이미지, 동영상 등의 광고물을 이용자에게 노출시켜 광고주의 웹사이트에 접속을 유도하는 광고이다. 검색광고는 이용자가 검색어를 입력하면 광고주의 웹 사이트로 접속을 유도하는 광고이다. 디스플레이 광고는 배너, 동영상, 스폰서, 위젯 광고 등이 있다. 검색광고는 키워드 검색이 있다. 모바일 광고는 형태에 따라 디스플레이, 검색, 메시지, 어플리케이션 광고가 있다. 메시지 광고는 모바일 폰을 대상으로 테스트, 이미지 등을 전송하여, 광고주의 웹사이트로 접속을 유도하는 광고이다. 메시지 광고의 종류는 SMS, MMS 광고 등이 있다. 어플리케이션 광고는 어플리케이션 내에 삽입되는 배너광고이다.

### 1) 디스플레이 광고

디스플레이 광고 또는 노출형 광고는 배너광고로 그림이나 동영상 형태로 광고주들의 상품을 홍보하는 방식으로 시각적 효과를 볼 수 있는 광고이다. 상품정보나 이미지, 이벤트 등의 정보를 한눈에 제공할 수 있는 장점이 있다. 그러나 광고비용이 크다는 점이 단점이다. 노출형광고는 매체마다 다양한 유형의 광고상품이 존재하며 상품별 일정한 단가가 정해져 있다.

### 2) 검색광고

광고주가 원하는 검색어(키워드)를 사용하여 상품을 인터넷에 광고하는 것으로 비용이 비교적 저렴하다. 검색광고는 이용자가 광고를 클릭할 때만 광고비가 부과되는 방식으로 광고주들 간 입찰에 의해 결정된 클릭당 과금액×이용자 클릭 횟수로 광고비가 과금된다. 검색광고의 노출순위는 단순히 광고비용만으로 결정되지 않고, 광고품질도 함께 반영된다.

### 3) 입소문 마케팅

광고주가 비용을 들이지 않고, 직접 콘텐츠를 만들어 홍보하는 방법으로 광고상품에 해당하지 않는다. 일명 바이럴 마케팅(viral marketing)이라고도 한다. 광고주가 입소문 마케팅을 직접하기 어려운 경우 대행업체를 활용할 수 있다. 영문 바이러스(virus)와 마케팅(marketing)의 합성어로 바이러스처럼 짧은 시간에 널리 확산될 수 있는 마케팅 기법이다. 즉, 소비자들이 직접 작성한 블로그 포스팅 후기나 체험글, 페이스북 및 인스타그램 같은 SNS를 통한 정보전달 방식으로 제품이 홍보되는 것을 의미한다. 누리꾼의 자발적인 활동이 홍보가 된다. 구전 마케팅은 정보 제공자를 중심으로 메시지가 확산되지만, 바이럴 마케팅은 정보 수용자를 중심으로 매우 빠른 속도로 확산된다.

**표 14-4 인터넷 광고의 유형**

| 광고 유형 | 종류 |
|---|---|
| 디스플레이 광고 | 배너, 동영상, 스폰서, 위젯 광고 |
| 검색광고 | 포탈사업자 주도, 키워드 검색 |
| 메시지 광고 | SMS, MMS 광고 |
| 어플리케이션 광고 | 배너광고, 스폰서 광고 |

### (3) 인터넷 광고의 요금체계

인터넷 광고의 과금방식은 고정, 노출기준, 클릭기준, 결과기준 요금이 있다. 대부분 노출기준 요금과 클릭기준 요금으로 광고비를 산출한다. 고정요금은 텍스트, 이미지, 동영상 등 웹사이트의 특정 위치에 고정적으로 광고가 게재되고, 광고요금은 미리 정해진 단가로 산정하는 방식이다. 노출기준 요금은 광고가 이용자에게 1,000회 노출되었을 때 책정된 광고비용을 지불하는 것으로 배너광고가 있다. 클릭기준 요금은 이용자가 클릭한 횟수에 따라서 광고비가 부과되는 방식이다. 결과기준 요금은 광고목표와 광고로 일어난 결과 행위를 기준으로 광고요금을 부과하는 방식이다.

**표 13-5 인터넷 광고 요금체계**

| 종류 | 특징 |
|---|---|
| 고정요금<br>(Flat Rate) | 텍스트, 이미지, 동영상 등 웹사이트의 특정 위치에 고정적으로 광고가 게재되고, 광고요금은 사전에 정해진 단가로 산정 |
| 노출기준 요금<br>CPM(Cost Per Millenium) | 광고가 사용자들에게 노출된 횟수 기준으로 광고요금 산정 |
| 클릭기준 요금<br>CPC(Cost Per Click) | 광고를 클릭한 횟수 기준으로 광고요금 산정 |
| 결과기준 요금<br>CPA(Cost Per Action) | 광고목표와 결과행위(구매, 회원가입 등) 기준으로 광고요금 산정 |

## 4 인터넷 쇼핑몰 창업

### (1) 인터넷 쇼핑몰

인터넷 쇼핑몰은 인터넷 환경에 존재하는 가상점포를 말한다. 인터넷 쇼핑몰은 전통 시장과 달리 시간적·공간적 제약과 국경이 없다. 고객들은 인터넷에 구축된 가상점포에서 언제 어디서나 비교적 저렴한 가격으로 상품을 구입할 수 있다. 사업자의 입장에서는 운영비가 거의 들지 않고, 상권의 제약 없이 고객들에게 상품을 판매할 수 있다.

#### 1) 인터넷 쇼핑몰의 개요

인터넷 쇼핑몰은 인터넷 공간에 상품을 진열하고, 판매하는 상점이다. 고객은 오프라인 매장을 직접 찾지 않고, 인터넷 쇼핑몰에서 판매되고 있는 상품을 브랜드, 가격, 품질 등을 비교하며 구매할 수 있기 때문에 시간과 노력을 절약할 수 있다. 또한 판매자의 신속한 배송으로 신체적 노력을 절약할 수 있다. 이와 마찬가지로 판매자는 물리적 매장이 없이 상품을 인터넷 공간에서 진열·판매할 수 있기 때문에 투자비용, 재고비용, 진열비용과 운영비가 매우 적다.

### 2) 인터넷 쇼핑몰의 특징

인터넷 쇼핑몰은 가상공간에서 판매되는 점포이다. 이러한 인터넷 쇼핑몰은 사업자, 인터넷 환경, 가상 쇼핑몰과 구매 고객이 결합된 사업이다. 사업자는 통신판매하는 비대면적 소매업자이다. 고객과 사업자를 연결하는 인터넷 환경이 구축되어야 한다. 이러한 인터넷 환경은 사업자와 고객이 직접 대면하지 않고, 인터넷 환경에서 접속하여, 주문하고, 주문을 처리하는 사업이다. 가상 쇼핑몰은 인터넷 환경에서 구축된 점포이다. 가상점포에 구매 고객은 진열상품을 평가하고, 주문절차에 따라 구매를 완료하면, 사업자는 상품을 배송한다. 인터넷 쇼핑몰의 성공요인은 다양한 상품의 구색, 저렴한 가격정책, 신속한 배송과 사업자의 신뢰이다.

**표 14-6 인터넷 쇼핑몰의 특징**

| | 특징 | 과제 |
|---|---|---|
| 사업자 | 통신판매하는 비대면적 소매업자 | 신뢰성과 서비스의 극대화 |
| 인터넷 | 언제 어디서나 구매가능 | 주문절차의 용이성과 결제의 안전성 |
| 판매 | 제품정보와 구전 효과 | 전문적이고, 충분한 정보의 제공 |
| 쇼핑몰 | 다양한 상품구색과 배송 | 다양하고, 독특한 상품과 신속하고, 정확한 배송 |

## (2) 인터넷 쇼핑몰의 창업과정

인터넷 쇼핑몰의 창업과정은 시장조사로부터 시작된다. 자신의 전문지식, 경험과 관심분야에 있는 시장과 고객을 조사한다. 시장의 공백과 고객의 요구를 찾아, 아이템을 선정하고, 사업계획서를 작성한다. 인터넷 쇼핑몰 창업에 필요한 사업자등록과 통신판매업신고를 한 후 인터넷 쇼핑몰을 구축하고, 쇼핑몰을 개설하고, 운영하는 과정이다.

**그림 14-7 인터넷 쇼핑몰의 창업과정**

시장조사와 아이템 선정 → 사업계획과 사업등록 → 인터넷 쇼핑몰 구축 → 쇼핑몰 개설과 운영

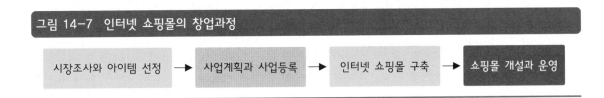

### 1) 시장조사와 아이템 선정

인터넷 쇼핑몰의 창업은 절차가 간단하고, 쉬운 사업지만, 완전히 정보가 노출된 사업이기 때문에 초기의 시장조사와 아이템 선정은 매우 중요하다. 일시적인 유행이나 경쟁이 심한 아이템은 창업자의 활력을 잃게 한다. 따라서 시장과 고객의 철저한 조사를 통하여 경쟁력이 있는 유통틈새를 찾는 것이 사업의 성공에 매우 중요하다.

#### ① 시장조사

인터넷 구매의 편리성으로 고객의 연령층이 다양화되고, 지역적인 한계를 뛰어넘어 고객층이 지속적으로 증가하고 있다. 또 구매결제의 간결화와 다양화, 해외물류의 발달로 해외구매 고객을 표적으로 한 인터넷 쇼핑몰이 증가하고 있는 추세이다. 그러나 인터넷 쇼핑몰은 고객들에게 제품정보가 다 공개되는 완전경쟁에 가까운 시장이 사업자들에게는 한계가 된다. 고객들은 제품정보에 해박한 지식을 갖고 있고, 현명하다. 이러한 고객들을 유인하기 위해서는 철저한 시장조사와 고객에 대한 지속적인 추적관리가 필요하다. 시장조사의 시작은 대형 오픈마켓을 연구하는 것이다. G마켓, 옥션, 11번가, 인터파크, 쿠팡, 티몬등과 같은 오픈마켓이나 소셜커머스에서 인기상품을 조사한다. 계절, 직업, 연령이나 성별로 소비자 관심사항을 조사한다. 조회수 평가는 keywordshop.naver.com과 같은 온라인 사이트를 활용한다. 다음은 시장조사에 필요한 내용들이다.

- 온라인 시장조사: 오픈마켓, 소셜커머스, 대형 종합쇼핑몰과 전문몰, 네이버 검색순위
- 오프라인 시장조사: 동대문, 남대문 등 도매시장, 백화점, 대형할인점
- 유사업체 벤치마킹: 경쟁대상 업체의 정보조사

#### ② 아이템 선정

인터넷 쇼핑몰 창업자가 선정한 아이템은 사업의 씨앗이다. 씨앗은 사업성공의 원인변수이다. 좋은 씨앗이 좋은 환경에서 좋은 수확을 얻듯이 좋은 아이템이 우수한 결실을 얻는다. 따라서 아이템을 선정할 때 주요 고려 요소는 창업자의 경험, 전문지식과 관심, 틈새제품, 탐색속성이나 경험속성, 표적고객과 재구매율과 제품공급과 재고 등이 있다.

##### ㉮ 창업자의 경험, 전문지식과 관심

인터넷 쇼핑몰 창업은 사업이다. 사업의 성공은 자신의 경험, 전문지식과 관심을 활용할 수 있는 분야에 몰입하는 것이다. 즉, 창업자의 개인적 특질이 사업성공의 관건이다. 취급하는 제품에 대한 전문지식은 고객과의 연결을 강화하고, 고객의 욕구를 충족할 수 있는 기반이다. 또한 전문성은 제품의 공급과 배송을 원활하게 하고, 고객에게 우수한 가치를 제공하고, 고객의 가치변화에 유연성 있게 대응할 수 있고, 판매수익을 확보할 수 있다. 따라서 창업자는 판매하고자 하는 제품의 정보와 가치를 평가하는데 전문적인 안목이 있어야 한다.

### ㉯ 틈새제품

인터넷 쇼핑몰은 제품의 품질, 가격, 특징 등 제품에 관한 정보가 다 노출되어 구매자들이 비교·평가하여 구매하기가 쉽다. 모든 쇼핑몰이 취급하는 제품이라면, 경쟁이 치열하여 가격경쟁력을 얻기가 쉽지 않다. 따라서 고객들에게 새롭고, 신기하고, 독특하고, 더 좋은 제품을 기획하는 것이 바람직하다. 온라인과 오프라인에서 취급하지 않는 틈새제품을 기획하면, 적절한 판매수익을 확보할 수 있고, 잠정적으로 경쟁이 제한된 시장을 가질 수 있다. 틈새제품은 일시적인 유행제품이 아니라 지속적인 성장이 예상되는 소비추세를 반영할 수 있는 제품이어야 한다. 또한 틈새제품은 특정한 매니아층을 형성하는 전문품이거나 오프라인에서 비교적 구매하기 어려운 제품이어야 한다. 따라서 특정한 표적고객의 욕구를 파악하고, 표적고객에 적합한 제품을 포지셔닝한다.

### ㉰ 탐색속성이나 경험속성

고객들은 제품을 오감으로 감지하기 전에 인터넷 쇼핑몰에서 제공하는 제품정보에 의존하여 제품을 구매하게 된다. 제품특징, 속성, 가격, 품질과 쇼핑몰의 신뢰성 등을 쉽게 탐색하고, 확신할 수 있는 제품을 취급한다. 제품을 사용해 본 후에도 제품의 속성과 특징을 파악하기 어려운 신뢰속성은 쇼핑몰과 사업자의 깊은 신뢰가 필요하다.

### ㉱ 표적고객과 재구매율

표적고객의 선정은 사업의 기둥과 같다. 기둥이 부실하면 건물이 붕괴되듯이 표적고객이 제품을 구매해 주지 않는다면 사업은 유지될 수 없다. 취급제품을 먼저 선정하고, 그 제품에 맞는 표적고객을 탐색할 수 있다. 표적고객은 구매력이 있는 수요를 유발할 수 있어야 하고, 제품구매의 편리성을 추구하는 고객이어야 한다. 또한 표적고객에게 재구매율이 높은 제품을 선정해야 한다. 표적고객과 쇼핑몰 커뮤니티를 형성하고, 제품구매의 편리성과 신뢰성뿐만 아니라 표적고객의 자아와 일치시킬 수 있는 제품과 쇼핑몰 이미지 창조에 많은 노력이 필요하다.

### ㉲ 제품공급과 재고

온라인 쇼핑몰은 사업자와 제품의 유형성을 고객들에게 제공하기 힘든 무형의 사업이다. 따라서 고객의 주문에 신속하게 제품을 공급할 수 있는 적절한 제품재고를 확보하여야 한다. 제품공급자의 적절한 재고확보를 전제로 하지 않는다면, 인터넷 쇼핑몰은 신뢰가 훼손되어 고객들로부터 불만과 항의가 빈발할 수 있다. 적절한 재고가 확보되지 않는다면, 결국 사업은 힘들게 된다. 따라서 제품공급자의 공급여력과 신뢰를 정밀하게 파악해야 한다. 제품공급자는 2~3곳을 확보한다. 다음은 제품공급자 선정 시 고려사항이다.

- 제품공급의 지속성과 적절한 재고
- 반품처리와 배송
- 세금계산서 발행과 판매수익
- 대금결제 조건

▪ 공급처 참고
✓ 나까마: http://naggama.co.kr
✓ 코코수: http://www.cocosu.co.kr

## 2) 사업계획과 사업등록

사업계획 과정은 사업계획서 수립, 사업자등록 및 통신판매신고 등이 있다. 사업계획서는 사업의 과거와 현재 상태를 기술하지만, 주요 목적은 사업의 미래를 표현하는 것이다. 창업은 창업자에게는 새로운 경험이므로 창업 이후에 발생이 가능한 잠재적인 문제를 파악하기 어렵고, 창업절차는 매우 복잡하다. 이러한 문제를 사전에 파악하고 대비책을 마련할 필요가 있다. 사업계획서 수립은 벤처창업과 경영(유순근 저)을 참고하기 바란다.

인터넷 쇼핑몰 사업을 하려면, 사업자등록, 통신판매 신고와 부가통신사업 신고 등이 있다. 이러한 등록이나 신고는 각각 기관에 따라 다르다. 통신판매 신고는 전기통신매체, 광고물 등을 통해 소비자와 직접 상거래가 이루어지는 통신판매업을 하는 경우 신고하는 민원사무이다 제1장 창업과 기업가 정신, 제2절 창업의 과정을 참고하기 바란다.

**표 14-7 등록 및 신고 유형**

| 사업자등록증 | 통신판매신고증 | 부가통신사업신고 |
|---|---|---|
| • 세무서<br>• 등록비: 무료<br>• 즉시 발급 | • 인터넷 가능<br>• 등록비: 45,000원<br>• 구청 | • 자본금1억 이상<br>• 체신청 |

### SENSE 인터넷 쇼핑몰 창업 주의사항

- 인터넷 쇼핑몰을 통한 거래는 「전자상거래 등에서의 소비자보호에 관한 법률」의 전자상거래와 통신판매에 모두 해당한다.
- 인터넷쇼핑몰을 통해서는 담배, 의약품 등을 판매할 수 없으며 주류, 건강기능식품, 의료기기, 유해화학물질 등은 판매에 필요한 요건을 갖추고, 신고 등을 한 경우에만 판매할 수 있다.
- 인터넷쇼핑몰은 「전자상거래 등에서의 소비자보호에 관한 법률」상의 통신판매업에 해당하므로 인터넷쇼핑몰 창업자는 이 법에 따른 통신판매업신고를 반드시 해야 하며, 특히 자본금이 1억원을 초과하는 창업자는 「전기통신사업법」의 부가통신사업에도 해당되므로 통신판매업 신고 외에 이 법에 따른 부가통신사업 신고도 해야 한다.

### 3) 인터넷 쇼핑몰 구축

인터넷 쇼핑몰 구축의 첫 단계는 도메인을 선정하고 등록하는 것이다. 도메인이 확보되면, 자사의 사이트를 구축하고, 제품을 판매할 공간인 쇼핑몰을 제작한다. 또한 자사의 쇼핑몰뿐만이 아니라 기존의 대형 쇼핑몰이나 오픈마켓 입점을 계획한다.

#### ① 도메인 선정 및 등록

도메인(domain)은 인터넷 숫자로 이루어진 인터넷상의 컴퓨터 주소를 알기 쉬운 영문으로 표현한 것으로 인터넷상의 주소이다. 도메인은 도메인 공인기관에서 구매한다. 도메인의 이름은 짧고, 기억하기 쉽고, 간단해야 한다. 그러나 이러한 좋은 이름은 이미 다른 사람들이 확보하고 있을 것이다. 도메인은 연회비를 사용료로 지불하는 데 2~3만원 내외이다. 다음은 주요 도메인 공인기관이다.

- 후이즈: http://www.whois.co.kr
- 가비아: http://www.gabia.com
- 아이네임즈: http://www.i－names.co.kr

#### ② 사이트 구축과 기존 쇼핑몰 입점 결정

쇼핑몰 창업자는 자신의 사이트와 기존 쇼핑몰을 통해서 제품을 판매하는 것이 바람직하다. 오프라인에서 제품을 판매하려면 매장이 있어야 한다. 매장에 상품을 진열하여 판매를 시작한다. 상품을 인터넷에서 판매할 수 있는 매장이 바로 사이트이다. 이 사이트에 제품을 진열하고, 고객이 주문과 결제하는 공간이 바로 쇼핑몰 사이트이다. 인터넷 쇼핑몰에서 제품을 판매하려면 자신의 사이트나 기존 쇼핑몰 입점이 있어야 한다. 따라서 자신의 사이트를 구축하고, 호스팅 서비스를 이용한다. 또한 기존 쇼핑몰 업체에 입점하는 것을 고려한다.

##### ㉮ 사이트 구축과 호스팅

도메인은 인터넷 주소를 확보한 것이지만 고객들이 알지 못한다. 고객들이 알고 자신의 도메인을 찾아 방문하려면 자신의 사이트가 구축되어야 한다. 쇼핑몰 사이트를 구축하면 서버를 갖고 있어야 하나 비용이 많이 든다. 그래서 연회비를 지불하고 서버를 사용하는데 이때 쇼핑몰 프로그램까지 호스팅 받으면 된다. 대부분 도메인 등록업체가 인터넷 쇼핑몰 운영자를 위한 호스팅 사업까지 한다. 호스팅(hosting) 서비스는 서버와 네트워크를 갖춘 사업자에게 월별로 일정 금액을 지불하고, 임차한 온라인상의 공간을 사용하는 것이다. 인터넷 쇼핑몰을 시작하는 사업자는 비교적 어려움 없이 시장에 진입할 수 있는 장점이 있다.

고객들이 먼저 네이버, 다음이나 구글 등을 통해서 들어오도록 해야 한다. 이러한 검색엔진을 통해서 방문을 유도하려면, 호스팅이 완료된 후 네이버, 다음, 네이트 등 검색엔진에 자사의 사이트를 등록한다. 고객들은 대부분 검색엔진을 통해서 유입된다. 따라서 검색엔진 등에 키워드 광고 등을 기획하는 것이 필요하고, 가격비교 사이트에도 등록한다.

**㉯ 인터넷 쇼핑몰의 종류**

인터넷 쇼핑몰은 틈새유통 사업이다. 판매방식에 의한 쇼핑몰 종류는 단독형 쇼핑몰과 입점형 쇼핑몰이 있고, 입점형 쇼핑몰은 종합대형 쇼핑몰, 오픈마켓, 카페, 소셜커머스, B2B 판매 등이 있다. 단독형 쇼핑몰은 사업자가 자신의 독립된 가상점포에서 판매하는 쇼핑몰이고, 입점형 쇼핑몰은 다른 사업자가 구축한 가상점포에 일정한 수수료를 받고 상품을 판매해 주는 가상점포이다. 또 운영형태, 규모 등에 따라 종합쇼핑몰과 전문 쇼핑몰이 있고, 이런 경우는 독립된 주소를 가지고 있는 인터넷 쇼핑몰이다.

그림 14-8 인터넷 쇼핑몰의 종류

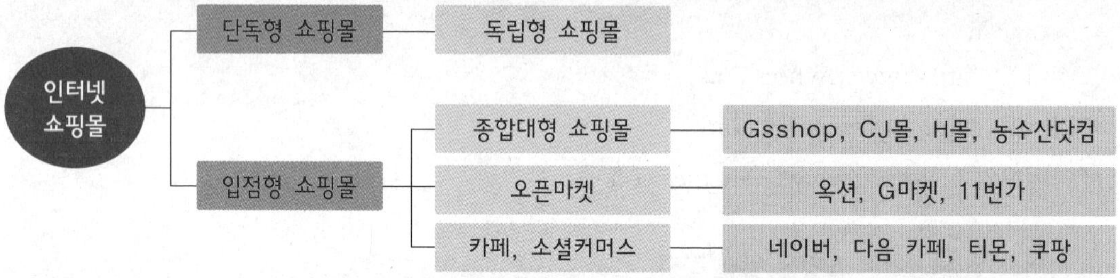


표 14-8 인터넷 쇼핑몰의 특징

| 구분 | 설명 |
|---|---|
| 단독형 쇼핑몰 | • 사업자가 자신의 가상점포에서 자신의 상품을 판매하는 방식<br>• 운영비가 들고, 쇼핑몰 홍보에 한계가 있다. |
| 입점형 쇼핑몰 | • 대형 인터넷 쇼핑몰에 입점·판매방식: Gsshop, CJmall, 인터파크 등<br>• 경쟁력이 있는 판매자에게 적합하며, 대형 인터넷 쇼핑몰의 고객을 활용할 수 있으나, 판매 수수료를 지급해야 한다. |
| 오픈마켓 | • 특정한 업체가 개설한 인터넷 쇼핑몰을 통해 구매자에게 직접 상품을 판매할 수 있도록 하는 전자상거래 사이트: 옥션, G마켓, 11번가 등<br>• 온라인 판매경험이 없거나, 저렴한 가격에 상품공급이 가능한 판매자에게 적합 |
| 카페,<br>소셜 커머스,<br>B2B 판매 | • 카페 이용 방식: 네이버, 다음 등 인터넷 카페에서 제공하는 결제시스템을 활용한 상품판매 방식<br>• 소셜커머스: 특정 기간에 단일 제품을 할인·판매하는 방식으로 제품의 가격이 저렴하거나 단일 제품에 적합 (예: 티몬, 쿠팡 등)<br>• B2B: 기업 간의 전자상거래로 기업에 제품을 대량으로 판매하는 방식 |

오픈마켓은 판매자 활동 및 구매자 활동을 동시에 할 수 있는 인터넷 장터이다. 대표적인 오픈마켓은 G마켓, 옥션, 11번가 등이 있고, 이들은 시스템을 제공한 대가로 판매자 회원들에게 상품 등록 수수료, 판매수수료, 광고수수료 등의 수익구조를 갖고 있다. 통신판매중개업자인 오픈마켓은 C2C(consumer to consumer), B2C(business to consumer), B2B(business to business), 해외쇼핑 유형

까지 그 폭이 넓어지고 있다. 판매수수료는 오픈마켓 사업자별로 운영하는 카테고리별 판매수수료 체계가 상이하나 약 8~12% 정도이다.

㉰ **상품등록**

오프라인에서 제품을 판매하려면, 매장에 진열해야 한다. 상품진열이란 바로 쇼핑몰 사이트에 상품을 등록하는 것이다. 상품등록은 과장되지 않고, 사실적인 정보를 자세하게 전달한다. 제품사진은 고객에게 제품구매를 유도하는 도구이다. 사진은 실물을 명확하고, 정확하게 표현되어야 하고, 스토리가 있는 사진이면 훌륭하다. 그러나 저작권이 있는 사진을 사용해서는 안 된다.

㉱ **주문결제 시스템과 택배**

인터넷 쇼핑몰 사용자는 대부분 제품을 주문하고, 대금결제를 카드로 한다. 온라인 카드결제 시스템은 쇼핑몰 호스팅 업체에서 서비스를 해주기 때문에 의뢰하면 된다. 무통장이나 계좌입금을 하는 고객을 위해 모든 은행의 계좌를 준비한다. 이렇게 하면 고객들이 주문한 후 결제하는 데 이상이 없다. 인터넷 고객들은 시간이 없고, 급하다. 배송은 경쟁력이다. 따라서 확실한 배송업체를 선정한다. 초기 물량이 적기 때문에 배송료가 비쌀 수 있지만, 신속하고 정확한 배송을 원한다면 신용이 있는 회사를 선택하여 계약을 체결한다.

### 4) 쇼핑몰 오픈과 운영

고객들이 인터넷 쇼핑몰에 저절로 오지 않는다. 고객들을 유인하려면, 홍보가 필요하다. 홍보는 자극제가 있어야 하기 때문에 흥미 있고, 매력 있는 이벤트를 기획한다. 할인 이벤트, 사은품 이벤트, 회원 로그인이나 구매 후 이벤트 참여 등으로 고객들을 유인하는 자극제를 기획한다. 메일링, 게시판, 후기 등을 통해 고객과의 접점을 강화하고, 고객층을 파악한다. 고객은 왕이다. 그렇기 때문에 고객들은 특별한 대우를 받고 싶어 하고, 특별한 대우가 있는 쇼핑몰을 찾는다. 또한 고객들은 불안하다. 불안은 위험이다. 고객들의 지각된 위험을 감소하는 것은 신뢰이다. 신뢰구축은 바로 쇼핑몰의 매출이다. 고객으로부터 신뢰를 받으려면, 일관성이 있는 정책이 필요하고, 고객의 실수나 반품에 대한 신속한 고객응대로 회복시켜주어야 한다. 신속한 배송, 신속한 환불, 신속한 고객응대는 신뢰의 기반이고, 신뢰는 충성고객을 만들고, 충성고객은 회사의 매출과 수익에 기여한다.

고객들은 연대의식이 있고, 다른 고객들과 정보와 의견을 공유하고 싶어 한다. 자료는 항상 최신의 것으로 갱신하고, 고객들 간의 커뮤니티, 고객과 쇼핑몰 사업자 간의 커뮤니티를 구축하기 위해 네이버, 다음 등의 까페나 블로그를 개설하여, 쇼핑몰의 홍보수단으로 활용할 뿐만 아니라 다양한 콘텐츠를 고객들에게 제공한다. 이렇게 할 때 고객들과의 친밀감과 연대감이 강화되고, 고객들은 자발적으로 긍정적인 구전을 전파하는 쇼핑몰의 홍보대사가 된다.

# 5 고객관계관리

## (1) 고객접점 관리

고객은 기업에서 가장 중요한 이해관계자이다. 제품을 구매하는 고객이 없다면 대부분의 기업은 수익을 얻을 수 없다. 고객과의 성공적인 관계는 고객의 욕구를 충족하거나 초과하는 것에 근거한다. 이것은 고객이 갖고 있는 문제가 무엇인지 파악할 때와 문제가 발생하기 전에 해결책을 제공할 때 이루어진다. 경쟁사에 비해 회사와 거래할 이유를 고객에게 제공하는 것이 중요하다. 고객관계관리는 고객중심을 실행할 뿐만 아니라 고객기반을 기꺼이 받아들이는 것을 의미한다.

### 1) 고객접점

고객접점은 고객관계 중에 브랜드가 고객의 생활을 접촉하는 모든 점이다. 이것은 고객관계관리의 시작점이고, 고객과 상호작용하는 모든 시간에 보람 있는 경험을 고객에게 전달한다. 접점(touchpoint)은 브랜드가 처음으로 시작되는 순간이거나 고객이 처음으로 브랜드나 점포 등을 만나는 순간이다. 사람들은 고객으로서 시작하지 않고, 잠재고객으로 시작한다. 단지 기업의 제공물을 보기만 한다. 잠재고객이 관심을 표현하게 되면, 고객관계관리는 잠재고객을 고객으로 전환하는 데 도움이 된다. 어떤 사람들은 가격으로 쇼핑을 하고, 그들을 충성고객으로 전환할 필요가 있다. 브랜드 인식과 서비스는 차별점이다. 고객접점은 인쇄나 배너광고처럼 단순하다. 콜 센터 직원과 고객 간의 대화처럼 다면적일 수 있다.

그림 14-9 고객의 분류와 전략

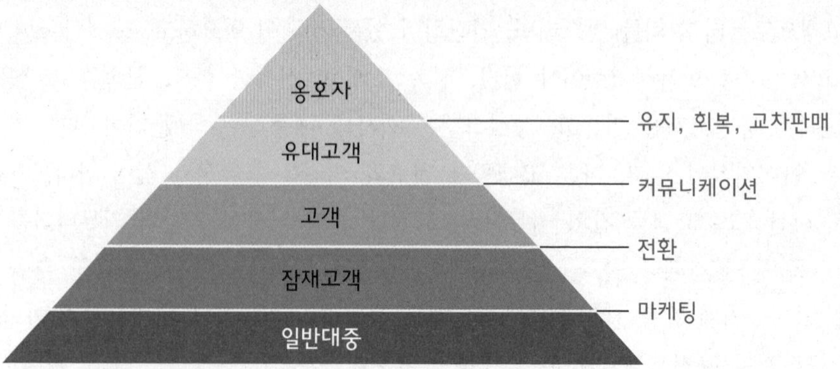

### 2) 고객접점 관리

고객접점은 고객이 제품이나 서비스를 제공받기 위해서 정보탐색이나 주문하는 과정에서 만나는 국면이다. 회사는 고객접점 국면에서 신뢰와 사용자 경험을 향상하는 방안을 고려해야 한다. 고객접점 국면으로 구매 전, 구매와 구매 후 단계 등으로 분류할 수 있다.

#### ① 구매 전 국면

소비자 경험, 지식과 지각된 위험은 구매의사결정 과정에서 중요한 역할을 한다.[17] 구매 전 단계에서 소비자들은 특정한 제품이나 서비스 구매를 결정하기 전에 정보탐색을 시작하고, 대안을 평가한다. 서비스를 구매하기 위한 의사결정은 욕구환기(need arousal)로 촉발된다. 욕구는 무의식적인 마음, 신체적 상황이나 외부원천에 의해서 유발될 수 있다. 소비자들은 자신의 욕구에 대한 해결안을 찾기 위해 자극을 받고, 구매를 결정하기 전에 대안을 평가한다. 잠재고객이 결정하기 전에 브랜드와 잠재고객이 상호작용하는 다양한 방법을 포함한다. 다음은 브랜드의 목표이다.

- 고객획득
- 브랜드 인지도 강화
- 브랜드 지각형성
- 가치제공과 고객욕구 충족제시
- 제품과 서비스에 대한 고객교육

#### ② 구매 국면

구매 국면은 고객이 제품을 구매하기로 결정한 순간이다. 실제적인 구매는 소비자가 필요한 브랜드를 찾아내고, 신뢰하는 소매상을 선택하고, 적절한 지불방법을 선택한 후에 온다. 평가단계에서 소비자는 브랜드를 순위평가하고, 구매의도를 형성한다. 구매의도와 구매결정은 다른 사람의 태도와 상황요인에 영향을 받을 수 있다. 다음은 구매 국면 목표이다.

- 신뢰감 주입
- 가치전달
- 구매결정 강화
- 브랜드 지각 강화

#### ③ 구매 후 국면

구매 후 평가는 제품구매가 성공인지 아닌지를 소비자가 결정하는 방식이다. 구매 후에 입수된

17 Byrne(2005).

새로운 정보가 소비자의 생각에 영향을 주기 때문에 이 과정은 항상 소비자가 구매하기로 예상했던 제품과 실제로 구매했던 제품 간의 비교를 포함한다. 따라서 이용자들은 기대와 성과 간의 비교를 통해 만족과 불만족을 경험한다. 브랜드와 고객 간의 판매 후 상호작용이다. 다음은 구매 후 목표이다.

- 관계개발
- 고객경험 극대화
- 브랜드 약속전달
- 브랜드 충성도 증가
- 최초상기군[18] 유지
- 반복구매 유도

## (2) 고객관계전략

고객들을 기업에 더 밀접하게 하는 전략은 많이 있다. 모든 수준에서 효율적으로 전략을 실행함으로써 고객관계를 강화될 수 있는 유대를 창조한다. Parasuraman은 관계마케팅 전략을 계획하는 데 도움이 되는 틀을 개발하였다. 이 전략적 틀은 서비스 공급자가 효율적으로 사용할 수 있는 유대의 수준이다. 즉, 고객관계전략은 재무적, 사회적, 개별화와 구조적 연대이다.

그림 14-10 고객관계전략적 토대

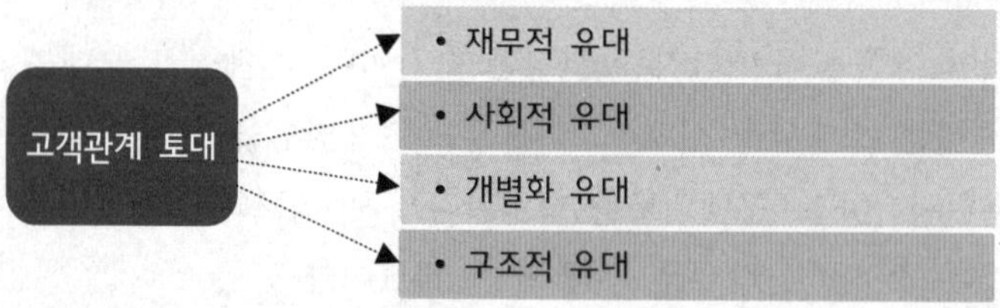


### 1) 재무적 유대

재무적 연대(financial bonds)는 고객관계의 기반이 된다. 고객들은 회사가 제공하는 할인가격에 자극을 받는다. 할인금액은 구매량의 증대로 이어진다. 그러나 재무적 유대가 모호하게 사용된다면, 고객들은 핵심 서비스의 일부분으로 기대하게 된다. 재무적 유대는 다른 시장에서 구매와 연결된다. 서비스의 교차판매와 묶음판매는 이러한 원리를 이용한 것이다. 예를 들면, 항공사와 호텔은 자동차 임대회사와 연결하여 할인율을 적용한다.

18 최초상기도(top of mind): 소비자가 여러 가지 경쟁 브랜드 중 맨 처음 떠올리는 브랜드.

### 2) 사회적 유대

회사는 대인관계 또는 사회적 유대(social bonds)를 통해서 더욱 친밀한 관계를 형성한다. 고객들은 얼굴이 없는, 정체 불명한 존재이다. 고객들은 협력자이고, 어떤 경우에는 이해관계자이다. 기업은 고객과 사회화하는 것을 기대하고, 고객의 문제에 귀를 기울인다. 고객은 문제가 발생할 때 불평을 할 수 있다. 대량마케팅은 기업이 고객과 접근하기 어렵지만, 고객관계관리로 사회적 유대의 수준에 접근할 수 있다. 사회적 유대는 고객과 서비스 공급자를 연결하는 관계이다.

### 3) 개별화 유대

고객의 특정한 집단에 전달되는 서비스를 개별화할 때 서비스 공급자는 개별화 유대(customization bonds)를 창조하려고 한다. 즉, 제공자는 고객의 욕구에 서비스를 맞추어 제공한다. 개별화를 통해 고객은 서비스 공급자와 유대하게 된다. 고객이 다른 서비스 공급자로 전환하면 높은 비용이 든다. 그래서 서비스를 개별화하는 것은 서비스 전달의 필수적인 요소이고, 서비스 공급자는 고객이 회사에 남아있는 것을 확실히 하기 위해 관계를 추적한다.

### 4) 구조적 유대

구조적 유대(structural bonds)는 장비나 내구재의 설치처럼 관계 종결 시 회수될 수 없는 구매자의 조직에 투자할 때 발생한다. 즉, 서비스 공급자가 제시하는 서비스가 고객 회사의 시스템이나 프로세스 안에 설계될 때 구조적 유대는 발생한다. 공급자 지식과 경험은 구매자의 전환행동을 금지하는 구조적 연대를 창조할 수 있다. 고객문제에 대한 해결안이 서비스 전달 시스템 안에 설계될 때 구조적 연대에 의존한다. 구조적 연대는 다른 회사가 제공하는 것이 어렵거나 비용이 들거나 다른 데에서 쉽게 얻을 수 없는 부가가치 혜택을 표적고객에게 제공하는 것이다. 개별화에 관한 지식과 정보를 포함하여 서비스 전달 시스템에 포함된 부가가치 서비스이다. 개별화와 마찬가지로 고객들이 회사가 제공한 서비스에 확실히 만족하도록 공급자는 서비스 경험에 대한 고객지각을 추적해야 한다.

## (3) 고객관계관리

고객관계관리(customer relationship management)는 내부고객과 외부고객과 상호 유익한 관계를 구축하는 과정이다. 관계는 모든 조직에서 필요하고, 이해관계자와의 적절한 관계는 성공에 필수적이다. 긍정적인 관계를 수립하는 데 필요한 요소가 있다. 즉, 자아존중, 상호존중, 동정심, 상호협력, 상호신뢰와 약속 및 효과적인 커뮤니케이션이다.

그림 14-11 성공적인 고객관계관리

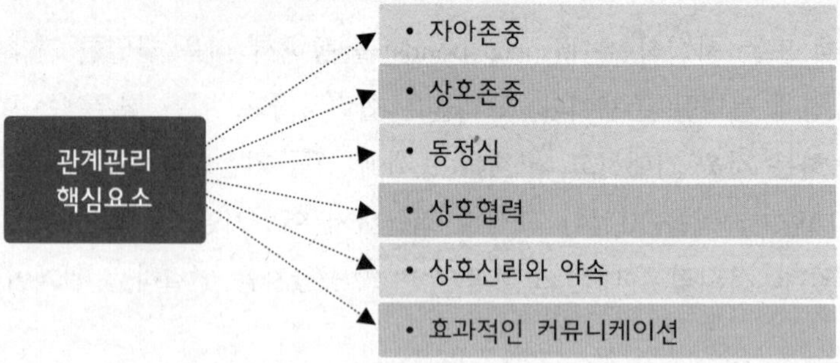
관계관리
핵심요소
• 자아존중
• 상호존중
• 동정심
• 상호협력
• 상호신뢰와 약속
• 효과적인 커뮤니케이션

### ① 자아존중

자신을 관심, 존경, 인정, 주목과 배려할 만한 사람으로 보는 것이 관계관리의 첫 단계이다. 관용이 가정에서 시작하듯이 존경은 자신에게서 시작한다. 소유하지 않은 것을 줄 수 없듯이 자아존중감이 없는 사람은 다른 사람을 존중할 수 없다. 자아존중(self-respect)은 개인이 자신에 관하여 얼마나 좋거나 나쁘게 느끼는가이다.[19] 높은 자아존중감은 긍정적인 행동, 독립심, 책임수행, 좌절에 대한 인내, 동료압력에 대한 저항, 새로운 과업과 도전에 대한 흔쾌한 시도, 긍정과 부정적 감정의 통제능력과 타인에 대한 흔쾌한 도움 제공을 포함한다.

### ② 상호존중

상호존중(mutual respect)은 상대방에 대한 자발적인 인정과 진정한 칭찬이다. 중요한 요소는 자신으로부터 다른 사람에게, 다른 사람으로부터 자신에게 관계가 자유롭게 흐르는 것이다. 상호존중이 성공적이려면 관계가 지속되어야 한다. 상호존중은 행복과 평화에 이르는 길이다. 상호 간에 존중이 있을 때 모든 관계는 풍부해진다. 상호존중은 문제를 진지하게 해결하는 의지를 갖고, 진정한 이타심을 기꺼이 주려는 마음이다.

### ③ 동정심

동정심(compassion)은 다른 사람의 위험과 고통을 경감하려는 강한 관심을 갖는 느낌이다. 즉, 고통이나 곤경을 겪는 사람을 이해하거나 공감하는 마음이다. 동정심은 어떤 관계에서도 필요하다. 그러나 동정심이 아닌 자기 이익에 근거한 관계는 특정한 목적을 위해서만 존재할 뿐이다. 동정심은 다른 사람에 대한 진정한 관심이 있어야 한다. 동정심은 서로에게 좋은 느낌을 갖게 한다. 따라서 동정심은 서로를 우호적인 관계로 만들고, 작업장에서 동료를 더욱 긍정적인 시각에서 보게 하고, 즐거움과 만족과 같은 정서를 느끼게 하고, 과업에 더욱 몰입하게 된다.

---

19 Ferkany(2008).

④ **상호협력**

상호협력(cooperation)은 공동의 목적이나 이익을 위해 함께 행동하거나 작업하는 행동을 의미한다. 서로 이익이 되는 일에 종사할 때 경쟁 대신 자발적인 협력이 이루어진다. 협력은 양자에게 적절한 자원이 존재하거나 상호작용에 의해서 만들어질 때 발생한다. 근육 만들기 활동이 체력을 강화하듯이 공동의 목적을 위해 공동으로 노력하면 관계강화가 구축된다. 사무실은 직장인들이 많은 시간을 보내고, 많은 사람들과 상호작용하는 곳이다. 좋은 처신은 기쁨이 되고, 나쁜 처신은 고통거리가 될 수 있다. 자신과 다른 사람들이 동일하게 이해하고 있는지를 확인하는 것이 필요하다.

⑤ **상호신뢰와 약속**

공동 작업은 상호신뢰(mutual trust)가 필요하다. 상호신뢰는 진실, 개성, 성실과 증명된 능력에 근거하는 신뢰이다. 신뢰는 다른 사람과 함께 경험을 통해서 얻게 된다. 신뢰는 요구할 수 없고, 속일 수도 없고, 단지 경험을 통해서 얻을 수 있다. 저축한 돈이 있어야 찾아 쓸 수 있듯이 신뢰를 축적해야 꺼내 쓸 수 있다. 신뢰구축은 효과적인 조직을 구축할 때 중요한 요소이다. 신뢰 없이 조직 구성원들은 자유롭게 대화하려고 하지 않는다. 신뢰가 있을 때 마음속에 있는 것을 정확하게 말할 수 있다. 신뢰는 내부결속력을 강화하는 섭착제이고, 필수재이다. 다음은 내부나 외부 이해관계자와 신뢰를 구축하는 필수요소이다.

- 정직성: 다른 사람과의 거래에서 항상 정직한가?
- 신뢰성: 신뢰할 수 있게 말하거나 제안할 수 있는가?
- 책임성: 언제나 자신의 행동에 대해서 책임을 질 수 있는가?
- 확실성: 약속한 것을 확실하게 수행하는가?
- 투명성: 언제나 분명하게 말하는가?
- 예의성: 다른 사람의 견해에 경청하는 매너를 갖고 있는가?

약속(commitment)은 합의와 공약이다. 약속은 결정이지만, 일단 결정하면 실행이 뒤따라야 한다. 따라서 약속은 결정이고, 결정은 실행이고, 실행은 준수로 이어져야 상대방으로부터 신뢰를 얻을 수 있다. 약속은 장기적인 신뢰자원으로 자신의 가치이다. 가치가 적다면 신뢰를 얻기 어렵고, 신뢰를 얻지 못하면 큰일을 도모하지 못한다. 따라서 직장인은 자신의 신뢰자산을 확충하는 데 노력해야 하고, 대인관계에서 정직해야 하고, 상대방에 대한 배려와 공감이 있어야 한다.

⑥ **효과적인 커뮤니케이션**

조직에 대한 이해관계자들의 인식은 커뮤니케이션에 의해 영향을 받는다. 이해관계자들이 조직의 정보를 찾을 때 사실적인 정보를 제공한다. 훌륭한 커뮤니케이션은 이해관계자들의 신뢰를 구축하는 데 매우 중요하다. 이해관계자들은 그들의 견해를 경청하기를 원한다. 조직이 이해관계자의 견해에 따라 행동할 수 없다면 그들은 이유를 알기를 원한다. 이해관계자들이 조직에 대해서 잘 알 때 조직을 더욱 신뢰하게 된다. 다음은 이해관계자들에게 신뢰를 받는 커뮤니케이션이다.

- 관련성이 있고, 유용한 정보제공
- 이해관계자의 욕구에 신속한 반응
- 규칙적이지만, 짧고 간결한 메시지
- 이해관계자가 요청한 방식에 의한 커뮤니케이션

## SENSE 당신의 취향을 알고 있는 e커머스

■ 수익 못 내도 공격적 투자

당신의 사업이 인터넷상에 존재하지 않는다면 당신 사업 자체가 곧 존재하지 않게 될 것이다(빌 게이츠). e커머스가 등장한 지 20여 년밖에 되지 않았다. 시가총액에서 월마트는 220조원, 아마존은 370조원이다. 월마트가 매출이 4~5배 높고, 직원 수도 9배쯤 많다. 1995년 설립된 이베이의 성공은 1997년 옥션이 창업되는 데 영향을 끼쳤다. 거대 쇼핑몰의 등장으로 판매자 신뢰 문제는 빠르게 정리됐다. 가끔 선수금만 챙기고 도망가는 업체가 없지 않았으나, 결제대행업체가 확보한 보증금 등으로 피해 수습이 가능했다. 2001년 옥션이 먼저 이베이에 팔리고, 옥션과 치열하게 경쟁하던 지마켓마저 2009년 이베이에 팔리면서 가격경쟁 시대의 승자가 이베이로 정해졌다.

■ 소셜커머스의 등장

2010년 20대가 소셜커머스 아이디어를 들고 국내 e커머스는 새로운 시대를 맞는다. 소셜커머스의 원조인 미국 그루폰은 하루에 한 건씩 반값에 파는 번개장터 개념으로 시작했다. 티몬, 쿠팡이 창업하면서, 공동구매를 통한 가격파괴로 유통시장과 지역광고시장을 흔들어놓았다. 선두 그룹을 형성한 티몬, 쿠팡, 위메프 3사가 계속 투자를 받아가며 버스, TV, 인터넷 광고를 통해 순식간에 매출을 끌어올렸다. 이제는 3사 모두 소셜커머스의 성격은 사라지고, MD(머천다이저)가 골라온 제품을 저렴하게 파는 종합유통몰이 됐다.

■ 소셜커머스의 성공요인

첫째, 온라인 구매는 원래 불편한 것이라며 참고 견디던 고객에게 새로운 차원의 서비스를 제공했다. 온라인 쇼핑의 경쟁 포인트는 저렴한 가격이 아니라 배송이나 환불 같은 고객서비스이다. 쿠팡은 막대한 투자를 통해 로켓배송을 시작했고, 티몬도 배송지연시 무한자동보상제도, 무료 반품제, 바로환불제 등 선진국 수준의 고객서비스를 도입했다. 둘째, e커머스의 잠재력을 전 국민이 이해하는 계기를 제공했다. 티몬은 창업한 지 1년 만에 미국 리빙소셜에 추정가격 3,000~4,000억원에 팔린 것이다. 신현성 티몬 대표는 2015년 다시 주식을 매입해 티몬 경영권을 회복했다. 2015년 일본 소프트뱅크가 쿠팡에 1조 1,000억원을 투자하면서 회사가치를 5조 5,000억원으로 산정한 사건이다. 전국에 19개 점포를 지닌 현대백화점의 시가총액이 약 2조 6,000억원이니 쿠팡 가치의 절반도 안 된다. 쿠팡이 창업 5년 만에 5조원짜리 사업을 만들었다면, 국내 유통업계에 그 5년의 의미는 무엇일까? 5년 동안 시가총액 변화를 보면 현대백화점은 28% 하락, 신세계백화점은 21.6% 하락, 롯데쇼핑은 35.8% 하락, 이마트는 37% 하락했다.

출처: 주간동아 2016.12.14.

## 참고문헌

서의호 · 김창수(2013), 인터넷 · 소셜 · 모바일 비즈니스, 서울: 학현사.

유순근(2017), 창의적 신제품개발 2판, 서울: 진샘미디어.

_____(2016), 서비스 마케팅, 서울: 무역경영사.

_____(2016), 센스 마케팅, 서울: 무역경영사.

_____(2016), 비즈니스 커뮤니케이션, 서울: 무역경영사.

_____(2016), 신상품 마케팅, 서울: 무역경영사.

_____(2016), 기업가정신과 창업경영, 서울: 비앤엠북스.

_____(2015), 중소기업 마케팅, 서울: 북넷.

이학식(2012), 마케팅조사 제3판, 서울: 집현재.

Ahonen, T. T.(2008), *Mobile as 7th of the Mass Media,* London: Futuretext.

Albrecht, Terrance L., Gerianne M. Johnson, and Joseph B. Walther(1993), "Understanding Communication Processes in Focus Groups," *Successful Focus Groups: Advancing the State of the Art*, 51−64.

Alexander Ardichvilia, Richard Cardozob, & Sourav Ray(2003), "A Theory of Entrepreneurial Opportunity Identification and Development," *Journal of Business Venturing*, 18, 105−123.

Armstrong, G., Adam, S., Denize, S., & Kotler, P.(2014), *Principles of Marketing 15E: Global Edition*, Pearson.

Booz, Allen, & Hamilton(1982), *New Product Management for the 1980's*, New York: Booz, Allen, & Hamilton, Inc.

Byrne, K.(2005), "How do Consumers Evaluate Risk in Financial Products?" *Journal of Financial Services Marketing*, 10 (1), 21−36.

Charles, Hill & Jones(2004), "Strategic Management: An Approach," Houtghton Mifflin Company, Boston.

Christensen, Clayton M., Richard Bohmer, and John Kenagy(2000), "Will Disruptive Innovations Cure Health Care?." *Harvard Business Review,* 78(5), 102−112.

Collinson, Elaine, and Eleanor Shaw(2001), "Entrepreneurial Marketing−a Historical Perspective on Development and Practice," *Management Decision*, 39(9), 761−766.

Cooper, Robert G.(2001), *Winning at New Products: Accelerating the Process from Idea to Launch*, Cambridge, MA: Perseus Publishing.

Cooper, R. G., & Edgett, S.(2008), "Ideation for Product Innovation: What are the Best

Methods," *PDMA Visions Magazine*, 1(1), 12–17.

Covin, Jeffrey G., and G. T. Lumpkin(2011), "Entrepreneurial Orientation Theory and Research: Reflections on a Needed Construct," *Entrepreneurship Theory and* Practice, 35.5, 855–872.

Dew, N., & Sarasvathy, S. D.(2002), "What Effectuation is Not: Further Development of an Alternative to Rational Choice," *Academy of Management Conference, Denver.*

Dew, N., Read, S., Sarasvathy, S.D. and Wiltbank, R.(2009), "Effectual versus Predictive Logics in Entrepreneurial Decision–Making: Differences between Experts and Novices," *Journal of Business Venturing*, 24(4), 287–309.

Ferkany, M.(2008), "The Educational Importance of Self–Esteem," *Journal of Philosophy* of Education, 42, 119–132.

Fitzsimmons, J. A., & Fitzsimmons, M. A.(2013). *Service Management: Operations, Startegy, Information Technology*, McGraw–Hill Higher Education.

Frishammar, J., & Horte, S. A.(2007), "The Role of Market Orientation and Entrepreneurial Orientation for New Product Development Performance in Manufacturing Firms," *Technology Analysis and Strategic Management*, 19(6), 765–788.

Gilliland, & Guseman, S.(2010), "Forecasting New Products by Structured Analogy," *Journal of Business Forecasting*, 28, 4. 12–15.

Goffin, K., & Mitchell, R.(2010), *Innovation Management*(2nd ed.), Hampshire, UK: Palgrave Macmillan.

http://www.conversationagent.com/2010/12/kristina–halvorson–content–strategy.htm.

http://l.yimg.com/a/i/us/ayc/article/mobile_shopping_framework_white_paper.pdf.

Jain, C.(2008), "Benchmarking New Product Forecasting," *Journal of Business Forecasting*, 26(4), 28–29.

Kahn, K. B.(2006), *New Product Forecasting: An Applied Approach,* Armonk, NY: ME Sharpe.

Kahn, K.(2010), "The Hard and Soft Sides of New Product Forecasting" *Journal of Business Forecasting*, 28, 4, 29–31.

Keller, K. L.(1993), "Conceptualizing, Measuring, and Managing Customer–based Brand Equity," *Journal of Marketing*, 1–22.

Koners, U., Goffin, K., & Lemke, F.(2010), *Identifying Hidden Needs: Creating Breakthrough Products*, New York: Palgrave Macmillan.

Kotler, P., Armstrong, G., Saunders, J. and Wong. V.(2013), *Principles of Marketing* 14/e. Pearson.

Kotler, P., Keller, K. L., Ancarani, F., & Costabile, M.(2014), *Marketing Management 14/e,* Pearson.

Lovelock, C. H., Wright, L.(1999), *Principles of Service Management and Marketing.*

Prentice-Hall, Englewood Cliffs, Nj.

Lovelock Christopher & Jochen Wirtz(2011), *Services Marketing: People, Technology, Strategy, 7th edition*, Prentice Hall.

Makridakis, S., & Hibon, M.(2000), "The M3-Competition: Results, Conclusions and Implications," *International Journal of Forecasting*, 451-476.

Morrish, M. H., Schindehutte, M., & LaForge, R. W.(2002), "Entrepreneurial Marketing: A Construct for Integrating Emerging Entrepreneurship and Marketing Perspectives," *Journal of Marketing Theory and Practice*, 1-19.

Morris, M. H., Pitt, L. F., & Honeycutt, E. D.(2001), *Business-to-Business Marketing: A Strategic Approach*. Sage.

Morrish, S.(2011), "Entrepreneurial Marketing: A Strategy for the Twenty-first Century?" *Journal of Research in Marketing and Entrepreneurship*, 13(2), 110-119.

Pearson, J., & Nelson, P.(2000), *An Introduction to Human Communication: Understanding and Sharing*, Boston, MA: McGraw-Hill.

Peter Little(1977), *Communication in Business*, Longman; 3rd edition.

Porter, M. E.(1980), *Competitive Strategy: Techniques for Analyzing Industries and Competitors*, New York: Free Press

Rezvani, M., & Khazaei, M.(2013), "Prioritization of Entrepreneurial Marketing Dimensions a Case of in Higher Education Institutions by Using Entropy," *International Journal of Information*, Business and Management, 5(3), 30.

Ries, A., and Trout, J.(1993), *The 22 Immutable Laws of Marketing*, New York: HarperCollins Publishers.

Rosegger, G.(1986), *The Economics of Production and Innovation*, 2nd, Oxford: Pergamon Press.

Schumpeter, Joseph A.(2013), *Capitalism, Socialism and Democracy,* Routledge.

Smith, Wendell(1956), "Product Diffrerentiation and Market Segmentation as Alternative Marketing Strategies," *Journal of Marketing*, 3-8.

Stokes, David, and Nick Wilson(2010), *Small Business Management and Entrepreneurship*, Cengage Learning EMEA.

Terwiesch and Ulrich(2009), *Innovation Tournaments: Creating and Identifying Exceptional Opportunities*, Harvard Business Press, Boston.

Timmons, J.A.(1999), *New venture creation: Entrepreneurship for 21st century*(5th ed.), Homewood, Illinois: Irwin- McGraw-Hill.

Ulrich K.T. and S.D. Eppinger(2011), *Product Design and Development 5th ed.*" McGraw-Hill, New York.

Zeithaml, Valarie A.(1981), "How Consumer Evaluation Processes Differ between Goods and Services," *American Marketing* Association, pp.186–190.

Zeithaml, V. A., Parasuraman, A. & Berry, L. L.(1985), "Problems and Strategies in Services Marketing," *Journal of Marketing*, 49(2). 33-46.

Zeithaml, Valarie A., Mary Jo Bitner, and Dwayne D. Gremler(2013), *Services Marketing: Integrating Customer Focus Across the Firm 6th*, McGraw Hill.

**유순근**

- 한림대학교 교수
- 고려대학교 경영대학 졸업
- 숭실대학교 대학원(경영학 박사)
- 법무부장관상 수상(2013)


**[주요 저서]**

- 센스경영학
- 창업 온오프 마케팅
- 창의적 신제품개발(2판)
- 서비스 마케팅
- 센스 마케팅
- 비즈니스 커뮤니케이션
- 신상품마케팅
- 기업가정신과 창업경영
- 중소기업마케팅
- 창의적 신제품개발
- 속임수와 기만탐지전략

**[주요 논문]**

- 기업의 편파행위가 기업신뢰와 브랜드 위험에 미치는 영향: CSR과 관리인의 조절효과, 한국전략경영학회(2014).
- 실제적 자아일치성과 이상적 자아일치성이 브랜드 충성도에 미치는 영향: 브랜드 태도와 정서적 브랜드 애착의 매개효과, 한국기업경영학회(2012).
- 소비자의 기능적, 쾌락적 및 사회적 혁신성이 구매의도에 미치는 영향: 지각된 사용성과 성능의 매개효과, 한국마케팅관리학회(2012) 외 논문 다수

창업 온·오프 마케팅

초판인쇄 2017년 1월 20일
초판발행 2017년 1월 30일

지은이 유순근
펴낸이 안종만

편 집 전채린
기획/마케팅 송병민
표지디자인 조아라
제 작 우인도·박선진

펴낸곳 (주) 박영사
서울특별시 종로구 새문안로3길 36, 1601
등록 1959. 3. 11. 제300-1959-1호(倫)
전 화 02)733-6771
f a x 02)736-4818
e-mail pys@pybook.co.kr
homepage www.pybook.co.kr
ISBN 979-11-303-0396-3 93320



정 가 34,000원